# 中国社会史经典精读

ZHONGGUO SHEHUISHI JINGDIAN JINGDU

主编 常建华

### 图书在版编目（CIP）数据

中国社会史经典精读／常建华主编． －－北京：高等教育出版社，2014.1
ISBN 978－7－04－038424－6

Ⅰ. ①中⋯　Ⅱ. ①常⋯　Ⅲ. ①社会发展史-中国-文集　Ⅳ. ①K207－53

中国版本图书馆 CIP 数据核字(2013)第 203850 号

| 策划编辑 | 梁宝贵 | 责任编辑 | 梁宝贵 | 封面设计 | 李小璐 | 版式设计 | 赵 阳 |
|---|---|---|---|---|---|---|---|
| 责任校对 | 孟 玲 | 责任印制 | 赵义民 | | | | |

| | | | | |
|---|---|---|---|---|
| 出版发行 | 高等教育出版社 | | 咨询电话 | 400－810－0598 |
| 社　　址 | 北京市西城区德外大街 4 号 | | 网　　址 | http://www.hep.edu.cn |
| 邮政编码 | 100120 | | | http://www.hep.com.cn |
| 印　　刷 | 大厂益利印刷有限公司 | | 网上订购 | http://www.landraco.com |
| 开　　本 | 787mm×1092mm　1/16 | | | http://www.landraco.com.cn |
| 印　　张 | 42.25 | | 版　　次 | 2014 年 1 月第 1 版 |
| 字　　数 | 740 千字 | | 印　　次 | 2014 年 1 月第 1 次印刷 |
| 购书热线 | 010－58581118 | | 定　　价 | 78.00 元 |

本书如有缺页、倒页、脱页等质量问题，请到所购图书销售部门联系调换
版权所有　侵权必究
物料号　38424－00

# 学术经典的文化使命
## ——"现代学术经典精读"系列丛书总序

张岂之

高等教育出版社组织编写一套"现代学术经典精读"系列丛书，邀请我写几句话。我觉得，通过高等教育出版社推出一些有新意的经典读物，有助于传承、弘扬和创新优秀的中华文化，我乐意承担撰写序言的工作。

中华民族拥有源远流长的文明史。中华文化凝结成为丰富的文化经典，亘古弥新，值得后来者不断发掘探讨。在中国思想文化史上，有一系列类似的著作带有研究的性质，比如研究《老子》的《解老》、《喻老》（见于《韩非子》），研究先秦诸子的《庄子·天下》、《荀子·非十二子》、《韩非子·显学》、《吕氏春秋·不二》、《尸子·广泽》、《史记·论六家之要旨》，后来更有系统探讨学术源流与道统的《伊洛渊源录》、《近思录》、《宋元学案》、《明儒学案》等著作。这些成果一方面在梳理中国思想学术发展演变的脉络，另一方面在传承和弘扬中华学术精神，比如和而不同的学术精神，在中华学术史上作出了重大贡献。中华文化之所以能够五千多年连绵不断，最主要的原因在于文化传承与创新得以世代相传。这也叫做文化的"道统"，这个道统在今天应当发扬光大。

时至今日，学人们在学术园地辛勤耕耘，视野更加开阔，资料更加周详，方法更加新颖，文字更加平实，形式更加多样，文风更加规范，所凝聚的学术成果，同样也是人们传承和创新文化的重要参考。正是在这种意义上，我认为，高等教育出版社组织编辑出版"现代学术经典精读"系列丛书是有价值的。

当然，这不意味着本丛书所选著作、论文都是臻于完美、无以复加了。实际上，有研究经历的人就能明白，学术研究本是一个不断传承、推进的过程，不可能一劳永逸，在个人或团队的努力下，前后相继，共同促进学术的繁荣和创新，是学术研究中的常态，所以往往难以用僵化的思维去考量丰富多彩、不断发展的学术研究本身。这启示我们，面对现代思想学术史上的名著名篇，我们应尽可能发挥它们的榜样和示范作用；这些研究成果为后来者提供参考和借鉴，使它们在承传文化精神、创新研究成果方面发挥更加重要的作用，这意味着不能仅仅从研究形式或规范方面去估价这些成果，尽管规范和形式也是很重要的层面。

我有这样的体会，在学术研究方面，需要有包容与会通的精神，这样就给新课题、新探讨提供了可能，使学术的薪火能够代代相传。中国古代也很重视这种相互辩驳的学术精神和理念，明清之际著名思想家黄宗羲在《明儒学案》的《发凡》中明确地指出："有一偏之见，有相反之论，学者于其不同处，正宜着眼理会，所谓一本而万殊也。以水济水，岂是学问！"

学术研究，文化传承，均要继往开来，不断推动学术创新与进步。中国古代学术著作，在梳理学术流变的过程中，侧重学术的继往开来，袭故弥新，"以复古为解放"（梁启超：《清代学术概论》），穷本溯源，辨别考证，展现了学术研究的发展脉络和成果。正是这种订正增补，反复斟酌，使中华文化长河滔滔不息，绵延不绝。即使在民族遭遇重创的危急关头，中华文化中卓著的学术精神依然能够鼓励世人勇挑重担，成长为民族发展的脊梁。因为，学术研究和文化经典承载有不朽的文化精神，所以学术兴替往往被视作民族精神生死存亡的大事。因此，引导人文学科的研究生阅读以往的经典和名著，不仅仅在于丰富专业知识，而且在潜移默化中使自己的精神受到优秀文化精神的熏陶，这将是更加重要的教育目标。

以上写了这么多的话，无非是想说明在学术研究的作品的研读中，应注意凸现其中所隐藏的文化精神，以此作为大学文化传承和创新的基础。我想，对"现代学术经典精读"系列丛书的宗旨和意义应有这样的理解。

"现代学术经典精读"系列丛书，旨在向研究生传播文化知识和科研经验，提高研究生的学术鉴别能力和学术素养，为研究生以及青年教师从事学术研究提供帮助。

这套丛书内容涵盖国务院学位委员会、教育部最新公布的《学位授予和人才培养学科目录（2011年）》所涉文、史、哲、艺术等学科。每卷主编都是该学科领域学有专长的专家，选文尽可能突出学生必读的著名论文（或经典著作的节选），侧重20世纪的研究成果，其中不少是读者较难获得的论著。丛书编者希望所选论著大体上能反映学科研究的学术史体系，简要展现学科研究的发展历程、代表人物及其成果。前言由分卷主编撰写，主要介绍该领域学术史概况及论著遴选标准等，并对所选作品进行介绍和点评。每篇选文后附延伸阅读文献篇目。这使该丛书具有提纲挈领、扩展延伸的双重功能，编选应是有特色的。可见，高等教育出版社编辑出版的这套系列丛书，经过深思熟虑，又有在人文学科方面具有丰富教学、科研经验的专家学者主持，不但有益于大学人文学科的建设发展，而且为大学在文化传承创新方面提供了一种实施的途径，值得支持。

在浩如烟海的现代学术作品中甄别筛选出有代表性的精华论文或著作，的确并非易事，也难以避免吞舟是漏、取舍失当的不足。希望这套丛书能为研究生和年轻老师提供文化和研究的滋养，也希望读者朋友能为本丛书的编写提供更多的建议和意见。

是为序。

2012年12月

# 目　录

001 / 前　言

011 / 傅衣凌与《中国传统社会：多元的结构》

027 / 张政烺与《古代中国的十进制氏族组织》

074 / 林甘泉与《秦汉帝国的民间社区和民间组织》

103 / 瞿同祖与《汉代社会结构》

134 / 何兹全与《中古时代之中国佛教寺院》

167 / 唐长孺与《南朝寒人的兴起》

198 / 周一良与《敦煌写本书仪中所见的
　　　　唐代婚丧礼俗》

217 / 伊沛霞与《早期中华帝国的贵族家庭：博陵崔氏个案研究》

262 / 王曾瑜与《宋朝户口分类制度略论》

278 / 陶晋生与《北宋士族妇女的教育》

296 / 陈高华与《论元代的称谓习俗》

314 / 萧启庆与《元朝多族士人圈的形成初探》

348 / 何炳棣与《明清社会史论》

384 / 喻松青与《明清时期民间秘密宗教中的女性》

401 / 吴晗与《晚明仕宦阶级的生活》

412 / 刘志琴与《晚明城市风尚初探》

431 / 森正夫与《〈寇变纪〉的世界——李世熊与明末清初福建省宁化县的地域社会》

457 / 施坚雅与《中华帝国晚期的城市》

493 / 经君健与《试论清代等级制度》

524 / 郭松义与《清代人口问题与婚姻状况的考察》

552 / 冯尔康与《十八、十九世纪之际的宗族社会状态：
　　　 以嘉庆朝刑科题本资料为范围》

583 / 张仲礼与《中国绅士：关于其在 19 世纪
　　　 中国社会中作用的研究》

611 / 蔡少卿与《关于哥老会的源流问题》

628 / 王庆成与《晚清北方寺庙和社会文化》

659 / 索　引

663 / 出版说明

# 前　言

作为现代史学的社会史研究，在中国诞生于20世纪初，至今已经百余年，其学术演变的历程大致上可以划分为20世纪前50年，50年代至70年代末的30年，80年代至今的30余年。海外的中国社会史研究虽不与中国同步，但是在这些阶段也有较大的变化。在此，笔者以时间为序探讨不同时期人们对社会史及其代表性的研究成果的认识；以介绍中国的社会史研究为主，兼及介绍海外的研究状况；最后谈谈本书的编选问题。

## 20世纪前期的中国社会史研究

中国现代史学的奠基之作，是梁启超的《新史学》。1901年梁启超在《中国史叙论》中指出，新史学不是写"一人一家之谱牒"，而"必探索人间全体之运动进步，即国民全部之经历及其相互之关系"。翌年又以《新史学》为题，批评中国之旧史"知有朝廷而不知有国家"，二十四史为"二十四姓之家谱而已"，"知有陈迹而不知有今务"，号召掀起"史界革命"。他认为：历史叙述人群进化现象，求其公理公例，指出社会科学皆与史学有直接关系。梁启超提倡历史学要研究国家、群体的进化，历史研究对象从朝廷移向人民群众，要借鉴其他社会科学。这些认识具有打破政治史一统天下，将人类社会各种活动进行专门化、综合化研究的创新意义。梁氏这种历史研究对象和方法迥异千古的新史学，也正是直到今天社会史研究所具有的基本特征。

梁启超之所以能够提出上述振聋发聩的看法，是受到海外西方史学观念的影响，而且其提倡新史学甚至还早于欧美。1911年美国学者鲁滨逊也出版了名为《新史学》的著作，批评传统史学的种种弊病。他主张把历史的范围扩大到包括人类既往的全部活动，并且将重点放在日常生活的主要进展方面；历史研究应该融会广义的人类学、史前考古学、社会心理学、比较宗教学、政治经济学、社会学等方面的知识，用综合的观点解释和分析历史事实；用进化的眼光考察历史变化，把人类历史看成是逐渐发展的过程等。梁启超的"新史学"比鲁滨逊早了大约10年。也就是说，20世纪初中国兴起的现代新史学观念比起西方并不落下风。

1917年俄国十月革命后，特别是在20世纪20年代初马克思主义广泛传播于中国。李大钊于1919年在《新青年》发表《我的马克思主义观》，翌年又发表《唯物史观在现代史学上的价值》《马克思主义的历史哲学》，1924年出版《史学要论》，运用唯物史论改造旧中国传统史学，为中国马克思主义新史学奠基。五四运动前后，人们把历史唯物主义理解为社会学，视历史为社会发展史，从总体上探讨人类社会的起源和变迁，深受马克思主义社会形态演进理论和进化论的影响。

1927年国共合作破裂，第一次大革命失败。在共产国际和中国共产党内部，对于中国社会性质和中国革命性质的问题产生了激烈争论。1928年中共六大检讨革命失败的原因，认为中国社会是半殖民地半封建社会，帝国主义和封建主义是中国革命的对象。托派则认为中国已进入资本主义社会，资本家是革命的对象。1927年《新生命》在上海创刊，国民党理论家陶希圣著文，认为战国以来中国自古就是士大夫阶级统治的"前资本主义"社会。不同党派由选择中国革命的道路而引起对中国社会性质的争论，进而产生对中国历史发展过程的认识，形成中国社会史的论战。

这场论战为全面研究中国社会史提供了契机。社会史大论战讨论的问题主要有四个：亚细亚生产方式问题，中国历史上有没有奴隶社会阶段，什么是"封建社会"以及中国历史的断限和特征，什么是"商业资本主义"或"前资本主义社会"。概言之，这场论战实际上是对中国社会性质和历史分期的探讨，属于社会形态史、社会发展史。这场论战对于历史学的贡献，是把"社会史"作为历史研究的主流，并尝试运用马克思主义理论建立社会史学。

1930年郭沫若出版《中国古代社会研究》。该书是马克思主义社会史的代表性著作，探讨了商周的社会性质和历史分期，开创了先秦社会史研究的新局面。20世纪30年代吕振羽出版了《史前期中国社会研究》《殷周时代的中国社会》，前书是第一部用唯物史观系统研究中国原始社会的专书，后书首次提出殷商为奴隶社会，西周是初期封建制，秦以后发展为专制主义封建制，该说影响久远。40年代留学法国回国的侯外庐，出版了《中国古典社会史论》《中国古代社会史》，在亚细亚生产方式、文明路径理论问题上提出了独到见解。

社会史论战基本上属于以论代史的政论之争。陶希圣于1934年12月创办《食货》杂志，如副题"中国社会史专攻"所示，是社会史专刊，希望推动学者搜集社会史料，进行深入的历史研究。1937年7月抗日战争全面爆发，《食货》因此停刊，其存在两年半发行的61期，发表了340篇论文，探讨社会经济问题。陶希圣、鞠清远、杨中一、何兹全、武仙卿、全汉升借助《食货》探讨了许多新问题，培养了不少学者，该刊在中国社会史学术史上占有重要位置。

## 20世纪50年代至70年代末的社会史研究

20世纪50年代以后的中国，历史研究重点探讨"五朵金花"，即汉民族的形成、中国历史分期、封建土地所有制、农民战争和资本主义萌芽。后四个问题均同马克思主义社会史有关。中国历史分期问题有两方面的内容：一是指中国奴隶社会和封建社会的分期，沿袭社会史大论战，以解决社会形态的演进问题；二是指中国封建社会内部分期，为通史研究中涉及的问题。封建土地所有制的讨论实质，在于如何认识中国封建社会的基本性质。农民战争史的研究，是为了说明历史发展的动力，以解释封建社会历史发展的规律，印证中国革命的道路。资本主义萌芽问题争论的是，资本主义萌芽出现的时代及其定义、出现的经济部门、发展的程度及对阶级关系的影响、发展缓慢的原因等。

上述讨论在一定程度上深化了对马克思主义的理解和对中国传统社会形态、性质及其发展的认识，也取得了一些学术成果。如先秦社会性质的认识离不开讨论血缘组织，20世纪50年代张政烺、李学勤进行了可贵的探讨。历史分期问题，何兹全的《中国古代社会》（1991）系统地提出了魏晋封建说。再如农民战争史，基本上搞清了历代农民运动的状况，农民战争史与秘密宗教关系的讨论推动了对秘密社会的研究。资本主义萌芽问题的讨论，促进了对明清社会变迁的认识，在这方面傅衣凌《明清时代商人及商业资本》（1956）、《明代江南市民经济试探》（1957）具有开创性。在土地所有制的讨论中，产生了一批实证性成果。亚细亚生产方式与中国封建社会长期延续问题，既互相区别又互相联系，关键点是东方社会的特点和封建社会长期性的关系。如认为地缘关系与血缘关系结合在一起的农村公社长期存在，既是东方的特征之一，也是封建社会长期延缓的重要原因。八九十年代问世而实际是在六七十年代进行研究的几部著作，如俞伟超《中国古代公社组织的考察——论先秦两汉的单—僤—弹》（1988）、柯昌基《中国古代农村公社史》（1989）、徐扬杰《中国家族制度史》（1992）就是关于这方面的研究。此外，还有侯外庐在《中国封建社会史论》中（1979）提出的很多问题也具有启发性。

在诠释经典理论和以阶级斗争治史的潮流中，也有部分史学家保持历史主义的治史态度，充分占有史料并独立思考，从事创造性的社会史研究，如杨宽的《古史新探》、唐长孺《魏晋南北朝史论丛》及《续编》（1955、1959）等就是代表。

欧美社会史研究受法国年鉴学派的总体史思想影响很大。一般来说，对于社会史有广义、狭义的理解，狭义的社会史以社会群体为主，在历史整体中理解社会群体；广义的社会史更重视社会结构，强调社会各系统之间的联系。总体的社会史是重视解释一般历史进程的综合性的史学体系，20世纪70年代成为西方中国史研究的主流，社会史也往往与政治史、军事史结合在一起。"社会史滥觞之后的各种专史都有所变化，社会史作为研究的视角和方法被广泛接受。"[①]

美国的中国史研究在第二次世界大战后迅速发展，受汉学家费正清的影响，美国的中国史研究重视社会结构与区域研究。斯坦福大学的人类学家施坚雅投身史学研究，对于区域研究贡献重大，影响深远，其论文《中国农村的集市和社会结构》（1964）及其主编的《中华帝国晚期的城市》（1977），就是区域研究的名著。在哈佛大学，魏斐德的《大门口的陌生人：1839—1861年间华南的社会动乱》（1966）探讨了两次鸦片战争期间广州地区各阶层的活动。孔飞力的《中华帝国晚期的叛乱及其敌人：1796—1864年的军事化与社会结构》（1980）研究了19世纪中国地方政权普遍军事化的问题。另一个汉学研究中心——华盛顿大学重视汉魏研究，1972年出版了中国留美学者瞿同祖的《汉代社会结构》，1980年刊行许倬云的《汉代农业》，前者宏观探讨社会构成，后者量化研究汉代佃农、自耕农的数量与农民日常生活的费用，很有价值。留美的中国学者何炳棣成就卓著，他的论文《扬州盐商：18世纪

---

① 胡志宏：《西方中国古代史研究导论》，大象出版社2002年版，第274页。

中国商业资本主义研究》(1954)、专著《1368—1953年中国人口研究》(1959)、专著《明清社会史论》(1962)影响深远,特别是《明清社会史论》继续美国学者艾博华《传统中国的社会流动》的研究,探讨明清时期科举制给士阶层带来的向上社会流动。许倬云对于春秋战国时期的社会流动也进行研究,于1962年出版了建立在统计分析基础之上的研究成果。张仲礼是研究绅士贡献突出的另一位华裔学者,他的著作《中国绅士》(1955)、《中国绅士的收入》(1962)为此方面研究名著。萧公权的《19世纪中国乡村的政治控制》(1960)研究了里甲、保甲、乡约制度的来源、演变。20世纪70年代末,美国两位年轻学者对于中国中世纪世家大族的研究引人注目,即姜士彬的《中世纪中国的寡头政治》(1977)与伊沛霞的《早期中华帝国的贵族家庭:博陵崔氏个案研究》(1978),他们采用的个案研究方法是社会史研究领域重要的方法。

第二次世界大战后,日本的中国史研究也提出了一些新的看法。如谷川道雄《中国中世社会与共同体》(1976)提出的共同体理论,用以解释中国中世纪农民与地主以及与国家的关系。

## 20世纪80年代至21世纪前10年的社会史研究

改革开放的新时期,中国社会史研究走上了振兴之路。历史学界的拨乱反正是以重新思考阶级问题为突破口的,1983年、1985年分别召开了"中国封建地主阶级研究学术讨论会"和"中外封建社会劳动者生产生活状况比较研究讨论会",突破了阶级分析是认识封建社会唯一方法的观念,把认识社会的目光指向多种社会关系、社会群体和社会生活。这时出现了一批阶级研究的成果,这些著作多是作者多年研究的总结,资料扎实。如朱绍侯的《秦汉土地制度与阶级关系》(1985)和《魏晋南北朝土地制度与阶级关系》(1988)、张泽咸的《唐代阶级结构研究》(1996)、王曾瑜的《宋朝阶级结构》(1996)、韩大成的《明代社会经济初探》(1986)、经君健的《清代社会的贱民制度》(1993)等。1986年是中国社会史研究的复兴之年。冯尔康、乔志强、王玉波相继撰文,倡导开展社会史研究。10月在南开大学举行了首届中国社会史研讨会,从学科的角度对社会史进行了讨论,把研究的视角指向人民大众的生活。新时期中国社会研究在诸多方面取得了重要成果,主要体现在断代的社会史、社会群体及其结构、社会组织、地域社会、人口社会史、社会习尚和以社会为视角的其他研究方面。还历史以血肉的社会生活研究、揭示社会精神面貌的社会文化研究、置社会史于地理空间的区域社会研究是当代中国社会史研究的三大特征。

新时期中国社会史学出版了一批成果。综合性研究方面，有王子今的《秦汉社会史论考》(2006)、侯旭东的《北朝村民的生活世界——朝廷、州县与村里》(2005)、冯尔康的《顾真斋文丛》(2003)与《中国社会史研究》(2010)、王家范的《百年颠沛与千年往复》(2001)、严昌洪的《20世纪中国社会生活变迁史》等。特别是中国社会科学院历史研究所推出"中国古代社会生活史"系列，学术质量较高。21世纪以来，生活史更受重视，熊月之主编"上海城市社会生活史丛书"，从2008年陆续推出20多种，内容丰富多彩。社会生活史的研究有向日常生活史转变的趋势。

事实上，新时期社会史研究取得的成就是多方面的。社会群体方面，士大夫、商人、妇女研究也产生了一批成果，以年龄划分的社会群体儿童、老年的研究有所开展，出现了唐力行的《商人与中国近世社会》(1993)、章开沅、马敏、朱英主编的《中国近代史上的官绅商学》(2000)等优秀作品。社会组织方面，家庭史得以开展，家族、宗族是最富成果的领域，南开大学中国社会史研究中心组织的"家庭、家族、宗族研究系列"(2005)、张国刚主编的《中国家庭史》等(2007)反映了这一领域的研究进展。秘密宗教结社与会党的研究多有力作，如蔡少卿的《中国近代会党史研究》(1987)、马西沙、韩秉方的《中国民间宗教史》(1992)等。会社的研究获得新的进展。历史人口学成为热点，人口流动、人口地理以及人口行为受人关注，郭松义的《清代社会环境和人口行为》(2012)为代表性研究。民俗习尚反映了多方面的社会生活，也是社会心态的反映，新时期对于历史上风俗、民俗、礼俗的探讨注意到揭示其与民众意识、民间信仰、社会心理的联系性，如彭卫的《汉代社会风尚研究》(1998)、李长莉的《中国人的生活方式：从传统到近代》、郑振满和陈春声主编的《民间信仰与社会空间》(2003)等就是这方面的著作。婚姻、丧葬、岁时节日的研究较多，重要著作有张邦炜的《宋代婚姻家族史论》(2003)，郭松义的《伦理与生活——清代的婚姻关系》(2000)，王跃生的《十八世纪中国婚姻家庭研究》(2000)与《清代中期婚姻冲突透析》(2003)等。以社会为视角的其他研究，如医疗社会史、法制社会史、灾害社会史、水利社会史等引人注目，钱杭的《库域型水利社会研究：萧山湘湖水利集团的兴与衰》(2009)、王建革的《传统社会末期华北的生态与社会》(2009)、张小也的《官、民与法：明清国家与基层社会》(2007)、余新忠的《清代江南的瘟疫与社会》(2003)等是这些方面的代表性研究，邹逸麟主编的"500年来环境变迁与社会应对丛书"（2008）则是综合性研究成果。近期社会文化史颇受关注。

　　社会史研究强调整体观，但是宏大叙事下的社会史很难把握历史的整体性，整体历史也只能在区域史中落实。社会史研究多采取地域社会史的研究视角。现在众多的社会史研究者树立了从地域社会入手的研究理念，认为地域是认识中国历史的有效途径。地域社会的研究中，地域史的层次性问题已经引起注意。无论是乡村社会史，还是城市社会史，都取得很大成绩。特别受人类学田野调查的影响，开展了村落社区的研究，形成了历史人类学的学术特色。不同区域的社会史具有系列性的研究成果。中山大学历史人类学研究中心主编的"历史·田野丛书"集中体现了这样的学术追求，其中赵世瑜的《小历史与大历史：区域社会史的理念、方法与实践》（2006）、郑振满的《乡族与国家：多元视野中的闽台传统社会》（2009），反映了这些方面的社会史理论与实践的探讨。

　　中国台湾地区的社会研究活跃。突出表现在医疗社会史方面，中华书局推出的"生命医疗史系列"（2012）收录了李建民的《从医疗看中国史》、林富士的《中国中古时期的宗教与医疗》、李贞德的《性别、身体与医疗》、李尚仁的《帝国与现代医学》，此外，梁其姿的《面对疾病：传统中国社会的医疗观念与组织》（2012）属于标志性成果。此外，法制社会史成果也很突出，如柳立言的《宋代的宗教、身份与司法》（2011）。断代史领域都有专门的社会史研究，如许倬云研究先秦社会，邢义田、蒲慕州研究秦汉社会，毛汉光、陈弱水研究中古社会，萧启庆对元代士人与社会的深入研究，徐泓倡导明清社会风气与城市研究影响较大。宋明时期社会的集体研究，较为突出，宋代家族研究产生了一批成果，如陶晋生的《北宋士族：家族婚姻生活》（2001）、柳立言的《宋代的家庭和法律》（2008）、黄宽重的《宋代的家族与社会》（2009）等。明清则以研究物质文化或日常生活为特色，熊秉真主持的"近世中国的物质、消费与文化"（2003）计划、王泛森与李孝悌先后主持的"明清的社会与生活"（2001）、"明清的城市文化与生活"（2006）计划发挥了重要的推动作用。明清社会史的一批成果值得注意，如熊秉真的《幼幼：传统中国的襁褓之道》（1995）、李孝悌的《恋恋红尘：中国的城市、欲望与生活》（2007）、巫仁恕的《品味奢华：晚明的消费社会与士大夫》（2007）等。

　　欧美的中国社会史研究标新立异。宋代社会史研究很活跃，罗伯特·海默斯的《政治家与绅士：北宋和南宋时期江西抚州的社会精英》（1986）继续了西方绅士研究的传统,但是他不以中举与当官作为唯一标准,选出七类人物作为"抚州精英",引发了何谓"地方精英"的持续性讨论。个案研究则有琳达·沃尔顿的《宋代中国的亲属关系、婚姻和身份:宁波楼氏个案研究》(1985)、戴仁柱的《中国宋朝的宫廷与家族:明州史氏的政治成就与家族命运》(1986)等,关注婚姻、家族、身份及其构成的社会网络与社会流动问题。特别是综合了性别史、身体史、生活史、医疗史乃至科技史的女性史研究引人注目。江苏人民出版社推出的"海外中国研究丛书·女性系列",收入了伊沛霞、费侠莉、白馥兰、曼素恩、高彦颐、贺萧等学者的优秀著作。

日本学界的中国地域社会研究颇具特色。1981年名古屋大学教授森正夫发表《中国前近代史研究的地域视点——中国史研讨会(地域社会的视点——地域社会与领导者)基调报告》,倡导地域社会研究,指出由共同领导者统治下被整合的地域场所称作地域社会。地域社会论的提出,意在摆脱发展阶段论和阶级学说的理论困境,作者受到了共同体论、乡绅论的启发,吸取了社会史、结构主义理论方法。地域社会研究在开发、移民与地域社会,国家与地域社会,市镇社会史,地域社会与宗族、信仰、救济等诸多方面,取得了不少具体的重要成果。如山田贤的《移民的秩序:清代四川地域社会史研究》(1994)、岸本美绪的《明清交替时期的江南社会:17世纪中国的秩序问题》(1999)、滨岛敦俊的《总管信仰:近世江南农村社会与民间信仰》(2001)、三木聪的《明清福建农村社会的研究》(2002)等。此外,川胜守的《中国城郭都市社会史研究》(2004)也颇值得注意。近来日本的社会史研究更加多元化,宋史研究对于社会空间与信息交流感兴趣,不同时期的城市社会史、诉讼社会史的研究取向比较鲜明。

## 本书论著遴选标准

作为学术研究的经典,应当是具有典范性、权威性的作品。学术经典或近乎完美,或具有里程碑的意义,显示出突出的原创性和奠基性,同时兼具开放性、超越性与多元性。经典有重要指导作用,传之久远,产生重大影响,成为人们学习、仿效的标准。

由于社会史领域宽广,内涵丰富,学术界对社会史的理解不一,选出公认的学术经典无疑是一件难事,对于何谓社会史研究的经典自然会见仁见智,标准多歧。我本着对本丛书要求的理解与对社会史经典的把握,结合社会史领域的研究实际情况提出自己的一些遴选标准，尝试编出此书。

概括地说，本卷所选论文大致基于时、事、文、人四条标准。

所谓时，即考虑对中国社会史不同时期研究的成果，照顾到先秦两汉、魏晋隋唐、宋元明清以及近代史，尽量分布均匀，当然也关注具有跨越不同朝代、时期的通惯性研究的作品。

所谓事，是指所选论文的研究对象以社会结构及其变迁为中心，照顾到社会的各个方面，如社会群体、民间组织、城市乡村、社会关系、习尚礼俗、民众信仰、人口性别等，呈现出社会史研究的整体面貌与具体领域的深入探讨。

所谓文，即论文言之有物，学术性强。在使用资料方面独步一时，或发现新史料，或综合各种文类；资料解读与论证独具匠心，或别出心裁，或别开生面；观点的提出与理论的完善独树一帜，或发人所未发，或争鸣辩难。观点、论证、资料三者有机结合，具有原创性，是为佳文。选文在一定程度上兼顾学术史的脉络与论文的典范性。

所谓人，指论文的作者长期从事社会史研究，学养深厚，在某些问题的研究上取得了公认的学术成就。或是作者未必属于历史学界，然而从事跨学科研究，其论著影响深远，作者的学术地位得到社会史学界的认可。能够达到这样标准的学者，都需要时间的检验，往往年龄较大。

本卷所选论文偏重社会结构，所选作者多是20世纪30年代之前出生的，只有美国学者伊沛霞出生于40年代。如此选择也有另外的原因，一是刘永华编辑的《中国社会文化史读本》（北京大学出版社2011年版）所选论文具有社会文化史色彩，作者属于20世纪30年代之后，特别是以40—50年代出生的学者为主。本书所选论文内容作者与之区别开来，既可领略不同的学术风格，也可使这两种选本得以并行互参。二是我将要选编《中国日常生活史读本》，所选论文内容会侧重社会的生活方面，所选作者将以20世纪中叶出生的学者为主。

事实上，在选文的过程中会综合考虑上述四条标准，尽量使本书内容呈现出较为平衡的状态，力争做到选出社会史某一时段某些专题研究的名家名作。尽管如此，限于本书的容量与本人的识见，仍有一些重要的社会史家与作品未能入选，所选论著也未必符合作者的心愿，这些都是我抱憾致歉的。

本书选出24篇论著，基本上依照不同的历史时段分组，各段大致依据论著发表先后排列。同时，我也注意从几个重要的社会史方面照顾到历史的连续性，如宏观社会结构有傅衣凌、王曾瑜、经君健诸先生的研究，宗族家庭亲属方面有张政烺、瞿同祖、伊沛霞、郭松义、冯尔康诸先生的研究，社区与城乡问题有林甘泉、刘志琴、施坚雅、森正夫诸先生的研究，宗教与民间信仰方面有何兹全、喻松青、王庆成诸先生的研究，礼俗习尚方面有周一良、陈高华诸先生的研究，绅士研究有陶晋生、萧启庆、何柄棣、吴晗、张仲礼诸先生的研究，特殊的社会群体方面有唐长孺、蔡少卿诸先生的研究。由于有的论著不止涉及一个方面的问题，因此除了上述七个方面之外，还可以有其他的组合，如陶晋生、喻松青先生的女性研究，王曾瑜、郭松义先生的人口研究等。

常建华

2013 年 5 月

# 傅衣凌与《中国传统社会：多元的结构》

## 经典导读

傅衣凌（1911—1988），原名家麟，笔名休休生，福建福州人。中国社会经济史学的主要奠基者之一。历任厦门大学历史系主任、历史研究所所长，厦门大学副校长。其主要著作有：《福建佃农经济史丛考》《明清时代商人及商业资本》《明代江南市民经济初探》《明清农村社会经济》《明清社会经济史论文集》《明清社会经济变迁论》《傅衣凌治史五十年文编》《明清封建土地所有制论纲》等。1960年他在厦门大学建立中国第一个中国社会经济史研究室，1982年创办《中国社会经济史研究》杂志。

傅衣凌学识渊博，他以探究中国封建社会长期迟滞问题为核心，学科上将社会史和经济史相结合，时空上将历史长时期与地方史相结合，文献上将官书与民间文献相结合，吸取传统学术和西方社会学、经济学、民俗学的长处，注重社会调查，形成了他别具一格的治史方法。在中国社会经济史，尤其是明清经济史领域做出了开创性贡献。

傅衣凌建立了从研究新、旧两种因素的矛盾变化来把握社会经济的实质，把社会经济构成和阶级构成、阶级斗争联系起来考察的基本构架，提出中国封建社会弹性论、乡族论、中国资本主义萌芽论等比较系统的见解，多有独到之处。尤为重要的是，傅衣凌提出对于中国社会历史认识的总体理论——中国传统社会多元结构论。

《中国传统社会：多元的结构》最初刊于《中国社会经济史研究》（1988年第3

期),是傅衣凌的遗作,集中体现了他治史半个多世纪对中国社会总结性的认识。该文要点可以分为八个方面:一是从中国历史发展的实际出发,认识中国传统社会。中国封建社会的长期延续问题一直是中国历史研究的最重要课题之一,其本质在于如何认识中国传统社会的结构以及受该结构制约、规定的社会发展道路。对中国传统社会结构的讨论,必须从中国历史发展的实际出发。为了避免在比较研究中出现理论和概念的混淆,该文使用"中国传统社会"一词。这种实事求是的治学态度与方法论,提高了社会历史研究的科学性。

二是提出中国传统社会是一个多元结构。他指出:"由于自然生态、生产条件、种族迁徙、农村公社原有组织形态等等因素的差别,在原始社会漫长的瓦解过程之后,中国社会形态的演变进程错综复杂,社会结构新、旧交错,融为一体,出现了多种生产方式长期并存的局面。……从原始社会末期开始,中国多元的社会结构已经形成,很难用一套适用于欧洲社会的模式来进行规范。"① 这一理论的提出对于摆脱"中国社会结构单一"、"变迁单线"等僵化理论起到了重要作用。

三是中国多元的传统社会结构的基轴是以"公"和"私"两个系统控制社会,稳定秩序。建立在多元的经济基础之上的,是官僚专制主义的国家政权。由于多元的经济基础和高度集权的国家政权之间既相适应又相矛盾的运动,中国传统社会的控制系统分为"公"和"私"两个部分。凌驾于整个社会之上的是组织严密、拥有众多官僚、胥役、家人和幕友的国家系统,这一系统利用从国家直至县和次于县(如清代的巡检司)的政权体系,依靠军队、法律等政治力量和经济的、习惯的等方面的力量实现其控制权。实际对基层社会直接进行控制的,却是乡族的势力。国家政权对社会的控制,实际上也就是"公"和"私"两大系统互相冲突又互相利用的互动过程。这两大系统的矛盾和斗争,有时采取了地方割据和阶级斗争的形式,这就造成中国历史上无数次的农民起义、农民战争、改朝换代和分裂割据。在传统社会结构多元化发展和大一统思想文化的影响方面傅衣凌指出,中国历史上多次出现的割据和起义并未使国家长期陷于分裂,而是反过来促使了大一统国家和中央专制集权的强大。这一"公"、"私"控制社会论,不仅促进了宗族与社会结构的乡族研究,而且指出了国家与社会关系的中国特色,还解释了中国历史上多次出现的割据、起义与大一统国家、中央专制集权的关系。

---

① 傅衣凌:《傅衣凌著作集:休休室治史文稿补编》,中华书局2008年版,第209页。

四是"乡绅"阶层在"公"和"私"两大系统之间的媒介作用。傅衣凌认为，在"公"和"私"两大系统之间发挥重要作用的，是中国社会所特有的"乡绅"阶层。"乡绅"一方面被国家利用控制基层社会，另一方面又作为乡族利益的代表或代言人与政府抗衡，并协调、组织乡族的各项活动。"乡绅"既包括在乡的缙绅，也包括在外当官但仍对故乡基层社会产生影响的官僚；既包括有功名的人，也包括在地方有权有势的无功名者。同样，这一理论也指出了国家与社会关系的中国特色。

五是多元的财产所有形态和财产法权观念。与多元的经济基础和社会控制体系相适应的，是财产所有形态和财产法权观念的多元化。国有经济、乡族共有经济和私有经济的长期共存，是中国传统社会财产所有形态的一大特色。这一看法对于解释中国传统社会所有制形态与财产法权观念有较强的说服力。

六是思想文化领域的多元化表现。即社会结构的多元化，在思想文化领域也有同样的表现。

七是研究中国历史离不开区域史。中国传统社会结构的多元化是出现在经济、政治、社会发展极不平衡的辽阔国土上的。这也说明社会经济史区域性研究的必要。

八是多元结构的历史适应性。中国传统社会既"早熟"又"不成熟"的弹性特征，具有其他社会所无法比拟的适应性。16世纪，中国商品经济就已空前活跃，社会关系发生了很大变化，劳动者与生产资料所有者的关系也有了一些质变的萌芽，反映市民阶层利益和要求的观念开始出现。这些与西欧封建社会解体时期有相似之处的新的因素，并未能导致资本主义社会形态在中国建立，究其原因正在于中国传统社会多元结构的影响和制约。

需要指出的是，理解傅衣凌中国传统社会史多元结构的理论，应当放在中国社会史大论战、"五朵金花"的讨论以及改革开放以后史学反思的时代背景下来认识。马克思在《政治经济学批判·序言》中提出亚细亚的生产方式，并将希腊作为古代社会发展路径中"发育正常的小孩"，而认为其他古代氏族为"发育不良的小孩"、"早熟的小孩"。有学者认为中国正是"早熟的"文明"小孩"，如侯外庐认为，亚细亚生产方式"所支配的社会构成是'早熟'和'维新'的古代东方国家。"[①] 他说："我用家族（氏族）、私有制、国家三个标志来说明形成古代文明的不同路径：'古典的古代'（如希腊）是由家族而私有财产而国家，国家代替了家族；'亚细亚的古代'

---

① 侯外庐：《侯外庐史学论文选集》，人民出版社1988年版，第58页。

（如中国）则是由家族而国家，国家混合了家族而保留着家族。前者是新陈代谢，新的冲破旧的，即扫除以血缘关系为纽带的氏族制度的革命的路径；后者则是新陈纠葛，旧的拖住新的，即保留氏族制度的维新的路径。"① 傅衣凌也正是从"早熟性"认识中国社会多元结构特性的。

---- **延伸阅读文献目录：**

1. 傅衣凌：《关于明末清初中国农村社会关系的新估计》，《厦门大学学报》1959 年第 2 期。

2. 傅衣凌：《论明清社会的发展与迟滞》，《社会科学战线》1978 年第 4 期。

3. 傅衣凌：《论中国封建社会中的村社制和奴隶制残余》，《厦门大学学报》1980 年第 3 期。

4. 傅衣凌：《从中国历史的早熟性论明清时代》，《史学集刊》1982 年第 1 期。

5. 傅衣凌：《明清封建各阶级的社会构成》，《中国社会经济史研究》1982 年第 1 期。

6. 傅衣凌：《我是怎样研究中国社会经济史的？》，《文史哲》1983 年第 2 期。

7. 森正夫：《围绕"乡族"问题》，《中国社会经济史研究》1986 年第 2 期。

8. 森正夫：《关于"乡族"——重温一九八三年厦门大学共同研究会的报告》，《中国社会经济史研究》2001 年第 4 期。

9. 郑振满、郑志章整理：《森正夫与傅衣凌、杨国桢先生论明清地主、农民土地权利与地方社会》，《中国社会经济史研究》2009 年第 1 期。

10. 侯外庐：《关于亚细亚生产方式之研究与商榷》，初刊《中华论坛》第一卷第七、八期合刊（1945 年 8 月），收入《侯外庐史

---

① 侯外庐：《侯外庐史学论文选集·自序》，人民出版社 1988 年版，第 10 页。

学论文选集》上册，人民出版社 1988 年版。

11. 侯外庐：《论明清之际的社会阶级关系与启蒙思潮的特点》，原载《新建设》1955 年第 6 期，收入《侯外庐史学论文选集》下册，人民出版社 1988 年版。

12. 冯尔康：《中国社会结构的演变》绪论，河南人民出版社 1994 年版。（收入冯尔康：《中国社会史研究》，天津人民出版社 2010 年版。）

13. 冯尔康：《关于中国农民的构成及其变化》，冯尔康、常建华编：《中国历史上的农民》，台北馨园文教基金会 1998 年版。（收入冯尔康：《中国社会史研究》，天津人民出版社 2010 年版。）

14. 徐勇：《中国古代乡村行政与自治二元权力体系分析》，《中国史研究》1993 年第 4 期。

15. 谭景玉：《宋代乡村社会的多元权威——以民间纠纷的调解为例》，《江淮论坛》2007 年第 1 期。

16. 杨国桢：《明清土地契约文书研究》，人民出版社 1988 年版。

17. 陈支平：《近 500 年来福建的家族社会与文化》，生活·读书·新知三联书店 1991 年版。

18. 郑振满：《明清福建家族组织与社会变迁》，湖南教育出版社 1992 年版。

19. 郑振满：《乡族与国家——多元视野中的闽台传统社会》，生活·读书·新知三联书店 2009 年版。

20. 陈支平：《民间文书与明清东南族商研究》，中华书局 2009 年版。

21. 黄向春：《文化、历史与国家——郑振满教授访谈》，《中国社会历史评论》第五辑，商务印书馆 2007 年版。

22. 佳宏伟、陈支平：《史无定法：中国社会经济史研究理论与方法论问题》，《历史教学问题》2008 年第 6 期。

—— 原文：《中国传统社会：多元的结构》

经典原文

# 中国传统社会：多元的结构

## 傅衣凌

　　由于历史学家的学术使命感和对国家、民族的责任感与忧患意识，从近代资产阶级史学到现代马克思主义史学，中国封建社会的长期延续问题一直是中国历史研究的最重要课题之一。寻求解决历史遗留给中国现实社会生活的沉重包袱的钥匙，在很大程度上已成为中国史学工作者的学术价值追求，许多研究都直接或间接地、有意或无意地试图解答这个问题。这个问题的本质在于如何认识中国传统社会的结构以及受该结构制约、规定的社会发展道路。

　　长期以来，人们坚信不疑：如果没有外国资本主义的入侵，中国也将和西欧一样，自发地依靠自身的力量进入资本主义社会。这一立论是从马克思关于西欧资本主义起源的历史概述引申而来的，但不一定完全符合马克思本人的观点。马克思指出："把我关于西欧资本主义起源的历史概述彻底变成一般发展道路的历史哲学理论，一切民族，不管他们所处的历史环境如何，都注定要走这条道路，……这样做，会给我过多的荣誉，同时也会给我过多的侮辱。……极为相似的事情，但在不同的历史环境中出现，就引起了完全不同的结果。"[①] 所以，关于中国传统社会结构的讨论，必须从中国历史发展的实际出发。

　　鸦片战争以前的中国社会，与西欧或日本那种纯粹的封建社会（Feudalism），不管在生产方式、上层建筑或者是思想文化方面，都有很大差别。为了避免在比较研究中出现理论和概念的混淆，本文使用"中国传统社会"一词。

　　由于自然生态、生产条件、种族迁徙、农村公社原有组织形态等等因素的差别，在原始社会漫长的瓦解过程之后，中国社会形态的演变进程错综复杂，社会结构新、旧交错，融为一体，出现了多种生产方式长期并存的局面。学者们长期以来对于商周两代的社会性质见仁见智，终无定论，原因之一就在于从

---

① ［德］马克思：《给〈祖国纪事〉杂志编辑部的信》，《马克思恩格斯全集》卷十九，人民出版社1958年版，第1300页。

原始社会末期开始,中国多元的社会结构已经形成,很难用一套适用于欧洲社会的模式来进行规范。秦汉以后,这一特点表现得更为明显,奴隶制因素、地主制因素、自耕农经济成分和其他多种经济因素长期并存。从东汉"豪人之室,连栋数百,膏田满野,奴婢千群,徒附万计"①的情况到明清时期仍广泛存在的奴婢制度,生产资料所有者完全占有生产者本人的现象从未消除;中国从未出现过严格的庄园制度,没有等级森严,效忠于领主、诸侯的骑士、武士制度,没有不输不入的特权,而是长期存在着地主所有制;地主阶级通过租佃制主要以实物地租形态剥削佃农的同时,劳役地租(如佃仆制)和货币地租也长期作为其附属和补充,而不表现为一种时间先后的替代;自耕农、半自耕农经济的存在更是一种长期的现象,在每个新王朝的早期还往往占有很大的比重。此外,原始村社制的残余也普遍存在。而且,各种经济成分之间有着复杂的互动关系,总是处于历时性的、动态的变化之中。

建立在这样一种多元的经济基础之上的,是官僚专制主义的国家政权。恩格斯认为:"国家是社会在一定发展阶段上的产物;国家是表示:这个社会陷入了不可解决的自我矛盾,分裂为不可调和的对立面而又无力摆脱这些对立面。而为了这些对立面,这些经济利益互相冲突的阶级,不致在无谓的斗争中把自己和社会消灭,就需要有一种表面上驾于社会之上的力量,这种力量应当缓和这种冲突,把冲突保持在'秩序'的范围以内;这种从社会中产生但又自居于社会之上并且日益同社会脱离的力量就是国家。"②由中国传统社会内部产生的官僚专制主义国家政权,就是为了协调该社会多种并存的经济因素和阶级矛盾而产生的,与中国多元的经济基础是相适应的。长期以来有一种观点,即认为中国和印度、埃及、美索不达米亚、波斯等地区一样,管理渠道和人工灌溉设施,举办公共工程,节省用水和共同用水的要求是中央集权政府建立的原因。其实,中国的情况与上述地区根本不同,虽然中国专制集权国家也经常组织一些大型的水利工程和公共工程,但是这些活动并非集权国家形成的原因,而是集权国家出现后由于其地位而具有的功能,而且是其众多的功能之一,并未具备什么特殊的重要性。事实上,在中国传统社会,很大一部分水利工程的建设

---

① (南朝)范晔:《后汉书》卷四九《列传第三九·仲长统》。
② [德]恩格斯:《家庭、私有制和国家的起源》,《马克思恩格斯选集》卷四,人民出版社1958年版,第166页。

和管理是在乡族社会中进行的，不需要国家权力的干预。

由于多元的经济基础和高度集权的国家政权之间既相适应又相矛盾的运动，中国传统社会的控制系统分为"公"和"私"两个部分。特别是秦汉以后，大一统国家真正形成，继承了六国的传统，中央集权与地方分权的斗争更为激烈和明显，但两种势力又互相妥协和利用。一方面，凌驾于整个社会之上的是组织严密、拥有众多官僚、胥役、家人和幕友的国家系统，这一系统利用从国家直至县和次于县（如清代的巡检司）的政权体系。依靠军队、法律等政治力量和经济的、习惯的等方面的力量实现其控制权，在"溥天之下，莫非王土；率土之滨，莫非王臣"这一影响深远的观念之下，国家的权力似乎是绝对和无限的。另一方面，实际对基层社会直接进行控制的，却是乡族的势力。乡族保留了亚细亚公社的残余，但在中国历史的发展中已多次改变其组织形态，既可以是血缘的，也可以是地缘性的，是一种多层次的、多元的、错综复杂的网络系统，而且具有很强的适应性。传统中国农村社会的所有实体性和非实体性的组织都可被视为乡族组织，每一社会成员都在乡族网络的控制之中，并且只有在这一网络中才能确定自己的社会身份和社会地位。国家政权对社会的控制，实际上也就是"公"和"私"两大系统互相冲突又互相利用的互动过程。

这两大系统的矛盾和斗争，有时采取了地方割据和阶级斗争的形式，这就造成中国历史上无数次的农民起义、农民战争、改朝换代和分裂割据。局部地区农民起义的发生常常由于该地区国家权力与地方势力矛盾尖锐，无法协调地控制农村基层社会，王朝末年全国性农民战争的爆发则明显地由于国家系统控制权的削弱。公私两大系统的矛盾是长期存在的，地方势力往往利用国家力量衰落、农民起义或外族入侵的时机搞地方割据，这种割据的局面在特定的历史环境下可能打破大一统国家政权对社会生产多元化发展的阻碍，有利于落后地区的开发和商品经济的繁荣。地方割据势力有时借助农民起义的力量，其代表人物有时也出身于起义军。更值得注意的，镇压大小农民战争的往往不是中央政府，而是地方豪族。由于幅员辽阔，民族成分复杂，社会结构多元化发展和大一统思想文化的影响，中国历史上多次出现的割据和起义并未使国家长期陷于分裂，而是反过来促使了大一统国家和中央专制集权的强大。所谓"天下可传檄而定"的说法，既说明基层社会实际上控制于地方势力手中，并可通过他们消除地方上的不安定因素，又反映了整个社会需要一个大一统国家政权的心理。

在公和私两大系统之间发挥重要作用的，是中国社会所特有的"乡绅"阶层。国家利用察举、荐举、科举、捐纳和捐输等社会流动渠道，把地方上的精英分子和有钱有势之人吸收到政权体系之中，授予官职、功名和各种荣誉，允许他们享有优免特权和一定的司法豁免权，这是"乡绅"阶层产生和长期存在的直接原因。同时，高度集权的中央政权实际上无法完成其名义上承担的各种社会责任，其对基层社会的控制只能由一个双重身份的社会阶层来完成，而基层社会也期待着有这样一个阶层代表它与高高在上的国家政权打交道，这就是"乡绅"阶层长期存在的根本原因。乡绅一方面被国家利用控制基层社会，另一方面又作为乡族利益的代表或代言人与政府抗衡，并协调、组织乡族的各项活动。因此，我们所说的"乡绅"，已大大超过了这两个字的语义学涵义，既包括在乡的缙绅，也包括在外当官但仍对故乡基层社会产生影响的官僚；既包括有功名的人，也包括在地方有权有势的无功名者。政府可以授予或褫夺某些乡绅统治地方基层社会的权力，可以剥夺他们的财产；但归根结底它对基层社会的控制仍然不得不通过乡绅阶层来实现；它实际上只能在不同乡绅或乡绅集团之间进行选择。反之亦然，虽然乡绅作为一个阶层一直掌握着直接统治乡族社会的权力，但哪些人可以进入这一阶层和这一阶层中哪些人可以合法地履行这些权力，却取决于政府的授权和承认。

与多元的经济基础和社会控制体系相适应的，是财产所有形态和财产法权观念的多元化。国有经济、乡族共有经济和私有经济的长期共存，是中国传统社会财产所有形态的一大特色。对西周的"井田制"是国有土地、村社共有地还是领主所有土地，众说纷纭，也许在当时的法权观念下，根本就无法作这样的区分。以秦汉以后的情况而言，多种财产所有形态的并存，已为几十年来中国社会经济史研究的一系列成果所证实。从汉代开始的"盐铁官营"，历代王朝建立的各种皇庄、官庄以及各种官营手工业组织，都反映了国有经济的重要性。乡族组织共有经济包括族田、学田、义田、义仓、社仓、义渡、义集、私税、私牙等等形态，在传统社会的某些发展阶段，在某些地区，这种的乡族共有经济曾经成为社会最重要的经济成分。至于以地主、自耕农和商人为主要代表的私有经济，更是具有长期的举足轻重的地位，而且私有经济所有权的转移十分频繁，所谓"千年田，八百主"的谚语正反映了这种情况。正是由于私有经济的存在,中国传统社会的乡族网络已与严格意义上的亚细亚农村公社有很大不同,乡族成员并不被动地无条件地依附于村社共同体,再通过共同体与土地发生联系;相反的,他们大多自己拥有土地或佃种别人的土地,他们受乡族网络的控制和制约,但又能动地利用和改造乡族组织以适应日益变化的复杂的外部环境。由于多种财产所有形态并存和财产所有权的频繁转移,还有生产技术水平的提高,中国传统社会的财产法权观念也是多元的,从未出现过西欧那种独立的、非人格化的绝对的财产法权。国家政权对私有财产的剥占和褫夺在社会习惯上被视为正常行为,特别在王朝早期打击地方豪强时经常发生。

乡族势力对乡族成员的财产也有一定的控制权,这一点在族人的土地买卖中有尤为明显的表现。财产法权观念多元化的更为引人注目的表现是宋代以后"永佃权"和"一田多主"现象的普遍存在,不但土地的所有权、经营权和使用权发生分离,而且每一种权益还可以作多层的分配。

与社会控制体系多元化相对应的还有司法权的多元化。从秦汉到明清,历代王朝都有系统、详细的成文法典,但这些法典的权威性又远远不如皇帝的谕旨,而且社会上不同的特权阶层还拥有不同的司法豁免权。尽管国家对犯罪和违法行为的惩罚以及司法程序有明确、细致的规定,但在具体的司法实践中,以人代法、以情代法的现象经常被认为是合理的。更值得重视的还有独立于国家司法系统之外的"私"的司法权的存在。从汉代"乡曲豪富无官位,而以威势主断曲直"[①]的现象,到明清乡族的族规、乡例等,这种乡族的司法权一直存在,而且在解决民事诉讼和预防、惩罚犯罪方面起着国家司法系统所无法替代的作用。乡族势力不但可以施行私刑,而且往往拥有部曲、私兵、家兵等武装力量。

社会结构的多元化,在思想文化领域也有同样的表现。中国传统社会既有代表地主阶级的思想,也有反映农民平均主义、"劫富济贫"的社会观念;既有理性主义倾向比较明显的上层士大夫的精英文化,也有比较非理性的下层大众文化。中国长期以来有儒、释、道三教合一的主张,但文化的多元使这一主张根本无法变成现实。而且,儒教、佛教和道教在中国社会的作用,也是多元的。儒教长期被作为中央专制集权政治的理论基础,但其中也不乏"民为重,

---

[①] (汉)司马迁:《史记》卷三〇《书第八·平准》。

君为轻"的民主思想，康有为甚至从中找到了进行资产阶级改良主义活动的思想武器。道教长期被统治者所利用，许多神祇还得到皇帝的封赠；但农民阶级和流氓无产者也利用其组织形式和思想内容发动反对统治阶级的起义，例如五斗米道以及白莲教等。实际上，整个传统中国社会的价值观念、行为规范、道德标准都是多元、充满矛盾的。研究中国传统文化时，如果抓住一点，不及其余，甚至利用个别史料、个别现象故作惊人之语，是难免片面化和简单化的错误的。研究一个多元的、矛盾的文化体系，一定要有更为辩证、更加超越的思维方式。

在注意中国传统社会结构的多元化时，我们还不能忽视这种多元化是出现在经济、政治、社会发展极不平衡的辽阔国土上的。由于自然环境的差异和生态平衡的改变、历史上开发时间的先后、人口的流动和增减，以及经济重心的转移等等因素的影响，各个地区的生产技术水平、生产方式、社会控制方式和思想文化千差万别，而且还随着历史的发展而出现周期性的和不规则的变化。这种情况使多元化社会结构更为复杂，也从一个方面说明了社会经济史区域性研究的必要。

由于生产方式、社会控制体系和思想文化的多元化，由于这种多元化又表现出明显的地域不平衡性和动态的变化趋势，中国传统社会产生了许多西欧社会发展模式所难以理解的现象。例如，中国农村社会基本上是以一家一户作为一个生产和消费单位，生活必需品的自给自足程度很高，但与此同时又一直存在着十分活跃的商品货币交换；中华民族创造了长达十几个世纪领先于世界的灿烂文明，有着许许多多对世界文明史和后来西方资本主义发展作出重大贡献的科学成就，但这些成就在社会生产中却极少得到应用；欧洲中世纪的行会只存在于城市，由同业或相关行业的师傅、帮工组成，而中国的行会组织则在农村也普遍存在，由手工业者、工商业者组成，除同业外又有同乡组织，而且与地方绅士有较密切关系，如此等等。这一切和前面所提到的用西欧模式看起来互相矛盾的各种现象，在中国这个多元的社会结构中奇妙地统一着，相安无事，甚至相得益彰。这种既早熟又不成熟的弹性特征，使中国传统社会具有其他社会所无法比拟的适应性，不管是内部生产技术水平的提高，还是外部环境的变化，这个多元的结构总是能以不变应万变，在深层结构不变的前提下迅速改变自己的表层结构以适应这些变化。中国历史上多次遭受变乱和分裂，而最后仍然作为一个统一国家长期存在,其奥秘正在于此。这样的社会结构对于社会变革的化解和抵御能力,也是西欧和日本中世纪的社会结构所难以相比的。

当然,正如许多学者所指出的,从十六世纪开始,中国社会在政治、经济、社会和文化等方面发生了一系列变化。这些变化的出现有国内和国外两方面的原因。

就国内而言,唐宋之际中国经济有了新的发展,经济重心逐渐南移,五代时南方出现的十个割据政权注意发展本地区的生产和商品交换,对原来比较落后的东南部地区(特别是山区)的开发起了积极作用。宋辽金元以后商品经济继续发展,虽然这一时期政治上出现过分裂局面,但南方和北方的社会生产都有长足的发展,各个分裂地区之间的经济交往一直未曾中断,而且日趋活跃。这些为明中叶以后经济的繁荣准备了经济条件。而且,元末农民起义、明初的胡蓝之狱和空印案打击了保守的豪族势力,靖难之役又进一步扫除了这些势力的残余,有利于社会关系和经济关系的变化。

就国外而言,当时西欧国家已进入资本原始积累时期,葡萄牙、西班牙、荷兰等国商船先后来华,力图进行直接贸易,并且由以货易货改变为货币支付,白银成为一般等价物,在墨西哥铸造的西班牙银元大量流入中国,对中国经济产生很大的冲击。同时,东南沿海地区倭寇和海寇活跃,嘉靖以后倭寇活动带有明显的私人贸易性质,许多"倭寇"实为中国商人、地主,其窝地、窝家也大多是东南沿海的地主,特别是大地主,这种私人海上贸易活动无疑也冲击了原有的社会结构。

由于上述两方面的原因,十六世纪开始中国商品经济空前活跃。专业性的农作物生产区域开始出现,经济作物种植日趋普遍,农业商品化程度有很大提高;手工业生产的技术水平和生产能力明显提高,生产组织形式有较大变化,生产的内部分工和专业化程度有所发展;商品流通领域空前繁荣,长途和短距离贸易十分活跃,出现了一些很有势力的商人集团。在此基础上,商品经济繁荣地区和主要贸易商路附近出现了许多新兴的手工业和商业城镇,特别是江南地区,许多临时的、定期的集市发展为较大规模的工商业市镇,在一定程度上成为全国性市场的一个组成部分。

由于商品货币关系的冲击和明朝后期国家政权控制力量的削弱,当时的社会关系也发生了很大变化。由于契约性的租佃关系的普遍出现,财产私有化的趋势比较明显,劳动者对国家、佃农对地主的人身依附关系有较大减弱。在江苏、浙江、安徽、山东、陕西、湖北、广东、江西、福建等地多次爆发"奴变"、"佃变"风潮,也从一个侧面反映了社会关系变动的趋势。由于有了一定的人身自由,人口流动的数量也增加了。商人势力在社会、政治生活中的地位日显重要,在许多工商业市镇已谋取了某些社会控制权,市民阶层的力量有很大增强,万历三十年(1602年)前后各城市市民反对矿监、税使的斗争是一次很有影响的市民运动,说明市民阶层已认识到自己独立的经济利益。

以商品经济发展和社会关系变化为背景,劳动者与生产资料所有者的关系也有了一些质变的萌芽。在江南的一些手工业行业和山区的一些经济作物种植业中,出现了以商品生产为生产目的的雇佣劳动,也就是人们通常所说的"资本主义萌芽"。

与上述情况相适应,思想文化领域也出现了前所未有的变化,其中最引人注目的是反映市民阶层利益和要求的观念的出现。当时思想界出现的左派王学(即泰州学派),正是市民阶层的思想代表,该学派主张"百姓日用即道",以"利欲""鼓动得人",表现了追求经济增长的近代意识。与该学派关系密切的李贽进一步提出了个性解放的要求,主张"私者人之心也,人必有私而后其心乃见",提出"穿衣吃饭即是人伦物理",提倡重视功利,冲破传统礼教束缚,提倡童心,代表了一种新的风气。"临川四梦"、"三言两拍"和这一时期的许多文学作品,提倡男女平等、个性自由,蔑视和批评传统的伦理纲常,都反映了思想文化的新的发展趋向。

然而,这些与西欧封建社会解体时期有相似之处的新的因素,并未能导致资本主义社会形态在中国建立,究其原因,正在于中国传统社会多元结构的影响和制约。一方面,这样一个结构使在其中产生的新因素走上与西欧不同的发展道路,具有另外一种导向性;另一方面,这个弹性的、内部多矛盾统一、有广泛适应性的结构对新因素的冲击有很强的化解能力,可以比较灵活地改变自己的表层结构以适应各种变化。

就农村社会而言,尽管有少数地区已成为专业化的农作物种植区域。但"农工不分"仍是一个很有影响的传统,以手工纺织业为代表的农民家庭手工业到本世纪四十年代仍然十分普遍,甚至在一些工商业已十分活跃的地方也是如此。农民对国家和地主的人身依附虽然有所削弱,但超经济强制并未消除,更为重要的是，这一时期以宗族组织为代表的乡族控制力量有了明显增强，农村居民对乡族有强烈的依附性，很难得到真正的人身自由。乡族组织虽然也有从事工商业活动或保护族人从事这类活动的（如我曾经研究过的"族商"），但它又有不利于商品经济发展的一面。

就市镇经济而言，明清时代中国城市经历了与欧洲城市完全不同的发展道路，并未获得城市自治权，从未有过商人法、市民宪章及市民免税、商业自由诸种特权，城市的独立性十分有限。市镇的功能以流通为主，流通重于生产，获取的利润大多成为高利贷资本，而不转换为原始积累式的生产资本。市民阶层的力量也十分薄弱，自主意识和斗争能力有限，与他们原来的乡族社会仍然有着千丝万缕的联系。

而且，"儒贾兼业"的现象十分普遍。晋商、徽商、闽粤海商等有影响的商人集团都与官僚专制政权有密切联系，既受到国家政权的敲诈、勒索，又从政府得到保护和特权。许多商人以捐纳、捐输进行政治性投资，取得功名或官职，谋求政治、经济特权；也有一些官僚把政治性积累所得到的资金投入商业活动。同时，地主投资商业、借贷业，商人、高利贷者又买地进行地租剥削，商人、地主、高利贷者和官僚"四位一体"。所以，尽管十六世纪以后商人成为中国社会一支重要的力量，但他们缺乏独立的政治和经济要求，没有必要、也没有勇气与其他的社会力量决裂，提不出发展资本主义生产方式的要求。

思想文化的发展也受到多元社会结构的制约，充满了矛盾性，有进步色彩的思想观念很难成为社会普遍的行为规范和价值准则。例如李贽就是一个有内在矛盾的思想家，他既尊儒又反儒，既信佛又反佛，其信徒既有儒家弟子，也有佛家朋友如达观等人。他在明代处境艰难，其思想难以生根和发展，但后来却对日本的民主革命产生了作用，明治维新的先驱者吉田松阴就自谓颇受李氏《焚书》的影响。

对前述新的生产方式和社会形态的因素起更直接破坏作用的是明末的战乱和清兵入关。长达几十年的社会动乱以及清初实行"海禁"和文化钳制政策，使江南的社会生活、城镇经济受到严重摧残，市民阶层受到迫害，有反传统色彩的思想观念受到抑制，华北地区的人身依附关系又有所加强。当然，正如前面所讲的，农民战争和改朝换代正是中国传统社会多元结构矛盾运动的结果。

康雍乾时期受到破坏的经济逐步恢复和发展,新的生产方式的因素重新出现,但是,资本主义社会形态最后终于未能在中国建立。这主要受到内因和外因两个方面的制约。就内因而言,多元的传统社会结构依然顽强存在,并有很强的生命力,几千年来农民战争所主张的"平均主义"、"劫富济贫"思想在基层社会中一直是许多人追求的社会理想,资本原始积累所需要的社会心理环境很难出现。商业资本照样无法和欧洲一样转变为产业资本,商人们投资于钱庄、当铺、高利贷、票号等行业,通过买地成为地主,与国家政权和乡族力量互相依存、互相勾结,不能成为资产阶级,从而实现社会变革。同时,清代中央专制集权空前加强,限制人民的各种经济活动和社会活动,影响了生产的发展和先进生产技术的传播。就外因而言,当时西欧已进入资本主义社会,其经济发展大大超过中国。资本主义世界体系在全球的扩张,终于导致了十九世纪中叶鸦片战争的爆发,把中国卷入了该体系之中,确定了中国在整个世界政治、经济格局中的弱小和不发达地位。正由于内外两方面因素的作用,中国沦为半封建半殖民地社会。在这一新的社会中,传统中国多元的社会结构并未有根本改变,相反的,它很好地适应了变化了的社会环境,表现了很强的生命力。直至今天,从社会、政治生活中存在的专制主义、官僚主义、裙带关系、迷信活动和宗族势力等等现象,仍然可以看到这一社会结构的残余。

爱因斯坦认为:"科学就是一种历史悠久的努力,力图用系统的思维,把这个世界中可感知的现象尽可能彻底地联系起来,说得大胆一点,它是这样一种企图:要通过构思过程,后验(postcrior)地来重建存在。"[①] 从某种意义上说,历史学也是力图把各种已知的历史现象联系起来,后验地重建历史存在的"构思过程",在这一过程中,史学研究者的学术思维习惯和历史哲学素养起着十分重要的作用。过去,由于经典物理学的影响,纯然因果决定论在科学认识中占主导地位,人们把五种生产方式线性发展的模式机械地套用于各国复杂的社会形态演变过程,是可以理解的。本世纪二十年代以来,由于量子力学的诞生和概率论在科学研究中的广泛运用,或然的因果决定论和选择论成为科学领域最重要的思维方式,科学研究更为注重事物发展的或然性、多元性、相对性和模糊性,强调共时态的结构性分析。马克思主义在新的历史时代,又有新的大

---

① [德]爱因斯坦:《科学和宗教》,《爱因斯坦文集》第三卷,商务印书馆1979年版,第181页。

发展。每一位有时代感和学术责任感的史学工作者都有必要重新反思自己的思维方式、学术观点和价值观念。作为一个已经工作了半个多世纪的老史学工作者，我对青年一代尤其怀有殷切的期待。

（原文发表于《中国社会经济史研究》1988年第3期，本书据《傅衣凌著作集·休休室治史文稿补编》录出。）

# 张政烺与《古代中国的十进制氏族组织》

## 经典导读

张政烺(1912—2005),字苑峰,山东荣成人,中国著名历史学家、考古学家、古文字学家、版本目录学家。1936年毕业于北京大学史学系。历任南京中央研究院历史语言研究所副研究员,北京大学历史系教授,中华书局副总编辑,中国科学院(今中国社会科学院)历史研究所研究员,先后被聘为国务院古籍整理出版规划小组成员、文化部国家文物鉴定委员会委员等。他的学术成就主要集中于五卷本的《张政烺文集》(中华书局2012年出版),包括:《甲骨金文与商周史研究》《文史丛考》《论易丛稿》《古史讲义》《苑峰杂著》。

《古代中国的十进制氏族组织》长文发表于《历史教学》(第2卷第3、4、6期,1951年9、10、12月),后收入《张政烺文集》第一卷《甲骨金文与商周史研究》。张政烺根据卜辞资料,并参考世界史上古代秘鲁印第安人与古代日耳曼人情况,论述商代尚存在的军事和生产合一的氏族形态与功能,说明农村公社的普遍存在,农民就是战士。文章指出:"古代中国的社会性质和世界上任何民族处在野蛮时代中级阶段和最高阶段都一样,就我们现有的材料和认识而论,决谈不到什么'特殊性',更谈不到什么'早熟性'。"① 文中对于卜辞中所见商代主要的农业生产者"众"进

---

① 张政烺:《古代中国的十进制氏族组织》,《张政烺文集》第一卷,中华书局2012年版,第74页。

行考释与分析，具体解释有关"众"的卜辞资料，疏解其中与之密切相关的反映农作形式的甲骨文字的字义，如考释卜辞中与"众"农作有关的动词"藉"字，指出其本意是种田。根据汉代史料可知"藉"是一种原始的农耕方法，效率很低，如果一个人自己经营，疲劳而无兴趣，效率很低，必须彼此互助，集体耕作，才可以得到好收成。当时虽然土地已分到各家，仍然是氏族团体共耕。由于卜辞中所见从事"藉"的是"众"，所以共耕的生产者即是"众"。"众"不仅是直接生产者，由卜辞也可知他们还是主要的兵源。当时学者皆把"众"视为农业奴隶，而且按照当时所理解的奴隶社会（古典的希腊、罗马奴隶制社会）的一般形态来理解"众"的经济地位与生活方式。该文首次阐述卜辞中的"众"为氏族成员，见解独到，与流行的见解不同。该文进一步指出，古代中国本质上还是氏族社会，存在着百人的氏族，百族的部族。具体如克鼎铭文称颂先祖师华父"惠于万民"中的"万民"即百姓，亦即百族。百姓在金文中写作"百生"。善鼎"余其用格我宗子及百生朋友"、沇儿钟"用盘饮酒，和会百生"说的都是作器宴请百姓。张政烺还从甲骨文、殷金文、西周金文中找出"先"族和臣辰诸器来说明氏族组织在商周时代的变化。他主张甲骨文中人、地、族名三者合一，因"先"既是卜人名，又是地名，故推知是族名。这个"先"在殷墟铜器铭文中常见，直至西周早期记载成王"礼百生豚"的臣辰父癸卣及相关诸器上，还署有"先"这个族徽和双册形，可见先族在商代作史官，周初又任作册，虽经周人迁移，职业未改，氏族组织和礼俗依旧保存，被编入十进制氏族组织之中成为"百姓"。有学者评论说："这样一环套一环地，从甲骨文、殷金文论到周初金文，就把臣辰、先族百姓的身份说明白，并通过这一例使读者更能搞清楚商周社会组织的特点与发展的情况。张先生此种将甲骨文、金文考释与历史纵向研究紧密结合的做法，很能反映他在古文字学上的功力与历史学上的洞察力，应是我们从事先秦史研究工作者努力的方向。"[1] 著名古文字学家裘锡圭认为张政烺使用古书和古文字史料的水平在古史学者中是最高的，对他十分钦佩。

张政烺继续探讨先秦氏族、众以及当时的社会形态与性质。他于1973年发表《卜辞"裒田"及其相关诸问题》(《考古学报》1973年第1期)，再次对"众"的身份进行考察。考释卜辞中"众"字从"土"，从"用"，有刨土、捧土二义，但主要之义是刨土。卜辞中言及田是在六月、十二月，即夏至、冬至。此时主要农事必

---

[1] 刘源：《张政烺先生的金文研究》，《书品》2004年第6期。

是以攻木杀草为开端，终转至平整土地，所以田就是开荒，造新田。从"众"要在王的命令下，由贵族带领去远方异域从事田这种异常艰苦的劳动这一史实出发，在上述《古代中国的十进制氏族组织》一文基础上进一步申述了对"众"的经济、政治地位的看法，说明"众人"既是农夫，也是战士，他们有个人的家庭，处于百家为族的农业共同体中，要为殷王担负师、田、行、役等徭役，他们被奴役，受剥削，实质上是商王与贵族的工具和财富。1983年发表的《殷契"刍田"解》（《甲骨文与殷商史》第一辑，上海古籍出版社1983年版）比较明确地指出"众"的阶级身份："'众人'是族众，包括平民和家长制下的奴隶"①。张政烺对"众"的考察持续了三十余年，他对"众"基本经济、政治地位、家族组织、主要生产形式的基本看法已被不少学者接受。由于"众"是殷代社会主要生产者，明了其状况，可以深化对当时社会结构与社会形态特征的看法。他发现殷代的"众"生活于族组织中，并联系《周礼·大司徒》阐述了对这种族组织的看法，即"一族之中血缘关系相当浓厚，以致氏族的旧风俗还未消灭。奴隶主阶级十分注意维持这种旧文化，无非是为了把人民牢固地束缚在农业共同体中，以便于对他们进行残酷无情的剥削"②。张政烺解释了"众"作为被奴役者为什么还能保持族组织，而统治者又为什么允许这种族组织存在的原因。相对而言许多古史研究者根据他们所理解的恩格斯的说法，强调国家建立后血缘组织要被地域组织代替，对中国古代在早期国家中大范围地保存了仍有相当浓厚血缘关系族的组织的事实是注意不够的。张政烺围绕"众"的问题所作的系统性的考察，有助于说明殷代时国家的形态特征。

《古代中国的十进制氏族组织》谈到异代同名是当时一种世袭制度的表现。此后张政烺发表《帚好略说》（《考古》1983年第6期）、《〈帚好略说〉补记》（《考古》1983年第8期）二文，提出卜辞中"帚"是世妇的看法，讨论了殷墟甲骨文中的"帚（妇）"的身份，说明帚（妇）即是《礼记·曲礼下》与《周礼》书中所见"世妇"，是女官，接近王，易转化为天子眷属。帚好本来即在"多帚"之中，后被武丁赏识而跃居多帚之上。帚好是女子称呼，好从女，子声，故异代卜辞皆可能有"帚好"出现。

---

① 张政烺：《殷契"刍田"解》，《甲骨文与殷商史》第一辑，上海古籍出版社1983年版，第45页。
② 张政烺：《卜辞"裒田"及其相关问题》，《张政烺文集》第一卷，中华书局2012年版，第163页。

**延伸阅读文献目录：**

1. 张政烺：《我与古文字学》，张世林编《学林春秋》，中华书局1998年版。
2. 丁山：《甲骨文所见氏族及其制度》，科学出版社1956年版。
3. 朱凤瀚：《商周家族形态研究》，天津古籍出版社1990年版。
4. 胡厚宣：《殷代婚姻家族宗法生育制度考》，《甲骨学商史论丛初辑》一册，成都齐鲁大学国学研究所1944年版。
5. 李学勤：《论殷代亲族制度》，《文史哲》1957年第11期。
6. 林沄：《从武丁时代的几种"子卜辞"试论商代的家族形态》，《古文字研究》第一辑，中华书局1979年版。
7. 裘锡圭：《关于商代的宗族组织与贵族和平民两个阶级的初步研究》，《文史》第十七辑，中华书局1983年版。
8. 杨希枚：《论先秦所谓姓及其相关问题》，《中国史研究》1984年第3期。
9. 李学勤：《考古发现与古代姓氏制度》，《考古》1987年第3期。
10. 朱凤瀚：《从周原出土青铜器看西周贵族家族》，《南开学报》1988年第4期。
11. 朱凤瀚：《卜辞所见子姓商族的结构》，《殷墟博物苑苑刊》创刊号，1989年。
12. 朱凤瀚：《殷墟卜辞所见商王室宗庙制度》，《历史研究》1990年第6期。
13. 杨宽：《试论西周春秋间宗法制度和贵族组织》，《古史新探》中华书局1965年版。
14. 李向平：《西周春秋时期庶人宗法组织研究》，《历史研究》1989年第2期。
15. 李旭：《论八旗制度》，《中华文史论丛》1964年第5辑。
16. 史建群：《浅析〈盘庚〉三篇中的"众"》，《洛阳大学学报》1987年第1期。
17. 彭邦炯：《商代"众人"的历史考察》，《天府新论》1990年第3期。

18. 徐六符:《商代"众"、"众人"问题探讨》,《福建师范大学学报》1992年第1期。

19. 彭邦炯:《曲诺、众人比较研究》,《重庆师范学院学报》1992年第2期。

20. 朱凤瀚:《先秦时代的农民》,冯尔康、常建华编:《中国历史上的农民》,台北馨园文教基金会1998年版。

—— 原文:《古代中国的十进制氏族组织》

经典原文

# 古代中国的十进制氏族组织

张政烺

## ■ 一 叙 言

"古代中国"一词在作者用来相当于中国的铜器时代和铁器时代初期,即野蛮时代的中级阶段和最高阶段,这约略相当于历史上的夏商周和春秋时代。关于古代中国的历史有许多问题应当加以说明,作者亦曾作过这样的准备,只因个人的精力有限,还未能如愿以偿。这里发表的只是许多问题中的一个,因为未经说明的问题太多了,在一篇里不可能完全照顾到,所以有些地方便不敢尽情地发挥,这要在陆续发表的文章中,弥补这些缺憾。

古代中国由于生产力逐渐的发展,氏族制已进步到部族联合,有些氏族势力膨胀了,取得了长期的领导权,其余的氏族便变成了他的从属。部族及联合的出现本来是基于利害关系的,现在利害的关系更为显明了,于是从民主的平等的结合变而为带有武力的强制的性质,许多被征服的氏族亦常被编入部族中,这样在部族及联合中公然地出现了统治氏族和被统治氏族。统治氏族为了便于管制,容易达到战争和生产的目的,把被统治氏族在原有的血缘为基础的组织上加以人工的调整,使每一氏族都包含一百个壮丁,从氏族宗族到部族都成为一种十进制组织,即每一部族包含一百个氏族一万个壮丁,这便是《尚书·尧典》上所说的"平章百姓,百姓昭明"。这样组织的办法虽然不是一个一般的氏族制发展的必然路径,但是我们可以在某一发展阶段上处处遇到,如印加族统治前后的古秘鲁印第安人,纶缪拉斯时代的罗马人,凯撒和塔西佗记载中的日耳曼人,便都施行过。这些社会发展的实例都曾经恩格斯肯定的指明是处在野蛮时代中级阶段和最高阶段的氏族社会,正好同古代中国作一个比较的说明。此外,类似的组织在中央亚细亚和中国北部的蒙古利亚种游牧人里亦曾存在过,不过这些"东方民族"的出现都在中世纪以后,不免带有游牧封建主义的色彩，不是古典的正常的发展，我们就不必理会他了。

从各方面讲这篇文章都不适宜于在《历史教学》上发表，但是编者盛意难却，只好在此分期登载。读者或许急于要知道作者对于古代中国社会性质的见解，因此特别在这里作一个简单的说明：古代中国是中国从氏族的社会进步到政治的社会的过渡形态，十进制氏族组织不过拿在社会发展上所产生的组织体使之固定，使之更进一层的组织化起来，所以大体说来，还是一个氏族社会。古代中国的社会性质和世界上任何民族处在野蛮时代中级阶段和最高阶段都一样，就我们现有的材料和认识而论，决谈不到什么"特殊性"，更谈不到什么"早熟性"。只因中国的铜器时代比较长（即铁器的出现迟了一点。这和阿兹忒克、马亚、印加等印第安人很相似），氏族组织发育得比较庞大，象形文字应用得比较宽泛，史料流传很丰富，如果自其内而观之便免感觉到眩乱反复了。在父系家长制家族下照例是有奴隶的，中国亦并不例外。前进的史学家，像我们的新史学导师郭沫若先生，和我们敬爱的国际友人苏联科学院的许多中国史专家，都强调周代的奴隶制度。当然，奴隶制在当时是一种新兴的有着远大前途的制度，所以这一看法是正确的。不过，作者以为周代奴隶人数既不多，当时主要的直接生产者和革命斗争者是国人和庶人（这类似罗马史上的国民和平民），而不是奴隶，因此想按照恩格斯《家族私有财产及国家的起源》①里处理同样问题的方法，把它叙述在氏族社会的末期，而把"奴隶社会"划在文明时代。

## ■ 二 军事编制

印加族统治前后古秘鲁印第安人的十进制氏族组织和军队编制相适合，普通每族系由十大氏族，每一大氏族系由十氏族，每一氏族系由十血族所组成。他们大抵是以各氏族在战争期间所能提供的战士数目为标准，因为大氏族同时又名千人团体，普通氏族同时又名百人团体，家族又名十人团体，而且这

---

① 原文即如此，1950年生活·读书·新知三联书店版，1949年新中国书局版即用此译名，现译为《家庭、私有制和国家的起源》。

些名称的由来，明显是因为平均每一氏族能够提供一百壮丁（能作战的男子，二十五岁至五十五岁），每一大氏族能够提供一千壮丁。

我们熟读过甲骨文和《诗》、《书》等重要古文献，经过长期的仔细的研究，知道古代中国的氏族组织和军队编制中亦有一种百人团体和千人团体存在。现在先举甲骨文的材料：

贞：𢦔卜百人……（武丁时）（《殷墟文字乙编》）[简称《乙》] 五六七三加五六七二）

这片卜辞已残缺，𢦔是一位将军，卜是动词，不知何义，疑是伐字之省。百人是军事编制。

丙申卜，贞：𢦔马，左右中人三百，六月。（武丁时）（《殷墟书契前编》）[简称《前》] 三·三一·二）

□□卜，㝏，贞：勿𢦔多马人三百。六月。（武丁时）（《邺中片羽·第三集》[简称《邺三》] 下·四七·八）

𢦔惟人百。（武丁时）（《铁云藏龟》[简称《铁》] 六三·四）

𢦔字从戈贯[]，系一个动词，不知道是现在的什么字。马是殷代军队的一种，我们将另有说明。殷代的军队常是分作左、右、中的，"人三百"分作三路，每路便是一个百人团体了。

丁酉贞：王作三自右中左。（文丁时）（《殷契粹编》[简称《粹》] 五九七）

自字在甲骨文和金文里都可以看出是军队屯驻的地方，和邑字约略相当，所以殷人常占"今夕自不震"（震惊即有警）。同样也占卜"今夕邑不震"（参考《六同别录》卷中屈万里《自不震解》）。一自所屯驻的军队可能就是一个百人团体。

殷代的军代又有叫做射的，亦常常是以"三百"出现，如：

登射三百。勿登射三百。（武丁时）（《乙》七五一）
贞：𠂤旁射三百。（武丁时）（《乙》四四七三及四四七五）

这类材料尚多，不必遍举。登在甲骨文里常见，是征集或提供之义。三百大约就是三个百人团体。

……受惟众百。王弗悔。（武乙时）（《粹》一一五〇）

"受惟众百"和上举"𠂤惟人百"句法相同，众就是人，是当时的直接生产者，同时亦是军队的来源。

……二百人。王……多方……（武乙时）（《殷契摭佚续编》[简称《摭续》六二]）

这片卜辞已残缺，大约占卜征战的事情，二百人自然是指的两个百人团体了。

……𠂤方征……八百。（武丁时）（《粹》一〇七九）

𠂤方是武丁时最强大的敌人，八百大约指出征军队中的八个百人团体。

贞呼：人九百。（武丁时）（《库方二氏藏甲骨卜辞》[简称《库》]一五六）
呼……九百人。（武丁时）（《殷墟卜辞》八三二）

呼是调动的意思，这大约都是调动九个百人团体出征的卜辞。

以上列举了十二条卜辞，足够说明殷人军队的编制中有一种百人团体存在。十个百人团体结合起来便成为一个千人团体，这在甲骨文中更常见，如：

丁未卜，殷，贞：王登千人，呼伐……戈。（武丁时）（《殷契佚存》[简称《佚》]三二四）

甲寅卜，宍，贞：登千……（武丁时）（《殷契卜辞》一三五）

这都是占卜征集一千人出征的事。其一次登人三千者最常见，如：

庚子卜，宍，贞：勿登人三千呼伐吕方，弗受有祐。（《前》七·二·三）
戊寅卜，宍，贞：勿登人三千呼伐吕方，弗……（《龟甲兽骨文字》[简称《林》]二·二七·六）
贞王登三千人。（《金璋所藏甲骨卜辞》[简称《金》]四九八）
丙午卜，宍，贞：勿登人三千呼伐吕方，弗其受有祐。（《金》五二四）
贞登人三千呼伐吕方，受有祐。
贞：勿呼伐吕方。
贞：勿登人三千。
贞：登人三千。（《库》一六四九）
贞：登人三千呼伐吕方，受有祐。
贞：勿呼伐贞方。（《殷墟书契续编》[简称《续》]一·一〇·三）
……人三千，呼伐吕方，受有……（《元嘉造像室所藏甲骨文字》九六）
……人三千，呼伐吕方，受……（《殷墟书契后编》）[简称《后》]上·一七·一）
……三千，呼伐吕……（《粹》一〇七八）
……登人三千，呼伐土方……（《甲骨叕存》七四）
庚寅卜，韦，贞：登人三千……（《前》七·二五·二）
丁酉卜，宍，贞：勿登人三千呼伐……（《铁》二五八·一）
辛卯卜，宍，贞：登人三千伐……（《双剑誃所藏甲骨文字》五六）
□□卜，宍，贞：今……，登人三千，呼……《续》五·一三·七）
戊戌卜，亘，贞：勿首登人三千：（《库》一一）
已巳卜，□，贞：登人三千，呼……（《福氏所藏甲骨文字》三六）
……人三千……（《殷契遗珠》）[简称《珠》]七七七）
……贞：登人三千。（《续》三·二七·四）
……登人三千，呼菱……（《前》六·三八·四）
庚寅卜，㕚，贞：㽞三千人，伐……（《续》五·一一·一）

贞勿㽎人三千。(《林》一·二五·一)

㽎是动词，和登字的意思相似，譬如卜辞常见"贞登牛百"，亦常见"贞㽎牛百"，大约同是"提供"的意思。

以上列举了一次征集三个千人团体出征的卜辞，共二十多条，都属武丁时期。

丁酉卜，殼，贞：今🀆王奴人五千，征土方，受有祐。(《后》上·三一·六)
丁酉卜，争，贞：今🀆王奴人五千……方……(《后》下·一·三)
……贞：今🀆王伐𢀛方，……登人五千，呼……(《前》七·一五·四)

🀆字不识，大约表示季节。奴和登在读音和字义上都一样。

贞：𢀛方亡闻。
贞：登人五千呼见𢀛方。
贞：勿登人。(《续》一·一三·五)
贞：勿登人五千。(《续》二·三〇·一〇)
登人五千，呼……(《林》二·二八·一三)
……五千，惟……(《诚斋殷墟文字》三七七)

以上列举了一次征调五个千人团体的卜辞七条，皆属于武丁时期。根据上举这些卜辞可见殷人出征常是调动三个千人团体或五个千人团体。

□人八千，在驭。
丧驭众。(文丁时)(《粹》一一九)

驭是地名。众等于人，是当时的兵源，亦是直接生产者。八千是八个千人团体。

十个千人团体结合起来便有"万人"。《国语·周语》和《吕氏春秋·顺民》都记载汤祷于桑林之辞说：

余一人有罪，无以万夫。万夫有罪，在余一人。

可见汤在当时只是一个万夫长（部族的首领），但是到盘庚迁殷以后，人口和组织便很庞大了。

辛巳卜，贞：豋妇好三千，豋旅万，呼伐羌。（武丁时）（《库》三一○）

这次伐羌的规模很大，竟一次动员了一万三千人，即十三个千人团体。

□巳卜，贞：□万人归。（武丁时）（刘体智藏骨拓本）
万人般。（武丁时）（明义士藏骨拓本）

万人亦皆是军事组织。

癸卯卜，□获□□其□三万不？（武丁时）（《粹》一一七一）

卜辞中言数之例这是最高的纪录。可惜辞已残缺，不知三万究竟指的是什么。个人推测，最大的可能是三个万人团体。

以上把甲骨文中出征的记载，有人数可考的，一总抄出来，从这些材料里我们可以看出殷代军队编制中有百人团体、千人团体和万人团体。

现在再看周代的情形。《尚书·牧誓》相传是周武王伐纣时在牧野誓师之辞，在这一文件里开头便说：

嗟！我友邦冢君，御事：司徒、司马、司空、亚旅、师氏，千夫长、百夫长，及庸、蜀、羌、髳、微、卢、彭、濮人，称尔戈，比尔干，立尔矛，予其誓。

这里记载着武王要他的麾下将队伍排好，扛起了戈，摆好了盾，竖直了矛，好听他的誓词。武王伐纣的队伍很复杂，友邦冢君是参加部族联合的盟友，这时候还未变成周人的臣属。庸、蜀、羌、髳、微、卢、彭、濮是西南方比周落后的种族，他们都不是周人的基本队伍，周人直属部队的基层组织显然是千夫长和百夫长。至于治事的司徒、司马、司空当是周的高级官员（自然是由高级氏族的各位酋长担任），而亚旅、师氏可能便是五个千人团体或三个千人团体的指挥者，可惜现在已经不能确切地说明了。《逸周书·克殷》（朱右曾《集训校释》记载牧野大战的情形说：

> 武王使尚父与伯夫致师。（尚父，太公望。伯夫，四卒百人也。致师，挑战也。《周礼注》曰：致其必战之志。古者将战先使勇力之士犯敌焉。）

伯夫便是一个百人团体，在这里是作为敢死队去冲锋陷阵。《白虎通》卷五《三军》条说：

> 传曰：一人必死，十人不能当。百人必死，千人不能当。千人必死，万人不能当。万人必死，横行天下。

《白虎通》引"传曰"常是出于纬书，可惜我们已不能确切知道究系何书。在《说苑·指武》里亦有类似的说法。从这些文献里可以看出十进制军事编制的威力是如何强大。《管子·形势解》："古者武王，地方不过百里，战卒之众不过万人。"《春秋公羊传》宣公八年"《万》者何？干舞也"。何休《解诂》："《万》者其篇名，武王以万人服天下，民乐之，故名之云尔。"皆言武王是万人团体的领袖。

从《诗经》里也可以找到这类十进制军队编制的材料，如《秦风·黄鸟》：

> ……维此奄息，百夫之特……如可赎兮，人百其身。
> ……维此仲行，百夫之防……
> ……维此鍼虎，百夫之御……

秦起自戎翟，社会的发展比较落后，一直到秦穆公时还保存着母系氏族社会遗留下的"兄终弟及"的继承制度。穆公死时杀一百七十七人殉葬，内中有子车氏的奄息、仲行和鍼虎三位。这三位都是英雄，秦国人哀悼他们便作了这篇

《黄鸟》诗。从诗里看出秦人的意见以为这三位英雄都可以选作百人团体的领袖。我们知道秦人有百人团体,那么《国语·晋语》记晋文公复国时"秦伯纳卫三千人",便亦可推断秦穆公所送去的卫队是三个千人团体了。

从甲骨文里常可以见到用三族或五族出征的记载,如:

　　□戌卜,争,贞:令三族从沚䤈伐土方,受有祐。(《殷墟文字甲编》[简称《甲》]九四八)

这是武丁时卜辞,沚䤈是当时的大将。

　　眔令三族。(《后》下·二六·一六)
　　乙酉卜,惟三百令。
　　惟三族马令。
　　眔令三族。
　　乙酉卜,于丁令马。
　　惟一族令。(《战后宁沪新获甲骨集》五〇六)

马是殷代军队的一种,丁日是乙酉后两天,从这一条看,似乎三族是三个百人团体。

　　王惟次令,五族其戍羌[方]。(《后》下·四二·六)
　　癸巳卜,王其令五族戍甾。(《粹》一一四九)
　　□丑卜,五族戍,弗雉王众。(《邺三》下·三九·一〇)
　　五族,其雉王众。(《邺三》下·三八·二)

以上这六片都是武乙时卜辞。羌方是当时的强敌。甾是和殷人关系最亲密的氏族,土地接近舌方(如《续》三·一·三)"舌方不至于甾"),戍甾大约就是为了对抗舌方。根据这些甲骨文来推测,最大的可能是五族等于五个百人团体,三族等于三个百人团体,而一族就等于一个百人团体了。果真如此,那么甲骨文里的族字便等于我们现在所用的氏族。

今日讲西周的历史，材料反不如殷代来得丰富，但如明公殷：

> 唯王令明公遣三族伐东国。（成王时）（《两周金文辞大系考释》一〇）

从这里亦可以明白地看出军队编制和氏族组织有分不开的关系，这里的族字大约也是百人。

## ■ 三　农业生产

古秘鲁印第安人的百人团体不仅是军事编制，亦是农业生产上的组织，即经济合作体，这便叫做"马克"。在秘鲁一个百人团体的马克内，除各家住宅附近的园圃系私有外，全部村外的耕地，都是公有，每年分配一次，每家各得一份，但是仍要共同耕作。播种期到来之前，村长便和村内耆老商定开始耕作的日子，并事先通知全村，到了这天，男妇和成年儿童便一齐到郊外，行过一个小小仪式（工作是用唱歌开幕的），就分头在田里工作，顺序耕种各个成员的份田。

提到马克便会使人想到古代的日耳曼人。日耳曼人的部族全是分成一百个小区，又因每区住着一个血族共同体，所以是一部族包括一百个大氏族。他们的基层组织叫做"百人组"，百人组定住在一定的地域后，便构成一个马克。在马克团体内，除居住的地方外，无论什么土地都是公有。在马克内的个人却没有成员的人格性，严格地说家才是成员。马克团员所有的权利之最重要的部分，为对于耕地有平等所有权，为了要维持团员所有权的平等的缘故，不得不采取每年分割一次的制度。马克的耕地是由马克团员全体共同耕种的，在共同的计划上，举行同时的经营。马克团体内执行"耕作强制"的制度，假如某一个团员不受"耕作强制"的裁判，他的事业的前途就要受着种种不利的打击。在这样的经营组织之下，各人是不能任意耕作收获的，即是各人都须在"耕作强制"的制度之下，和其他团员在同一的时候，播种共通的作物，耕作共通的作物，收获共通的作物。

以上略述古代秘鲁和日耳曼的马克，以供了解古代中国十进制氏族组织下农业耕作情况的参考（当时的耕具以木制为主，或许偶然亦用铜，这和秘鲁相似，日耳曼则较为进步，我们将在另外的一篇文章中说明）。古代中国的氏族成员叫做"众",是兵源(例证很多,略见上章所举卜辞,详细情形将另文说明。)亦是直接生产者。

> 乙巳卜,殷,贞:王大令众人曰:协田!其受田。十一月。(《前》七·三〇·二,《续》二·二八·五,《粹》八八六)
> 戊寅卜,宁,贞:王往视众黍于冏。(《前》五·二〇·二)
> 贞:惟小臣令众黍。一月。(《前》四·三〇·二)

这都是武丁时卜辞。"协"是"同力"即"通力合作"的意思。"黍"是种黍。"令"字有"耕作强制"的意味。"大令"更可以见出参加种田者人数之多。

甲骨文里常见"藉"字,像一个人用手推耒,同时要脚向下蹈踏的情状,用作动词,即用耒种田的意思,所以下文常接着说道"受年"(即得到好收成)。藉字在中国古书上有几个意思,在这里有加以说明的必要。一、藉就是"耕"(《续汉书·礼仪志》注引卢植《礼记月令注》),这和卜辞中一切藉字的用法都相合。二、藉就是"蹈",《后汉书·明帝纪》注引《五经要义》说"言亲自蹈履于田而耕之",这和甲骨文藉字的形体相合。这种原始的耕种方法在汉代生产落后的地区和受剥削最重的农民间还保存着,便叫做"跖耒而耕",如《淮南子·主术》说:

> 一人跖而耕不过十亩。

《盐铁论·未通》说:

> 民蹠耒而耕,负担而行,劳疲而寡功。

这都说明了这种耕作法效率很低,耒是由"掘土棒"演变来的,美洲印第安人的耕具与此很相似,使用这种耕具就只能用这种耕法。如果一个人自己经营,工作很慢,效率很小,疲劳而无兴趣,必须彼此互助,集体耕作,才可以得到好的收成。所以土地虽是平均分配给各家,而耕种却是团体的。国王小臣或族长既是耕作时的指挥者,他们分得的份田自然就由大众首先助他们耕作。三、藉就是"助"和"借"。《孟子》说：

>殷人七十而助，助者藉也。

这是说殷代每人分得七十亩田，而行助法，助就是藉。赵岐作《孟子注》，解释藉字说：

>藉者，借也。犹人相借力助之也。

古代"族"或"国"常保留大块公有土地，亦由众人共同耕作，收成则送入公共仓库（有神仓和御廪等）以为祭祀、军旅和赈族收族（救济鳏寡孤独）之用，这种土地亦便叫做"藉田"。这种制度并不能看做一种剥削，《谷梁传》（宣公十五年）和《礼记·王制》都说：

>古者公田藉而不税。

许慎《说文解字》：

>藉，帝藉千亩也。古者使民如借，故谓之藉。

都和藉田的原意相去不远，《尚书大传》说"天子知民之缓急，急则不赋藉"，注文说：

>藉，公家之常徭。

这便是用汉代的眼光来了解古代了。
　　武丁时卜辞：

>丙子卜，呼……藉。受年。（《前》七·一五·三）
>乙亥卜，贞：令吴小藉臣。

乙亥卜，……劝藉。(《前》六·一七·六)

庚子卜，贞：王其劝藉，惟往。十二月。(《后》下·二八·一六)

吴是武丁时很重要的小臣，兼管耕作的事情。呼和劝都有"耕作强制"的意味，《礼记·月令》仲秋：

乃劝种麦，毋或失时。其有失时，行罪无疑。

这或许就是沿袭着殷代的制度。

丙辰卜，争，贞：呼藉于隹，受有年。
贞：呼廪归田。(《乙》三〇九一)

隹是地名，卜辞亦常见"贞隹受年"。

丁酉卜，殷，贞：我弗其受甫藉，在娟。(《乙》四三〇六)

娟是地名，卜辞亦尝见"贞娟受年"。

关于周代的藉田，在《国语·周语》里保存一段很好的史料，可惜原文太长，现在节录于下（原有韦昭注，亦节录之）：

宣王即位，不藉千亩（藉，借也。借民力为为之。天子田藉千亩，诸侯百亩。）虢文公谏曰："不可。夫民之大事在农，上帝之粢盛于是乎出，……和协辑睦于是乎兴（协，合也。辑，聚也。睦，亲也）。……是故稷为大官。古者太史顺时觇土，……先时九日，太史告稷曰：'自今至于初吉，阳气俱蒸，土膏其动。……'稷以告王，……王乃使司徒咸戒公卿、百吏、庶民。……先时五日，瞽告有协风至，……及藉，后稷监之，膳夫、农正陈藉礼，太史赞王，王敬从之。王耕一墢，班三之（班，次也。王耕一墢，一耦之发也。耜广五寸，二耜为耦，一耦之发，广尺深尺。三之，下各三其上也，王一墢，公三，卿九，大夫二十七也），庶民终于千亩（终，尽耕之也)。……是日也,瞽师、音官以风土(音官,乐官。风土以音律省土风。风气和则士气养也。)廪于藉东南,钟而藏之(廪,御廪也。一名神仓,东南生长之处。钟,聚也。谓为廪发藏王之所藉田,以奉粢盛也)而时布之于农。稷则遍诫百姓,纪农协功(纪谓综理也。协,同也)。……王则大徇(帅公、卿、大夫亲行农也),耨获亦如之(如耕时也)。民用莫不震动,恪恭于农,修其疆畔,日服其镈,不解于时,财用不乏,民用和同。是时也,王事唯农是务,无有求利于其官,以干农功。三时务农而一时讲武,故征则有威,守则有财。若是,乃能媚于神而和于民众,则享祀时至而布施优裕也。今天子欲修先王之绪而弃其大功,匮神乏祀而困民之财,将何以求福用民?"王不听。

这段材料说明国王亲自参加藉田,领导群众生产的重大意义。一则说"和协辑睦于是乎兴",再则说"遍诫百姓,纪农协功",三则说"民用和同",可见古人很看重集体劳动,通过"通力合作"来进行一种合群的教育。这里所说的廪就是公共仓库,藉田的收入藏在这里面,以供祭神之用,亦随时布之于农民,如果公共仓库的蓄积充实,自然亦就"享祀时至而布施优裕"了。农民三时(春夏秋)务农,一时(冬季)讲武,所以在军事编制和农业生产上要有统一的组织,这便是我们要讲的十进制氏族组织了。

周代在十进制氏族组织下的耕作规模较殷代更来得伟大。我们先讲几篇《诗经》。《大田》:

> 大田多稼,既种既戒,既备乃事。以我覃耜,俶载南亩。播厥百谷,既庭且硕,曾孙是若。

大田是族或国保留的公有土地,不须分割,所以没有阡陌而称为大田。曾孙指族长即周王。

> 有渰萋萋,兴雨祁祁。雨我公田,遂及我私。彼有不获稚,此有不敛穧。彼有遗秉,此有滞穗,伊寡妇之利。

公田即大田，指族或国保留的公有土地，私田则是各家分得的份田。在土地公有的时代，普通人都是耕份田为生，无穷富的差别，不可能有奴隶、奴农、佃农或雇庸代替耕田。"有人斯有土，有土斯有财"。寡妇没有劳动力便分不到份田，年青的大约都改嫁了，老迈无子的虽有宗族照顾，生活却不免很苦了（在古代中国，一般地说，鳏寡孤独不能劳动的人都很苦，所以经典和铜器铭文里常有照顾他们的话）。《甫田》：

　　悼彼甫田，岁取十千。我取其陈，食我农人。自古有年。……曾孙之稼，如茨如梁。曾孙之庾，如坻如京。乃求千斯仓，乃求万斯箱。

甫田就是大田，亦就是族或国保留的公田。岁取十千的"取"字读作"聚"。《左传》（昭公二十年）"郑国多盗，取人于萑苻之泽"，王引之《经义述闻》说"取读为聚"，并举了许多例子说明"聚古通作取"（此条承中国科学院丁声树先生告余，非常感谢）。每岁聚集十个千人团体共同耕作，规模真是伟大。在近代陕西的黄土高原上因为水分缺乏，人力尚不能控制雨水，每家必须保存三五年足用的粮食以防旱灾，到过陕北而留心农民生活的人，多知道此事。古代生产力微弱，情形更应当是如此。《逸周书·文传》说：

　　《夏箴》曰：国无兼年之食，遇天饥，百姓非其有也。

《汉书·食货志》说：

　　民三年耕则余一年之畜……故三载考绩。……三考黜陟，余三年食，进业曰登。再登曰平，余六年食。三登曰泰平，二十七岁遗九年食。然后王德流洽，礼乐成焉。故曰"如有王者，必世而后仁"，由此道也。

这便是说一个国家在新建设的时代，必须人人勒紧裤带，要经过九个三年计划，一般人的生活程度便可以提高。但是他们吃的粮食如何呢？如果"新陈代谢"的工作掌握得好便吃九年的陈粮食，否则亦许要吃二十七年的陈粮食了。在这种情状下越是"自古有年"，越脱不掉要吃陈粮食，明清时期，漕米在大仓中发热，变成了黄硬而无黏性的"老米"很不好吃，但是帝后王公到包衣厮养都以此为主要食粮，便亦不分身份的贵贱。古代中国既是要吃陈粮，想来亦不容易从这上面看出身份的差别。族或国保留的公田，收获所得都送入公共仓库，以供种种的公共费用（如祀、戎和收族等等），族长或国王按照习惯对于公共仓库有绝对的支配权，这样便像是他的私产。我们知道古代社会的人民热爱领袖，因为领袖代表着全体的光荣和利益，这样亦便高喊出"曾孙之稼"、"曾孙之庾"了。《臣工》：

> 嗟嗟臣公，敬尔在公。王厘尔成，来咨来茹。……命我众人，庤乃钱镈，奄观铚艾。

这诗开头是告诫农官，用心为公家服务，遵受王的成法，时时来请教。"命我众人"和甲骨文的"令众"相同。准备好了田器，很快地就可以进行收割了。《噫嘻》：

> 噫嘻成王，既昭假尔。率时农夫，播厥百谷。骏发尔私，终三十里。亦服尔耕，十千维耦。

这诗说成王亲自告戒农官，要他们率领着农夫播谷。"私"是各家分得的份田。土地虽然平均分配给各家，但是还要集体耕作。十个千人团体同时进行耦耕，所以便有三十多里的场面了。过去注解这诗的人如郑玄、朱熹都根据《周礼·遂人》职，说"万夫之地方三十三里少半里，言三十里者举其成数"。

《遂人》职原文引如下：

> 凡治野：夫间有遂，遂上有径；十夫有沟，沟上有畛。百夫有洫，洫上有涂。千夫有浍，浍上有道，万夫有川，川上有路，以达于畿。

这里叙述了从一夫到万夫的耕地。遂、沟、洫、浍、川，指田间大大小小的水沟。径、畛、涂、道、路，指田间宽宽窄窄的人行道。郭沫若先生很看重这段材料，在《古代研究的自我批判》里说道：

周室治野的办法在《周官·遂人》职里面还保持着,那是纯粹十进位的办法。……这项资料我觉得同样值得宝贵,并不是出于刘歆的杜撰。因为《周官》尽管是有问题的书,但只是经过刘歆的剪裁填削,割裂改编而已,其中自有不少的先秦资料。故《周官》和《左传》一样,固不可尽信,然亦不可尽不信,使用时须得有一番严密的批评。

郭先生的这一指示,我们完全拥护。《载芟》:

载芟载柞,其耕泽泽。千耦其耘,徂隰徂畛。

这诗说芟除草木开始耕田,一个千人团体在一片土地上进行耦耕。《良耜》:

黍稷茂止。获之挃挃,积之栗栗。其崇如墉,其比如栉。以开百室。百室盈止,妇子宁止。

这诗说黍稷茂盛,收成很多,堆起来像城一样高,像梳一样密。郑玄的注解说:

百室,一族也。……其已治之,则百家开户纳之。千耦其耘,辈作尚众也。一族同时纳谷,亲亲也。百室者出必共洫间而耕,人必共族中而居,又有祭酺合醵之欢。

这里描绘出周代一族百室共同生产的情状。在当时百人集体耕作大约是最基本的组织,所以《逸周书·作雒》叙述周初经营雒阳,亦说道:

都鄙不过百室,以便野事。

野事当然就是农耕之事。这虽然不一定是周初作雒的实情,却当是《作雒》篇写作时的景况。一族聚居一处,这对于集体耕作自然是很方便的。

既说明了这一点,我们试看周代几篇有关建筑的诗,《绵》:

> 捄之陾陾，度之薨薨，筑之登登，削屡冯冯。百堵皆兴，鼛鼓弗胜。

这说周的先王古公亶父初迁到岐时的事情，族人共同兴建，搬土投土、打夯修治，手忙脚乱要盖成一百堵房子，用大鼓的节奏来调剂众人的精神，因为劳动是为了自己，人人做主人，所以就"乐事劝功，鼓不能止"了。《史记·周本纪》记此事说：

> 古公……乃与私属遂去豳……止于岐下。豳人举国扶老携弱，尽复归古公于岐下。及他旁国闻古公仁，亦多归之。于是古公乃贬戎狄之俗，而营筑城郭室屋，而邑别居之。

这里所说"邑别居之"就是以血缘氏族为基础，分成若干百人团体，使它聚居在一起。《诗经》里又有：

> ……之子于垣，百堵皆作。虽则劬劳，其究安宅。（《鸿雁》）
> ……似续妣祖，筑室百堵，西南其户。爰居爰处，爰笑爰语。（《斯干》）

这两首诗都是西周晚年的作品，作邑还要以百家为标准，可见当时军事组织还是以百人团体为础，农业耕获是要通力合作。《逸周书·大聚》（朱右曾《集训校释》）说：

> ……发令以国为邑，以邑为乡，以乡为闾，祸灾相恤，资丧比服（资，助。比，合。服，事也。比服犹云通力合作）。五户为伍，以首为长，十夫为什，以年为长。合闾立教（闾二十五家也），以咸为长。合旅同亲（旅当为族，百家也），以敬为长。饮食相约，兴弹相庸（赵曰：功作则互相劝，是兴。游坠则互相纠，是弹）。耦耕俱耘，男女有婚，坟墓相连，民乃有亲。六畜有群，室屋既完，民乃归之。

古书里像这一类的记载还不少，可惜写作的时代都不很早。不过，就此推测十进制氏族组织下一个百人团体的马克内人民生活的情形，亦可以知其大概了。

古代罗马实行过一种"百分田"的办法，从原文名词的字面上看和军事上的"百人队"有显著的关系。这种分田的方法和古代中国的阡陌很相似。郭沫若先生在二十年前曾注意到此事（《中国古代社会研究·附庸土田之另一解》）。现在为了了解古代中国的田制，特把古罗马从土地公有到平均分配的情形，加以叙述。

古代罗马的氏族制本来是土地共有，部族、诸氏族、家族均有他们共有的土地。到纶缪拉斯时代建立了十进制的氏族组织，亦实行了班田的办法。当时土地区划的方法和计算面积的单位是这样：先决定一中央地点，画出一个十字路，将地面四分开，然后在路的两旁划成许多方田。长二四〇尺（罗马尺，下同）宽二四〇尺的一区（二百四十乘以二百四十等于五万七千六百方尺，约等于四·五英亩），便是一夫之田。十倍于这个的一边的长度的一区（二千四百乘以二千四百等于五百七十六万）便叫做"百分田"，所以罗马把划分土地这回事叫做"百分"（这很像周代人说"彻"）。但是土地不一定都适宜划成方田，所以百分田的经界有时亦成为种种的矩形。合若干百分田的单位有"萨尔妥斯"的总称，但是并无确定的内容，这大约因为罗马偏小，缺乏大片土地的缘故。

百分田一区容纳一百个"家"，内有房子及菜圃，每家对此分得的土地及建造的房屋菜园等完全有主权。在百人团体所在地以外的荒地草场则共同使用。关于纶缪拉斯班田的性质，莫尔甘《古代社会》罗马的氏族制章土地之共有节（杨东莼等译本）中，曾有说明：

> 这种摊派是个别的绝对所有权之嚆矢，是安定的生活及理智上的显著的进步之前提。这样的所有权不单是由政府所分赋的，而且是由政府所给予的，进而与从个人的行为所发生的土地所有权，全异其趣。土地之绝对的个人所有之观念，乃是经过经验的一种产物，这种观念之到达完全的境地，却还在文明时代。纵令如此，可是这些土地还是从罗马人共有土地取来的，所以到文明发轫以后，氏族、胞族及部族等，在个别地为各人所有的土地之外，还是共有若干之土地。

百分田是罗马从氏族的社会进步到政治的社会过程中的产物，耕者对于土地已可长期占有，不必年年分割，但非个人的真正私产，而是族或国所"授"与私人者。这比秘鲁和日耳曼已进步，古代中国却曾经有过，从春秋到战国初年，有些地方便是如此了。《国语·晋语》（韦昭注）说贵族氏族"食禄"的标准是：

大国之一卿一旅之田（五百人为旅，为田五百顷）。
上大夫一卒之田（百人为卒，为田百顷）。

从这里可以看出当时土地划分和军事编制还有密切的关系。

从氏族的社会进步到政治的社会曾经过一段很长的路程，这便是古代中国的历史。在这一发展过程中十进制氏族组织的出现还只是前一段。由于生产力不断的发展，继此当然还要有许多翻新的花样，而与之相适应的土地分划制度亦就纷纷的出现。这里面有时代先后和地理条件的不同，而最重要的却在军队组织的改变。最显明的如《春秋左氏传》所记载，僖公十五年晋做州兵，成公元年鲁做丘甲，昭公四年郑做丘赋。这已不是十进制，需要另作说明，便不列于此了。

## ■ 四 氏族组织

古罗马的十进制氏族组织，莫尔甘在《古代社会》（杨东莼等译本）里叙述得很详细，今摘要如下：

氏族的社会在罗马人之间，显示着关于组织上的四阶段：第一，即氏族，这一组织乃同血族之集团，而且成为社会的体制之单位。第二，即胞族，……成自十氏族，结合而为一个比较高级的集团。第三，即部族，成自十胞族，备有民族在氏族制度之下所表现的若干特色。第四，即"罗马国民"。……在有史时代之初，所有意大利部族，概形成同样的组织。

罗马胞族所包含的诸氏族，大抵都是持有亲族关系的氏族，并且他们在再结合的过程中，即在形成高级组织的过程中，由互相嫁娶的结婚法，质言之，即由同一胞族内之各氏族互相供给妻室的结婚法，而使其结合益臻于强固。

拉门雷人之百氏族，概属拉丁氏族，当他们组织成为十个胞族（每一胞族成自十个氏族）的时候，纶缪拉斯便十分重视血族之联系，在可能范围内将持有亲族关系之氏族编入同一胞族之中。他复采用专擅手段，从自然形成的甲胞族的里面，抽出过剩的氏族，以补乙胞族之不足，从而数字上之均衡始得以完成，这一事实是无可疑的。……至于第三部族（即卢西勒人）是由渐次加盟和征服的关系，较后成立的。这一部族就其构造要素而言，可谓是异质的，其中一面包含其他的氏族，一面又包含一部分伊特剌斯坎氏族。他们在组织上也采取数字上的十进法，质言之就是十个胞族各由十个氏族所构成。在这样再行组织情形之下，氏族（即组织的单位）依然保持纯粹的状态，不曾遭遇何等变化。但胞族则上升到它的逻辑的水平线以上，并且在某种情状中，包含着不属于严密意义的自然的胞族之外来分子。同时部族也上升到它的自然的水平线以上，包含着不属于自然发生的部族之外来分子。由此种立法的抑制，所以部族及其所包含的胞族和氏族，得以维持其均衡，不过第三部族在环境压迫之下，其大部分，是属于人工的创造物。……依照上述的方法所得到的数字上的比例，致使当时社会之政治的行动，敏捷迅速，能够减少许多困难。

少数外来分子被迫而加入到第二及第三部族所包含之胞族中，尤其是加入到第三部族，可说是难以否认的事实。但是对于氏族，或是改变其组成分子，或是出于改造，抑或重新建设，这简直是不可能的事体。立法者除掉以持有亲族关系的诸氏族为核心，结合于其周围的既存的氏族外，实不能创造氏族，也不能创造胞族，它只能出于强制的手段，对于胞族中之氏族数目，以及部族中之胞族数目，予以增减而已。

在罗马社会发达之递升的阶段中，居胞族之次位的便是部族。部族由十个胞族或一百个氏族所构成。……如果单就我们现在所研究的罗马部族而言，那么我们便可以说它是为着特殊的目的，藉特殊的手段，由人工扩大而成的一种组织，虽是如此，但是部族之基础与本体仍然不失为自然的产物。

以上引证了莫尔甘的许多议论，我们可以充分地了解古代罗马在十进制氏族组织发生及形成时的社会性质。古代中国的许多史料，常是被封建主义和资本主义的学者歪曲了。我们多看一点可资参考的材料，对于整理自己的史料总是有益的。

古代中国的十进制氏族组织是社会发展上自然的产物，最初的出现当然是积无穷的岁月而慢慢形成的。及至统治氏族认识了这种组织的效能，总结了这种组织的经验，便亦会机动地有步骤有计划地加以推广和巩固。但是这位和罗马史上纶缪拉斯相当的首出英雄究竟是谁呢？却很难讲。《尚书·尧典》里说到帝尧的功绩是：

> ……以亲九族，九族既睦。平章百姓，百姓昭明。协和万邦，黎民于变时雍。

古代的"九族"指同姓（从古文家及马、郑说），作者另在"古代中国的家族形态"一文中说明，此处不再讨论。现在我们想要说明的只是介于"九族"和"万邦"之间的"百姓"。在前两节里我们已经指出古代中国在军事和农事上都可以很清楚地看到有一种十进制氏族组织，一个部族包含一百个氏族，这便是所谓"百姓"了。根据郑玄的注解，"平"是辨别，"章"是章明，"平章"就是整顿清楚的意思。那么"平章百姓"亦就是纶缪拉斯在古代罗马所做的工作了。《尧典》是春秋战国间人的著作，史料不算很古，把制定十进制氏族组织这一功绩归之帝尧是否失之过早？我们从各方面考虑亦颇有可能，那么便开始于公元前的二十三世纪，比起罗马早了一千五百年。

说百姓就是百族并非空谈，我们亦有证据，只是材料不太早，《周礼·地官·司市》：

> 大市，日昃而市，百族为主。朝市，朝时而市，商贾为主。夕市，夕时而市，贩夫贩妇为主。

郑众注："百族，百姓也。"百族分处在一百个马克内，要有来去的时间，所以是日昃而市。又《周礼·秋官·大司寇》：

> 若禋祀五帝，则戒之日莅誓百官，戒于百族。

郑玄注"戒之日"就是"卜之日",而《礼记·郊特牲》却说:

> 卜之日,王立于泽,亲听誓命,受教谏之义也。献命库门之内,戒百官也。大庙之命,戒百姓也。

这亦可见百族就是百姓,不过在太庙受命的大约不是百族的全体氏族成员(万人),而只是他们的领袖,一百个族长。

称百姓之长为百姓,亦有很多证据,如周代铜器铭文的兮甲盘上有"诸侯"、"百姓",史颂鼎上有"里君"、"百姓","百姓"必是族长,所以才和"诸侯"、"里君"并称。"里君"亦见于矢令尊和《尚书·酒诰》,据《尚书·序》说"康王命作册毕分居里成周郊",那么"里君"是王国近郊许多马克的首领,和百姓的性质便很相近了。

古代罗马十进制氏族组织结合的经过,据莫尔甘说是:

> 因为借着引诱或征服的占有,致令从周围诸部族得到允许加盟的同意,致令数字上的调整益成为可能。

古代中国的情形亦复如此,既凭借着武力,亦依靠了"引诱"。在这里我们应当注意一句古话"柔远能迩"(拉远方的氏族要它向自己靠拢)。这事实上就等于古代中国团结氏族的一贯的政策。《尚书·尧典》记载舜命十二牧时要他们"柔远能迩"才可以"蛮夷率服"。又《顾命》记载成王将死,召集诸侯百姓,要求他们共保太子钊(即康王),要他们:

> 弘济于艰难,柔远能迩,安劝小大庶邦。

《诗经·民劳》(传召穆公作)说:

> 惠此中国,以绥四方……柔远能迩,以定我王。

在西周的铜器铭文里亦常见此四字,如克鼎(《两周金文辞大系考释》一二一页，厉王时器）叙述克的先祖师华父的功绩：竭诚拥护恭王"惠于万民，柔远能迩"，万民就是百姓。番生簋（《两周金文辞大系考释》一三三页，厉王时器）说他个人应当努力从政，"用谏四方，柔远能迩"。从这些资料里可以看出"柔远能迩"是古代政治的最高理想。"道得众则得国，道失众则失国"，被他们从很多的经验教训中体会到了。当时要怀柔各族首先是"修德行善"（像《史记》里说的商汤和周文王），却亦不免运用酒食宴享等手段，因为"食、色"正是人类的天性。春秋时椒举说"诸侯无归，礼以为归"，便指的这一类事情。试看甲骨文：

惟多子饗。惟多生饗。（《甲》三八〇）

这是武乙时卜辞，占宴享多子和多生的事，多子是殷王的许多儿子，多生即多姓，即许多族的族长。在周代铜器铭文里百姓亦写作百生，臣辰父癸卣（《两周金文辞大系考释》三二页，成王时器）：

……王令士上及史寅殷于成周，礼生百豚，及赏卣鬯贝，用作父癸宝尊彝，臣辰。双册形。先。

这是很重要的一段材料，我们应当仔细说明。这里说周王命士上和史寅两个人殷于成周（洛邑）。殷字从宀从殷，是动词。《周礼·大行人》职"殷同以施天下之政"，郑玄注说：

殷同即殷见也。王十二岁一巡守，若不巡守则殷同。殷同者六服尽朝，既朝，王亦命为坛于国外，合诸侯而命其政。

《周礼》和郑注所说不一定是周初的情形，但是可知"殷"是开会的意思（是否与殷代有关却很难讲了）。"礼百生豚"是送百姓猪肉吃。又赏了他们一卣香草酒和许多贝。这种牢笼的手段周王是惯用的，《论语·尧曰》说：

周有大赉，善人是富。虽有周亲，不如仁人。百姓有过，在予一人。

便是说的这一类事情。"大赉"是普通的赏赐，善人、仁人指驯顺的殷民。"虽有周亲，不如仁人"两句朱熹《集注》上了伪《古文尚书·泰誓》的当，说是指的商纣王，因此讲得很糊涂。据何晏《集解》：

> 孔曰："亲而不贤不忠则诛之，管、蔡是也。仁人谓箕子、微子，来则用之。"

"孔曰"据说是传自孔安国，可见《尚书》伪孔《传》里不同而又不通的讲法，绝不可信。事实上《尧曰》这几句正是周初的怀柔政策，即殷代的氏族归周后仍为百姓，不过从殷迁到洛邑罢了。这一久不为人注意的史实从臣辰父癸卣上可以得到充分的证明。在这段铭文里臣辰是作器者的名字，他是百姓，受到周王豚卣鬯贝的赏赉，认为很荣幸，所以作了一批铜器来光宗耀祖。在人名下画了两个册形，这表明他的官职是"作册"（即史官）。又写了一个"先"字（并不真是一个"先"字，为排版方便计假定它是先字），这是他的族徽。臣辰父癸卣系二十年前在洛阳出土，同时出土的有铜器三十余件，已被帝国主义的文化强盗劫掠以去。现在用《河南吉金图志賸稿》一书所载各器为例，说明如下：

第三十二图　臣辰父癸尊（现在日本）

这个尊的铭文和前举臣辰父癸卣相同，乃臣辰为纪念周王赏赉而作，是用来祭祀父癸的。

第五图　父乙臣辰鼎（河南博物馆藏）
第十一图　父乙臣辰簋（现在纽约）
第二十六图　父乙臣辰卣（现在纽约）

这三件铜器是臣辰同时所作，亦有"先"字族徽，是用来祭祀父乙的。臣辰一人而有两父（父癸和父乙），这是殷人"多父"的习惯。

第八及九图　乃子父辛甗（现在欧洲）

这两个甗的器形和铭文都相同，释文如下：

乃子作父辛宝尊彝。双册形。先。

两铭末尾都有双册形和"先"字族徽，可见是臣辰的同族。作器者不具名而称"乃子"（意即"你的儿子"，或许这便是他的名字），被祭者则称父辛，究竟这两人和臣辰的关系如何，我们不得而知。不过就此我们可以推测"先"族在当时准是一个强宗。称父癸、父乙、父辛和祭祀的方法有关，是殷人的礼俗，周人从来没有仿行过，所以我们完全有理由推断"先"族是殷遗民。他们虽然被周公、召公迁到洛邑，却保全了氏族组织和旧有的习惯。我们试从甲骨文里探寻他们的祖宗，找到"先"是人名（祖庚、祖甲时卜人，见《林》一·二二·一五及《戬寿堂所藏殷墟文字》三四·一四、地名（见《前》二·一五·二）及《前》二·二八·二），亦就是氏族名（这一道理在甲骨文里表示得很清楚，将来另作说明）。殷墟出土铜器铭文上亦常见过"先"（《邺三》上·七，先羊鼎），可见"先"族从殷代祖庚、祖甲时当卜人（即史官），到周初又担任作册，虽然亡国被迁到洛邑，职业未变，氏族组织和礼俗依然保存，并且是"百姓"，即编入十进制氏族组织之中。

从这一个很好的例子来看《尚书·多士》及《多方》等篇，便可以得到一点真切的了解。如《多士》：

王曰："告尔殷多士！今予惟不尔杀，予惟时命有申。今朕作大邑于兹洛，予惟四方罔攸宾，亦惟尔多士攸服，奔走臣我多逊。尔乃尚有尔土，尔乃尚宁干止。尔克敬，天惟畀矜尔。尔不克敬，尔不啻不有尔土，予亦致天之罚于尔躬。今尔惟时宅尔邑，继尔居；尔厥有干有年于兹洛。尔小子乃兴，从尔迁。"

这里周王露出凶恶的面孔，但是最可注意的是"宅尔邑，继尔居"两句，我们曾在上节里说明"百室一族"的马克，那么这里的"邑"便应当是殷人的氏族共同体了。又如《多方》：

> 尔乃自时洛邑，尚永力畋尔田。天惟畀矜尔，我有周惟其大介赉尔，迪简在王庭，尚尔事，有服在大僚。

这里周王又表示亲善，用赏赉、大官来拉拢殷人。可见殷人亡国以后，被迫迁移，遭受严厉的管制，听尽了威吓利诱的话，但是氏族组织仍旧存在，因此亦还有官做（古代中国做官必须通过氏族组织，没有氏族的人便不容易做官。详下）。既不是奴隶亦不是农奴，而只是低阶氏族。难道说周人不愿意把殷人转化成奴隶吗？不是的，而是事实上行不通，因为当时还没有真正的政治组织，没有法律、监狱、军队、警察等等阶级压迫阶级的工具。这说明了，只有生产力是决定社会发展的因素。武力膨胀，组织庞大，就社会性质来讲，只算做到量的改变而并不等于质的改变。

此外，铜器铭文上提到怀柔百姓的，如善鼎（《两周金文辞大系考释》六五页）：

> 用作宗室宝鼎……余其用格我宗子与百生。

叔妣簋《三代吉金文存》卷八第三九页）：

> 叔妣作宝尊簋……用侃喜百生朋友。

两铭都说铜器作成要用它拉拢百姓和宗子朋友，这当然指的"辨招待"了。晋姜鼎（《两周金文辞大系考释》二二九页）：

> 用作宝尊鼎，用康䣱（扰）妥怀远迩君子。

这说作铜鼎要用它拉拢远近的族长，自然亦指的酒食等事。沈儿钟（《两周金文辞大系考释》一六〇页）：

> 用盘饮酒，和会百生。

这是徐国的王子沇儿所作的钟,说要作乐吃酒和百姓开部族大会。从这些铜器铭文里我们可以看出古代中国部族拉拢氏族的办法。至于一个"百姓"如何团结他的氏族成员呢?说穿了仍旧离不了酒食宴会。《国语·楚语》(韦昭《解》):

> 日月会于龙𢑥(谓周十二月,夏十月也),土气含收,天明昌作,百嘉备舍,群神频行。国于是乎烝尝,家于是乎尝祀。百姓夫妇择其令辰,奉其牺牲,敬其粢盛,洁其粪除,慎其采服,禋其酒醴,帅其子姓(子,众子。姓,同姓也),从其时享,虔其祝宗,道其顺辞,以昭祀其先祖,肃肃济济,如或临之。于是乎合其州乡朋友婚姻,比尔兄弟亲戚。于是乎弭其百苛,殄其谗慝(弭,止也。苛,虐也。殄,覆也。止覆谓解怨除恨),合其嘉好,结其亲昵,亿其上下(亿,安也),以申固其姓。

从这一套道理看,我们可以了解古代中国为什么特别注重礼了。

古代中国建立在十进制氏族组织上的酋长虽已叫做王,这只是个名词的问题,事实上还保存着基本的民主形式,这可以从两方面来说明:一、部族全体会议。二、选举。现在先谈前者。关于殷代的部族会议,我们可以看《尚书》里的《盘庚》三篇。盘庚当时迁都到殷,人民感觉不便,最后在王庭开民众大会来讨论,开会时王任主席,民众否决方法系用口出怨言(这和古日耳曼人的习惯相同)。最后盘庚用说服的方法解决了这一问题。在这三篇书中共用了十二个"众"字,有两处亦提到"百姓",称人民为"众"和甲骨文完全相合,证明了这几篇文件的真实性,因此我们推断"百姓"一词虽不见于甲骨文,在殷代却应当早就有了。关于周代的部族会议我们可以看《周礼·小司寇》职:

> 小司寇掌外朝之政,以致万民而询焉。一曰询国危。二曰询国运。三曰询立君。其位:王南向,三公及州长百姓北面,群臣西面,群吏东面。小司寇摈以叙进而问焉,以众辅志而弊谋。

金鹗说"百姓即万民"(《求古录礼说》)。那么这里所说的便是一个部族全体会议。关于周代询国危、询国运、询立君,都有实际的例子,孙诒让在《周礼正义》(卷六十六)里曾举了许多,现在为着节省篇幅就不更列举了。

其次谈十进制氏族组织下选举的办法。《礼记·礼运》说三代以前是"天下为公，选贤与能"，可惜选举的方法现在已不可知。氏族组织走上十进制以后，选举的方法在先秦古书上亦没有明白记载，但在西汉人的著作中还可以找到一些痕迹。贾谊《新书·大政下》：

> 故王者取吏不忘（妄），必使民唱，然后和之。故夫民者，吏之程也，察吏于民，然后随之。夫民至卑也，使之取吏焉，必取其爱焉。故十人爱之有归，则十人之吏也。百人爱之有归，则百人之吏也。千人爱之有归，则千人之吏也。万人爱之有归，则万人之吏也。故万人之吏选卿相焉。

这段议论出于《鬻子》（见叶德辉辑本）。《史记》谓鬻子为周文王师，是否今不敢定，其书为先秦古籍则无可疑。这篇文献已是"王"选"吏"的说明，不是民主选举，其引人注意的是十进制组织犹有规模，这反映社会存在，故写起来不嫌麻烦，东汉以后人著述决不会再现这样拙劣的文章。《春秋繁露·爵国》：

> 大功德者受大爵土，功德小者受小爵土。大材者执大官位，小材者受小官位。如其能宣，治之至也。故万人者曰英，千人者曰俊，百人者曰杰，十人者曰豪。豪杰者英不相陵，故治天下如视诸掌上。

《淮南子·泰族》：

> 古者法设而不犯，刑错而不用，非可刑而不刑也。百工维时，庶绩咸熙，礼义修而任贤德也。故举天下之高以为三公，一国之高以为九卿，一县之高以为二十七大夫，一乡之高以为八十一元士。故智过万人者谓之英，千人者谓之俊，百人者谓之豪，十人者谓之杰……英俊豪杰，各以小大之材处其位，得其宜，由本流末，以重制轻……

董仲舒、刘安著书的时候离开三代已远，对于十进制氏族组织已经毫无所知，只从古书抄录了英俊豪杰一系列的名词，至如怎样选举自然亦不晓得。试想十进制氏族组织消灭了以后，这样的选举如何能再实现？但是我们根据这些文献却可以考历史。我们推测古代中国的选举,大约是由大家族推选出来的叫做"豪",代表参加氏族会议。由氏族推选出来的叫做"杰",代表参加胞族会议。由胞族推选出来的叫做"俊",代表参加部族会议。由部族推选出来的叫做"英",代表参加部族联合。这样层层推选出来的领袖最初的任务只是参加各级会议,后来便慢慢的分担各种官职了。《礼记·礼运》(郑玄《注》):

> 孔子曰:"大道之行也,与三代之英,丘未之逮也,而有志焉(大道,谓五帝时也。英,俊选之尤者)。"

根据上下文我们知道"大道"指五帝,而所谓"三代之英"指的是三代之君。那么《礼运》的作者是把夏商周的王都看作参加联合的部族领袖了。《孟子·告子下》篇述说三代天子考查诸侯的政绩:

> 入其疆,土地辟,田野治,养老尊贤,俊杰在位,则有庆。

古代的诸侯相当于一个部族酋长,在他下面只能有胞族、氏族选出来的代表,所以说"俊杰在位"。但是,这已经不是俊杰二名本来的意思了。在晚周诸子里关于英俊豪杰一系列的名词很常见,不过用得很混乱,我们在这里便不多讲了。

古代中国从氏族的组织到政治的组织中间曾经过不少的演变。在这一演变过程中,百家为族的氏族始终是一个很顽强的组织,所以十进制打破了而它还存在,这在《周礼》的许多处,如《大司徒》、《小司徒》、《遂人》等职,看得很清楚。《大司徒》职:

> 令五家为比,使之相保。五比为闾,使之相爱。四闾为族,使之相葬。五族为党,使之相救。五党为州,使之相赒。五州为乡,使之相宾。

改十进制为五进制,是生产力发展,氏族衰微,家的地位逐渐提高的表现。但是在这新的编制中,却仍安插四进的一级维持百家为族的旧办法,可见氏族组织里面保存着许多旧规矩旧习惯,一时还不容易打破这个局面。这里提出的族葬一事在《周礼》里便有许多的材料,如《地官·大司徒》:

> 以本俗六安万民，……二曰，族坟墓。

这里明白地讲出族葬是本俗。又如《春官》属官有：

> 冢人，掌公墓之地，辨其兆域而为之图。先王之葬居中，以昭穆为左右。凡诸侯居左右以前，卿大夫士居后，各以其族。
> 墓大夫，掌凡邦墓之地域，为之图，令国民族葬，而掌其禁令。

我们看齐国从"大公封于营丘，比及五世皆返葬周"（《礼记·檀弓》），虽则远封在东方仍不放弃这一"本俗"，便可以明白古人是怎样看重他在本氏族内的成员资格了。《地官·乡师》：

> 正岁，稽其乡器：比共吉凶二服。闾共祭器，族共丧器。党共射器，州共宾器。乡共吉凶礼乐之器。

"共"就是共有。既然族葬因而亦就"族共丧器"。这里说的是"五进制"下的情形，共有的亦只是一些吉凶礼乐之器，但是我们却可以就此发掘前一个时代财产共有的痕迹。我们知道礼仪的发生常是由于生活习惯的凝固，前一个时代的日常生活，保存下来便成为后一个时代的礼仪。根据这些吉凶礼乐之器共有的现象，我们便可以推测在十进制氏族组织下的更为丰富而生动的内容了。至于古代大家族"异居而同财"的情形，作者另在"古代中国的家族形态"一文中说明，这里便不必讲了。

## ■ 五 "军事的民主政治"与"宗法封建"

氏族发展到部族联合，进一步要走上政治的社会，一般的都要经过一个"二权政府"的阶段，一方面酋长会议管民政，一方面军务总指挥官管军事、司法和宗教等事，这便是所谓"军事的民主政治"。在这一过渡时期，酋长会议的权力日趋削弱以至于消灭，同时，军务总指挥官的权力逐渐膨胀，便变成了阶级社会的元首（在中国便是专制的帝王）。古代中国在十进制氏族组织下，酋长会议便是百姓（百族的酋长）的大会，这在上面已举过一些史料，虽然不算很丰富，却毫无理由可以怀疑其存在。三代的"王"，《礼运》称为"三代之英"，意谓"俊选之尤者"，我们用现代术语来解释，便是本部族的领袖军务酋长又兼任了联合的军务总指挥官。以下便按照这一看法将所有的史料作一简单的说明。

郭沫若先生在《中国古代社会研究》里，首先用北美洲易洛魁部族联合的二头军务总指挥官来解释尧舜禹等的禅让问题，这是中国新史学上一大发明。易洛魁联合中的二头军务总指挥官是处在这一制度的发生和成长阶段，而舜禹之事已是这一制度的破坏时期。《孟子·万章上》：

> 昔者尧荐舜于天。……尧崩，三年之丧毕，舜避尧之子于南河之南。天下诸侯朝觐者不之尧之子而之舜，讼狱者不之尧之子而之舜，讴歌者不讴歌尧之子而讴歌舜。故曰，天也。夫然后之中国践天子位焉。
>
> 昔者舜荐禹于天，十有七年舜崩，三年之丧毕，禹避舜之子于阳城，天下之民从之，若尧崩之后不从尧之子而从舜也。禹荐益于天，七年禹崩，三年之丧毕，益避禹之子于箕山之阴，朝觐讼狱者不之益而之启，曰吾君之子也。讴歌者不讴歌益而讴歌启，曰吾君之子也。……启贤，能敬承继禹之道。益之相禹也历年少，施泽于民未久。……

这里说"天下诸侯朝觐者"便是部族联合拥护他作军务总指挥官。当时在制度上有很大的变动。本来军务总指挥官是二头，正死副继，彼此同时存在可以互相监督，充分的发挥民主精神，此后改为一头便容易走上专制的道路。本来二头军务总指挥官是由各族中选出，此后却由夏后氏一族世袭了。不过这一转变无疑地是经过民意的，所以孔子说"唐虞禅，夏后殷周继，其义一也"。

关于夏代缺乏可信的史料。大约夏王是本部族的领袖军务酋长，兼任联合的军务总指挥官，其职务在军事、司法和宗教方面，亦管理一些民政。军事是本职，《史记·夏本纪》记载夏王一些征伐的事情。古代兵刑不分，古书上亦常说"禹作肉刑"。《论语》说禹"致孝乎鬼神"，"致美乎黻冕"，便指着宗教方面的事。又说"尽力乎沟洫"，主要在防除水害，当时虽然工具简陋，古代中国"协作"的精神（通力合作）实是无比的力量，作些水利工程亦尽有可能。《夏小正》说"春正月农率均田",又说"农及雪泽初服于公田",可见农人的土地不私有,要每年平均分配一次,同时还要同力耕作公田。这与当时的生产力相适合。龙子所说夏代"校数岁之中以为常"的贡法(见《孟子·滕文公上》),却与生产力发展的情况不合,所以绝不会出现。在部族联合下武力壮大起来,自然要征服一些未加入联合的部族,要他们朝贡。野蛮时代中级阶段从被征服部族征取贡品主要的不外既制织物和园艺上的作物,所以《尚书·禹贡》里所说的"厥贡漆丝,厥篚织文"等等,或许倒保存一部分传说的历史。这样,"协作"的力量,再加上贡纳制的财富,便出现了古代中国的发明。

《史记·夏本纪》:

> 自孔甲以来而诸侯多畔夏。桀不务德而武伤百姓,百姓弗堪。……汤修德,诸侯皆归汤。

"诸侯多畔夏"指联合解体,"百姓弗堪"则是部族内部发生问题了。《诗经·商颂·长发》说到汤伐桀的情形道:

> 苞有三蘖,莫遂莫达,九有有截。韦顾既伐,昆吾夏桀。

这用一本生三枝比喻桀和韦、顾、昆吾的关系,大约这是联合的残余形态,即夏后氏的死党了。

汤是商部族的领袖军务酋长(万夫长,见前引汤祷于桑林之辞,祈祷正是领袖军务酋长的宗教上的职务),伐夏放桀以后诸侯服汤,才兼任了部族联合的军务总指挥官,这一职务便永久归商"王族"内世袭了。世袭的办法则是"兄终弟及",这是母系氏族社会的遗风,必须通过一定的民主选举的形式,关于这一点孔子还明了,《论语·宪问》:

> 君薨,百官总己以听于冢宰,三年。

这是说旧君死后酝酿选举有三年无君的时期(类似的情形我们还可以从元代初年见到),所以百官要听命于冢宰。所谓"冢宰"相当于尧时之舜,舜时之禹，禹时之益的身份，不过继位者已不是冢宰，而常常是旧君的兄弟了。《尚书·无逸》篇说到商代的先王高宗（武丁）"旧劳于外，爰暨小人"，祖甲（疑是太甲，当列武丁之前，参考段玉裁《古文尚书撰异》"不义惟王，旧为小人"，接着又说：

> 自时厥后，立王生则逸，生则逸不知稼穑之艰难，不闻小人之劳，惟耽乐之从。

可见在兄终弟及的时代，商王即位以前只是普通人，参加农业生产，并无什么特殊身份，要到当选以后才继位称王。自从康丁以后王位改由父死子继，这才开始"立王生则逸"，不问生产只贪玩乐，王与劳动人民越来越处于对立的地位了。

殷墟的考古发掘工作得到了长形家屋的基址五十余座，以中间一个最大的黄土台基为中心，东西对称，密集的排列在一处。这仅是久经洹水破坏后残余的部分，当时的规模当然不止于此。长屋普通宽八至十公尺，长三十公尺，最长的到六十公尺。大约是木建筑，所以墙壁和顶盖一概不存。从这些遗址上，我们可以推想出殷部族的战士聚族而居的壮大场面。当时的领袖军务酋长在出兵作战时当然有绝对的权力，但在定谋决策时却要开会征询众人的意见。《吕氏春秋·有始览·论大》引《商书》说：

> 万夫之长可以生谋。

或许便指的这种会议的功用。这里解释一个成语，甲骨文里有关征伐的卜辞常说"下上若"或"下上弗若"，如：

> □酉卜，王征舌方，下上若，受我祐。
> 贞勿征舌方，下上弗若，不我其受祐。（武丁时）（《铁》二四四·二）

"若"就是"顺"，这说明吉利。相反的，"弗若"便凶了。关于"下上"过去学者间没有一致的解释，今按上指天道，下指人言。《春秋谷梁传》庄公元年：

> 人之于天也，以道受命；于人也，以言受命。不若于道者，天绝之也。不若于言者，人绝之也。

这段文章很难懂，但是明白地指出了天和人对立，和"下上不若"的厉害。古人常说"师众以顺为武"（《国语·晋语》），所以在出征时不仅要卜天意，亦要考虑到"人和"了。这类军事上的民主作风在周代亦还保存，《周易·蒙卦象传》：

> 利用御寇，上下顺也。

这和上引卜辞意思相同。又《同人》卦（摘引，经传不别）：

> 同人于野。……唯君子为通天下之志。……君子以类族辨物（按物即图腾）。……同人于宗。……伏戎于莽，升其高陵，三岁不兴。……乘其墉，弗克攻，吉。……同人，先号咷而后笑，大师克相遇。

"同人"就是开会，"同人于宗"当然是氏族的会议，按照一般野蛮人开会的习惯，号咷是反对，而笑便是同意通过了。

从《史记·殷本纪》亦可以看到商代部族联合的情形，摘述如下：

> 契兴于唐、虞、大禹之际，功业著于百姓，百姓以平。……于是诸侯毕服，汤乃践天子位。
>
> 帝太甲修德，诸侯咸归殷，百姓以宁。

这说明商本来是个部族，基层组织是百姓，汤以下才作部族联合的军务总指挥官。又：

> 帝雍己，殷道衰，诸侯或不至。
>
> 帝大戊，殷复兴，诸侯归之。
>
> 帝阳甲之时殷衰……于是诸侯莫朝。

> 帝盘庚行汤之政，然后百姓由宁，殷道复兴，诸侯来朝。

我们看雍己以后到大戊，阳甲以后到盘庚，这两段时间，殷衰诸侯莫朝，可知当时的联合仍是民主的，商人的领导权并不固定，亦没有绝对的力量可以控制一切。又：

> 帝纣……百姓怨望而诸侯有畔者……恶来善毁、谗，诸侯以此益疏。西伯归，乃阴修德行善，诸侯多叛纣而往归西伯。西伯滋大，纣由是稍失权重。

从这些记载里还可以看出商王的统治有内外之分，内为百姓，说明他是部族的领袖军务酋长；外为诸侯，说明他是联合的军务总指挥官。

古代中国社会在殷周之际又起了一次变化，推动的原因应当是冶铸青铜技术的由熟练而推广，这且不谈，其表现在社会方面的便是母系氏族消逝和父系家长制出现。简单地举例来说，如上文所述"兄终弟及"制到康丁以下四代便变成"父死子继"。统治氏族因为经济条件优越，常是最进步的形态，一般的氏族则往往要落后一点。甲骨文第一到第四期里常见一些将官的名字，如吴、甾、望乘、师般、沚戜等，难道说他们一生可以作七朝（从武丁到文丁）元老吗？任凭怎么寿命长亦绝不可能。可见他们都是些军务酋长，职务永久归他们一族内世袭，便都顶替着原有的氏族名字。但是到第五期甲骨文里这些名字却不见了，可见商末和王族继承制度改变，相应地各氏族的军务酋长世袭方法亦有了改变。换句话说，就是这些母系氏族一齐垮台了。在这一转变中给商纣王增加了许多罪名，《尚书·微子》篇说"咈其耇长旧有位人"，《牧誓》篇说"昏弃厥遗王父母弟不迪"，都指的这类事情。时代永远是向前进的，但是在旧势力太深厚的地方不容易建立起新制度，前进的人物却往往成了牺牲品。古人讲"易姓改物"，就是说统治氏族不换便不可能改革。中国史上社会变革往往便是政事治乱朝代更迭的开头，就是这种原因。试想在这样大的社会转变中不能建立起一套新秩序，夫妇、兄弟、父子、君臣之间会要多么混乱啊。（关于父系排斥母系的材料在《古代中国的家族形态》一文中说明。）

殷代的铜器铭文常是简单的图形文字，郭沫若先生认为图腾的遗迹，这是完全正确的。郭先生说：

> 凡图形之作鸟兽虫鱼之形者必系原始民族之图腾或其孑遗。其非鸟兽虫鱼之形者乃图腾之转变，盖已有相当进展之文化，而已脱去原始畛域者之族徽也。(《殷周青铜器铭文研究》上册《殷彝中图形文字之一解》)

古代中国能有相当进展之文化而脱去原始畛域，即脱离母系社会而步入父系家长制，这一蜕变时期大体说来便在周初了。《吕氏春秋·慎大览》：

> 武王胜殷，得二虏而问焉，曰："若国有妖乎？"……一虏对曰："……吾国之妖甚大者，子不听父，弟不听兄，君令不行，此妖之大者也。"武王避席再拜之。

我们的理解，子不听父是怀恋兄终弟及的守旧派，弟不听兄是拥护父死子继的革新派，这是社会改革的大问题，关系每家每人的利益，殷王不能简单粗暴的处理。周代的新制度起自文王成于周公，首先便是确定父系，排斥母系。《尚书·康诰》里有一段论到殷遗民灭乱天伦的话：

> 王曰："对。元恶大憝，矧惟不孝不友。子弗祗服厥父事，大伤厥考心。于父不能字厥子，乃疾厥子。于弟弗念天显，乃弗克恭厥兄。兄亦不念鞠子哀，大不友于弟。惟吊，兹不于我政人得罪。天惟与我民彝大泯乱，曰：乃其速由。文王作罚，刑兹无赦。……"

殷末父死子继和兄终弟及两种制度的冲突，大概到处都演着骨肉间斗争的局面，并且成为社会上的一种风气，无法制止。周人看到这种惨痛的教训，趁着族中人口还不甚多，产业还不甚发达的时候，便确定下了进步的父子继承的制度。武王崩后，成王年幼，周公摄政，又演出了管、蔡、霍三叔之变。到周公归政成王，于是在文王作罚、周公作则的教育下，父子世袭的办法才慢慢地建立起来了。

周武王是部族的领袖军务酋长兼任部族联合的军务总指挥官，这从前引

《尚书·牧誓》篇看得很清楚,伐纣以后造成了部族联合征服部族联合的局面。当时只是军事胜利了,把局面弄得很开展,还没走上政治的社会,不可能有真正的国家组织出现。因此,在疆土上有畿服内外的分别,畿内是周王直接管理的区域,自成一个独立的完整的系统,仍是军事民主主义的形式。在父系家长制初期,限于生产力,奴隶的发展是很慢的,还不能起质的变化,所以大体说来还应划在氏族社会。至于畿外,即东方广大被征服地区,则只有利用原有的氏族的组织来进行统治。这约有两种方法,即一立"监",二建"侯"。立监是不破坏原有的氏族的组织,保存原有的最高酋长,仅由周王派遣王族作监督,而单以获得贡物为满足,建侯是立监进一步的发展,周王派遣王族(或贵戚)到被征服的地区,代替原有的统治氏族,结合残余的氏族的组织,巩固并扩大领土,成为军事殖民地。这两种办法对被征服者都保存了基本的氏族组织,所不同的,前者是间接剥削和统治,除定期交出一定的贡纳品外,氏族社会的一切依然保存。后者则是直接剥削和统治,土著的氏族共同体系除割让出许多土地并代耕获外,布缕力役之征皆所不免,政治权则是自上而下的,氏族的民主参政权被压缩到最低的限度。但是,就在这样的情况下氏族社会的许多特点(如土地公有、平均分配、定期调整等等)亦还依然存在。这是古代中国氏族的组织发展到最高级的构造形态,等待铁器出现,生产力大革命,这才起了变化。

武王伐纣时队伍并不壮大,仅相当于诸侯兵会者的十几分之一,比起纣的兵力更为悬殊。《逸周书·作雒》:

> 武王克殷,乃立王子禄父俾守商祀。建管叔于东,建蔡叔、霍叔于殷,俾监殷臣。

周的控制力量不够,不能破坏殷人的氏族的组织而直接有其地、奴其民。只可立纣子禄父维持旧体系,而派管叔、蔡叔、霍叔来监督殷臣,这便是所谓"三监"(见《尚书·大诰》序等)。究竟西周立过多少"监",现在不得而知,传世铜器有史㠱簋(《陶斋吉金录》卷二第五页),看形制花纹是西周末期(历宣前后)所作,铭文有"诸侯诸监"等字,可见当时监的数目犹不很少。《左传》定公四年:

> 昔武王克商，成王定之，选建明德，以蕃屏周，故周公相王室以尹天下，于周为睦。分鲁公以大路，大旂，夏后氏之璜，封父之繁弱，殷民六族：条氏、徐氏、萧氏、索氏、长勺氏、尾勺氏，使帅其宗氏，辑其分族，将其类丑，以法则周公，用即命于周，是使之职事于鲁，以昭周公之明德。分之土田陪敦，祝宗卜史，备物典策，官司彝器，因商奄之民命以《伯禽》而封于少皞之虚。分康叔以大路、少帛、綪茷、旃旌、大吕，殷民七族：陶氏、施氏、繁氏、锜氏、饥氏、终葵氏，封畛土略，自武父以南及圃田之北竟，取于有阎之土以共王职，取于相土之东都以会王之东蒐。聘季授土，陶叔授民，命以《康诰》而封于殷墟。皆启以商政，疆以周索。分唐叔以大路，密须之鼓，阙巩沽洗，怀姓九宗，职官五正，命以《唐诰》而封于夏虚，启以夏政，疆以戎索。

这是新旧史学家公认的说明周初封建的最好史料。这些特别提出的殷民六族，殷民七族，怀姓九族，职官五正，被分封给各国是同许多古董宝物一样看待，不仅不是奴隶、农奴，且亦不是庶民而是百姓。鲁国分到的六族，保存着原有的氏族的组织，在鲁国担任官职，《左传》定公六年：

> 阳虎又盟公及三桓于周社，盟国人于亳社。

周社是周人的社神，亳社是殷人的社神（殷人起于亳，所以移住的地方都立亳社）。鲁公和三桓都出自周王族，所以阳虎和他们盟于周社。鲁的"国人"多是殷民六族的后人，到春秋末期还未打破氏族的组织，保存着固有的宗教信仰，所以阳虎要和他们盟于亳社。卫国是殷的老根据地，殷民七族当然亦是"帅其宗氏，辑其分族，将其类丑"，并担任职事。唐叔分到的怀姓九宗、职官五正亦复如此，《左传》隐公六年（杜预《注》）：

> 翼九宗五正顷父之子嘉父逆晋侯于随，纳诸鄂，晋人谓之鄂侯（唐叔始封受怀姓九宗、职官五正，遂世为晋强家）。

可见到春秋时九宗五正还是支持晋君的极大力量。这只是一些显著的例子，周初封建诸侯大概如此。《史记·周本纪》：

> 武王追思先圣王，乃褒封神农之后于焦、黄帝之后于祝、帝尧之后于蓟、帝舜之后于陈、大禹之后于杞。

这些原始部族对周都是一种朝贡的关系，生产方法顺着自然发展却不因周的武力而改变。周王族的势力一天天地膨胀，殖民地一天天地扩张，许多原始部族便渐归消灭。于是"诸侯"一词意义和前代大不相同。龚自珍《古史钩沉论》说"商法盟先异姓，周法盟先同姓"，这一观察很锐敏，大体上讲夏商和诸侯还是一种部族联合的关系，而周的诸侯则是王族的扩大了。

周代确定了父死子继制度以后，国王即位似乎不经过民主的选举形式，但是专凭着世系权呢？不是的。一、他必须得到氏族的承认。二、他必须代表氏族的利益。这可以从许多材料上说明。《史记·周本纪》说：

> 孝王崩，诸侯复立懿王太子燮，是为夷王。

《左传》（昭公二十六年）和《竹书纪年》（晋文侯十年）都记载幽王死后诸侯分别拥立攜王和平王。《孟子·万章下》：

> 齐宣王问卿。……王曰："请问贵戚之卿？"曰："君有大过则谏，反覆之而不听则易位。"

周代贵戚之卿相当于氏族的世袭首长，在国君既立之后还有这样大的罢免权力，不承认时便可以"易位"。这样诸侯立王、贵卿立位的举动，绝不是胡来乱来，而是有他礼俗的传统和理论的根据，前引《周礼·小司寇》"致万民询立君"则是他群众的基础。所以我们敢于说一句：周王必是代表氏族的组织下一切成员的利益的（没有氏族的庶人和奴隶则不包括在内）。

生产力继续不断地发展，奴隶的劳动剩余增加，手工业和商业都抬头了，山林陂泽之利便成了严重的斗争的对象。过去人民所注意的只是可耕的地，由氏族平均分配定期调整。山林陂泽不可耕地便氏族公有，不再分配。现在成了工商业资料的主要来源，大利所在，大小世袭酋长便想打主意独占。《国语·周语下》说：

> 厉始革典。

周厉王是一个很能干很厉害的人，这从铜器铭文和《史记》里都可以看出来。"专利"严重地破坏了氏族制度，从此氏族社会便开始急速崩溃。《左传》（昭公二十六年）：

> 至于厉王，王心戾虐，万民弗忍，居王于彘。诸侯释位以间王政，宣王有志而后效官。

这里说厉王无道，被万民（百姓，即国人）赶到彘，诸侯分番交代以参预王政。在《史记·周本纪》说：

> 召公、周公二相行政，号曰共和。

《左传》僖公二十四年亦说：

> 召穆公思周德之不类，故纠合宗族成于周。……

这都是说厉王逐后曾出现过半贵族半民主的共和政治，虽然时间不久，可见当时亦还可以有"无君"的政府。这事并不偶然，充分地说明了周王权是些什么性质。共和时代结束，宣王即位，说明在"专利"斗争中王族胜利国人失败。我们读变风变雅和《左传》，可以看到大大小小的暴君，许多的暴政，而国人逐君立君亦就时有出现。中国氏族社会就这样因内部利益不一致而解体，一直到真正的国家建立后才肃清了残余的势力。

## ■ 附 记

  本文原定计划还有：六、庶人和奴隶，七、结论，两节。现在因为作者要到中南区参加土地改革工作，匆匆出发，没有时间整理；如果等到五六个月后再继续登载非常不便，所以暂告结束，不尽之意将来另作专篇发表。谨向读者道歉，并诚恳地请求给以批评和指教！

一九五一年十一月于北京大学

（原文发表于《历史教学》第二卷第三、四、六期，一九五一年九、十、十二月，本书据《张政烺文集》第一卷《甲骨金文与商周史研究》录出。）

# 林甘泉与《秦汉帝国的民间社区和民间组织》

## 经典导读

林甘泉（1931—　）福建石狮人。1949年4月厦门大学历史系肄业。曾任中国社会科学院历史研究所所长、中国社会科学院学部委员、国务院古籍整理出版规划小组成员、中国秦汉史研究会会长。长期研究秦汉史、社会经济史，著有《中国古代政治文化论稿》《林甘泉文集》等。

《秦汉帝国的民间社区和民间组织》（《燕京学报》2000年新8期）是一篇综合性讨论的论文，关于汉代的"社"，20世纪40年代有劳榦、守屋美都雄的研究，60年代杨宽则对于先秦的社有所探讨。1973年河南偃师地区出土东汉章帝建初二年（公元78年）《侍廷里父老僤买田约束石券》，引起学界对社会基层组织"弹"、"单"或"僤"的讨论。宁可认为"单"是古代公社的一种残存形式，是一种组织，还将隋唐时期的民间私社追溯至西汉后期。俞伟超观点类似，论证农村公社在先秦两汉时期的演变形态，认为汉代的"单"是和"里"并存的一种公社组织。台湾学者邢义田认为，父老僤成员共同订立这个约束石券，"父老"是指有一定资产的里中领袖的专名，汉代存在着为特定目的组织起来的团体各种的"单"，汉代社会复杂而多端，不能简单地用血缘、地缘组织概括，安土重迁的农业社会从先秦到汉代没有太大变化，要理解秦汉社会的基本形态，家与族的问题是不宜和作为地方基本组织的里分开的。

林甘泉则认为汉代"单"是一种具有特定意义的结社，大都由里中居民自愿结合组成。此后，张金光继续讨论，认为《侍廷里父老僤买田约束石券》是我国历史上最早的乡里民约，表明国家政府必须依赖和通过父老者流的民间社会领袖人物来确立一种乡村社会秩序，国家政权虽然通过行政组织控制着乡村，然乡里实具有半自治的性质。汉代乡村保留着比较明显的古代官社共同体的影子，乡民间保留着比较密切的社会经济以及精神文化生活方面的诸多共同联系。"官社"或"官公社"，是他为了概括和表述一种带有普遍意义的社会经济体制而使用的概念。这种体制的基本特点是政社合一制，实是以国家行政为统绪，以农为本，包括农业社会生产、军事以及社会精神文化生活。

林甘泉在"侍廷里父老僤"与古代公社组织残余问题的讨论中，具体探讨汉代民间社会，同时也注意同欧洲中世纪比较，他依据恩格斯与年鉴学派费尔南·布罗代尔（Fernand Braudel）的论述，认为欧洲中世纪的民间社区和民间组织在社会生活中扮演过十分重要的角色。中国商周时代社会生产和社会生活的基本单位是家族公社或农村公社，但这些共同体组织到了春秋战国时期都已经趋于解体。秦统一六国之后，建立了封建专制主义中央集权国家。专制主义皇权在政治、经济和思想文化各方面对全国臣民实行严格的控制，不允许有其他任何权力中心存在。这种情况使人们很容易忽视民间社区和民间组织在国家政治生活和社会生活中的重要作用。于是就秦汉帝国民间社区和民间组织的形式、性质和功能的探讨，他首先指出，乡里具有基层行政组织和民间社区的双重角色，三老在乡里中仍然有巨大的影响力，亭长和游徼的职责基本上是一样的，亭的职责并不限于"禁司奸盗"。统一的秦王朝建立以后，朝廷和郡县文书的传递，各级官吏来往的接待，乃至赋税徭役的解送，任务都比统一前大大加重了。从战国到秦汉，原先以乡里聚落共同体为基础而建立的基层行政组织，为秦汉帝国出现"十里一乡"和"十里一亭"两个基层行政系统所代替。其次，民间社区具有公共生活与自治功能，"公社"的初义就是聚落共同体祭祀土地神之处，汉代的"公社"仅限于县以上的官社和国社，国家财政负担其费用，实属"官社"。秦汉"里"的规模大小不等，大者百家，小者五十家至二三十家，所有"里"中民户都要参加社祭的活动。三老既是民间社区的领导阶层，又是与啬夫、游徼并列的乡官，因而他们也就成为封建国家了解民情民意和贯彻朝廷意图的一个重要渠道。又次，民间组织呈现出趋于多元化的格局，民间组织或合法或非法，其成员的结合大都是基于某种实际利益的需要，或以共同的价值取向、政治主张和宗教信仰等因素为纽带，有的则是古代血缘和地缘共同体传统的孑遗。具体说，有农民生产互助的组织，如单（弹、僤）是古代公社组织的一种孑遗形式；有合伙贩卖或运输货物的组织，如"中販（服、贩）共侍约"；有为承担各种封建义务而成立的组织，如侍廷里父老僤；有游侠、"群盗"和亡命的组织；有都市中为非作歹的地痞流氓组织；有地主豪强宾客徒附兵农合一的组织；有以宗教信仰结合的民间组织；还有士人议论时政和品题人物的集会。他特别强调，有的民间组织，显然还带有古代共同体残余的痕迹。例如郑玄所说那种"合耦"而"使相佐助"的"街弹"，就是古代农村公社成员帮工协作从事耕耘的传统的孑遗。而《汉侍廷里父老僤买田约束石券》所反映的土地所有制，则是一种少数人自由结合的集体共有的形式。同时强调，决不能认为秦汉的乡里已经完全丧失了先前共同体的自治功能。作为一种聚落形态，秦汉的乡里并非单纯是封建国家的基层行政组织，它实际上扮演了封建国家基层行政组织和民间社区的双重角色。从乡三老、里父老对于乡里民政具有较大发言权等方面可以看到乡里的自治性。

该文不仅使我们深入了解了秦汉以民间社区和民间组织体现出的民间社会，还合理解释了民间社会与国家行政的关系，在不否定民间社会自治性的同时，承认乡里作为国家基层行政组织和民间社区角色的双重性，提供了从长时段探讨先秦到两汉社会变迁的新视野。

—— **延伸阅读文献目录：**

1. 俞伟超：《中国古代公社制度的考察——论先秦两汉的单—僤—弹》，文物出版社1988年版。
2. 劳榦：《汉代社祀的源流》，"中研院"《历史语言研究所集刊》第十一本，1943年版。
3. [日]守屋美都雄著，钱杭、杨晓芬译：《社的研究》，收入《中国古代的家族与国家》国家篇第八章，上海古籍出版社2010年版。
4. 王毓铨：《汉代"亭"与"乡"、"里"不同性质不同行政系统说》，《历史研究》1954年第2期。
5. 宫崎市定：《关于中国聚落形体的变迁——对邑、国与乡、亭与村的考察》，刘俊文主编：《日本学者研究中国史论著选译》第3卷，中华书局1993年版。

6. 杨宽:《试论中国古代的井田制度和村社组织》,《古史新探》,中华书局1965年版。

7. 杨宽:《西周时期的乡遂制度和社会结构》,杨著《西周史》第三编第五章,上海人民出版社,1999年版。

8. 宁可:《汉代的社》,《文史》第九辑,1980年。

9. 宁可:《述社邑》,《北京师范学院学报》1985年第1期。

10. 黄士斌:《河南偃师县发现汉代买田约束石券》,《文物》1982年第12期。

11. 宁可:《关于〈汉侍廷里父老僤买田约束石券〉》,《文物》1982年第12期。

12. 邢义田:《汉代的父老、僤与聚族里居——〈汉侍廷里父老僤买田约束石券〉读记》,《汉学研究》1983年第1卷第2期。

13. 邢义田:《〈汉侍廷里父老僤买田约束石券〉再议——兼与俞伟超先生商榷》,"中研院"《历史语言研究所集刊》第六十一本第四分,1990年版。

14. 劳榦:《对于"汉侍廷里父老僤买田约束石券再议"的意见》,"中研院"《历史语言研究所集刊》第六十一本第四分,1990年版。

15. 林甘泉:《"侍廷里父老僤"与古代公社组织残余问题》,《文物》1991年第7期。

16. 张金光:《有关东汉侍廷里父老僤的几个问题》,《史学月刊》2003年第10期。

17. 张金光:《论汉代的乡村社会组织——弹》,《史学月刊》2006年第3期。

18. 林兴龙:《东汉〈侍廷里父老僤买田约束石券〉的问题探讨》,《云南师范大学学报》2007年第4期。

19. 杨华:《战国秦汉时期的里社与私社》,《天津师范大学学报》2006年第1期。

—— 原文:《秦汉帝国的民间社区和民间组织》

经典原文

# 秦汉帝国的民间社区和民间组织

林甘泉

欧洲中世纪的民间社区和民间组织在社会生活中扮演过十分重要的角色。恩格斯曾经谈到，当时农村中，"占统治地位的是在原始共产主义基础上成长起来的马尔克公社"，城市行会也是"按照马尔克公社的样子建立起来的"，"整个组织的中心点，是每个成员都同等地分享那些对全体来说都有保证的特权和利益"；中世纪的商人"本质上是共同体的成员"①。费尔南·布罗代尔也指出，在地中海世界，"那些具有'绝对'权力的幅员广阔的国家，由于缺乏足够的公职人员，它们进行的控制很不完全。在基层，在日常事务方面，国家的权力很不完整并且缺乏效能。它遭到成千上万个它无法制服的下层自治机构的反对。在庞大的西班牙帝国内部，城市常常各自为政，自行其是"②。

中国商周时代社会生产和社会生活的基本单位是家族公社或农村公社。但这些共同体组织到了春秋战国时期都已经趋于解体。秦统一六国之后，建立了封建专制主义中央集权国家。专制主义皇权在政治、经济和思想文化各方面对全国臣民实行严格的控制，不允许有其他任何权力中心存在。这种情况使人们很容易忽视民间社区和民间组织在国家政治生活和社会生活中的重要作用。就连秦汉时代是否存在不同形式的民间组织，学者们的认识也未必一致。本文拟就秦汉帝国民间社区和民间组织的形式、性质和功能作一些探讨，以就正于方家。

## ■ 一、乡里：基层行政组织和民间社区的双重角色

秦汉帝国的基层行政组织是乡和里。乡里作为封建国家的基层行政组织，

---

① 《马克思恩格斯全集》第 25 卷第 1020 页。
② ［法］费尔南·布罗代尔：《菲利普二世时代的地中海和地中海世界》，吴模信译，商务印书馆 1996 年版，第 2 卷第 51 页。

是从先前的聚落共同体演变而成的。《周礼·地官·大司徒》和《遂人》所提到的闾里、族党、州乡，即属于不同层次和不同规模的聚落共同体。就其性质而言，既有以血缘为纽带的家族公社，也有以地缘为纽带的农村公社。这些共同体既有定期分配各家份地和组织生产互助的经济功能①，又有监督公社成员生产劳动和安排公共生活的自治功能。这里所说的古代共同体的自治功能，当然不是如同我们现在对"自治"所理解的那种人人都拥有平等参与共同体事务的权利，而是说共同体"有完全独立的组织，自己成为一个小天地"②；它的内部事务完全由共同体的首领来处理，而不会受到国家的干预。《汉书·食货志》在谈到西周农民的劳动情况时说：

> 春，将出民，里胥平旦坐于右塾，邻长坐于左塾，毕出然后归，夕亦如之。入者必持薪樵，轻重相分，班白不提挈。冬，民既入，妇人同巷，相从夜绩，女工一月得四十五日。必相从者，所以省费燎火，同巧拙而合习俗也。

又《春秋公羊传》宣公十五年何休注：

> 一里八十户，八家共一巷，中里为校室。选其耆老有高德者，名曰父老；其有辩护伉健者为里正。皆受倍田，得乘马，父老比三老孝弟官属，里正比庶人在官。吏民春夏出田，秋冬入保城郭。田作之时，春，父老及里正旦开门坐塾上，晏出后时者不得出。……十月事讫，父老教于校室，八岁者学小学，十五者学大学。

班固和何休的描述，多少带有理想化的成分。特别是何休关于三老、孝弟、里正的论述，显然掺杂了汉代的一些情况。但结合其他历史文献记载考察，西周时代的乡里共同体具有民间自治的功能，当是不容置疑的。

春秋战国时代，由于生产力的发展促使私有制因素的增长，导致了公社

---

① 参看林甘泉主编：《中国封建土地制度史》第1卷第1章，中国社会科学出版社1990年版。
② 马克思对印度村社的论述，见《马克思恩格斯全集》第28卷第271页。

土地所有制的瓦解。社会生产的基本单位，由血缘和地缘的共同体过渡到一家一户的个体农民家庭，亦即李悝和孟子所说的"治田百亩"的"五口之家"或"八口之家"。商鞅变法"集小乡邑聚为县，置令、丞"①，在聚落共同体的基础上建立了县乡里的地方行政体制。秦始皇统一六国之后，"海内为郡县，法令由一统"② 社会生产基本单位和国家政治体制的这种变化，给我们提出了一个问题：原先那种具有自治功能的聚落共同体，是否已经完全隐退到历史的帷幕后面去了？

应该承认，经过春秋战国的社会变动，到统一的秦王朝建立时，乡里聚落已经从先前的农村公社或家族公社共同体变成封建中央集权国家的基层行政组织。乡里不再具有分配居民份地和组织生产的经济功能，这是它区别于先前公社共同体的最重要的标志。但是，决不能认为秦汉的乡里已经完全丧失了先前共同体的自治功能。作为一种聚落形态，秦汉的乡里并非单纯是封建国家的基层行政组织，它实际上扮演了封建国家基层行政组织和民间社区的双重角色。民间社区不同于民间组织，但它的功能又和某些民间组织有相似之处。

《汉书·百官公卿表》说：

> 乡有三老、有秩、啬夫、游徼。三老掌教化。啬夫职听讼，收赋税。游徼徼循禁贼盗。……皆秦制也。

又《续汉书·百官志》说：

> 乡置有秩、三老、游徼。本注曰：有秩，郡所署，秩百石，掌一乡人；其乡小者，县置啬夫一人。皆主知民善恶，为役先后，知民贫富，为赋多少，平其差品。三老掌教化。凡有孝子顺孙，贞女义妇，让财救患，及学士为民法式者，皆扁表其门，以兴善行。游徼掌徼循，禁司奸盗。又有乡佐，属乡，主民收赋税。

---

① 《史记·商君列传》。
② 《史记·秦始皇本纪》。

从上文可知,"有秩"即"有秩啬夫",职掌听讼和征收赋税。其后大约因为任务比较繁重,又增设"乡佐"一职,协助啬夫收税。教化、听讼、收税和治安是封建基层行政组织的主要任务。值得注意的是,在上引所谓乡官系列中,啬夫、游徼和乡佐都是由封建国家发给俸禄的,惟独三老"无秩",亦即没有俸禄。众所周知,官吏领取俸禄,是封建国家对他们效劳的一种回报。三老"无秩",表明他们严格说来并不是官吏。汉武帝颁布算缗令时,对于"非吏比者三老、北边骑士"曾有专门的规定。《史记·平准书》集解引如淳曰:"非吏而得与吏比者,官谓三老、北边骑士也。"三老系"非吏而得与吏比者",这准确地说明了他们的身份。还应指出的是,三老一职只是秦汉乡官特有的制度。《晋书·职官志》载乡里基层行政组织,已不设置三老。此后,除了《宋书·百官志》仍依汉制,言"乡有乡佐、三老、有秩、啬夫、游徼各一人","或此县有彼县无,各有旧俗,无定制也",可视为特例外,三老基本上已从封建国家的基层行政机构中消失了。

三老这一群体早在封建中央集权国家形成之前就已活跃在政治舞台上。《左传》昭公三年载晏子抨击齐国政治的腐败时说:"公聚朽蠹,而三老冻馁。"他们是先秦时代享有崇高声望的聚落共同体的领导阶层,从周天子到各诸侯国的国君,经常要向他们征求意见。《礼记·文王世子》:"遂设三老五更群老之席位焉。"同书《礼运》:"故宗祝在庙,三公在朝,三老在学。"孔颖达疏:"三公在朝者,在朝职事则委任三公也。三老在学,乞言则受之三老。""乞言"亦即征求意见。秦汉时代,乡里共同体虽然已经演变为封建国家的基层行政组织,但三老在乡里中仍然有巨大的影响力。三老"非吏而得与吏比",他们以民间长老的身份在乡官系列中占有一席之地,恰恰说明了秦汉的乡里并不单纯是封建国家的基层行政组织而是兼具民间社区的角色。汉代除了在县乡两级地方行政组织设有三老之外,有的皇帝还在大臣中选任三老五更为其讲授经书。《续汉书·礼仪志》:"养三老五更之仪,先吉日,司徒上太傅若讲师故三公人名,用其德行年耆高者一人为老,次一人为更也。"这些为帝王师的"三老五更"当然已谈不到是民间社区的代表人物,但皇帝对他们的尊崇,却也反映了统治者尊重民间社区领导阶层的象征意义。但是随着封建专制主义中央集权国家政治制度的成熟和加强,民间社区的自治功能也日益萎缩,三老作为这种自治功能的代表人物在魏晋以后不再见于封建国家的基层行政组织,也就不足为奇了。

三老不是官吏，但是由于民间社区的自治功能有深厚的传统，他们在地方上有很高的威信和巨大的号召力。这一点，在秦汉之际的群雄纷争中可以明显看到。《史记·陈涉世家》说：

> ［陈胜］入据陈。数日，号令召三公、豪杰与皆来会计事。三老、豪杰皆曰："将军身被坚执锐，伐无道，诛暴秦，复立楚国之社稷，功宜为王。"陈涉乃立为王，号为张楚。

陈胜起义之后，最初只"自立为将军"，等到攻下陈县，召集三老、豪杰来计事，在得到他们的支持之后，才敢于称王。楚汉战争中，刘邦也很重视争取三老的支持和听取他们的意见。《汉书·高帝纪》载：

> ［刘邦］至洛阳，新城三老董公遮说汉王曰："……项羽为无道，放杀其主，天下之贼也。夫仁不以勇，义不以力，三军之众为之素服，以告之诸侯，为此东伐，四海之内莫不仰德。此三王之举也。"汉王曰："善！非夫子无所闻。"于是汉王为义帝发丧，袒而大哭，哀临三日。

项羽曾被楚怀王封为鲁公，他兵临垓下自刎以后，鲁地仍为楚坚守不降汉，刘邦"示鲁父老项羽头，鲁乃降"①。汉初，由于连年战乱，有些地方三老空缺，刘邦特地下令：

> 举民年五十以上，有修行，能帅众为善，置以为三老，乡一人。择乡三老一人为县三老，与县令丞尉以事相教，复勿徭戍。以十月赐酒肉。②

这说明，封建专制主义皇权认识到单靠基层的县令丞尉是不足以巩固自己的统治的，它必须利用民间社区"能帅众为善"的头面人物，把他们也容纳到封建

---

① 《史记·高祖本纪》。
② 《汉书·高帝纪》。

统治机构中来。

秦汉乡里民间社区的领导阶层，除了乡三老之外还有里父老。里父老和乡三老一样，也是一种专门的职称。秦汉文献中所提到的"父老"，有的是泛指民间社区中的长者。如汉高祖过沛县，"悉召故人父老子弟佐酒"[①]；光武帝返舂陵，"置酒旧宅，大会故人父老"[②]；都属于泛指长者。但也有的"父老"，是专指乡三老和里父老。如刘邦攻占咸阳后，"与父老约：法三章耳，杀人者死，伤人及盗抵罪"[③]。刘邦与之约法三章的父老，当是乡三老和里三老。《续汉书·百官志》在谈到里有司时说："里有里魁，民有什伍，善恶以告。本注曰：里魁掌一里百家。"里魁即里正，是封建官府的基层小吏。这里没有提到里父老，因为里父老也和乡父老一样，只是民间社区的领导人物而不是官。乡三老比里三老地位高，所以还"得与吏比"，列名乡官，而里父老就不够资格了。

对秦汉乡里兼具封建国家基层行政组织和民间社区双重角色的考察，有助于我们对史学界长期以来关于秦汉乡亭里关系的讨论提供一个新的思路。《汉书·百官公卿表》说秦汉基层行政组织是"大率十里一亭"，"十亭一乡"。照此说法，似是乡辖亭，亭辖里。但《续汉书·百官志》注引应劭《风俗通》，既说"汉家因秦，大率十里一亭"，又说"国家制度，大率十里一乡"。二说扞格不合，乡、亭、里之间究竟是怎样的关系，历来学者有不同的理解。自从王毓铨先生提出乡里与亭是不同性质不同行政系统的见解之后[④]，基本上得到了多数学者的赞同。但为什么秦汉帝国的基层行政组织在乡里之外还要另设一套亭的机构，毓铨先生认为是二者分工不同，本文试图从另一个思路略作补充。

"十里一亭"是指道里之里，而非里居之里，我们可以再举出一条史料加以佐证。《后汉书·方术列传·高获传》载："时郡境大旱，……[太守鲍]昱自往问何以致雨，获曰：'急罢三部督邮，明府当自北出，到三十里亭，雨可致也。'""三十里亭"，即指相去三十里之亭，可证亭依道里而置。《续汉书·百官志》说："亭有亭长，以禁盗贼。本注曰：亭长，主求捕盗贼，承望都尉。"亭长的职责是防禁"盗贼"，这是很明确的。但我们知道，《汉书·百官公卿

---

① 《汉书·高帝纪》。
② 《后汉书·光武帝纪》。
③ 《汉书·高帝纪》。
④ 王毓铨《汉代"亭"与"乡""里"不同性质不同行政系统说》，《历史研究》1954年第2期。

表》说"游徼徼循禁贼盗",《续汉书·百官志》本注也说:"游徼掌徼循,禁司奸盗",可见亭长和游徼的职责基本上是一样的。秦汉帝国的基层行政组织既然已经有了"掌徼循,禁司奸盗"的游徼,为什么又要另设一个担负同样任务而直接"承望都尉"的亭长呢?合理的解释只能是:作为乡官系统的游徼,在管理治安方面未能充分发挥作用,因而封建国家需要设立亭的机构来强化治安,维护封建统治秩序。

如前所说,乡里原先是具有自治功能的聚落共同体,当统一的封建专制主义中央集权国家建立之后,它虽然顺理成章地成为基层行政组织,但其原有的自治功能并未完全消失。也就是说,原有的民间秩序并没有完全被国家秩序所消解和代替。这不但表现在民间社区的领导阶层如乡三老、里父老等对于乡里民政仍然有很大的发言权,而且表现在啬夫、游徼这些乡官对于乡里不法的强宗大族和豪杰奸猾常常采取包庇和纵容的态度,这就严重影响了封建国家的巩固和社会秩序的安全。司马迁曾经说:"吾尝过薛,其俗闾里率多暴桀子弟,与邹、鲁殊。问其故。曰:'孟尝君招致天下任侠,奸人入薛中盖六万余家矣。'"①秦统一以后,六国残余势力藏匿民间,仍然十分活跃。张良"家僮三百人,弟死不葬,悉以家财求客刺秦王,为韩报仇";后来与客狙击秦始皇未中,"乃更名姓,亡匿下邳"②。项梁杀人,与项羽"避仇于吴中。吴中贤士大夫皆出项梁下。每吴中有大徭役及丧,项梁常为主办,阴以兵法部勒宾客及子弟,以是知其能"③。张耳、陈余逃亡,秦朝"购求有得张耳千金,陈余五百金。张耳、陈余乃变名姓,俱之陈,为里监门以自食"。不仅如此,他们两人还"反用门者以令里中",亦即利用里监门的身份,在闾里发号施令。上述事例说明,作为秦王朝基层行政组织的乡里,原先的民间秩序仍然起着重要作用,乃至于影响了统一的封建中央集权国家政令的贯彻,使一些敌对势力和不法分子得以有藏身之所和有恃无恐。

在这种形势下,秦王朝需要有一个完全由中央集权国家直接控制的政权系统,来加强国家的专制职能,以弥补还保留某些自治功能的乡里基层行政组织在治安方面可能出现的漏洞,也就不足为奇了。乡里兼具基层行政组织和民间

---

① 《史记·孟尝君列传》太史公曰。
② 《史记·留侯世家》。
③ 《史记·项羽本纪》。

社区的双重角色，民间秩序的功能在有些地方甚至超过了国家秩序。亭是直接"承望都尉"的机构，则不存在这个问题，它只维护国家秩序而与民间秩序不相干。"亭"在春秋战国时期本来是诸侯国在边境伺警敌军和接送来往宾客的机构。应劭《风俗通义》说："谨按《春秋》《国语》有寓望，谓今亭也。"秦统一六国之后，把亭的设置推广到全国各地，并赋予它"以禁盗贼"的职能。事实上，"盗贼"的指称范围相当广泛，只要各级官吏认为是违法乱禁之人，亭长都可以绳之以法。史游《急就篇》说："门变杀伤捕伍邻，游徼亭长共杂诊。"反映了秦汉时代游徼、亭长共同维持治安的历史实际。《汉官仪》载："亭长课徼巡。尉、游徼、亭长皆设备五兵。……亭长持二尺板以劾贼，索绳以收执贼。"汉代亭长在维持治安方面所起的作用，比游徼显得更大一些。

亭的职责并不限于"禁司奸盗"。统一的秦王朝建立以后，朝廷和郡县文书的传递，各级官吏来往的接待，乃至赋税徭役的解送，任务都比统一前大大加重了。这也是封建国家需要把亭的设置推广到全国基层行政组织的另一个重要原因。《风俗通义》说："亭，留也。今语有亭留、亭待，盖行旅宿食之所馆也。亭亦平也，民有诉诤，吏留辨处，勿失其正也。"亭长负责过往官吏的接待，史书记载屡见不鲜。有意思的是，应劭说"亭亦平也"，民有诉讼，官吏在亭听讼，意味着"勿失其正也"。从字义解释"亭亦平也"其实是很牵强的，我们对此是否可以作另一种解释：在封建国家看来，由于亭是独立于乡里系统之外的另一系统，不受民间秩序的干扰，因而可以"勿失其正"。《汉书·循吏传》说，黄霸为颍川太守，"使邮亭乡官皆畜鸡豚，以赡鳏寡贫穷者"。师古注："邮行书舍，谓传送文书所止处。"亭辖邮置，可见亭兼负传递官方文书的职责。《史记·高祖本纪》载，刘邦为泗水亭长，"常徭咸阳"，又"以亭长为县送徒郦山"。是则亭长还要负责农民服徭役和刑服劳役的解送。

战国时代，随着社会经济的迅速发展，出现了一批新兴的城市。原先的城市，也涌进了大量的流动人口。无论是新兴的或原有的城市，人口结构都发生了巨大的变化。早先那种制"国"为"乡"，"工立三族，市立三乡"①的礼制早已废弛，这就需要有另一种体制来管理城市的居民。亭也正好代替乡而成为城市的一级行政组织。秦汉城市的商业区称"市"，由"市亭"管理。张衡《西

---

① 《国语·齐语》。

京赋》称长安"廊开九市,通闤带阓,旗亭五重,俯察百隧"①。除"市亭"外,又有"街亭"和"都亭"。顾炎武在《日知录·亭》中曾指出:"其都亭则如今之关厢。"蔡质《汉官典职仪式选用》称"洛阳二十四街,街二亭;十一城门,门一亭"。《汉书·酷吏传》载,颜延年为河南太守,其"母从东海来,欲从延年猎,到洛阳,适见报囚。母大惊,便止都亭,不肯入府"。

总之,从战国到秦汉,随着封建国专制主义中央集权国家的形成,原先以乡里聚落共同体为基础而建立的基层行政组织已经不能适应统一的中央集权国家的政治需要了,这就是秦汉帝国出现"十里一乡"和"十里一亭"两个基层行政系统的基本原因所在。

## ■ 二、民间社区的公共生活与自治功能

农业是古代最重要的生产部门,对土地神的祭祀是古代社会最重要的公共活动。《左传》昭公二十九年:"社稷五祀,是尊是奉。……后土为社;稷,田正也。"后土是土地神,对土地神的祭祀称为"社"。《诗经·小雅·甫田》:"以我齐明,与我牺羊,以社以方。我田既臧,农夫之庆。"由于社神是聚落共同体的保护神,春秋战国以前,聚落共同体有时也径称为"社"。秦汉时代,农村公社已经瓦解,但社祭作为民间社区的一项重要公共活动,仍然保存下来。

《礼记·祭法》在谈到"社"的制度时说:

> 王为群姓立社,曰大社;王自为立社,曰王社。诸侯为百姓立社,曰国社;诸侯自为立社,曰侯社。大夫以下,成群立社,曰置社。

郑玄注:"大夫以下,谓下至庶人也。大夫不得特立社,与民族居,百家以上,则共立一社,今时里社是也。"孙诒让在《周礼正义》中指出,"王侯乡遂都鄙之社并为公社,置社则为私社"②。按照他的理解,秦汉的里社也当属于"私

---

① 严可均辑:《全上古三代秦汉三国六朝文》,《全后汉文》卷52。
② 《周礼正义·地官·大司徒》。

社"。有的学者不同意这种看法，认为里社为官府所认可和支持，并载在令典，不得称为私社①。我们认为这种意见值得商榷。

"公社"一词见于《吕氏春秋·孟冬纪》和《礼记·月令》。历来注疏家于"公社"皆未得其解。其实，"公社"的初义就是聚落共同体祭祀土地神之处。王侯是共同体的代表，所以王侯之社也可以称为"公社"。在共同体瓦解之前，共同体成员是没有"私社"的。孙诒让认为"王侯乡遂都鄙之社并为公社"，民间"置社则为私社"，这个说法并没有错。问题在于它不了解"私社"只能出现在共同体瓦解之后。郑玄所说的"今时里社"，是民间置社，虽然为官府所认可，已不合于"公社"本义，其性质当属私社。

汉代犹有"公社"的提法。汉二年，刘邦"悉召故秦祝官，复置太祝、太宰，如其故仪礼。因令县为公社"②。这里所说的"公社"，显然是沿用"王侯都鄙之社并为公社"的惯称。但汉代的"公社"，仅限于县以上的官社和国社。它们的费用是由国家财政负担的，所以"公社"也就是"官社"。边郡屯田的吏卒也有祭社的活动。居延汉简载："檄到宪等循行修治社稷令鲜明当侍祠者斋戒以谨敬鲜絮约省为。""☐☐农掾戎谓官县以令祠社稷今择吉日如牒书到皆修＝治社☐。"③这里祠祭社稷的费用也都是由官府支付的。至于民间的里社，其所需费用则由里中居民分摊。《史记·封禅书》载："高祖十年春，有司请令县常以春二月及腊祠社稷以羊豕，民里社各自财以祠。制曰：'可。'"这里把县社和里社作了明确的区别。这种由民间"各自财以祠"的里社，称为"私社"是恰当的。但汉代的"私社"并不限于里社，大凡民间各种形式的结社，都可称为私社。里社和其他一些得到官方支持的私社是合法的，也有一些带有秘密结社性质或触犯封建统治秩序的私社，则为官府所不容。《汉书·五行志》载："建昭五年，兖州刺史浩赏禁民私所自立社。"其所禁者大概就是属于这种非法的社。张晏注："民间三月九月又社，号曰私社。"臣瓒曰："旧制二十五家为一社，而民或十家五家共为田社，是私社。"他们所说的私社，皆与浩赏所禁"民私所自立社"无涉。

秦汉里的规模大小不等，大者百家，小者五十家至二三十家。《续汉

---

① 宁可《汉代的社》，《文史》第9辑，中华书局1980年版。
② 《史记·封禅书》。
③ 甘肃省文物考古研究所：《居延新简》，第487、548页，文物出版社1990年版。

书·百官志》本注曰："里魁掌一里百家。"《风俗通义》说："里有司，司五十家，共居止，同事旧欣，通其所也。"上引《汉书·五行志》注引臣瓒则云"旧制二十五家为一社"。江陵凤凰山十号汉墓出土的郑里廪簿，恰好也是二十五家①。不论里的规模大小，社祭的活动所有里中民户都是要参加的。《礼记·郊特牲》："唯为社事，单出里。"郑玄注："单出里，皆往祭社。"战国初期李悝在计算农民家庭一年的收支时，也把社祭的费用列为一项经常性的负担。《陈留东昏库上里社碑》说："社者，土地之主也。周礼建为社位，……又班之于兆民，春秋之中，命之供祠，故自有国至于黎庶，莫不祀焉。"②"春秋之中"二祀，即在春季二月和秋季八月举行社祭。但《礼记·月令》只见仲春之月"择元日，命民社"，未见仲秋之月有命民社。又崔寔《四民月令》也只载"二月祠大社之日"，未载八月秋社。可能汉代之前只有二月春社比较固定，汉代以后才开春秋二社，但秋社尚不普遍。东汉末年，董卓"尝遣军到阳城，时适二月社，民各在其社下，悉就断其男子头，驾其车牛，载其妇女财物，以所断头系车辕轴，连轸而还洛"③。可见社日活动时，许多妇女也都到社下参加。

社祭要用牲。《续汉书·祭祀志》说："郡县置社稷，太守、令、长侍祠，牲用羊豕。"民间社祭应当也是用羊和猪。社祭的同时，要奏乐歌舞，饮酒聚餐，并举行娱乐活动。《史记·滑稽列传》载淳于髡谈到战国时的"州闾之会"时说："男女杂坐，行酒稽留，六博投壶，相引为曹，握手无罚，目眙不禁，前有坠珥，后有遗簪。"秦汉时代社祭时的热闹场面，大致也是如此。即使是穷乡僻壤的社祭，也有其朴素的娱乐方式。《淮南子·精神训》说："今夫穷鄙之社也，叩盆拊瓴，相和而歌，自以为乐矣。"

《史记·陈丞相世家》说："里中社，平为宰，分肉食甚均。父老曰：'善，陈孺子之为宰！'"社祭结束之后，要把作为牺牲的羊和猪的肉分给里中各家居民。陈平因为"分肉食甚均"，得到了里父老的称赞。李悝说战国初期农民每年"社闾尝新春秋之祠，用钱三百"④，按当时每石粟三十钱计算，相当于十石粮食的价钱，亦即"一夫挟五口，治田百亩，岁收亩一石半，为粟百五十

---

① 裘锡圭：《湖北江陵凤凰山十号汉墓出土简牍考释》，《文物》1974年第7期。
② 严可均辑：《全上古三代秦汉三国六朝文》，《全后汉文》卷75。
③ 《三国志·魏书·董卓传》。
④ 《汉书·食货志》。

石"①的自耕农家庭全年收入的十五分之一。秦汉时代农民家庭每年所支付的社祭费用，缺乏直接的史料说明②。如果也按相当于农民家庭全年收获的十五分之一计算，这笔负担对于农民家庭来说相当可观，而这恰恰说明农民对于社祭是十分重视的。

闾里居民可以自己置社并且举行社祭娱乐等公共活动，这是乡里民间社区自治功能的一种表现。除了社祭以外，社区的经常性集会还有腊祭，祭祀祖先和百神。《礼记·月令》说，孟冬之月"腊先祖五祀，劳农以休息之"。同书《郊特牲》："蜡也者，索也，岁十二月，合聚万物而索飨之也。"周曰蜡亦即腊。秦始皇三十一年十二月，"更名腊曰嘉平，赐黔首里六石米，二羊"③。所赐米羊，当即供社区腊祭之用。汉高祖恢复腊祭名称，高祖十年"令县常以春三月及时腊祠社稷以羊豕"④。社祭和腊祭都是民间重要的活动。其他还有各种淫祀。《史记·滑稽列传》褚先生补记载魏文帝时西门豹为邺令，为了破除当地"为河伯娶妇"的迷信，召集"三老、官属、豪长者、里父老皆会"河上，先后把巫妪和三老都投入河中，让他们去给河伯报信，结果"邺吏民大惊恐，从是以后，不敢复言为河伯娶妇"。秦汉时代有些地方也有淫祀。如青州诸郡为城阳景王刘章立祠，济南尤盛，"奢侈日盛，民坐贫穷，历世长吏无敢禁绝者"。只是在曹操就任济南相以后，才被禁绝⑤。

秦汉乡里社区的自治功能，还表现在作为民间领导阶层的乡三老和里父老对地方政府的管理事务有广泛参预的权利。睡虎地秦简有两条秦律：

匿敖童，及占癃不审，典、老赎耐。百姓不当老，至老时不用请，敢为诈伪者，赀二甲；典、老弗告，赀各一甲；伍人、户一盾，皆迁之。傅律。⑥

---

① 《汉书·食货志》。
② 居延汉简有"九百部吏杜钱"的记载（谢桂华等《居延汉简合校》上册第420页，文物出版社1987年版）。这是边塞吏卒社祭，不属于民间社祭。又居延新简载："□□出稍入钱市杜具口。"（见甘肃省文物考古研究所等《居延新简》，文物出版社1990年版，第302页）可证社祭需要支付购买物品的费用。
③ 《史记·秦始皇本纪》。
④ 《史记·封禅书》。
⑤ 《三国志·魏书·武帝纪》。
⑥ 《睡虎地秦墓竹简》第143页，文物出版社1978年版。

贼入甲室，贼伤甲，甲号寇，其四邻、典、老皆出不存，不闻号寇，问当论不当？审不存，不当论；典、老虽不存，当论。①

秦简整理小组把这两条律文的"典、老"都解释为"里典、伍老"，有的学者已经指出"老"应指里父老②。里父老对于隐匿成童和申报废疾不确实，以及在盗贼入室杀伤居民时外出而未能救援，都要和里典共同承担责任而受到惩罚。这些规定一方面说明里父老和官府小吏一样都是封建国家秩序的维护者，另一方面也反映了作为民间社区的代表，他们对乡里民政和治安事务都有参预管理的权利。汉武帝时，赵过在三辅推行代田法，"二千石遣令长、三老、力田及里父老善田者受田器，学耕种养苗状"③。封建国家要推广先进的生产技术，必须先让"三老、力田及里父老善田者"掌握，然后通过他们在民间推广。宣帝时，黄霸为颍川太守，"为条教，置父老师帅伍长，班行之于民间，劝以为善防奸之意，及务耕桑，节用殖财，种树畜养，去食谷马"④。张敞守京兆尹，"既视事，求问长安长老"，得知"偷盗酋长数人"，"敞皆召见责问，因贳其罪，把其宿负，令致诸偷以自赎"。⑤ 成帝时，尹赏守长安令，上任以后即"部户曹掾史，与乡吏、亭长、里正、父老、伍人，杂举长安中轻薄少年恶子，无市籍商贩作务，而鲜衣凶服被铠扞持刀兵者，悉籍记之，得数百人。赏一朝会长安吏，车数百辆，分行收捕"⑥。

乡里社区最重要的自治功能，表现在乡三老对社区居民的教化负有主要的责任。三老"得与吏比"而名列乡官，他的职责是"掌教化"，"凡有孝子顺孙，贞女义妇，让财救患，及学士为民法式者，皆扁表其门，以兴善行"⑦。封建国家之所以把教化交给三老掌管，因为教化不同于征收税赋和禁司"奸盗"，无法采取强制的方式；只有依靠三老这种在社区中享有崇高威信的民间领导阶

---

① 《睡虎地秦墓竹简》第193页，文物出版社1978年版。
② 参见邢义田《汉代的父老、僤与聚族里居》，《秦汉史论稿》第221页，台湾东大图书公司1987年版；杜正胜《编户齐民》第219页，台湾联经出版事业公司1980年版。
③ 《汉书·食货志》。
④ 《汉书·循吏传》。
⑤ 《汉书·张敞传》。
⑥ 《汉书·酷吏传》。
⑦ 《汉书·百官公卿表》，又《续汉书·百官志》。

层,示范教诲,才能收到较好的效果。为了发挥民间社区这方面的自治功能,汉初在三老之外又加置孝悌、力田。文帝十二年诏曰:"孝悌,天下之大顺也。力田,为生之本也。三老,众民之师也。廉吏,民之表也。朕甚嘉此二三大夫之行。今万家之县,云无应令,岂实人情?是吏举贤之道未备也。其遣谒者劳赐三老、孝者帛人五匹,悌者、力田二匹,廉吏二百石以上率百石者三匹。及问民所不便安,而以户口率置三老孝悌力田常员,令各率其意以道民焉。"①江苏仪征胥浦西汉墓出土的《先令券书》,记载老妪朱凌给子女分配田产的遗嘱,在立券书时,有四邻、亲属在场作证,还请来了"县、乡三老,都乡有秩"加以监督,说明民间财产继承这类事情,也都需要三老加以过问。东汉《三老赵宽碑》载,金城浩亹赵宽辞官返归乡里后,该县县长"以宽宿德,谒请端首,优号三老,师而不臣。于是乃听讼理怨,教诲后生,百有余人,皆成后艾"。②县长对于赵宽"师而不臣",固然有尊高年宿德的用意,但更重要的是赵宽"优号三老",只有得到他的支持,才能顺利"听讼理怨,教诲后生"。

由于三老既是民间社区的领导阶层,又是与啬夫、游徼并列的乡官,因而他们也就成为封建国家了解民情民意和贯彻朝廷意图的一个重要渠道。汉武帝经营西南夷时,唐蒙劳民过甚,又"用[军]兴法诛其渠帅,巴蜀民大惊恐"。武帝乃派司马相如前去喻告巴蜀民,一方面说明唐蒙所为"惊惧子弟,忧患长老,郡又擅为转粟运输,皆非陛下之意也";另一方面也责备"三老孝弟以不教诲之过",使"当行者或亡逃自贼杀,亦非人臣之节"③。武帝晚年,江充治巫蛊,戾太子被迫起兵谋反,兵败逃匿。壶关三老令狐茂上书武帝为太子辨冤,武帝为之感悟④。成帝时,京兆尹王尊因逸言被免,湖县三老公乘兴等上书讼尊治京兆"拨剧整乱,诛暴禁邪,皆前所稀有",成帝乃以尊为徐州刺史。王尊后迁东郡太守,遇黄河泛滥,亲率吏民护堤,白马三老朱英等又上奏成帝,表彰其功⑤。以上事例都说明,三老在国家政治生活中扮演着重要的角色。

---

① 《汉书·文帝纪》。
② 高文:《汉碑集释》,河南大学出版社 1997 年版。
③ 《史记·司马相如列传》。
④ 《汉书·武五子传》。
⑤ 《汉书·王尊传》。

## ■ 三、民间组织及其与封建国家的关系

秦汉时代，除了乡里这种民间社区之外，还存在着一些不同性质和不同形式的民间组织。这些组织有的是合法的，有的是非法的。其成员的结合大都是基于某种实际利益的需要，或以共同的价值取向、政治主张和宗教信仰等因素为纽带，有的则是古代血缘和地缘共同体传统的孑遗。下面试举若干例子并略作分析。

### （一）农民生产互助的组织

《汉书·五行志》云："建昭五年，兖州刺史浩赏禁民私所自立社。"注引臣瓒曰："旧制二十五家为一社，而民或十家五家共为田社，是为私社。"前文已经指出，汉代并不一概禁止私社，臣瓒注把浩赏所禁的"私社"理解为"田社"是不对的。但秦汉时代民间确实存在着一种自立的"田社"，其结社目的常与农业生产互助有关。《周礼·地官·里宰》："以岁时合耦于锄，以治稼穑。"郑玄注："锄者，里宰治处也。若今街弹之室，于此合耦，使相佐助，因放（倣）而为名。""弹"即"僤"、"单"，是古代公社组织的一种孑遗形式①。从郑玄注文可知，东汉农民有一种称为"街弹"的组织，通过"合耦"，"使相佐助"。"合耦"当与耦耕有关。《汉书·食货志》说耦耕需要"二牛三人"，缺少耕牛和劳动力的家庭，通过变工互助的形式，可以解决生产中的困难。

### （二）合伙贩卖或运输货物的组织

1973年江陵凤凰山十号汉墓出土的"中舨共侍约"木牍记载，"舨长"张伯与石兄、秦仲、陈伯等七人"相与为舨约"。"舨"字或释"服"，或释"贩"②。从内容来看，当是一种合伙贩卖货物的约文。合约规定，参加者"入舨钱二百"，"会钱备，不备勿与为舨"。意思是入舨的人钱要交齐，否则就不得

---

① 俞伟超：《中国古代公社组织的考察——论先秦两汉的单—僤—弹》，文物出版社1988年版。
② 参见弘一：《江陵凤凰山十号汉墓简牍初探》，《文物》1974年第6期；黄盛璋：《江陵凤凰山汉墓简牍及其在历史地理研究上的价值》，《文物》1974年第6期；裘锡圭：《湖北江陵凤凰山十号汉墓出土简牍考释》，《文物》1974年第7期。约文解释，参照各家意见，择善而从，有的地方则按本文作者的理解。

入舨。"即舨直行共侍，非前谒，病不行者罚日卅；毋人者庸贾；器物不具，物责十钱。"大意是当舨要出行时，入舨者都要"共侍"。除非事先请假，因病不行者按出行日数每日罚卅钱。家中无人可去的要出钱雇人代替。运输器物不齐备者，一件罚十钱。"共事以器物毁伤之及亡，舨共负之。非其器物擅取之，罚百钱。"是说在共事过程中，器物如有损坏和丢失，由入舨者共同赔偿。擅自拿走别人器物的，罚钱一百。"舨吏令会不会二日罚五十。会而计不具者，罚比不会，为舨吏□器物及人。舨吏李□。"意思是舨吏通知大家聚集时，如果不与会的，每日罚五十钱。虽然到会而账目材料不齐备的，按没有到会罚款。"为舨吏□器物及人"一句，文意不甚明了。舨吏李□，当是舨长张伯的助手。

上述舨长张伯，可能即是墓主张偃，是一个乡吏。但参加舨约的人，多数应是利用农闲时间合伙经营贩运性商业的自耕农。每人入舨的资金只有二百钱，七人一千四百钱。从资金之微薄及舨约强调"器物不具，物责十钱"看来，他们显然属于小商小贩的贩运经营，甚至可能是专门从事货物运输的合伙组织。之所以称"舨"，大概与舟运有关。江陵地处江汉平原，舟运发达。从约文的内容还可以看出，舨长张伯是这个合伙组织的首领，但具体负责经营管理的是他的助手舨吏李□。汉代从事贩运性商业的小商小贩不少，类似"中舨共侍约"这样的合伙组织当非绝无仅有。《三国志·吴书·三嗣主传》载孙休诏曰："夫一夫不耕，有受其饥；一妇不织，有受其寒。……自顷年已来，州郡吏民及诸营兵，多违此业，皆浮船长江，贾作上下，良田渐废，见谷日少。"这里说的虽然是孙吴时期的情况，但长江中下游地区利用舟运经商的历史由来已久。农民弃农经商，缺乏资金，有些人可能就组织起来合伙经营。不过像"中舨共侍约"这样的合伙组织，参加舨约者与舨长之间的关系并不是平等的。

### （三）为承担各种封建义务而成立的组织

河南偃师《汉侍廷里父老僤买田约束石券》[①]记载，侍廷里的二十五户人

---

[①] 黄士斌：《河南偃师县发现汉代买田约束石券》，《文物》1982年第12期；宁可：《关于汉侍廷里父老僤买田约束石券》，《文物》1982年第12期。关于父老僤买田约束石券的讨论，参见俞伟超：《中国古代公社组织的考察——论先秦两汉的单—僤—弹》，文物出版社1988年版；杜正胜："单"是公社还是结社？——与俞伟超先生商榷，台湾《新史学》创刊号，1990年3月；林甘泉《"侍廷里父老僤"与古代公社组织残余问题》，《文物》1991年第7期。

家，在"里治中"的主持下，于永平十五年（72年）组织了一个"父老僤"，"敛钱共有六万一千五百，买田八十二亩。僤中其有訾次当给为里父老者，共以客田借与，得收田上毛物谷实自给。即訾下不中，还田转与当为父老者。传后子孙以为常。"在早先农村公社尚未解体之前，担任里父老的条件只是"耆老有高德者"①。当公社瓦解之后，贫富分化日益明显，家资就成了担任里父老者的一个附加条件。因为里父老并不是国家官吏，无俸禄可领，贫苦农民终日为生计所困，要他们尽里父老的义务，显然是有困难的。组织侍廷里父老僤的二十五户人家，不可能是侍廷里的全部民户。汉代里的规模一般是大者百户，小者五十户。偃师在东汉属河南尹，是人口较密集的地区，这里乡里所容纳的人户可能更多一些。每个里只能推选一个里父老，侍廷里的二十五户人家也不可能都是里父老而是符合担任里父老财产标准的人家。从参加侍廷里父老僤的成员达二十五户来看，担任里父老应达到的财产标准当不会很高，也许就是汉代通常所说的"中家"的财产标准。这二十五户人家之所以要结僤买田，是因为里父老"无秩"，而这个职务又要求他花费许多精力和时间，并非达到一定财产标准的人家都愿意担任，因而这二十五户人家就在"里治中"主持下结僤买田，约定"僤中其有訾次当给为里父老者，共以客田借与，得收田上毛物谷实自给"，表示对担任里父老者的一种报酬。当担任里父老者"訾下不中"，亦即财产状况发生变化，已经达不到担任里父老的财产标准时，就需要"还田转与当为父老者"，即把僤中共有的"客田"，转交给下一个担任里父老者使用。

与上述"父老僤"相类似，汉代民间还有一种"正卫弹（僤）"，也是承担封建义务的一种组织。东汉《酸枣令刘熊碑》赞颂刘熊"愍念烝民，劳苦不均，为作正弹，造设门更，富者不独逸乐，贫者不独□□"②。又《鲁阳都乡正卫弹碑》载："□府文于侧，纪弹之利。其辞曰：□弹。国服为息，本存子衍，上供正卫，下给更贱。民用不□……"③《昆阳都乡正卫弹碑》有"结单言府，斑董科例"、"临时慕顾，不烦居民"等语④。这种"正卫弹"是东汉后期由于

---

① 《春秋公羊传》宣公十五年何休注。
② 赵明诚《金石录》、洪适《隶释》均有著录。
③ 残碑存南阳市汉画像石馆，转引自俞伟超：《中国古代公社组织的考察——论先秦两汉的单—僤—弹》。
④ 《金石录》卷18。

"戎事不息,百姓匮乏,疲于征发"①,有些地方官为减轻人民兵役负担而敛钱募兵的组织。《汉旧仪》说:"民年二十三为正,一岁为卫士,一岁为材官、骑士,习射御骑驰战阵。"上引汉碑中的"正卫",即指传籍当服兵役为正卒和卫士的男子。加入"正卫弹"的农民,只需缴纳一定数量的代役钱,就可以不必亲身服役,而由官府"临时慕(募)顾(雇)"代役。有的地方还把结"弹"收集的钱存储起来,由官府放贷取息,"国服为息,本存子衍,上供正卫,下给更贱(践)"。实行这种结"弹"敛钱代役的地方,减免了应服兵役的居民的烦劳,因而成为地方官的一项政绩,有的还被乡官属吏立碑歌颂一番。

### (四)游侠、"群盗"和亡命的组织

游侠是战国秦汉民间的一股重要势力。自司马迁《史记》作《游侠列传》以来,古今学者对游侠的论述很多,褒贬不一。但任侠之风这种历史现象,究竟只是一种个人行为还是也有集团行为,论者似乎注意不够。值得一提的是,日本学者增渊龙夫在《汉代民间秩序的构成和任侠习俗》②一文中,从社会学的角度对游侠的历史地位和社会意义作了比较深入的考察,指出游侠具有集团的性质,它的人际结合关系"作为组织原理,作用于从战国末到汉代民间社会广泛存在的、各具规模的且以豪侠、土豪为中心的地方群小势力,并转变为乡曲中强者秩序形成的原理"。应该说,这一认识是比较深刻的。

司马迁在《史记·游侠列传》中说:"自秦以前,匹夫之侠,湮灭不见,余甚恨之。以余所闻,汉兴有朱家、田仲、王公、剧孟、郭解之徒,虽时扞当世之文罔,然其私义廉洁退让,有足称者。名不虚立,士不虚附。至如朋党宗强比周,设财役贫,豪暴侵凌孤弱,恣欲自快,游侠亦丑之。"司马迁钦佩的游侠,是既不朋党比周,也不设财役贫、侵凌孤弱的"匹夫之侠"。这样的游侠固然也不乏见,但要说游侠都是个人行为,这却未必。游侠的道德信条是"其言必信,其行必果,已诺必诚,不爱其躯,赴士之厄困"③。这种道德信条很容易把人际关系凝聚为一种有形或无形的集团。剧孟"以任侠显诸侯",其母死,

---

① 《后汉书·安帝纪》。
② 增渊原作发表于1951年《一桥论丛》二六之五,译文见《日本学者研究中国史论著选译》第三卷,中华书局1993年出版,孔繁敏译。
③ 《史记·游侠列传》。

"自远方送丧盖千乘"。吴楚七国反时,周亚夫"乘传车将至河南,得剧孟,喜曰:'吴楚举大事而不求孟,吾知其无能为已矣。'"①郭解少年时代"藏命作奸剽攻,休乃铸钱掘冢,固不可胜数"。年长后"自喜为侠益甚","邑中少年及旁近县贤豪,夜半过门常十余车,请得解客舍养之"②。像剧孟和郭解这样的游侠,其所作所为,显然具有集团行为的性质,而非单纯的个人行为。《汉书·游侠传》说,王莽时"闾里之侠原涉为魁"。原涉的为人,其实与司马迁所说的游侠的道德标准颇有距离。本传说他"能得士死",其"宾客多犯法","刺客如云"。"王莽数收系欲杀,辄复赦出之",这恐怕与他周围已形成一股有组织的势力不无关系。

在秦末和西汉末年的社会动乱中,可以看到有些起义军的核心是一些亡命者或"群盗"的组织。如英布秦末"论输丽山,丽山之徒数十万人,布皆与其徒长豪桀交通,乃率其曹偶,亡之江中为群盗"。陈胜吴广起义后,英布乃"与其众叛秦,聚兵数千人"③。彭越秦末"常渔巨野泽中,为群盗"。陈胜、项梁起义后,"泽间少年相聚百余人,往从彭越,曰:'请仲为长。'越谢曰:'臣不愿与诸君。'少年强请,乃许。与期旦日日出会,后期者斩"。彭越率领这些徒属"行略地,收诸侯散卒,得千余人"④。王莽末年,"南方饥馑,人庶群入野泽,掘凫茈而食之,更相侵夺。新市人王匡、王凤为平理诤讼,遂推为渠帅,众数百人。于是诸亡命马武、王常、成丹等往从之。共攻离乡聚,臧于绿林中,数月间至七八千人"⑤。琅邪海曲吕母因其子犯小罪被县宰所杀,"怨宰,密聚客,规以报仇。母家素丰,资产数百万,乃益酿醇酒,买刀剑衣服。少年来酤者,皆赊与之,视其乏者,辄假衣裳,不问多少"。诸少年感其恩,许诺为其子报怨,"其中勇士自号猛虎,遂相聚得数十百人,因与吕母入海中,招合亡命,众至数千。吕母自称将军,引兵还攻破海曲,执县宰……遂斩之,以其首祭子冢,复还海中"⑥。

---

① 《史记·游侠列传》。
② 《史记·游侠列传》。《集解》引如淳云:"解多藏亡命者,故喜事年少与解同志者,知亡命者多归解,故多将车来,欲为解迎亡者而藏之者也。"
③ 《史记·黥布列传》。
④ 《史记·彭越列传》。
⑤ 《后汉书·刘玄刘盆子列传》。
⑥ 《后汉书·刘玄刘盆子列传》。

## （五）都市中为非作歹的地痞流氓组织

汉代长安五方杂厝，"易为盗贼，常为天下剧"①。京兆尹最头痛的问题，是有组织的地痞流氓和小偷。《汉书·王尊传》说："长安宿豪大猾东市贾万、城西萭章、翦张禁、酒赵放、杜陵杨章等，皆通邪结党，挟养奸轨，上干王法，下乱吏治，并兼役使，侵渔小民，为百姓豺狼。更数二千石，二十年莫能禽讨。"同书《酷吏传·尹赏传》说："永始、元延间，上怠于政，……长安中奸猾浸多，闾里少年群辈杀吏，受赇报仇，相与探丸为弹，得赤丸者斫武吏，得黑丸者斫文吏，白者主治丧。城中薄暮尘起，剽劫行者，死伤横道，枹鼓不绝。"就连小偷也各有所属。"偷盗酋长数人，居皆温厚，出从童骑，闾里以为长者"。张敞任京兆尹，就是任用"偷长"，"赏其罪，把其宿负，令致诸偷以自赎"，从而收到了"一日捕得数百人，穷治所犯"②的效果的。

东汉的洛阳，甚至有专门以杀人为职业的流氓组织。《潜夫论·述赦》说："洛阳至有主谐合杀人者，谓之会任之家，受人十万，谢客数千。又重馈部吏，吏与通奸，利人深重，幡党盘牙，请至贵戚宠臣，说听于上，谒行于下。是故虽严令、尹，终不能破攘断绝。"

## （六）地主豪强宾客徒附兵农合一的组织

汉代的地主豪强拥有一批称为"宾客"、"徒附"的依附者。"徒附"大都是耕种豪强土地的依附农民；"宾客"的成分则比较复杂，有的是豪强豢养的食客，有的则是他们的劳动人手。地主豪强经常利用宾客横行乡里，欺压农民。如"阳翟轻侠赵季、李款多畜宾客，以气力渔食闾里，至奸人妇女，持吏长短，从横郡中"③。西汉的宾客和徒附与地主豪强之间虽有程度不等的人身依附关系，但还不见得存在一种组织形式。可是随着封建隶属关系的加强，特别是经过西汉末年的社会动荡，许多豪强地主把宾客徒附逐渐变成一种兵农合一的组织。如冯鲂为南阳族姓，"王莽末，四方溃畔，鲂乃聚宾客，招豪桀，作营堑，以待所归"④。东汉初年，"赵、魏豪右往往屯聚，清河大姓赵纲遂于县界

---

① 《汉书·地理志》。
② 《汉书·张敞传》。
③ 《汉书·何并传》。
④ 《后汉书·冯鲂列传》。

起坞壁，缮甲兵，为在所害"①。东汉末年，李乾在乘氏（今山东巨野西南）有"宾客数千家"，皆按部曲编制。李乾死后，其侄李典投靠曹操，"徙部曲宗族万三千余口居邺"②。田畴率宗族及附从数百人，"入徐无山中，营深险平敞地而居"，"百姓归之，数年间至五千余家"。众推田畴为主，"畴乃为约束相杀伤、犯盗、诤讼之法，法重者至死，其次抵罪，二十余条。又制为婚姻嫁娶之礼，兴举学校讲授之业，班行其众，众皆便之"③。

### （七）以宗教信仰结合的民间组织

秦汉时代，社会上层流行阴阳五行和谶纬学说，下层则盛行各种巫术迷信。但上层和下层的信仰也互相渗透和影响。民间的巫术迷信，不仅有群众性，而且有一定的组织形式。《汉书·哀帝纪》载，建平四年，"关东民传行西王母筹，经历郡国，西入关至京师。民又会聚祠西王母，或夜持火上屋，击鼓号呼相惊恐"。所谓"传行西王母筹"，即假借西王母之名，传送筹策④。这次群众性的"行诏筹"，"或被发徒跣，或夜折关，或逾墙入，或乘车骑奔驰，以置驿传行，经历郡国二十六，至京师"⑤。它虽是一种迷信活动，如果没有一定的组织从中起作用，显然是不可能达到如此巨大规模的。光武帝时，河南卷县维汜"妖言称神，有弟子数百人，坐伏诛。后其弟子李广等宣言汜神化不死，以诳惑百姓。[建武]十七年，遂共聚会徒党，攻没皖城，杀皖侯刘闵，自称南岳大师"⑥。

东汉末年，有组织的宗教活动更是屡见不鲜。"钜鹿张角自称大贤良师，奉事黄老道，畜养弟子，跪拜首过，符水咒说以疗病，病者颇愈，百姓信向之。角因遣弟子八人使于四方，以善道教化天下，转相诳惑。十余年间，众徒数十万，连结郡国，自青、徐、幽、冀、荆、扬、兖、豫八州之人，莫不毕应。遂置三十六方。方犹将军号也。大方万余人，小方六七千，各立渠帅。"⑦

---

① 《后汉书·酷吏列传》。
② 《三国志·魏书·李典传》。
③ 《三国志·魏书·田畴传》。
④ 《汉书·五行志》云："持稿或棷一枚，传相付与，曰行诏筹。"稿是禾秆，棷是麻干。
⑤ 《汉书·五行志》。
⑥ 《后汉书·马援列传》。
⑦ 《后汉书·皇甫嵩列传》。

张鲁"祖父陵,客蜀,学道鹄鸣山中,造作道书以惑百姓,从受道者出五斗米,故世号米贼。陵死,子衡行其道。衡死,鲁复行之"。张鲁后来正是依靠五斗米道组织,割据汉中,"以鬼道教民,自号'师君'。其来学道者,初皆名'鬼卒'。受本道已信,号'祭酒'。各领部众,多者为治头大祭酒。皆教以诚信不欺诈,有病自首其过,大都与黄巾相似"①。又琅琊道士于吉,"先寓居东方,往来吴会,立精舍,烧香读道书,制作符水以治病,吴会人多事之"②。

### (八)士人议论时政和品题人物的集会

东汉末年的党锢是当时政治生活的一件大事。《后汉书·党锢列传》载张成交通宦官,其弟子牢修上书诬告李膺等"养太学游士,交结诸郡生徒,更相驱驰,共为部党,诽讪朝廷,疑乱风俗"。说李膺等人"诽讪朝廷,疑乱风俗",这当然是一种诬陷。但当时太学诸生以郭林宗、贾伟节为首,确实与李膺、陈蕃"更相褒重","危言深论,不隐豪强。自公卿以下,莫不畏其贬议"。《党锢列传》说:"逮桓灵之间,主荒政缪,国命委于阉寺,士子羞与为伍,故匹夫抗愤,处士横议,遂乃激扬名声,互相题拂,品核公卿,裁量执政,婞直之风,于斯行矣。"可见太学生的议政集会实际上带有结社的性质。党锢之祸起后,太学生何颙"亡匿汝南间",常潜入洛阳,与袁绍密议,"其穷困闭厄者,为求援救,以济其患。有被掩捕者,则广设权计,使得逃隐,全免者甚众"③。这也说明卷入党锢之祸的太学生,至少有一部分中坚分子是有组织联系的。不仅太学生如此,当时各地的士人,也经常有集会。如汝南许劭及其从兄许靖"俱有高名,好共核论乡党人物,每月辄更其品题,故汝南俗有'月旦评'焉"④。

从上述秦汉民间组织的爬梳中我们可以看到,在秦朝建立统一的封建专制主义中央集权国家以后,政治生态环境并没有禁绝民间组织的存在。相反,由于古代血缘和地缘共同体的解体,民间组织呈现出趋于多元化的格局。春秋战国以前,社会生产和再生产的基本单位是家族公社和农村公社。"每一个单个

---

① 《三国志·魏书·张鲁传》。
② 《三国志·吴书·孙破虏讨逆传》裴松之注引《江表传》。
③ 《后汉书·党锢列传》。
④ 《后汉书·郭符许列传》。

的人，只有作为这个共同体的一个肢体，作为这个共同体的成员，才能把自己看成所有者或占有者。"① 离开了共同体，个人便丧失了财产。在这种历史条件下，只能有以血缘和地缘为纽带的民间社区，不可能出现以个人相结合的民间组织。只有到了春秋战国时代，由于私有制因素的发展导致了共同体的解体，个人从血缘和地缘的纽带束缚下解脱出来，才有可能出现单纯人际关系结合的组织。这也就是秦汉以后民间组织呈现多元化格局的历史前提。

但是如前文所说，作为社会生产基本单位的共同体虽然解体了，这并不等于说以血缘和地缘为纽带的聚落都不复存在了。个人从血缘和地缘纽带的束缚下得以解脱出来，这也不等于说个人和家族宗族以及乡党邻里就没有任何关系了。秦汉的一些民间组织，大都没有脱离聚落共同体的历史影响。有的民间组织，显然还带有古代共同体残余的痕迹。例如郑玄所说那种"合耦"而"使相佐助"的"街弹"，就是古代农村公社成员帮工协作从事耕耘的传统的孑遗。而《侍廷里父老僤买田约束石券》所反映的土地所有制，则是一种少数人自由结合的集体共有的形式。只不过在土地私有制已经成为一种"普照的光"的历史条件下，按照僤内成员的约定，他们共买的土地的性质，已经不是公有制而是属于私有制的范畴了。又如，五斗米道"置义米肉，县（悬）于义舍，行路者量腹取足，若过多，鬼道辄病之。犯法者，三原，然后乃行刑。不置长吏，皆以祭酒为治，民夷便乐之"②。这同样可以看到古代共同体的分配、消费和原始民主的某种影子。

秦汉的民间组织，就其与封建国家的关系来说，可以分为制度内和制度外两种。所谓制度内组织，即指不违反封建专制主义中央集权国家制度和不触犯统治者利益的合法组织；制度外组织则指那些非法和被禁止的组织。一般说来，制度内组织占多数，本文所列举的一些组织，如"中舣共侍约"、"父老僤"、"正卫弹"，以及地主豪强宾客徒附的组织，都属此类。封建国家有时也打击不法的地主豪强，但地主豪强"不为编户一伍之长，而有千室名邑之役"③，甚至拥有兵农合一的私家武装，基本上是合法的，是国家制度所允许的民间秩序。而且凡是这类豪强，都很容易演变为封建割据军阀或割据势力的部属。例如刘

---

① 马克思：《资本主义生产以前的各种形式》，《马克思恩格斯全集》第 46 卷上，第 472 页。
② 《三国志·魏书·张鲁传》。
③ 仲长统《昌言·损益》。

秀的长兄刘寅，"不事家人居业，倾身破产，交结天下雄俊"。新莽末年，乘四方溃畔之机，"自发舂陵子弟，合七八千人，部署宾客，自称柱天都部"①。南阳著姓樊重，家世"善农稼，好货殖"，"至乃开广田土三百余顷"。赤眉绿林起义后，其子樊宏"与宗家亲属作营堑自守，老弱归之者千余家"②。东汉末，鲁肃"家富于财"，"不治家事，大散财货，摽卖田地，以赈穷弊结士为务，甚得乡邑欢心"。后"携老弱将轻侠少年百余人"，与周瑜一起投靠孙策③。

班固在《汉书·游侠传》中对游侠的行为很不以为然，认为他们"以匹夫之细，窃杀生之权，其罪已不容于诛矣。观其温良泛爱，振穷周急，谦退不伐，亦皆有绝异之姿。惜乎不入于道德，苟放纵于末流，杀身亡宗，非不幸也"。他对游侠的评价反映了封建国家和以卫道为己任的士大夫对游侠的看法。郭解家贫，本来不够徙陵的财产标准，但汉武帝以其"布衣权至使将军"，硬是把他和高赀豪桀一样看待。后来郭解的党羽杀人，御史大夫公孙弘以"解布衣为任侠行权，以睚眦杀人，解不知，此罪甚于解知杀之。当大逆无道"④。郭解因此而被族诛。这个例子说明游侠结党，是封建国家所不容的。至于亡命、"群盗"和地痞流氓组织，更是封建国家追捕和打击的对象。总之，上述这些脱离国家秩序之外或与国家秩序相对抗的民间组织，其性质都是制度外的非法组织。

宗教迷信组织和士人结社介于制度内和制度外之间。当它们的活动并没有破坏国家秩序和统治者的安全时，一般说来是不会被官方禁止的。统治阶级中的某些人，甚至也会加入它们的活动。譬如东汉朝廷的"宫省直卫"乃至宦官，就有奉事张角的黄老道的⑤；而江东的不少将领，则争先迎拜太平道的首领于吉⑥。又如太学生集会"品核公卿，裁量执政"初期，许多士大夫都以与他们交往为荣。但一旦统治者觉得这些民间组织威胁到自己的统治时，便会毫不留情地加以取缔和镇压。张角的信徒达数十万，置三十六方，散布"苍天已死，

---

① 《后汉书·宗室四王三侯列传》。
② 《后汉书·樊宏列传》。
③ 《三国志·吴书·鲁肃传》。
④ 《汉书·游侠传》。
⑤ 《后汉书·皇甫嵩列传》。
⑥ 《三国志·吴书·孙破虏讨逆传》裴松之注引《江表传》。

黄天当立，岁在甲子，天下大吉"①的谶语，明确提出了推翻东汉王朝的口号，东汉朝廷和各地的地主豪强要竭力扑灭这股起义烈火自不待言。即使是并不造反的于吉，因为"能幻惑众心，远使诸将不复相顾君臣之礼"②，也为孙策所不容而遭杀身之祸。太学生被卷入党锢之狱，虽然是宦官集团和士大夫集团政治斗争的牺牲品，但即使没有宦官干政，由于"品核公卿，裁量执政"的集会和朋党向来很容易遭到统治者的疑忌，当它超越了统治者一定的容忍度时，也是很难逃脱被剪除的厄运的。

（原文发表于《燕京学报》2000年新8期。）

---

① 《后汉书·皇甫嵩列传》。
② 《三国志·吴书·孙破虏讨逆传》裴松之注引《江表传》。

# 瞿同祖与《汉代社会结构》

## 经典导读

瞿同祖（1910—2008），湖南长沙人。燕京大学学士、硕士，主修社会学，从吴文藻与杨开道治中国社会史，1937年出版《中国封建社会》。1939年任教云南大学，1944年兼任西南联合大学讲师，其间撰写了《中国法律与中国社会》（1947），获得盛誉。1945年春应邀赴美，先后任哥伦比亚大学中国历史研究室研究员、哈佛大学东亚研究中心研究员，从事汉史等研究，1962年出版英文著作《清代地方政府》，在西方汉学界产生了相当大的影响。1965年回国，1972年英文著作《汉代社会结构》在美国出版，1981年任国务院古籍整理出版规划小组成员，2006年当选为中国社会科学院荣誉学部委员。

《汉代社会结构》秉承了瞿同祖研究中国社会史的一向追求，从总体上把握社会结构。这种探讨，将社会学、法学、人类学结合起来，是瞿同祖成名作《中国法律与中国社会》的断代具体化与深化。关于此点，《汉代社会结构》的翻译者邱立波在《瞿同祖先生的著述与学问》（代译跋）中有深入的分析。然而两书间隔15年，《汉代社会结构》对于社会结构的理解，或有所变化，从中可以看到马克斯·韦伯理论的影响。《汉代社会结构》正文分为亲属、婚姻、妇女地位、阶级、豪族五章，其中阶级、豪族两章篇幅最大，是本书的重点。《汉代社会结构》第四章"阶级"，开宗明义："汉代社会存在许多阶级，每个阶级就是这样一群人，这些人出身于身份或者——借用马克斯·韦伯和其他一些社会学家的术语来说——等级地位（status position）大体接近的家族。阶级的存在可以如下几种方式表现出来……社会上存在着约定俗成的价值标准，以这些价值标准为基础，整个社会形成了一套等级秩序，所有的社会成员都被按照相应的标准来衡量，并且在这秩序中有特定的位置"。① 人们进行等级划分的依据、在社会的层级体制中对人们进行评价归类的标准有四方面：职业、知识（受教育的程度）、财产、政治权力。瞿同祖总结："身份、财富和权力的分配，是社会层级划分的三个维度。每个维度都以一种特殊的价值理念，在社会成员之中形成一个独立的层级秩序。但它们之间又彼此关联，共同表征着社会价值的分配和人们在层级之中的确定地位。因此，在研究社会层级划分的时候，所有这三个方面必须一并加以考察。"② "中国历史研究计划"负责人卡尔·A.魏特夫在该书《前言》评价瞿同祖的工作："他基本上按照马克斯·韦伯（Max Weber）的路数观察中国社会的历史的。他同意韦伯的观念，认为中国的官僚是一个阶级（stand）。……在此我想郑重地重申瞿教授与我共同秉持的一个观点，那就是，在帝制中国（imperial China），社会权力结构的核心是一个处于统治地位的官僚集团（a ruling bureaucracy）。这个阶层与我们最初称之为'豪族'（powerful families）的那种势力相辅相成，并且从中获得后备力量。关于官僚制社会（bureaucratic societies）'贵族'（nobles）〔或者叫做'士绅'（gentry）〕的研究，一直以来都在不断深入。但是，在这类研究里面，本书搜集的秦汉时期'豪族'的材料，可以说是种类最丰富的。尽管在某些方面，人们也可以做出另外的解释，所有严肃的学者都会承认，瞿教授的工作在事实的考辨和整理方面，已经将中国社会和历史的研究提高到了新的水准。"③

我们选读的是《汉代社会结构》第一章"亲属"。这一章是全书的基础，因为阶级是等级地位大体接近的家族，而这一章主要探讨宗族与家庭。瞿同祖所论多有创新。从结构功能论出发，对家庭的结构与规模的论述颇具特色。瞿同祖强调法律的重要性，认为法律对于家庭的结构与规模，对于各个家庭成员之间的心态，产生了立竿见影的影响。商鞅变法有一条："民有二男以上不分异者倍其赋"，在秦汉法典中保留该文五个多世纪。这造成了汉代分家普遍，家庭结构简单，规模相对要小的

---

① 瞿同祖著，邱立波译：《汉代社会结构》，上海人民出版社2007年版，第71页。
② 瞿同祖著，邱立波译：《汉代社会结构》，上海人民出版社2007年版，第74页。
③ 瞿同祖著，邱立波译：《汉代社会结构》，上海人民出版社2007年版，第3页。

特色。伴随家庭结构的变化，出现了一种个人主义的伸张。瞿同祖也强调汉代对豪族的强制性迁徙是一个一以贯之的政策。瞿同祖从皇室与贵族的嫡长子继承制、财产均分制、妇女与继承权等方面详细论述了继承问题，也论述了收养问题。在家族与宗族的权力模式上，他考察了父亲的权力、宗族首领的权力，指出汉代的人们不承认父亲对儿子有生杀大权，秦汉时期还没有族长出现，但宗族里仍有某种形式的权威存在。瞿同祖全面探讨了家族的法律、经济、教育、宗教、军事职能，显示出社会学的论述特色。他指出，汉代家族由家长规制，家族成员的集体责任是社会生活的特征；家庭是一个生产单位，维持家人的生计；长辈重视对晚辈的教育；腊日祭祖以及祭祀灶神、司命神是普遍的风气；关心自保的问题。以上对于汉代家庭与宗族的研究，对于把握汉代的婚姻、妇女地位也至关重要。在社会史研究领域，相对而言，探讨阶级、豪族者较多，而研究家庭、宗族问题者较少。从这个方面讲，瞿同祖的研究具有开创、奠基的性质。

#### —— 延伸阅读文献目录：

1. 瞿同祖：《汉代社会结构》，上海世纪出版集团 2007 年版。
2. 瞿同祖：《中国法律与中国社会》，中华书局 1981 年版。
3. 彭卫：《汉代的婚姻形态》，三秦出版社 1988 年初版，中国人民大学出版社 2009 年新版。
4. 张仁玺：《秦汉家庭研究》，中国社会出版社 2002 年版。
5. 赵沛：《两汉宗族研究》，山东大学出版社 2002 年版。
6. 阎爱民：《汉晋家族研究》，上海人民出版社 2005 年版。
7. ［日］守屋美都雄著，钱杭、杨晓芬译：《中国古代的家族与国家》家族篇前三章汉代家族部分，上海古籍出版社 2010 年版。
8. 黄金山：《论汉代家庭的自然构成和等级构成》，《中国史研究》1987 年第 4 期。
9. 黄金山：《汉代家庭成员的地位和义务》，《历史研究》1988 年第 2 期。
10. 张金光：《商鞅变法后秦的家庭制度》，《历史研究》1988 年 6 期。
11. 吴小强：《试论秦人婚姻家庭生育观念》，《中国史研究》1989

年第 3 期。

12. 曾宪礼:《"民有二男以上不分异者倍其赋"意义辨》,《中山大学学报》1990 年第 4 期。
13. 邵台新:《试论汉代农户的"一家五口"》,《秦汉史论丛》第 5 辑,法律出版社 1992 年版。
14. 罗彤华:《汉代家产分割方式》,《新史学》1993 年第 4 期。
15. 张鹤泉:《东汉宗族组织试探》,《中国史研究》1993 年第 1 期。
16. 马新:《论两汉乡村社会中的宗族》,《文史哲》2000 年第 4 期。
17. [韩] 尹在硕:《睡虎地秦简〈日书〉所见"室"的结构与战国末期秦的家族类型》,《中国史研究》1995 年第 3 期。
18. [韩] 尹在硕:《睡虎地秦简和张家山汉简所反映的秦汉时期后子制和家系继承》,《中国历史文物》,2003 年第 1 期。
19. [韩] 尹在硕:《秦汉律所反映的后子制和继承法》,《秦汉史论丛》第九辑,三秦出版社 2004 年版。
20. 李根蟠:《战国秦汉小农家庭的规模的及其变化机制——围绕"五口之家"的讨论》,张国刚、李中清主编:《家庭史研究的新视野》,生活·读书·新知三联书店 2004 年版。
21. 李根蟠:《从秦汉家庭论及家庭结构的动态变化——兼与杜正胜先生商榷》,《中国史研究》2006 年 1 期。
22. 马新、齐涛:《试论汉唐时代家庭继承制度的反向制约》,《齐鲁学刊》2006 年第 6 期。
23. 王子今:《〈汉代社会结构〉:探索官僚与社会结构》,《中华读书报》2007 年 8 月 10 日。
24. 杜月:《社会结构与儒家理想:瞿同祖法律与社会研究中的断裂》,《社会》2012 年第 4 期。

—— 原文:《汉代社会结构·第一章　亲属》

经典原文

# 汉代社会结构

## 第一章
## 亲　属

瞿同祖

　　家是秦汉社会基本的社会与经济单位。它是这样一种社会组织，其中的成员共同居住在同一个门户里面，并且以某种形式参与经济生产方面的协作。一个行政区域的规模通常就是由该区域内的户数决定的。① 核心家庭包括父母及其子女，而扩展家庭则由两个或者两个以上的核心家庭构成。

　　中国的亲属制度是父系的，也就是说，在计算宗族的时候，只从父亲这一方面算起。一个随父姓的人只会与父亲方面的同宗戚属发生联系，而不会考虑母亲方面的戚属。因此《尔雅》区分出了四种亲缘关系：（1）宗族，即"父之党"，（2）母党，包括母亲的祖父母、父母、兄弟、姐妹、堂兄弟和母亲兄弟姐妹的子女，（3）妻党，包括妻子的父母、兄弟和姐妹，和（4）亲戚，即"婚姻"，包括丈夫的父母、兄弟、姐妹等等。很明显，人们在父方宗族和所有其他方面的宗族之间作了非常重要的划分；也就是说，只有父亲方面的宗族才被认为是宗族，而所有其他姓氏不同的成员则从属于另外的宗族。值得一提的是，母亲的父母被称为"外祖父母"，因为他们有着不同的姓氏，也因此被看做是外亲。②

　　宗族或者族，作为一个广泛用于父党戚属的术语，可以看做是一种父系家

---

① 户数超过一万的县，其长官称为县令；而户数少于一万的县，其长官则称为县长，并且县长的级别要比县令低一些。（班固，《汉书》，百衲本，卷十九；司马彪，《东汉志》，百衲本，卷二十八）不过，诚如应劭所说，例外的情形在北方边地和长江流域地区也是可以找到的。（应劭，《汉官仪》，孙星衍校集，平津馆丛书本，卷上；《后汉书》卷二十八注；严耕望，《中国地方行政制度史》〔两卷本；台北，1961年〕，第一卷，第44—47页；劳榦，"汉朝的县制"，《中央研究院院刊》，第一卷〔1954〕，第70页）

② 《尔雅注疏》，四部备要本，卷四。

族，或者是一种戚属组织，这种家族或者组织只包括那些按照实际宗族可以追溯到一个共同祖先的男性成员。① 宗族这个术语在汉代非常流行，它在很多时候都是在这个意义上使用的。在作为小规模同居单元的家和通常是包括了若干家庭的宗族之间，有明确的区别。所以我们可以找到"族"与"家"同时使用但指称不同群体的用例。② 并且，同一个家庭的成员被称为"家属"，而同一个宗族的成员则被冠以"宗人"或者"族人"的称号。不过，宗族这一术语表示的仅仅是同宗关系，它并不说明整个宗族是否都同居一处。

## ■ 家庭的结构与规模

公元前4世纪，秦国在商鞅的建议之下颁布了一项法律，法律规定"民有二男以上不分异者倍其赋"（资料Ⅰ，2）*。另有一项法律禁止"父子兄弟同室内息"（资料Ⅰ，4）。第一项法律是不鼓励维持大户人家的，因为如果人们想维持一个家庭不被分割，就不得不负担额外的赋税。很少人会愿意交纳双倍赋税，多数人则是无力交纳。第二项法律的用意不太清楚，但其后果却显而易见。既然许多贫困家庭都没有宽裕的房屋供家人居住，那么父子或者兄弟同居一室就并不少见了。但是，当这种情形不再为法律所许可的时候，一些人就不得不迁出门户，各自谋生。

这些法律对于家庭的结构和规模，对于各个家庭成员之间的心态，产生了立竿见影的效果，对此，公元前2世纪时的贾谊曾有评说。旨在缩减家庭规模的法律对于富裕之家和无力交纳双倍赋税的贫困之家，影响都是一致的：无论富人还是穷人都倾向于离开他们成年的儿子单独居住。按照贾谊的说法，贫困

---

① Robert H. Lowie, *Social Organization* (New York, 1948), p.9; George P. Murdock, *Social Structure* (New York, 1949), p.42.
② 这种区分在如下事例之中有清晰的说明。刘备与刘德然同宗。德然的父亲元起经常资助家贫的刘备。元起妻曰："各自一家，何能常尔耶？"元起曰："吾宗中有此儿，非常人也。"（陈寿，《三国志》，百衲本，《蜀书》，卷二）。就如人们在某些史料中所看到的那样，一宗通常包含了许多的家庭。（范晔，《后汉书》，百衲本，卷七十；《三国志·魏书》，卷十一）
* 此处括注资料Ⅰ为《汉代社会结构》一书所附资料，文中括注还有资料Ⅱ，限于篇幅，未收入本书。——本书编者

之家通常都将已经成年的儿子"赘"往另外一家作"赘仆"。而富裕之家则分给成年儿子一份家产,将他们打发出去。(资料Ⅰ,3及注释8)

那时,伴随着家庭结构的变化,出现了一种对于个人主义的伸张。据贾谊说,儿媳经常与公婆不睦。儒家学派所倡导的服从与谦恭的态度正日渐凋零。相反,她倒是对公婆反唇相讥,和他们理论。对财产的态度也更加个人主义化了。据说,那时候的人"借父耰耡,虑有德色;母取箕帚,立而谇语"(资料Ⅰ,3)。这些事例不仅说明分割后的财产归儿女们所有,也显示出那种从个人所有观念所衍生出来的个人主义的心态。这同样也偏离了儒家的理想,因为他们是主张父母存而"不有私财"的。① 我们不晓得,就总体而言,这种理想模式在多大程度上为中国社会所接受;或者,对于在贾谊时代被认为是不太开化的秦国来说,这种个人主义的处事方式在多大程度上被看做是罕见的。是不是说儒教的意识形态在秦国已经确立起来,上述这些心态只是直接挑战儒教徒的新法实施以后的后果?还是秦人几乎就没有受到过这种意识形态的影响?文献不足征,我们没有办法回答这些问题。惟今之计只能是接受贾谊的说法,并把这种变化中的家庭结构与变化中的心态都看做是新法实施以后的产物。

公元前221年统一帝国建立之后,当时的状况用帝国官员的话说是"海内为郡县,法令由一统"②。假如事实果真如此,那么由商鞅提议制定的法律应该已经在整个帝国生效。继之而起的汉朝法典,主要都是经萧何之手沿袭了秦朝的法典,这项特殊的法律从而也就在汉朝的法典之中保留了差不多四百年。(《汉书》卷二十三)根据《晋书·刑法志》的记载,秦汉旧律直到曹魏早期新法典颁布之前都还一直在被承用。("秦汉旧律"一语非常值得关注。之所以采用这一术语,是因为在曹魏时期仍然有效的汉律乃是沿袭自秦律)我们特别关心的,是这项由商鞅制定的法律在汉律之中也有保留,并且直到曹魏时期才被废止。据《晋书》记载,新的法律体系确立以后,"汉旧律不行于魏者皆除之"。"除异子之科,使父子无异财"。③ 这个说法很清楚地表明,公元前4世纪由商鞅制定的这项法律在秦汉法典之中保留了五个多世纪。

一项法律被如此长时间地保留下来,势必对人们产生巨大的影响,这点从

---

① 《礼记注疏》,四部备要本,卷一。
② 司马迁,《史记》,百衲本,卷六。
③ 房乔等,《晋书》,百衲本,卷三十。

当时的社会状况即可看出。陆贾有一笔价值两千金的财产,他分给五个儿子每人二百金——要他们以此谋生——将其余的留给自己。他和儿子们约定:他会依次到各家去作客,轮到的那家必须供给他和他的侍从酒食;他还许诺每次作客都不会超过十天,而到每个儿子家去的次数每年也不会超过两次(资料Ⅰ,13)。从这个实例可以看出,陆贾的儿子们都是单独居住的,这就为贾谊所说"秦人家富子壮则出分"的话提供了佐证。有必要指出,陆贾是楚人,他在做官以后才把家安在了今天的陕西省;还有,这件事发生于汉代的早期。这就表明,除了曾经是秦国中心地带的陕西省以外,其他一些地方在被秦国攻占和统一以后,也受到了秦律的影响。还表明,这种风俗在汉代也还是盛行的。类似做法在以后的朝代极其罕见。凡对中国传统法律感兴趣的人都可以发现,儿子离开父母单独居住并且还拥有自己的私人财产,这会被法律认为是"不孝";从唐一直到清代,这种人都极易遭到法律的惩处。类似形式的独居是绝对不会被允许的,即便父母首肯这样的举动;而如果当真有父母同意这样的举动,他们也要受到惩处。① 父母允许儿子单独居住,与允许儿子单独持有财产,这之间在法律上是有分别的。只有后一种情况才被法律所容许。

　　陆贾这个事例所透露出来的心态,在以后的朝代也同样匪夷所思。父亲的每次造访都不超过短短十天时间,并且他不会过久或过于频繁地打扰儿子,这透露出,他注意到如果造访过久或过于频繁,儿子通常会倦于服侍父母。对比后世,这种个人主义的心态与贾谊所述秦时的情形更为接近。

　　我们无法断定这一事例究竟有多大的典型性,但证据似乎表明孩子们离开父母单独居住的情况并不罕见。何敞曾任汝南郡太守,声名卓著,据他的本传说,"百姓化其恩礼","其出居者,皆归养其父母"(资料Ⅰ,59)。除开汝南郡,这种风俗在另外的地区好像也很盛行。有一个故事说到,李充兄弟六人和他们的母亲一起居住,后来李充的妻子向他建议,他们最好是单独居住(资料Ⅰ,62)。这个建议没有被李充采纳,妻子最后也被他"遣斥"出门,但不要由此就认为她的作法是只此一家。倘若这种风俗在社会上并不普遍,那她也不太会建议丈夫离开兄弟和父母,单独居住。

---

① Ch'ü T'ung-tsu(瞿同祖), *Law and Society in Traditional China*(Paris and The Hague: Mouton and Co., 1961), pp. 29—30。

陈平是与兄嫂一起居住的——这是很有名的兄弟同居的事例（资料Ⅰ，7）。但是不清楚，陈平在自己结婚以后是不是还跟兄长一起居住（资料Ⅰ，8）。史料表明，兄弟们在结婚以后单独居住好像是颇为普遍的。许荆为了甩开兄弟们单独居住，在将家产分割以后，"自取肥田广宅奴婢强者，二弟所得并悉劣少"。他因此遭到了乡人的批评，但这批评不是因为分家，而是因为他的"贪婪"（资料Ⅰ，55）。在另一例中，缪彤"兄弟四人，皆同财业。及各娶妻，诸妇遂求分异"。缪彤自责没有感化他们，"深怀愤叹，乃掩户自挝"。"弟及诸妇闻之，悉叩头谢罪"（资料Ⅰ，61）。他们原先的请求虽说没有付诸实施，但不应因此而视之为不正常或者不多见。缪彤消极的处事方式显示他没有办法阻止他们，所以只好谴责、惩罚自己。这类教条化的处事方式大概只有士大夫们才会使用。而即便在士大夫中间，恐怕也极少有人愿意将分家郑重其事到如此地步，以致要采取这样的举动；而且我们也不能断定这类举动是不是能够经常起到预期的作用。

居延出土的汉代简牍文献，提供了一些与平民家庭生活有关的资料。因为要给卫戍部队的家属和驻扎在前线的军官家属提供给养，所以他们的名字、相互关系和年龄就经常记录在政府档案里。这方面文献总共有十六条；其中九条只记有夫妻双方和他们的未婚子女。① 有五条材料是关于夫妻双方与未婚的兄弟姐妹一同居住。② 一个人与其父母居住的材料只有三条。有一家里面有一个男子、他的母亲和两个未婚的弟弟。另外一家有一个男子、他的妻子和他的父母亲。第三家有一对夫妇、他们的大儿子、大儿媳、小儿子和女儿。③ 这样看来，所有的家庭都只有两代人。绝大多数的家庭只有三到四个人。六个人的家庭只有一个。最大的家庭是这样的，它有一对夫妻、两个儿子、两个女儿、两个兄弟和两个姐妹。④

尽管有一些家庭是父母与已婚儿子一同居住的，但核心家庭仍然是秦汉时期的一般模式。家庭的平均规模都很小，只有一对夫妇和他们的未婚子女。儿

---

① 劳榦，《居延汉简》（台北，1960），第 55（2745），65（3281），66（3287），66（3289），92（4468），102（4963），111（5345），113—114（5462），198（9903）页。
② 前揭书第 66（3295），82（4096），83（4085），108（5242），113（5461）页。
③ 前揭书第 86（4207），65（3282），26（1274）页。
④ 前揭书第 83（4085）页。

子在结婚以后，通常都带一份家产迁出来，自立门户。普通家庭都只有四到五口人。因此在先秦两汉的时候，人们会经常说起"一夫挟五口，治田百亩"的农民家庭。这是典型农家规模的写照。①

大家庭在东汉时期开始出现。②有些兄弟们在婚后仍然住在一起，并且维持着扩展家庭的规模，这些家庭包含了诸如叔伯、侄子和第一代堂兄弟之类的旁系亲属。有一则史料说到，魏霸年少丧亲，"兄弟同居，州里慕其雍和"（资料Ⅰ，58）。崔瑗"兄弟同居数十年，乡邑化之"（资料Ⅰ，58）。韩元长则和他的兄弟们没齿同居。③

不过包含三代人的扩展家庭仍不多见。只有在《后汉书》里面才提到了两个例子。樊重是个大地主，家境富裕，"三世共财"（资料Ⅰ，40）。大儒蔡邕"与叔父从弟同居，三世不分财，乡党高其义"（资料Ⅰ，69）。不消说，如果叔伯、侄子和从兄弟同居一处是常态的话，这些家族就不会引起乡党的注意，它们也就不会在传记里被提及。乡党对他们的羡慕情绪正好说明这类风俗的罕见。通常，旁系亲属好像不太会同居于一个门户。有故事讲到，薛包的侄子要求"分财异居，包不能止"（资料Ⅰ，63）。

对照后世来看，汉代家庭的规模相对要小一些。④充其量是三代人同居。倘若与后来的中国历史相比较，这是出乎人们意外的，因为通观秦代以后诸朝的史料，人们可以发现，仅有三代人的家族几乎是不太可能被提到的。

## ■ 宗 族

一个父系家族——"宗族"或者"族"——包括所有可以追溯到一个共同祖先的男系后裔，这个家族的所有成员被同宗的血缘纽带联结在一起。但是因为人们在人际关系上存在着等级的差别，所以整个宗族就被划分成为若干次

---

① 《汉书》，卷二十四上；劳榦，"汉代兵制及汉简中的兵制"，《历史语言研究所集刊》，第十本，(1948)，第41页。
② 守屋美都雄，《汉代家族の形态に关する考察》，(东京，1956)，第33—36，44—46页。
③ 陶潜，《陶渊明集》，四部丛刊本。
④ Ch'ü, *Law and Society*, p.19, n.16.

级群体。每个次级群体就是一个丧服单元，不同群体的成员之间有着彼此迥异的服丧等级。每个宗族都包括从高祖到玄孙的直系成员，还包括也是这同一个高祖之后裔的旁系亲属，这些旁系亲属是：（1）兄弟、兄弟的儿孙；（2）叔伯、叔伯的儿孙；（3）叔伯祖、叔伯祖的儿孙；和（4）族曾祖父、族曾祖父的儿孙和曾孙。因为有五个丧服等级，所以这种组织形式也被称为"五服"（资料I，74，注274）。在这个组织内部，成员之间不同的关系等级，都要靠为已故成员所服丧服的等级来确定。人们与自己兄弟的儿子（即侄子）的关系要比与堂侄的关系近一些：为前者要服为期一年的期年丧，而为后者则只服为期五个月的小功丧。而一个人与侄孙之间和与堂侄之间的关系等级是相同的，因为丧服的等级相同（都是小功丧）。依次类推，人们与以下这些人之间的亲属等级也是相同的：即族曾祖父、族叔伯祖父、族叔伯和族兄弟。①

在此范围之外的族人不必服丧。为期三个月的缌麻丧是这个范围的边界；一旦超出了这个界限，亲属纽带即告终结（资料I，74，注274）。所以一个人族曾祖父的玄孙是不在此范围之内的。丧服组织之外的成员可以被看做是族人，但不能被看做是有丧服关系的亲属。

所以宗族是由许多次级群体组成，而通过这些次级群体，族人的关系得以确定和系统化。自然，不同次级群体之间也会有某种程度的重叠，因为一个人经常会隶属于几个丧服群体。比如，假设A是B的族曾祖父的曾孙，那么他和B就在同一个丧服群体里面。但A的侄子，C，就不是B的丧服亲属，他应该和A属于另外一个丧服群体。既然每一个丧服单元既不是排他的，也不是永久的（因为亲缘关系会随着每一代人的加入而改变），那么它只不过就是一个没有正式组织的松散群体而已。

宗族的规模在不同的事例里面会差异很大。萧何曾经送"子孙昆弟"数十人到汉高祖的军队里去（资料I，11）。如果一个宗族群体可以有这么多适合当兵的成年男子，那么很可能这个群体要有一百多口人，所含的世代也应该在三代以上。但因为这是在西汉时期提及宗族规模的惟一用例，所以我们就不能确定，萧何家的宗族规模在当时是不是平均或者常见的规模。

东汉时期记载宗族规模的史料相对要多一些。李通因为参加过反对王莽

---

① 一个人与这些亲属之间的服制关系都是缌麻亲。——中译注

的暴动，所以有"兄弟门宗"六十四人被南阳地方的官员处死（资料Ⅱ，51）。陆康在自己所控制的城池被围困的时候，宗族人数超过百人（资料Ⅰ，76）。马超在一次上疏里面曾说，他整个"门宗二百余口，为孟德所诛略尽"①。还有一些材料提到了宗族之内的家庭数量，尽管每个家庭之内的人口数并没有加以说明。有一个宗族里面包含了三百户人家。②另外在《后汉书》里面还有一个事例，说到在公元189年董卓之乱的时候，韩融曾率"宗亲千余家"避乱于山中（资料Ⅰ，76）。这是我们在现有文献里面所看到的规模最大的宗族。假设每家平均有四口人的话，那么这样一个宗族的规模恐怕要有四千人。这不仅在两汉时期是最大的，在中国史籍已知的宗族当中，恐怕也没有哪个家族能够和它匹敌。③不过情况更可能是这样的，即这个数字不仅包含了韩氏的族人，也包含了其他依附于韩融的家族。就如我们即将在"豪族"一章所看到的那样，在像东汉末年这样的战乱时期，几百个家庭组织起来成为一个自我防卫的团体，是一种习见的做法。其中大多数的情况，都是一些扈从或者家族自愿依附于某个豪族，至于豪族本身的族人，则只是其中很小的一部分。

整个宗族的人是不是会作为一个团体同居一处，史籍里面没有明说。与后世朝廷鼓励人们同居不同，这样的做法在汉代是不受鼓励的。汉武帝在位的时候（前140—前87年），朝廷曾将强宗大族从各地迁徙到京师及其临近地区；但同时也有诏令禁止这些宗族同居一处。④我们不清楚这条禁令是不是只适用于那些被朝廷指名一定要迁徙的豪族，还是普遍适用于所有庞大的家族团体。但是，既然这条法令的目标旨在压缩和弱化强宗大族，那么任何一个族大宗强的家族团体可能都会被认为是对政府的潜在威胁，可能也都不会被允许同居一处。对豪族的强制性迁徙是一个一以贯之的政策，在几乎整个西汉时期，这个政策都一直在推行。⑤既然如此，禁止庞大家族聚居的法律，其制定和推行，看来就不太会仅仅限于武帝时期。

---

① 《三国志·蜀书》，卷六。
② 《三国志·魏书》，卷十一。
③ 中国史籍里面所能够找到的最大宗族规模是宋代的一个陈姓家族，其人口超过三千。关于陈氏和其他一些大家族，参看，Ch'ü, *Law and Society*, p.19, n.16.［参看前揭《中国法律与中国社会》，第4—5页。——中译注］
④ 《后汉书》卷三十三，李贤注。
⑤ 徐天麟，《西汉会要》，丛书集成本，卷四十九。

还有一个饶有趣味的问题值得探究，就是这条法律的实效究竟如何。可以作为例证的是郑弘的曾祖父，他曾与两个儿子一道被迁徙到山阴郡，这个事例说明，在这条法律的强制之下，一个庞大的家族被解散了。① 由此人们可以顺理成章地推论：郑氏家族的遭遇，只不过是彼时许多事例中的一个而已。②

这条禁令在东汉时期是否还在推行呢？关于这个问题，我们手头的文献里面没有发现详细的资料。不过可以确信的是，一个宗族的人们经常会居住在邻近的地区（资料Ⅰ，41，42，76，78）。在发生动乱的时候，他们经常会集聚一地。例如，耿纯在带领宗族内的族人悉数投奔光武帝大军的时候，他烧毁了所有人的房舍，以绝众人"反顾之望"。后来，光武帝任命耿氏族中的耿伋为蒲吾长，"悉令将亲属居焉"（资料Ⅰ，41）。我们不清楚，耿氏族人是不是从一开始就居住在一个门户里面，但可以确信的是，族人的聚落一定是彼此毗邻。因为，倘若他们是分开居住并且彼此相隔遥远的话，那么焚毁他们的房舍一定是一件苦差。还有一个问题同样也不清楚，那就是，在耿伋担任县长的蒲吾县，耿氏族人是怎样居住的。但有一点却很重要，即从光武帝的做法人们可以看出，与西汉时期的皇帝们不同，他不仅容忍而且还鼓励一个大家族的人同居。并且光武帝本人就出身豪族。

通过其他的事例可以看到，尽管一个宗族的人们可以在同一个地区居住，但每个家庭好像仍然维持其单门独户的居住局面。我们在谈及"家"的时候，说的往往也就是这种居住单元。据史书记载，流亡山中避难的韩融家族有一百多户人家（资料Ⅰ，76）。《三国志》里面提到，田畴带领自己的家人和大约三百户的族人在邺地定居。③

---

① 《后汉书》卷三十三注。[据《后汉书》卷三十三注引谢承书，郑弘曾祖父汉武帝时"将三子移居山阴"，这里说是两个儿子，误。——中译注]
② 武帝时期制定的这条法律并不见于《汉书》，而是在一个东汉时人的传记里面偶然提到的，这个人的曾祖父就曾经是一个被指定的迁徙者。如果不是一位《后汉书》注释家的征引，我们是无从知晓这条珍贵史料的。
③ 《三国志·魏书》，卷十一。

■ 继 承

**皇室与贵族的嫡长子继承制**

秦汉时期的继承形式主要有两种。一种建立在财产关系的基础上，也就是说，是死者财产的继承。也有可能涉及权利与特权的继承，比如说权位和名号的继承。前一种形式适用于任何人，只要他拥有一定财产，只要这些财产可以遗留给他人。但第二种形式则只适用于一些特殊的拥有一定政治地位的人。我想先讨论一下这种形式的继承。

权位是政治实体与统治权力的象征，只能为单一的个人所继承。皇帝只能有一个，皇权也不能加以分割。两汉时期的诸侯国王，尽管都是有名无实，不享有实在的政治权力，但他的王位也只能被一个人所继承。与此类似，各等爵位的名号也不可分割。如此说来，在所有的儿子里面，有权继承父亲帝位、王位或者爵位的只有一个，这里遵循的是嫡长子继承制。

嫡长子继承制自周代以来就开始实行了，而中国式的嫡长子继承制，在实践中也是非常复杂的。继承权并不总是归于第一个出生的儿子。嫡妻所生儿子和众妾所生的儿子，其间有着严格的区别。只有嫡出的长子才有资格成为继承人；而庶出的儿子，即便年龄较长，也要被排除在外。如果有谁想废除嫡长子而立庶出的儿子，那是要受到严厉抨击的。①

在汉代，皇后所生的长子被立为太子，而所有其他的儿子，无论是皇后所生还是诸妃所生，则被立为诸侯王。②凡是撼动这一原则的，均会遭遇严厉的抨击。故而当汉高祖想废除太子而立宠姬生的儿子的时候，许多大臣都表示反对并且苦苦谏争。御史大夫周昌曾经当面对高祖说："陛下虽欲废太子，臣期期不奉诏。"太子太傅叔孙通则要求高祖："陛下必欲废适而立少，臣愿先伏诛，以颈血汙地。"③后来，当史丹听说元帝准备废掉王皇后所生的太子而立傅昭仪子定陶王的时候，他也说过类似的话："审若此，公卿以下必以死争，不奉诏。

---

① 关于周代嫡长子继承制的实况，可以参看瞿同祖：《中国封建社会》（上海：商务印书馆，1937），第145—154页。
② 《汉书》卷三十八，卷四十七，卷六十三，卷八十；《后汉书》卷二，卷十上，卷四十二，卷八，卷十下。
③ 《史记》卷九十六，卷九十九；《汉书》卷四十，卷四十二，卷四十三。

臣愿先赐死以示群臣。"①到头来，高祖和元帝都没有能够废除已立的太子。

如果皇后被废并且另立了新皇后，那么前任皇后的儿子也通常会被废黜，而代之以新皇后所生的儿子。东汉的时候，郭氏家族有一个女儿被立为光武帝的皇后，她的儿子彊也成了太子。后来，郭皇后被废，另立阴氏为皇后；而阴皇后所出的皇子阳，也在前任太子彊被废黜之后被立为太子。诏书说："《春秋》之义，立子以贵。东海王阳，皇后之子，宜承大统。"据史书记载，在新太子被立之前，废后的儿子就已经"常戚戚不自安，数因左右及诸王陈其恳诚，愿备蕃国"了。②

就一般情形来看，姬妾的儿子只有在皇后的儿子已死或者皇后无子的时候，才会被立为帝位的继承人。③如果姬妾的儿子有好几个，那么通常年长的会成为继承人。不过，能否成为继承人，看来年岁不是最关键的，而是要取决于皇帝跟母亲的关系，也取决于皇帝跟皇子的关系。汉武帝一共有六个儿子，但其中皇后生的只有一个。在这个儿子也就是太子被杀以后，剩下的兄弟里面以燕王年纪最长，他希望被立为太子，于是"上书求入宿卫"。武帝恶之，"后遂立少子为太子"。燕王失望之余，遂起兵谋反。④在东汉的皇帝里面，章帝是明帝的第五个儿子，而和帝则是章帝的第四个儿子。⑤如果皇帝对于自己的儿子或者儿子的母亲在情感上发生转移，那么他时常就会改变主意，另立太子。因此，已经被立为太子的某个姬妾的儿子也有可能被废黜，而另外一个姬妾的儿子则可能被立为太子。⑥

同样的原则在王侯的继承中也是遵而毋替。王后的长子总是被立为太子。而姬妾的儿子，即便年龄最大，也没有资格继承父亲的王位。(《汉书》卷五十三)在王后长子之外的所有人，只有在太子被发觉犯有某种罪过并且被废黜之后，方有可能取而代之。衡山王有好几个儿子，其中两个是王后所生。王后所生的长子被立为太子。王后死后，其中一个姬妾被立为王后。但是后来

---

① 《汉书》卷八十二。
② 《后汉书》卷二，卷十上，卷四十二。
③ 《汉书》卷七；《后汉书》卷三，卷四，卷六，卷九，卷十上，卷十下。
④ 《汉书》卷五十三。[本文所述事迹不见于《汉书》卷五十三，而是见于卷六十三《武五子传》。——中译注]
⑤ 《后汉书》卷三，卷四。
⑥ 《后汉书》卷四，卷十上。

衡山王对太子不满，于是就以前任王后的第二个儿子取而代之。(《汉书》卷四十四）胶东王不喜欢他的长子，他的母亲也不得宠幸，于是他想立另外一个得宠幸的姬妾的小儿子。但是，因为他知道这样做"为非次，因有过，遂无所言"。在胶东王死后，他的长子乃被皇帝立为继任的诸侯王。(《汉书》卷五十三）这类事例说明，即便诸侯王也不得不严格遵守既定的继承次序。王国是处在皇帝的密切监督之下的，继承人的确立也必须得到皇帝的认可。赵王刘彭祖的太子丹因被发觉"与其女弟及同产姊奸"而遭废黜，"后彭祖入朝，因帝姊平阳隆虑公主，求复立丹为太子，上不许"。(《汉书》卷五十三）

只有王后的长子才有资格继承王位，所有其他的儿子都无缘染指这个特权，这个理念建立在这样一个原则基础上，即名号和王国都是不能分割的。但是，在皇帝及其谋臣所坚持的另外一个原则的干扰下，这个原则也会发生偏离，这个原则就是王国的疆域不应该过大。如果一个疆域辽阔的王国总是维持原状，那这个王国就可能会尾大不掉，到头来成为朝廷的威胁。于是朝廷里有官员提出了一项措施以预防这种情形的发生，这项措施在公元前127年得以施行。按照这个措施，诸侯王可以获准将土地分给自己的儿子和兄弟，而他们接下来也都会被皇帝封侯。① 这样，一方面旧有的嫡长子继承制照常得以维持，但另一方面王国的面积和实力也在无形之中被缩减，因为和先前相比较，继承诸侯王名号的长子所得到的是一个小得多的王国。

嫡长子继承制应该也可以适用于那些仅有一个名义上的爵位而没有采邑的官员或者平民。秦汉时期实行的是二十等爵制。只有第十九和第二十等爵可以被称为国，而实际上只有第二十等爵才可以拥有一片采地。拥有其他等级爵位的人仅仅能够免服劳役。② 在汉代，最低等级的爵位会因为各种理由而赐予平民（通常是每人赐爵一级），比如新帝即位，新立皇后，太子行加冠礼，皇子

---

① 《史记》卷十七，卷二十一；《汉书》卷六，卷五十三，卷六十四上。
② 《汉书》卷一下，卷十九上；《后汉书》卷二十八；Nancy Lee Swann（李斯万），*Food and Money in Ancient China*（Princeton N. J. : Princeton University Press, 1950）pp.30—34。汉高祖在公元前202年的一个诏书里面提到，"异日秦民爵公大夫以上，令丞与亢礼"；他告诉自己的官员们要礼敬这些等级爵位的人。他还命令说，"其士大夫以上，皆令食邑；非七大夫以下，皆复其身及户，勿事"。显而易见，正如《汉书》的注释者臣瓒所说，之所以要让七大夫以上皆食邑，是因为国家刚刚统一不久，高祖"所以宠之也"(《汉书》卷一下）没有证据表明，这个诏书里面所提到的特权在以后的年月里还是有效的。

就任诸侯王，改元，郊祀，都城城墙的完工，祥瑞或者灾异的出现，等等。①在每个家庭里面，通常只有家长一个人能够被赐予爵位，但有时也会被赐予父亲的继承人。②在这些特定的情况下，嫡长子继承制无疑也会被遵循。有这样一个实例，其中明白说到"赐民长子爵一级"。(《汉书》卷六)

### 财产均分制

尽管如此，嫡长子继承制却不适用于其他形式的、可以分割的财产。常山宪王"有不爱姬生长男棁，棁以母无宠故，亦不得幸于王"，"宪王雅不以棁为子数，不分与财物。郎或说太子、王后，令分棁财，皆不听。太子代立，又不收恤棁。棁怨王后及太子"。③由这个事例可以看出，虽然太子有权继承王位，但其他所有的王子仍然可以分得已故国王的财产。

没有世袭名号可以留给后人的官员和平民都奉行财产均分的原则。陆贾的做法就是一个显例。陆贾有五个儿子和两千金的财产，他在辞官以后分给每个儿子两百金，并且还跟儿子们约定，在一年两次的短暂造访中，他死在哪个儿子家里，哪个儿子就可以继承他个人的财产（资料 I, 13）。这则史料说明了两个问题：一是，所有的儿子都享有平等的财产继承权，二是，被继承人可以自由支配自己的财产。我们不晓得当时遗嘱继承的做法到底有多普遍，也不知道有没有一部调整这方面关系的法律。不过可以确定的是，即便没有法律上的明文规定，立遗嘱的权利应该也是得到一般人的充分认可的。可能的情形是，如果当事人死后没有遗嘱，那么人们就会按照财产均分的原则来办理。

所有的儿子或者兄弟可以均分财产，这种作法的普及程度，在另外一则史料里面也可以看出。许武想让两个弟弟成名，"于是共割财产以为三分，武自取肥田广宅、奴婢强者，二弟所得并悉劣少"。结果，"乡人皆称弟克让而鄙武贪婪"（资料 I, 55）。

### 妇女与继承权

中国家族制度的脉络是源出于同一个祖先的男系后裔，所以妇女继承世

---

① 《西汉会要》卷三十五。
② 在某些特定情形下，诏书会明白说明"赐民爵，户一级"(《汉书》卷二，卷四，卷五)。
③ 《史记》卷五十九；《汉书》卷五十三。

袭名号和家庭财产的权利即被取消。妆奁是她能够分享部分家庭财产的惟一形式，而她能够获取的妆奁数量不消说要取决于父兄之意志。通常，妆奁只是家产的一小部分，与兄弟们继承的数量根本不堪比拟。如果父亲大度，女儿或许也能得到与兄弟们继承的财产数量相同的妆奁。卓王孙的女儿文君跟司马相如私奔，卓王孙给了她"僮百人，钱百万"；后来司马相如仕途发达了，卓王孙遂"厚分与其女财，与男等同"（资料I，21，24）。当然，在给自己女儿第一份妆奁的时候，卓王孙对于她的私奔行径曾经非常地恼火。他之所以会给女儿第二份妆奁，乃是因为女婿的政治地位所致。我们不知道，倘若卓王孙对女儿的私奔行为不以为忤，他是不是会给女儿一份更加丰厚的妆奁，或者说，妆奁的数量甚至会与他分给儿子的家产数目相同。我们同样也不知道，如果对于女婿仕途的发达无动于衷，他是不是还会给女儿一份相同数量的家产。儿子对这件事情的反应史籍之中未见记载，但父亲给予女儿一份相同数量家产的意志未遭任何反对地得到了贯彻，则明白可见。看来一切都要取决于父母的意志。

## ■ 收 养

对于传统的中国人来说，男性后裔是极其重要的，他承担着祭祀祖先和绵延香火的使命。女性后裔在出嫁以后就要离开原来的家庭，成为丈夫家庭中的一员；因此，她不是父家的永久成员，香火的延续也不能靠她。她生养的儿子是丈夫家的后人，他们要祭祀自己的父母和祖先。对于父家来说，她的子女都被看做是外亲。

一个人如果只有女儿，就会被看做是无后。因为在他死后将没有人来祭祀先祖，家族也将趋于终结。为了提高得子的机率，可以采取纳妾的办法。但如果连这一着也归于失败，那就只好采取收养的办法来使家族绵延，也从而使一个男性后裔一定得做的一切必要职事得以展开。

收养的第一个原则是，被收养人必须和收养人出自同一个宗族。人们普遍都认为，死者的灵魂不会接受出自异姓的、从而与之没有血缘关系的人的祭祀。有个说法叫"神不歆非类"。① 有个故事说,汉代的时候,一个异姓的养子供奉牺牲,结果在这个时候享用供奉的是他本家的先人,而不是收养他的那个家族的先人。最后,这件事情被人发觉,这个养子就被送回了自己的本家,而一个从弟的儿子则被收养。② 收养外姓人为子会给本家带来不同的血统。

　　这样看来,收养外姓人为子在人们的意识里面是不合适的,有些时候甚至是不合法的。《三国志·蜀志》记载说,魏继在生父的许可下,③ 被县长张君"养为子",但因为"时法禁以异姓为后,故复为卫氏"。④ 不知道这里依据的是汉律还是蜀汉一地实行的法律。类似的禁令也见于晋朝(265—420年)的法律。晋人对于收养异姓子的态度可以从高官贾充的事例中看出来。贾充的儿子在童年的时候就夭折了。贾充死,遂无胤嗣,于是他的妻子就收养了他们的外孙作为"奉充后"。这被许多官员认为是非礼的举动,也有人上书求改立嗣。最后这件事情被特事特办,得到了皇帝的允许。但诏书也明确地说,这是特例,其他人"皆不得以为比"。⑤

　　因为我们对汉律的了解只是建立在残编断简的基础上,所以我们就不知道它是不是禁止收养异姓子。但既然这类禁令在蜀汉和晋朝的法律中都有发现,那么在汉代,收养异姓子应该也不太会见容于法律。不管怎么说,这类作法通常都得不到社会尤其是信奉礼仪原则的士大夫的支持,则是可以确信的。应劭在援引了上述养子祭祀的故事以后,评论说:"神不歆非类,明矣。安得养他人子乎?"⑥

　　《仪礼》里面提到,"何如而可为之后?同宗则可为之后"。⑦ 这个原则在后来昭帝驾崩、昭帝侄孙即将被立为帝的时候,霍光也曾经援引过。(《汉书》卷八)汉成帝无后,他就收养了自己兄弟的儿子并立之为太子。(《汉书》卷十一)当时有法律规定"诸侯王、公、列侯、关内侯亡子而有孙若子同产子

---

① 《春秋左传注疏》,四部备要本,卷十三。
② 应劭,《风俗通义》(A),《全东汉文》卷三十八。
③ 据《三国志·蜀书》卷十五,应作"卫继"。——中译注
④ 《三国志·蜀书》,卷十五。
⑤ 《晋书》卷八十四,卷四十。[《晋书》卷八十四没有关于贾充妻收养外孙奉贾充后的任何记载。——中译注]
⑥ 《风俗通义》(A),卷三十八。
⑦ 《仪礼注疏》,四部备要本,卷二十九。

者，皆得以为嗣"。(《汉书》卷十二）在官员当中，收养侄子为嗣也是非常常见的。①

不过，即便有时会被认为不合法，例外的情形还是随时都可以找到。汉代也不例外。在东汉人吴商的《异姓为后议》里面，人们可以发现，在"世人无后"的时候，"取异姓以自继"的情形并不少见。②一个从异姓家族收养过来的男性可能跟自家没有任何关系；③而姊妹的儿子也可以收养。我们手头就收有两则这样的史料。④另外像刘封和马忠都是被外家养大同时也随外祖父的姓。⑤

有时也会发生这样的事情，就是一个人在被收养之后，这家的妻或者妾又生了一个儿子。这个养子往往会被这家人家收留。⑥另一方面，养子也往往会在养父母去世以后，恢复原来的姓氏。⑦朱建就是一个例子。他在自己的养父去世以后，请求吴主孙权允许他恢复原来的姓氏；但是没有获准。若干年后，朱建的儿子再次请求恢复原先的姓氏，而这次得到了孙权继任者的同意。⑧

### ■ 家族与宗族的权力模式

#### 父亲的权力

父亲是一个家庭的首脑和主宰；所有家庭成员都须受他的支配与控制。对待儿子的问题上，父亲的典型行事风格是严格。恰如邓训的做法所显示出来的那样，这种行事风格往往会在父子两方面产生截然相反的影响。邓训"虽宽中容众，而于闺门甚严……诸子进见，未尝赐席接以温色"。但就儿子这一方面来说，他们却必须要敬畏自己的父亲。据说连兄弟们对邓训都"莫不敬惮"，更加不要说是儿子们了（资料Ⅰ，57）。

---

① 《三国志·蜀书》，卷五。
② 杜佑，《通典》（上海：商务印书馆，1935 年），卷六十九。
③ 如曹嵩（《三国志·魏书》卷一注）和卫继（《三国志·蜀书》卷十五）。
④ 朱然（《三国志·吴书》卷十一）；陈矫（《三国志·魏书》二十二注引《魏氏春秋》）。
⑤ 《三国志·蜀书》卷十，卷十三。
⑥ 《三国志·蜀书》卷十。
⑦ 《通典》，卷六十九。
⑧ 《三国志·吴书》卷十一。

儿子要受到父亲的绝对控制。"[王]丹子有同门生丧家,家在中山,白丹欲往奔慰。结侣将行,丹怒而挞之,令寄缣以祠焉。"(资料Ⅰ,46)子女的婚事也要由父亲安排。未来吕皇后的父亲因为惊异于刘邦的状貌,没有跟妻女商量就决定把女儿嫁给刘邦。虽然他的妻子因为刘邦不事生产而对丈夫的决定很不满,反对这桩婚事,但吕公还是一意孤行。女儿对于这件事情的反应史传之中没有记载。但从母亲的意见被完全地弃置不顾这点就可以看出,在最后决断的时候,父亲要比母亲有权威得多。在这桩婚约缔结之前,沛县县令曾经为自己的儿子向吕家求过婚,但是遭到了拒绝,拒绝者还是吕公。从吕媪的抱怨言辞中可以明白看出,她是愿意把女儿嫁到县令家的,因为他家有钱有势。①

子女应该听从父母的教令。若有违拗,父母则可施以责罚。在成书于公元前3世纪的《吕氏春秋》里有这样的说法,"家无怒笞,则竖子、婴儿之有过也立见"。因此,"怒笞不可偃於家",正如"刑罚不可偃於国"。② 很清楚,在《吕氏春秋》看来,父亲之有权责罚子女,应该得到社会和法律的承认,而父亲之应该统率家庭,恰似官府之应该统制国家;这无疑反映了当时人的一般看法。另须指出的是,尽管这里提到的只是"竖子婴儿",但其实父母责罚的对象并不仅限于年纪尚轻的子女。成年的儿子因为也处于父亲的权威之下,因此也还没有逃脱被体罚的可能。王丹的儿子因为想去奔慰同门生而遭到父亲的责打,这个儿子到底有多大年纪我们不清楚,但肯定不会是一个小孩子了(资料Ⅰ,46)。陈万年就曾经想打已经十八岁的儿子(资料Ⅰ,23);曹窋和崔钧都已经做官了,但还是被父亲责打(资料Ⅰ,14,75)。看起来,一个人作为人子在家庭中的地位是永远都不会改变的,即便他已经拥有了官员的职责与特权。刘爽已经是成年人了,并且还是衡山王的太子,但就连他也时常被父亲笞责(资料Ⅰ,25)。

如果仔细研究一下史料当中子女被责罚的具体情形,就更可以看出,在责罚子女的时候,父亲的无上权威远比子女本身是否该打更其重要。曹窋被身为丞相的父亲笞责二百,因为他想劝说父亲不要再终日醉酒,不治国事(资料Ⅰ,14)。崔钧之所以被杖责,是因为父亲问到"吾居三公,于议者何如"的时候,

---

① 《史记》卷五十三;《汉书》卷一上。
② 《吕氏春秋》,毕沅经训堂丛书本,卷七。

他的回答让父亲感到气恼（资料Ⅰ，75）。王丹的儿子是因为想造访同门生被打，这说明，做子女的如果不经父亲的同意而独立行事，就会被责罚。陈万年之所以要杖责儿子，乃是因为他打瞌睡而不好好听自己的教戒（资料Ⅰ，33）。很清楚，只要父亲觉得合适，他就有权责罚儿子；即便儿子没有过错，他也仍然可以这样做。在史籍里面，儿子因为犯了错而遭父亲责打的记载只有刘爽一例。他先是刺伤了继母的兄长，后来又企图与继母发生不正当的关系（资料Ⅰ，25）。

父亲对于儿子有没有生杀予夺的权力呢？看来秦时的父亲是有这种权力的。秦始皇驾崩以后，公子扶苏的弟弟胡亥秘不发丧，他假借秦始皇的名义下令扶苏自裁。扶苏在看到诏令以后说："父而赐子死，尚安复请！"随即自杀。（《史记》卷八十七）或许有人会提出异议，说这里的父亲同时也是皇帝，如果父亲是平民，他就不会有这样的权威了。但不应忽视的是，公子扶苏在这里的措辞是"父"，而非"皇帝"。这就暗示了，当父亲想要儿子去死，儿子是不能不遵从的。

但到汉代的时候，学者的看法却发生了转变。《白虎通》说："父煞其子，当诛，何？……人皆天所生也，托父母气而生耳。王者以养，长而教之，故父不得专也。"① 毫无疑问，汉代的人们是不承认父亲对儿子有生杀大权的。相反倒是有史料表明，如果父母杀死自己的子女，那是要负法律责任的。即便被杀者是婴儿，也不能逃脱法律的惩处。王吉在沛相任上的时候规定，"若有生子不养，即斩其父母"；贾彪在任新息长的时候规定，父母杀婴与杀人同罪。（《后汉书》卷七十七；卷六十七）后来有两个杀人的案件呈报给他，"城南有盗劫害人者，北有妇人杀子者，彪出案发，而掾吏欲引南。彪怒曰：'贼寇害人，此则常理，母子相残，逆天违道。'遂驱车北行，案验其罪。"（《后汉书》卷六十七）我们不晓得这个妇人受到了何种惩罚，但杀子之为法律所不容，并且杀子之必须依照法律接受惩处，则是明白无误的。

在所有其他能够找到的史料里面，凡是有提到儿子死去的，没有哪个是直接死于父亲之手。王莽据说曾经杀死了自己的三个儿子。他的中子王获因为杀奴被王莽责令自杀（资料Ⅰ，37）。后来，他的长子王宇被王莽下令逮捕，抓进监狱，王宇在狱中服毒自杀。但因为王莽是朝廷里面的高官，而他的儿子又是

---

① 班固，《白虎通》，卢文弨抱经堂丛书本，卷四。

被送进了监狱,所以从法律上面来讲,王宇应该是死于官府之手;因此,我们不能把这个案例看作是由父亲做主杀死了儿子(资料 I,38)。后来,王莽想让他另外一个儿子王临服毒自杀,但"临不肯饮,自刺死"。(《汉书》卷九十九下)但是,这件事发生在王莽登基之后,而且需要指出的是,皇帝有权通过赐给毒药或者匕首的方式命令任何人自杀。

据《汉书》记载,一个叫王莽的人鸩杀了自己的儿子(资料 I,29)。但是不清楚究竟是王莽亲手杀死了儿子,还是命令儿子服毒自杀。后一种可能性应该要更大一些,因为这种做法在当时比较常见。在我们收集的史料里面就有这样一则,其中明白说到父亲命令儿子"进药而死"(资料 I,50)。从法律责任的角度来说,亲手杀死儿子跟命令儿子自杀之间,无疑是有重大区别的。彭城王刘恭以事怒子醋,醋自杀。国相赵牧以状上。朝廷对此没有采取任何行动,这样人们顺理成章地也就不能要求彭城王为儿子的自杀承担责任(资料 I,64)。另外一方面,国相将此事上报了朝廷,这透露出,王子的死是一件非同小可的事情,需要朝廷给予关注;还透露出,如果朝廷决定要求父亲对此事负责,那结果将会是另外的样子。

**宗族首领的权力**

秦汉时期,当然还没有族长出现。在我们收集的史料或者其他补充材料里面,都无一处提及族长,所以我们就不知道当时的官府有没有关于族长的制度规定。因为这个时期一般家族的规模都比较小,并且朝廷也不鼓励族人在一起同居,所以我们可以确信,宗族里面推举族长的做法应该不及后世那么普遍。因为宗族里面的各个家庭通常都是分开居住的,并且也没有证据表明这个时期已经有了族产或者宗祠,所以显然也不需要族长的存在。但是,在当时的宗族里面仍然有某种形式的权威存在。因为不管怎么说,无论何种形式的共同活动,比如举族的动员,都需要在某个族人的统一号令之下方能实现,而这个族人的权威在这个戚属组织之内必须是大家所公认的。

上文曾经提到,公元 189 年董卓之乱的时候,庞大的韩氏宗族曾在韩融的带领下迁到山区去避难(资料 I,76)。而同郡的另外一个荀氏宗族则在荀彧的带领下,从今天的河南省迁移到位于今河北省境内的冀州。还有一个例子,就是整个田畴的宗族都在他的筹划和带领之下迁移到山区。我们不知道他是不是这个宗族的首领，但有一点应该是可以确定的：如果他对族人们不能行使某种权威，那这个计划是不可能实现的。据《三国志》记载，"百姓归之，数年间至五千余家"。田畴为族众制定了许多条行为规范和处罚规定，还包括死刑。后来，又"尽将其家属及宗人三百余家居邺"。① 田畴可以为所有徒众制定规范并且施加重罚，这种权威着实有些不同寻常，但不能因此就把田畴看成是族长。他是居住于这个共同体之内的整个宗族组织的首领；但他对于族人的特殊权威，只有在他两次率领全体族人迁移的时候才会明白地表现出来。

当需要采取军事行动的时候，某些人对于族人的权威会体现得更其清楚。整个宗族通常都会在某个族人的号令下，以一种军事化的形式组织起来。所以刘植才能够"率宗族宾客，聚兵数千人据昌城"（资料I，42）。整个耿氏宗族也在耿纯及其从昆弟的号令之下参与到战事中来。就连"老病者皆载木自随"。耿纯"恐宗家怀异心"，乃使从昆弟"归烧其庐舍"（资料I，41）。我们不晓得耿纯是否就是耿氏的族长，但他对于宗族的权威着实令人吃惊。整个宗族倘若不是全然处于他的规制之下，老病者断然不会随从他参军，而他也不会有胆量烧毁族人的庐舍。

## ■ 家族的法律职能

既然汉代的家族都有家长加以规制，而家长对于族人的权威又得到了法律和社会的认可，那么从功能上讲起来，一个家族应该就是一个自治的单位。每个家族都应该在内部维持一种秩序。因此，当在宫中供职的儿子对另外三个朝廷里面的高官出言不逊的时候，其中一个高官切责了作为父亲的王莽，而王莽接下来就鸩杀了自己的儿子。② 在这里，被埋怨的对象是父亲而非儿子，这就说明，在家中有着至高权威的父亲，应该对儿子的行为承担责任。

法律也要求家长在某些方面承担责任。在汉代，商业或者手工业的从业者都可以自行估算自己的应纳税额，但是按照法律的规定，家产数额的估算必须

---

① 《三国志·魏书》，卷十一。
② 参看资料I，29。这里的王莽与新朝皇帝王莽不是同一个人。

由家长亲自进行。如果估算不准，或者他没有亲自把财产的数额记录下来，就要被处以两金的罚款，而没有申报的财产也要被充公。①

家族成员的集体责任（collective responsibility）是汉代社会生活的另外一个特征。古人通常认为，在严重的刑事犯罪中，仅仅惩罚犯罪人本人对于预防犯罪的再次发生是不够的。如果在惩罚犯罪人的同时也坐收他没有犯罪的家属，据说可以"累其心，使重犯法"。在我们所收集的史料里面，倾向于施行集体责任的汉代官员对这套哲学有清楚的说明（资料Ⅰ，17）。不仅如此，设计这套办法还可以使所有的家族成员监督彼此的行为。

集体责任在实施的时候可以有两种办法：一种是其他的家族成员都接受与犯人相同的刑罚，另外一种是族人处罚得比犯罪人稍轻一些。前一种办法的范例是夷三族。这种作法最早被使用于公元前749年的秦国。②按照当时的法律，犯人的父母、同产、妻子和儿女都要随同他一起被处死（资料Ⅰ，1及注释1）。汉朝法律体系建立的时候，这一刑罚也被沿用（资料Ⅰ，17；《后汉书》卷五十二）。公元前187年和公元前179年的时候，汉文帝都曾颁布诏书取消过这种刑罚（资料Ⅰ，16，17），但就是在这同一个宣布要取消夷三族罪的汉文帝治下，到公元前163年的时候，这种刑罚又重新开始实施。就实际情形来看，对于某些罪大恶极的罪过处以夷三族的刑罚，这种作法贯穿了两汉的始终。③在少许轻微一些的案件里面，犯人的家族成员可以免于死罪，但是要被没入为奴婢。（参看第四章关于奴隶的部分）

## ■ 家族的经济职能

家庭是一个生产单位。土地和其他形式的财产，如牲畜，都是共有的，而一家人的生计也由此而出。他们或许也会有一些其他种类的与田间耕作相关的财产，比如，为了灌溉方便而修建贮水池和田间沟渠的农家就不少见（资料Ⅰ，

---

① 如淳《汉书》注引汉律，"诸当占租者，家长身各以其物占"（参看资料Ⅰ，30注130）。
② 按照"资料编"Ⅰ，1批注，夷三族最早被采用的时间应当是公元前746年。——中译注
③ 参看资料Ⅰ，17；《后汉书》卷九，卷十九，卷七十二。

40）。他们自己生产食物，在自家的田园里种植各种蔬菜和水果。① 他们养猪和各种家禽，② 有些家庭甚至还有鱼塘。各种农器具也是由各家自行制作的。从王褒的《僮约》里面人们可以发现，扫帚、竹耙、辘轳、渔网、鞋子、绳子、席子、木炭、刀和弓等都是有由家僮制作的。南阳樊家甚至"欲作器物，先种梓漆"（资料Ⅰ，40）。家里的妇女则从事纺织的工作，以便供给家人的衣着（资料Ⅰ，39，43；《后汉书》卷八十三）。

任氏家族的家约规定，"非田畜所出不衣食"，这种情形或许不经见，（资料Ⅰ，10）但可以确信的是，自给自足应该是当时的普遍模式，而家庭使用的绝大多数衣食用具都是由各家自己生产的。

既然所有的家族成员都要投入生产活动，那么就需要有某种形式的劳动分工，也需要有一些监督集体劳作、生产调度和产品分配的规程。当家族规模很大、家产规模也很大的时候，这类问题就会变得更其复杂。

所有的家族成员——当然可能不包括老年人和孩童——都必须参加生产活动，当然如果事出例外，或许也会有人免于从事体力劳动。比如，如果兄弟两人共有一片土地，那么两个人可以一起在田间劳作，也可以一个人照顾作物，另外一个人从事学业或者其他方面的社会活动；陈平就是因为有了兄长的支持才能够专心于学业的（资料Ⅰ，7）。显而易见，类似的劳动分工有这样一种理念作为基础，即，求学，作为进入仕途的一个必备条件，会带来更多的机会使人们改变自己的社会地位，而如果其中一个族人能够成功进入仕途的话，那么整个家族都可以受益。因此严格说来，这一类的安排也应该算是某种形式的劳动分工。兄弟之间愿意尽力相互帮助以便其中一个可以进入官场，以此来改变这个家族的社会处境，这种情形在另外一个类似的事例里面有更加明白的显示。张释之"与兄仲同居，以赀为骑郎，事文帝，十年不得调，亡所知名。释之曰：'久宦减仲之产，不遂。'欲免归。"（资料Ⅰ，18）张仲愿意分出部分家产为释之买官，并且在释之成为骑郎以后还愿意继续资助他，这说明，投入之后是可以有某些回报的。而就另外一面来说，张释之在久宦之后变得不耐烦起来，这种心态表明，他非常郑重其事地考虑到了家产的流失，而这种状况显然

---

① 王褒《僮约》（全汉文卷四十二）。
②《后汉书》卷八十三。《僮约》里面还提到，家僮要饲养猪、羊和马。

也是始料未及的。

还有就是按照性别而来的劳动分工。男人从事的是田间耕作、灌溉工程的修筑、家畜的饲养、生产工具以及某些用具的制造。女人则主要从事纺纱、织布、缝补、某些用具的制造、烹饪和其他家务劳动。

奴婢也可以用于家庭生产,他们或者被用来满足家庭的消费需求,或者被用于牟利活动;"客"也时常需要参加生产。(参看第四章关于奴客的部分)把各种各样的奴客调度起来参加生产,应该是一种非常庞杂的工作,尤其是当奴客的数量非常庞大的时候。在一些豪富之家,生产劳动都是奴客们的事情,主家的人们则可免于这类繁杂的工作。但奴客有时也会跟主家的人们一起劳动。如果是这样一种情形的话,那么主家与奴客之间势必会有劳动方面的分工。最有可能的情况是,烦琐的劳动被指派给奴客们去作,而主人和他的家人则承担一些相对轻松点的任务。张安世尊为公侯,然"夫人自纺绩,家童七百人,皆有手技作事"(资料Ⅱ,36)。遗憾的是,我们不知道其他家庭成员被分派做些什么。

分配工作和监督劳动应该是家长的职责。为了保证生产能力能够最大限度地发挥出来,势必要有一些在这方面起推动作用的约束和规章。任氏家约规定,"公事不毕则身不得饮酒食肉",这是惟一可以找到的家族规章,这些规章是整个家族在从事田间耕作和家畜饲养的时候都必须遵守的。

亲属之间虽然分开居住并且各有财产,但在经济上面却互有协作,相互帮助的情况在亲属之间也不罕见。许多官员都将俸禄分给需要帮助的族人,而这族人的范围往往包括了九族之内的所有成员。许多时候俸禄差不多全都分给了族人,到最后留给这个官员本人已经所剩无几(资料Ⅰ,45,48,51,56)。在近亲属之间,相互帮助的义务更大。所以薛包虽然在分家的时候已经给了侄子一半的家产,但到后来侄子"数破其产"的时候,他还是"辄复赈给"(资料Ⅰ,63)。而第五访则"常佣耕以养兄嫂"。①

家庭或者宗族还有为其成员提供慈善救助的职能。当族人身处困厄的时候,宗族要给予救济。当有族人要求学或者无路谋生的时候,家族也要给予救

---

① 资料Ⅱ,75。更极端的例子是郑均,他甚至脱身为佣,得钱帛,归以与兄,以制止作县吏的兄长收受馈赠。(资料Ⅰ,53)

助。所以人们总是会跟族人求助，而不会跟与自己无关的人求助。疏于救助穷困的戚属经常会引致失望和怨言。主父偃就曾经抱怨说，自己当初在游学而身不得遂的时候，"昆弟不我衣食"（资料 I，23）。

■ 家族的教育职能

家族经常都会发挥某种形式的教育职能，为族中的年轻一辈提供受教育的机会。当然，能够给年轻人提供什么样的教育，这还要看家族的文化水平、社会地位和经济水准。如果父亲是文盲，那儿子就不太可能从他那里学到什么文化知识。同样，如果家庭的境况很贫寒，那也不太可能送儿子到乡里的学校读书。从这类家庭出来的孩子大多在很早的时候就被送去劳动了，而他们所能从长辈那里听到的教导，大多也只能是跟职业有关的技能训练。与此相反，富家子弟则可以摆脱体力劳动的羁绊，将绝大多数的时间投入文化的学习，作为跻身社会上层的铺垫。读书人家也会尽最大努力对子孙进行文化方面的训练。

家族教育职能首当其冲的表现是，它是儿童进入社会的首要媒介；换句话说，正是通过家庭，每个人才学会扮演社会所要求于他的那种角色。当然，儿童首先要学会扮演的是家庭的角色；但既然社会对一个人的家庭角色强调倍至，那么，传统中国家庭教育的重要性也就很可想而知了。孝悌这一类的基本价值观念，在一个人尚是孩童的时候就已经深入中国人的内心。或者我们也可以说，主要是通过家庭的塑造与熏陶，中国人的品格才得以养成。长辈的言谈举止，父母的温言厉色，都会对孩子产生莫大的影响。如此说来，儿童早期的社会化过程主要是发生于戚属组织之内，其他一些媒介，比如学校或者私塾，作用倒是次要的。

中国的家族显然是注意到了自己在这方面的职能。因此，各种各样在长辈们看起来对于一个人的道德完善和社会成就至关重要的教导，会时不时地教给儿童。班昭曾经写过《女诫》七篇，主要是给未婚的女孩子们读的。[①] 据说，

---

① 《后汉书》卷八十四；Nancy Lee Swan（李斯万），*Pan Chao: Foremost Woman Scholar of China*（New York: The Century Co., 1932），pp. 82—90。

"马融善之，令妻女习焉"。(《后汉书》卷八十四)

若说学校对于一个人如何适应社会的教育仅仅局限在一个特定的人生阶段，那么家庭在这方面的作用却可以贯穿于人生的始末。即便是子女已经成年，长辈们仍然会对他们监督有加，并且要不断地对他们进行训诫。父亲的永久权威和他所享有的对于子女进行管束的权力，使得家庭对子女进行教育的时间可以尽可能地延长，因为这类让子女适应社会的教育不只是局限于童年，同样也扩及成年人。而尊长们对于这种持之以恒的教育，看起来也是极其重视的。马援即便身在交阯的军旅之中，仍然对子侄们的轻薄行径感到忧心，还不忘写信训诫他们。(《后汉书》卷二十四)那些热心于维护家族清誉的人们，经常对族人的行为倾注极大的关心，要求他们遵守代代相传的家法。在国家法律的支持下，如何适应社会的教育，在家族之中几乎是不间断地贯彻于人生的始终。

### ■ 家族的宗教职能

汉代的人们一般都相信，人死之后，他的灵魂仍然需要饮食，而灵魂能够享用这些物质资料的惟一途径，就是接受仍然在世的家人或者族人的供奉。出于这个原因，祭祀祖先就成了子孙的一项义务，也构成了一项重要的家庭职能。牺牲供品经常都是摆放于家庙或者宗祠，但也可以摆放于坟冢，官员或者其他一些富裕的人家通常都修有坟冢。①

通常，每年冬天的腊日，人们都会举行祭祀。②腊日祭祖之风在汉代的盛行从这样一个事例即可窥见端倪：韩卓有一个奴仆在腊日那天"窃食祭其母"。③每个家庭成员都应该参加祭祀，但在祭祀的时候，男人和女人的角色不同。女人的任务是"洁齐酒食，以供祖宗"。(《后汉书》卷八十四)

---

① 资料Ⅲ，47；《风俗通义》(A)，卷三十八。
② 《风俗通义》对于"腊"字的解释是"田猎取兽，以祭祀其先祖"（应劭，《风俗通义》，四部丛刊本，卷八）。还有一些史料也证明了汉代的人们经常在腊日祭祖（《风俗通义》(A)，卷三十八；班固等，《东观汉纪》，武英殿聚珍板丛书本，卷二十一）。
③ 《东观汉纪》，卷二十一。

除此之外，家族里面还会举行其他一些祭祀活动。腊日要祭祀灶神。（《后汉书》卷三十二）司命也广受人们供奉。① 大多数的汉代家庭都会"别作小屋"，放一个司命的木雕在里面，祭祀司命也是在腊日。② 看起来好像只有灶神是由当地人集体祭祀的，③ 其他所有的宗教祭祀则由每家单独进行。

## ■ 家族的军事职能

大多数的汉代家族没有军事方面的职能。但的确有些家族参与军事行动，而这些军事行动的频率和后果又都需要给予特殊的重视。家族军事职能的产生在时间上均与战乱有关。我们手边的所有例证都出现在东汉和三国时期，在这段时间里面，朝廷不能给百姓以保护，而百姓又处于战争与盗匪的不断威胁之下。对此，穷困无助的人们除了逃亡之外别无选择；但规模大些的家族则会将族人组织起来，以保护族众的人身和财产安全。在战乱时期，这种团聚族人的族类意识（we-group sentiment）会表现得格外强烈；在这种关头，人们都会感到彼此有着相同的命运遭遇，而惟一可以倚靠的只有那些和自己有血缘联系的戚属。

一个家族或者一个宗族，要想强大到能够自保的程度，必须要有足够的人手和财物，以便装备自己的武力和粮草。那些能够自保的家族或者宗族，史籍中称为"大姓"。④ 因为就一个家庭来说，要自保通常都没有足够的人手或力量，所以人们往往会以整个宗族为基础，形成一个自我保护的单元。此外，家族武装通常还包括这个家族的宾客（扈从）和奴婢（参看第五章关于豪族扩张的论述）。这样一种武装，无论就其规模还是战斗力来说，都是惊人的。有史料表明，由整个宗族（包括族人还有一定数量的宾客）所组成的武装，在人数上可

---

① 司命是执掌人生死的神灵。所以当庄子梦到髑髅以后，他对髑髅建议，请司命"复生子形，为子骨肉肌肤"(《庄子》，四部备要本，卷六）。
② 《风俗通义》卷八。
③ 劳榦，《居延汉简考释·考证之部》（"中央研究院历史语言研究所"专刊21，1943—1944），第49—60页。
④ 资料Ⅲ，50。《后汉书》卷六十七；也可参看余英时，"东汉政权之建立与士族大姓之关系"，《新亚学报》，I, No.2（1956年2月），第207—280页。

以超过一千人。他们修筑并且据守坞堡，击退盗匪和其他武装力量的进攻。有些时候，他们甚至还能够攻城略地（资料Ⅰ，42）。

尽管绝大多数的家族或宗族只关心自保的问题，但也有一些宗族组织，他们的族人有政治上的抱负，他们参与军事活动也有另外的企图。这些人往往会利用社会和政治上的动乱，趁机攫取权力。正如我们在后面讨论豪族的那一章所看到的，这些人当中有许多投身于民众的暴动，有的则投靠某个强势的军阀。①比如邯郸耿氏，所有的族人——包括老人和妇女——都被动员从军，并且要随军转战，而宗族里面所有的成年男性和宾客则组成了一支武装，由耿纯率领（资料Ⅰ，41）。这类庞大的武装力量，有时人数会超过千人，对于急需扩充力量的军阀们来说，他们的加入是有巨大意义的。②

（选自《汉代社会结构》。）

---

① 资料Ⅰ，11，41，42；Ⅲ，49；《三国志·魏书》，卷十一，卷十八。
② 资料Ⅰ，41；《三国志·魏书》，卷十一，卷十八。

# 何兹全与《中古时代之中国佛教寺院》

## 经典导读

何兹全（1911—2011），原名何思九，字子全，后改名兹全，山东菏泽人。1931年入北京大学史学系，1935年毕业留学日本，翌年因病回国。1939—1940年接受中英庚款董事会的专款资助，在中央大学历史系研究魏晋南北朝史，并在该系讲授"中国通史"课。1941—1944年任国民党中央训练委员会编审。1944年秋任中央研究院历史语言研究所助理研究员。1947年赴美国，在纽约哥伦比亚大学读书，并受约翰霍普金斯大学资助，协助法兰西斯教授将范文澜著《中国通史简编》翻译为英文。1950年回国任教于北京师范大学。主要致力于研究汉唐社会经济史，是我国魏晋封建说的创始者。代表性的著作有《中国古代社会》(1991)、《中国社会史研究导论》(2010)等，2006年中华书局推出《何兹全文集》六卷，依次收录《中国社会史论》《中国史综论》《中国古代社会》《中国古代及中世纪史讲义》《中国文化六讲》《秦汉史略》《三国史》《爱国一书生》等著作。

何兹全治学深受大学时代的老师、参与社会史大论战的陶希圣的影响。陶希圣用辩证唯物史观的思想方法来分析中国社会史的问题，影响何兹全走上了研究中国社会史的道路。何兹全说："我走上研究中国社会史的道路，是受陶希圣的影响。我在北京大学史学系读书时（1931—1935），陶先生正在北大教书。他开中国政治思想史、中国社会史的课，我都选听。不过那几年里，陶先生对中国社会史分期、发展阶段问题的看法常变。我读书是从《三国志》开始的，我写的文章都是关于魏晋的。我写的第一篇文章《中古时代之中国佛教寺院》（1934年《中国经济》第2卷第9期）和在《食货》半月刊创刊号（1934年12月出版）写的《魏晋时期庄园经济的雏形》，虽然没有用封建社会名称，但'中古时代'、'庄园经济'都有封建社会的含义。"①

《中古时代之中国佛教寺院》一文，从社会经济史的全新角度研究佛教寺院，开创性地进行佛教社会史的研究。该文的"中古"是指从三国到唐中叶即从3世纪到9世纪，认为"中古中国的社会是封建社会，寺院便是这时代社会的一个缩影"，全面论述寺院社会经济问题。1936年何兹全又发表《中古大族寺院领户研究》（《食货》第3卷第4期），重点探讨寺院的依附关系和人口分割。

陶希圣曾大力倡导社会经济史特别是寺院经济研究。1932年至1933年间，陶希圣在北京大学授课时讲魏晋南北朝的寺院经济，他在北京大学法学院成立"中国经济史研究室"，指导学生从事寺院经济研究，组织整理了数十万字的寺院经济史料。1934年12月，陶希圣创办《食货》半月刊，试图突破中国社会史论战的论争，强调大家多读书搜集材料再写论文。当时受陶希圣直接指导的"中国经济史研究室"成员有鞠清远、武仙卿、曾謇，后来与陶希圣有工作关系的连士升、沈巨尘、何兹全，他们学术思想接近，何兹全认为形成了20世纪中国社会史研究史上的"食货学派"。陶希圣以《食货》杂志为寺院经济研究的主要阵地，1935年1月发表《元代佛寺田园及商店》，揭开对寺院经济的讨论。出身法学专业的他以"寺院产权"区分开"教会机关"和"国立寺产的主管机关"。从制度层面探讨寺户寺奴、寺庙商店以及寺庙商店的税收。鞠清远随后连续发表《唐宋元寺院庄园研究》《元代的寺产》二文，补充陶文并揭示寺产掩盖兼并事实。陶希圣又发表《唐代寺院经济概说》一文，后形成专书《唐代寺院经济概观》，关注寺院与豪富、官府之间的互动关系。当时全汉升发表《中古佛教寺院的慈善事业》一文，探讨寺庙具有的济贫赈灾、治病及戒残杀等社会功能。陶希圣组织辑出的资料编有《唐代寺院经济》，邀请何兹全撰写《中国中世佛教寺院经济》专著，可惜书稿失落，庆幸书的《序论》（即《南北朝隋唐时代的经济与社会》一文）提前发表得以保留下来。

20世纪80年代初，何兹全探讨佛教经律有关财产的制度，连续发表《佛教经律

---

① 何兹全：《我所经历的20世纪中国社会史研究》，《史学理论研究》2003年第2期。

关于寺院财产的规定》《佛教经律关于僧尼私有财产的规定》二文，为寺院经济、宗教社会的研究作出新的贡献。1986年何先生出版了主编的《五十年来汉唐佛教寺院经济研究》一书，该书集中展示了在他影响下的"寺院经济研究"，而他临终前一年出版的《中国社会史研究导论》，则将自己一生探讨的汉唐佛教寺院经济研究论文命名为"中国中世社会史论"收录，表达了自己的学术归宿。

总之，何兹全的中古寺院经济研究是从属于他的魏晋封建说的，他在《中国古代社会》一书中论述魏晋以前中国社会的演变，指出汉魏之际（三国西晋）社会由古代向中世纪转化，提出了中国古代社会三个方面的变化：城乡经济的衰落、依附关系的发展以及宗教的兴起。宗教兴起带来的社会变化正是何兹全探讨的问题。

—— **延伸阅读文献目录：**

1. 陶希圣：《唐代寺院经济概说》，台北食货出版社1937年初版，食货出版社有限公司1979年再版。
2. 汤用彤：《汉魏两晋南北朝佛教史》，商务印书馆1938年初版，北京大学出版社1997年新版。
3. 黄敏枝：《唐代寺院经济的研究》，台湾大学文史丛刊第33册，1971年版。
4. 汤用彤：《隋唐佛教史稿》，中华书局1982年版。
5. 何兹全主编：《五十年来汉唐佛教寺院经济研究》，北京师范大学出版社1986年版。
6. ［法］谢和耐著，耿升译：《五至十世纪中国佛教经济概况》，甘肃人民出版社1987年版。
7. 姜伯勤：《唐五代敦煌的寺户制度》，中华书局1987年版。（增订本，中国人民大学出版社2011年版）
8. 谢重光：《汉唐佛教社会史论》，台湾国际文化事业有限公司1990年版。
9. 谢重光、白文固：《中国僧官制度史》，青海人民出版社1990年版。
10. 姜伯勤：《敦煌社会文书导论》，台北新文丰出版公司1992年版。
11. 姜伯勤：《敦煌艺术宗教与礼乐文明》，中国社会科学出版社

1996年版。

12. 张弓:《汉唐佛寺文化史》,中国社会科学出版社1997年版。

13. [荷]许里和著,李四龙等译:《佛教征服中国》,江苏古籍出版社1998年版。

14. 侯旭东:《五、六世纪北方民众佛教信仰——以造像记为中心的考察》,中国社会科学出版社1998年版。

15. 张国刚:《佛学与隋唐社会》,河北人民出版社2002年版。

16. 刘淑芬:《中古的佛教与社会》,上海古籍出版社2008年版。

17. 刘淑芬:《灭罪与度亡:佛顶尊胜陀罗尼经幢之研究》,上海古籍出版社2008年版。

18. 谢重光:《中古佛教僧官制度和社会生活》,商务印书馆2009年版。

19. 全汉升:《中国庙市之史的考察》,《食货》1934年12月1卷2期。

20. 全汉升:《中古佛教寺院的慈善事业》,《食货》1935年1月第1卷第4期。

21. 何兹全:《中古大族寺院领户研究》,《食货》1936年1月第3卷第4期。

22. 何兹全:《佛教经律关于寺院财产的规定》,《中国史研究》1982年第1期。

23. 何兹全:《佛教经律关于僧尼私有财产的规定》,《北京师范大学学报》1982年第6期。

24. 简修炜、夏毅辉:《南北朝时期的寺院地主经济初探》,《学术月刊》1984年第1期。

25. 谢重光:《五十年来国内汉唐寺院经济研究综述》,《中国史研究动态》1986年第8期。

26. 谢重光:《魏晋隋唐佛教特权的盛衰》,《历史研究》1987年第6期。

27. 韩国磐:《魏晋南北朝时寺院地主阶级的形成与发展》,《中国社会经济史研究》1988年第1期。

28. 谢重光:《中古佛教寺院为社会文化中心说》,《探索与争鸣》

1988年第3期。

29. 张弓:《中国中古时期寺院地主的非自主发展》,《世界宗教研究》1990年第3期。

30. 谢重光:《晋至唐中叶门阀士族与佛教寺院的关系——从〈开业寺碑〉谈起》,《北京师范大学学报》1991年第4期。

31. 张弓:《五代的僧侣地主及僧尼私财的传承方式》,《魏晋南北朝隋唐史资料》1993年第14辑。

32. 刘淑芬:《五至六世纪华北乡村的佛教信仰》,"中研院"《历史语言研究所集刊》1993年63本第3分。

33. 刘淑芬:《北齐标异乡义慈惠石柱——中古佛教社会救济的个案研究》,《新史学》1994年5卷4期。

34. 郝春文:《关于唐后期五代宋初沙州僧俗的施舍问题》,《唐研究》第三卷,北京大学出版社1997年版。

35. 郝春文:《唐后期五代宋初敦煌僧民遗产的处理与丧事的操办》,《敦煌研究》1998年第3期。

36. 白文固:《八十年代以来国内寺院经济研究述评》,《世界宗教研究》1998年第2期。

37. 杨联昇:《佛教寺院与国史上四种筹金钱制度》,《国史探微》,辽宁教育出版社1998年版。

38. 陶晋生:《陶希圣论中国社会史》,《古今论衡》1999年6月第2期。

39. 何兹全:《我所经历的20世纪中国社会史研究》,《史学理论研究》2003年第2期。

—— 原文:《中古时代之中国佛教寺院》(节选)

经典原文

# 中古时代之中国佛教寺院（节选）

何兹全

## ■ 一、引 言

中国历史的分期，至今尚无公认的定说。本篇所用中古时代，是约指从三国到唐中叶即从3世纪到9世纪一时期而言。

佛教寺院是中古中国史上一个重要的事象。

第一，从宗教史上说：中古中国时代是佛教思想支配下的时代，整个社会，整个人群的生活活动无不受佛家思想的影响及支配，但佛教之能如此发展，全赖寺院的活动、宣扬。佛教在中古中国史上的重要使寺院也成为重要。

第二，从社会史说：中古时代的佛教寺院不但是宗教的组织而且是政治的组织。中古中国的社会是封建社会，寺院便是这时代社会的一个缩影，便是这时代社会的一面。要全面地考察中古中国社会的构造，要彻底了解中古中国社会的性质，寺院一定要拿来作一个主要的研究对象。而且因为寺院是披着一件宗教外衣的，所以在封建关系的表现上也特别显著。如政权的分割、人口的影响等，在俗界庄园不甚显著，在寺院便非常显著。对寺院的研究更能使我们容易认识整个中古社会的性质。

在性质上，中古中国之佛教寺院与中古西欧之基督教教会是完全相同的。两者都于宗教的组织外成功为一个政治的社会的经济的组织，都是占有大人口及大土地的庄园领主；所不同的只是在政治上成功的大小差异。西欧中古的教会在政治上发展到最高点，教权凌驾俗界君主权势以上，做了人间的最高统治者。而中国中古时代的寺院，在政治权势上永没有超越俗界君主。

但西欧中古教会以在政治上的成功而被人注意。讲欧洲中古史谁能不讲教会？谁能不讲教皇？谁能不讲政教冲突？谁能不讲宗教改革？而和它有同样性质，走同一路线而发展，在中国中古史上占极重要地位的佛教寺院，却一向被人忽视，忽视了一千多年没人提。讲中国佛教的只讲到思想问题、宗教问题，从没有人讲到寺院。

这篇东西是我对中国社会史宗教史研究的一部分，我的打算本想把中古时代的佛教寺院从兴起到衰落作一个全过程的考察，纵着要看它的发展及变化，横着要看它的发达及组织。但心是如此，力却不足，限于自己的学识，各方面的叙述都没做到预期的目的。我不敢希望它能给读者对中古中国佛教寺院一种详细真切的认识，只希望能由此引起人对它加以注意，来做进一步更详深的研究。

## ■ 二、佛教输入与寺院之兴起

### （一）佛教输入的时期

佛教输入中国，其准确的年代已不可考。据朱士行《经录》所载，谓秦始皇时曾有沙门到中国来，他说：

> 秦王政四年，西域沙门室利房等十八人，始赍佛经来华，王怪其状，捕系之狱，旋放逐回国。①

按秦始皇（公元前246—前210）与印度阿育王（公元前273—前232）是同时代的人。阿育王建立强大印度王国，晚年皈依佛教，尊佛教为国教，是印度佛教正盛的时期。他曾遣派宣教师二百五十六人分赴国外各地传教。其派在亚洲者，北至俄属土耳其斯坦，南至缅甸，俱有确证。室利房等十八人或即阿育王所派之宣教师也未可知。但朱士行是魏晋间人，前此史传，没有记及这回事的，其事之有无实大成问题，不能即信②。

依《魏书·释老志》，谓汉武帝时始知有佛教，哀帝时中国人始有从外人口授浮屠经的。《释老志》原文：

---

① 《历代三宝记》卷一引。
② 参看梁启超：《佛教之初输入》。

汉武帝元狩中，遣霍去病讨匈奴，至皋兰过居延，斩首大获。昆邪王杀休屠王，将其众五万来降。获其金人，帝以为大神，列于甘泉宫。金人率长丈余，不祭祀，但烧香礼拜而已。此则佛教流通之渐也。及开西域，遣张骞使大夏还，传其旁有身毒国，一名天竺，始闻有浮屠之教。哀帝元寿元年，博士弟子秦景宪受大月氏王使伊存口授浮屠经。中土闻之，未之信了也。

据日本人羽溪了谛之考究，佛教造像是公元1世纪、2世纪才有的事。霍去病获金人应是武帝元狩二年，时当公元前121年，那时佛教尚没有造像，故霍去病获金人事定为后人假造，不确。

但无论获金人事是真是假，佛教是在西汉时传入中国，则是毫无问题的事。盖两地文化之沟通，要以两地之交通关系为前提，必先有了交通的关系，商业的来往，而后两地的文化才得随旅行者及商人而沟通。中国与西域以及印度的交通，在西汉武帝时已有南北两条路线，北路是陆路，通于西域，武帝使张骞通西域，始知有身毒国，中国的产品——蜀之竹布——且于身毒见之。身毒就是印度，后虽由蜀求通印度不得，但中国产品能于印度见之，则两地已有间接的商业关系可知。南路是海航，由今广州徐闻、合浦航海以达印度之南部，《汉书·地理志》载其路程颇详：

自日南障塞、徐闻、合浦船行可五月，有都元国；又船行可四月，有邑卢没国；又船行可二十余日，有谌离国；步行可十余日，有夫甘都卢国。自夫甘都卢国船行二月余，有黄支国……自武帝以来皆献见。有译长，……蛮夷贾船，转送致之。……平帝元始中，王莽辅政，欲耀威德，厚遗黄支王，令遣使献生犀牛。自黄支船行可八月到皮宗；船行可八月，到日南、象林界云。黄支之南，有已程不国，汉之译使自此还矣。

梁启超先生《佛教之初输入》说黄支即《大唐西域记》中西印度之建志补罗国。中国与印度间既有此南北两条交通线，则佛教由之而传入中国，自是可能而且合理的事。所以到东汉初年，佛教已渐渐于江淮一带传布，楚王英且以王之尊而崇信佛教了。

## （二）楚王英及笮融的信佛建寺

楚王英是光武的儿子，以建武十五年封为楚公，十七年晋爵为王，二十八年就国，都于彭城（今江苏徐州市）。他崇信佛教，供养沙门。《后汉书》本传记其事道：

> 英少时好游侠，交通宾客，晚节更喜黄老学，为浮屠斋戒祭祀。（永平）八年，诏令天下死罪皆入缣赎。英遣郎中令奉黄缣白纨三十四诣国相曰："托在蕃辅，过恶累积，欢喜天恩，奉送缣帛，以赎愆罪。"国相以闻。诏报曰："楚王诵黄老之微言，尚浮屠之仁祠，洁斋三月，与神为誓，何嫌何疑，当有悔吝？其还赎以助伊蒲塞桑门之盛馔。"因以班示诸国中傅。

楚王英信佛是受楚地环境的影响，是他到国以后的事情，此由传中"晚节更喜黄老学……为浮屠斋戒祭祀"一语可作证明，所以江淮一带实是中国接受佛教最早的地方。

此地佛教一路发展下去，到东汉末年已有相当的发展，笮融遂接受这种信仰，以公费大兴佛寺，招诱居民，组织教会。《后汉书·陶谦传》载：

> 笮融聚众数百，往依于谦。谦使督广陵、下邳、彭城运粮。遂断三郡委输，大起浮屠寺。上累金盘，下为重楼，又堂阁周回，可容三千许人，作黄金涂像，衣以锦彩。每浴佛，辄多设饮饭，布席于路，其有就食及观者且万余人。

《三国志·吴志·刘繇传》有同样的记载，且说他以复徭役的办法，招人信教：

> 令界内及旁郡人有好佛者，听受道，复其他役，以招致之。由此远近前后至者，五千余人户。

其复身役以招人信教，实此后僧尼免役调特权之滥觞。

后来陶谦为曹操所败，笮融不自安，率男女万口马三千匹，走广陵，杀太守赵昱，渡江奔豫章，杀郡守朱皓，兴兵作乱者数年，后来为扬州刺史刘繇所破。他的宗教结会竟作了他的势力中心。

### （三）寺院社会基础的殿立

笮融虽然失败，而佛教却流传于民间，渐渐发展。在魏晋时期，佛教在西域已非常发达，以中国与西域交通的便利，西方僧众东来者日多。其中最有关系的是康僧会、佛图澄及鸠摩罗什等，康僧会建立了南方佛教寺院的基础，佛图澄、鸠摩罗什建立了北方佛教寺院的基础。

康僧会先世是康居人，世居天竺，其父母商贾移住于交趾。他出家后，励行甚峻。以吴赤乌十年（或作四年）初到建业，营立茅茨，设像行道，时吴地以初见沙门，睹形未及其道，疑为矫异。相传他以法术显舍利，才使孙权信服。权遂为之修建佛寺，以系始有佛寺，故号为初建寺，称其居地为佛陀里，由是佛教遂逐渐兴盛于江南。①

在北方及中原之地，佛教的传播要比江淮晚许多年。东汉初年在江淮一带已有楚王英信佛，而北方中原之地直到东汉末年桓帝于宫中立浮屠祠，我们才看到一点信佛的本事。三国时期北方佛教也是寂而无闻，魏以下始渐渐发展，到南北朝时乃成佛教寺院势力鼎盛的地方。

佛图澄是西域人，少出家，西域咸称得道。以晋怀帝永嘉四年来洛阳。因适逢刘聪之乱遂潜伏民间，后石勒起，他便投归石勒，以奇迹异术取信于勒，很受崇敬，号之为大和尚。石虎更尊之敬之，下书国中：

> 和尚国之大宝，荣爵不加，高禄不受。荣禄匪显，何以旌德。从此已往，宜衣绫锦，乘以雕辇，朝会之日，和尚升殿，常侍以下，悉助举舆，太子诸公扶翼而上，主者唱大和尚，众坐皆起，以形其尊。②

又敕：

> 司空李农，旦夕存问，诸公五日一朝，表朕问焉。③

---

① 参看《高僧传》卷一《康僧会传》。
②《高僧传》卷九《佛图澄传》。
③《高僧传》卷九《佛图澄传》。

于是：

> 百姓因澄故，多奉佛。皆营造寺庙，相竞出家。①

统计当时：

> 澄受业追随者，常有数百，前后门徒，几且一万。所历州郡，兴立佛寺八百九十三所。弘法之盛，莫与先矣。②

佛图澄后，有鸠摩罗什。他是印度籍，生于龟兹。少年博学，在西域很有名气。吕光破龟兹，请他到凉州。住了十八年。后来吕氏为姚兴所破，姚兴又请他到长安。姚兴是崇信佛教的人，亲自率群臣听罗什讲道。上唱下随，百姓遂多信佛，《晋书·姚兴载记》载：

> 兴既托意于佛道，公卿以下莫不钦附。沙门自远而至者五千余人……州郡化之，事佛者十室而九矣。

寺院的社会基础，至此算是很坚固地建立了，自此以后，便急剧地发展，走上极盛的时代。但是也就从此时起，寺院的性质变化，走向另一个阶段。由宗教的组织，变成一种含有政治的社会的经济的性质的组织；变成庄园组织，做了统治及榨取阶级的一环。

## 三、寺院的发展及兴强

### （一）僧尼之众多

东汉时佛教虽已渐流传，但人民出家尚为政府法令所禁止。石虎时著作郎

---

① 《晋书》卷九五《佛图澄传》。
② 《高僧传》卷九《佛图澄传》。

王度疏奏说：

> 汉明感梦，初传其道，唯听西域人得立寺都邑，以奉其神，其汉人皆不得出家，魏承汉制，亦循前轨。①

魏甘露五年，颍川人朱士行出家，是为汉人出家之第一个②。此后出家者遂众，政府不加干涉。永嘉以后，胡族统有中原，以佛是戎神，人民出家信佛，不但不加限禁，甚且奖许，如石虎报王度书说：

> 朕出自边戎，忝君诸夏，至于飨祀，应从本俗。佛是戎神，所应兼奉。其夷赵百姓有乐事佛者特听之。③

于是人民逃俗出家者日多，如前所引，姚秦时人民信佛的，多至十室而九。南北朝隋唐寺院达其极盛时期，僧尼大众多至数百万。依《辩证录》、《释氏通鉴》等书所载，历代之僧尼数目统计有如下表：

| 时代 | 僧尼 |
| --- | --- |
| 东晋 | 二四，〇〇〇 |
| 宋 | 三六，〇〇〇 |
| 齐 | 三二，五〇〇 |
| 梁 | 八二，七〇〇 |
| 陈 | 三二，〇〇〇 |
| 北魏 | 二，〇〇〇，〇〇〇 |
| 北齐 | 三，〇〇〇，〇〇〇 |
| 北周 | 二，〇〇〇，〇〇〇 |
| 隋 | 五〇〇，〇〇〇 |
| 唐 | 二六〇，五〇〇 |

---

① 《高僧传》卷九《佛图澄传》。
② 《历代三宝记》卷三年表"魏甘露五年"条下注。
③ 《晋书》卷九五《佛图澄传》。

人民为什么这样疯狂地投入寺院呢？都是愿意去做和尚吗？不是，绝对不是。原因何在？答曰：惟一的原因是因为寺院僧尼有免除对国家役调的特权，国家人口为逃避国家的役调及租课才投寺为僧尼。

魏晋以后，直到唐的中叶，其租调制度是以人及户作课征单位的。有丁有户便要纳租出役。如晋时制户调之式，丁男之户岁输绢三匹，绵三斤。女及次丁男为户者半输①。北魏承晋制，天下户口以九品混通，户调帛二匹，絮二斤，丝一斤，粟二十石。又帛一匹二丈，委之州库，供调外之费。孝文帝太和十年立三长，定征调之法，一夫一妇帛一匹，粟二石②。北齐之制，民年十八受田，输租调，二十充兵，六十免力役，六十六退田，免租调。一夫一妇谓之一床。率人一床调绢一匹绵八两，垦租二石，义租五斗③。北周之制，赋法：凡人自十八以至六十四皆出赋。有室者岁不过绢一匹，绵八两，粟五斛。丁者半之。役法：凡人自十八以至五十九皆任于役，丰年不过三旬，中年则二旬，下年则一旬④。隋制：多依北周。唐改为租庸调法。凡授田者，丁岁输粟二斛，稻三斛，谓之租。丁随乡所出，岁输绢两匹，绫、絁各二丈，布加五之一，谓之调。用人之力，岁二十日，闰加二日，不役者日为绢三尺，谓之庸⑤。这是大体情况，实际上变动很多。

上举出历代租赋制度，乃为证明历代皆是以丁及户为课税的单位的事实，虽有户调丁调租庸调法之异，而其以人不以财为课征单位则同。这是北朝的情形，南朝役调也如北朝一样，以人户为课征单位，惟租则以田亩作课征单位，是不同于北朝的地方，兹不赘引。

以人口作课征单位的租调制度，是要以均田制度作基础的，均田制度行得通，而后人们才能在贫富上无大差异，人民能在财产上贫富无大差异，而后才能平等看待而使其负平等的义务，出同量的租调。

但事实上怎样呢？可以说行着均田制度的北朝各朝，在实际上仍是豪强田连阡陌、贫者无立锥之地，非常不均的。就均田制度的本身说，已含有不能均

---

① 《晋书》卷二六《食货志》。
② 《魏书》卷一一〇《食货志》。
③ 《隋书》卷二四《食货志》。
④ 《隋书》卷二四《食货志》。
⑤ 《新唐书》卷五一《食货志一》。

的因素。魏齐受田，牛与奴婢皆能受田，魏制：牛一头受田三十亩，限止四牛；奴婢依良丁受田，奴四十亩，婢三十亩，数限无明文。齐制：牛一头受田六十亩，亦限四牛。奴婢依良丁，奴受田八十亩，婢受田四十亩。奴婢受田者，亲王止三百人，嗣王二百人，第二品嗣王以下及庶姓王百五十人，正三品以上及皇宗百人，七品以上八十人，八品以下至庶人六十人。牛和奴婢都是财产，可以买卖，奴婢牛而可受田，则是越富受田越多，越穷受田越少。如以齐制作例，同是庶人，一人无牛无奴，则只能受田八十亩，一人有牛四头，奴六十人，则彼于自己应受八十亩田外，复得牛田二百四十亩，奴田四千八百亩。共不均可见。

均田制度下占田不均的实情，我们引《关东风俗传》上说北齐时的情形的两段记载作证。《关东风俗传》载：

> 河渚山泽有可耕肥饶之处，悉是豪势，或借或请，编户之人，不得一垄。[1]

又载：

> 其时强弱相凌，恃势侵夺。富有连畛亘陌，贫无立锥之地。[2]

这是均田制度下农民生活的实际写述，《关东风俗传》的作者宋孝王就是北齐时的人，这材料都是最真确不过的。人民的富贫虽如此悬殊，却都要担负国家役调，穷苦的农民当然担负不起。寺院有免役调的特权，人谁不乐福避苦呢？当然要相率以逃入寺院了。

这并不是瞎说，实有历史的记载作证明。

北魏灵太后时调役繁重，"民多绝户而为沙门"[3]。李玚于时上书也说：

> 今南土未静，众役仍烦，百姓之情，方多避役，若复听之，恐捐弃孝

---

[1]《通典》卷二《食货二·田制下》。
[2]《通典》卷二《食货二·田制下》。
[3]《魏书》卷四《李孝伯传附子玚传》。

慈，比屋而是。①

正光以后，役调更繁，《魏书·食货志》载：

> 正光后，四方多事，加以水旱，国用不足，预折天下六年租调而征之。百姓怨苦，民不堪命。

于怨苦中求生路，于不堪命中求生命。于是便投寺为僧尼。正光以后，僧尼多至二百多万，这二百多万便多是因此原因而来。《魏书·释老志》载道：

> 正光已后，天下多虞，王役尤甚，于是所在编民，相与入道，假慕沙门，实避调役，猥滥之极，自中国之有佛法，未之有也。略而计之，僧尼大众二百万矣。

北齐时有僧尼三百多万，渤海人刘昼上书说："佛法诡狂，避役者以为林薮。"②实指出其多为避役调而出家。唐初反对佛教的傅奕骂当日的僧尼，也说他们是："不忠不孝，削发而揖君亲；游手游食，易服以逃租赋。"③中宗时"度人不休，免租庸者数十万"④。玄宗开元二年中书令姚崇遂上书说：

> 自神龙（中宗年号）以来，公主及外戚皆奏请度人，亦有出私财造寺者。每一出敕，则因为奸滥，富户强丁皆经营避役。远近充满，损污精蓝。⑤

天宝末年安禄山反，天下荒乱，赋役繁重，民不堪命。于是相率投入寺院，以求规避。杜佑为述其详情说：

---

① 《魏书》卷四《李孝伯传附子玚传》。
② 《广弘明集》卷七。
③ 《旧唐书》卷七九《傅奕传》。
④ 《旧唐书》卷一〇一《辛替否传》。
⑤ 《唐会要》卷四七。

> 自兵兴以后，经费不完，于是征敛多名，且无恒数，贪吏横恣，因缘为奸，法令莫得检制，丞庶不知告诉。其丁狡猾者即多规避。或假名入什，或托迹为僧，或占募军伍，或依托豪族，兼诸色役，万端蠲除，钝劣者即被征输，困竭日甚。①

敬宗时徐州节度使王智兴于泗州设坛度僧，江淮人为免役调，便群往求度。李德裕奏述其详情说：

> 王智兴于所属泗州置僧尼戒坛，自去冬于江、淮已南，所在悬榜招置。江、淮自元和二年后，不敢私度。自闻泗州有坛，户有三丁，必令一丁落发，意在规避王徭，影庇私产。自正月已来，落发者无算。臣今于蒜山渡点其过者，一日一百余人，勘问惟十四人是旧日沙弥，余是苏、常百姓，亦无本州文凭，寻已勒还本贯。访闻泗州置坛次第，凡僧徒到者人纳二缗，给牒即回，别无法事。若不特行禁止，比到诞节，计江、淮已南，失却六十万丁壮，此事非细。②

南朝也是这种情形，东晋孝武帝时范宁奏疏说：

> 今四境晏如，烽燧不举。而仓庾虚耗，帑藏空匮。古者使人岁不过三日，今之劳扰，殆无三日休停。至有残形剪发，要求复除。生儿不复举养，鳏寡不敢娶妻，岂不怨结人鬼，感伤和气，臣恐社稷之忧，积薪不足以为喻。③

所言剪发以求复除，当时指出家而言。

桓玄与僚属议沙汰僧众，也指出当日僧尼避役逃课的性质，他说：

> 京师竞其奢淫，荣观纷于朝市，天府以之倾匮，名器为之秽黩。避役钟

---

① 《通典》卷七《食货七·历代盛衰户口》。
② 《旧唐书》卷一二四《李德裕传》。
③ 《晋书》卷七五《范宁传》。

于百里,逋逃盈于寺庙。乃至一县数千,猥成屯落,邑聚游食之群,境积不羁之众,伤治害政,尘滓佛教,彼此俱弊,实污风轨。①

## (二) 佛寺的盛多

相传后汉明帝时于洛阳雍关西立白马寺是中国建造佛寺之始,谓永平七年明帝使蔡愔赴西域求经,归以白马负经,因立白马寺。但蔡愔求经事之有无,甚成问题,②故白马寺之有无,亦当存疑。

大概中国人信佛最早的当数东汉初年的楚王英,而造寺之风到东汉末年方才渐兴起,桓帝于宫中建浮屠祠,笮融侵占广陵下邳彭城委输,大起浮屠寺,都是受当地社会环境的影响。看笮融造寺之宏伟壮丽,则佛寺之建造在当时已有几年的历史实无可疑。

吴赤乌十年康僧会去建业,江南始有佛寺,后遂转盛。北方魏时无闻,晋时造寺之风渐起,《魏书·释老志》载:

晋世洛中佛图有四十三所矣。

永嘉以后,佛寺随佛教而兴盛,国家王公权贵下至黎庶百姓皆竞造佛寺,至北魏时有寺至三万余处。《释氏通鉴》载道:

魏国家大寺四十七所,王公等寺八百四十所。百姓所造寺院三万余所。自古佛寺图塔之盛,无出于此。③

只洛阳一地有寺一千余所④。北齐时佛法亦盛,有佛寺四万余处,《广弘明集》载:

魏齐东川,佛法崇盛,见成寺庙,出四十千。⑤

---

① 《弘明集》卷一二。
② 参看梁启超:《佛教之初输入》。
③ 《释氏通鉴》卷五。
④ 《洛阳伽蓝记》。
⑤ 《广弘明集》卷一〇。

唐时佛寺亦盛,据开元年间统计:"凡天下寺,总五千三百五十八所。三千二百四十五所僧,二千一百一十三所尼。"① 到武宗会昌五年祠部检括天下寺院,大寺有四千六百,兰若四万②。南朝亦盛造佛寺,但究难与北朝比拟。南朝以梁代佛寺最盛,尚只二千八百余寺③。今依《释氏通鉴》等书把中古各朝所有佛寺数,列如下表:

| 朝代 | 寺数 |
| --- | --- |
| 西晋 | 一八〇 |
| 东晋 | 一,七六八 |
| 宋 | 一,九一三 |
| 齐 | 二,〇一五 |
| 梁 | 二,八四六 |
| 陈 | 一,二三二 |
| 北魏 | 三〇,〇〇〇 |
| 北齐 | 四〇,〇〇〇 |
| 北周 | 无统计 |
| 隋 | 四,〇〇〇 |
| 唐 | 四,六〇〇 |

北周寺数无统计,然周是魏之继朝,且在武帝灭佛前其僧尼亦达一二百万,由而推之,则其寺数当亦不在少数。

普通佛寺的大小,大概多能容僧人五十人以上。北魏世宗永平二年沙门统惠深奏请限造佛寺,谓"欲造寺者,限僧五十人以上,闻彻听造"④。唐傅奕估计当日僧尼势力,也以大寺僧二百,小寺僧一百作约数。⑤ 但最大的佛寺,有能容僧至万人以上的。如桓冲所造之寺,《佛祖统纪》载:

---

① 《唐六典》卷四。
② 《旧唐书》卷一八上《武宗纪》。
③ 《辩证录》。
④ 《魏书》卷一一四《释老志》。
⑤ 《广弘明集》卷七。

（太元）二十年，荆州牧桓冲命昙翼法师渡江造东西二寺。自晋、宋、齐、梁、陈氏常及万僧。隋初名僧三千五百，当途讲说者五十三人，别院大小十所，般舟方等二院，夏别千人，寺屋各及万间。①

国家人民兴造佛寺，皆竞尚高广华丽，费财竭产在所不计。北魏文帝延兴二年诏：

内外之人，兴建福业，造立图寺，高敞显博，亦足以辉隆至教矣，然无知之徒，各相高尚，贫富相竞，费竭财产，务存高广。②

《洛阳伽蓝记·序》说：

逮皇魏受图，光宅嵩洛，笃信弥繁，法教愈盛。王侯贵臣，弃象马如脱屣，庶士豪家，舍资财若遗迹，于是招提栉比，宝塔骈罗。争写天上之姿，竞摹山中之影，金刹与灵台比高，广殿共阿房等壮。

唐武则天时狄仁杰上疏说：

今之伽蓝，制过宫阙。穷奢极壮，画绘尽工。宝珠殚于缀饰，瓌材竭于轮奂。③

中宗时盛兴佛寺，百姓劳弊，帑藏为之空竭，韦嗣立上疏说：

臣窃见比者营造寺观，其数极多，皆务宏博，竞崇瓌丽。大则费一二十万，小则尚用三五万余，略计都用资财，动至千万已上。④

---

① 《佛祖统纪》卷三六。
② 《魏书》卷一一四《释老志》。
③ 《旧唐书》卷八九《狄仁杰传》。
④ 《唐会要》卷四八。

辛替否也说：

> 今天下之寺，盖无其数，一寺当陛下一宫，壮丽之甚矣！用度过之矣！有十分天下之财，而佛有七八，陛下何有之矣！①

历朝佛寺之壮伟华丽，读此几段记载，可以想见。现在再举北魏灵太后时所造之永宁寺作个实例，《洛阳伽蓝记》载：

> 永宁寺，熙平元年灵太后胡氏所立。中有九层浮图一所，架木为之，高九十丈，有刹复高十丈，合去地一千尺。去京师百里遥已见之。刹上有金宝瓶，容二十五石。宝瓶下有承露金盘三十重，周匝皆垂金铎，浮图有九级，角角皆悬金铎，合上下有一百二十铎。浮图有四面，面有三户六窗，户皆金漆，扉上有五行金铃，合有五千四百枚。僧房楼观一千余间，雕梁粉壁，青璅绮疏，难得而言。波斯国胡人言：此寺精丽，遍阎浮所无也。

## （三）财富之增长及大土地的占有

寺院不但在佛寺及僧尼的数量上发达，而财富的积蓄也日渐增长，不久的时间，寺院便成为社会上雄厚财富所有者之一。寺院的财富，有下面几种来源：

1. 国家的赐予　有寺必有僧，有僧便必有其生活费。国家兴造佛寺便多随之赐予一部资财或田产，以供主持僧尼的生活费用，如北魏孝文帝时：

> 释道臻傅通经义，魏文帝尊为师傅。于京立大中兴寺，尊为魏国大统。臻乃大立科条，佛法由是载兴。后大乘陟岵相次而立。又于昆池置中兴寺庄，池之内外稻田百顷，并以给之。②

梁武帝造大爱敬寺，赐田八十顷，《梁书》载其事：

---

① 《旧唐书》卷一○一《辛替否传》。
② 《释氏通鉴》卷五。

> 高祖于钟山造大爱敬寺,骞(王骞)旧墅在寺侧,有良田八十余顷,即晋丞相导之赐田也。高祖遣主书宣旨就骞求市,欲以施寺。骞答旨云:"此田不卖,若是敕取,所不敢言。"酬对又脱落。高祖怒,遂付市评田价,以值逼还之。①

梁武帝又于阿育王寺设无遮大会:

> 所设金银供俱等物,并留寺供养,并施钱一千万为寺基业。②

隋文帝时:

> 诏于诸州名山之下各置僧寺一所,并赐田庄。③

2. 社会人士的捐施 社会人士的捐施是寺院财产最大的一个来源。中古时代,是佛教思想支配下的时代,佛家轮回之说,地狱世界之说,深深地攫取了一般人民的信心。但寺院并不以获得人民的信心为满足,他还要进而获得一般人的财产。寺院利用人们对地狱轮回的信心,作为吸收财富的手段。宣传凡能捐产寺院的便能赎回罪孽,买得冥界的幸福,使死后灵魂得到快乐。

寺院这种宣传马上得到成功。一般王公官僚地主等社会上层阶级于极度地享受奢侈生活以后,于是感到死的问题,感到死的恐惧,感到死的悲哀,于是为求死后的幸福,死后的快乐,或者为了赎生前的罪孽,遂以其财产捐施寺院了。在史书上我们看到不少的中古人氏,崇信佛教,捐产寺院的事。如晋之何充"性好释典,崇修佛寺,供给沙门以百数,糜费巨亿而不吝"④。又梁之张孝秀"去职归山,居于东林寺,有田数十顷,部曲数百人,率以力田尽供山众,远近归慕,赴者如市"⑤。又梁之到溉以生平所得俸禄,皆供施蒋山二寺⑥。

---

① 《梁书》卷七《皇后传》。
② 《梁书》卷五四《诸夷传·扶南国》。
③ 《释氏通鉴》卷六。
④ 《晋书》卷七七《何充传》。
⑤ 《梁书》卷五一《张孝秀传》。
⑥ 《梁书》卷四〇《到溉传》。

寺院为达到吸收财富的目的，还造出许多故事，演述死后受罪的惨苦情况，冀借以恐吓生人。《佛祖统纪》关于灭佛的北周武帝，便有这样一个故事：

开皇八年，京兆杜祈暴亡。至冥府，王审其名曰：误矣。问祈识周武帝否，答曰："曾任左武侯司法，常在殿陛。"王顾吏引至大铁屋，从窗中望一人，瘦身铁色，著铁枷锁，祈见泣曰："大家何苦？"答曰："我信卫元嵩毁灭佛法，故此受罪。……汝若还，为闻大隋天子：……我灭法受大苦，望为我作福相救。"及还，以事闻。帝乃敕天下人出一钱，为武帝追福。①

这样一来，孝子贤孙想为老子追福的，一定也来输产寺院了。

3. 侵占与勒取　人民捐施寺院，本是一种自动的行动，但等佛教思想深入人心及寺院的势力发展强大以后，捐施往往变成一种被动的行动。寺院如若选定了要谁捐施，便须捐施，不然便要获罪，必得恶报。东晋孝武帝时许荣曾上疏指出捐施变成勒捐的情形。他说：

流惑之徒，竞加敬事。又侵渔百姓，取财为惠，亦未合布施之道也。②

甚或恃势压迫小民，而侵占其田产。北魏神龟元年任城王澄上疏说：

天下州、镇僧寺亦然。侵夺细民，广占田宅，有伤慈矜，用长嗟苦。③

亦有与权贵勾结，强迫小民献财产于寺院的。如《旧唐书·马燧传》所载马燧的事：

马燧赀货甲天下，既卒，（子）畅承旧业，屡为豪幸邀取。贞元末，中尉申志廉讽畅令献田园第宅。顺宗复赐畅。……中贵人逼取，仍指使施于佛寺，畅不敢吝，晚年财产并尽。

---

① 《佛祖统纪》卷三九。
② 《晋书》卷六四《会稽王道子传》。
③ 《魏书》卷一一四《释老志》。

4. 赎身钱　赎身钱虽不是寺院通常的一个财产来源，但以此寺院也确实收到一些财产。这时候寺院已许畜养寺奴，人民亦可自施身为寺奴，但已经施身之后又欲出寺者，便要纳赎身钱。梁武帝曾三次舍身同泰寺，均被其臣子赎回，前后用赎身钱至三亿万。① 北魏时裴植的母亲也有一回舍身的故事，被儿子赎回。《魏书·裴植传》载：

> 植之在瀛州也，其母年逾七十，以身为婢自施三宝，布衣麻菲手执箕帚于沙门寺洒扫。植弟瑜、粲、衍并亦奴仆之服，泣涕而从，有感道俗。诸子各以布帛数百，赎免其母。于是出家为比丘尼，入嵩山。

国家人民各方面的财富既不断地向寺院输进，寺院财产的积聚便很快地富厚起来，而且寺院不同于俗界，无分析承继之事，故寺院财富更是有积无散，日日加多。

寺院之富，我们举一个寺作例，《南齐书·萧赤斧传》载：

> 长沙寺僧业富沃，铸黄金为龙数千两埋土中，历相传付，称为下方黄铁，莫有见者。

但在寺院财产中最重要的还是土地，北朝隋唐的寺院实是大土地的所有者，与国家豪族三分天下的土地。而且寺院的土地多是地质肥沃膏腴良田。如《广弘明集》载北齐时："凡厥良沃，悉为僧有。"② 唐武则天时狄仁杰上疏："膏腴美业，倍取其多；水碾庄园，数以非少。"③

唐以前各朝寺领土地究有多少，无留下统计，已不可知。但知唐代在武宗灭佛时，收天下寺"膏腴上田千万顷"④。

---

① 《佛祖统纪》卷三七。
② 《广弘明集》卷七。
③ 《旧唐书》卷八九《狄仁杰传》。
④ 《旧唐书》卷一八《武宗纪》。万国鼎以为数千万乃数十万之误。谓："按天宝中天下田只一千四百三十万八千八百有奇，寺田决不能超过全国田亩之数，数千万当为数十万之误。"（见氏著：《中国田制史》，第215页。）

## 四、寺院的组织

(一)僧官制度

初期的寺院并没有僧官。一切僧尼都是平等的,彼此不相管辖。盖初期寺院不积常住财产,僧尼的生活只依靠于行乞斋会或施与;而且僧尼在数量上比较少,品性尚高洁,用不着有僧官管理和统辖。晋以后情形渐渐变了,寺院财产增加,渐成为一个大财产的所有者。而且僧尼众多,良莠不齐。为管理寺产及寺尼的行为,遂产生特定的职员。这一部分人的演变,逐渐成为特殊阶级,成为僧官。

中国之寺院僧官制度,创始于后秦姚兴时代。《僧史略》载:

> 及佛教东渐,汉魏之间,如网之未设其纲,如舟未下其碇。殆姚秦之世,出家者十室而半。罗什入关,赢粮裹足而至者三千。秦主敕选道契法师为僧正,僧迁为悦众,法钦、慧斌掌僧禄,给车舆吏力。僧正秩同侍中,余则差降。此土之僧官,秦契为始也。①

僧正管些什么事呢?《僧史略》答道:

> 正,政也,自正正人,克敷政令,故云也。盖以比丘无法,如马无辔勒,牛无贯绳,渐染俗风,将乖雅教,故设有德望者,以法而绳之,令归于正,故曰僧正也。此伪秦僧契为始也。②

悦众是管些什么?《僧史略》:

> 秦西域知事僧统曰羯磨陀那,译为执事,亦曰悦众,谓知其事悦其众也。③

由此知僧正是管人的,是管人的行为及教化等事的,悦众是管财产的,是

---

① 《僧史略》卷中。
② 《僧史略》卷中。
③ 《僧史略》卷中。

管寺院中一切杂务事项的。

僧官制度，由姚秦而下，到南北朝时，组织逐渐完备。随俗界行政区域的划分而置设僧官，与俗官并存而自成系统，以治理寺院僧众事务。

僧官制度最高的组织是昭玄，统管全国僧务。其置始于北魏。《魏书·释老志》载道：

> 先是，立监福曹，又改为昭玄，备有官属，以断僧务。

北齐时仍之，组织规模宏大。《佛祖统纪》载：

> （文宣帝）天保二年诏置昭玄十统，以沙门法上为大统，令史员置五十余人。所部僧尼，四百余万，四万余寺，咸禀风教。

隋时尚存留，《隋书·百官志》载：

> 昭玄寺掌诸佛教，置大统一人，统一人，都维那三人。亦置功曹、主簿员，以管诸州郡县沙门曹。

昭玄中主要的僧官是统及维那。统与僧正是同性质官，北魏太祖皇始中以赵郡沙门法果为沙门统，是为沙门统之起源。维那与悦众同意。维那是华梵文的并举，维是纲维，华语；那是梵语羯磨陀那删去上三字。其名亦始用于北魏①，沙门统是正职，维那是副职，《僧史略》载：

> 魏世更名僧统以为正员，置沙门都以分副翼，则都维那是也。②

又载：

---

① 《僧史略》卷中。
② 《僧史略》卷中。

齐（北齐）则以法上为昭玄统，法顺为沙门都，然都者虽以统辖之名，而降统一等也。①

又载：

> 及隋统一，还准北朝，用统为正，以都为副。②
> 僧尼有法律上的特权，僧尼犯法归昭玄判审。北魏宣武帝永平元年诏说：
> 缁素既殊，法律亦异。故道教彰于互显，禁劝各有所宜。自今已后，众僧犯杀人以上罪者，仍以俗断，余犯悉付昭玄，以内律僧制治之。③

各县郡州镇各设统及维那，以管理其区域内的僧务。僧官是有一定的报偿的，如姚秦时僧正食侍中秩，余官差降。而且寺院既有雄厚的财产，僧官管理之，不啻自己的私财，僧官遂成了肥位，为一般僧尼所觊觎。北魏末，四方乱起，国家府库空虚，政府遂鬻卖僧官以求充用。《魏书·食货志》载：

> 诸沙门有输粟四千石入京仓者，授本州统。若无本州者授大州都。若不入京仓，入外州郡仓者，三千石，畿郡都统，依州格。若输五百石入京仓者，授本郡维那。其无本郡者授以外郡。粟入外州郡仓七百石者，京仓三百石者，授县维那。

这样完备的僧官组织实是对国家统治权的一种分割。其最高机关（昭玄）虽仍属于俗世中央政府，而其内部则具有完整的自体系统，管理与俗界政府不同范围的几百万的僧众生活，宛似国家内的国家。近来不少的学者说中国没有宗教，更说中国没有宗教教会的组织，他真是没有读过中国的历史了。

---

① 《僧史略》卷中。
② 《僧史略》卷中。
③ 《魏书》卷一一四《释老志》。

南朝也有僧官，宋文帝以尼宝贤为京邑尼僧正①。以法和为僧主②。武帝孝建元年以慧璩为京邑都维那。大明四年以道温为都邑僧正③，又以法瑗为湘宫寺法主④。齐高帝升明元年以法持为天下僧正。建元四年以法颖为京邑僧正。武帝永明元年以长干寺玄畅、法献为僧主，分任江南北事⑤。梁武帝普通六年以法云为大僧正⑥。惟其组织系统及详情已不可知，只好从略。

唐时僧官制取消。唐初僧尼隶司宾，则天延载元年改隶祠部。玄宗开元二十四年以僧尼隶鸿胪寺，二十五年仍改隶祠部。宪宗元和二年以僧尼隶左右街功德使。武宗会昌五年改隶主客，六年仍改隶两街功德使⑦。

## （二）寺院财产制度

寺院中是两种财产制度并行着，即寺院公有财产及僧尼私有财产。入中古时期，寺院公有财产制度也随俗界财产制度而变化，名义上是公有，实是僧尼贵族一阶级所独占。

初期的寺院是行着一种消费共产的生活，那是只有寺院公产，没有僧尼私产，僧尼是不许积蓄八不净物的，即僧尼是不许有私产的，所谓八不净物，向来解说不一。依《佛祖统纪》说：

> 案律云八不净者，一田园，二种植，三谷帛，四畜人仆，五养禽兽，六钱宝，七褥釜，八象金饰床及诸重物。⑧

僧尼的生活全靠社会人士的捐施或行乞来维持，不做生产事业，社会供施所得或行乞所得，皆属之寺院公有，谓之常住物，由僧尼全体共同享用。

但魏晋以后，情形变了。寺院因有免役调的特权，人民为逃避役调多来逃

---

① 《佛祖统纪》卷三六。
② 《释氏通鉴》卷四。
③ 《佛祖统纪》卷三六。
④ 《僧史略》卷中。
⑤ 《佛祖统纪》卷三六。
⑥ 《僧史略》卷中。
⑦ 《旧唐书》卷一八《武宗纪》，《唐会要》卷四九。
⑧ 《佛祖统纪》卷四。

入寺院，落发做僧尼。一方面寺院也乐得吸收这些分子，以增殖自己的财富及势力。但这些人是为了逃避役调及影庇财产方投入寺院的，故事实上他绝不能把所有的财产都拿出来献给寺院，慢慢地慢慢地演进，于是寺院公有财产制度的精神被冲没了。

就是在经律上也渐渐有了通融，原来不能私有的八不净物现在变个说法渐可以私有，我们看北魏世宗永平二年沙门统惠深的请求，他说：

> 出家之人，不应犯法积八不净物。然经律所制，通塞有方，依律：车牛淫人不净之物，不得为己私畜。唯有老病年六十以上者，限听一乘。①

僧尼私有财产制度渐渐成立。历代君主及社会人士不少以财产施诸僧尼个人的。如北魏孝文帝之于沙门应统，岁施帛八百匹，随四时而给；又依朝官上秩，当月而施②。宋明帝时月以三万钱施道猛③。唐僧人寒山子诗所谓：

> 择僧烧好香，拣僧归供养。

更是指明社会人士供施僧尼个人的一般现象。

唐时僧尼也受田，《唐六典》载：

> 道士给田三十亩，女冠二十亩，僧尼亦如之。

玄宗时因寺领及僧有田地太多，诏加限制。办法：

> 天下寺观田，宜准法据僧尼道士合给数外，一切管收给贫下欠田丁。其寺观常住田听以僧尼道士女冠退田充。④

---

① 《魏书》卷一一四《释老志》。
② 《僧史略》卷中。
③ 《佛祖统纪》卷三六。
④ 《唐会要》卷五九。

是已完全看寺院财产及僧尼财产作两个东西了。

富足的僧尼,亦如俗人常有几百万的财产。《宋书·王僧达传》载:

> 吴郭西台寺多富沙门。僧达求需不称意,乃遣主簿顾旷率门义劫寺内沙门竺法瑶,得数百万。

又如唐时构圣善寺佛殿僧惠范,以罪没入其财,得一千三百万贯①。僧尼私产,于本人死后由寺中检收。唐德宗兴元元年敕:

> 亡僧尼财产,旧系寺中检收,送终之余,分给一众。比来因事官收,并缘扰害。今并停纳,仰三纲通知,一依律文分财法。②

寺院公有财产名义上是属于僧尼全体,由大众共同享用,僧尼个人不得作私开支,宋志磐说:

> 佛立禁戒,凡僧蓝钱谷蔬果器具屋庐田山是为十万僧众常住之物,非己可得私用。苟掩以为私,虽四钱以上,则便成为盗罪。终不免沦坠之罪。③

《佛祖统纪》上又载有两个特造的故事,以恫吓私支寺院公有财产的人。现在抄来:

> (唐高宗显庆)五年,两京胜光寺沙门孝赞亲姻往来,数以寺果啖之,未几得呕血之疾。……赞惧,即计值偿众僧,乃免。④
>
> (唐高宗仪凤)二年,国清寺僧智璥为直岁,将常住布十端与始丰县丞李意及,久之未还。璥死,作寺家奴,背有智璥字。既而丞亦死,亦作寺家

---

① 《畿辅丛书》。
② 《佛祖统纪》卷四一。
③ 《佛祖统纪》卷三九。
④ 《佛祖统纪》卷三九。

奴，背亦有李意及字。①

但寺院的生产组织是随世俗的生产组织而变化的。在南北朝及隋、唐初年，寺院亦如俗界一样，是行着庄园生产制。原是平等的僧尼，划分而为许多的等级层，有沙门贵族，有僧尼大众，及僧尼奴婢。在律文名义上虽是明示寺院常住财产属于寺中全体僧尼，实际上则是沙门贵族一阶级所独占，任其支配及享受，大部分僧众不过随着吃碗饭而已，哪里还说得上权，说得上所有。

### （三）寺院中之阶级构成

寺院是大土地的所有者，是庄园的所有者。所以在寺院领有系统下的人，亦如俗界庄园中的人间关系一样，有几等阶级层。这一点前面已一再提及，现在就要从实际方面来一个分析和叙述。

寺院中的最下层阶级是农奴及奴隶，两者担负了寺领庄园的田园劳动及寺内劳动，构成寺院的基础组织。

北魏时寺院所领有的农奴及奴隶非常多。《魏书·释老志》载文成帝时：

> 昙曜奏：平齐户及诸民有能岁输谷六十斛入僧曹者，即为僧祇户，粟为一僧祇粟。至于俭岁，赈给饥民。又请民犯重罪及官奴以为佛图户，以供诸寺扫洒，岁兼营田输粟。高宗并许之，于是僧祇户、粟及寺户遍于州镇矣。

僧祇户便是寺院的农奴，寺户便是寺院的奴隶。惟按昙曜之奏请，似僧祇户中又可分两等：一是求政府拨给的——平齐户。二是人民自动充作的——岁输粟六十斛入僧曹。平齐户是国家的农奴，自动输粟的是自由民，两者因社会阶级的原来地位不同，在寺院中的阶级关系上，其地位或亦不同。但这也只是短期的形态，自由民在自动输粟成为僧祇户后，便于自由之上加了一层约束，自由不得。农民到农奴的转化，中间原都经过这个过程——先是自动的依附求保护渐渐变成隶属的关系。

---

① 《佛祖统纪》卷三九。

向寺院输课的僧祇户，即不再向国家出租调，人民为逃国家租调多愿做僧祇户，僧祇户之能多遍州郡，即系由此原因。但寺院农奴的生活能比俗界的生活好些吗？不！这全不见得，寺院贵族不会比俗界贵族又仁慈些。不信我们看世宗永平四年尚书令高肇奏言所述僧祇户赵苟子等的生活情况，他说：

> 谨案：故沙门统昙曜昔于承明元年奏凉州军户赵苟子等二百家为僧祇户，立课积粟，拟济饥年，不限道俗，皆以拯施。又依内律，僧祇户不得别属一寺。而都维那僧暹、僧频等，进违成旨，退乖内法，肆意任情，奏求逼召，致使吁嗟之怨，盈于行路，弃子伤生，自缢溺死，五十余人。岂是仰赞明圣慈育之意，深失陛下归依之心。遂令此等行号巷哭，叫诉无所，至乃白羽贯耳，列讼宫阙。悠悠之人尚为哀痛，况慈悲之士而可安之。请听苟子等还乡课输。俭乏之年，周给贫寡。若有不虞，以拟边捍。①

寺院贵族压榨下的农奴生活，读此可知了。

寺院奴隶除国家赐予及民犯重罪划归者外，寺院能度奴隶入寺。南北朝时期，奴隶劳动是社会的基石。寺院大批的度奴隶入寺院，动及国家社会的基础，所以北魏灵太后于熙平二年便下诏禁止私度奴婢。诏曰：

> 自今奴婢悉不听出家，诸王及亲贵亦不得辄启请。有犯者，以违旨论。其僧尼辄度他人奴婢者，亦移五百里外为僧。僧尼多养亲识及他人奴婢子，年大私度为弟子，自今断之。有犯还俗，被养者归本等。②

此外尚有自舍身的奴婢，即自愿地做守院的奴婢，如前面所引北魏裴植的母亲的故事，便是一例。

寺院极盛时期所占有的奴婢数，已无统计材料，但知唐武宗灭佛时尚收有天下寺院奴婢十五万人。

寺院中的中间阶级是僧尼大众，在数量上占数最多。南北朝时几百万的僧

---

① 《魏书》卷一一四《释老志》。
② 《魏书》卷一一四《释老志》。

尼，大部分便属于这一阶级。他们的生活又依其经济情况的差异而有不同。有的负些劳心的事务，清闲的事务，如诵经赴斋等。有的便做些劳力的事务，如田园劳动及寺院洒扫等。唐时僧人寒山子诗所谓"著却福田衣，种田讨衣食"，即系指那些做田园工作的僧众。又"六时学客春，昼夜不得卧"，即系指作寺院劳动的僧众。

僧尼原来是不参加生产作业的，现以寺院的性质变化了，所以僧尼的性质也随之变化，寺院成为大土地和庄园的所有者，僧尼即成为寺院庄园所需要的劳动力。

僧众不但做些田园劳动，在商业发达后，寺院且驱策之以从事商贩的经营。北周释道安《二教论》说：

或垦植圃田，与农夫等流。或占货求财，与商民争利。①

又唐高祖《沙汰佛道诏》亦说：

自正觉迁谢，像法流行。末代陵迟，渐以亏滥。乃有狠贱之徒，规自尊高，浮情之人，苟避徭役。妄为剃落，托号出家。嗜欲无厌，营求不息。出入闾里，周旋阛阓。驱策畜产，聚积货财。耕织为生，估贩成业，事同编户，迹等齐人。②

寺院中最上层的阶级是沙门贵族。实际上，对内他们是寺院财产的所有者，受寺户寺奴及僧众的服侍和供养，过着安闲荣华的生活；对外他们又常是勾结俗世贵族，和他们站在一条线上，谋稳定社会秩序，稳定他们向农民的榨取关系。他们又常受俗世贵族及帝王的供养，于寺院财产收入及僧众服役外，又受国家农民的贡纳与服役。现在举几个例：如"太山竺僧朗有先知之异，晋、魏、燕、秦六天子降诏问，所供聘皆奇宝。南燕主钦其德，给二县租税，仍为立神通寺"③。又宋明帝时以沙门道猛风道多济，遂"月给钱

---

① 《广弘明集》卷八。
② 《广弘明集》卷二五。
③ 《释氏通鉴》卷三。

三万,令史四人,白簿吏二十人,车及步舆各一乘"①。又以僧瑾为天下僧主,赐法杖一部,亲信二十人,月给钱三万及车舆吏力。②南齐高帝时,"益州刺史傅淡言沙门玄畅建斋隆寺,感青衣神人绕山守卫,敕蠲百户,用充资给"③。又天台智觊于天台建寺,"陈宣帝以师为国望,割始丰县调以充众费,蠲两户用供薪水"④。

由上所举各例,寺院贵族的生活可以想见,与俗世贵族实无二致。

(原文发表于《中国经济》1934年第2卷第9期,本书据《中国社会史研究导论》录出。)

---

① 《佛祖统纪》卷三六。
② 《佛祖统纪》卷三六。
③ 《佛祖统纪》卷三六。
④ 《释氏通鉴》卷六。

# 唐长孺与《南朝寒人的兴起》

## 经典导读

　　唐长孺（1911—1994），江苏吴江人。1932年毕业于上海大同大学文科，后在多所中学任教。1940年任上海光华大学讲师，1942年赴湘任蓝田国立师范学院副教授，1944年受聘为迁至四川乐山的国立武汉大学副教授，1946年晋升为教授，后任武汉大学历史系主任，国家文物局古文献研究室主任，武汉大学中国三至九世纪研究所所长，中国科学院历史研究所研究员。唐长孺早年从事中国辽金元史的研究，1944年后专注魏晋南北朝隋唐史，并从事敦煌吐鲁番出土文书的整理和研究。唐长孺学术成就卓著，著有《魏晋南北朝史论丛》（1955）、《唐书兵志笺正》（1957）、《三至六世纪江南大土地所有制的发展》（1957）、《魏晋南北朝史论丛续编》（1959）、《魏晋南北朝史论拾遗》（1983）、《山居存稿》（1989）、《魏晋南北朝隋唐史三论》（1993）等。唐长孺还曾主持点校的二十四史中的北朝四史：《魏书》《周书》《北齐书》《北史》，主编《中国大百科全书·历史卷》（隋唐五代部分，1988）、《吐鲁番出土文书》（10册，1981—1990）、《敦煌吐鲁番文书初探》（1983）与《敦煌吐鲁番文书初探二编》（1990）等。2011年中华书局推出《唐长孺文集》八卷，除上述著述外，还收有《魏晋南北朝史籍举要》《山居存稿续编》《山居存稿三编》《秦汉史讲义》《魏晋南北朝史三章》《魏晋南北朝隋唐史》。

　　唐长孺治学深受著名史学家吕思勉重视社会研究、陈寅恪关注六朝隋唐时期统治集团研究的影响，对于魏晋南北朝隋唐史有着融会贯通的深入研究，是这一领域的权威学者。《魏晋南北朝史论丛》以及《魏晋南北朝史论丛续编》、《魏晋南北朝史论拾遗》皆注重统治阶级内部矛盾的研究，对于皇权、大族、寒人等错综复杂矛盾的分析鞭辟入里，开创性地探讨了许多前人未及或者悬而未决的重大问题。唐长孺的研究中士族研究占有重要地位，他被誉为中国大陆六朝士族研究的奠基人。[①]

唐长孺就魏晋之际士族的形成发表了《东汉末期的大姓名士》《士族的形成和升降》两文，前者指出构成魏晋士族的基础是东汉以来培养滋长的大姓、名士，唯有在魏晋时期显贵的家族最有资格成为士族；后者论证了魏晋时形成的士族门阀都是当时有政治地位的家族，认为东晋南朝中正品第业已固定，权势的大小在中正定品时已不像魏晋时那样重要，士庶之别已较为稳固，但是，士族内部的高低升降仍然视当时的官爵而定，如东晋南朝谢、庾、诸、萧成为第一流高门即与其权重位尊有关。联姻皇室对一些家族地位的提高也有不可忽视的作用。九品中正制保证了士族的世袭特权，对于士族和士族中高低序列基本上不决定于"冢中枯骨"，而取决于眼前的权势。

唐长孺还论述了士族制度与政策，他在《九品中正制度试释》中认为，九品中正制配合汉代门阀的发展，起到了巩固门阀制度的作用，当门阀制度业已确立并为士庶区别制造了理论依据之后，这一制度只是例行公事。他在《士人荫族权和士族队伍的扩大》中指出，晋的户调式规定按品官荫族、荫客和占田，基本精神是保证各级官僚贵族的特权，"士人子孙"的补充规定确立了士人的荫族特权，确立了士之为族，开始出现士族的名称。是凡"父、祖、伯、叔、兄弟仕州"即任州从事以下均荫及期亲之族，确立士人的条件。这一标志导致寒门地主和富裕商人为了取得免役特权，改窜户籍上的履历，以使自己的家族符合上述规定。他在《论北魏孝文帝定姓族》中指出，魏晋间士族形成后，从石赵至北魏前期，其地位仍得到承认，定士族的依据仍是魏晋旧籍。孝文帝改革重定士族，其标准是官爵高卑，突破了士族旧籍的限止，建立了新的门阀序列。孝文帝所定门阀为四等，按等级享受免役、荫族和入官权利，具有明确而具体的官爵标准和严格的等级区分。

《南朝寒人的兴起》则是唐长孺探讨南朝士族衰落的论文，他指出，南朝时期士

---

[①] 参见陈爽：《近20年中国大陆地区六朝士族研究概观》，《中国史学》[日] 第11卷（2001年10月）。

庶区别日益严格的深层原因，在于当时寒人的势力发展产生了士庶混淆的危险，这并不表示门阀势力的强大，自矜门户只是门阀士族抵御皇权和寒人侵渔的消极手段。此外，唐长孺在《读史释词：素族、寒士》中指出，东晋南朝时的素族、素门等或是与宗室相对而言，或是相对家世显贵受封爵邑者而言，而最一般的用法即士族的互称，不能释为寒门。寒士仍是士族，寒人则为庶族，二者有士庶之分。揭示了魏晋南北朝士族的发展脉络，为把握这一时期社会特征及其演进脉络作出了重要贡献。

  《南朝寒人的兴起》一文考证精当，论证严谨，反映出唐先生的敏锐与机智，受到学者们的盛赞。有学者说："《南朝寒人的兴起》一文讨论了晋宋之间士庶区别日益严格的现象。唐先生不为现象迷惑，反而发现了恰好与现象相反的事物本质。他说：'士庶区别的严格化发生在此时正因为士庶有混淆的危险，所以这里并不表示门阀势力的强大，相反的倒是由于他们害怕这种新形势足以削弱甚至消除他们长期以来引以自傲的优越地位。'此外，文中还把南朝宫廷中流行吴歌、西曲之事与寒人的兴起联系了起来，表现出作者极丰富的联想能力。"[①] 还有学者说："提起检籍，我们首先想到的自然是南朝齐初的户籍大检查。这次著名检籍的起因，是由于当时的户籍发生了极度的混乱。《南齐书·虞玩之传》称'宋元嘉二十七年（450）八条取人，孝建元年（454）书籍，众巧之所始也。'《南史·王僧孺传》引沈约的话说'宋元嘉二十七年，始以七条征发，既立此科，人奸互起，伪状巧籍，岁月滋广。'所谓'八条取人'、'七条征发'，现在已无从知其详细内容。唐长孺在《南朝寒人的兴起》一文中，征引《宋书·索虏传》载何尚之关于'发南兖州三五民丁'的议论，对此作了精要的阐释。据唐长孺的意见，在元嘉二十七年大征发时，制定了哪些人该服役、哪些人不服役的硬性标准，何尚之所谓不在征发之列的'父祖伯叔兄弟仕州居职从事，及仕北徐、兖为皇弟皇子从事，庶姓主簿，诸皇弟皇子府参军、督护、国三令以上、相府舍者'，这些人以上即为有免役权的士族。"[②]

---

① 胡保国：《读唐长孺先生论著的点滴体会》，《虚实之间》，社会科学文献出版社2011年版，第20页。
② 白寿彝总主编：《中国通史》第五卷《中古时代·三国两晋南北朝时期》，万绳南撰写的丙编典志第四章户籍制度，上海人民出版社1995年版，第671~672页。

—— 延伸阅读文献目录：

1. 唐长孺:《魏晋南北朝史论丛》,生活·读书·新知三联书店1955年版。
2. 唐长孺:《魏晋南北朝史论丛续编》,生活·读书·新知三联书店1959年版。
3. 朱绍侯:《魏晋南北朝土地制度与阶级关系》,中州古籍出版社1988年版。
4. 唐长孺:《魏晋南北朝隋唐史三论》,武汉大学出版社1993年版。
5. 蒙思明:《魏晋南北朝的社会》,上海世纪出版集团2007年版。
6. 陈啸江:《魏晋时代之"族"》,中山大学《史学专刊》1935年1卷1期。
7. 唐长孺:《门阀的形成及其衰落》,《武汉大学人文科学学报》1959年第8期。
8. 乌廷玉:《唐长孺对门阀制度的新看法》,《历史研究》1962年第6期。
9. 祝总斌:《刘裕门第考》,《北京大学学报》1982年第1期。
10. 陈勇:《刘裕与晋宋之际的寒门士族》,《历史研究》1984年第6期。
11. 祝总斌:《晋恭帝之死和刘裕的顾命大臣》,《北京大学学报》1986年第2期。
12. 郑敬高:《南朝掌机要的寒人刍议》,《华中师范大学学报》1986年第1期。
13. 郑敬高:《南朝的将门》,《华中师范大学学报》1987年第6期。
14. 张国安:《论梁代湘交广诸州豪强的兴起》,《河南师范大学学报》1989年第2期。
15. 何德章:《宋孝武帝上台与南朝寒人之得势》,《西南师范大学学报》1990年第3期。
16. 何德章:《梁陈之际的江南土豪》,《中国史研究》1991年第4期。
17. 王铿:《论南朝宋齐时期的士庶天隔》,《北京大学学报》1993年第2期。

18. 王铿：《论南朝宗齐时期的寒人典掌机要》，《北京大学学报》1995年第1期。

19. 薛军力：《刘宋初年对强藩的分割》，《天津师范大学学报》1995年第5期。

20. 陈长琦：《南朝时期幼王出镇》，《华南师范大学学报》1996年第1期。

21. 鲁力：《孝武帝诛竟陵王事与刘宋宗王镇边问题》，《武汉大学学报》2000年第6期。

22. 陈爽：《近20年中国大陆地区六朝士族研究概观》，《中国史学》[日] 第11卷（2001年10月）。

23. 韩升：《南北朝隋唐士族向城市迁徙与社会变迁》，《历史研究》2003年第4期。

24. 李磊：《晋宋之际的政局与高门士族的动向》，《华东师范大学学报》2007年第5期。

25. 朱大渭、梁满仓：《魏晋南北朝宗族组织试探》，《中国史研究》2009年第4期。

—— 原文：《南朝寒人的兴起》

# 经典原文

## 南朝寒人的兴起

唐长孺

### ■ （一）

魏、晋以后统治阶级中的门阀贵族掌握着政权。他们被认为是最高贵的等级，经济上他们通常是最大的地主，政治上则是最高级的官僚。等级的世袭性保证他们的家族乃至宗族永久保持法律规定的各项特权。他们不仅高压在人民头上，同时在严格区分士庶的原则下凡是不属于这个最高等级的人，即使处于同一阶级，在他们看来也是卑微的。门阀贵族被称为士族，此外便都是寒门或庶族。因而士庶之别一方面是阶级区分的等级形式，所有一切被压迫阶级都是庶族、寒人；另一方面又是统治阶级内部上下层的等级区分，不管是原有的地方豪强，新兴的各样地主在他们没有取得士族称号以前也只能是庶族、寒人。

等级既然具有世袭性，变动就非常困难，寒人地位的改变受着极其严格的限制。关于这一些的史例很多，我们无须多说。然而事实上在南朝历史发展过程中由于各种经济的和政治的原因，寒人地主的力量正在增长，门阀贵族的力量却日益削弱。原先基于经济上相对稳定性而确立的各种符合于门阀利益的规定也就难以维持。统治阶级上下层的实际形势和固定下来的法律地位显得不相适应。寒人中间的地主或正在向地主转变的商人，力图冲破束缚着他们的等级限制，以便开辟自己政治上的道路，更有效地保障和扩大他们的利益。

我们认为门阀的形成大体上是在汉、魏之间，而那时兴起的高门很多出于寒微。例如颍川陈氏、庾氏、阳翟褚氏，便都是出于寒微。就是东晋以来江南侨姓中最高级士族陈郡谢氏也在晋代才上升到和琅琊王并列。至于西晋期间个别寒人被提升到士人地位还不是太稀罕的事，我们在这里不再列举。总之，魏、晋期间门阀统治正在形成，一部分"新出门户"和一部分汉代高门如袁、杨诸族成为统治阶级中的最高等级，到了晋、宋之间士庶区分已经凝固，以后除了个别家族如兰陵萧氏由于两朝帝室和其他原因而成为第一流高门之外，就很少有上升的寒门获得公认的士族地位。

士庶区别在晋、宋之间似乎已成为不可逾越的鸿沟，然而那只能是表示士族集团业已感到自己所受的威胁日益严重，才以深沟高垒的办法来保护自己。

寒门上升为士族的道路被那些"旧门"所阻碍。然而寒人地主不但广泛地存在，而且其势力却正在滋长。

这些寒人地主有一些本是地方豪强，他们在地方上具有一定的势力，但不算士族。"宋书"卷九十一"孝义传"：

> "张进之，永嘉安固人也。为郡大族，少有志行。历郡五官主簿，永宁、安固二县领校尉。家世富足，经荒年，散其财救赡乡里，遂以贫罄。全济者甚多。……元嘉初，诏在所蠲其徭役。"

张进之虽是大族，富人，却仍是寒门，他的官职，当时已是寒官。这一点从以后特诏免除他徭役一事看来就可知道，因为如果是士族那就本来不服徭役，不须免除。"梁书"卷五十三良吏"沈瑀传"：

> "起为振武将军、余姚令。县大姓虞氏千余家，请谒如市，前后令长莫能绝。自瑀到，非讼所通。其有至者，悉立之阶下，以法绳之。县南又有豪族数百家，子弟纵横，递相庇荫，厚自封殖。百姓甚患之。瑀召其老者为石头仓监，少者补县僮，皆号泣道路，自是权右屏迹。瑀初至，富吏皆鲜衣美服，以自彰别。瑀怒曰：'汝等下县吏，何自拟贵人耶！'悉使著芒屩粗布，侍立终日。足有蹉跌，辄加榜棰。或曰，瑀微时，尝自至此鬻瓦器，为富人所辱，故因以报焉。由是士庶骇怨。"

按这里所述的虞氏是会稽四姓之一，沈瑀虽也加以抑制，但只是不受请托，不加礼貌而已，至于对待"县南豪族"就不一样了。这些县南豪族既能"递相庇荫"，又能"厚自封殖"，在余姚自然有不小势力。但沈瑀却可以把他们补县僮，这在当时是一种严重的徭役，显然他们还是"役门"。至于"富吏"更不必说，既为县吏，虽是富人，只能受那种待遇。"南史"卷七十一"儒林王元规传"：

>"太原晋阳人也……元规八岁而孤,兄弟三人随母依舅氏临海郡,时年十二。郡土豪刘瑱者资财巨万,欲妻以女。母以其兄弟幼弱,欲结强援。元规泣请曰:'因不失亲,古人所重,岂得苟安异壤,辄婚非类。'母感其言而止。"

这个刘瑱是土豪、富人,在临海有颇大势力,所以谓之"强援"。流移迁徙的高门太原王氏无论从经济上或者政治上在临海地方是无能为力的,然而毕竟是高门,刘家却被视为"非类",也即是非士族。关于寒人竭力企图和高门联姻的事,史实甚多①,这里没有叙述必要,所以引证这一条是在于说明地方土豪不被承认为士族的事例,但他们在本地却具有实际力量。临海还不算偏僻,至于荆、扬以外诸州郡的大姓豪门可能由于本地没有像王、谢等高门,所以在地方上地位颇高,可能享受士族特权,但就士庶区别的严格观点看来,仍然遭受到歧视。

我们说当时寒人地主广泛存在,还可以举出一些例证。"宋书"卷九十五"索虏传":

>"是岁(元嘉二十七年,即公元450年),军旅大起,王公妃主及朝士牧守各献金帛等物以助国用。下及富室小民亦有献私财至数十万者。"

这种富室小民不是商人,便是地主。同书卷八十四"邓琬传":

>"时军旅大起,国用不足,募民上米二百斛,钱五万,杂谷五百斛,同赐荒县除;上米三百斛,钱八万,杂谷千斛,同赐五品正令史满报,若欲署四品在家,亦听;上米四百斛,钱十二万,杂谷一千三百斛,同赐四品令史满报,若欲署三品在家,亦听;上米五百斛,钱十五万,杂谷一千五百斛,同赐三品令史满报,若欲署内监在家,亦听;上米七百斛,钱二十万,杂谷

---

① "文选"卷四十沈休文"奏弹王源"云:"自宋氏失御,礼教凋衰。衣冠之族,日失其序,姻娅沧杂,罔计厮庶,贩鬻祖曾,以为贾道,明目腆颜曾无愧悔。"可知宋代以来寒门以财物贿赂以联姻士族的风气甚盛。这个被弹的王源就获得聘钱五万。至于下聘钱以求婚王氏的满璋之,虽然有钱,却仍然是寒人。

二千斛，同赐荒县除，若欲署诸王国三令在家亦听。

这是明帝泰始二年（四六六年）的事①。纳资所得之官自国三令以下"都是寒官，纳资的人自然是寒人，而有力缴纳大量米谷的寒人必然是地主。同书卷九十一"孝义传"：

"徐耕、晋陵、延康人也，自令史除平原令。元嘉二十一年（444年），大旱民饥。耕诣县陈辞曰：'……今欲以千斛助官赈贷……。'诏书褒美，酬以县令。大明八年（464年），东土荒饥，东海严成、东莞王道盖各以谷五百斛助官赈贷。"

徐耕的平原令，就是由于捐谷赈灾而获得的。他原来是令史，自系寒人。同书卷八十三"宗越传"：

"武念，新野人也。本三五门出身……念为庞道符随身队主。后大府以念有健名，且家富有马，召出为将。"

"蔡那，南阳冠军人也。家素富而那兄局善接待宾客。客至无少多，皆资给之，以此为郡县所优异，蠲其调役。"

武念、蔡那都是富人，却都是役门。他们既非商人，应该是地主。"梁书"卷十"邓元起传"：

"元起至巴西，……军粮乏绝，……李膺退，率富人上军资米，俄得三万斛。"这里所说的富人也应包括地主和商人。

如上所述，南朝广泛存在着寒门地主与富有的商人。他们的法律地位是较低的。不管是地主或是商人，他们当然也在吞噬人民的剩余生产品，但是他们拥有的财富却不太稳固，繁重的徭役经常威胁他们。为了取得财富的保障，他

---

① "南史"卷三宋明帝泰始二年三月条。

们力求开辟和扩大自己的政治道路。

## （二）

在门阀统治下寒人上升的道路遭受到阻碍，但贵族们决不能把寒人完全排斥于政权组织之外。庞大的官僚机构贵族们无法由自己包办下来。九品论人虽然三品以下便成卑庶，毕竟都具有被选拔做官的资格。九品中的一条界线是上品和下品，官职上的分别则是清官和浊官。上品由清官出身一直当清官，下品除了由于特殊原因而升高其地位，便只好由浊官出身一直当浊官。

所谓清浊在汉代用以分别善恶或君子、小人①。西晋以后，清浊之分即士庶之别，官职亦以此为准，凡是士族做的官就是清官，寒人做的官则是浊官。南北朝评定门第标准是婚与宦，"宦"不是完全看他自己及其家族所任官职之高卑，重要的倒是在于所任官职特别是出身官的清浊。当时在品级高低和位望清浊之间有时不甚一致，即有品高而较浊者，也有品低而较清者，在这种情况下，通常宁可选择清官。南朝后期自梁武帝建立九品十八班制后清浊之分更为显著。"隋书"卷二十六"百官志""陈承梁，皆循其制官……而官有清浊，自十二班以上并诏授，表启不称姓，从十一班至九班礼数复为一等。又流外有七班，此是寒微人士为之，从此班者，方得进登第一班。"从十二班以上是最高级官，那都是清官，其中虽也有分别，如散骑常侍和侍中同在十二班，而常侍不如侍中②，但这是清官中的区别。流外七班之外通常被认为寒微的低级士族，以下还有所谓"三品蕴位"，"三品勋位"，那便是寒人之职。自流内第一班以上有一大段有清有浊。"百官志"又说："其官唯论清浊，从浊官则（得）微清，则胜于转"③，意思是说从浊官迁授较清之官要比陛转优越。这种例子我们可以

---

① "后汉书"卷九十一"黄琼传"称："琼复上言，复试之作将以澄洗清浊，复实虚滥，不宜改革"，所云清浊含有邪正、善恶之意。"三国""吴志"卷十二"朱据传"："是时选曹尚书暨艳疾贪污在位欲沙汰之。据以为天下未定，宜以功复过，弃瑕取用。举清厉浊，足以沮劝。"也还是此意。
② "宋书"卷八十四"孔觊传"："初晋世散骑常侍选望甚重，与侍中不异。其后职任闲散，用人渐轻。"
③ 上则字当为得字之误。"通典"卷三十八作"从浊得官微清，则胜于转"，可证。

找到不少，"百官志"称："今仆子起家秘书郎，若员满，亦为版法曹，虽高半阶，望终秘书郎下。"①也是说版法曹官阶虽比秘书郎高，而位望却在下。"百官志"所述虽是梁、陈之制，就清浊区分而言，则东晋南朝大体上也一样。关于南朝清浊官问题近人已有详细考证，在这里我不想多谈，只是从这些官职区别中我们却可以看出关于士庶在政权组织中的一些问题。

官制中清浊两途之分怎样产生的呢？首先自然由于士庶等级的严格划分，那么根据什么把某些官划为清官，某些官划为浊官呢？"晋书"卷八十四"阎瓒传"："国子祭酒邹湛以瓒才堪佐著，荐于秘书监华峤。峤曰：'此职时廪重，贵势多争之，不暇求其才'，遂不能用。"大概所谓清官本是在于多由高门为之而清，高门所以多为此种官职，则是由于"职闲廪重"，不仅秘署为然。虽然南朝从来没有在各种官职上标明清浊②，根据记载我们可以相信这样。当时秘书省官属，东宫官属都是出身官中的第一等清官③，职务是很优闲的。其次则是王国公府参佐。"隋书"卷二十四"百官志"称："诸王公参佐等官仍为清浊，或有选司补用，亦有府牒即授者，不拘年限，去留随意。在府之日，唯宾余宴赏，时复修参，更无余事。若随府王在州，其僚佐等，或亦得预催督，若其驱使，便有职务。其衣冠子弟多有修立，非气类者唯利是求。"此类官职士庶皆得为之，所以说"仍为清浊"。充当这类官的人平时没有职事，优游宴赏，但如果随所属之王出镇，那么可能要被"驱使"，有了职务，也正为如此，所以要用一部分寒人，所谓"非气类者"。大概"仍为清浊"是和可能有职务驱使相关的。王府参佐虽兼清浊，但较之尚书郎为优④，可能由于尚书郎职务较繁，

---

① "通典"卷三十一陈制下注作，"虽高半阶，资给秘书郎下。"
② 北魏似乎有明确规定，"魏书"卷七十七"辛雄传"称雄上疏，"请上等郡县为第朝一清，中等为第二清，下等为第三清"。又卷八十八"明亮传"称"延昌中，世宗临堂，亲自黜涉，授亮勇武将军。亮曰：'臣本官常侍是第三清，今授臣勇武，其号至浊，且文武又殊，且更改授'。"以后唐代且把清官一一列举，见"旧唐书"卷四十二"职官志"。盖因北朝之制。但唐代清浊已和门第无关了。
③ 秘书官属最清，历见于"宋书"卷六十四"何承天传"卷八十"萧惠开传"，"梁书"卷三十三"张率传"，"刘孝绰传"，卷三十四"张缅附弟瓒传"。东宫官属为清选见"梁书"卷五十九"庾于陵传"，"全晋文"卷十六"齐王攸与涛书"。
④ "晋书"卷七十六"王彪之传"。"从伯导谓曰：'选官欲以汝为尚书郎，汝幸可作诸王佐邪'。"可知诸王佐优于尚书郎。

又有棰罚之故①。至于吏部郎独为清重，则因品第人伦，铨衡之职传统上一直重视，而且辨别士庶清浊正为吏部选举标准，在这一点上士族高门决不能放松。然而我们必须说明，史籍所载关于任官清浊的事大体上只是清官中的区别，如所谓"甲族不居台郎②"，"甲族不居宪台③"，也只指甲族而言，稍次的士族获得尚书郎、治书御史仍然是清选④。至于真正的只寒人专任之官如不入流的三品蕴位、三品勋位诸官以及入流的诸卿官属少府丞、大市令之类和较高级的令史，那是士族决不干的。大体上清官都不是繁剧之职，他们或是文学侍从之臣，或是议论而不治事。清浊虽然由于习惯，而习惯的养成显然有关于优闲与繁剧的选择，优闲而不负实际责任的为清，办理庶政者较次以至于浊。这样一种区别本来是官僚制度中习见之事，但在这里恰好说明门阀贵族之腐朽，实际工作既由寒人来办，权力自然要转入寒人手中。"颜氏家训"卷四"涉务篇"：

"晋朝南渡，优假士族，故江南冠带有才干者擢为令仆已下，尚书郎、中书舍人已上，典掌机要。其余文义之士，多迂诞浮华，不涉世务。纤微过失又惜行捶楚，所以处于清高，盖护其短也。至于台阁令史、主书、监帅，诸王签省，并晓习吏用，济办事须。纵有小人之态，皆可鞭杖肃督，故多见委使，盖用其长也。人每不自量，举世怨梁武帝父子爱小人而疏士大夫，此亦眼不能见其睫耳。"

颜之推所云冠带有才干者所任的尚书郎已非甲族所居，至于中书舍人梁代虽亦

---

① "南齐书"卷三十九"陆澄传"："为尚书殿中郎，……郎官旧有坐杖，有名无实。澄在官积前后罚，一日拜受千杖。"
② "晋书"卷七十五"王坦之传"和"王国宝传"。"宋书"卷五十九"江智渊传"。"梁书"卷三十三"王筠传"。
③ "南齐书"卷三十三"王僧虔传"，"梁书"卷五十"谢几卿传"。
④ "梁书"卷三十四"张缅传"称："殿中郎阙。高祖谓徐勉曰：'此曹旧用文学，且居鹓行之首，宜详择其人'。勉举缅充选。"可知其任不轻。又卷二十七"到洽传"说他兄弟二人皆曾为殿中郎，"时人荣之"。到氏是将家，得此已是莫大荣幸了。至于御史中丞或治书侍御史既然琅琊王氏分枝居乌衣者为之，当然亦是清官。但殿中侍御史、南台御史却甚轻，"南史"卷七十七"恩幸传"中很多寒人曾任此职，可知为寒官。

兼用士人，而宋、齐以来以此职专权的却都是寒人①，史籍所载恩幸或幸臣传中人物几乎都任此职。由此可见颜之推所称"有才干者"所任之职反不如"不涉世务"者之清。"太平御览"卷三百十五引"山公启事"称："旧选尚书郎极清望，号称大臣之副，州取尤者以应"，在西晋时非常重视此官，但东晋已经降低，降低原因就是必须有才干者任之，而有才干人却在甲族中产生不出，或者说不屑于有才干。他们是"贵仕素资，皆由门庆，平流进取，坐至公卿"②，因而反视有能力办事，以至立功升迁为耻。"南齐书"卷三十二"张岱传"说皇帝因其弟张恕有功，要以恕为晋陵郡太守，张岱的答复是"若以家贫赐禄，臣所不辞，以功推事，臣门之耻"，可以代表那些门阀贵族的意见。"陈书"卷六"后主纪"末史臣论曰：

"自魏正始、晋中朝以来贵人虽有识治者，皆以文学相处，罕关庶务，朝章大典，罕参议焉。文案簿领，咸委小吏，浸以成俗，讫至于陈后主，因循未遑改革，故施文庆、沈客卿之徒专掌军国要务，奸黠左道，以褒刻为功，自取身荣，不存国家。"

"陈书"作者姚思廉把陈亡归咎于寒人执政，只能代表门阀的意见，至于所论贵人不问庶务，小吏由文案簿领之任以至专掌军国要务的过程是正确的。

## （三）

由于门阀贵族的腐朽，也由于寒人队伍的增强，南朝的实际政权正在转入寒人手中。然而我们不能过分夸大寒人的力量。不论是寒门地主或是商人（他们的发展前途也是地主）在这时期还只能处于卑微的地位，但他们却是统治阶级的一部分。他们自己不能作为一种独立的力量来和上层统治集团（包括皇

---

① "宋书"卷四十"百官志"中书舍人一人，中书通事舍人四人，似乎是两官并置，其实东晋以来已合通事和舍人为一。"南齐书"卷十六"百官志"便只有通事舍人而无舍人。至梁乃去通事，单称舍人（"通典"卷二十一）。颜之推所说的舍人，实即宋、齐之通事舍人。
② "南齐书"卷二十三"褚渊王俭传"论。

室和门阀贵族）斗争，他们不但经常利用皇室和门阀贵族间矛盾来从中获取利益，而且他们还不得不依靠皇室和贵族官僚的保护和提拔。

当时在上层统治者的周围聚集了不少寒人，所谓"门生"或"左右"，很多便是力图摆脱徭役和求得官职的寒门地主和商人。他们成为一种特殊的依附者。

门生本来就是门下的生徒。东汉以来门生和师门具有极其密切的关系。大致门生受师之汲引，其师死后的"恩恤"也常常及于门生；如果其师得罪，门生也连带受罚，其地位常和父兄子弟宗族、故吏列在一起①。就在此时，有些号称门生者已只是依附者的假称，并非真正有学业传授方面的关系。顾炎武"日知录"卷二十四门生条便曾指出外戚窦宪、宦官王甫都有门生，顾氏问道："宪外戚、甫阉人也，安得有传授之门生乎？"显然，像这一类门生乃是投身豪门的依附者。关于门生的地位，"日知录"钱大昕"廿二史考异"，郝懿行"晋宋书故"，赵翼"陔余丛考"都有考证，在这里我不想赘述。总之南朝时期的门生相当于随从，但通过主人的关系，也可以获得官职。

门生的地位虽低，然而充当门生的有不少富人。"宋书"卷七十一"徐湛之传"：

"门生千余人皆三吴富人之子，资质端研，衣服鲜丽。每出入行游，途巷盈满，泥雨日悉以后车载之。"

这些三吴富人自然是商人和地主，而尤以商人为多。"宋书"卷四十六"张邵附子畅传"云："畅遣门生荀僧宝下郡，因颜竣陈义宣衅状。僧宝有私货，止巴陵，不时下"，这个门生就是依托官僚以经营商业的。有一些例证虽然不称为门生，但门生本人又叫做"白从""力人"②，所以随从和门生性质没有太大不同。"隋书"卷二十四"食货志"："都下人多为诸王公贵人左右、佃客、典

---

① "后汉书"卷九十六"陈蕃传"，蕃得罪后"宗族、门生、故吏皆斥免禁锢"。卷九十七"党锢李膺传"："诣诏狱考死，妻子徙边，门生、故吏及其父兄皆被禁锢"。"后汉纪"卷二十四灵帝熹平四年（175年）闰五月称："于时申党人之禁，父兄子弟、门生、故吏皆免官禁锢"。

② "日知录"卷二十四门生条。"廿二史考异"卷七王弘奏弹谢灵运条。

计、衣食客之类，皆无课役"。这里所谓"左右"也是一种随从①。"南齐书"卷五十六"幸臣传"：

"茹法亮，吴兴武康人也。宋大明中出身为小史，历斋干、扶持。孝武末年作酒法，鞭罚过差。校猎江右，选白衣左右百八十人，皆面首富室。从至南州，得鞭者过半。法亮忧惧，因缘启出家，得为道人。"

所谓斋干、扶持也就是左右，其身份亦即门生之类，宋孝武帝从他们中间选择的白衣左右都是长得漂亮的富室，茹法亮是其中之一。白衣左右亦即白从，只是皇帝的随从而已。这些富室大概以商人为多，可能也有寒门地主。"隋书"卷七十五"儒林何妥传"："妥字栖凤，西域人也。父细胡……事梁武帝王纪，主知金帛，因致巨富，号为西州大贾"，主金帛大致相当于"典计"。这是明白标出为西域商人的。

根据上述例证，可以说明南朝王公贵人的左右或门生很多是富人。他们屈身当这种有似僮仆的职务，不但没有受主人的钱，相反的，他们还要献纳钱物给主人。"日知录"卷二十四引"宋书""颜竣传"，"梁书""顾协传"，"南史""姚察传"证明"其初至皆入钱为之"是正确的。出钱物以充当贱役，自然有它的原因。首先是逃避课役，这一点"隋书""食货志"已经说清楚了。其二是商人获得贵族官僚的保护以后，可以避免各方面的阻碍以便进行商业活动。他们假借为主人经商之名来夹带私货。按照南朝法律军人、士人可以不纳商税，"南史"卷七十七"恩幸沈客卿传"称："以旧制军人、士人二品清官并无关市之税"，商人的货物和主人的夹在一起，甚至冒充主人的东西就可以自由通过重重的征税网，这显然是非常有利的。上述荀僧宝就是一个例子。何妥的父亲因为得到武陵王的信任而大发其财。"南史"卷五十三"武陵王纪传"说他"在蜀十七年，南开宁州、越巂，南通资陵、吐谷浑，内修耕桑盐铁之功，外通商贾远方之利"，何妥的父亲在其间起了一定作用。我们知道南朝贵

---

① "晋书"卷一百"祖约传"云："颍川人陈光率其属攻之，约左右阎秃貌类约，光谓为约而擒之。""世说新语考异"祖士少道王右军条注引王隐"晋书"云："约佃客阎秀（一作秃）亦老白鬃，谓之约，便斫腰断"。可知左右和佃客可以互称，由佃客中间选出随从也是很自然的。

族官僚一般都兼营商业，收纳商人作门生是双方有利的事①。

聚集在上层统治者周围的寒人经常在各方面影响着他们的"恩主"，特别是对于皇室的影响。"晋书"卷六十四"会稽王道子传"，称左卫领营将军许荣上疏称：

> "今台府局吏、直卫武官及仆隶婢儿取母之姓者本臧获之徒，无乡邑品第，皆得命议，用为郡守县令，并带职在内。委事于小吏手中。"

按自宋以后，寒人掌机要之事已见于晋末，道子和他的儿子元显所持政策乃是引用寒人以排斥门阀。传称"道子使官人为酒肆，沽卖于水侧，与亲昵乘船就之，饮宴以为笑乐"，又称道子作吴语，显然是受寒人的影响②。"南史"卷一"宋少帝纪"末云："时帝于华林园为列肆，亲自酤卖，又开渎聚土以象破冈埭，与左右引船唱呼以为欢乐"。又"后废帝纪"末云："凡诸鄙事，过目则能，缎银、裁衣、作帽莫不精绝"。同书卷五"齐废帝郁林王纪"末云："帝谓豫章王妃庾氏曰：'阿婆，佛法言有福生帝王家，今见作天王，便是大罪，左右主帅动见拘执，不如市边屠酤富人百倍'"。又"废帝东昏侯纪"末云："又于苑中立店肆，模大市，日游市中，杂所货物，与宫人阉竖，共为裨贩。以潘妃为市令，自为市吏录事，将斗者就潘妃罚之。帝小有得失，潘则与仗……又开渠立埭，躬自引船，埭上设店，坐而屠肉。"司马道子与南朝这一些昏君所作之事有很多类似之处，其中之一，便是仿效市里工商的行为，这种巧合，很难说他们偶尔都有同样的嗜好，只能是宫廷中久有此种风气，而此种风习之造成就因为宫廷中长久聚集各种寒人特别是商人。"宋书""恩幸传"、"齐书""幸臣传"、"南史""恩幸传"中人物就有好几个明著为商

---

① "初学记"卷二十四引王彪之整市教云："近检校山阴市多不如法，或店肆错乱，或商贾投漏，假冒豪强之名，拥护贸易之利，凌践贫弱之人，专固要害之地。"这里说明豪强和商贾共同经营商业，并欺压贫弱的事实。

② 东晋以来士人皆不作吴语，唯对寒人则作吴语。参考前中央研究院"历史语言研究所集刊"第七本第一分陈寅恪先生"东晋南朝之吴语"。

人的①。

不但如此，南朝宫廷文学的产生及其特点多少也和上述情况相关。大家知道南朝流行的民歌所谓吴歌与西曲一般是反映城市生活而以爱情为主题的歌谣。歌谣中的男子通常是来往于长江中下游诸城市的商人、估客。南渡以后，就在北来人士中传播②，而且特别在宫廷中盛行。自宋至陈很多皇帝或皇室曾模拟此种民歌而写出一些作品。"乐府诗集"卷四十六引"古今乐录"："懊侬歌者晋石崇绿珠所作，唯丝布涩难逢一曲而已。后皆隆安初民间讹谣之曲。宋少帝更制新歌三十六曲，齐太祖常谓之中朝曲。梁天监十一年，武帝敕法云改为相思曲。"关于石崇拟作姑置不论，大抵东晋末年流行的都是民间歌谣。宋少帝是第一个拟作民歌的皇帝③，我们在上面已经提到他在宫中是酷爱商人生活的。他的侄子宋孝武帝不但自己拟作④，而且公然把那种被认为是不登大雅之堂的"淫声"作为正式的音乐。"宋书"卷十九"乐志"云：

"孝武大明中以鞞拂杂舞合之钟石，施于殿廷。顺帝升明二年尚书令王僧虔上表言之，并论三调哥曰：……大明中即以宫县合和鞞拂，节数虽会，虑乖雅体，将来知音，或讥圣世……又今之情商，实犹铜雀……十数年间，亡者将半，自顷家竞新哇，人尚谣俗，务在噍危，不顾律纪，流宕无涯，未知所极，排斥典正，崇长烦淫……故喧丑之制，日盛于廛里，风味之韵，独尽于衣冠……。"

---

① "南史"卷七十七"恩幸传"。戴法兴会稽山阴人，家贫，父硕子以贩纻为业，法兴少卖葛山阴市后为尚书仓部令史。又茹法亮为面首富室，可能是商人。又周石珍建康之厮隶也，世以贩绢为业。厮隶当即左右、门生之类。又陆验吴人，借富人郁吉卿钱米，为商贩，因致千金。这只是有明文的，其他如徐爱、刘系宗、王道隆等或有文学或习书画，并非武人，大致非商人即地主。
② "世说新语"言语篇："桓玄问羊孚，何以共重吴声？羊曰：'以其妖而浮'。"可见东晋之末吴声已经为人所共重。"太平御览"四百九十一引"晋中兴书"："王恭尝宴于司马道子室，尚书谢石为吴歌。"如前所述，司马道子是作吴语和使宫人为酒肆的人。谢石之为吴歌盖是投其所好。"晋书"卷九十一"范弘之传"议谢石谥法称石"货黩京邑，聚敛无厌"，意味着谢石从事于商业活动。
③ "宋书"卷十九"乐志"亦称"懊侬歌者，晋隆安初民间伪谣之曲，宋少帝更制新歌"。
④ "玉台新咏"卷十有宋孝武丁督护歌二首。

所谓杂舞自然是很复杂的，其中包括吴舞的白纻及若干西曲，"乐志"说"隋王诞在襄阳造襄阳乐，南平穆王为豫州造寿阳乐，荆州刺史沈攸之造西乌飞，哥曲并列于乐官。哥词多淫时，不典正。"我们当然不是说宋孝武帝施于殿庭的鞞拂杂舞尽是吴歌西曲，"宋志"所述襄阳乐等也不见得都在此时列于殿庭，只是说杂舞中包括一部分吴歌、西曲而已①。自宋孝武后皇室模拟民歌的新歌见于记载者不绝，这里无须列举。"南齐书"卷七"东昏侯纪"说他被杀之夜"在含德殿，吹笙歌作女儿子"，据"乐府诗集"卷四十七引"古今乐录"女儿子是西曲之一。举此一例已可见宫廷中流行之盛。

宫廷中流行吴歌、西曲的原因之一正是和模仿市里工商一样由于宫廷中聚集了大批"市里小人"，特别是商人。我们看吴歌、西曲在皇室中流行起于宋代，而这个时期恰恰也是寒人掌机要的开始。我想这不能说是偶合。

聚集在宫廷的寒人为了为自己开辟政治道路，皇帝为了强化自己趋于衰弱的皇权，都有必要对门阀贵族进行一些斗争。在这个目标上寒人和皇权就有可能结合起来。

我们通常说东晋南朝的皇权衰弱，这仅是相对于秦汉的说法，也是一般的估计。实际上江南从东晋后毕竟还保持一个以建康政府为首的统一的局面，而且宋、齐时期皇权还曾作有限度的强化。专制皇权的衰弱一般决定于对直接控制农民的力量，在这一点上东晋南朝显然大为低降。但是皇权绝不是甘心让步，一无作为的，有些时期也曾经进行土断、检籍的办法来斗争，这种斗争往往是徒劳无功，或者取得了一些成绩，却不能巩固，但斗争本身就表示一定的力量。这种力量的基础首先在于扬州区域内交租服役的农民毕竟还不在少数。其次江南城市经济的保持和发展部分地弥补了由于丧失直接控制的农民而造成的损失，并相应地提供了各地经济联系的有利条件。东晋南朝统一局面的维持和南朝皇权的有限度恢复，这是个重要因素。

作为国家统治中心的建康有一个庞大的官僚机构，也有一支不小的禁卫军，宋、齐时期皇帝引用寒人以加强对政治和军事的控制。"南齐书"卷五十六"幸臣传"序云：

---

① "乐府诗集"卷四十八西曲引"古今乐录"辄云"旧舞十六人，梁八人"，所谓旧舞正指宋孝武后之舞。

"晋令舍人位居九品,江左置通事郎,掌司诏诰,其后郎还为侍郎,而舍人亦称通事。元帝用琅琊、刘超以谨慎居职,宋文世秋当、周纠并出寒门。孝武以来,士庶杂选。如东海鲍照世以才学知名,又用鲁郡巢尚之……及明帝世胡毋颢、阮佃夫之徒专为佞幸矣。齐初亦用久劳及以亲信,关讽表启,发署诏敕,颇涉辞翰者亦为诏文,侍郎之局,复见侵矣。建武世,诏命殆不关中书。省内舍人四人,所置四省,其下有主书令史,旧用武官,宋改文吏,人数无员,莫非左右要密。天下文簿版籍,入副其省,万机严密,有如尚书。外司领武官,有制局监,领器杖兵役,亦用寒人被恩幸者。"

由此可见,中书舍人之控制中书省,制局监之控制禁卫军是皇权和寒人结合的表现①。"宋书"卷九十四"恩幸传"序称:"孝建、泰始主威独运,官置百司,权不外假,而刑政纠杂,理难偏通,耳目所寄,事归近习",也说明皇权增强和寒人柄用的关系。此时不但中央方面如此,宋、齐时对地方也引用寒人监督军政,典签之任成为"威行州郡,权重蕃君"②的要职。关于中书舍人、典签职权之重,赵翼已有详细说明③,总之,门阀贵族虽然高踞在统治集团的顶峰,权力却实际上正在转移到寒人手中。

虽然如此,我们还必须说明。寒人地主和正在向地主转化的商人为了开辟自己的政治道路,为了巩固整个地主阶级的统治利用各种机会争取参加政治,他们的企图在一定程度上获得成功,但是他们一般是依靠贵族特别是依靠皇室以达成其目的,还没有能够摆脱从属的地位。在经济上,商人的经营商业,寒门地主的摆脱徭役还得借门阀贵族的保护,政治上也是这样;他们的进身都是受贵族、皇室的提拔。因而即使掌握政柄的部分寒人在整个统治阶级中也还不是处于最高的地位。我们可以看出,他们虽然按照当时婚宦标准业已符合于士族身份,但在门阀贵族面前还是寒人,而他们的最高愿望不是打破这种士庶等级区

---

① 制局监的权力是相当大的。"南齐书"卷五十六"吕文度传"云:"世祖即位,为制局监,……殿内军队及发遣外镇人,悉关之,甚有要势"。"南史"卷七十七"茹法亮传"称:"文度为外监,专制兵权,领军将军守虚位而已"。
② "南史"卷七十七"恩倖吕文显传"。
③ 赵翼"廿二史札记"卷八,南朝多以寒人掌机要条。卷十二齐制,典签之权太重条。

别，相反的是想挤入士族行列，乞求承认①，并且转而以之自傲，甚至同样坚持士庶区别观点。齐时严格检查户籍，惩罚假冒士族的人据说便是一个寒人吕文度的主张②。总之，这一些得志的寒人客观上他们正在逐渐排挤门阀贵族，主观上他们却正想把自己装点成贵族模样，以便获得各种特权。当然这是一般的情况，梁、陈之时确乎也有掌权寒人明显地表示其从寒人观点出发的一些言行。例如梁代权臣朱异曾说："我寒士也，遭逢以至今日，诸贵皆恃枯骨见轻，我下之则为蔑尤甚，我是以先之"③，又如陈后主所宠任的寒人沈客卿曾经建议打破南朝士族"并无关市之税"的传统特权，"不问士庶，并责关市之估"④。显然，这些例子表明宫廷寒人对于士族存在着矛盾，但这种矛盾并没有导致重要的政治改革。

## ■ （四）

晋、宋之间，士庶区别日益严格，宋、齐时已经达到僵化的程度。赵翼"陔余丛考"卷十七"六朝重氏族"条所录士大夫拒绝和寒人相接的史实大抵发生在宋、齐时。我们在上面提出寒人的进用恰也在此时，并且更多的寒人地主和正在向地主转化的商人正以各种手段挤入士族行列，以便享受特权。门阀贵族坚决反对把新兴的或假冒的士人处于自己的同一等级，他们认为必须保持原来独占的统治轨道。士庶区别的严格化发生在此时正因为士庶有混淆的危险，所以这里并不表示门阀势力的强大，相反的倒是由于他们害怕这种新形势

---

① "南史"卷三十六"江夷附曾孙敩传"："先时中书舍人纪僧真幸于武帝，稍历军校，荣表有士风，谓帝曰：'臣小人，出自本县武吏，邂逢圣时，阶荣至此，为儿婚得荀昭光女，即时无复所须，唯就陛下乞作士大夫'。帝曰：'由江敩、谢瀹，我不得措意。可自诣之'。僧真承旨诣敩。登榻坐定。敩便命左右曰：'移吾榻让客'。僧真丧气而返。告帝曰：'士大夫故非天子所命'。"就婚宦而论，僧真已合于士族标准。但必须士族承认。
② "南史"卷七十七"恩倖茹法亮传"。
③ "南史"卷六十二"朱异传"。按"梁书""南史"本传都还看不出朱异出身的卑微。但"陈书"卷二十六"徐陵传"陵为吏部尚书为书宣示有云："若问梁朝朱领军异亦为卿相，此不逾其本分邪！"可知其为寒人。
④ "南史"卷七十七"恩倖沈客卿传"。

足以削弱甚至消除他们长期以来引以自傲的优越地位。

士庶从来有别,但是怎样才算士族却缺乏明确规定。按照门阀贵族的观点是只能限于若干魏、晋旧门和个别的获得他们承认的新兴家族。但从宋代开始国家颁布了一种硬性规定以后,士族标准有定,士族的称号却反而易于获得。"南齐书"卷三十四"虞玩之传",建元二年(482年)玩之上表云:"元嘉二十七年(450年)八条取人,孝建元年(454年)书籍,众巧之所始也","南史"卷五十九"王僧孺传"称尚书令沈约云:"宋元嘉二十七年始以七条征发,既立此科,人奸互起,伪状巧籍,岁月滋广。"所谓元嘉二十七年七条或八条是施之于征役的,其内容如何,虞、沈二人却都没有讲。考此年正是宋文帝大举北伐之时。"宋书"卷九十五"索虏传",尚书左仆射何尚之参议,"发南兖州三五民丁,父祖伯叔兄弟仕州居职从事,及仕北徐、兖为皇帝、皇子从事,庶姓、主簿,诸皇弟皇子府参军、督护,国三令已上,相府舍者不在发例,其余悉倩征行。"我想这就是所谓七条或八条内容的节录。符合于上述规定的就是士族①,也就享受免予征发的特权。这是最起码的条件,至于出身秘书东宫官属其为士族便不须说了。

既然有此规定,大概以后就成为典例,孝建元年编户籍时,企图避役的人就以此为依据,增损籍状,在父祖伯叔兄弟的名下填上或改成所规定的合于免役条例的官位,就可以享受士族特权,所以说"众巧所始"。本来没有明确的士族标准这时明确了,但却替寒人开了一条方便道路,不管那些门阀贵族承认与否,只要户籍上有了根据,法律承认了他们是士族。

从元嘉二十七年之后,由于七条或八条的颁布,大量寒人利用贿赂在户籍上弄巧,这样就大大缩减了国家征役范围,因此也自宋孝武帝统治时开始直到齐代不断地在检查户籍。检籍的原则是尊重真正符合于规定的士族(其实上述那些官职很多是清浊同流,即使非属假冒也不一定为士族),同时把添注爵位的假冒者清洗出去。然而检查户籍既不是容易的事,同时又产生新的作弊机会,因而就引起了乱事。"宋书"卷八十二"沈怀文传":

---

① "梁书"卷四十九"庾杲之附叔庾荜传"云:"(邓)元起位已高,而解巾不先州官,则不为乡里所悉。文起乞上籍。出身州从事。"可知出身州从事为士族的规定直到梁代还沿用,当然其他诸条也一样。

"上（宋孝武帝）又坏诸郡士族，以充将吏，并不服役，至悉逃亡，加以严制不能禁。乃改用军法，得便斩之。莫不奔窜山湖，聚为盗贼。怀文又以为言。"

按怀文于大明三年（459年）为侍中，五年（461年）出为广陵太守，他进言应在出守之前。"建康实录"卷十三于大明五年末云①：

"是岁，始怀（坏）士族离（杂）婚者补将吏，于是民多逃亡，王役弗增而盗贼代起，侍中沈怀文谏不听。"

沈怀文出守不知在五年哪一月，但坏诸郡士族必不在岁末。这里所说的"坏诸郡士族"，如"建康实录"所云乃是专指杂婚者。其意在于否认他们的士族特权，使之服役。但在此以前由于征发徭役而引起反抗的事已经发生。"宋书"卷六"孝武帝纪"大明二年（458年）六月诏就曾说到"往因师旅，多有逋亡，或连山染逆，惧致军宪，或辞役惮劳苟免刑罚。"所谓"连山染逆"就是亡入山林，反抗徭役。当时徭役非常严重，为了避役而在户籍上弄巧的也就特别多，大概在孝建元年，书籍时所以要有一个士族的硬性标准，其目的本在于清查户籍上的士族，不料却反而变成"众巧之所始"，因此不久以后就曾加以纠正。"宋书""孝武纪"大明五年二月诏：

"近籍改新制，在所承用，殊谬实多，可普更符下，听以今为始，若先已犯制，亦同荡然。"

所谓"籍改新制"说明大明五年之前在户籍上又有一种新的办法。其内容我们完全不知道，但必然行不通，所以在五年又申明新制只"以今为始"至于"先已犯制"便不加追究了。然而又就在这一年下令把杂婚的士族作为将吏，也就

---

① "资治通鉴"卷一百二十九大明五年末云："是岁，诏士族杂婚者皆补将吏。士族多逃役逃亡，乃严为之备，捕得即斩之。往往奔窜湖山为盗贼。沈怀文谏不听。"当据裴子野"宋略"和"宋书""沈怀文传"参合写成。"建康实录"宋代部分也是据"宋略"写成，所以与"通鉴"纪年相合。"建康实录"通行本讹字极多，这里据"通鉴"改正。

是取消他们的士族特权。所以知道其杂婚，显然是和检查户籍有关。

冒称士族的人确实是太多了。所以虽然清查士族的企图常常行不通，而直至宋末，检查户籍始终未停止。当时把不予承认的冒充士族退还本地审查，叫做"却籍"。"南齐书"卷三十四"虞玩之传"，玩之表云：

> "自泰始三年（467年）至元徽四年（476年）扬州等九郡四号黄籍[①]共却七万一千余户，于今十一年矣，而所正者犹未四万。神州奥区犹或如此，江、湘诸部倍不可念。"

可知宋代一直在检查户籍。"南齐书"卷三十二"王僧虔传"。僧虔为吴兴太守，"又听民何系先等一百十家为旧门，委州检削，坐免官"，此事正在宋明帝泰始中。同书卷二十二"豫章王嶷传"："初沈攸之欲聚众，开民相告，士庶坐执役者甚众。嶷至镇，一日遣三千余人。"沈攸之在荆州聚众正在元徽中，他开民相告，把冒称的士族检出来使其服役，用以扩充武力。这种措施自然表面上是遵循当时检籍命令。从这里也可看出虞玩之所说只举扬州为例，其实其他各州也同样在检查。萧嶷在平定沈攸之后继任荆州刺史，他所放免服役的人必然很多是士族，但这种士族是由"开民相告"而服役的，也即是沈攸之所不承认的被举发的冒称的士族。

虞玩之所说被却的有问题的人户扬州九郡达到七万一千余户之多，其数字是骇人的。他说至今十一年中改正的不到四万。十一年如自建元二年（480年）上推应为宋元徽六年（470年）；与泰始三年，元徽四年均不合，恐有误。我们看"宋书"卷三十五"州郡志"扬州领户一十四万三千二百九十六，有问题的占上一半，已改正的有三分之一，可知其严重。我们当然不是说所有被却籍的人都是借冒充士族为手段以取得免役权利，照虞玩之所说还有列于勋簿即

---

[①] 黄籍、白籍的区别很不容易明确，但自宋后，似乎只有黄籍。参观"三至六世纪江南大土地所有制的发展"第92页注。

因军功而取得勋位的人和诸将所领部曲之类,以及诈为入道等各种办法①,但假冒士族是主要手段之一,大量寒人合法的或不合法的取得了法律上的士族地位。

齐代一开始就注意这个问题,萧道成即位的第二年就采取了虞玩之的建议,进行检查户籍。"虞玩之传"说:"上省玩之表,纳之。乃别置版籍官,置令史,限人一日得数巧,以防懈怠。于是货赂因缘,籍注虽正,犹强推却,以充程限。"户籍上的弊端反而更为严重。

建元二年的检籍继续到永明三年(485年)导致了一次唐寓之领导的起义。"南齐书"卷四十四"沈文季传":

"是时连年检籍,百姓怨望。富阳人唐寓之侨居桐庐,父祖相传,图墓为业。……(永明)三年多,唐寓之聚众四百人于新城……是春,寓之于钱唐僭号。……钱塘富人柯隆为尚书仆射,中书舍人,领太官令,献铤数千口,为寓之作仗,加领尚方令。"

唐寓之所领导的起义还是农民起义性质②,其原因由于检籍,其目的则是为了反抗徭役压迫。正因为检籍所及的范围很广,因而参加起义的群众中也包括了象柯隆那样的富人。柯隆显然是寒门,他所受的官职是奇怪的,中书书人领太史令、尚方令乃是当时寒人权要之职,同时却又被任为位望、品级与其兼官很不相称的尚书仆射。这里正反映了寒人的要求。他们熟习于自己这个等级所能达到的最高职位,不想放弃,但又想挤上士族所独占的高级官位,于是只好不相称地兼任。柯隆是富人,他不惜献出财富来参加起义,大概就因为他在检籍中受到损失。可能就是被却籍的人。"南史"卷七十七"恩幸茹法亮传":

"(吕文度)又启上籍被却者悉充远戍,百姓嗟怨,或逃亡避咎。富阳人唐寓之目此聚党为乱,鼓行而东,乃于钱塘县僭号。……三吴却籍者奔之,

---

① "南齐书"卷三十四"虞玩之传"玩之上表有云:"生不长发,便谓为道,填街溢巷,是为皆然。或抱子并居,竟不编户。迁徙去来公违土断。属役无满,流亡不归,宁丧终身,疾病长卧",这许多诈称僧人,不编户籍,服役永远不住满期,因丧和疾病都长期不销假之类都是户籍上取得免役权利的办法。

② 唐寓之起义应该有不少手工业者参加。参观本书"魏晋至唐的官府作场及工匠"。

众至三万。窃称吴国，伪年兴平。其乱始于虞玩之而成于文度。"

却籍者包括不同阶级、阶层的人，而其中一部分是寒门地主和商人，作为基本群众的则是逃亡农民，手工业者。检籍不但招致了人民群众的反抗，同时也使部分寒门地主、商人和士族的矛盾尖锐化。

唐寓之领导的起义，在下一年就给镇压了，检籍仍然进行。然而效果看来很微细。"南齐书"卷四十六"陆慧晓附顾宪之传"，宪之议曰：

"山阴一县，课户二万，其民资不满三千者，殆将居半。刻又刻之犹且三分余一。凡有资者，多是士人复除，其贫极者悉皆露户役民，三五属官，盖惟分定，百端轮调，又则常然。比众局检校，首尾寻续，横相质累者亦复不少……是以前检未穷，后巧益滋，网辟徒峻，犹不能悛。窃寻民之多伪，实由宋季军役繁兴，赋役殷重，不堪勤剧，倚巧祈优，积习生常，遂迷忘反。……化宜以渐，不可疾责。"

顾宪之上议在永明六年（488年）那时检籍还在进行。从宪之议中可以看出山阴县士人之多，获得复除权利的有资士人多到几乎达到户口的半数。山阴为侨居士族聚居之地，可能多一些，但如此之多，显然包括许多获得士族称号的寒门地主和商人。检籍进行了好几年，清洗非士族而冒称士族的意图至少在山阴县没有实现。其次，检查出一批，并不能阻止又有一批在户籍上弄巧，所谓"前检未穷，后巧复滋"，寒人为了逃避徭役，并不管严厉的刑法。所以顾宪之建议要"化宜以渐，不可疾责"。本传上说齐武帝是采纳他的意见的。人民的起义和检籍之无效（无效也是斗争的结果）终于迫使皇帝宣布让步，而寒门地主和商人却利用了人民的起义使自己获得利益。"虞玩之传"称：

"至世祖永明八年（490年），谪巧者戍缘淮各十年。百姓怨望。世祖乃诏曰：'夫简贵贱，辨尊卑者莫不取信于黄籍。岂有假器滥荣，窃服非分，故所以澄革虚妄，式久旧章，然蠹起前代，过非近失，既往之愆，不足追究。自宋升明以前，皆听复注。其有谪役边疆，各许还本。此后有犯，严加剪治'。"

齐武帝乘镇压起义之后，想要严厉一下，然而在"百姓怨望"的情况下，看来又会导致反抗，于是只好宣布完全恢复宋末户籍所注的原状，"悉听复注"，这就是说建元二年以来十余年的"却籍"完全无效。至于在这次检籍中产生的"新巧"怎样，当然一并不究，诏书最后说得很清楚，只有"此后有犯"才"严加剪除"。

自宋代孝建元年（454年）至齐永明八年（490年），三十六年来的检籍终于失败了。许多寒门地主商人公然变成了士族。"通典"卷三所载沈约在梁代所上议把这段经过说得最清楚。他说：

"宋元嘉二十七年始以七条征发，既立此科，苟有畏避，奸伪互起，岁月滋广，以至于齐。于是东堂校籍，置郎令史以掌之，而符籍以此大坏矣。凡粗有衣食者莫不互相因依，竞行奸货，落除卑注，更书新籍，通官荣爵，随意高下，以新换故，不过用一万许钱。昨日卑微，今日仕伍……假令兄弟三人，分为三籍，却一籍父祖官，其二初不被却，同堂从祖以下，固自不论，诸如此例，难可悉数。或有应却而不却，不须却而却。所却既多，理无悉当，怀冤抱屈，非止百千，投辞请诉，充曹牣府，既难领理，更兴人怨。于是悉听复注，普停洗却。既蒙复注，则莫不成官。此盖核籍不精之巨弊也。臣谓宋、齐二代，士庶不分，杂役减却，职由于此。……臣又以为巧伪既多，并称人士，百役不及，高卧私门，致令公私缺乏，是事不举。宜选史传学士，谙究流品者为左人郎，左人尚书专共校勘。所贵卑姓杂谱，以晋籍及宋永初、景平籍在下省者对共雠校。若谱注通籍，有卑杂则条其巧谬，下在所科罚。"

我们应该注意沈约所说冒称士族者起码是粗有衣食的人。他们要达到偷改黄籍目的，需要纳贿一万许钱，这个数字自然不大，但照"顾宪之传"所说山阴县半数户口是资不满三千的，那么能够一次拿出一万许钱的人自然是较富裕的，其中绝大多数应是地主和商人。这一些人的士族称号在永明八年获得国家承认，所谓"既蒙复注，则莫不成官"。士庶区别至少在户籍上是在消除，所以沈约要说"宋、齐二代，士庶不分"。当宋、齐二代的门阀贵族如王球、江斅之流傲慢地不接待寒人之际，却也正是大量寒人挤入士族，以至士庶不分之时，这是非常明显的。也正因为如此，徭役征发范围就越来越缩小[①]。沈约的建议还是要检查，但是他认为委托令史没有用，要请学士们先稽考家谱，然后按谱校对。梁武帝是采纳他的建议的[②]，可是梁、陈两代却从没有这样大规模检籍过。总之，寒门地主和转向地主的商人们通过宋、齐二代的长期的统治阶级内部斗争，他们获得了胜利。向来由门阀贵族独占的权利不能不对寒门地主、商人开放，虽然这并不是甘心的。

## （五）

南朝自宋以来士庶区别日益严格，同时却又是士庶之间趋于混淆；皇室和寒人在政治上构造特殊的关系，同时寒人挤入士族的结果却又严重影响国家的赋役征发。统治阶级内部矛盾的复杂关系及其变化就其倾向来说意味着一种新的妥协即将产生。这种妥协是在改变传统制度的条件下进行的。

我们认为不论其表现形式有何等差别，专制皇权自秦、汉以来一直建筑在剥削自耕农民的基础上。广大自耕农民不论是在奴隶社会或是封建社会初期都必然带有公社农民的性质，他们之遭受专制皇权的无限剥削就因为皇帝是公社之父。不管土地买卖如何地不加禁止，只要具有小块土地的农民还是国家赋役对象的坚固柱石，只要国家对于土地占有和劳动力占有还不是完全放任，那么实质上只能是属于国家土地所有制的范畴。不同社会发展阶段都可以出现国家土地所有制，问题是这个国家代表哪一阶级的利益，在阶级社会中，国家所有制实质上就是奴隶主、封建主乃至资产阶级的所有制，它和社会主义的全民所有制有着本质的不同。我们在这里必须指出其阶级属性，而没有必要把国家土地所有制的形式归之于哪一种社会所特有。人所共知，东方奴隶制的专制国家中国家土地所有制占统治地位，而许多东方封建国家也还是这样，或者继续保持了一个较长期间才发生变化。马克思关于亚细亚封建国家中地租和课税合并

---

[①] 当然还要加上人民流亡和成为部曲、佃客的私家依附者之多。
[②] "通典"卷三云："帝以是留意谱牒，诏御史中丞王僧孺改定百家谱，由是有令史、书吏之职，谱局因此而置。"又见"南史"卷六十九"王僧孺传"。

在一起的指示是人所熟知的①，在中国的古代和中古期间，固然不像印度那样长期具有完整的公社，因而封建国家所有制也不完整，但在唐代中叶以前，我想是与马克思的指示相符合的。

我们说我国的古代中古期间国家所有制的不完整，就是说公社内部私有性的滋长早已破坏了公社，农民的份地是私有化了。这就无可避免地出现土地的兼并和集中。国家并不能制止这种形势的发展，但总是力图从控制公有土地与劳动力的角度来保持国家所有制的优势。

我们知道当时的门阀贵族作为封建大土地私有者正在尽一切力量把公有土地，自由地及其劳动者划为己有，在这个意义上他们是和国有制相对立的。然而在另一方面统治阶级中的门阀贵族却必然和代表他们利益的国有土地制相互联系着的。门阀的形成是非常复杂的，就构成门阀的特殊条件来说，其中主要的一点是世禄之家，按照门阀形成不久之后所颁布的土地制度西晋占田制的内容是依据官品高低决定土地、佃客的占有额。不管他们获得土地的手段可以各种各样，有的出于皇帝的赏赐，也有的掠自农民，但是按品分配土地的制度就意味着他们合法占有的土地是从国有土地中分割出来的。其次，我们不能忽略，绝不是所有门阀贵族都是大地主，有的只有很小的土地，有的甚至没有土地。"颜氏家训""涉务篇"说，晋时南渡的"江南朝士"有的直到梁、陈之时"未有力田，悉资俸禄而食"，虽专指江南侨人，其实北方高门中也有此种情况，例如北魏孝文帝时当权的大臣陇西李冲，据说"家素清贫"，由于太后的巨额赏赐"始为富室"②，又如另一家门阀博陵崔挺在分家之后，"惟守墓田而已，家徒壁立"③。他们在未做官时已经是高门，可是并非大地主。然而只有很少土地和没有土地并不能说他们和封建土地所有制无关。因为他们是"世禄之家"，就保证他们世代相传以俸禄形式分取国库中的财物。不论其俸禄是以钱帛支付的，或是配给公田，总之，主要是掠自自耕农民的财富。由此可见，只有国家土地所有制（即使是不完整的）的存在才能保证他们合法占有土地或分取国家租调收入。因而我们完全有理由说门阀贵族是和国家土地所有制相联系的。

必须指出，当时的国家不可能不是封建地主阶级的工具，国家所有制也就

---

① 参考马克思："资本论"第三卷，人民出版社1953年版，第1032页。
② "魏书"卷五十三"李冲传"。
③ "魏书"卷五十七"崔挺传"。

是封建地主的所有制。但是门阀贵族自己却又正是国家土地所有制的积极破坏者。以破坏国家土地所有制来增殖财富的门阀贵族同时又依赖着以此为基础的等级土地分配制和获得赐田与俸禄，这就是一种矛盾。作为国家土地所有制的破坏者，他们又不能不和皇权相对立，而作为国家土地所有制的支持者，他们又不能不和不属于本集团的破坏者相对立。他们不让寒人享受和自己同样的经济和政治特权。而富有的寒人只要在经济上还得交纳租调和负担徭役，在政治上不能或者难以获得较高品位，那么其财富也就缺乏保障。这样就使门阀贵族足以排斥一切新兴的竞争者，至少是限制了他们的发展。简单地说门阀贵族一方面力图扩大自己对土地和劳动力的占有，另一方面却又企图延缓私有大土地制在更广泛的地主阶级基础上发展。

然而这些意图是决不能如心称意的。正当生产力发展，阶级关系与社会财富分配乃至社会基层组织都在发生变化的时候，门阀贵族的努力只能是徒劳。

我们知道从3世纪以后江南的生产力有显著的进步，西晋末年，由于大量北人带着先进生产技术南渡，发展更为迅速。生产力的发展通过商品经济促使公社残余进一步瓦解，从而加速了农村内部贫富分化的倾向。所谓寒人地主除了原来就有的尚未挤入士族行列的地方豪强以外，也有小部分是由农民内部分化出来的，或是由商人转变来的地主。

本来，农民份地早已经私有化，农民经济的独立性使每个家庭的发展不可能平衡。而从东晋以来，江南城市商品经济的发展，使国家对于货币的需要加增，因而对农民的课税经常折变为货币。为了获得货币以缴纳课税，农民必须把部分生产品以低廉价格出售，这就加速了多数农民的破产过程，从这里获得好处的便是商人，高利贷者，乃至参加商业和高利贷活动的地主、极少数的富裕农民。这样就不仅加深了原有的剥削者与被剥削者之间的对立，同时也加深了农民之间财富不平均的差别。绝大部分农民为了参加交换而和市场接触，大大地吃了亏，但在这个过程中，也使农民熟悉了商业，熟悉了城市。于是不少农民抛弃了土地变成商贩。"隋书"卷二十四"食货志"说南朝"人竞商贩，不为田业"，还有其他记载都说明了这种情况[①]。转化为商贩的农民之中有极少

---

[①] "宋书"卷五十六传末史臣论曰："昏作役苦故黎人去而从商，商子事逸，末业流而浸广"。"南史"卷七十《循吏郭祖深传》称："今商旅转繁，游食转众，耕夫日少，杼轴日空"。

数发了财，成为富有的商人，如上所述，也有一部分做了官，而且获得皇帝的宠任。不管怎样发了财，做了官的商人，最后他们仍然要转变为地主。封建社会中的商人地位低微，拥有的财富很不稳定，他们会感到获得土地以征收地租较之经营商业既"高尚"而又稳妥。因此不但这些当权的寒人要购置田宅，就是尚未做官的大商人至少也愿意购买土地为子孙之计。这虽然缺乏具体的事例，我们认为就当时社会经济观察也是可以推知的。

这些新兴的地主和原有的未挤入士族队伍的豪强结合在一起，寒人地主的队伍是扩大了。他们要和门阀贵族斗争，力图打破门阀独霸的统治轨辙。他们的意愿是和门阀贵族一样享有免役、免税（部分的）荫客和政治上的同等权利。和门阀的斗争有时是和皇权相结合的，但又是和皇权相矛盾的。通过斗争，自宋以后，士庶逐渐混淆，这就是说享受士族特权的人越来越多，相对缩小了作为皇权基础的赋役征发对象。向国家交纳租调的自耕土地和附着于土地的农民有更大可能流入私门，因为享有士族权利的地主越来越多，必然使承担租调力役的义务越来越重地落在农民头上，与之同时地主们向农民进攻也必然更加猖狂，这就加速了农民的破产和逃亡。在这样情况下所产生的结果，一方面是阶级矛盾的尖锐化，另一方面是动摇了专制皇权的统治基础。

统治阶级间为了谋取妥协就必须改变某些传统制度。那将是封建的国家土地所有制和门阀贵族的削弱与消除。首先是皇权不再企图维持那个业已无法维持的对于土地和劳动力的控制。这就是说让所有能够进行兼并的人们明目张胆地扩大其地产和劳动队伍。其次，如上所述，门阀贵族和封建国家土地所有制有一定的联系，国家这一部分传统权力的放弃也就是取消了门阀贵族在土地和劳动力占有方面的特权，按品分配土地、佃客的办法不但实际上久已不能施行，而且法律上也不复存在了。世禄的特权正在削弱，俸禄的意义也不像过去那样重要。我们必须认识贵族地主之为贵族并不在于他们和国家土地所有制相矛盾的一面，而在于相联系的一面。因而国家土地所有制的衰落过程也就是贵族衰落的过程。剩下来的便只有"地主"，贵族和寒人的区别不大了。在土地所有制上贵族、寒人既然没有区别对待，那么在政治上统治阶级间士庶区别也就必然消除。皇权、门阀贵族、寒人地主复杂矛盾的焦点在于封建国家土地所有制，它的衰落使新的妥协得以达成。至于国家土地所有制的终于衰落当然不是单纯的出于统治阶级间主观地谋取妥协的结果，重要的是作为它全部力量的公社残余势力在此期间已经微弱到不能抗拒外部和内部所加的压迫了。

上述的过程在南朝并没有全部走完,北方从北齐时起还刚才开始,中间还有几次反复,一直要到8世纪中所有这些变化才能稳定。以后的国家当然还是专制政体,但是皇权的基础已经不是以公社残余的存在为前提的封建国家土地所有制。专制皇权的需要乃是由于地主阶级本身摆脱了各种公社残余的牵制,同时也削弱了所能控制的力量以后为了统治和镇压人民,军事、政治权力的集中成为必要。

(原文发表于《魏晋南北朝史论丛续编》,三联书店1959年版。)

# 周一良与《敦煌写本书仪中所见的唐代婚丧礼俗》

## 经典导读

　　周一良（1913—2001），早年曾用字太初，安徽东至人，出生于山东青岛。1930年入北平燕京大学国文专修科，1931年入北平辅仁大学历史系，1932年转入燕京大学历史系。1935年毕业后入燕京大学研究院肄业一年。1936—1937年任中央研究院历史语言研究所助理员。1939年到美国哈佛大学研究院，入远东语文系，主修日本语言文学，并学梵文。留意于中国佛教史及敦煌文献，博士论文《唐代印度来华密宗三僧考》（英文）在欧美佛教史学界颇受重视，1944年获博士学位。1944—1946年任哈佛大学日语教员。1946—1947年回国任燕京大学中文系副教授，1947—1949年任清华大学外文系教授，1949—1952年转任历史系教授。1952年以后任北京大学历史系教授、系主任。周一良通晓数种外语，学贯中西，尤其在魏晋南北朝史领域用功颇深，创设亚洲各国史课程，曾任中国日本史学会名誉会长。论著有：《魏晋南北朝史论集》（1963）、《魏晋南北朝史札记》（1985）、《魏晋南北朝史论集续编》（1991）、《中日文化关系史论》（1993）、《唐代密宗》（1996）等，与吴于廑主编《世界通史》（1962）。1999年辽宁教育出版社推出《周一良集》，总计5卷，依次收入《魏晋南北朝史论》《魏晋南北朝史札记》《佛教史与敦煌学》《日本史与中外文化交流史》《杂论与杂记》。

婚丧礼俗是人生重要仪式，集中体现了社会关系与文化观念。以往的研究多从国家礼仪制度入手，唐代的《大唐开元礼》是中国礼制史上的里程碑，但是借此犹不能把握唐代民间婚丧的实态。书仪本是写信的范本，吉凶书仪则是在书札的范文之外，还包括婚丧礼俗的叙述与规定，比起礼制更加接近民间实际实行的情形。《大唐开元礼》成书以后并未广泛宣传推行，因为它主要是讲有关皇室和各级官吏的礼制，往往不适用于一般庶民，然而起到礼仪规范作用的书仪，在民间很受重视，广为流传。敦煌发现的S.1725号写本书仪残卷，即属此类型。其中以问答形式，相当仔细地讲述了婚礼和丧礼的某些细节。周一良长期研究敦煌书仪，被晚辈学者誉为"是敦煌书仪研究中难以逾越的里程碑"（史睿《敦煌吉凶书仪与东晋南朝礼俗》语）。周一良的《敦煌写本书仪中所见的唐代婚丧礼俗》（《文物》1985年7期）有力地推动了人们对唐代婚丧礼俗的认识。

关于唐代的婚姻礼俗，学术界较多关注。特别是赵守俨《唐代婚姻礼俗考略》（《文史》第三辑，1963年）细致探讨从通婚书到嫁娶时在女家和男家的各种仪节。即在婚事既定之后，由男方亲族中选择体面伶俐的青年充送婚书的函使去女方家，同时兼负解送聘礼之使命。到女家后，聘礼须陈列中廷，任人观看品评，婚书要当众朗读。女家有答婚书，可能是交函使带回。亲迎是婚礼热闹场面的开端，亲迎之前男女双方分别祭祖。然后新郎到女家迎娶，和北朝已经流行的风俗一样，要受到对方亲友的一番戏弄，叫做"下婿"，又称"弄女婿"，所谓"弄"，包括口头的调笑甚至杖打，此外较为重要的仪式有奠雁、合髻等，在新妇出堂登车前，男方照例要咏诗催妆。新妇临行，父母以"蔽膝"（可以遮膝及蒙头的大帕子）覆女之面。新娘上车后，新郎骑马绕车三匝。喜车起程前，女方乡里可以拦阻索赏，称为"障车"。关于在男家的礼节，有撒帐、同牢盘、合卺杯、却扇等。新妇成婚之夕可以任人品头论足，次日还要至堂前拜见舅姑。周一良的《敦煌写本书仪中所见的唐代婚丧礼俗》进一步论述了婚礼过程中的一些细节习俗。许多地方可与赵文互相补充。特别值得提出的是周文指出唐代有"不亲迎入室"、"就妇家成礼"，男子居住妇家的婚姻礼俗。张鷟的《游仙窟》等作品都是讲男子投到女子家中，结为夫妇。过去有人解释为反映社会中的妓女生活，作者认为也可能是男子就妇家成礼的婚俗的反映。并进一步推测敦煌写本《下女夫词》所记述的婚礼过程全都在女家，丝毫不见男子亲迎和新妇到男家交拜合卺的痕迹，也许就是上述婚俗的反映。这样周文就提出了一个重大问题，从唐代婚俗来看，当时的社会性质如何把握，后来的学者受到周一良的一定启发，在此方向上不断探索。

丧礼仪制方面，周一良认为当时死者入棺之前不拜是普遍的习俗，大约是希望死者还有复生之可能。文章详细叙述了吊丧时的吊词与答词及依死者年龄不同的称谓规定。还论述了唐代出殡时的仪节，如在柩车引发时，家属哭泣，呼号着"××奈何"之类的词句，挽郎歌《薤露》之歌，挽灵车前行。并推测唐代佛教盛行，人死后七七和小祥、大祥等场合都要营斋延僧，殡葬恐亦有僧道参加仪式。周一良的研究将唐代盛行的佛教信仰与礼俗相结合，落实到社会与生活层面，具有启发性。

—— **延伸阅读文献目录：**

1. 赵和平：《敦煌写本书仪研究》，台湾新文丰出版公司1993年版。
2. 周一良、赵和平：《唐五代书仪研究》，中国社会科学出版社1995年版。
3. 谭蝉雪：《敦煌婚姻文化》，甘肃人民出版社1993年版。
4. 段塔丽：《唐代妇女地位研究》，人民出版社2000年版。
5. 吴丽娱：《唐礼摭遗：中古书仪研究》，商务印书馆2002年版。
6. 牛志平：《唐代婚丧》，三秦出版社2011年版。
7. 吴丽娱：《终极之典——中古丧葬制度研究》，中华书局2012年版。
8. 周一良：《敦煌写本书仪考》(之一)，《敦煌吐鲁番文献研究论集》第一辑，中华书局1982年版。
9. 周一良：《敦煌写本书仪考》(之二)，《敦煌吐鲁番文献研究论集》第四辑，中华书局1987年版。
10. 周一良：《书仪源流考》，《历史研究》1990年第5期。
11. 武伯纶：《唐代的复面和胡部新声》，《文物》1962年第6期。
12. 王㸺：《复面、眼罩及其他》，《文物》1962年第7、8期。
13. 赵守俨：《唐代婚姻礼俗考略》，《文史》第三辑，中华书局1963年版。
14. 黄永年：《释敦煌写本〈杂抄〉中的"面衣"》，《敦煌学辑刊》1983年第3期。
15. 牛志平：《唐代婚姻的开放风气》，《历史研究》1987年第4期。

16. 牛志平:《唐代妒妇述论》,《人文杂志》1987年第3期。

17. 牛志平:《说唐代的"惧"内之风》,《史学月刊》1988年第2期。

18. 宁可、郝春文:《敦煌社邑的丧葬互助》,《首都师范大学学报》1995年第6期。

19. 陈弱水:《试论唐代妇女与本家的关系》,"中研院"《历史语言研究所集刊》1997年第68本第1分。

20. 董志翘:《敦煌文书词语考释》,《敦煌研究》1998年第1期。

21. 史睿:《敦煌吉凶书仪与东晋南朝礼俗》,郝春文主编:《敦煌文献研究——纪念敦煌藏经洞发现一百年国际学术研讨会论文集》,辽宁人民出版社2001年版。

22. 吴丽娱:《敦煌写本书仪中的丧服图与唐礼》,《中国社会科学院历史研究所学刊》第一集,社会科学文献出版社2001年版。

23. 吴丽娱:《从敦煌书仪的表状笺启看唐五代官场礼仪的转移变迁》,《中国社会历史评论》第3卷,中华书局2001年版。

24. 吴丽娱:《敦煌表状笺启书仪探源》,《文史》2001年3期。

25. 段塔丽:《唐代女性家庭角色及其地位》,《中国文化研究》2002年第1期。

26. 段塔丽:《唐代居住习俗与妇女地位初探》,《史学月刊》2002年第3期。

27. 段塔丽:《唐代婚姻习俗与妇女地位探析》,《陕西师范大学学报》2002年第2期。

28. 吴丽娱:《唐代婚仪的再检讨》,《燕京学报》2003年新15期。

29. 李润强:《唐代依养外亲家庭形态考察》,张国刚主编:《家庭史研究的新视野》,生活·读书·新知三联书店2004年版。

30. 段塔丽:《从夫妻合葬习俗看唐代丧葬礼俗文化中的性别等级差异》,《陕西师范大学学报》2005年第3期。

31. 金身佳:《敦煌写本葬书中的古代敦煌丧葬民俗》,《湖南科技大学学报》2006年第1期。

32. 吴丽娱:《正礼与时俗——论民间书仪与唐朝礼制的同期互动》,《敦煌吐鲁番研究》第9卷,中华书局2006年版。

33. 吴丽娱:《敦煌书仪中的奉慰表启与唐宋朝廷的凶礼慰哀》,2006年《燕京学报》新21期。

34. 张国刚:《唐代寡居妇女的生活世界》,《安徽师范大学学报》2007年第3期。

35. 吴丽娱:《唐朝的〈丧葬令〉与唐五代丧葬法式》,《文史》2007年第3辑。

36. 吴丽娱:《唐朝的〈丧葬令〉与丧葬礼》,《燕京学报》2008年新25期。

——— 原文:《敦煌写本书仪中所见的唐代婚丧礼俗》

经典原文

## 敦煌写本书仪中所见的唐代婚丧礼俗

周一良

古代所谓书仪,是写信的范本。有一种常称为吉凶书仪的,则是在书札的范文之外,还包括婚丧礼俗的叙述与规定,是书仪的几种类型之一。敦煌发现的 S.1725 号写本书仪残卷,即属此类型。其中以问答形式,相当仔细地讲述了婚礼和丧礼的某些细节。本文以这个残卷为主,结合其他写本书仪,来探讨唐代婚丧礼俗。凡只称书仪的,都指 S.1725 号写本。

### ■ (上)

唐玄宗开元二十年(732 年)修成的《大唐开元礼》,应当是唐代社会礼俗的准绳。但它成书以后并未广泛宣传推行,而且它主要是讲有关皇室和各级官吏的礼制,往往不适用于一般庶民。因此,起到礼仪规范作用的书仪,就在民间很受重视,广为流传了。

那么,民间礼俗与开元礼的规定是怎样的关系呢?以婚礼而言,与《开元礼》相比较,书仪所记程序步骤虽然基本相同,有些地方则为《开元礼》所不载。这里又有两种情况:一是估计制定开元礼时也曾有些细节,而被省略了;一是因时代推移和风俗变化而产生的细节,当然不会见于《开元礼》,但却是研讨唐代礼俗的很好材料。

开元礼分成三品以上婚、四品五品婚和六品以下婚三个类型叙述,现用六品以下婚这部分中的亲迎一节,来和书仪比较。《开元礼》载婿父命子亲迎时的话,完全沿袭《仪礼》之文:

"往迎尔相,承我宗事,勖率以敬先妣之嗣,若则有常。"子再拜曰:"不敢忘命。"又再拜出。

当时是否口头上如此说，甚可怀疑。书仪则简化为：

> 父告子曰："往迎汝妻，承奉宗庙。"子答曰："惟[唯]，不敢辞。"再拜如[同而]出。①

女的父母在女离家之前有训诫，开元礼所载基本与《仪礼》相同：

> 父……命之曰："戒之敬之，夙夜无违命"母……戒之曰："勉之敬之，夙夜无违！"

书仪也相同：

> 父诫女曰："敬之慎之，宫室。[写本不残缺，当有脱字]。"母诫女曰："敬之慎之，夙夜无违！"

《开元礼》载婿到女家阶前，女父说"请"、"固请"、"终请"，三次请他升阶，而婿三让。这还是《仪礼·士婚礼》三揖三让的旧章。书仪的规定则简化为一请：妇翁曰："请吾子升！"女婿答曰："唯不敢辞。"《开元礼》按传统礼节，婿"北面跪奠雁"。书仪则是"女婿抱鹅向女所低跪，放鹅于女前"。承赵和平同志检示的 P.2646 号写本书仪，叙述得更详细些："升堂奠雁，令女坐马鞍上，以坐障隔之。女婿取雁，隔障掷入堂中。女家人承将其雁，以红罗裹五色绵缚口，勿令作声。其雁已后儿家将赎取放生。如无雁，结彩代之亦得。"《酉阳杂俎·贬误》把当时奠雁用鹅作为不合礼法。《旧唐书》八六高宗太子弘传，弘纳妃时，"所司奏以白雁为贽。会苑中获白雁，高宗喜曰"云云。可见雁已难得而白雁尤为稀罕。民间不能像皇家那样能得到大雁，所以才改为鹅。直到抗战之前，旧式婚礼尚存此习，也用鹅代雁。但书仪在这段婚礼叙述之前，解释六礼的内容，还是举雁性之随顺象征妇女来做说明，不敢违反《仪

---

① 司马光《书仪》中婚仪亲迎条所载父子对答之词，基本上与《开元礼》相同，没有采取晚唐书仪中简化了的说法。

礼》奠雁的名称与传统。司马光《书仪》中婚仪奠雁也作雁而不是鹅，但纳采条温公注云，"若无生雁，则刻木为之"，也考虑到代用品。《开元礼》与司马光《书仪》都说婿奠雁是在女父面前，可能温公欲遵古礼，所以采用开元礼之制，而不采用时代更近但为民间风习的"放鹅于女前"。

《开元礼》只说亲迎之日婿父告庙，而不载其词。书仪载告庙内容云："长子小儿甲乙年已成立，某氏不遗，眷成婚媾。择卜良［此处疑脱一字］，礼就朝吉，设祭家庭。众肴备具，伏愿尚飨！"P.2646号写本所载告庙文，文字略同，有"今因某人某氏娶某氏第某女，以今日吉辰就礼"等句。这是书仪补了《开元礼》所缺细节。《开元礼》只说亲迎在"初昏"之时，书仪则更为明确具体："引女出门外，扶上车中，举烛，整顿衣服。男家从内抱烛如［同而］出，女家烛灭。"知唐代礼制在晚间举行婚礼，犹存古代风习。《通典》五八载太极元年（712年）唐绍上表亦称："士庶亲迎之礼……当须昏以为期。"但这条规定看来未能严格遵守。《全唐文》一五五有马周谏公主昼婚疏，力陈"婚合以夜"的道理。段成式《酉阳杂俎·贬误》仍然说："礼婚礼必用昏，以其阳往而阴来也。今行礼于晓。"可见从贞观到咸通，二百多年中始终有例外。司马光《书仪》未明确亲迎时间，但说"婿乘马在前，妇车在后，亦以二烛前导"，可知也依古制规定在黄昏了。

关于合卺，书仪云："连瓢共饮。若其无瓢，以盏充之。将五色线绳长四尺有余连瓢，无瓢连盏。"P.2646号写本书仪云，"合卺已［？］杯，杯以小瓢作，两行安置拓［托］子里。如无，即小金银东西盖［盏？］子充。以五色绵系足连之。令童子对坐。云一盏奉上女婿，一盏奉新妇。"P.3502背《新集诸家九族尊卑书仪》载"嫁娶祭文"亦云，"是以同牢结馔，合卺双瓢，各执一卮"。卺本是葫芦瓢，用瓢而不用杯盏，倒合乎古制。用绳牵连两人的瓢，当是后来附会。但这也是六朝以来的习俗。齐永元元年尚书令徐孝嗣议，"连卺以锁，盖出近俗"，见《通典》五八。北宋时，新人"用两盏，以采结连之，互饮一盏，谓之交杯酒"，见《东京梦华录》五娶妇条。《梦粱录》二十嫁娶条记南宋婚礼，合卺时"以红绿同心结绾盏底，"皆是此俗。唐张说《安乐郡主花烛行》诗云："双童连缕合欢杯"，黄滔《催妆》诗云："采童交捧合欢杯"（见《全唐诗二函四册、十函十册》），可见唐代风俗是由儿童捧合欢杯送给新人，诗句与书仪的记载相合。《酉阳杂俎·贬误》认为礼仪紊乱，不合制度的几条之中，有"铺母酓童"语。铺母当指婚礼前一天到男家"铺房"亦即"铺设房卧"的妇女，见温公《书仪》及孟元老、吴自牧书，可见唐代已有此习俗。酓童就是捧合酓酒盏的儿童。若不是书仪和唐人诗句，段成式书中这四个字几乎无从索解了。书仪记新人合酓相拜之后"引新妇入青庐"。青庐乃后汉以来旧名，北朝婚礼犹用，即在门内外以青布幔为屋，夫妇交拜其中，见《酉阳杂俎·礼异、贬误》。建中元年礼仪使颜真卿等奏称："相见仪制，近代设以毡帐，择地而置，此乃虏礼穹庐之制，合于堂室中置帐，请准礼施行。"（《通典》五八）所谓毡帐当即青庐，但《开元礼》不见此名称。

《开元礼》载女父戒女之后，"必有正焉，若衣若花"，这是沿袭《仪礼·士婚礼》所说"父西向戒之，必有正焉，若衣若笄"，是说父亲给女儿整理一下衣服或头上的簪。《通典》五八注这两句云，"言如衣如笄，恒在身不忘"，似乎把女父的告诫和具体整妆行动加以牵合附会，女父所正的花，当指花钗而言。《开元礼》卷一二三，三品以上婚节亲迎条云，"女各准其夫，服花钗翟衣"。注："一品花钗九树。"又卷一二五，六品以下婚节云，"女服花钗大袖之服"。注："庶人服花钗连裳。"《唐六典·礼部》亦称"花钗礼衣，庶人嫁女则服之。"花钗即相当于古代的笄，而有许多花朵装饰其上，因简称为花。《旧唐书》一五○珍王诫传载县主十一人同月"下降"，"是时所司度人用一笼花，计钱七十万。帝〔德宗〕曰：'笼花首饰，妇礼不可缺。然用费太广，即无谓也'。"所谓妇礼不可缺的首饰，亦即花钗。P.2646号写本书仪叙述合酓之后云："侧近晚礼衣服冠清剑履等，且襕笏入〔以上文字意义不甚明晰，当指婿脱去礼服及装饰〕。男女坐，以花扇遮面。傧相帐前咏除花去扇诗三五首。去，女婿即以笏约女花钗，"所谓"约女花钗"，当即卸去花钗，亦即卸装之意。描述婚礼风俗的敦煌写本《下女夫词》中，列举了咏各种细节的诗句，在"咏开撒帐合诗"、"去行座幛诗"、"去扇诗"、"咏同牢盘"等之后，有"去花诗"和"脱衣诗"，足见新妇头上的花钗和外罩的衣，在婚礼中是颇为重要的，所以去花、脱衣也成为婚礼不可缺少的细节，亦即新妇卸装的标志。P.3252号写本唐律背面，也有"去花"、"去扇"、"去襆头"等诗。《下女夫词》中所描述的这些细节，多不见于《开元礼》及书仪。如"脱衣诗"之后还有"合发诗"，也是如此。《仪礼·士婚礼》有"主人〔婿〕入，亲说〔同脱〕妇之缨"。《通典》五八注："妇人十五许嫁，笄而礼之，因著缨，明有系属也。盖以五采为之，其制未闻。"杜佑已经不很了然的脱缨之俗，后代却附会为夫妇结发仪式，也就是段成式在《酉阳杂俎·贬误》中所贬的"税［同脱］缨曰合髻"。这个习俗两宋犹存，《东京梦华录·娶妇》条、《梦粱录·嫁娶》条皆有男左女右"合髻"之仪。司马光在《书仪》注中曾加指摘："古诗云结发为夫妇，言自稚齿结发以来，即为夫妇。犹李广云广结发与匈奴战也。今世俗有结发之仪，此尤可笑。"婚礼却扇之仪，颜真卿也曾奏请禁止。这些细节习俗，可能只流行于民间，供士大夫家参考用的书仪就不予登录了。

书仪中有一段解释妇女与夫家的人通信时所用的名称，"相识曰书，不相识曰疏"。何以妇女会与夫家的人竟然不相识呢？书仪云：

> 妇人亲迎入室，即是于夫党相识。若有吉凶觐问，曰即作书也。近代之人多不亲迎入室，即是遂就妇家成礼，累积寒暑，不向夫家。或逢诞育男女，非止一二。道途或远，不可日别［？］通参舅姑。其有吉凶，理须书疏。妇人虽已成礼，即于夫党元不相识，是名疏也。

P.3442号写本杜友晋《吉凶书仪》舅姑丧告答夫书："先舅（先姑）年虽（未）居高，以某患疹（小注：若不见病人，不用此语），冀就痊除。何图不蒙灵佑，以某月日奄钟弃背。"（小注：若身不在夫家，即云"年虽居高，冀延遐寿。何图不蒙灵佑，奄遘凶祸。"所谓"身不在夫家"，当与"累积寒暑，不向夫家"意同。）远古母系氏族社会中，人们知母而不知父，男子到妻家居住，是很自然的。但这一远古风习的遗留痕迹，在中国早已消失，日本则到平安时期还保留这一痕迹，至今在有些农村里，还流行着男子居住妇家的风俗。书仪所谓近代，当指中唐以后。关于这一习俗的记载，是很可贵的唐代社会史资料。它当然不是单纯返古，而是有其社会经济原因，值得探讨。由这段记载我联想到某些唐人小说的内容。有名的张鹫的《游仙窟》，以及《太平广记》中所收不少篇唐代传奇，都是讲男子投到女子家中，结为夫妇。过去有人解释为反映唐代社会中的妓女生活。现在看来，是否也可以解释为"不亲迎入室"，"就妇家成礼"这样风习的反映呢？敦煌写本《下女夫词》，自来被认为是以婚礼为主题的作品，当然不错。作品描述的背景时间，是"日为西至"，"更深月朗，星斗齐明"，与黄昏以后举行婚礼的习俗也相符合。《敦煌变文集》。根据七个卷子校订，首尾完整。从新婿叩门的话"贼来须打，客来须看，报道姑嫂，出来相看"开始，到婚礼过程各细节完毕后，"四畔旁人总远去，从他夫妇一团新"，"征[？]心欲拟观容貌，暂请旁人与下帘"结束。整个婚礼过程都在女家，丝毫不见男子亲迎，新妇到男家交拜合卺的痕迹。这不也是反映书仪所载那种婚姻形式吗？姑悬此解，以俟通人。

这里附带提一下婚礼拜时的风俗。《通典》五九拜时妇三日妇轻重议条："拜时之妇，礼经不载。自东汉魏晋，及于东晋，咸有此事。按其仪或时属艰虞，岁遇良吉，急于嫁娶，权为此制。以纱縠幪女氏之首，而夫氏发之，因拜舅姑，便成妇道。大礼悉舍，合卺复乖。黩政教之大方，成容易之弊法。……宋齐以后，斯制遂息。"同卷"已拜时婿遭小功丧或妇遭大功丧可迎议"载晋范汪云："拜时出于近代。将以宗族多虞，吉事宜速，故好岁拜，新年便可迎也。恶岁可迎，是拜时已成妇也。"看来由于东汉魏晋以来战争频繁，兵荒马乱，社会动荡，因而急于嫁女，不择吉辰，不备六礼，不经礼法所规定的步骤，便宜行事而成婚。这正是社会动荡在礼制上的反映。虽然拜时之习宋齐以后不再流行，但拜时习俗开始兴起的新妇蒙头的做法，却在后代流行不衰。

《仪礼·士婚礼》说新妇登车之前"姆加景"，《开元礼》作"加幜"。《通典》五八注，"幜之制如明衣，加以为行道御尘。"可见幜是起披风、风衣的作用。翟灏《通俗编》一九仪节门帕蒙首条以为即后代新妇以帛蒙头，恐不确。赵翼《陔余丛考》三一初婚看新妇条，亦引《通典》杜佑语，谓新妇"蒙首之法亦相传已久"。实际上，据《仪礼》、《开元礼》，直到司马光《书仪》，婿到妇家亲迎时就已与新妇见面。书仪所载婿奠雁之礼，有的写本说婿隔着坐障把雁掷入堂中，有的说置于新妇面前。亲迎时，形式上婿还为新妇御车，"驱车轮三周"，始终未见新妇蒙头不让人看的说法。书仪未说婿为新妇御车，但《开元礼》这条规定看来民间也是实行的。《续玄怪录》三窦玉妻条（亦见《太平广记》三四三）；"俄而礼舆香车皆具，华烛前引，自西厅至中门，展亲御之礼。因又绕床一周，自南门入。"故事固属子虚，涉及的风俗习惯应当可信。婿在亲迎之前见不到新妇，但亲迎时开始见面，也可从唐人故事中得到佐证。《续玄怪录》二郑虢州騊夫人条（亦见《太平广记》一五九）说新婚卢生"乘轩车来展亲迎之礼。宾主礼具，解珮约花。卢若惊奔而出，乘马而遁，众宾追之不及"。事后卢生告诉人，他看见新妇"两眼赤且大如盏，牙长数寸，出于口两角，得无惊奔乎"？故事当然也不可信，"解佩约花"乃是合卺以后的步骤，不应在亲迎时。但唐代新婿来亲迎时，得睹新妇面貌，当属事实。所以书仪和《开元礼》一样，也无新妇蒙头之说。吴自牧《梦粱录·嫁娶》条载，新夫妇交拜礼之前，"遂请男家双全女亲，以秤或机杼桃盖头，方露花容。"南宋新妇盖头之俗，与东晋南朝婚礼拜时新妇蒙头之习，形式虽相似，二者之间未必有渊源关系。但后代婚礼新郎直到亲迎回家，揭开盖头时，才见新妇真面目，这恐怕是沿自宋代，或者由于宋儒道学的影响。①

前文提到却扇之仪，据《唐会要》八三，颜真卿为礼仪使曾"请停障车、下婿及却扇诗等"。②看来却扇是唐代流行而未被承认的民间习俗，《开元礼》中当然没有，而见于书仪。温公《书仪》以及孟元老、吴自牧的书中，记述两宋婚礼相当细致，却都不见这一习俗，大约已经不再流行。《世说新语·假谲》载温峤娶其姑女，"既婚，交礼，女以手披纱扇，抚掌大笑曰：'我固疑是老奴，果如所卜'。"《初学记》一四引梁何逊《看新婚诗》云；"如何花烛夜，轻扇掩红妆。"陈周弘正《看新妇诗》云："暂却轻纨扇，倾城判不赊。"似是婚礼交拜前新妇周围有扇为障，它的作用似乎是装饰性的。扇与盖头不同，不可能，而且六朝隋唐时也不需要把新妇严实遮盖起来。

最后谈一下与婚礼有关的迷信陋习冥婚。赵翼《陔余丛考》三一冥婚条考证，周礼有嫁殇之禁。自三国到明代，冥婚之俗始终未绝迹。所举唐代之例，有懿德太子与裴粹女，韦后弟洵与萧至忠女，建宁王琰与兴信公主女。据《旧唐书·懿德太子重润传》，他被武后杖杀，中宗即位后追赠太子，"陪葬乾陵，仍为聘国子监丞裴粹亡女为冥婚，与之合葬"。考古发掘证明，李重润墓石椁中确残存男女骨架各一副。③看来唐代冥婚陋习盛行，皇家贵族倡导于上，

---

① 司马光《书仪》中丧仪部分两次提到"妇人盖头"。朝祖条下注云。"为有役者在前故也。役者出则去盖头。"显然是为男女有别，不在帷内又不能退避时，妇女加盖头以免抛头露面。
② 《封氏闻见记》五花烛条亦记此事，作"奏障车、下婿、观花烛及却扇诗"，奏字下诸本皆脱停字，遂不可通。孟元老、吴自牧书都载新妇车到婿家门首，从人等拦门乞求利市钱等。当即唐代障车之俗。所谓下婿的风俗亦为两宋所沿袭。《梦粱录·娶妇》条先记新妇坐床上，谓之"坐富贵"。然后说："其婿服绿裳，花幞头，于中堂升一高坐。先以媒氏或亲戚互斟酒，请下高座归房。至外姑致请，方下座回房坐富贵。"《东京梦华录》作"于中堂升一榻，上置椅子，谓之高坐"，余略同。《梦粱录》又称"今此礼久不用矣"。
③ 《唐懿德太子墓发掘简报》，《文物》1972年第7期。

一般人也习以为常。唐人墓志中亦有冥婚材料。《太平广记》所收故事，如卷三三三季攸条引《纪闻》，长洲陆氏女条引《广异记》，卷三三四王乙条引《广异记》，都有冥婚内容。书仪中有关冥婚的材料，更使我们了解这一陋俗的某些细节。S.1725号写本有死亡男女双方的家长有关冥婚的祭文：

父告子曰：告汝甲乙，汝既早逝，大义未通。独寝幽泉，每移风月。但生者好偶，死亦嫌单。不悟某氏有女，复同霜叶。为汝礼聘，以会幽灵。择卜良辰，礼就合吉。设祭灵右，众肴备具。汝宜降神就席尚飨。

女家祭女如男法：告汝甲乙，尔既早逝，未有良仇。只寝泉宫，载离男女。未经聘纳，祸钟德门，奄同辞世。二姓和合好［当衍一字］，以结冥婚。择卜良时，就今合□。

生人家长之间为子女冥婚，也要书信纳聘。P.4036号写本书仪有"冥婚书题依吉法"和"答冥婚书"。P.3637号写本有同样文字，而较清晰整齐。现参酌前一写本，据后者移录如下：

某顿首顿首：仰与［？］臭味如兰，通家自昔。平生之日，思展好仇。积善无征，苗而不秀。又承贤女，长及载弄，淑范凤芳，金声早振。春花未发，秋叶已凋。贤与不贤，睠言增感。曹氏（二字两写本同，疑有误）谨以礼词（原注：亦云请）愿敬宜。谨遣白书，不具。姓名顿首。

久缺祗叙，延伫诚劳。积德不弘，叠钟己女。贤子含章挺秀，幼劲松贞。未展九能，先悲百赎。既辱来贶，敢以敬从。愿珍重（原注：亦云厚）。谨遣白书，不具。姓名顿首顿首。

据《旧唐书·萧至忠传》，"及韦氏败，至忠发墓，持其女柩归"。新传文同。《太平广记·季攸》条亦言"合葬"，盖冥婚一般葬两柩于同一墓中。书仪中关于冥婚则有"以骨同棺，共就坟陵"和"白骨同棺，魂魄共合"之类的话，可见甚至埋骨于同一棺中。懿德太子墓同一石椁中残存男女骨架各一，证明书仪同棺之云确有其事。《新五代史·刘岳传》载，郑余庆《书仪》有冥婚之制，唐明宗认为，"婚吉礼也，用于死者可乎？"于是命刘岳删定，但并未能根绝这一迷信恶俗。

## （下）

写本书仪中关于丧礼服制的记述很多，如某种关系的亲属穿什么丧服，服丧期限多久等等。在记述丧礼仪制方面，值得注意的有以下诸点。

S.1725号写本书仪称："凡人丧亡，尸入棺合拜，未入棺并不合拜。"P.3691号《新集书仪》（天福五年写本）也说："初死不拜，入棺即拜。"P.2616号杜友晋《书仪镜》解释说："凡举哀，吊者为无几筵，有地席。先当地席哭，不拜。纵亡者尊亦不合拜，为神灵不在此也。"《开元礼》中无此规定，但卷一四六凶礼六品以下丧初终条云："气绝废床，寝于地。"注云："人始生在地，庶其生气返。"六品以上官的初终条下文皆同，可见是普遍的习俗。入棺之前不拜，大约因为希望死者还有复生之可能。司马光《书仪》五丧仪沐浴条注云，"古者疾病废床。人生在地，去床，庶其生气返也。……今人既死乃卧尸于地，讹矣。"司马光根据《礼记·丧大记》中"始死，迁尸于床"之文，以为古代人未气绝已从床上移到地上。但这样似不近情理，不如《开元礼》的规定，气绝以后才希望其"生气返"，更较合理。

关于吊丧，几种写本书仪都有可以补充《开元礼》之处。这是由于书仪的性质在于处理书信往来以及各种场合下人与人之间的社交关系，因而庆吊行动的若干细节，也是书仪重点所在。P.2622号写本书仪说："凡人有子，先须教吊孝之礼"，可以为证。S.1725号写本书仪中列举吊丧的各种情况，如：

> 舅母亡，外生吊：外生至门哭，入屋灵前立哭五六声。拜灵讫，退户西头，面向北跪，哭廿余声。于［？］捉内兄弟手出。

哭声的规定，依亲疏远近之不同，有哭两三声、五六声、六七声、十余声、廿余声，直到哭尽哀。内兄弟的称呼，不是像今天指妻之兄弟，而是指舅父或姨母之子这样的母方表兄弟，与父方姑母之子称外兄弟相对应。吊丧仪节多处提到"执孝子手"。P.3691号写本书仪云："重孝之子擗踊。若平怀，手执之。若尊重，以两手扶之"。这是说与孝子身份相等的吊客执孝子手，东晋以来有此风习。①《历代社会风俗事物考》的作者尚秉和说："清时士大夫吊丧已，必掀帐至孝子处，唁慰数语，盖犹古之遗俗，唯不执孝子手为小异耳。"但据写本书仪，执孝子手还依身份尊卑而有不同情况。P.2622号、S.1040号写本同一种书仪皆称"唯尊者执卑者手"，当是唐代发展形成的细节。

各种关系各种场合吊丧的口头吊词和丧主的答词，也是《开元礼》所不具，而书仪给我们提供了极为生动的社会风俗史料。P.2622号与S.1040号写本书仪都在吊丧书疏之后，列有口头吊答之词。前者较为完整，现据以引用：

吊人父亡（当做母）云：不图凶祸，尊丈人（原并列丈母）倾背，伏维攀慕号绝！答：罪逆深重，不自死灭，上延所恃（原注：母云所怙），不堪号绝！

吊人翁婆云：不图凶祸，尊翁婆倾背，奉助哀慕摧割！答：私门凶衅，上延翁婆倾背，不胜衰慕摧殒！

吊人经葬云：日月长流，安厝永毕，奉助哀慕号绝！答：罪逆深重，不自死灭，安厝永诀，不胜攀慕号绝！

吊人经时节等云：日月易流，奄经某节（原注：大小祥云祥制，外除云祥释），奉助号绝！

以下有吊人伯叔姑兄姊亡、吊人弟妹亡、吊人妻亡、吊人姨舅亡、吊人小孩亡、姑亡吊姑夫、姊妹亡吊姊妹夫、吊人妻父母亡、吊人女婿亡、吊人子在外亡，吊答词共十四组。规定之周到细致，反映古代封建社会中宗法观念之强和它所要求的行为准则之严。P.3691号写本书仪也列有吊答之词，而略有不同，如：

吊父母：尊君（原注：母云尊妣夫人）不图凶祸，慈颜（此处脱一字）逝，深所哀苦。茶裂奈何！痛当奈何！答云：罪逆深重，不自死灭，攀慕号擗，不胜摧绝！

---

① 参看作者《南史札记·执手》条。

此外还有吊小殓、吊二殓、吊成服、吊临葬、吊临圹、吊殡埋毕、葬回吊、诸追七吊、百日吊、小祥吊、大祥吊、除服吊等等场合的吊词。这些场合必然都举行仪式，才有吊客。《太平广记》一六五卢怀慎条引《明皇杂录》，玄宗出城南，"望墟落间环堵卑陋，其家若有所营，因驰使问焉。还白怀慎大祥，方设斋会"。此事亦见《大唐新语》三及《新唐书》本传。P.3442号写本书仪有"国哀大小祥除奉慰表"的范文。《全唐文》九三一收有杜光庭的《慰中祥大祥禫制表》、《慰释服表》等。无论皇室或民间，在这些场合都有所营办，所以杜光庭要上表皇帝。所谓诸追七吊，是来自佛家七七四十九日为中阴之说，南北朝时已有死后逢第七天营斋之俗。《旧唐书》九六姚崇传载其遗诫云："若未能全依正道，须顺俗情，从初七至终七，任设七僧斋。"直到新中国成立之前，这个设斋延僧诵经的风习并未全废。所谓"奉助"，是喜事和丧事都可使用的一种表示，意为分担欢乐或忧伤。上文所引唐绍上表，认为办喜事有种种恶习，"歌舞喧哗，殊非助感"，奉助即助感之意。"奈何"字样亦是唐时丧事吊词中常用词语，屡见于书仪、变文等。宋代犹沿用，见司马光《书仪》。

在一系列口头吊词答词之后，P.2622号写本书仪还有一段关于不同年龄死者的不同说法：

百岁已下八十已上云弃背，八十已下六十已上云倾背，六十已下四十已上云倾逝，四十已下三十已上云殒逝，三十已下二十已上云丧逝，二十已下十岁已上云夭逝，十岁已下云夭丧，三岁已下云去离怀抱。七十已上云年虽居高，五十已上云年未居高，二十已上云盛年。右所修书疏及口吊，但看亡人年几高下言之，不得疏失。余即临时裁制。

P.3691号写本《新集书仪》中，有一段标为"新定唐家礼凶吊仪"，又有稍稍不同的规定：

凡百岁至八十亡称弃背，七十至五十亡云倾背、倾逝，四十至三十亡云盛年殒逝，三十至二十亡云盛年殒逝（疑有误字），十五至十岁亡云夭逝、夭殁，六岁至三岁亡云去离恩爱，两岁至百（疑脱日字）亡（脱六字）去离怀抱。已上问孝等级。

这些不同场合的口头吊词和依年龄而异的说法，显然不是《开元礼》所规定，而是民间习俗，故而各本书仪不尽相同。但父母死后自称"罪逆深重，不自死灭，上延所恃"云云，与抗战前还流行的讣告词句"罪孽深重，不自殒灭，祸延显考"云云，千余年来一脉相承未变。封建社会的意识形态，到半殖民地半封建社会还残存下来，说明意识形态的顽固性。

汉魏以来，直到唐代，在墓地埋藏买地券，作为死者在地下购买土地以安居的标志，这是一种较原始的迷信想法。《开元礼》中不见这种习俗，但在卜筮宅兆时和埋葬之后，两次祭祀后土。前者祭文说："今为某姓某甫营建宅兆，神其保佑，俾无后艰。"后者说："窆兹幽宅，神其保佑，俾无后艰。"P.2622号写本书仪也载两次祭后土。前者说："今以吉辰，卜兹[宅]兆。谨以清酌之奠，伏惟保无后艰。"后者说："今以吉辰，于此安厝，伏愿保无后艰。""俾无后艰"一语，宋代丧礼祭后土时仍沿用，见司马光《书仪》。也许它的作用，就相当于埋下买地券以保证死者能长久安居。同一书仪中，还有埋葬前后对死者的一系列祭文，如大小殓、启柩、到墓所、临圹、掩圹、葬毕迎神，这些场合都有祭文，皆《开元礼》中所不见。

P.2622号写本书仪叙述柩车发引，"以帛两匹属辖车两边，以挽郎引之，持翣振铎，唱《薤露》之歌"。出殡时唱《薤露》之歌，是古来传统。大约唐代送葬时，家属在哭泣的同时，呼号着"××奈何"之类词句。《薤露》之歌则由挽柩人歌唱，已见晋崔豹《古今注》，唐代犹存此习。《太平广记》二六〇李佐条引《独异志》，说他父亲在"鬻凶器家"劳作三十年，晚年到李佐家就养之后，"散召两市善《薤》歌者百人至，初即列坐堂中，久乃杂讴。及暮皆醉，众辅佐父登榻，而《薤》歌一声，凡百齐和"。白行简《李娃传》中的男主人翁，也是在凶器肆即棺木店中"执绋帷，获其值以自给"。他"歌《薤露》之章，举声清越，响振林木。曲度未终，闻者歔欷掩泣"。可见唐代这些类似解放前"杠房"业的人，当即书仪所谓挽郎，挽柩车的任务之外，歌《薤露》也是他们的职责。

P.2622号写本书仪在叙述埋葬仪节时云："三献讫，孝子再拜擗踊，抚棺号殒，内外俱哭。则令僧道四部众十念讫，升柩入圹。"僧道参加殡葬仪式，《开元礼》中各级官员葬礼行列与入圹仪式都不见，因为朝廷根据儒家五礼制定的礼仪，不可能杂入佛教仪式。道宣《高僧传》卷一七唐释法常传载，发引时"京师僧侣门人子弟等,各建修幢三十余车,前后威仪四十余里"。又卷二四唐释道哲传,"遂发冢迎柩还周至,行道设斋,以从火葬"。这里僧人为僧人送葬设斋,与书仪所言俗家下葬时延请僧道参加不同。道宣、赞宁所撰僧人传记中,别无僧人参加俗家葬仪的记载。日僧圆仁留唐多年,日记中记录了唐朝各地寺院种种法事斋会等。圆仁行记会昌三年(843年)七月廿九日记殡葬惟晓,"于墓殡前请七僧,称名十念咒愿"。唐代佛教盛行,人死后七七和小祥、大祥等场合都要营斋延僧,殡葬亦不例外,书仪这条材料可与圆仁所记相印证。在棺柩下圹时所行仪式"十念",福井文雅先生谓僧道当即指僧人,盖与道士无关。成濑隆纯先生谓康僧铠译《无量寿经》及畺良耶舍译《佛说观无量寿经》中所言念佛或十念,是思想上忆念、想念之意,至善导(613—681)才明确解释念佛为出声称诵佛号,十念即念诵佛号十声。日本净土宗僧人至今有念诵"南无阿弥陀佛"十声的仪式,称为十念。作者1985年春参观奈良国立博物馆时,适值"彼岸"即春分前后七日期间,延请东大寺僧人在馆中陈列的阿弥陀佛等三尊佛像前礼拜诵经(《法华经·普门品》)。蒙博物馆前馆长小野胜年先生引导参观了这一仪式,僧人最后诵南无阿弥陀佛十声,当即所谓十念。后在东京参观净土宗增上寺时,适值僧众在大殿为某亡者做一周忌之法会,最后听到僧人也念佛十声,可见十念的做法今天犹存于日本。唐代佛教仪式可以从今天日本社会中得到印证,而敦煌写本书仪中出现十念,又为研究净土宗十念仪式提供了有用资料,这也是中日文化关系史上一个小小的有趣的例子吧。

P.2622号写本书仪还有一段关于坟高制度的记载:

> 三品已上坟高一丈二尺,五品已上坟高九尺,七品已上坟高七尺,九品[已]上坟高六尺,庶人坟(下缺)。

这里所记坟高制度,与历来文献记载不同。《开元礼》三序例下杂制条称,一品坟高一丈八尺,二品一丈六尺,三品一丈四尺,四品一丈二尺,五品一丈,六品以下不得过八尺。《唐令拾遗·丧葬令》文同。司马光《书仪》七引天圣时丧葬令,亦言一品坟高一丈八尺,每品减二尺,六品以下不得过八尺。盖宋沿唐制未变。但《通典》八六葬仪条载,贞观十一年曾下诏削减墓田及坟高之制，一品坟高由一丈八尺减为一丈六尺，二品一丈四尺，三品一丈二尺，四品一丈一尺，五品九尺，六品以下七尺，庶人先无文，定为四尺。《唐会要》三八文同。这个规定也与书仪所载相出入，而且似乎以后并未见诸实行。因《册府元龟》三一九宰铺部褒宠条载，郭子仪死后（781年），德宗下诏说旧令坟高一丈八尺，诏特加十尺，则当时令制未按贞观诏书改动。① 书仪所载尺寸大为削减，或是元和中所定曲台新礼或续曲台礼的规定。

1985年1月完稿　1988年1月修订

（原文发表于《文物》1985年第7期，本书据《唐五代书仪研究》录出。）

---

① 唐制如果文官陪陵葬，则一品坟高三丈以上，四丈以下，见《旧唐书》九六宋璟传。

# 伊沛霞与《早期中华帝国的贵族家庭：博陵崔氏个案研究》

## 经典导读

伊沛霞（Patricia Ebrey，1947—　　），1975年于哥伦比亚大学获博士学位，1993—1997年执教于伊利诺斯大学，1997年至今为华盛顿大学历史系教授。主治宋史，尤重社会史、家庭史。1978年出版了博士论文《早期中华帝国的贵族家庭：博陵崔氏个案研究》，1993年出版《内闱：宋代妇女的婚姻和生活》，均为学术史上的名著。其中，《内闱》荣获1995年列文森图书奖。2002年出版文集《中国历史上的妇女和家庭》。她还编辑多种论文集，如《唐宋时期的宗教与社会》《中华帝国的儒家思想和家族礼仪：关于礼仪著述的社会史研究》《晚清中华帝国的家族组织：1000—1940年》等，近期的研究兴趣集中在宋徽宗。

《早期中华帝国的贵族家庭：博陵崔氏个案研究》是对自汉代到唐末1000年间博陵崔氏的个案研究。该书考察了崔氏作为贵族宗族组织的演变过程，描述了贵族影响力的消长起伏以及贵族家庭声望和权力基础的变动。从宗族组织的角度看，作者的一些观点是值得注意的，如指出作为门阀士族的崔氏，虽然成员彼此之间维持着宗族血缘纽带，危机时互相信赖，但并不存在作为整个家族中心的决策机构，也没有任何一支崔氏居于领导指挥地位。作者提出，博陵崔氏在汉代是具有地方血缘关系的松散型家族群，北魏时是严格意义上的门阀贵族，到唐代则成为具有共同祖先和较高社会地位的分散的家族群。该书分为：序言、贵族家庭的历史发展、汉代的崔氏家族、贵族时代的博陵崔氏、唐代作为旧族的崔氏、启示与结论六章，并有三个附录：论《新唐书宰相世系表》的可靠性、崔俨世系表考释、唐代博陵崔氏的婚姻关系。

该书出版的前一年，也就是1977年，美国学者姜士彬出版《中世纪中国的寡头政治》（David G. Johnson），同样探讨魏晋南北朝时期世家大族。胡志宏在他的《西方中国古代史研究导论》第四章中将这两部书进行比较评论，认为伊沛霞强调中世纪时代表明身份高低的标志是官职，哪怕得到暂时的官衔也可享受到没当过官的人很难享有的崇高的社会声望。伊沛霞比姜士彬更注意作为贵族的内在修养，如生活方式、习惯、礼仪、教养、趣味是否合乎贵族的标准，这就使伊沛霞笔下的崔氏形象更为饱满。伊沛霞在概念界定方面具有新意，她把"士族"理解为"把做学者当做入仕途径的家族"，"世族"则为"独立于朝廷全面控制之外的、享有世袭高等级身份的贵族之家"。

伊书序言开宗明义，说到中华帝国社会分层的重大变化与分期问题，从社会分层理论出发，提出历史时期的中华帝国从汉到唐为第一期，即"早期中华帝国"，特征是社会分层上有一个特定的上层阶级。宋到清为第二期。该书探讨贵族家庭占有社会地位、财富和担任官职机会等，使其跻身上层阶级的情形。接着作者概述了贵族家庭的历史发展。

伊沛霞讨论汉代的崔氏家族，追溯到汉昭帝时期的崔朝，王莽时期的崔发、崔篆兄弟及后汉崔瑗、崔寔父子。她推断汉代崔氏家族长期的据点不在首都，而在家乡博陵安平（今河北省安平县）。崔氏成员遵守儒家礼法，官职不高但在地方上保持着声誉，从崔骃与班固、王符、张衡、马融等人的友好往来看，崔氏成员里出过有学问的人。崔寔著《四民月令》，又表明他们了解农事，与农民有接触，同时又身为学者。汉代崔氏成员的生活与东汉社会生活的基调极为合拍，是中世纪中国化绅士的典型代表。

对于贵族时代的博陵崔氏，伊沛霞指出，直到北魏时期，崔氏的生活与汉代时相同，他们居住在家乡，拥有田产，家族成员与乡里和睦相处，家族内部讲究孝悌，以孝友著称乡里。但是从仕于前燕的崔懿开始，见于北朝史书的崔氏官员达百人以上，到了6世纪后期，崔氏成员大多南移或西徙，不再以家乡作为全族聚居的根据地。婚姻方面，崔氏不肯降低身份与士族以外的家族联姻。从崔氏墓志统计，联姻对象多为河北大族,尤其以与赵郡李氏之间重重的婚姻关系引人注目。南北朝时期不同辈分的人不能结婚的礼法未被严格遵守,但是崔、李之间的婚姻关系虽错综复杂,辈分则始终合乎礼法。政治方面,在5世纪中期,崔氏多在地方上当官,5世纪末到6世纪前期,任武官或辅佐武官的比较多,如参军、长史、司马等。士族成员长子多任文职、次子以下才任武职,与欧洲中世纪相似。北朝时期崔氏成员曾担任过尚书、尚书丞等较高的职位,但无人与闻朝廷的政治决策。在废立皇帝等重要时刻,握有决策权的主要是皇室成员、外戚和鲜卑贵族,不见有博陵崔氏或其他汉族门阀士族参与。担任北朝武官的崔氏成员较多,参与镇压六镇起义的就不少于12人。六镇起义以后,留在家乡的崔氏已经不多,有人被杀,有人投靠东、西魏。作为门阀士族的崔氏,成员之间由血缘亲族的纽带维系,危机之际互相信赖,但并不存在作为家族中心的决策机构,也没有一个家族分支居于领导地位,崔氏成员可以按照自己意愿各行其是,主要的倾向是依照儒家原则对朝廷尽责。比起帝国后期大家族的宗祠、祠田、家塾及族长等一套制度,中世纪的门阀士族里不存在类似全族之长的起领导和支配作用的人或机构,担任官员的族人之间,首要的关系是同门、同僚或同属一个政治势力的关系。

《唐代作为旧族的崔氏》是伊书的第五章。为了与作为北朝贵族的崔氏区分开来,伊沛霞把唐时的崔氏称为"唐代旧族",是为了与作为北朝贵族的崔氏区分。唐代崔氏成员的墓志表明,无人再居住在安平,但并不排除崔氏在别处拥有大片田产和依附人口。唐朝时期崔氏散居于各地,以河南、河北、尤其是洛阳最多。居住在洛阳的崔氏至少分布在10个不同的坊,在他处当官的,自唐初起即多归葬于洛阳,但并无共同的墓地聚族而葬,同属一个分支的也可能葬在不同之处。崔氏成员仍保持着注重礼法、崇尚孝道的旧族风范,对于父母早丧的孤儿,叔伯无不竭尽教养抚育的义务。崔氏体现了中世纪贵族的教养和生活态度,这样的家风对出外做官的人施以好的影响,促使他们在仕途中对上级和下级都能以适当的态度相待。崔氏成员在唐朝仍有较好的机会,入仕途径多为通过科举考试,但门第、财产、政治上的关系等因素还在起作用,南北朝时期那种全凭门第当官的情况已不复存在。到了宋朝和明朝,崔氏成员已不再用博陵的郡望自称。

胡志宏书中也引述了周一良对伊书的评论(《中国史研究》1982年第1期),批评伊沛霞没有指出崔氏是广占田园、奴役大量劳动人口、靠剥削维持奉行儒家礼法生活的大地主。北朝门阀士族的确不似南朝那样明显地分为两个阶层,但也存在着高低之分，伊沛霞推测博陵崔氏与清河崔氏不分高下，但史料表明，清河崔氏与陇西李氏、博陵崔氏与赵郡李氏大体上门当户对，前二氏又高于后二氏。而禾之火的新近书评（《古籍新书报》2011年9月28日）则对周一良的看法不赞成。如认为周一良提出第三章推论汉代崔氏是亲近农民的观点不成立。伊氏说崔氏居于本土，安贫守德，根据是崔寔作《四民月令》，说明崔氏应该是接近农民的；周一良认为崔氏虽非朱家、郭家豪强之流，亦非外戚如梁、邓，但崔寔既作《四民月令》，一定是占田颇广、奴役人口必众，遂不得云接近农民。不管如何，崔氏是庄园主无疑，但地主是否不能接近农民呢？撇开二元对立论，从"乡村共同体"等理论看，汉代的崔氏或许有可能扮演着整合乡里、维持礼教的角色，通晓农事也是无可置疑的。《四民月令》并非"后世不知马为何物"的士族可以写成的。再如伊书多次提到"地方基础"一词。作为贵族家庭，崔氏无论是在汉代还是在北朝，对其地方基础都是极其重视的，事实上也因此而获得长久不衰。伊氏以为北朝士族并无南朝那样的高下之分，清河崔高于博陵崔也不可信。周一良认为"事实与作者这一看法相反"，此论显然可以成立。但若区分士族高下以政治划分与社会划分，那么社会划分上博陵崔应该是低于清河崔的，而政治划分上则不能确定北朝有像南朝那样的明确规定士族高下分等。伊氏所论仍有其合理性。

### 延伸阅读文献目录：

1. 王伊同：《五朝门第》，中华书局2006年版。
2. 毛汉光：《中国中古社会史论》，联经出版事业公司1990年版。
3. 陈明：《儒学的历史文化功能——士族：特殊形态的知识分子研究》，学林出版社1997年版。
4. 杨际平、郭锋、张和平：《五—十世纪敦煌的家庭与家族关系》，岳麓书社1997年版。
5. 陈爽：《世家大族与北朝政治》，中国社会科学出版社1998年版。
6. 郭锋：《唐代士族个案研究——以吴郡、清河、范阳、敦煌张氏为中心》，厦门大学出版社1999年版。
7. 周征松：《魏晋隋唐间的河东裴氏》，山西教育出版社2000年版。
8. ［日］谷川道雄著，马彪译：《中国中世社会与共同体》，中华书局 2004 年版。

9. 夏炎:《中古世家大族清河崔氏研究》,天津古籍出版社 2004 年版。

10. 王力平:《中古杜氏家族的变迁》,商务印书馆 2006 年版。

11. [日] 川胜义雄著,徐谷梵、李济沧译:《六朝贵族制社会研究》,上海古籍出版社 2007 年版。

12. 周一良:《〈博陵崔氏个案研究〉评介》,《中国史研究》1982 年第 1 期。

13. 李约翰著,齐威译:《英美关于中国中世贵族制研究的成果和课题》,《中国史研究动态》1984 年第 7 期。

14. 张广达:《近年西方学者对中国中世纪世家大族的研究》,《中国史研究动态》1984 年第 12 期。

15. 金应熙、邹云涛:《国外对六朝世族的研究述评》,《暨南学报》1987 年第 2 期。

16. 安群:《十年来国内门阀士族研究综述》,《中国史研究动态》1990 年第 2 期。

17. 容建新:《80 年代以来魏晋南北朝大族个案研究综述》,《中国史研究动态》1996 年第 4 期。

18. 陈爽:《"四姓"辨疑:北朝门阀体制的确立过程及其历史意义》,《国学研究》第 5 辑,北京大学出版社 1997 年版。

19. 杨西云:《唐代门荫与科举制的消长关系》,《南开学报》1997 年第 1 期。

20. 高诗敏:《有关北朝博陵崔氏的几个问题》,《首都师范大学学报》1998 年第 5 期。

21. 高诗敏:《北朝清河崔氏的曲折发展及其特征》,《首都师范大学学报》2000 年第 2 期。

22. 侯旭东:《汉魏六朝父系意识的成长与"宗族"问题初探——从北朝百姓的聚居状况谈起》,《中国社会科学院历史研究所学刊》第三集,商务印书馆 2004 年版。

23. 夏炎:《中古清河崔氏家传文化研究》,《中国社会历史评论》第 5 卷,商务印书馆 2007 年版。

24. 禾之火:《评〈早期中华帝国的贵族家庭——博陵崔氏个案研究〉中译本》,《古籍新书报》2011年9月28日。

—— 原文:《早期中华帝国的贵族家庭:博陵崔氏个案研究·第五章 唐代作为旧族的崔氏》

# 经典原文

## 早期中华帝国的贵族家庭：博陵崔氏个案研究

### 第五章
### 唐代作为旧族的崔氏

伊沛霞

　　隋代崔氏的地位看来并不稳定，其反应有时带有保守性。然而在唐代初叶，崔氏重新获取了优越的社会地位。唐代有数百名甚或数千名人物都自称博陵崔氏，他们不再建立庞大的地方家族。崔氏家族把地方事务移交给其他家族处理，他们则谋取国家荣誉。凭借作为令人羡慕的"旧族"成员，崔氏男性可获得官职，家族人物的女儿及姊妹则为竞相追逐的通婚对象。崔氏人物没有吹嘘夸耀其特权，也没有要求朝野上下对他们的谱系或血统特殊对待。崔氏成员在公共场合的言行举止至少与其他上层阶级的成员保持一致。崔氏只与同等地位的贵族通婚，但同时又没有超然事外，疏远非贵族背景出身的著名的政治家和文人。

　　如上章所论，崔氏强大的地方基础和任官特权在隋代丧失殆尽。崔氏尽管在唐代初叶获得了血统的、地方的和文化传统上的声望，但仅凭声望不足以确立旧贵族的地位达数世纪之久。在其原始的权力和身份资源丧失之后，中国的唐代并非贵族政治。旧族精英凭借财富和影响力等资源，能够在新时期发展所需要的品质。不仅如此，凭借建立起具有排他性的身份集团（exclusive status group），旧贵族巩固其自身的悠久、纯洁和雅致，他们能够长期保持和增强声望。在许多具体的权力移交他人后，尤其当这种声望和财富及教养结合时，旧族精英的成员在数十年乃至数百年内，成功竞争社会上有价值的政治地位。旧族精英的不朽声望还经常给他们提供一种优先的讨价还价的地位，借此帮助他们实现在新社会中的权力分配。① 所有的这些过程看来在唐初已经展开。

7世纪许多并发事件有助于完成贵族家庭的转变。在隋代被排除在权力中心之外的现实，似乎促使旧族家庭更加抱成一团，使他们更清楚地知道他们拥有共同的历史和利益，从而减少其内部竞争身份地位的欲望。一直到初唐，旧贵族已经明显领悟到排他性的价值，强调婚姻须在贵族内部进行（除受高额利益的诱惑之外）。632年，唐太宗抱怨东北部的四姓（496年孝文帝所定的最高等级），即崔、卢、李、郑四家子孙后裔尽管连续数代处于衰落之中，却依然凭恃门第，妄自矜夸，并自称士大夫（gentleman-officials，绅士—官员）。638年，唐太宗再次罗列四姓缺点，声称"我不解人间何为重之"。② 然而，很明显许多人物依然注重与旧贵族的交往，甚至一些唐廷重臣亦渴望与东北部的山东旧族通婚。659年，唐高宗禁止七姓通婚的诏令看来事与愿违，反而提高了特定家族的社会声望。③

与此同时，旧族力求避免仅作为被遗忘的时代遗迹的耻辱而存在。他们的努力与其说是为了恢复冢中枯骨的荣耀，毋宁说是关注当世轩冕的现实利益，即强调他们作为士大夫的特质。通过这种方式，旧族可能从"地方精英"中争取建立一个强大的联盟，这种"地方精英"是指大量长期存在、却不具备贵族地位的汉人家族。④ 这个社会阶层在隋代和唐初通过扩大兵役而获得了更大的政治影响。地方精英的努力并不针对旧贵族，只是寻求分享旧族的部分声望。他们并不自视为暴发户，也决不蔑视优良的血统；反而宣扬其祖先，夸耀家族

---

① 关于旧族精英生存的例证，参见化特·艾恩斯坦：《维多利亚时代的贵族——财富、血统和强权：历史上的精英群体和上层阶级》，乌尔巴那：伊利诺斯大学出版社，1973年；约瑟夫·熊彼特：《帝国主义和社会阶层》，克利夫兰：世界出版局，1951年，页134—159。韦伯对身份集团的讨论，在很大程度上似乎依赖于他对19世纪欧洲旧贵族的缜密观察，参见格斯、米尔斯：《韦伯的比较社会学》，纽约：牛津大学出版社，1958年，页186—194。近来研究中世纪欧洲商业崛起的学者认为，腰缠万贯的人物与其说是新兴阶层，毋宁说是固定下来的地主阶层。参见韦特：《1000—1250年：中世纪北欧的经济复兴与地主阶层》，《美国历史评论》76卷，1971年，页965—988。
② 《贞观政要》卷七《礼乐》。
③ 《新唐书》卷九五《高俭传》；《资治通鉴》卷二〇〇唐高宗显庆四年（659）；《全唐文》卷三一八《李华·唐赠太子少师崔公神道碑》。
④ 参见杜希德：《唐代统治阶层的构成：从敦煌发现的新证据》，载芮沃寿和杜希德编：《唐代透视》，纽黑文：耶鲁大学出版社，1973年，页75—83。

传统，亦自称士大夫。①

唐初同时是新选官制度的基本特征开始发挥作用的时期。②崔氏利用他们的诸多资源掌握新制度的需要，很好地适应了新制度。如上章所论，许多崔氏成员迁往第二都城洛阳，在某种程度上，这大概会给他们提供更好的机会来获得官僚职位。然而科举制并非为旧族所单独适应。科举制在580—680年百年间的发展，证明它非常有利于旧贵族的发展。正如下面将要讨论的一样，科举制在家庭地位间不分轩轾，允许不同等级的家族成员参加，重点强调行为举止和礼仪规范，给予官员尤其是高官的子孙以特权。科举制足够的灵活性保证事实上每一名崔氏成员都可以进入官僚系统。

科举制朝着这个方向发展的方式和原因不能用资料予以证明，它看来不是经过公众争辩从而确定的理性的产物，而是在政治和社会现实的背景下非正式妥协的产物，或许只有身处其境的时人才朦胧地感觉到其社会影响。③隋唐朝廷致力于复兴汉朝的荣耀，欲此必须建立强大而充满活力的官僚机构和军事武装。政府程序必须得以强化，官员的忠诚和活动必须受到严密监察。隋唐时期的科举制尽管以强调个人才干和特长而闻名于世，但是应该牢记这些特征会因时因地发生变化。隋唐朝廷需要任用出身卑微的没有人际关系或强大亲族背景的人物，将国

---

① 地方精英的社会姿态和政治重要性，是一个值得单独进行缜密研究的课题。他们大概应当（有时不自觉地）被视为旧族的支持者，因为他们看来力图自认为贵族。在墓志资料和类似的史料中，他们追溯祖先之详尽，毫不含糊，近乎贵族；他们以自称"士"、"士流"和"士大夫"为傲，因为这些术语在唐以前仍具有贵族寓意。"士"这类词语的使用令人困惑，或许还不断发生变化；通常它会等同于贵族家庭（《贞观政要》中提及山东崔、卢、李、郑四姓，称为"士大夫"。《旧唐书》改为"山东士人"）。唐代关于"士"行为举止或价值的讨论，看重但并非专门利用旧族的例证。（参见竹田龙儿：《关于贞观氏族志编纂的一个考察》，《史学》25卷4期，1952年；今堀诚二：《唐代士族的性格素描》（二），《历史学研究》10卷2号，1941年）地方精英大概乐意地认为，他们属于"崔氏卢氏群"。

② 如，科举制直到669年才确立基本规则，681年设立进士科。（参见戴何都：《法译新唐书选举志》，巴黎：拉鲁斯出版社，1932年，页166—167、243—249。）唐初数十年间，拥有官吏最终选拔权的官员，似乎在他们愿意提拔的候补官员的种类上千差万别，因为通过不同途径获得职位的官员比例逐年有很大的不同。618—680年，每隔十年不贡举；665年，所有进士落第；但是，673年，七十九人进士及第（《文献通考》卷二九《选举考二》）。

③ 关于该时期科举制的少数奏疏、诏令及讨论记录得以保存，但是它们一般处理的问题，任官惟贤才，而不选拔具备次要才能的人物。参见《册府元龟》卷六二九《铨选部》；《贞观政要》卷三《择官》；《唐会要》卷七四《选部上·论选事》、卷七五《选部下》。

家学术机构向全体民众开放，排除或者严格限制特权的保护，并且严惩推荐地方豪族的才干平庸的子孙作为候补官吏的刺史，对通过科举考试的士子给予入仕的优先权，不一而足。朝廷在这些方向上的努力为什么如此之少？朝廷或许担心把贵族家庭排挤过甚的恶果，抑或是谨防贵族统治力，他们本不必从整体上关心官僚结构的社会构成，甚至心满意足地看着在社会上骄傲自矜的贵族卑躬屈膝地祈求朝廷赐予次要的官职。科举制度化的诸多决定有可能为官僚主义者所有。一部分官僚是贵族出身，但是在数量上占更多数的一部分来自地方精英。这个群体从象征意义和物质利益上，没有必要为完全摧毁贵族地位的所有形式而斗争，他们可能同意铨选具有长期良好教育背景的贵族子弟担任官员。①

无论以何种方式达到目的，唐代旧族和统治家族之间的这种妥协被证明是稳定的。唐初三代统治时期之后，几乎没有征兆显示，唐朝帝王把旧贵族家庭的存在视作社会上或政治上的主要威胁。旧族成员力图把他们的子孙培养成能干的和忠诚的政府官僚，并且认同统治家族的荣耀。时过境迁，统治家族和北周隋代的军功家族之间的传统联系遭到削弱，与汉门士大夫的对抗性业已消失。当唐朝后半期藩镇军事势力威胁王朝的统一完整时，统治者发现旧族的大多数成员已是戮力效忠的官僚和忠诚的支持者。

鉴于这种妥协联合的持久性，崔氏和国家之间的关系不再像在北朝时那样，随着每一起突发的政治事件发生变化。下面将分析崔氏的政治经历、婚姻情况以及价值理念。由于很少有具体编年的变化记载下来，即便能够确知唐代数百名崔氏人物的相关资料，也不易发现生活于初唐、中唐以及晚唐等不同时期的崔氏成员在数理统计上的差异。

## ■ 博陵崔氏的范围

唐代的原始资料尽管屡次涉及伟大的、传统的或著名的家族，但是对这些

---

① 关于地方精英培养旧贵族兴趣的观点，与陈寅恪的论断较为相似。陈氏认为，山东士族（东北部的精英家族）在唐初建立了一个截然不同的权力集团。但是，笔者没有把旧族或者地方精英的地域局限在东北部。或许，唐初数十年间，更为明确的派系分野是统治北周、隋代的家族联盟与争夺地位和影响力的其他人之间的对抗。

家族的规模、构成或组织从未进行讨论。① 在探讨博陵崔氏的生存情况之前，需要对谁是崔氏及其相互关系进行调查。"博陵崔氏"这一术语在唐代意义非凡，但是它在阶级内涵上的重要性远大于宗族意义。"博陵崔氏"在这里被界定为一些自称博陵崔氏或者是一些被其他人称为博陵崔氏的人物，不包括早期博陵崔氏生物学上的全部子孙后裔，也不排除那些亲属关系并不牢靠的人。如上章所论，6世纪末叶，许多崔氏成员从历史中彻底消失了。他们如果游离于上层阶级之外，与著名的崔氏人物之间的联系亦不密切，甚至被他们自身所忘却，他们就不再是"博陵崔氏"。不仅如此，有一小部分称作博陵崔氏的人物极可能与早期的博陵崔氏根本没有血统关系。冒姓可能时常发生，这大概要归因于粗枝大叶的历史记载。一个合理的推测是，在唐代被视作博陵崔氏的人物，大约有5%至10%的人实际上来自毫无关系的家族。②

正史《旧唐书》和《新唐书》提供了二十个相互分离的博陵崔氏群体的人物列传，但是只有八支崔氏人物具备足够的材料证明其祖先可以追溯至北朝或隋代。这些资料显示唐代崔氏将祖先追溯至6世纪四名崔氏人物的后裔，其中两名仕于北齐，两名仕于北周。③ 更多的博陵崔氏成员被《新唐书·宰相世系表》所记载，这是由于该家族产生宰相的缘故。然而，如《论〈新唐书宰相世系表〉的可靠性》所论，《宰相世系表》似乎由多种史料来源构成，其中一些对有利于高官及其亲属的做法持有偏见。这些世系表在判断被称作博陵崔氏的人物群体的规模及房支分离方面，颇有价值；但是不能提供崔氏情况的完整记载，也不能提供一个随机的调查样本。

本章所使用的七十四份墓志资料，对唐代崔氏研究而言，弥足珍贵。它们

---

① 如，《新唐书》卷九五《高俭传》、《旧唐书》卷八一《崔敦礼传》、墓志4。
② 这种估计建立在一些相应的结论上。其一，崔姓相对罕见，这也就意味着冒称博陵崔氏的人群相对较少。其二，仔细比较《新唐书·宰相世系表》和墓志资料（参见《论〈新唐书·宰相世系表〉的可靠性》），可以发现，他们大体上相互印证。尽管如此，《新唐书·宰相世系表》仍然存在一些可疑之处。墓志与《新唐书·宰相世系表》所列人物毫无关联，经常是特殊情形。譬如，只有这些墓志资料讨论清河崔氏和博陵崔氏的分房别支。这些墓志更可能记录的墓主是军事官员，被葬于远离洛阳的地方，通婚于卑微之家，等等。不可能证明任何声称都是错误的，由于一些崔氏成员可能处于困顿的生活境遇；因此，兹处对所有称作崔氏的人物进行统计。
③ 即崔伯谦、昂、仲方和士约，见于《新唐书》卷二〇一《文艺上·崔信明传》、卷一六四《崔衍传》、卷一〇六《崔知温传》、卷一二九《崔沔传》。

提供了博陵崔氏祖先、婚姻以及家庭纽带等方面的详尽信息。但是关于政治经历方面,却须加以区别。墓志的底稿保留在幸存至今的《全唐文》所编纂的唐人信件中,所涉人物倾向于重要人物的至亲近戚。但是墓志碑石由于偶然的情况得以幸存,原始墓碑已被发掘,墓志已经拓片,因此不存在这样的偏见。这里使用出土的五十六份墓志,记录了一百六十名崔氏家族的成年男子。这些成员大概是和普通崔氏最为接近的一部分;许多成员在五代或六代之内都没有亲戚能够占据足够显赫的官位以被史家载入正史列传。本章的重要前提是:这一百六十名崔氏成员能够视作唐代更大规模的博陵崔氏的客观代表。①

　　崔氏成员究竟有多少?没有资料能够完整显示;甚至是记载四百五十八名博陵崔氏成员的《新唐书·宰相世系表》,也遗漏了许多男子的父亲以及更多男子的儿子。一个可以估计的办法是勘比各种不同资料中的信息。出土墓志所提到的一百六十名博陵崔氏成年男性,其中38%的人物列于《新唐书·宰相世系表》。假定墓志展现的是接近崔氏随机抽样调查的资料,那么这个比例大概准确(也就是说,《新唐书·宰相世系表》记载了大约38%的崔氏成员),因此,我们能够估计唐代博陵崔氏成年男性的人数约为一千一百五十名。所有可资利用的资料显示唐代崔氏可以确知名字的是五百八十三人。

　　历史学家频繁指出崔氏是一个氏族或者宗族,但是这些术语是不恰当的(至少在严格的意义上,他们被形容为一个拥有共同活动并且具有组织性的亲属团体)。活跃于北魏的宗族后裔在唐初只有关系疏远的共太祖的兄弟、在唐末则是共第十六代祖或十七代祖的同辈兄弟之间互相保持联系。在这段时间里,这些关系疏远的崔氏成员没有聚集在一个地理中心。若有的话,滞留于安平的

---

① 无可否认,他们并非全然随意,但是他们的偏见看来是次要的。首先,上层阶级的所有成员,甚至是孩童和未仕的成年男子,均有墓志(按国典,生前所任或死后赠官五品以上,墓庙得立碑,这一点因为已存墓志的记载而无法立足。参见墓志74)。尽管如此,不是所有的墓志都能够保存下来。洛阳附近山间墓志的出土远多于其他地方。任官的崔氏可能更频繁地迁往洛阳。后世学者更为频繁地为仕宦官员撰写冗长文雅的墓志碑文。其次,这种偏见的重要性是有限制的。然而,由于墓志所载一百六十名男性成员中只有二十九人是墓主。其余的是其祖先或者后裔。他们的官品在很大程度上不应当影响墓志的存遗。最后,由于一些不为人知的原因,各时期的墓志没有均匀地得以保留。墓志所载一百六十人中,四十二人存活至7世纪,七十二人至8世纪,四十六人至9世纪。因此,这些墓志资料最重要的局限性,是只保存了属于上层阶级的崔氏资料。但是,如上所论,非社会上层、且不依靠显赫族人的生物学上的博陵崔氏,不是历史中的"博陵崔氏"。

亲属成员与政治上活跃的成员之间的关系亦日渐淡薄。甚至是那些因为爱护亲属而被赞誉的人们，也从未有资料记载他们返回安平参加节日、葬礼或者拜谒墓地。①

如表五和表六所示，崔氏已经分散在全国各地，居无定所，卒后所立坟茔亦遍布各地。②他们居住在今河南及河北的部分地区，大多数选择第二都城洛阳。崔氏成员不但在洛阳保留住宅，并且从唐初数年看，许多崔氏成员把他们的亲属埋葬在洛阳近郊的邙山一带，甚至当他们客死长安或者其他任何地方，崔氏遗骸仍然归葬洛阳。③然而，在洛阳的崔氏成员并没有维护一个公共墓地（common graveyard），没有资料表明他们进行共同的祖先祭祀或者为典礼仪式而集中起来。博陵崔氏甚至被谱牒家细化分割，各个房支看来不是积极活跃的宗族组织。同一房支的成员葬在邙山的不同地方，在一个案例中两名成员仅隔数天相继死亡，却被分葬异地。④

---

① 艾博华认为，上层阶级具有城市和乡村之双家形态的特征，参见氏著《征服者与统治者：中世纪中国的各种社会力量》，莱顿：布雷尔出版社，1952年，页44—45。然而没有丝毫的证据表明，博陵崔氏的确如此。这并不意味着更大规模、更富有、更接近都城的其他贵族家庭，就不能在唐代保持某种完整的或分房的宗族组织。《新唐书·宰相世系表》记载了少数家庭的大型世系表（参见《论〈新唐书·宰相世系表〉的可靠性》），这似乎暗示至少有一些家族具备充分的组织来保持相对完整的家族记录。
② 史书把许多崔氏成员记载为博陵（在唐代并非简单的地名）人氏，或者记成深州（唐代州名）安平人氏。这些人都没有被《宰相世系表》所记载，是由于博陵和安平很可能仅指宗族起源。当墓志对这些人有用时，它们总是显示墓葬地在洛阳（如，《旧唐书》卷一三〇《崔造传》、《新唐书》卷一五〇《崔造传》均载崔造为安平人；然而，墓志63、64和67皆载其妻及兄弟的墓葬地位于洛阳）。
③ 墓志3、5、6。墓志5所载墓主客死长安。
④ 墓志33、34显示崔氏第二房的两个成员，墓葬时间分别为长庆四年（824）二月的十六、十七日，但分葬异乡。考虑到房支关系，一些规模已经很大的宗族大量地集中一地，在宗族组织难于控制时，这些宗族就会分房别支。但是并非所有的名望家族都会经历这个过程。为整齐划一、组织资料起见，唐代谱牒家本可能将所有的主要家族进行分房。人们对血统谱牒的兴趣风靡唐代，大概通过研究不同的氏族谱著作的谱学的人们，能够谈论时人的血统和家谱（如《新唐书》卷一〇二《李守素传》）。因此，唐人本可谈及曾经（或绵亘数世）没有具备任何真正宗族功能的博陵崔氏的房支问题。

### 表五　唐代博陵崔氏的实际住宅或居住地（大概依照时间顺序排列）[a]

| 名字 | 房支 | 居住地 | 今省份 |
|---|---|---|---|
| 1 仁师 | — | 安喜 | 河北 |
| 2 行功 | 1 | 井陉 | 河北 |
| 3 敦礼 | 2 | 咸阳 | 陕西 |
| 4 思古 | 2 | 幽州 | 陕西 |
| 5 日用 | 3 | 灵昌 | 河南 |
| 6 沔 | 2 | 长安—洛阳 | 陕西，河南 |
| 7 智 | — | 广千 | — |
| 8 武伯 | 1 | 长安 | 陕西 |
| 9 宁 | — | 卫州 | 河南 |
| 10 文修 | — | 陈留 | 河南 |
| 11 光远 | 3 | 灵昌 | 河南 |
| 12 玄亮 | 3 | 昭义 | 河北 |
| 13 赡 | — | 卫州 | 河南 |
| 14 严 | 2 | 洛阳 | 河南 |
| 15 贻孙 | 3 | 谷城 | 湖北 |

　　a  资料来源：1.《旧唐书》卷七四《崔仁师传》，《新唐书》卷九九《崔仁师传》；2.《旧唐书》卷一九〇上《崔行功传》，《新唐书》卷二〇一《崔行功传》；3.《新唐书》卷一〇六《崔知温传》；4. 墓志6；5.《旧唐书》卷九九《崔日用传》，《新唐书》卷一二一《崔日用传》；6.《旧唐书》卷一八八《崔沔传》，《新唐书》卷一二九《崔沔传》，《全唐文》卷三三八《颜真卿·通议大夫守太子宾客东都副留守云骑尉赠尚书左仆射博陵崔孝公宅陋室铭记》；7. 墓志18；8.《旧唐书》卷一八七《崔无诐传》；9.《旧唐书》卷一一七《崔宁传》，《新唐书》卷一四四《崔宁传》；10. 墓志48；11.《新唐书》卷一四一《崔光远传》；12.《新唐书》卷一六四《崔玄亮传》；13. 墓志49；14. 墓志39；15.《旧五代史》卷六九《崔贻孙传》。

### 表六　唐代博陵崔氏夫妇墓葬地（不包括出嫁之女）

| 地点 | 已发掘墓葬地的数量 | 其他资料所提墓葬地的数量 | 总计 |
|---|---|---|---|
| 1. 河北 | 5 | 0 | 5 |
| 2. 长安地区 | 4 | 1 | 5 |

续表

| 地点 | 已发掘墓葬地的数量 | 其他资料所提墓葬地的数量 | 总计 |
|---|---|---|---|
| 3. 洛阳地区 | 23 | 9 | 32 |
| 4. 河南其他地区 | 3 | 1 | 4 |

资料来源：

1. 墓志 44、48、50、53、54。
2. 墓志 38、43、46、55、58。
3. 墓志 1、3、5、6、7、8、10、14、18、19、22、23、24、25、26、27、29、32、33、34、35、36、42、57、60、62、63、64、65、67、70、74。
4. 墓志 41、45、49、66。

  唐代博陵崔氏起作用的宗族组织的规模要小得多，传统"小宗"（small clan）的规模由男系五世具有亲属关系的人员构成。这个团体的大多数成员都是相互服丧的亲属，因此仪式要求他们相互参加葬礼。在一些情况下，他们至少需要保持共同的祖先祭祀。如《崔俨世系表考释》，由四十三名崔俨后裔子孙构成的世系，揭示近亲至戚之间存在纽带关系。8世纪，这些崔氏人物都是共高祖的三从兄弟或者血缘更近，他们被屡屡证明他们之间的相互援助。他们保持着共同的墓地，并在安禄山叛乱期间，他们作为一个整体向东南方迁徙。

  即使他们不是有规律地集会，但是由于如此众多的崔氏成员在京师当官，所以他们不能避免相互间的偶然联系。如果他们的血统没有其他深意，那么，它看来是作为亲属之间相互称谓的；崔氏成员之间称"叔伯"、"从兄弟"和"侄子"，是依照各自的世次辈分，而非年齿长幼。[①] 他们情愿如此，而没有竭力利用他们的家谱以迎合眼前的权力差异，这样的事实显示了他们精确的谱牒

---

[①] 关系疏远的崔氏成员的例子，见于《全唐文》卷四〇九《崔祐甫·上宰相笺》、墓志24、68。《唐语林》卷四《企羡》记载了一种流行的说法："崔氏博陵与清河亦上下其望族。博陵三房第二房虽长，今其子孙即皆拜第三房子弟为伯叔老。盖第三房婚娶晚迟世数，因而少故也。"事实上，《新唐书·宰相世系表》和墓志资料亦显示堂兄弟之间的年龄如同房支一样，存在很大差异。

知识，以及对家谱重要性的高度重视。①

尽管如此，亲属纽带似乎没有对崔氏的政治或社会行为产生重要的影响；关系疏远的崔氏成员之间相互礼遇，如同他们对待其他显赫的旧族一样，其中大部分可以通过婚姻成为远亲。在官僚分流的政治纷争中，崔氏成员之间似乎有斗争亦有团结，当关系疏远的崔氏同时担任高官显宦时，并没有引起公众的质疑。譬如，崔植任宰相时，被怀疑提携从弟崔俊，从而使人们对他的政治判断蒙上阴影，但是当更疏远的亲属元略和玄亮入仕时，朝野内外却缄默无语。事实上，没有引发质疑主要是因为他们之间不相往来。②

从各方面权衡考虑，唐代博陵崔氏的最佳术语大概是"宗族认同"（lineage of identification），这显示崔氏为社会地位而承认共同的祖先，但是没有全体认同。③

---

① 由于崔氏成员熟知准确的宗族关系，我们可以推测博陵崔氏保持着一个家谱。支持或反对这个观点的资料尚未发现。《新唐书·宰相世系表》中的崔氏世系表，似乎不是直接建立在私人家谱的基础上（参看《论〈新唐书·宰相世系表〉的可靠性》）。真实情况是唐初一百年间，进行大规模编纂全国性的谱牒系录，就必须收集各地私人家谱，但是不可能确定这些资料的性质。假定政府的谱学家整理不同崔氏群体上交的文书资料，或推想崔氏成员自己聚集起来编纂一个简单的谱系：两种推测是同样的合情合理。

② 《旧唐书》卷一六三《崔元略传》、《太平广记》卷一五四《定数九·崔玄亮》。关于崔氏成员之间因宗族关系而援引的例子，笔者仅见崔宁一例。崔论悦其状貌，兼因宗姓关系，荐任他为军事长官衙将（《旧唐书》卷一一七《崔宁传》）。崔论和崔宁都自称博陵人氏，但是他们的宗族关系不明，因为《宰相世系表》没有记载崔宁。关于旧家族之间通过婚姻来加强联系的情况，参见郭沫若：《李白与杜甫》，北京：人民文学出版社，1971年，页142—153。

③ 研究唐代氏族组织及认同的不同观点，参见福岛繁次郎：《中国南北朝史研究》，东京：名著出版社，1962年，页166—206。福岛氏通过对陇西赵氏的研究，全面描述唐代时期他们的分布情况，坚持认为他们为祖先祭祀而持续集会，并且怀有强烈的氏族团结意识。福岛所收集的资料当然与此处讨论的博陵崔氏情况不同。然而福岛的许多结论是建立在不同形式的解释基础之上，而非建立于不同的史实基础。如，福岛坚信所有的赵氏成员都自称陇西赵氏，象征着一种团结意识。福岛同时认为，赵氏进行普通的祖先祭祀，是因为某些人建立了宗庙。这些结论本可以适用于博陵崔氏，但是不能令人信服而拒绝之。此处提及的崔氏都自称博陵崔氏的事实，并非希望强调宗族关系的象征，而是希望他们所继承的社会地位得到关注。在英国可以称某位绅士是德文郡公爵八世或者为伯爵幼子，但在中国很少强调长幼之序或者世袭身份，家族的姓氏以及郡望经常被用来象征世袭的声望。

## ■ 旧族的身份集团

唐代的博陵崔氏尽管没有典礼仪式或统一地缘，但他们不是多样化的异类房支，他们在社会和政治地位中引人瞩目地具备共通性。即使旧族可以间接地从地方精英日益增长的官僚权力中受益，但是不会卷入其中。他们一方面无此财力；同时作为士大夫象征性的领袖声望，要求他们自命清高并与众不同。

旧族维持声望的方式是通过形成一个自觉的身份集团来进行的，这个共同体以荣耀和传统而自诩骄矜。这个身份集团能够从两方面进行最好的分析：其一是与局外人之间的社会距离，其二是与众不同的生活方式。排他性的婚姻圈惯以出身的归属性标准为基础，建立集团界限，从而使团结一致成为可能。从其风度气质与其他社会上层有所不同来论，旧族需要强化群体自觉。旧族集团保持其身份地位的手段不单依靠他们特有的荣耀，也不只是凭借对某些社会资源的公然独占，而是旧族成员掌握了进入官僚系统的必要条件。这种成功反过来证明了旧族的优越地位。

下面将以所整理的博陵崔氏资料为基础，来探讨旧族身份集团的特征。尽管唐代崔氏或许是人为造成的种群，事实上，他们在唐代并没有建立一个真正的群体。他们仍然是旧族身份集团中的重要部分，考察他们为理解旧族提供了一个合理的视角。

### 婚姻圈

近来学者认为唐代的统治阶层由三百或者更多的地方精英家族所构成，这些精英家族都被载入政府发起编纂的氏族谱录中（人数总和大概少于全国人口的1%）。[1] 这种关于唐代阶层的解释，无疑具有历史的根据，博陵崔氏一度拒绝接受现状。安排婚姻方面，他们在很大程度上限制婚姻对象在比旧族更狭隘

---

[1] 杜希德：《唐代统治阶层的构成：从敦煌发现的新证据》，载芮沃寿和杜希德编《唐代透视》，纽黑文：耶鲁大学出版社，1973年；姜士彬：《中国中世纪的寡头政治》第五章，波尔德：西方视野出版社，1977年。为统计资料起见，精英家族被固定化，如池田温：《唐代的郡望表》，《东洋杂志》42卷3号，1959年；仁井田陞：《中国法制史研究：奴隶农奴法，家族村落法》，东京：东京大学出版会，1962年，页630—646。即使这些家族的规模都和博陵崔氏相埒，让一步讲，即便承认每个家族都曾经拥有五百名成员，然而人数总和（十五万）依然不过唐代五千万人口的0.3%。

的范围内进行。

唐代博陵崔氏已知的婚姻情况，计有一百零八例，详见《唐代博陵崔氏的婚姻关系》。90%的婚姻情况得自于墓志资料，在墓志上记载墓主配偶的名字是标准做法；因此只有当妻子或丈夫来自名望家族时，他们出现在墓志中的可能性才更大。由于一百零八例婚姻中有十六例婚姻配偶的祖先家族情况不明，所以只能利用于余下的婚家可知的九十二名墓主，来分析博陵崔氏婚姻对象的社会地位。①

表七　唐代九十二名博陵崔氏配偶的家庭出身[a]

| | 配偶家庭出身 | | | | |
|---|---|---|---|---|---|
| | 七姓 | 其他旧族 | 大族 | 非大族 | 总计 |
| 政治上重要者 | 29 | 6 | 5 | 0 | 40 |
| 其他博陵崔氏 | 19 | 21 | 10 | 2 | 52 |
| 总计 | 48（52%） | 27（30%） | 15（16%） | 2（2%） | 92（100%）|

a　资料来源：参见《唐代博陵崔氏的婚姻关系》。

从婚姻情况推断，毫无疑问，崔氏成员已经意识到在一个排他性的身份集团中确立其成员资格（参见表七）。他们婚姻对象中的82%是柳芳所列举的南北朝时期以降的二十九家旧族。② 其中只有两个和地方精英的其他名望家族通婚的例证。③ 在博陵崔氏内部，普通成员与政治上煊赫的成员之间存在显著差别。政治上重要者的博陵崔氏及近亲属约四分之三的婚姻对象是659年唐高

---

① 所列举的婚姻情况，仅包括崔氏名字确知或者其配偶父亲名字已知的情况。其他许多案例都只是提到婚嫁对象是崔氏或者是博陵崔氏。由于这样的案例根据准确信息的可能性较小，并且不可能证实，是故删略这些资料。关于配偶的祖籍状况，郑氏和卢氏是例外情况，他们都被统计进去，好像他们都被认为荥阳郑氏和范阳卢氏。其原因是没有其他氏族的郑氏和卢氏，即便是中等突出的氏族也没有。参见《新唐书》卷七五上《宰相世系表》郑氏条，卷七三上《宰相世系表》卢氏条。
② 参见《早期中华帝国的贵族家庭：博陵崔氏个案研究》第一章"研究对象的界定"。
③ 那些出身并非名门望族的崔氏配偶，多是官宦之家，尤其是一些暴发户。如，崔可观被记载为博陵崔氏，但是在其他方面不可辨认。他把女儿嫁给权重势盛的节度使之子李惟简，其先世不闻于世。参见《新唐书》卷七五下《宰相世系表》李氏条、卷二一一《李宝臣传》。

宗禁止"自为婚"的七姓。① 显而易见，即便在旧族内部，东北部的七姓家族认为他们与众不同。政治上重要的崔氏成员，轻而易举即可为子女指定婚姻对象，而且几乎总是选择其他七姓家族的成员。

这样一个排他性的婚姻圈，只能建立在对身份差别和荣誉的敏锐感知上。虽然崔氏成员不情愿婚姻对象完全建立在家庭出身的基础之上，但是他们声称的旧族或东北部家族的美德决定了他们的婚姻选择。如《崔俨世系表考释》所示，十八例已知的婚姻中除两例外，对象分别是卢氏、李氏、郑氏或王氏。崔暟妻太原王氏，为子女安排婚娶对象是"山东素门"（plain families of the Eastern Plain），不是"权右之家"（the powerful families），因此受到称赞。② 崔氏家族的另一名成员崔俊，有七女三男。崔俊后夫人是范阳卢氏，据说特别重视崔俊七女三男的婚姻选择。她注意到富贵显宦（膏粱贵胤）的子孙绝大多数是骄奢之徒，因此她爱择旧族，为崔氏子女详求嘉偶。③

这个狭隘婚姻圈的政治影响在涉及官僚间的庇护和联系时将进一步探讨。在此之前，有必要审视旧族坚信他们优于其他上层阶级（崔暟妻所称的"权右"）的气质特征。

### 家族关系与人物气质

在任何一个社会中，培养一种具有传统规定的、与众不同的有益气质特征能够增强精英地位的正统性，并且是精英群体团结一致的基础。唐代旧族所培养的气度不是昙花一现的光华，他们并没有竞争新文化和新学术运动的领袖地位。他们更适合表现自我，被描述为有教养的士大夫和有道德的家族成员的完

---

① 政治上显赫者，在王朝正史中多有列传，参见本文注释⑰。这里所指的近亲属不仅指有助于他的政治生涯者（如母亲、妻子、兄弟姐妹的配偶），还包括那些在政治上成功之后婚娶不错的崔氏成员，延续到他自己或者兄弟的子孙。如果仅包括崔氏的嫡系子孙，这种统计将更加令人印象深刻；超过90%的崔氏成员在七姓内部联姻。在确定崔氏配偶的社会地位时，没有其他因素看来是重要的，不用考虑崔氏的性别，也不用考虑崔氏的房支，亦不用去证明其祖先是否为北朝的显赫家族，更不用理会这样的信息是来自出土的墓志资料还是其他资料。
② 墓志24。
③ 墓志39（译者按，原著此处为陇西李氏，当系笔误。据墓志39《唐故光州刺史李府君博陵崔夫人墓志》、墓志73《崔俊墓志》及附录二《崔俨世系表考释》"崔俊"条，崔俊前夫人荥阳郑之尚女，后夫人范阳卢国倚女）。

美结合。北魏时期旧族要继续维系法统地位,大部分因为履行后汉时已经充分阐明的家族生活标准的倾向。这种倾向在南朝得到持续发展,并被北齐和隋代的北方家族所采用。旧族凭借雅致的文化和传统的文学技巧,来巩固其优越地位。如上所论,地方精英培养起类似的气质。然而,旧族被视作这些活动的领袖;他们制定礼仪规范,并齐心协力以达到这些标准。

当然,并非每名崔氏成员都能够达到旧族成员所期望的理想形象。崔氏成员的个性多有不同,环境因素亦千差万别。如崔损,母死未葬,又其姊为尼,殁不临丧,广受非议。① 然而大多数崔氏成员都(还有郑氏、卢氏和李氏等)身体力行、言行合一,把这种理想的影响力一直坚持到9世纪中叶,流风所致,唐宣宗因为他的女儿嫁给东北家族后不能恪守礼法标准而恼羞成怒。②

旧族传统及价值的绝妙视角,可通过《崔俨世系表考释》的一个家族得以展现。这个崔氏家族的翘楚人物是崔沔、祐甫、俊和植。《旧唐书》载祐甫:"家以清俭礼法,为士流之则。"③ 这个家族705—873年间的历史,通过十三份幸存的碑刻墓志和五个列传完整地保存下来,其中一半墓志由其亲属所撰。

崔沔家族是西魏时迁向长安的一名崔氏人物的后裔,但是700年这个家族重新迁回洛阳。④ 在这个家族内部,团结一致不是空谈,而是日常行为的一部分。崔暟(？—705)的后裔在整个8世纪都保持密切关系,有些证据甚至表明,崔俨(？—646)的所有后裔在820年代都保持联系。⑤ 家族的男性成员会心甘情愿地照顾沦为寡妇的姊妹、夫方或妻方的姊妹,姑姨或者叔伯会责无旁

---

① 《旧唐书》卷一三六《崔损传》。
② 848年,唐宣宗把爱女万寿公主嫁给广受尊敬的荥阳郑颢,诏令她忘记尊贵之位,恪守妇礼,关照夫家。当宣宗知道郑颢弟颢得危疾时,万寿公主竟在嬉戏玩耍,气急败坏道:"我怪士大夫家不欲与我家为婚,良有以也!"宣宗严厉地叱责了万寿公主,后来史家记载,贵戚之家皆小心翼翼恪守礼法,如山东衣冠之族。参见《资治通鉴》卷二四八唐宣宗大中二年(848)。
③ 《旧唐书》卷一一九《崔祐甫传》。
④ 墓志25。
⑤ 关于崔俨一例,证据不够确凿。消极方面,没有如墓志一类的私人资料显示同一家族每个部分的成员之间存在联系,820年,崔俊把他的侄子埋葬在邙山,地点与778年崔祐甫所用墓地不同。积极方面,崔俨曾孙辈的名字中都含有"甫"字(众甫、祐甫、夷甫,等等),或者字号中含有"孙"字(孟孙、振孙,等等)。给共曾祖的再兄弟起相似的名字并不常见。不仅如此,公众认为崔俊和崔植是近亲,当政策失败时,他们将家族利益凌驾国家利益之上,公众变得怒不可遏,参见《旧唐书》卷一一九《崔祐甫传》。

贷地养育家族中的孤儿。7世纪末,崔暟独自照料他的妹妹、兄弟的妻子,同时抚养他们的孩子。8世纪初,崔暟子沔供养亲姊寡嫂,抚养甥侄,甚至为兄弟的孙女提供住所。①安禄山叛乱(755—763)的威胁,最充分地检验了这个家族团结的力量和价值。洛阳沦陷时,崔成甫早已被放逐江南。其他一百零八名崔氏族人,集中起来前往成甫流放地。崔成甫加入流亡四川的中央政府时,其妻不得不踽踽出行。另外一名成年族人崔夷甫卒于途中,但是其遗骸一直被族人抬到目的地。夷甫死时,其子年仅六岁,又由于夷甫妻于四年前业已过世,因此这个孤儿被伯母所抚养。多年以后,他在为这位伯母撰述的墓志中提到,在这次颠沛流离的行途中,他因为误吃野菜而两次中毒,全仗伯母悉心照料而幸免于难。②

这个家族在南方一直居住到769年,成甫和众甫都客死异乡。这个家族一度陷入窘境,众甫遗孀不得不变卖首饰为诸子提供衣食。其后又不得不依靠众甫从弟祐甫的接济,与丈夫的姊妹一起艰难度日。她在这个复杂的家族中,从不露锋芒,以谦让称美。③

崔祐甫在南方担任多种地方官职。762年,他给宰相上笺求职,他在笺中对家族的经历进行叙述:

> 祐甫天伦十人,身处其季。凤遭险衅,几不闻存没。左右提携,仰于兄姊。顷属中夏覆没,举家南迁,内外相从,百有余口。长兄宰丰城,间岁遭罹不淑。仲姊寓吉郡,周年继以鞠凶。呱呱孤甥,斩焉在疚,宗兄著作。自蜀来吴,万里归复。羁孤之日,斯所依焉。岂期积善之人,昊天不吊,门绪沦替,山颓梁折。今兹夏末,宗兄辞代,顾眇眇之身,岿然独在。寡弱婴孺,前悲后泣。一门之中,发首相吊,舍之而去,必填沟壑。④

769年,崔祐甫返回北方,着手埋葬死者。九年之后,他准备为故去的亲属成

---

① 墓志25、《全唐文》卷三三八《颜真卿·通议大夫守太子宾客东都副留守云骑尉赠尚书左仆射博陵崔孝公宅陋室铭记》、墓志12。
② 《全唐文》卷四〇九《崔祐甫·上宰相笺》,墓志27、22、26。
③ 墓志22、25、27。
④ 《全唐文》卷四〇九《崔祐甫·上宰相笺》。

员举行正式葬礼。705年,他的祖父被暂时埋葬于洛阳郊外,因而没能寻其骸骨归葬于长安郊区的祖坟。崔祐甫在为他的祖父撰写的墓志附言中记载,祖先士约、弘峻、俨都葬于长安而不是归葬博陵;既然他们已经在洛阳居住四世,一个永久性的家族墓地就应该营建于斯。有五份墓志发现于这个大型的改葬墓地。①

这个家族的男女成员在与葬礼和祖先祭祀的典礼仪式中,如果虔诚地遵行家族礼法,他们就会得到族人的称赞。祖先祭祀主要以崔俨血统的主干大房为中心进行,而不在第二房内进行,也不在崔漪宗族的主干房支内进行。即使崔沔和祐甫都是政治上的显赫人物,但是这个小宗内主持仪式的家长却是崔沔的长兄浑和浑的嫡长子众甫。众甫作为数代以内的主要继承人,掌管家庙。其妻作为宗妇或士妇予以协助,762年众甫卒,其妻实际上担任这项职务一直到794年死去。②778年,在一份关于崔暟的墓志附记中,她以嫡孙众甫妇的名义列首位,而之后担任高官的祐甫则作为年轻的孙子居于其后。③

崔沔宅第中的宗庙和家族墓地看来对这个家族的团结至关重要。通过颜真卿为崔沔宅第的遗迹撰写的文辞可以看出,崔沔对于营建祖庙和祭祀礼仪极为热心。④当家族成员在安禄山叛乱中流离洛阳时,崔祐甫背负"木主"以防它们在战乱中付之一炬。⑤家族墓地的重要性,不止表现在崔氏成员不顾千万里都要殚精竭虑地把所有祖先的遗骸埋葬于此,而且表现在葬礼所需要的毫无疑义的高额费用。⑥墓志镌刻于碑石,置于棺椁附近,大小不等,大约一至四平方英尺。墓志行文简洁,文词雅重,书法技巧突出,精心制作,足见对这些事

---

① 墓志22、23、24、25、26。
② 墓志25、27。
③ 墓志25。
④ 《唐会要》卷一九《庙隶名额·百官家庙》;仁井田陞:《唐令拾遗》,东京:日本东方文化学院东京研究所,1933年,页508。只有五品及以上的官员才能建立宗庙。他们可以为高祖到曾祖的先辈建立祭坛(或者就是以前分散的庙),如果他们的直系后裔同样取得如此高的官位,家族庙宇就可以继续存在。崔沔官居五品,所以有资格以他父亲的名义建立家庙。
⑤ 《旧唐书》卷一一九《崔祐甫传》。776年,颜真卿描述所有的旧建筑化为废墟(《全唐文》卷三三八《颜真卿·通议大夫守太子宾客东都副留守云骑尉赠尚书左仆射博陵崔孝公宅陋室铭记》)。然而,后来崔暟的后裔仍然居住在原先的宅里(墓志27),或许暗示房屋和家庙最终得以重建。
⑥ 崔氏祖先的遗骨在769年曾经迁葬,而后在780年代,整个家族因朱泚之乱再次逃向南方(墓志27);820年代,崔俊携带从兄崔植的遗体一起北归,崔植早年卒于南方任职期间(墓志32)。

情投入的关注。笔者通过对所有墓志拓片的研读，发现崔沔父母（崔暟夫妇）的墓志最为奢华。① 两块墓志尺寸规格相同，隶书镌刻，砖石砌成，均逾三平方英尺。两份墓志都力求描述墓主的个性和品格，屡次引用他们与子女的谈话。其后崔氏的墓志经常在组成上显示出类似的关心，展示墓主的慷慨豪情，但在墓志的尺寸和书法方面不再考究。②

全面培养仪式规定的行为举止，与恰当的家族关系密切相关。③ 旧族中最受尊敬的是一丝不苟地按照道德和礼仪原则行为做事的人。崔沔显然当之无愧。《旧唐书》描述他在最动荡的环境中依然能够坚持官员的合适体面。由于他精通丧礼仪制，朝廷经常向他咨询。④ 崔沔甚至在日常生活中都恪守礼仪规则。李华在赠序中称赞："开元中（713—741），天下富穰，车服过制。公菲饮食，卑宫室，濯衣浣冠，俾人瞻我而化，其不化者，亦惭乎心矣。"⑤ 另外一条史料记载，崔沔在悼念其母的整个祭祀过程中，只要他看见一个居丧者，即便是童稚，他也设位束带尽哀以礼之，严格遵循礼仪规则。⑥ 这种谨慎克制的行为，我们假定是严厉家法锤炼的产物。崔沔子祐甫在称颂时人穆宁教育孩子的方法时，对于家法的教化作用进行阐述：父子之间必须保持正式距离，"远子

---

① 墓志24、25。
② 这些墓碑深埋地下，因此它们不是旨在影响时人的夸耀性展品（《陔余丛考》卷三二《碑表、志铭之别》）。然而，家族团结和孝顺必然经常促使他们相信，亲属最重要的成就或品德可以通过碑石保留下来。同样的动机会驱使子孙后裔印刻或者传播祖先的文集。崔暟把文集遗交给崔沔（墓志25）。崔沔死后，祐甫请求文辞优美的友人为崔沔的文集作序；祐甫殁后，崔植同样找人为祐甫的文集作序（《全唐文》卷三一五《李华·赠礼部尚书清河孝公崔沔集序》，卷四九三《权德舆·唐银青光禄大夫守中书侍郎同中书门下平章事赠太傅常山文贞公崔祐甫文集序》，《新唐书》卷六○《艺文志》）。
③ 参见陈寅恪：《唐代政治史述论稿》，台北：台湾商务印书馆，1970年，页53—54、58—59、68—69。其中陈氏指出山东旧族中优美门风以及学业因袭的重要性，这使旧族有别于帝室和其他以词科见长的新兴阶级。从崔氏的研究情况看，礼法行为的家族传统似乎比经典学术更为重要（除却仪礼文本之外）。竹田龙儿的核心观点是，"家法对唐代以家族为基础的礼仪传统的旧族气度是重要的。"参见《关于唐代士族的家法》，《史学》28卷1号，1955年。
④ 《旧唐书》卷一八八《孝友·崔沔传》。史书详细记载了崔沔关于皇帝母系亲戚适合的服丧器物，并称朝廷每有疑义，就咨询崔沔。
⑤ 《全唐文》卷三一五《李华·赠礼部尚书清河孝公崔沔集序》。
⑥ 《全唐文》卷三三八《颜真卿·通议大夫守太子宾客东都副留守云骑尉赠尚书左仆射博陵崔孝公宅陋室铭记》。

之节",孩子事父须拜手稽首,如同仆役一样恭敬。①

旧族成员对家族内外的礼节、纪律及其责任特别重视,这应当归功于长期确立的孝子和有教养的士的观念。尽管如此,旧族的行为还是带来实际利益。训练旧族成员作为政府官员,进而在上层阶级中占有一席之地,这需要多年的积累方能成功。在一个父亲或双亲极有可能早卒的时代,只有大家族才能够凭借对家庭责任的坚定信念,抱成一团,从而持久地保证对家族的孩子进行适当教化的职能。崔沔家族极好地证明了这点。由姑妈叔伯抚养的孩子和由父母抚养的孩子数量相差无几。在礼仪举止上的严格训练为仕宦生涯做了很好的铺垫。他们学习和颜悦色地接受父祖的指令以及向诸子及兄弟传达训示的做法,将使后来的官僚生涯比较容易,因为他们必须习惯权威的等级制度。换句话说,唐代旧族不像其他时代、其他地方的贵族一样努力展示勇敢、忠诚、抑或对艺术的敏感,他们更明显地强调官僚特征。旧族强调遵守礼法的行为举止,其最终的潜在原因大概正是它的归属性影响。行为习惯在孩童时代总是很容易被接受,旧族的孩童训练尤其需要长时间的锤炼。旧族不能指望所有的子孙都具备文学才能,但他们希望若能给予精心指导,其子孙能够学会其父母或者亲戚的礼仪举止。②

## 出身与官职

旧族培养起来的价值和行为,受到广泛尊重并成为骄傲之源,但是在某些方面,与唐代基本的社会政治现实存在冲突。旧族宣称荣誉本质上来自于诸如个人行为和家族传统的私人事务,而强大的官僚政府对此自然而然地发生

---

① 《全唐文》卷四〇九《崔祐甫·穆氏四子讲艺记》,竹田龙儿也对穆宁和祐甫的文章进行讨论,参见《关于唐代士族的家法》,《史学》28卷1号,1955年,页91—92。正直被视作严格的家族标准和传统的产物。史家在《崔祐甫传》中记载,祐甫妻没有接受先前是丈夫祐甫同僚、而后成为叛贼的朱泚的礼物,因此崔氏家族传统的优点让整个社会印象深刻(《旧唐书》卷一一九《崔祐甫传》)。
② 凡勃伦对礼节和学习能够表现其阶级背景的作用进行详尽研究,参看其著:《有闲阶级论》,纽约:麦克米伦公司出版,1953年,页33—80(译者按,中译本参见蔡受百:《有闲阶级论——关于制度的经济研究》,北京:商务印书馆,1997年)。

排抑。许多学者对旧族、朝廷和官僚系统间的紧张状态进行研究。① 对唐代崔氏的研究可提供另外一个视角来观察这种紧张状态。崔氏像其他旧族成员一样,其个人基础偏重强调人物的出身、特质、官品和权力等因素对个人价值的影响。

如第四章所论,6 世纪以降,关于出身和谱牒的著作分布广泛。唐朝中期,只要一个人物能够辨明墓志,看来至少存在着脱离赞颂祖先的倾向。墓志总是以某种形式提及祖先,但是行文可能非常简略,简单地声称某人来自博陵,并记载他的父亲、祖父以及曾祖的名字。然而,此处六十三份墓志的 75% 以上都详述博陵崔氏的祖先谱系。② 其中,超过一半的墓志都追溯汉代之前崔氏的先世。例如,开篇即是"炎帝之世……"或者"肇自太公……"。6 世纪和 7 世纪关于上古时期崔氏祖先的冗长记载俯拾可见,但在安禄山叛乱之后的墓志中,这种情况有所减少。③

唐代崔氏对待出身问题最让人诧异的是很少提到前朝那些声名显赫的祖辈。许多墓志模糊地记载崔氏是世代著姓,然而六十三份墓志中只有十七份提及高祖以前先世的名讳。其中,五份墓志所涉及的崔氏在政治上虽非显要,但在崔氏姓氏或宗族中地位重要;④ 另外还有五份墓志错误地追认清河崔氏为其祖

---

① 学者们特别关注朝廷及旧族竞争设定地位标准的努力,以及科举制对旧族地位和态度的影响。参见杜希德:《唐代统治阶层的构成:从敦煌发现的新证据》,载芮沃寿和杜希德编《唐代透视》,纽黑文:耶鲁大学出版社,1973 年;陈寅恪:《唐代政治史述论稿》,台北:台湾商务印书馆,1970 年,页 1—93。
② 七十四份墓志中此处只用六十三份,其余墓志是崔氏妻子的墓志,关于崔氏祖先的描述都在崔氏成员自身的墓志中。
③ 703 年的一份墓志记载(墓志 57):"在唐为姜姓,炎帝之孙也。在周为崔氏,齐侯之允也。遥源长发,洪河之水接于天。层盘列秀,太行之山,拒于海东。"739 年的一份墓志(墓志 13)记载较为简略:"齐太公望孙之子穆伯让国于叔乙,退居于崔,因授氏焉"。
④ 三份墓志提到仲牟,前汉汶阳侯,当博陵崔氏从清河崔氏中分出时,崔仲牟被追认为博陵崔氏的始祖(墓志 41、45、30)。三份墓志都提到崔毅和他的儿子的房支。第四份墓志提到仲牟,但是爵位不同(墓志 50),第五份墓志称443是清河崔氏的始祖(墓志 70)。毫无疑问,这五份墓志明确表示并非所有崔氏都出自崔毅之后。有可能是他们张冠李戴把清河崔氏的始祖误认为博陵崔氏的始祖,并可能复写入文献著作。《新唐书·宰相世系表》和这些墓志关于崔氏的理论,表明崔氏长期居住在清河,幼子在前汉时迁向涿郡,后称博陵。前汉之初,清河崔氏为地位较高的主干大房。876 年的一份墓志(墓志 41)记载:"至秦,东莱侯意如少子仲牟,汉封汶阳侯,徙涿郡。后汉改涿郡为博陵。今为博陵安平人也。至燕秘书丞懿又分为第六房。"

先。①事实上，两名通过科举考试进士及第的成员都相继犯了这类错误。②在唐代，对于一个受到良好教育的崔氏成员来说，知道前世著名的崔氏人物，而不管他们是否为自己的先祖，这一点说明他已经怀疑他自己究竟是不是博陵崔氏的后裔，抑或他本人对自身祖先的历史起源并不关心。③在墓志中提到的早期崔氏人物，经常是后汉的崔骃、崔瑗和崔寔。比较而言，北朝崔氏更加擅长军事行动和立足地方发展的特征，对唐人而言，这难以激起他们的荣耀感和向往之情。④

  时人对待崔沔家族出身和家谱血统的态度格外有趣，不是因为他们是典型的旧族，而是因为他们可以象征旧族主导的态度。十三份关于崔沔家族的墓志中，没有一份把清河崔氏错误地追溯为远祖，亦没有对崔氏姓氏或宗族的房支分离进行关注。关于博陵崔氏的墓志，有二分之一强都把祖先追溯到汉代之前，而这十三份墓志中只有三份如此。他们亲自或者托人撰述的墓志，经常使用谦卑的口吻提到近世的祖辈。如，崔沔子祐甫在为堂兄夷甫撰写的墓志中提及祖先："汉魏以来，文章正直之业，布在淳史。"在叙述完夷甫的曾祖、祖父和父亲之后，他继续评论道："咸有明德至行，远图高躅，位屈于时，功业不著。"⑤崔祐甫对家族久远的历史毫不关心，或许感到与后汉的崔骃及崔瑗存在

---

① 其中四例追溯至三国时期的崔琰（一例还提到崔琰从兄遵），还有一些溯及北魏的崔浩（墓志7、9、34、42、55）。

② 如，崔日用和墓志7中日用之子（崔宜之），崔弘礼和墓志34中弘礼之弟（崔璆）。墓志铭的作者都没有把他们收入，因为他们当时仍然在世。崔弘礼声称委托他人为其弟璆撰写墓志。

③ 还有一个忽视血统的表征是崔氏关于近世祖先偶然出现的错误或疏忽。如，撰写于873年的一份墓志中记载，墓主崔舒是崔植之孙，在追述时没有因崔植担任宰相而骄傲，仅记载崔植被"贬谪"后的地方官华州刺史之职（墓志40）。墓志31提供了另外一个例证，墓志铭的作者李彧提到崔日用任宰相，是墓主崔婉曾祖晅的从兄。但是如此这般，他把崔日用误认为崔汲之子，而崔澣事实上才是日用之父。

④ 九份墓志提到了后汉的崔氏，经常涉及他们文学作品的名称，其中许多在唐代流行。两份墓志提到西晋的崔洪。这种整体趋势的例外情况是颜真卿为崔沔撰写的传记，它不是正式的墓志铭，因此它并没有包括在上面用于分析的墓志中。它列举了七个在北朝有传记的崔氏成员。参见麦大维：《8世纪中叶的文学和历史理论》，纽黑文：耶鲁大学出版社，1973年，麦氏指出旧族人物更青睐于汉代，而非汉代之后的分裂时期。

⑤ 墓志26。崔祐甫在为另一个从兄众甫撰述的墓志中，展示了他对于《后汉书》中祖先列传的熟悉程度。他并没有记载崔氏自炎帝时即发扬光大，反而认为是自后汉侍御史以降，才涌现一批直道正词、高名绝节的人物（墓志22）(《后汉书》提到最早的崔氏人物即崔朝，担任侍御史。祐甫是唯一在墓志中提及崔朝的人物）。

一些关系,他在杂文集中屡次提到他们。祐甫由于能够洞见高祖在西魏时期离开河北迁往长安的原因,因此他对家族近世的历史了如指掌。①

许多最成功的崔氏成员对于出身保持谦恭态度,同时又存在许多妄自尊大的谬误和混乱,原因究竟何在?毕竟唐代崔氏的社会地位建立在信仰之上,在家族血统方面不言而喻地居于优势地位。他们之所以会存在自相矛盾、相互牴牾的态度,原因之一是:博陵崔氏再已不是活跃的宗族团体。在很大程度上,情感纽带把他们局限在较小的亲族群体之内,崔氏对于祖先的重要性可能会感到茫然无知。②

原因之二是:对谱系的重视在基本层面与唐代官僚组织的发展发生冲突。由于崔氏成员把很多时间投入到官僚事务中,他们对于官僚政治所强调的普救式理论不可能完全无动于衷。许多崔氏成员不再公然强调出身的重要,反而强调他们的优越性及合乎规矩的雅致的行为传统等更加客观的根据。尽管如此,只有少数崔氏成员完全接受官僚意见,即邀取荣誉的唯一手段是获得高官显位和行政权力。通过归纳参差不齐的有用资料,可发现大多数崔氏成员尽力寻求中间的均衡点。一方面,他们毫不犹豫地学习朝廷要求官员必须具备的才能,并以顺利通过科举考试感到自豪。如,崔沔的传记者满怀自豪地记载了他一生在文学和学术上所取得的特别奖励和荣誉。③另一方面,他们又不愿意过于强调获得权力和高官的重要性。崔沔视个人和家族荣耀为最高准则,拒绝自贬身价去谋求官位升迁。他屡次拒绝朝廷任命的重要职位,以便留在洛阳照顾眼盲的母亲。中书令张说举荐他为中书侍郎,他力图改变"侍郎虽是副贰,但署位而已,甚无事也"的状况,与张说颇有异议,张说勃然大怒,奏贬崔沔为魏州刺史。崔沔没有沉湎于贬官的哀戚之中,而是励精图治,博得清名。④崔沔子

---

① 《全唐文》卷四〇九《崔祐甫·上宰相笺》、《齐昭公崔府君集序》;墓志25。
② 陈寅恪:《唐代政治史述论稿》,台北:台湾商务印书馆,1970年,页53—54,从其他资料中亦得到相同结论。
③ 《全唐文》卷三三八《颜真卿·通议大夫守太子宾客东都副留守云骑尉赠尚书左仆射博陵崔孝公宅陋室铭记》。
④ 《全唐文》卷三三八《颜真卿·通议大夫守太子宾客东都副留守云骑尉赠尚书左仆射博陵崔孝公宅陋室铭记》、《旧唐书》卷一八八《孝友·崔沔传》、《资治通鉴》卷二一二唐玄宗开元六年(718)。

祐甫记载他的人生观云:"主恩非臣下之所图,天命岂生人之所制?"① 也就是说,政治的反复无常和运气好坏决定成功与否。由于崔沔已官居三品,因此不能合理地阐释政治失败的情况,但是他拒绝以政治上的重要性作为评价人物价值的标准。②

并非所有的崔氏成员都同意崔沔的观点。同时代的人物中有一个例证,即崔湜对仕宦成功怀有强烈的热衷。8世纪初的十年里,他屡次因政治阴谋而身陷囹圄。《太平广记》的一条轶事记载了他的某些态度(真实与否不能确定):

> 湜美容仪,早有才名。弟液、涤及从兄莅并有文翰,列居清要。每私宴之际,自比王谢之家。谓人曰:"吾之门地及出身,历官未尝不为第一。丈夫当先据要路以制人,岂能默默受制于人?"故进取不已,而不以令终。③

换言之,崔湜意识到担任高官能够博取最高荣誉,而道德高尚但终于诸县令长的君子将会遭人鄙视。大多数崔氏成员都不承认这种极端的观点,这不足为奇,因为它将全面破坏崔氏的整体地位。只要人们认同崔沔的观点,即判断地位的标准是气质、风度和忠诚的公益服务(无论如何次要),即使其他群体成员成功地攫取权力,所有的崔氏成员都可以在社会精英中保持尊崇地位。如果崔湜的观点被接受,情况就远非如此。崔湜指出他的兄弟以及从兄弟的仕宦政绩,当然不是指他这个房支或整个博陵崔氏的所有成员都获取了煊赫的职位。④

---

① 《全唐文》卷四〇九《崔祐甫·故常州刺史独孤公神道碑铭并序》。
② 这个家族的另外一名成员也表现出相同的态度,即崔夷甫,见于墓志26。
③ 《太平广记》卷二四〇《谄佞二》"崔湜"条。
④ 许多学者已经注意旧贵族内部存在更"贵族的"和更"官僚的"观点之争。参见陈寅恪:《唐代政治史述论稿》,台北:台湾商务印书馆,1970年,页54—55、59、64—65。陈氏谈到旧族门风和新贵风格,旧族内部有些人熏染新风气,反之亦然。今堀诚二:《唐代士族的性格描写》(二),《历史学研究》10(2),页68—72,他强调晚唐发展背景下的官员业绩。由于这些观点的证据,在很大程度上都建立在遗事趣闻的基础上,所以难以确定哪个观点更具普遍性。不过看起来崔湜观点在崔氏内部接受的程度比想象中要广泛得多。

## ■ 官僚生涯

如果旧族的身份集团仅仅依靠传统和荣誉来维系，其成员必然会沦落为上流社会身份平庸的人。不论他们的信仰如何，旧族只要把家族资源转化为更加通行的方式——官僚职位，那么他们就会获得持续不断的优势。唐代崔氏地位的第二个主要因素是崔氏获得官职的能力。

这一点崔氏表现突出。唐代崔氏最为显著的特征是，他们相当普遍地获得官职。[1] 在出土墓志所载的一百三十三名墓主中，占91%的一百二十二个墓主都担任官职。其中，没有官职的十一人中，一人早卒，一人出家为僧；只有三份墓志资料明确记载墓主没有出任官职。[2] 在一些典型的墓志中，不仅墓主本人担任官职，其父亲、祖父、曾祖都占据官位。只有一份墓志记载墓主的父祖没有任官，而他本人却获得官职。[3]

这些统计资料充分显示，崔氏比其他上层阶级的成员拥有更好的机会。但是这些资料却不能解释，究竟是什么因素给予他们如此契机，换言之，究竟是因为出身本身还是因为与出身相关的因素，如财富、地方权力以及与朝廷之间的政治联系或生活方式（包括冠服、行为和言谈等），不得而知。为了证明唐代科举制青睐具有旧族规矩和交往等典型特征的人物，有必要对他们获得官职的方式进行考察。

---

[1] 唐代的小说和传奇经常表明旧族子弟难以应付科举考试。（参见守屋美都雄：《六朝门阀个案研究——太原王氏系谱考》，《法制史研究》4，东京：日本出版协同株式会社，1951年，页124—125；宇都宫清吉：《关于唐代贵族的考察》，《史林》19卷3期，1934年，页77—79。）尽管如此，在已知崔氏成员的基础上，我们不应该过于轻率地断定旧族成员很难获得职位。轶事经常记录非正常事件，实际上小说中的小丑角色不一定是正常人物。不仅如此，在科举考试中落第的旧族成员本可能通过其他方式获得职位。旧族中最出色的官员杜甫屡应进士不第，最终通过其他途径取得官位。参见洪业：《中国诗圣：杜甫诗歌注释》，剑桥：哈佛大学出版社，1952年，页71—89。

[2] 墓志5、2、19、49、54。

[3] 即指玄亮，其父只有死后的赠官（墓志54）。另一份墓志记载墓主崔翰之父倚，举进士，隐居而终（墓志66）。这种情况的罕见透漏出一个有趣的话题。没有理由假定，一个成功的官员将不会因为他的父亲没有任官，而不让人为他自己撰述墓志。这是否意味着崔氏的父祖未能任官，那么他本人进入官僚机构的机会也微乎其微？唐代崔氏成员似乎有规律地拥有二子或三子（见《崔俨世系表考释》）；或许这种成员数量的增长对于绝嗣的房支形成压力。总体来说，崔氏居于高位，正是源于财富、关系和威望的综合优势。如果一个人的父祖不是政府官员，那么他很少有机会享有这些优势。

### 入仕途径

现存大约仅有一百人的关于崔氏如何具备任官资格的有用资料,这些人分为三类:获得国家威望因而在正史中有传者;在亲属列传中附有简短介绍者;以及幸存的墓志资料所载者。前两类崔氏成员绝大多数都通过了科举考试。①然而,已出土的墓志铭刻提供了大量被称作博陵崔氏的代表性样品资料。遗憾的是,墓志很少关注具备任官资格的途径,这与主题的描述关系不大。出土墓志中,只有二十九人的墓志言及此处,其中二十六人具备任官资格。

唐代选官制度的基本轮廓人所共知。人们担任官职需要经过两个步骤:首先必须拥有正式的任官资格,其次被任命职位。获得任官资格的标准方式是通过考试或者恩荫,或是唐朝后半期通过特定府主的直接任命(辟召)。②正史列传所载的任官资格基本如此。但是墓志展现了一个更为复杂的情况。从出土墓志已知的二十六位墓主中,其中十一人(42%)通过某科考试(考试科目已知的,三人进士及第,三人明经擢第,一人保举经学)。考虑到几乎所有的崔氏成员都曾经任官,所以不管他们天生如何聪颖,都有大约30%—50%的人能够胜任科举考试,这令人印象深刻。③这些崔氏成员看来充分利用了所具有的资源,诸如财富和学术传统,从而掌握考试所要测试的内容。他们还具备其他优

---

① 这些信息明显表明,所讨论的人物已经进士及第,因此关于他的儿子、兄弟、从兄弟、侄子等人争取任官资格的方式就没多大用处。我们能够注意到,若有如此众多的人物通过考试,那么就没有方法来推测有多少人没有通过考试,这是因为在一些人物列传中仅附有少数亲属。然而,关于政治上最成功的崔氏人物的仕宦途径,正史提供了近乎完整的信息资料。这些资料明确表示,在唐代的大多数时间里,博陵崔氏为了获取国家声望,不得不通过科举考试,通常是进士科。他们发展被限制的时期是唐初二十年和安禄山叛乱期间。在三十六个政治显赫的崔氏成员中(参见本章注释㊼),占72%的二十六人通过考试,十九人举进士,五人举明经,两人通过弘文馆考试。剩下的十人中,三人在安禄山叛乱期间及以后直接担任僚佐,他们都致力于促成和平稳定。史载两人利用门荫权(一人担任太庙斋郎),其他五人没有记录,但是他们至少本可以利用一部分门荫权。五人中的三人生活在唐政权建立之初,其时选官制度尚未完全确立。

② 参见章群:《唐代考选制度考》,台北:中央文物供应社,1954年,页8—26;筑山治三郎:《唐代政治制度研究》,大阪:创元社,1967年,页139—163、195—223、474—492;福岛繁次郎:《中国南北朝史研究》,东京:名著出版社,1962年,页92—166。关于直接任命制度,参见砺波护:《从牛李党争看中世贵族制的崩溃与辟召制》,《东洋史研究》21卷3号,1962年,页10—15。

③ 如果这些墓志的墓主被看成是崔氏的随机抽样调查,那么崔氏通过考试的将在42%左右,标准误差是上下浮动9.6%。

势。十一人中有四人以门荫进入国子监。① 在唐代，皇亲、外戚以及高官（朝官三品及以上）的子孙能够通过相对简单的考试进入崇文馆或弘文馆。其中一名崔氏成员即沿循这条路径。其他三人进入四门学，这些学术机构是为七品及以上官员的子孙预备的（五品及以上的官员子孙可以进入国子学和太学）。他们在那里准备科举考试，尤其是明经科和进士科。② 成书于7、8世纪之交的《唐摭言》反映，通过国子监进入官僚机构的士子比通过地方乡贡进入官界的人员要荣耀得多，其子孙同时也拥有重要的优先权。③

  崔氏成员的个人关系能够帮助他们进士及第。希冀通过科举考试的青年才俊，经常来到京师，凭借反映文学才华和心智技能的行卷来影响潜在的座主。博陵崔氏的亲朋好友中就有人担任现成的座主，这让崔氏考生占据近水楼台的优势。④《太平广记》记载一条轶事，博陵崔氏的一名成员即崔护未能登科，怨怼于考官苗登，他的舅舅。另外一例则记载，另一名崔氏成员即崔蠡任考官，使他的族人在进士科考试中拔得状元头名，是因为感念族人曾经捐助他母亲的葬礼。⑤

  崔氏成员通过门荫特权进入官僚机构的数量不可能准确得知。通过屡屡征引的典制可知，三品及以上官员荫曾孙，五品及以上官员荫孙。⑥ 出土墓志中的已知崔氏人物，除却通过恩荫特权进入两监机构外，四人似乎皆借此获取官位。据说一人借此进入宿卫机构，而后进入正式官僚机构；另外一人借此在帝国宗庙中担任斋郎，也是迈向正规官僚机构的首要步骤。⑦ 这些职位都属于众

---

① 墓志5、8、25、55。
② 关于国子监研究，参见戴何都：《法译新唐书选举志》，巴黎：拉鲁斯出版社，1932年，页131—144。
③ 《唐摭言》卷一《两监》。
④ 关于庇护制度，参见洪业：《中国诗圣：杜甫诗歌注释》，剑桥：哈佛大学出版社，1952年，页25—28；亚瑟·韦利：《白居易的生平和时代》，伦敦：阿伦与昂汶公司，1949年，页18—23；刘若愚：《李商隐诗歌——中国九世纪的巴洛克诗人》，芝加哥：芝加哥大学出版社，1969年，页14—24。还可参看筑山治三郎：《唐代政治制度研究》，大阪：创元社，1967年，页149—152。
⑤ 《太平广记》卷二五五《嘲诮三》"崔护"条；卷一八二《贡举五》"崔蠡"条。
⑥ 《新唐书》卷四五《选举志下》、《旧唐书》卷四二《职官志一》。
⑦ 墓志48、26。在另外两例中，术语"荫"没有明确使用，但是其他资料显示，门荫权似乎被利用。其中一人是公主之子，起家官较高（节），这允许该成员具备任官资格（墓志6）。另外一人在正式进入官僚机构前担任进马，该职位看来是通过门荫将要获取正式职官前的考验性差事（墓志40）。

多通过恩荫获取的非正式职位,公孙子弟在年轻时担任这些流外官,期限是五年到八年。他们在正式任命前后,都应该从事学经,并且每年都要接受成绩评定,借此考虑给他们任命合适的官职。① 门荫特权的优点还在于,人们能够在相对年轻的时候获得职位,譬如,崔夷甫少以门荫为太庙斋郎,年未弱冠,调补正式官职泽州参军事。②

从已知的崔氏资料来看,门荫特权的施行对于高官子孙并非如规定中那么严格。其中一名崔氏(义邕)的父亲官七品,祖父在唐代官八品,曾祖在隋代官五品,而他本人却以门荫直接进入国子监任官。另外一名崔氏(孚,据《全唐文》中的墓志)的父亲(育)是江阴令(七品),祖父(预)是监察御史(八品),但他本人却以门荫补太庙斋郎。③ 还有一名崔氏成员(述)的父亲是汾西令(七品),祖父(顼)是白水县尉(九品),而他本人却始于官卫试守。④

---

① 《新唐书》卷四五《选举志下》和《旧唐书》卷四二《职官志一》都提到通过门荫入仕的人首先应该担任一些杂官,比如在朝廷宗庙里任太庙斋郎或太子千牛,这种制度的运行尚未得到全面解释。太庙斋郎应当任六至八年(任官年龄是十五至二十岁),皆需粗通两经(《新唐书》卷四五《选举志下》)。凡担任千牛备身一类职务,五考送兵部试,有文者送吏部(《新唐书》卷四五《选举志下》)。其他资料显示一些人物利用门荫特权担任许多非正规官职。参见章群:《唐代考选制度考》,台北:中央文物供应社,1954年,页8—11,史料证据见于章著。

② 墓志26。关于反对年轻人通过门荫入仕的意见,见于《通典》卷一七《选举·杂论议中》。

③ 墓志8、74。《新唐书》卷四五《选举志下》所载规则是,凡太庙斋郎,以五品以上子孙及六品职事并"清官"之子为之。"清官"的官品可能低至八品(戴何都:《法译新唐书选举志》,巴黎:拉鲁斯出版社,1932年,页234—235)。在这个案例中,如果其父担任"清官"或同时担任县令,就可以解释这种明显的例外。

④ 墓志67。最后一个案例或许可以解释门荫权相对文学上的规则,这一点经常被忽略,同时暗示甚至是最低正规官员的儿子也可通过担任非正常职务来获取任官资格。《新唐书》卷四五《选举志下》载:"七品以上子,从九品上叙。其任流外而应入流内,叙品卑者,亦如之。九品以上及勋官五品以上子,从九品下叙。"戴何都:《法译新唐书选举志》,巴黎:拉鲁斯出版社,1932年,页226。这段资料没有以同种方式进行翻译,他表示不理解这段材料。然而根据《唐六典》和《通典》,这段资料的意思似乎是九品以上、六品以下的官员之子能够担任非正规职务,而后允许进入官僚机构。从九品任起,似乎是四阶或三阶。《通典》卷三五《职官十七》载:"六品七品子为亲事,八品九品子为帐内,限年十八以上,举诸州共率万人为之。"《唐六典》卷二《吏部》讨论,流外铨而未仕,而担任非正式官职的应选之人,"六品以下,九品以上子,及州县佐史。"关于流外官的铨选种类,参见章群:《唐代考选制度考》,台北:中央文物供应社,1954年,页65—66。非常有趣的是,大家族成员的父祖官品若是六品以下,九品以上,如果他们从流外官起家,这让他们处于很大的不利地位。遗憾的是,即便是推测,极少数崔氏成员正是通过这种方式入仕。

在二十六名崔氏成员中，通过考试和门荫取得官位者占二分之一强，还有通过其他途径入仕者。其中二人以军事职位起家（并且一直在军中供职）。三人被直接任命官职（在安禄山叛乱及灾难余波中，这种任官方式较为常见）。[1] 其余六人的祖父和父亲皆是官员，因此他们至少可以通过一种类似门荫的方式任官（参见表八）。

表八　墓志所见二十六名唐代崔氏成员入仕资格情况[a]

| 入仕资格 | 成员 | 比例 |
| --- | --- | --- |
| 1. 考试 | 11 | 42% |
| 2. 恩荫 | 4 | 15% |
| 3. 直接任命 | 3 | 12% |
| 4. 军事 | 2 | 8% |
| 5. 不确定，或许是一种恩荫权 | 6 | 23% |
| 总计 | 26 | 100% |

a 资料来源：
1. 墓志 3、5、8、10、22、25、33、35、45、54、55；
2. 墓志 6、26、40、48；
3. 墓志 29、32、49；
4. 墓志 18、50；
5. 墓志 1、28、34、41、43、53。

这些崔氏成员具有入仕资格后，若要获得职位，还必须通过每年一次的铨选考察（在唐朝后半期则要找到一位庇护者）。这个步骤至为重要，因为终唐一代，具有入仕资格的人数在很多时候多于可资任命的职位数量，有时甚至是十倍。[2] 在铨选考察中，应试者必须提供投状，其中包括郡县乡里名籍、父祖官名、内外族姻、年齿形貌等。[3] 从四项主要标准来评判申请当官者：体貌丰

---

[1] 在没有其他入仕途径可供参考的情况下，他们的首任职位是直接任命，有的崔氏成员可能是这类情况。墓志将会提到，如果崔氏成员通过考试，但是他们中只有一部分获得任官资格，有可能是以门荫入仕，或被直接任命为僚佐，因为他们是最有用的。
[2] 参见戴何都：《法译新唐书选举志》，巴黎：拉鲁斯出版社，1932年，页246。
[3] 《册府元龟》卷六二九《铨选部·条制》注。

伟、词论辩正、楷法遒美、文理优长。若四项条件都具备，则先乎德行，德均以才，才均以劳。这类选补方式让那些拥有任职经验的成员具有优先权，但是政坛新秀和资深老手都需要一齐评判。任何一名官员以年为考，四考为满，直到官居五品为止。①

这种铨选对容仪、出身以及德行的重视与任官资格考试截然不同，尤其是明经科和进士科特别强调熟经、记忆力和文学才能。然而在奉行儒家思想礼仪的政府，成员自身的尊严和优雅尤为重要。科举考试的意图，实际上在于选拔最适合担任官职的人物。尽管如此，旧族子弟的境况依旧格外通顺。旧族不仅因为具有风度和德行为世人敬重，而且种类归属也让他们从主观方面充分发挥群体自豪感或阶层优势。当考官出身于旧族或是旧族的敬仰者，崔氏成员可以凭借突出的品格和气质，轻而易举地通过考核。不仅如此，崔氏与考官的个人关系也有所裨益。②

崔祐甫的列传完备地记载了这些个人因素在选拔制度中如何发挥作用。其时祐甫代常衮当国，任相不足一年，除吏八百员，多称允当。因为前任常衮只是进用以辞赋登科的人士（大概以进士及第者为主）。有人批评崔祐甫选拔官员，多涉亲故，他回应说，唯相识者，方能谙熟。③ 我们不能明确知道祐甫选

---

① 《通典》卷一五《选举三》。关于选拔程序，参见章群：《唐代考选制度考》，台北：中央文物供应社，1954年，页27—68。
② 筑山治三郎：《唐代政治制度研究》，大阪：创元社，1967年，页195—204。
③ 《旧唐书》卷一一九《孝友·崔祐甫传》；陈寅恪对这件事情进行讨论，参见氏著《唐代政治史述论稿》，台北：台湾商务印书馆，1970年，页65—66。关于身份集团团结的整体优势，有趣的是，列夫·托尔斯泰描述奥勃郎斯基对担任官职的态度大概能够用来阐释中国唐代的旧族成员。参见列夫·托尔斯泰著、乔治译：《安娜·卡列尼娜》，纽约：诺顿公司，1970年，页13。尽管奥勃郎斯基年幼懒惰，但是他获得了地位显赫并且收入不菲的官职："奥勃郎斯基的亲戚朋友极多，莫斯科和彼得堡几乎有一半人认识他。他生于煊赫的官宦世家，官场里上了年纪的人，有三分之一是他父亲的朋友，从小就认识他；另外三分之一是他的知交；再有三分之一是他的老相识。这样，地位、租金、租赁权等尘世福利的支配者都是他的朋友，他们是不会把一个自己人忘掉的。因此，奥勃郎斯基要弄到一个肥缺并不太费力。他只要不固执己见，不妒忌，不同人争吵，不发火就行，而他生性随和，素来没有这些毛病。要是人家说，他不能得到他所需要的肥缺，他会觉得可笑，再说他也没有什么过分的要求。他所需要的只是领取跟他的同龄人一样的俸金，因为他任这类官职绝不会比别人差。"（译者按，这段文字主要参考草婴译：《安娜·卡列尼娜》，上海：上海译文出版社，1982年）在19世纪的俄国，当这些私人因素本可以更加重要时，它们也不会完全脱离中国的唐代。

拔八百吏的标准是个人气质，还是阶级背景。

在考虑旧族持续的政治显赫和唐代选官制度存在关系的同时，其他学者从整体上强调门荫特权和科举考试的成功，尤其是进士科。① 以整理的博陵崔氏墓志资料为基础，看来存在三种改善先前分析研究的方式。其一，门荫特权通常被视作以极其有限的方式进行。它不包括不需经过任何任官资格考试而直接任命的年轻人。然而，受荫者进入国子监一类的机构，须为考试而学习经典，并须在专事大型的礼仪或者祭祀活动的机构中供职数年（五至八年），在那里他们的才能得到合适的评判。另外，它并没有把范围严格限制为祖父或父亲是高官的年轻人。其二，学者或许过于强调正史中崔氏成员频频进士及第的记载。这个现象可以解释崔氏持续担任宰相的成因。但是它却不能解释，崔氏更大规模的成员持续煊赫的现象。更为重要的似乎是唐代制度的灵活性和崔氏人物的适应力。具备多重关系的官员子弟可以通过很多方式谋取官职，崔氏成员通常愿意利用一切机会。对于志向远大、尤其是想成为国之宰辅的人物来说，进士及第是必要的。但是没有理由推定，每名崔氏成员都具备那种雄心壮志。② 其三，整个制度中最重要的因素可能是铨选考试，因为它公开使用非常主观的特征来辨别士人。

## 升迁与权力

在官僚机构中，只有少数崔氏成员担任高官。出土墓志记载一百二十二名崔氏成员的最后官职，其中三十二人以县内诸职结束政治生涯，诸如令、丞、主簿或尉。十二人为郡内最低官职，如参军。还有十五人的官品分别为七品、八品和九品。也就是说，一半以上的崔氏成员担任七品以下的官员。如表九所

---

① 参见卡尔·魏特夫、冯家昇：《907—1125年：中国社会史——辽》，费城：美国哲学学会，1949年，页458—459；福岛繁次郎：《中国南北朝史研究》，东京：名著出版社，1962年，页175—204。筑山治三郎不但从政治制度的角度研究这一课题，而且他还专门研究了崔氏和卢氏，他认为进士及第是其地位中最重要的因素（《唐代政治制度研究》，大阪：创元社，1967年，页163—192）。陈寅恪：《唐代政治史述论稿》，台北：台湾商务印书馆，1970年，页53—67，陈氏通过比较后认为，旧族入仕的途径主要依靠家族特权和明经科。

② 如，尽管崔沔家族是唐代最成功最受尊敬的家族之一，以学问著称于世；但是在已知十四人的入仕方式中，只有四人进士及第，五人利用家族特权，四人通过其他科目的考试，一人直接任命。如果崔氏成员都不把进士落第而获取官职看成耻辱的话，那么其他大族似乎也不可能如此。

示，31%的人达到五品或五品以上。①

表九　墓志所示唐代一百二十二名崔氏成员官品表 ᵃ

| 官　品 | 人　数 | 百　分　比 |
| --- | --- | --- |
| 2 | 4 | 3% |
| 3 | 9 | 7% |
| 4 | 15 | 12% |
| 5 | 11 | 9% |
| 6 | 24 | 20% |
| 7 | 29 | 24% |
| 8 | 23 | 19% |
| 9 | 7 | 6% |
| 总计 | 122 | 100% |

a　资料来源：墓志资料1—56。

　　北朝崔氏多以七品入仕，没有人在县内担任职务。而在唐代，看来他们要以超过一半以上的经历来担任这些卑职。7世纪，有些崔氏成员担任县令以上官职之前的仕宦经历长达二十年，而后才有擢升之机。安禄山叛乱后，崔氏成员继续长期在地方任职，但是经常在不同的封疆大吏府中担任掾吏。崔思古就是唐初的一个典型案例。643年，崔思古出生于长安，思古父亲和祖父从

---

① 这个数据是根据崔氏取得的官位来统计的，是基于最广泛有用的事实情况。每名官员都具有阶，高于或者低于他的职位。这种官阶被偶然记录在墓志中。这个案例被他们被提到十六次，其中十次阶位高于职位，一次反之，大约在十倍左右。如果使用这种官阶来代替统计中的官品，34%（而非31%）的崔氏成员官居五品或以上。考虑郡县官吏的官品，通过使用中等设置的官品而得到简化。如，畿内地区诸县令是正第六品上阶、诸州上县令是从第六品上阶、诸州诸县令是正第七品上阶，诸州中下县令是从第七品上阶，诸州下县令是从第七品下阶。七品包括这里所有的情况。另外一种统计官品的简化办法是，所有的宰相都视作二品，即使他们的实际职位一般低得多。官员的品级，参见《旧唐书》卷四二《职官志一》、《新唐书》卷四六《百官志一》。

西魏开始分别担任海州刺史和芮州刺史。思古之母是唐太宗的孙女。作为公主之子，思古显然具备任官资格。670年，思古二十八岁，袭封阳信县开国子爵，七阶。然而，他所得的官职卑微，授朝请郎行始州司仓参军事（九品）。677年，加武骑尉，官居六品，同时得到军中最低赏赐（勋）。翌年，又在异县擢授冀州司兵参军（八品）。681年，军阶变高（加云骑尉），职位没有变化。684年，品级稍有提高，擢授七品中央官承议郎行太仆寺主簿。这次升迁看来枉费工夫，次年授永州司士。689年，再度升迁，加朝议郎，寻加溱州司户参军。691年卒，时年四十九岁，任官时间达二十余年之久，但其官职一直停留在参军一类的地方胥吏上。①

博陵崔氏不仅经常担任卑微的职务，而且经常在府兵制度中担任宿卫或军官。一百二十二名崔氏成员中，六人以折冲都尉和果毅都尉结束政治生涯，父子皆任此种官职者有二例。②

崔氏长期担任常规职务的事实充分表明，他们的诸多优势，不能确保他们在政治生涯中平步青云，甚至不能保证他们担任朝官。崔氏成员很少抱怨获得起家官的难度，但少数成员对于仕途淹滞多有不满。③总而言之，只有三十六名博陵崔氏成员在唐朝或五代身居国家重要职务（正史列传是为

---

① 墓志6。类似的案例，参见附录二的崔暄。暄十九岁明经擢第，他在三个地方担任参军，后来在五县连续担任县令。他从政长达四十年，但从未官至刺史，也没有在都城得到有多大用途的朝官。

② 墓志50、52、18、16；墓志18和墓志50记载崔氏父子所任官职相同。然而，应该指出，没有资料表明，这些崔氏不是崔懿后裔，他们标榜博陵崔氏有可能系伪冒姓氏。《新唐书·宰相世系表》把他们省略，恰好可能是因为博陵崔氏没有记录成为专业军人的家族，或者这些职位没有资格包含在全国性的氏族谱著作如《姓氏系录》中，而这些全国性的氏族谱著作可能是《新唐书·宰相世系表》的来源（参见《论〈新唐书·宰相世系表〉的可靠性》）。

③ 笔者知道仅有一名崔氏成员在企图谋取职位时碰到挫折，即崔策，"六选而不获"（《全唐文》卷五七八《柳宗元·送崔子符罢举诗序》）。然而，据《新唐书·宰相世系表》记载，崔策最终还是获得职位监察御史。进入官僚机构后，对仕途不满的崔氏人物，还有崔范，他因为在地方任职多年未能在中央政府得到职位而愤懑不平（墓志55）；还有崔日知，他从官邸羡慕地眺望尚书省，但是他从来未居尚书八座（《太平广记》卷一八七《职官》"崔日知"条）。

证明)。①

　　这三十六名政治上显赫的崔氏成员，和唐代其他功成名就的官员似乎区别不大。大多数成员在地方担任刺史、按察使、采访使、观察使或者节度使。其中官位较高者主要身居中央政府，经常担任中书舍人、侍郎、郎中和尚书。四名崔氏成员具有相当可观的军事成就，两人被视作理财能手，两人担任翰林学士。其中十一人担任节度使时，没有脱离中央政府而独立地方者。

　　崔氏成员比其他官僚更可能成功吗？大概由于有一千名左右的崔氏成员在唐代任官，因此其中三十六人高居要职不足为奇。然而这不仅仅是料想中的简单的偶然性：从粗略的统计数据看，至少在正史列传中，博陵崔氏高居显官的机会是其他普通官员的七至八倍。②

----

① 其他博陵崔氏亦有传，但并非因为政治业绩。政治上煊赫的崔氏是，博陵大房：行功(《旧唐书》卷一九〇《文苑上·崔行功传》，《新唐书》卷二〇一同)，玄暐(《旧唐书》卷九一《崔玄暐传》，《新唐书》卷一二〇同)，涣，纵和碣(《旧唐书》卷一〇八《崔涣传》，《新唐书》卷一二〇《崔玄暐传》)，损(《旧唐书》卷一三六《崔损传》，《新唐书》卷一六七同)，戎(《旧唐书》卷一六二《崔戎传》，《新唐书》卷一五九同)，元略，元式，沆，铉(《旧唐书》卷一六三《崔元略传》，《新唐书》卷一六〇同)，棁(《旧五代史》卷九三《崔棁传》，《新五代史》卷五五同)，沂(《旧五代史》卷六八《崔沂传》)。第二房：敦礼(《旧唐书》卷八一《崔敦礼传》，《新唐书》卷一〇六同)，沔(《旧唐书》卷一八八《孝友·崔沔传》，《新唐书》卷一二九同)，祐甫，植，俊(《旧唐书》卷一一九《崔祐甫传》，《新唐书》卷一四二同)，器(《旧唐书》卷一一五《崔器传》，《新唐书》卷二〇九《酷吏·崔器传》)，汉衡(《旧唐书》卷一二二《崔汉衡传》，《新唐书》卷一四三同)，造(《旧唐书》卷一三〇《崔造传》，《新唐书》卷一五〇同)，弘礼(《旧唐书》卷一六三《崔弘礼传》，《新唐书》卷一六四同)，珙，琯，远(《旧唐书》卷一七七《崔珙传》，《新唐书》卷一八二同)。第三房：日用，日知(《旧唐书》卷九九《崔日用传》，《新唐书》卷一二一同)，光远(《旧唐书》卷一一一《崔光远传》，《新唐书》卷一四一同)，玄亮(《旧唐书》卷一六五《崔玄亮传》，《新唐书》卷一六四同)，贻孙(《旧五代史》卷六九《崔贻孙传》)。安平一房：有仁师，湜(《旧唐书》卷七四《崔仁师传》，《新唐书》卷九九同)。房支不明的有：宁，蠡(《旧唐书》卷一一七《崔宁传》，《新唐书》卷一四四同)，衍(《旧唐书》卷一八八《孝友·崔衍传》，《新唐书》卷一六四同)，居俭(《新五代史》卷五五《崔居俭传》)。

② 这种计算是约数，但是仍有希望是谨慎之作。据估计，唐代流内官员大致是一万四千名(《旧唐书》卷八一《刘祥道传》，《唐会要》卷七四《论选序》)，抑或更多(《通典》卷四〇《职官二十二·大唐官品·流内》)。如果仕宦经历平均二十年，唐代官员的总数是二十万左右。《新唐书》大约为一千多人作传，不包括一般按照功劳等级或为表彰与政治重要性不同的成就而合传者，也不包括诸侯宗室。因此，《新唐书》平均在二百名唐代官员中给一人作列传。据估计，唐代博陵崔氏的成员数大致是一千一百五十人，超过90%的成员都是官员。其中四十二人位居《新唐书》的列传标题。崔氏大约是二十五人中即有一人列传。

政治成功的崔氏成员除了拥有财富、个人关系和传统因素之外，还有一项优势：80％的成员之间保持着密切联系。因此，较之其他官员，对崔氏高成功率的一个解释是：他们的儿孙和侄子有更多的机会可以在政治上获得成功。任何一个拥有亲戚关系如此密切的崔氏成员（或许任何人），注定他在获取成功方面拥有美好的前景。

总而言之，在唐代似乎有八支在政治上重要的崔氏成员。①（这里的"八支"包括三十六名在唐代政治上重要的人物，任何一人离任之后仍然由他的亲属继之，亲属范围界定为兄弟、从兄弟、儿子、自己或者兄弟的孙子。）延续最长的一支始于崔行功。他在7世纪70年代获取显官、其后是8世纪早期的侄子玄暐，而后是8世纪50、60年代的玄暐孙涣、再然后是8世纪80年代的崔涣子纵，最后是9世纪40、50年代的崔纵孙碣。②这个房支仅延续三代，就产生数名重要人物，分别是：崔琯和他的六个兄弟。其中五人进士及第，其子孙五人同样进士及第。这个家族三代出现两位宰相，一名御史大夫，两名节度使，两名尚书仆射。正如史家在《旧唐书》中所论："崔氏咸通乾符（860—889）间，昆仲子弟纡组拖绅，历台阁、践藩岳者二十余人。大中（847）以来盛族，时推甲等。"③

传统史学家注意到，一些特定家族连续产生优秀人物的时候，强调品德、气质和学问等家族传统。④如上所论，类似的一些观点不必仅作为对历史的道德解说而被摒弃；一个拥有严格训练传统的稳定的家族系统，本就可以涌现良

---

① 其中两支不属于博陵崔氏家族的主干房支。崔仁师、湜一支和崔宁、蠡、居俭一支。两支在第一房：崔行功，玄暐，涣，纵，和碣；元略，元式，沆，沂和梲。两支属第二房：崔沔，祐甫，植，俊；珙，琯，远。两支属第三房：崔日用，日知；光远，玄亮，贻孙。资料见上页注①。

② 《旧唐书》卷一九〇《文苑上·崔行功传》，卷九一《崔玄暐传》，卷一〇八《崔涣传》；《新唐书》卷二〇一《文苑上·崔行功传》，卷一二〇《崔玄暐传》。

③ 《旧唐书》一七七《崔珙传》，《新唐书》卷一八二同。在一些产生政治上重要的人物的家族内部，一些成员相继获得煊赫职位，但决非家族的所有成员尽皆如此。绝大多数崔氏成员的仕宦业绩接近一般的崔氏人物。这一点能够通过附录二所描述崔俨世系构成的家族情况得到最佳阐明。其中四人升至显位，且在正史中列传。这个家族的其他二十四人（基本上是全部）担任某种职位，但是有一半都不超过县丞一级。崔氏八人老死于县级职位，五人卒于较低的州级官职。

④ 如，晚唐柳玭论崔琯兄弟、子孙以及侄子组成的家族之盛，归功于崔氏妻子孝顺事奉姑婆的传统，参见《新唐书》卷一六三《柳公绰附玭传》。

吏名宦。不仅如此，这些家族成员还具备世俗的优势。优势之一是关系。由于官僚系统中挟朋树党，派系林立，庇护者对每位成员都有所用途。史料显示大量的崔氏成员被推荐或任命为掾吏僚佐。①750年之后，每位升至显位的官员列传中几乎都要记载他被一名或多名节度使所庇护。但是因为社会关系对于所有官员都有用，关系越多就越受益。如果一个年轻人的父亲叔伯都是强势人物，没有人比他拥有更多的社会关系。

优势之二是：房支中仕途成功的人物似乎极大增强了祖先的声望。我们只能认为，在步入政界后，博陵崔氏的族望最多是次要优势，但是著名官吏的子孙却得到特殊对待。他们得到的荣誉莫过于担任宰相。表十所示，十五名崔氏成员担任宰相。其中十人之间的亲属关系密切，实际上六人出生于宰相之家。担任宰相总是一种荣誉，在统领官僚机构时能够总揽大权。但是，担任宰相并不必然意味着他已经处于主导政府的地位。事实上，有数名崔氏宰相的任期非常短暂，或消极无为。譬如，崔损担任宰相时间最长（七年），但是他"性龌龊谨慎，每延英论事，未尝有言"。其主要成就是唯一在宦官专权的情况下保持宰相高位者。②9世纪崔植和崔远都是在没有丰富从政经历的情况下出任宰相，很明显是因为他们的祖父和父亲在政府中累积了任官的合法性。③

表十　唐代博陵崔氏宰相表[a]

| 姓　名 | 任宰相起止时间 | 任职时间（月） | 皇　帝 |
| --- | --- | --- | --- |
| 1. 仁师 | 648 | 2 | 太宗 |
| 2. 敦礼 | 653—656 | 33 | 高宗 |

---

① 如，唐初崔行功的才能得到唐俭的欣赏，唐俭把女儿许配给他，并任命他作掾吏（《旧唐书》卷一九〇《文苑上·崔行功传》，《新唐书》卷二〇一同）。740年代，崔器得到宋浑赏识，引为判官，其后宋浑被贬往岭南，器亦随之（《旧唐书》一一五《崔器传》，《新唐书》卷二〇九《酷吏·崔器传》）。崔光远虽然不学无术，但是与杨国忠博徒相得，随意升迁（《旧唐书》一一一《崔光远传》）。崔祐甫为前任府主撰述墓志，表示悲伤和怀念（《全唐文》卷四〇九《崔祐甫·广丧朋友议》）。
② 《旧唐书》卷一三六《崔损传》。
③ 《旧唐书》卷一一九《崔植传》、《旧唐书》卷一七七《崔珙传》。任命和免除崔植平章事（宰相）的制诏中都记载，其父祐甫和祖父沔的功业。参见《全唐文》卷六四《穆宗李恒·授崔植平章事制》、《崔植刑部尚书制》（译者按，原著误注为《旧唐书》）。

续表

| 姓　　名 | 任宰相起止时间 | 任职时间（月） | 皇　帝 |
|---|---|---|---|
| 3. 玄暐 [b] | 704—705 | 12 | 武则天，中宗 |
| 4. 湜 | 709，710，711—713 | 27 | 中宗，睿宗 |
| 5. 日用 | 710 | 1 | 睿宗 |
| 6. 涣 | 756—757 | 13 | 肃宗 |
| 7. 祐甫 | 779—780 | 13 | 德宗 |
| 8. 造 | 786 | 12 | 德宗 |
| 9. 损 | 796—803 | 85 | 德宗 |
| 10. 植 [c] | 820—822 | 19 | 穆宗 |
| 11. 珙 | 840—843 | 34 | 武宗 |
| 12. 铉 | 843—845，850—855 | 77 | 武宗，宣宗 |
| 13. 元式 | 847—848 | 11 | 宣宗 |
| 14. 沆 | 878—880 | 32 | 僖宗 |
| 15. 远 | 896—900，904—905 | 15 | 昭宗，昭宣帝 |

资料来源：

  a 注释�97所列相关传记；周道济：《汉唐宰相制度》，台北：大化书局，1964年，附录，页43—121。

  b 其子孙、侄子及外孙系政治上重要者。

  c 其子孙、侄子及外孙出于宰相之家。

  崔氏人物从仕宦经历中得到什么益处呢？作为个人，崔氏成员得到相当大的声望、一些秩禄以及通常的行政权威。极少数的崔氏成员担任足以左右主要决策的关键职位；用现代术语来讲，绝大多数崔氏成员是事务官而非政务官。但是崔氏任官的重要性不是他们作为个人的仕宦经历，而是他们作为整体出现，与类似家族成员之间的相互结合。这意味着对政府的整体运作。若从崔氏个案进行推断，旧族家庭在官僚系统中占有相当重要的地位；另外，地方精英的子弟共享价值和偏见，一定担任了许多余下的职位。这些家族成员在各级官僚机构中担任职务，一定使得不利于他们的举措难以执行，甚至都不可能有所谋划。他们屡有所求，必得求助于和他们同气相求的人物。旧族能够保证家族的下代子弟受人尊敬,能得到和他们同等的机会,因此,他们集团的社会政治地位得以长久存在。

## ■ 最后的消亡

在唐代制度中,旧族扮演突出角色的情况不会永远维持。一旦唐王朝开始最后的衰落,军事人物开始具有实际影响力之时,博陵崔氏即发现他们已经远离权力中心。唐末五代,博陵崔氏还产生了一些进士和官员,但是史料对他们的记载越来越少。一般而言,后世幸存的史料比之前世,应较为丰富。但是大约940年之后,博陵崔氏在史书文献中的记录已经少得惊人。在某种程度上,这种情况一定是出于史学编纂的原因:崔氏人物不再把博陵冠于姓氏之前,或者索性被后来的编纂者所删略。但是史学编纂的问题不能解释崔氏为何不再在社会上占据重要地位。两《唐书》中崔姓人物有传者八十三人,《宋史》十四人,《明史》十二人。不仅如此,宋明时代的崔姓人物也不再标榜他们是博陵崔氏的后裔,甚至在墓志中也是如此。①

学者们普遍把旧族的消融视作社会、文化和经济组织发生根本变化的一部分,这些变化标志着唐宋社会的转型。对于崔氏的研究,没能为洞察经济变化

---

① 少数墓志标榜和博陵崔氏有关。金代(1125—1234)一位崔姓人物的墓志,描述了汉魏以来博陵崔氏地位崇高,其地位体现在担任官职、掌管礼仪等方面,是排他性的羞于同卑微家族通婚的社会精英。这样的事实在唐代不必提及,因为它们已经众所周知。然而,这份墓志却没有把金代的崔氏家族和唐代任何崔氏人物联系起来(《畿辅通志》卷一六九《古迹十六·陵墓五》"金授骠骑卫将军遥领邢州节度副使崔伯玉墓在县境"条)。明代关于一份显宦的墓志声明墓主崔恭是博陵崔氏,记载他是北齐崔伯谦的后裔(译者按,《崔恭墓志》记载崔恭,"汉侍御史朝之裔,朝十一世孙曰伯谦者,徙柏乡")。迄于元代,他的家族居住在河北广宗(《畿辅通志》卷一七二《古迹十九·陵墓八》"明吏部尚书谥庄敏崔恭墓在县北十五里苏村"条)。明代许多崔氏成员居住在小兴,明清以后迁往各地(《畿辅通志》卷一六八《古迹十五·陵墓四》"明兵马司崔庚墓在沙河村东"条、卷一七三《古迹二十·陵墓九》"国朝崔蔚林墓在县北二十里邓冈"条)。清代一份关于小兴崔氏的墓志,声称是博陵崔氏著房的后裔,自汉迄唐,簪缨阀阅,蝉联鹊起。这条资料表明崔氏的没落和分散是在之后的时期。明代曾有一支家族返回,并在那里绵延七世(《畿辅通志》卷一七四《古迹二一·陵墓十》"国朝崔甲鍠墓在县境"条)。18世纪著名的学者和历史学家崔述,即是小兴家族的后裔;然而他在为亲戚撰写的墓志中,没有提到和博陵崔氏存在关系(《考信附录》卷一)。

的影响提供视角。城市及商业的发展，本可能从整体上削弱地主阶层，但是没有理由将旧族单独挑出。大多数崔氏成员不是较为富有，他们的资源看来和其他官员并无轩轾。

然而，社会和文化价值的变动一定对崔氏地位构成主要威胁。本文通篇强调旧族的力量，但崔氏的弱点是绝对存在的。如果得不到持续的重视，他们就不能维系旧族在生活方式上的声望。旧族气质只有保持与众不同和受人尊敬，才能体现价值。当社会距离注定将身份集团和其他局外人分开时，身份集团方能最好地保持截然不同的亚文化；唐代的旧族就是通过建立排他性的婚姻圈来完成的。然而当旧族成员的大部分仕宦经历都栖身于出身卑微的官员之下，这种社会距离也就逐渐变得不合时宜。[1] 不仅如此，无论旧族如何维护其亚文化，他们都无力阻挡全面的文化变迁。唐代的文学复兴越来越强调个人的创造性；政府官僚方式的膨胀，赋予严格的政治成就越来越多的威望。因此，旧族必须尽力维系这种微妙的平衡。如果他们完全采用通行的观点乃至其他，那么将无法将他们和唐代的其他官员加以区分；另一方面，如果他们拒绝改变生活方式和价值观念的任何方面，他们就会很快被认定是行为古怪和墨守成规。[2]

旧族地位的衰弱，还包括他们对新形势适应能力的丧失。唐代以前，当旧族的资源更加多种多样的时候，他们不得不应对政治和经济上的挑战，在证明确有充分理由的情况下，他们退返家乡，或出现将军、或涌现学者。然而在唐代，旧族必须全心全意地摸索任官之道，这导致他们的命运依靠官僚结构和选官制度的有序运行。结果，9 世纪末叶官僚机构崩溃，新的统治者则来自其他社会阶层。

---

[1] 北朝崔氏成员以七品起家，迅速升迁至五品及以上。他们的仕宦经历显示他们很少必须把没有高贵出身的人当做上级。在唐代，如此众多的崔氏成员在州、县担任卑职，他们不可能避免这种形势。然而，由于墓志很少提到墓主的上级，因而很难举出确切的证据。但是考虑到超过一半的崔氏成员在其仕宦之初担任宿卫职务，如果不是假定所有的县令都是出自大家族（这将意味着对官僚机构的主导程度比任何论证的都还要大得多），那么这些人物的大部分必须在他们不考虑联姻的出身卑微的家族成员手下任职。

[2] 关于与众不同的家族传统的崩溃，参见那波利贞：《唐代社会文化史研究》，东京：创文社，1974 年，页 53—89。他对礼仪大众手册的流通进行讨论，他认为，这种流通归因于贵族家庭的衰落（他们不得不查阅典籍），其二是出身卑微的人产生学习礼仪规范的欲望，似乎正是这些礼仪规范把他们和胜于己者截然区分。

最后，旧族甚至可能没有意识到他们地位所受的威胁。作为一个身份集团，他们具有优势，但不是合法的特权或垄断，他们的优势从未被完全发挥，也未视作合法。毫无疑问，旧族坚信由于他们和其他人一样在同一规则下任官，他们之所以出类拔萃的唯一原因就是他们家族的优越性。如果新兴军阀不选拔他们，旧族不能抱怨；他们不再声称统治者必须选拔煊赫家族的成员。

这些弱点中的一部分是累积形成的、斗转星移、当其他集团变得足够与其对抗时，旧族地位即遭到削弱。其他弱点则一定与旧族应对生存危机的能力相关。从9世纪末叶和10世纪关于崔氏的零散资料来看，似乎是这两方面的缺点共同造成崔氏地位变得不能维持。许多崔氏成员在该时期企图维护被广泛遗弃的价值观和生活方式，然而他们的行为注定遭到堂吉诃德式的失败。崔雍兄弟八人皆进士及第，崔雍卓有教养，尤嗜古书图画，在9世纪60年代晚期因为镇压叛乱不力被依法处死。崔沂至迟从9世纪80年代入仕，连任两朝，一直到七十岁仍然在职。崔沂刚正守法，在很大程度上因为抗议权贵对刑法典（斗律）的滥用而闻名于世。崔居俭能够维系家族的礼仪传统于不坠，但是谋生无方，于七十岁时死于贫穷。相较而言，崔贻孙根本不穷困，他在湖北中部（汉上谷城）拥有极好的不动产。他在担任一系列受人尊重的朝官后辞去官职，在风景优美的茂密森林中过着自给自足的生活。10世纪20年代，崔贻孙重新任官，却以贬谪告终。或许因为他逐渐苍老，三个儿子不愿意让他回去，并开始争分家产。①因此，当他的家族能够保障财产时，其子弟却难以维持孝道传统。

正史所载的最后一个博陵崔氏是崔棁。他的生涯令人心酸地阐释了旧族的雅致精巧变得多么的一无是处。崔棁受过良好的教育，但是因为唐末的混乱秩序，年轻的他拒绝担任官职，居住家乡，可谓隐士。崔棁以孝顺和优雅的举止而出名；甚至指命仆役，亦用礼节。917年，崔棁终于进士及第，并得到一个掌奏记的官职。他的主要功绩是在943年为朝廷恢复文武二舞。由于朝廷的音乐家和舞者在唐末之乱中四散飘零，因此几乎找不到通晓旧传统的人员。崔棁不得不亲自培训所有的乐工舞者。文武二舞首次演出，群臣嗟叹不已。

---

① 雍：《太平广记》卷一四四《征应十》"崔雍"条；《唐语林》卷四《企羡》；《金华子》卷上；沂：《旧五代史》卷六八《崔沂传》；居俭：《新五代史》卷五五本传；贻孙：《旧五代史》卷六九本传。史载居俭为清河崔氏，同时却是博陵崔氏的子孙。

但是崔棁的努力没有得到永久的效果。翌年，崔棁卒后，二舞制度遭到废除。947年，当人们看到由崔棁训练的乐工夹道奉迎耀武扬威的契丹人的时候，不禁悲痛流涕。①

我们能够想象崔沂、崔居俭和崔棁谴责那些没有教养却尸位素餐的人，但是他们却无能为力，只能默默地尽力维护旧价值和旧传统。旧族久已失去对国家的社会、经济或政治生活的控制，他们被淘汰也就成为必然。

（选自《早期中华帝国的贵族家庭：博陵崔氏个案研究》。）

---

① 《旧五代史》卷九三《崔棁传》；《新五代史》卷五五《杂传·崔棁传》。

# 王曾瑜与《宋朝户口分类制度略论》

## 经典导读

　　王曾瑜（1939——　）上海市人，1962年毕业于北京大学历史学系，师从宋史专家邓广铭。大学毕业后入中国科学院哲学社会科学部历史研究所，任职中国社会科学院历史研究所研究员、中国社会科学院研究生院博士生导师，担任中国宋史研究会会长、河北大学宋史研究中心特聘教授。主要从事宋辽金史研究，在社会史领域也颇有建树，著有《宋朝阶级结构》（1996）、《锱铢编》（2006）、《涓埃编》（2008）等，参著《辽宋西夏金社会生活史》（1998），对于宋代阶级关系、户口分类制度、家族问题的研究有着突出贡献。

　　王曾瑜长期探讨宋代社会结构，尤其关注阶级结构，他的阶级结构研究与宋朝户口分类制度探讨结合，既有宏观分析，又有微观的深入探讨，将制度史与社会史相结合，形成研究特色。早在1979年，王曾瑜发表《宋朝阶级结构概述》（《社会科学战线》1979年4期），主张以户等为基本的划分方法来总结宋朝的阶级结构。他认为宋代社会生活中最重要、最常见的并与阶级结构有关的户，主要有以下四类：一是按身份区分，则有官户和民户，形势户与平户之别；二是按居住地区分，则有乡村户与坊郭户之别，前者居住农村，后者居住城市；三是按有无土地等生产资料、房屋等重要生活资料区分，则有主户与客户之别；四是城郭户和乡村主户又按财产分为十等和五等，乡村一、二、三等主户称乡村上户（三等户又称中户），四、五等户称乡村下户。他指出宋朝确实存在着一条阶级对立的鸿沟,一边大致是由乡村客户、下户和坊郭下户组成的被统治阶级,另一边大致是由官户、乡村上户和城郭上户组成的统治阶级。他还对把户等简单地等同于阶级,以占田和统治特权划地主阶级为大、中、小三个阶层的做法提出了批评。

此后,王曾瑜继续研究宋代户口与社会分类的关系,1991年发表的《宋朝户口分类制度略论》(收入《中日宋史研讨会中方论文选编》),反思《宋朝阶级结构概述》的研究,认为:"此文显然有若干缺点,例如没有提出户口分类制度的概念,对于宋代户口分类制度与阶级结构的区别和联系,也缺乏应有的交代和分析"。① 于是继续深入探讨,提出"由于宋朝的户名区分是多种方面、多种角度和多种层次的,我们不可能仅以主户和客户一组户名,或仅以主户和客户,乡村户和坊郭户两组户名,用于概括或代表宋时各种各样的户名区分。因此,使用和确立户口分类制度这一总的概念,是十分必要的"。② 他找到宋朝的不少户名,如单丁户、未成丁户、女户、孤贫户、孤幼户、役户、吏户、寺观户、军户、遥佃户、寄庄户、俸户、柏子户、畦户、亭户、灶户、铛户、井户、园户、菜园户、酒户、坊户、槽户、拍户、扑户、镔户、坑户、冶户、矿户、炉户、炭户、窑户、陶户、匠户、机户、绫户、锦户、染户、绣户、船户、舶户、市户、行户、铺户、店户、蜑(疍)户、杂户、揽户、药户、畦户、漆户、花户、宕户、纸户,大大丰富了人们对于宋代户名的认识。最后总结说:"总之,宋朝除乡村第一等户为上户,第五等户为下户外,如果使用中户的概念,则可游移于乡村第二、三、四等户之间。这与唐朝九等户制下的上户、次户和下户有统一规定,显然有别。"③ 他强调,中日学者较普遍地使用了户等制一词,但是不论从事实上或概念上看,户等制只能是户口分类制度的一个重要组成部分。宋朝户口分类制度在社会经济生活中的作用,明显地超过了前朝,其确立又是自唐以来阶级关系变化的终结,而反映和体现了宋朝阶级结构的某种稳定性。研究宋朝户口分类制度,事实上正是研究宋朝阶级结构的入口或突破口。

---

① 王曾瑜:《宋朝户口分类制度略论》,《中日宋史研讨会中方论文选编》,河北大学出版社1991年版,第1页。
② 王曾瑜:《宋朝户口分类制度略论》,《中日宋史研讨会中方论文选编》,河北大学出版社1991年版,第4页。
③ 王曾瑜:《宋朝户口分类制度略论》,《中日宋史研讨会中方论文选编》,河北大学出版社1991年版,第10页。

王曾瑜还对从北朝的九等户到宋朝的五等户，秦汉至两宋的乡村雇佣劳动，宋朝划分乡村五等户的财产标准，宋朝的形势户、官户、坊郭户、诡名挟户、吏户、奴婢等，进行了具体深入研究。他还发表了《金朝户口分类制度和阶级结构》（《历史研究》1993年6期），指出："金朝前期奴隶制的扩张和租佃制的局部性破坏，金朝中期至后期奴隶制的趋向衰落和租佃制的恢复，以及蒙古人南侵造成奴隶制的再度扩张和租佃制的再度局部性破坏。金代社会经济关系中也有雇佣制，但显然只占不大比例。至于奴隶制和租佃制的互相消长，都占有颇大比例，则是较为明显的事实。上述情况决定了金代社会阶级结构的复杂性和特征。"①

—— 延伸阅读文献目录：

1. 朱瑞熙：《宋代社会研究》，中州书画社1983年版。
2. 王曾瑜：《宋朝阶级结构》，河北教育出版社1996年版，中国人民大学出版社2009年新版。
3. 王曾瑜：《锱铢编》，河北大学出版社2006年版。
4. 王曾瑜：《涓埃编》，河北大学出版社2008年版。
5. 朱瑞熙：《关于北宋乡村下户的差役和免役钱问题》，《史学月刊》1964年第9期。
6. 朱瑞熙：《关于北宋乡村上户的差役和免役钱问题》，《史学月刊》1965年第7期。
7. ［日］高桥芳郎著，王曾瑜译：《宋代佃户的身份问题》，《中国史研究动态》1985年第12期。
8. 朱瑞熙：《宋代商人的社会地位及其历史作用》，《历史研究》1986年第2期。
9. ［日］柳田节子著，王曾瑜译：《宋代的地客》，《中国史研究动态》1988年第8期。
10. 张邦炜：《两宋时期的社会流动》，《四川师范大学学报》1989年第2期。

---

① 王曾瑜：《金朝户口分类制度和阶级结构》，《历史研究》，1993年第6期。

11. 黄宽重:《南宋两浙路社会流动的考察》,《宋史丛论》,新文丰出版公司 1993 年版。
12. 梁庚尧:《豪横与长者:南宋官户与士人居乡的两种形象》,《新史学》1993 年 4 卷 4 期。
13. 朱瑞熙:《宋朝官员子弟初探》,《上海师范大学学报》1993 年第 2 期。
14. 王曾瑜:《论中国古代士大夫及士风和名节——以宋朝士大夫为中心》,《河北学刊》2011 年第 1 期。

———— 原文:《宋朝户口分类制度略论》

## 经典原文

## 宋朝户口分类制度略论

王曾瑜

我们研究古史,以尽量使用古代名词为宜。例如门阀、部曲之类,已成人们常用的名词。从研究宋代社会经济史的角度看,并无恰当的古名词,足以概括户口分类的史实,就只能行用"户口分类制度"这一今人的名词了。

笔者1979年在《社会科学战线》4期发表《宋朝阶级结构概述》一文,反映了自己当时的认识水平。从现在看来,此文显然有若干缺点,例如没有提出户口分类制度的概念,对于宋代户口分类制度与阶级结构的区别和联系,也缺乏应有的交代和分析,等等。

宋朝户口分类制度是整个户口制度的组成部分。不少前辈学者最初的研究,是注意到了宋朝户口统计中主户与客户的区分。只在查阅一下如《续资治通鉴长编》、《太平寰宇记》、《元丰九域志》、《文献通考》等书,主、客户的区分,便是显而易见的史实。学者们进一步分析主户和客户的阶级状况,认为客户的基本成分是佃农,这大致成为难以推翻的定论了。如果对客户一词作进一步的推敲,就不难发现,宋人所用客户一词,并非有严格的单一含义。如石介说:"乡墅有不占田之民,借人之牛,受人之土,佣而耕者,谓之客户。"[①] 陆游诗说:"客户饷饔提赤鲤(庄户以鸡、鱼之属来饷,谓之送饔),邻家借碓捣新粳,"[②] 在此类记载中,客户即是指佃农。然而在另一种场合下,客户又作为户口分类制度下的一种户名,如蔡洸说:"税户者有常产之人也,客户则无产而侨寓者也。"[③] 在近代经济学兴起以前,人们使用社会经济名词的含义不固定、不确切,乃是常见的事。[④]

---

① 《徂徕石先生全集》卷八《录微者言》。
② 《剑南诗稿》卷四四《初晴》。
③ 《宋会要》食货一二之一九—二十。
④ 例如宋时租和税两词,《建炎以来系年要录》卷一三〇,绍兴九年七月壬辰:"自己之田谓之税,请佃田土谓之租。"这与近代经济学所用租和税的词意相同。但在宋代文献中,税和租混同的实例也不胜枚举。如《续资治通鉴长编》卷一〇二,天圣二年九月庚寅:"上封者言:河中府、同、华州岁比早灾,民多流徙,请免支移税赋。上因谓辅臣曰:百姓输租便于本州,奈何转于他郡?"

主户和客户，在原始意义上，自然是户口分类制度下一组对称的户名，而且各自包括乡村主户和坊郭主户，乡村客户和坊郭客户两大类。《庆元条法事类》卷四八《税租帐》规定，在各县的税租帐中，须开列"坊郭、乡村主户丁各若干，客户丁各若干，及各开丁、中、小、老、疾病人数。"故宋代今存于《续资治通鉴长编》等书所见之主、客户统计，既包括了乡村户，也包括了坊郭户。如果仅将主、客户统计理解为乡村主、客户，而将坊郭主、客户忽略不计，应是一种误解。以下不妨举一些实例。《弘治徽州府志》卷二载：

"宝庆三年（1227），见管户一十二万四千九百四十一，口二十三万一千七百六十四。

主户：坊郭三千九十八，口一万四千一百七十五；乡村户一十二万一千六百四十九，口一十九万二千九百七十五。

客户：坊郭七百八十九，口三千五百二十七；乡村户九千四百六，口二万一千八十七。"

《永乐大典》卷7890《临汀志》载汀州户口统计："祖帐"：

"主户：坊市二千八百八十九户，计五千五丁，老、小、单丁、残疾不成丁二千二百三十三人，总计七千二百三十八口。

乡村九万九千八百二十五户，计一十二万四百四十七丁，老、小、单丁、残疾不成丁一十三万六百九十一人，总计二十五一千一百三十八口。

客户：坊市二千三百九十六户，计二千五百五丁，老、小、单丁、残疾不成丁八千二百一十三人，总计一万七千一十八口。

乡村四万五千二十一户，计四万七千四百五丁，老、小、单丁、残疾不成丁四千五百八十一人，总计五万一千九百八十六口。"

"见管"：

"主户：坊市三万三千七百五十九户，计八万二千三百四十七丁，老、小、单丁、残疾不成丁一千五百四人，总计八万三千八百五十一口。

乡村九万三千八百五十七户，计一十五万六千二百五十七丁，老、小、单丁、残疾不成丁一十三万三千七百三十八人，总计二十八万九千九百九十五口。

客户：坊市三万九千三百八十一户，计三万九千九百二十六丁，老、小、单丁、残疾不成丁二万六千七百七人，总计六万六千六百三十三口。

乡村五万六千四百三十六户，计五万六千五百七十六丁，老、小、单丁、残疾不成丁三万八千四百六十五人，总计九万五千四十一口。"

《光绪抚州府志》卷一四引《景定志》：

"主户：十七万一千三十。坊郭户一万七千五百四十，乡村户十五万三千四百九十。

客户：七万六千二百九十。乡村户六万三千二百四十三，坊郭户一万三千四十八。"

总而言之，今存宋代的主、客户统计资料，其实是省略了主户和客户中各自包括的乡村户和坊郭户分数。至于如《宋史·地理志》等户口统计资料，则连主户和客户的分类统计也予以省略。

由于坊郭主户和客户在宋代农业社会的总户口中只占少数，而乡村客户的基本成分又是佃农，故客户在不少场合下，又成为佃农的代名词。客户作为户名和佃农，是两种不同性质的概念，两者既有区别，又有联系。

宋朝政府为了处置各种社会经济事务，创设了不少户名，当然，至少其中的部分户名，是沿袭前代旧制者。宋时的户口分类，有时可单用主户和客户一组对应的户名，有时也可单用乡村户和坊郭户一组对应的户名，视统治者需要而定。如宋太宗曾下诏说，"沿边州军管属地分坊郭、乡村诸色人户，如敢辄将斛斗一升一合及造作粮食过入北界"，"不计多少"，"勘罪""处斩"。① 宋徽宗时，"陕西均籴斛斗"，即不分"坊郭、乡村"，按家业钱额均摊，"内坊郭第六等以下，乡村第五等以下免均"。② 此处不但行用了乡村户和坊郭户一组对应的户名，还行用了乡村户下和坊郭户下的户等。

---

① 《宋会要》兵二七之二十。
② 《宋会要》食货四一之二二—二三。

由于宋朝的户名区分是多种方面、多种角度和多种层次的，我们不可能仅以主户和客户一组户名，或仅以主户和客户，乡村户和坊郭户两组户名，用于概括或代表宋时各种各样的户名区分。因此，使用和确立户口分类制度这一总的概念，是十分必要的。

从今存史料中，我们可以找到宋朝的不少户名，今列举于下。

单丁户：宋神宗时，王安石推行免役法，规定"凡坊郭户及未成丁、单丁、女户，寺观、品官之家有产业物力者，旧无役，今当使出钱，以助募人应役。"① 北宋时，"男夫二十为丁，六十为老"，南宋时改为"诸男年二十一为丁"。② 从今存记载看，单丁户名的创设，主要用于摊派差役时，可以免役。

未成丁户：从上引记载看，当然是指某户虽有男子，而年未满二十岁者。

女户："凡无夫无子，则为女户。女适人，以奁钱置产，仍以夫为户。"③

孤贫户："谓单丁而物力贫乏者。"④

孤幼户："孤幼户"一词见《宋史》卷一七八《食货志》，应为未成丁户之异名。

役户：指服差役的人户，此词见于《宋史》卷一七八《食货志》，《文献通考》卷一三作"当役户"，《宋史》卷一七七《食货志》作"课役户"。

吏户："吏户"一词见《北溪大全集》卷四四《上赵寺丞论秤提会子》，用以指胥吏及其家属。

寺观户："寺观户"一词见于《淳熙三山志》卷十。宋时僧道无法单独成户。户籍上只能将僧寺和道观作为单独户口统计单位。《文献通考》卷一一引宋神宗时《中书备对》说，"僧院、道观"等"并附入主户数"。《淳熙三山志》又有"僧户"一词，此词也见于其他记载，⑤ 与僧户相对应，也应有"道户"一词，寺观户也可称僧道户。

军户：宋时军人及其家属有时可称"军户"。⑥ 宋朝也鼓励营伍子弟从军，

---

① 《续资治通鉴长编》卷二二七，熙宁四年十月壬子朔注。
② 《续资治通鉴长编》卷四，乾德元年十月庚辰，《宋会要》食货七十之四，六六之一六，《宋史全文续资治通鉴》卷二七淳熙十二年四月丙辰，《庆元条法事类》卷七五《侍丁》。
③ 《宋史》卷一七八《食货志》。
④ 《庆元条法事类》卷四八《支移折变》。
⑤ 《宋会要》食货六三之一七六，《北溪大全集》卷四四《上赵寺丞论秤提会子》。
⑥ 《北溪大全集》卷四四《上赵寺丞论秤提会子》。

但未形成世代相传的职业军户制度。

遥佃户:"民有物力在乡村而居城郭,谓之遥佃户"。①

寄庄户:《宋会要》食货六之四〇和四二载南宋推行经界法时,有"寄庄户"的户名,或称"外州县寄庄户",是指外州县人户在本地拥有田产者。县下有乡有里。至于本县有"外乡人户寄庄田产",或如朱熹所说,"乡下有外里产户等寄庄"。②宋代大概不称寄庄户。③

俸户:宋初曾仿后汉之制,"于中等无色役人户内置俸户,据本官所请料钱,折支物色,每一千给予两户货卖,逐户每月输钱五百文,除[二]税外,与免徭役",后"停罢"。④

柏子户:宋朝皇帝陵墓设柏子户,看守修葺坟墓,宋仁宗时,"减柏子户,安陵、永昌、永熙各留四十户,永定五十户,会圣宫十户。"⑤

畦户:从事解池盐业生产的人户,称畦户。"天圣以来,两池畦户总三百八十,以本州及旁州之民为之,户岁出夫二人,人给米日二升,岁给户钱四万。"即四十贯。⑥

亭户、灶户:在海盐产区,"其鬻盐之地曰亭场,民曰亭户,或谓之灶户。"⑦

铛户:在河东路部分地区。"籍州民之有碱土者为铛户,户岁输盐于官,谓之课盐,余则官以钱售之,谓之中卖","大抵碱土或厚或薄,薄则利微,铛户破产不能足其课"。⑧

井户:四川生产井盐者,称为"井户"。⑨

园户:"采茶之民","谓之园户"。但种植柑橘,以至养花等人户,亦可称"园户"。⑩

---

① 《宋会要》卷兵二之三十。
② 《朱文公文集》卷二五《与建宁诸司论赈济札子》。
③ 关于寄庄户,参见《文史》第五辑张泽咸《唐代的寄庄户》。
④ 《宋会要》职官五七之一八—二十,《宋大诏令集》卷一七八《复置俸户诏》。
⑤ 《宋史》卷一二三《礼志》,《续资治通鉴长编》卷一二〇景祐四年七月癸卯。
⑥ 《宋史》卷一八一《食货志》。
⑦ 《宋史》卷一八一《食货志》。
⑧ 《宋史》卷一八三《食货志》。
⑨ 《宋史》卷一八三《食货志》。
⑩ 《宋史》卷一八三《食货志》,《鸡肋编》卷下,《滹水燕谈录》卷八。

菜园户:《宋会要》食货七〇之三八载有"菜园户"一词,用以指专业菜农。

酒户、坊户、槽户、拍户、扑户:宋时从事酒的生产和销售者,称酒户、坊户、槽户、拍户、扑户等。①

鑛户:宋时煎炼矾的专业户,称"鑛户"。②

坑户、冶户、矿户、炉户、炭户:此类户都属采矿和冶炼业的专业户。③

窑户、陶户:"以烧砖瓦为业",或烧制陶瓷的专业人户,统称窑户,④而制作陶瓷者或可称"陶户"。⑤

匠户:从事手工业生产的专业户,可称"匠户"。⑥宋时虽有"匠户"一词,也设置"匠籍",但与元明时代作为基本的严格的户名,显然有别。

机户、绫户、锦户、染户、绣户:此类都属纺织、印染、刺绣的专业户。⑦

船户:宋时在江河湖海拥有船只的人户,称为"船户"。如宋哲宗时,对广南"濒海船户每二十户为甲,选有家业行止,众所推服者二人充大、小甲头,县置籍,录姓名、年甲并船橹櫂数",以加强控制。⑧

舶户:宋时以船舶远洋经商的人户,可称"舶户"。⑨

市户、行户、铺户、店户:宋时城市商业同行组织,称为行,编入行的人户,便可称行户。如宋高宗绍兴和议后,临安府"排办国信,多缘阙乏钱物,

---

① 《宋会要》食货二十之九,二十之十,二十之二一,《翠微先生北征录》卷一《平戎十策·财计》,《宋史》卷一八五《食货志》载,宣和时,有所谓"坊户"。此词又见《云麓漫钞》卷十,参对《宋会要》食货二十之一四,可知即是"买扑坊场户"。
② 《宋史》卷一八五《食货志》。
③ 《宋会要》食货三四之二二,《包拯集》卷七《乞开落登州冶户姓名》,《宋史》卷四一《理宗纪》,卷四〇六《洪咨夔传》,《庆元条法事类》卷八十《杂犯》,《淳熙三山志》卷一四。
④ 《石林奏议》卷一四《奏依禀措置应副张俊沿江筑垒合用木植砖瓦札子》,《勉斋集》卷三三《窑户杨三十四等论谢知府宅强买砖瓦》,《夷坚三志》已卷四《萧县陶匠》。
⑤ 《象山先生全集》卷十《与张元鼎》,《嘉泰吴兴志》卷五。
⑥ 《汉滨集》卷八《论铜坑朝札》。
⑦ 关于机户,漆侠先生《宋代经济史》第640—648页有专门介绍。"绫户"一词见《净德集》卷4《奉使回奏十事状》,"锦户"一词见《九华集》卷七《议国马疏》,"绣户"一词见《宋会要》职官二九之八,"染户"一词见《三朝北盟会编》卷一九九,《名公书判清明集》卷一四《把持公事欺骗良民过恶山积·检法书拟》,《朱文公文集》卷一八《按唐仲友第三状》。
⑧ 《续资治通鉴长编》卷四六一,元祐六年七月戊辰,《宋会要》食货三四之三三,四七之一九—二十,《淳熙三山志》卷14。
⑨ 《宋会要》职官四四之一三。

临期于铺行收买物色，过期则不支价钱，致使行户失业"。①行户一般开设店铺，则可称"铺户"或"店户"。②宋时更常见的户名，则是市户，市户不仅包括行商坐贾，也包括牙人，如"贩香牙人应世荣，"即是"市户应世荣"。③《山右石刻丛编》卷一六《重修五龙庙记》的署名中有"市户、守本州助教成会济、陈士敏"，他们虽进纳授官，仍保留了市户的户籍。

蜑户：广南沿海"水居蛮也，以舟楫为家，采海物为生"，"即江、淮所谓鱼蛮子也"，"蜑户数万，生理至微"，"凡采珠必蜑人"。④杨万里《蜑户》诗说："老蟹当粮那识米，缉蕉为布不须纱。"⑤这是蜑户日常衣食的写照。

杂户：宋朝杂户与唐朝、金朝的杂户各不相同，凡"良人女犯奸三人以上，理为杂户，断脊杖，送妓乐司收管"。⑥"淫滥之妇，俾军人射以为妻，此固有之"，"第三人以上方为杂户。"⑦杂户身份十分卑微，宋真宗为举行郊天祀地之礼，特令"杂户妇人得留止（泰）山下"，"杂户妇人不得至临晋、宝鼎县"。⑧宗室赵仲眰和赵仲全因"擅出外宅，私过杂户"，官员来之邵"顾杂户女为婢"，都受到处分。⑨

揽户：包揽代纳赋税等类的人户，可称"揽户"。揽户还可"承领总所籴本，置子场招籴"。有的官府或为揽户专置簿籍或"揽户印记"。⑩

药户、畦户、漆户：《蟹谱》卷下《蟹户》说："钱氏间置鱼户、蟹户，专掌捕鱼蟹，若今台之药户、畦户，睦之漆户比也。"此处之畦户当然不同于前述从事池盐生产之畦户。

---

① 《宋会要》职官三六之五三。
② 《建炎以来系年要录》卷五一绍兴二年二月己卯，《宋会要》食货二十之三—四。
③ 《朱文公文集》卷一八《按唐仲友第三状》。
④ 《桂海虞衡志》，《岭外代答》卷三《蜑蛮》，《舆地纪胜》卷一〇二《梅州》，《朱文公文集》卷九三《转运判官黄公墓碣铭》，《铁围山丛谈》卷五。
⑤ 《诚斋集》卷一六《蜑户》。
⑥ 《古今考》卷三六，方回附论。
⑦ 《名公书判清明集》卷一二，《因奸射射》。
⑧ 《宋会要》礼二二之三—四，二八之四三。
⑨ 《宋会要》帝系四之一八，职官六六之二九—三十。
⑩ 《名公书判清明集》卷二《赃污》，卷三《戒揽户不得过取》，卷一一《士人充揽户》，卷一二《诈官作威追人于死》，《永乐大典》卷七五一二《续宣城志》，《后村先生大全集》卷一五五《墓志铭·礼部王郎中》。

花户：陆游《天彭牡丹谱》说，"洛花散于人间，花户始盛，皆以接花为业"，"至花户连畛相望，莫得而姓名也"。①

宕户：《金佗续编》卷一百《禁止坟山凿石省札二》载，"杨百九正是宕户，租与逐人打凿"山石出售石块。

纸户：南宋初，赵鼎说，洪州一带"见今并无纸户，委是难以抄造"，②纸户自然是造纸专业户。

上述的户名统计，当然是很不完整的。其中有的户名，也只是习惯称呼，而非法定户名。但是，各种户名适用于从中央到地方各级官府处置各种社会经济事务之需，应是没有疑义的。从今存记载看，宋代社会中最常见、最普遍的，主要是以下四类基本的户名，或者说是基本的户口区分。

一、按人户的身份区分，则有官户和民户，形势户和平户之别。官户"谓品官，其亡殁者有荫同"。③事实上，因入仕门径之差异，对何者为官户，尚有很多具体的规定。④官户以外的广大人户，则称民户，有时也称编民、编户或庶户。⑤宋宁宗时进行保甲登记，其中官户一项为"某人系官户，是何官品，曾不系析户"。⑥这实际上即反映了对官户进行户口登记的部分情况。《庆元条法事类》卷一六《诏敕条制》，卷四八《科敷》都规定，"诸被受省曹誊降到圣旨若朝旨或承直处分，以民户改作官户，或依官户例减免差役、科配之类，并行讫，限当日实封申审尚书户部"，如"应申尚书户部而违限，杖一百"。可知宋代官户和民户区分之严格，民户改作官户，须办理严格手续，户部左曹户口案的管理项目之一，即是"改立官户。"⑦

自唐五代以来，逐渐形成形势户的概念，似尚无正式的法定户名和范围。⑧

---

① 《渭南文集》卷四二。
② 《忠正德文集》卷二《乞免上供纸》。
③ 《筠溪集》卷二《缴刘光世免差科状》引《绍圣常平免役令》，《庆元条法事类》卷四八《支移折变》，《科敷》。
④ 参见《宋史研究论文集·中华文史论丛增刊》朱家源先生和笔者合撰《宋朝的官户》。
⑤ 《宋会要》食货一四之四二，三八之一九，四十之一五。
⑥ 《宋会要》食货六六之二九。
⑦ 《宋会要》食货五六之四十。
⑧ 参见《中华文史论丛》1980年第3辑张泽咸《唐代的衣冠户和形势户》。

宋太祖时有"形势门内户"的记载,并规定"诸州府并置形势版簿"。①据南宋中期《庆元条法事类》卷四七《违欠税租》、《税租簿》和卷四八《税租帐》,形势户"谓见充州县及按察[官]司吏人、书手、保正、耆、[户]长之类,并品官之家,非贫户弱者","诸县税租夏秋造簿,其形势户每名朱书'形势'字以别之"。不论单独设置形势版簿,还是在税租簿上用朱笔标明"形势"两字,都说明官户和富有的吏户有特别的户口登记。总的说来,形势户的范围显然比官户宽,其中还包括了"非贫户弱者"的吏户。与形势户相对称的是平户,南宋时,有人建议设甲头催税,"以形势户催形势户,平户催平户",②平户一词不常见,其范围比民户窄,占了民户的大部分。

二、按人户居住地区分,有乡村户和坊郭户之别,前者居住乡村,后者居住城市,有关资料在前面已有所引证,兹不赘述。

三、按有无田地等重要生产资料,有无房产等重要生活资料,则有主户和客户之别。从今存记载看来,坊郭主、客户的区分在于有无房产,③而乡村主、客户的区分在于有无田地。

四、乡村主户和坊郭主户又按财产多少分为五等和十等,司马光说"今时坊郭十等、乡村五等户"④,代表了宋时定制。关于宋朝户等制的沿革,划分户等的财产标准等问题,中外学者已发表了不少研究成果,不必赘述。由于坊郭户户等制的资料太少,此处仅就在户等制下,乡村五等户中的上户、中户与下户的区分,作一些分析。

宋人对乡村上户、乡村中户和乡村下户的区分,其实并无统一的概念,视各人的理解而定,互有出入。朱熹奏,信州玉山县"上三等户随分减放外,下二等户尽行蠲免"。⑤司马光说,"旧日差役之时,上户虽差充役次","下户元不充役"。⑥人们仅称乡村第一、二、三等户为上户,第四、五等户为下户,而不用中户一词,此为第一种类型。苏轼讨论役法时,以乡村"自第二等以上

---

① 《宋会要》食货七十之二,《续资治通鉴长编》卷一二开宝四年正月辛亥。
② 《宋会要》食货一四之二四。
③ 参见《宋辽金史论丛》第1辑拙作《宋朝的坊郭户》。
④ 《资治通鉴考异》卷一九。
⑤ 《朱文公文集》卷一三《辛丑延和奏札四》。
⑥ 《司马文正公传家集》卷四九《乞罢免役钱依旧差役札子》。

人户"为"上户","第四等已下"为"下户","独有每三等人户"则称"中等户"。①从乡村上三等人户中抽出第三等户,称为乡村中户,此为第二种类型。宋神宗时,开封府摊派役钱,以乡村第一等户分甲至戊五等,第二、三等户分上、中、下三等,第四、五等户分上、下两等。邓绾和曾布解释说:"畿内乡户计产业若家赀之贫富,上户分甲、乙五等,中户上、中、下三等,下户二等。"②乡村第一等户称上户,第二、三等户称中户,而第四、五等户称下户,此为第三种类型。宋光宗时,四川一些地区旱灾,"将税米与第五等人户尽行放免,上、中等人户减半催理"。③此处之上等应为第一、二等户,中等应为第三、四等户,而下等则是第五等户。南宋时,绍兴府摊派和买,则又有"上四等及下五等人户"之别,④也仅将第五等户作为下户。这大致上可为第四种类型。

总之,宋朝除乡村第一等户为上户,第五等户为下户外,如果使用中户的概念,则可游移于乡村第二、三、四等户之间。这与唐朝九等户制下的上户、次户和下户有统一规定,显然有别。《数书九章》卷十《均科绵税》将"五等户"分为"上等"、"副等"、"中等"、"次等"和"下等",但此种称谓尚未见于其他史籍。

目前中日学者较普遍地使用了"户等制"一词。宋代的户等制在社会生活中当然有其重要性。但是,不论从事实上或概念上看,户等制只能是户口分类制度的一个重要组成部分。因为官、民户和形势、平户的区分,坊郭、乡村户的区分,主、客户的区分,都不可能使用户等制一词加以代表或概括,以上四组基本户名互相交错重叠,则是宋朝户口分类制度中一个重要而显见的史实,也可说是一个基本的特点。

宋朝户口分类制度是前代户口分类制度的延续和发展,有因有革,有改变,有创新,有一个逐步演变到定型的发展过程。从中国历史上看,至少秦汉以来的历朝历代都非常重视对全体臣民的户口登记,登记即是意味着统治和控

---

① 《东坡七集·东坡奏议》卷六《论役法差雇利害起请画一状》。
② 《止斋先生文集》卷二一《转对论役法札子》,《续资治通鉴长编》卷二二七,熙宁四年十月壬子朔注。
③ 《宋会要》食货六八之九二。
④ 《宋会要》食货七十之九五。

制,也制定过不少户名。但就户口分类制度而言,宋代无疑是一个比较成熟和定型的发展阶段。宋朝户口分类制度在社会经济生活中的作用,也明显地超过了前朝。

宋朝通过户口分类制度,对全体臣民实行有区别的管辖、控制和统治,并采取不同政策,用以调节各社会阶级不同的利害关系。因此,我们完全可以说,宋朝户口分类制度在宋朝整个统治体系中占有重要地位,是一项基础性的统治制度。当然,我们也无需夸大宋朝户口分类制度的意义和作用,宋朝整个统治体系和机制是复杂的,如乡村中的乡管制(管为耆、户长管辖区,耆长管辖区或称耆)、乡都制,城市中厢坊制等,也都是基础性的统治制度。

从另一个意义上说,宋朝户口分类制度的确立,又是自唐朝以来阶级关系变化的终结,而反映和体现了宋朝阶级结构的某种稳定性。

在唐朝前期,按《唐律疏议》规定,唐朝全体社会成员的基本划分。一是"良贱"之别,良是指良人,即平民百姓,贱是指官私奴婢和部曲。二是"官"与"庶人"之别。唐律规定的社会等级差别,与阶级差别有一致之处,也有不一致之处。因为在"庶人"的范畴内,主要包括农民和非官僚地主两大阶级,此种基本的阶级差别在唐律中并无多少反映。

宋朝全体社会成员的基本阶级和等级差别,主要是通过户口分类制度予以反映和确认的。例如官户大体上就是官僚地主,形势户中的官户与吏户大体上组成了宋朝地主阶级当权派。乡村上户大体上是地主,而乡村下户和客户大体上是农民。坊郭上户和下户也大体反映了城市中的阶级差别。上述变化正是在唐中叶后阶级关系变化的基础上逐步实现的。宋朝户口分类制度已无良贱之别,北朝至唐初的贱民部曲已经消亡。部曲一词在宋代又恢复了秦汉时代的原始词义。当然,宋朝社会成员的户籍差别与阶级差别,也不可能完全等同。例如干人、奴婢(包括人力和女使)之类,在宋朝户口分类制度中并未得到反映。但是,研究宋朝户口分类制度,事实上正是研究宋朝阶级结构的入口或突破口。本世纪近代宋史研究实践表明,要研究宋朝阶级结构,不可能置当时的户口分类制度于不顾。

中国历史上户口分类制度,至宋朝确是到了划时代的发展阶段。但是,户口分类制度并未随着宋朝的灭亡而告终。与南宋大致同时的金朝,也有其与宋颇异的户口分类制度。往后的元、明诸朝,其户口分类制度相当复杂和芜乱。

户口分类制度体现了一个皇朝对全体臣民有区别的管辖、控制和统治,这是历代户口分类制度的一个基本的共同点。但是,就户口分类的角度和方式而言,各朝各代却颇有差异,其中最能反映一个时代阶级结构状况者,则是上述宋朝四类最基本的户名区分。

(原文发表于《中日宋史研讨会中方论文选编》。)

# 陶晋生与《北宋士族妇女的教育》

## 经典导读

　　陶晋生（1933——　），湖北黄冈人，陶希圣之子。台湾大学历史系1956年毕业，接着入台大历史研究所师从姚从吾，1959年获硕士，1961年赴美国印第安纳大学师从邓嗣禹攻读博士，1967年获得历史学博士学位。历任台湾大学历史系教授，"中研院"历史语言研究所研究员，美国亚利桑那大学教授，香港中文大学讲座教授，东吴大学历史系讲座教授。1990年获得"中研院"院士。致力于宋辽金史和中国史、边疆史、社会史研究，成就突出，具有较大国际影响。著有《金海陵帝伐宋与采石战役的考实》（1963）、《边疆史研究集》（1971）、《女真史论》（1981）、《宋辽关系史研究》（1984）、《北宋士族：家族·婚姻·生活》（2001）等著作。20世纪70年代，曾主办《食货月刊》，强调历史学对于社会科学的借鉴，其本人的研究也受到了文化人类学等社会科学的影响。

　　陶晋生的历史研究，前期以辽金史、宋辽和宋金关系史为主，后期兴趣转向北宋士大夫家族。他在社会史研究方面的主要学术成果，体现在晚年出版的《北宋士族：家族·婚姻·生活》一书。该书共计12章，前4章探讨士人的起家、宦海沉浮、士大夫家族的维持和士族的婚姻，第5至7章探讨士族妇女及其教育、再嫁改嫁问题，第8章论述士人的朋友交游与日常生活，第9至11章是对韩琦家族、山阴陆氏和新昌石氏三个家族的个案研究，最后一章是结论。陶晋生在该书"序"中指出：

"本书试图观察北宋新兴士大夫及其家庭或家族的活动实况,主要的构想是以士人和士大夫对他们自己、他们的家庭或家族,以及众多的士人和士大夫的一生的描写,来观察他们起家的经过,维持一家或一族的继续兴盛所用的策略,他们之间的婚姻关系,以及妇女的角色。"[①]陶晋生主要利用文集中和考古发现的墓志传记资料,从碑志作者笔下所描述的士人行为来观察其实际生活。该书讨论北宋扩大考试制度,遂使很多新兴士人进入政府;为了维持家族兴盛,发展出包括与其他士族通婚,聚书、延师,经营产业等策略。陶晋生对于传记资料的利用颇有心得,既看到传记的局限性,更把握了传记的优点。此外,他也利用书信和诗词,这种研究方法值得借鉴。

该书对士族妇女着墨甚多,"士族妇女的教育"即为第三章。该文指出北宋士族妇女大都能识字,勾画出了她们所受的教育,以及她们教育儿女的大致情形。一般来说,士族妇女所受的是家庭教育,不过有些妇女的受教育程度显然超过了初级教育。很多妇女所读的书,从经史,诗文到佛道经典,不一而足。由于女子局限于家庭之中,她们的作品多半是诗词,而在年老时大都念经拜佛。虽然如此,士族妇女有受教育的必要,因为她们往往要主持家政,兼顾族人的事务,以及管理家产。她们的责任并不只是传宗接代,而必须具有多方面的才干和知识。有知识的妇女时常要兼主内外,在丈夫求取功名,出外工作,甚至丈夫不理会子女的教育的时候,亲自教育子女,或者监督子女读书。尤其在丈夫早死的情况下,不愿再嫁的寡妇的责任更是沉重。陶晋生认为一个女子是否有知识应当是北宋士大夫安排婚姻的一个重要的条件。陶晋生呈现出的北宋士族妇女受教育的情况、修养以及家庭地位,有别于我们长期以来的对古代中国妇女的想象与认识。

此外陶晋生对北宋妇女亦有其他论述。如著有《妇女的再嫁与改嫁》,根据过去学者所见宋代妇女再嫁和改嫁的例证,取其中北宋部分共 37 例,加以著者主要从北宋文集中发现的 15 例,以及离婚、改嫁、和守节的若干实例,综合讨论再嫁、改嫁和离婚的问题。陶晋生指出北宋文集著者写了很多守节寡妇的墓志(传记),而只写了少数再嫁寡守节,显示士人倾向于赞成寡妇守节。但是也有很多士人基于实际的考虑而主张女于夫死后再嫁。陶晋生认为北宋再嫁的寡妇应当比守节的妇女多,节妇的传记虽比再嫁的寡妇多,并不能证明有较多的寡妇守节。这一观点并不是标新立异,而是以扎实的资料更加准确地阐释了妇女再婚与守节的实际情况。

---

① 陶晋生:《北宋士族:家族·婚姻·生活》,序,"中研院"历史语言研究所 2001 年版,第 ii 页。

### 延伸阅读文献目录：

1. "中研院"历史语言研究所：《中国近世社会文化史论文集》，"中研院"历史语言研究所1992年版。
2. 梁庚尧：《宋代社会经济史论集》，允晨文化实业股份有限公司1997年版。
3. "中研院"历史语言研究所：《中国近世家族与社会研讨会论文集》，"中研院"历史语言研究所1998年版。
4. 刘静贞：《不举子——宋人生育问题》，台北稻香出版社1998年版。
5. 朱瑞熙等：《辽宋西夏金社会生活史》，中国社会科学出版社1998年版。
6. 王善军：《宋代宗族和宗族制度研究》，河北教育出版社2000年版。
7. 陶晋生：《北宋士族：家族·婚姻·生活》，"中研院"历史语言研究所2001年版。
8. 张邦炜：《宋代婚姻家族史论》，人民出版社2003年版。
9. 邓小南主编：《唐宋女性与社会》，上海辞书出版社2003年版。
10. [美]伊沛霞：《内闱：宋代妇女的婚姻和生活》，江苏人民出版社2004年版。
11. 邢铁：《宋代家庭研究》，上海人民出版社2005年版。
12. 蒙思明《元代社会阶级制度》，上海世纪出版集团2006年版。
13. 游彪：《宋代特殊群体研究》，商务印书馆2006年版。
14. 柳立言：《宋代的家庭和法律》，上海古籍出版社2008年版。
15. [日]平田茂树、远藤隆俊、冈元司：《宋代社会的空间与交流》，河南大学出版社2008年版。
16. 黄宽重：《宋代的家族与社会》，国家图书馆出版社2009年版。
17. 柳立言：《宋代的宗教、身分与司法》，中华书局2011年版。
18. 铁爱花：《宋代士人阶层女性研究》，人民出版社2011年版。
19. 唐代剑：《宋代的妇女再嫁》，《南充师范学院学报》1986年第3期。
20. 邓小南：《宋代士人家族中的妇女——以苏州为例》，《国学研究》第 5 卷，北京大学出版社 1998 年版。

21. 陶晋生：《陶希圣论中国社会史》，《古今论衡》1999 年第 2 期。

22. 陶晋生：《歌姬舞妓与金莲》，邓小南主编：《唐宋女性与社会》，上海辞书出版社 2003 年版。

23. 杨果：《宋人墓志所见女性形象解读》，《东吴历史学报》（台）2004 年 6 月第 11 期。

24. 柳立言：《士人家族与地方主义》，《历史研究》2009 年第 6 期。

25. 柳立言：《宋代明州士人家族的形态》，"中研院"《历史语言研究所集刊》第 81 本第 2 分。2010 年 6 月。

26. 柳立言：《科举、人际关系网络与家族兴衰：以宋代明州为例》，《中国社会历史评论》2010 年第 11 卷，天津古籍出版社 2010 年版。

——— 原文：《北宋士族妇女的教育》

**经典原文**

# 北宋士族妇女的教育

陶晋生

北宋时期,士族为了维系其政治、经济和社会地位,一方面聚书延师,督促子孙读书应举,以求功名禄位;一方面经营田产,对内加强族人的团结互助,对外扩展与其他士族的婚姻关系。士族妇女在这个变迁的社会里,扮演了什么角色?对于家族的维持,除了传宗接代之外,有什么贡献?她们的生活实况是怎样的?本文探讨当时士族妇女生活的一个重要的部分,那就是她们所受的教育,和她们在子女教育方面扮演的角色。本章所用的资料,仍以文集中的墓志为主。

士族妇女,或生长于富裕的家庭里的妇女,大都有机会读书识字。这些妇女的传记(墓志)著者,为了表扬死者,多半会记载她们读书的这件事。著者们尤其把夫死守寡,抚养和教育儿女的妇女的事迹,大书特书。虽然这些传记(墓志)千篇一律的隐恶扬善,有时候过于夸张,但是就妇女是否能够读书识字这件事来说,不至于无中生有。因此,我们可以从现存的传记资料里,窥见当时士族妇女受教育的大致情形。

## ■ 一、关于妇女教育的讨论

传统中国妇女的活动,大致限制在"男主外,女主内"的范围之中。她们所受的是家庭教育,程度不太高。司马光主张不论是男孩还是女孩,都应当受教育,他也称赞贤女,认为古之贤女如曹大家,皆通经术,议论明正。[①] 不过,他在《司马氏书仪》里讨论女子教育,认为她们只需要初级的教育:

---

① Patricia Buckley Ebrey, *InnerQuarters*, pp.120—124, 185—187. 参看苗春德编:《宋代教育》,河南大学1992年版,第200—201页。

> 七岁。男女不同席，不共食。如诵孝经、论语，虽女子亦宜诵之。…九岁。男子读春秋及诸史，始为之讲解，使晓义理。女子亦为之讲解论语、孝经、及列女传、女戒之类，略晓大意。①

士族妇女在夫家，有时候也要担当外事。受了教育，才能胜任外事。袁采在《袁氏世范》里把妇女在夫家里的各种职责作了很简要的描述：

> 妇人有以其夫蠢懦，而能自理家务，计算钱谷出入，人不能欺者。有夫不肖，而能与其子同理家务，不致破荡家产者。有夫死子幼，而能教养其子，敦睦内外姻亲，料理家务，至于兴隆者。皆贤妇人也。而夫死子幼，居家营生，最为难事。托之宗族，宗族未必贤。托之亲戚，亲戚未必贤。贤者又不肯预人家事。惟妇人自认识书算，而所托之人衣食自给，稍识公义，则庶几焉。②

袁采把妇女在夫家遭遇的困难分为三种情况。一、夫蠢懦，妻必须负责理家财。二、夫不负责，妻必须与子共同理家。三、夫死子幼，妻负责理家教子。其中又以夫死子幼的情形最艰巨。在以上的三种情况里，都需要有知识，能算账的妻子来应付。也都需要妇女兼主内外。同时也要有能力认清楚诚实可靠的人，才能托付其人办事。这样的妇女才能维系家族的继续存在。换言之，具有初级教育程度的妇女，也许还不足以应付上述的局面。尤其是在第三种情形之下，妇女需要足够的知识才能教子。

郑侠从另外一个角度看女子教育，认为教女子的重要性不下于教男儿：

> 教子之所宜急，莫若女子之为甚。乃置而不教，此悍妇戾妻、骄奢淫逸、狼狈不可制者所以比比，而家道不正。③

他的重点是德而不是才。但是德育不是空言，必须从诗书和家庭的传统里去学

---

① 司马光：《司马氏书仪》（《丛》）卷四《居家杂仪》，第45页。
② 袁采：《袁氏世范》（《丛》）卷上，第23页下。
③ 郑侠：《西塘集》卷四《谢夫人墓表》，第8页下。

习。郑侠的女儿显然会读书。他在写给女儿的教训《示女子》诗中要她"诵经味其理,圣心良可言。"①

曾巩为一位叫做周琬的妇女写墓志铭,说周氏"喜图史,好文章。日夜不倦,如学士大夫。"有诗七百余篇。曾巩在这篇文章里,发挥了一篇主张加强妇女教育的言论。他认为古代有女子教育,到了现代却已废弃,妇女只有自学:

> 昔先王之教,非独行于士大夫也。盖亦有妇教焉。故女子必有师傅。言动必以礼,养其德必以乐,歌其行、劝其志、与夫使之可以托微而见意必以诗。此非学不能。故教成于内外,而其俗易美,而其治易洽也。兹道废,若夫人之学出于天性,而言行不失法度,是可贤也已。②

鉴于当前没有一种有系统的女子教育,曾巩企图以引古证今的方式来支持他的主张。他为其妹写墓志铭,特别指出她们喜欢读书。沈披和沈括兄弟的母亲许氏教育两个儿子很成功。曾巩颂扬许氏,认为只有使许氏扬名天下,才能树立楷模,挽救世风。他是这样写的:

> 昔先王之治,必本之家,达于天下。而女子言动有史,以昭劝诫。后世以古为迂,为政者治吏事而已。女子之善既非世教所奖成,其事实亦罕发闻于后。其苟如此,其衰微所以益甚。则夫人之事其可使无传也哉!③

欧阳修幼年丧父,由母亲一手抚养教育成人。欧阳修除了在《泷冈阡表》一文中感思亲情外,对于贤妻良母特别赞美,认为很多士人的成功,是妇女的功劳。例如他读了谢景山之母的墓志,又读了景山之妹希孟的百余篇诗作后,写了《谢氏诗序》:

> 得今舍人宋公所为景山母夫人之墓铭,言夫人好学通经,自教其子。乃

---

① 郑侠:《西塘集》卷九,第10页下—12页上。
② 曾巩:《元丰类稿》卷四五,第287页。
③ 曾巩:《元丰类稿》卷四五,第286页。曾巩妹之志见卷四六,第293—294页。

知景山出于瓯闽数千里之外，负其艺于大众之中，一贾而售，遂以名知于人者，系其母之贤也。今年予自夷陵至许昌，景山出其女弟希孟所为诗百余篇。然后又知景山之母不独成其子之名，而又以其余遗其女也。…希孟不幸为女子，莫自章显于世。①

谢希孟有诗集二卷，《采蘋诗》一卷。②由此可见，当时有些妇女受了教育，也教育自己的子女。欧阳修认为谢景山的知名是由于有一位贤母。同时，王珪也把贾昌朝的成就归功于其母和其妻陈氏。贾昌朝少孤，其母"日教诲之，自经史图纬训诂之书，无所不学。"其妻陈氏也助他成名。③

## 二、受教育的妇女

像谢景山的母亲一样，北宋颇有一些妇女所受的教育，超过了上引司马光主张的初级教育。以下几位妇女可以算是她们的代表。沈迥和沈遵之母魏氏，"以《论语》、《孝经》教两子。"④石君瑜妻李氏知书史，诵佛书。⑤盛遵甫妻王氏，读经、史、诸子，极乎释、老、阴阳、卜筮之书，并且特善吐纳术。⑥许平施之妻刘氏，更是无书不读，尤长于《左传》。她的传记著者描写她：

嗜学，书传无有不经览者。于《左氏春秋》尤能通诵之。中间事迹、词语、沿端、极涯、开说、讲辩、名氏、世族、地里、岁月，条分绪解，癸甲不乱。⑦

程颢、程颐之母侯氏，"幼而听悟过人，女功之事，无所不能。好读书史，

---

① 欧阳修：《欧阳文忠公文集》卷四二《谢氏诗序》，第315页。
②《宋史》卷二〇八《艺文志》，第5388页。
③ 王珪：《华阳集》卷五六，第2页上；第14页下。
④ 王安石：《临川先生文集》卷九九，第623页。
⑤ 文同：《丹渊集》卷三六，第265页。
⑥ 晁说之：《嵩山文集》卷二〇，第390页。
⑦ 文同：《丹渊集》卷四〇，第295—296页。

博知古今。(其父)丹徒君爱之过于子。每以政事问之，所言雅合其意。常叹曰："恨汝非男子。"她好文，却不为辞章。诗三十篇皆不存。只有一首《闻鸣雁》：

何处惊飞起，雝雝过草堂。
早是愁无寐，忽闻意转伤。
良人沙塞外，羁妾守空房。
欲寄回文信，谁能付汝将？

侯氏不为辞章，"见世之妇女以笔札传于人者，深以为非。"她仍然教育女儿，虽然主要的教训是班昭的《女诫》。她教训家人："见人善，则当如己善，必共成之。视他物，当如己物，必加爱之。"侯氏之弟"世称名儒，才智甚高，尝自谓不如夫人。"①还有一位蒲远猷之妹幼芝，才气纵横。据说蒲远猷"与女弟幼芝俱有声于剑南。幼芝嫁成都张俞，学问文章与其夫抗衡。"当时的士大夫把他们兄妹比为前世的班固、马融，"翕然称美之"。②

生在书香之家或做官的人家(士大夫)的妇女，比较有受教育的机会。赫赫有名的吕氏家族，子女幼年时在一起读书。吕夷简的堂妹，和男孩同学，她"泛通诗书百家之学"。她的伯父吕蒙正本来就"奇之，以谓殊非诸女之拟。"而吕夷简也叹道："信矣诸父(蒙正)之言！"嫁给覃某之后，年三十余时夫卒，于是她亲授经义于诸子。③同样，谭文初妻谢氏教子弟，"教诸女亦如之"。④宋初宰相王旦之女才数岁，"文正特喜其明悟，亲教诵《孝经》、《白氏讽谏》，及杂诗赋数百篇。"虽然后来她既不饮酒，也不再读书，王旦"每有家事，必访焉。既而笑曰：若为男子，必大吾门。"王旦很谨慎地选择了后来也官至宰相的苏耆做女婿。⑤有一个周恭甚至只教女儿。周恭的两子已经务农，"念不可教，独周氏幼而慧，乃使授《女诫》七篇习之。"出嫁后，其夫不得志，"周氏

---

① 程颢：《上谷郡君家传》，《河南程氏文集》(《二程集》)卷一二，第653—655页。《诗》卷二七二，第3441页。
② 黄庭坚：《山谷集》卷二四《蒲仲与墓碣》，第257页。
③ 王珪：《华阳集》卷五三，第9页上。
④ 郑侠：《西塘集》卷四，第3页上—9页下。
⑤ 韩维：《南阳集》卷三〇《太原县君墓志铭并序》，第1页上—3页上。

耻之，益欲教其子。"其子好学都是周氏的功劳。① 还有些妇女家境似很差，仍能读书。如文氏父母早亡，仍然"性喜儒学"。②

有的妇女并非出身于士族，而家境还不错，也就能够自学。如程节妻沈氏，祖、父皆不仕，而且幼失父母。可是她"性警悟，事一经目，无不能者。夜听族中群儿诵书，翼日辄能尽诵。既长，雅好读书。不出闺闼，而经史百家之言，已亦略知大意。善字画，知诗。温柔端厚，颇有古人之风。"嫁到程家的时候，程节还没有中第。门内无虑千指，竭妆具赒给无惮色。"教子孙多学问，常贡国学外台；训诸女皆有法，各能通经知诗。"这位妇女甚至还有文集十卷传于家。③

最有趣的故事，是洪州布衣高天倪之母冯氏。冯氏原来没有受过教育，嫁给隐士高广后，因高广好与禅衲交游，冯氏竟能诵经认字。五个儿子都是冯氏教育的。④ 此外，根据欧阳修的记载，北宋名建筑师预浩之女，可能是《木经》（三卷）的著者。至少，我们可以知道，这位预氏学会了建筑。⑤

宋代士人收藏书籍的风气很盛。妇女为了教育子女，也收图书。如贾注妻"市图籍以教子"。⑥ 下文还有朱遵式妻杜氏和刘弇的母亲，都买书收书。

生长于士族之家的妇女，并不一定都受教育。也就是说，有的士人不赞成女子读书作文。程颢之女"未尝教之读书，而自通文义。"这位很聪明的女子，未嫁就死了。临终，程颢对她谈道义，她答道："何不素教我？今且悟矣。"这是何等可叹的抗议！⑦ 黄庭坚的叔母章氏，"幼喜诵书，弄笔墨。父母禁之。与诸女相从夜绩。待其寝息，乃自程课。由是知书事。"⑧ 这两个例子说明自学的困难。

以下再举一些读书的妇女的例子。马仲甫妻杨氏，母亲是李昉族女。杨氏

---

① 黄庶：《伐檀集》（《四珍》一二集）卷下，第20页上—下。
② 吕陶：《宋》卷一六一五，第492页。
③ 程遵彦：《宝文阁待制程节妻沈氏墓志铭》，列入陈柏泉编：《江西出土墓志选编》，江西教育出版社1991年版，第79—81页。
④ 释惠洪：《石门文字禅》卷二九，第20页上—下。
⑤ 欧阳修：《归田录》卷一，第1页上—下。
⑥ 宋祁：《宋》卷五二八，第125页。
⑦ 程颐：《河南程氏文集》（《二程集》）卷一一，第640—641页。
⑧ 黄庭坚：《山谷外集》卷八《叔母章夫人墓志铭》，第434页。

读书极博:"善女工,音律,诵经史诸子,阅医药,阴阳,算术之书,至数千万言。皆通其大义。惟不喜为辞章。尤深佛学,悟性命之妙。"① 王安石的外祖母黄氏,喜书史。"史所记治乱,人贤不肖,无所不读。盖其明辨智识,当世游谈学问知名之士,有不能如也。"② 郑獬外祖母陈氏,诵读佛书,亦好读古史,能疾书,日草万余字。见之不知为妇人笔札。③ 葛宫妻孙氏,"能为五七言诗。居间设烈女图。读书史以自娱。"④ 鲁有开妻孙氏,善读传记。⑤ 张宗雅妻符氏,读汉唐史。信佛。⑥ 杜昉妻崔氏,是工部尚书崔立之女,读经史佛书,会歌诗。⑦ 孙庭臣继室施氏,少喜读书,老而不衰。六经、孔孟之书,略通其大旨。⑧ 朱遵式妻杜氏,买书不问其价。雅好内典,达其旨趣。又多智,善解梦。言未来事往往符验。⑨ 苏轼妻王氏,嫁给东坡后,居然不知道她会读书。⑩ 贾宗孙女喜读书,通《论语》、《孝经》大义。⑪ 此外,孙某妻王氏,吴某妻曾氏,苏不欺妻蒲氏等,都是喜欢读书的妇女。⑫ 还有一位周氏,是山阴人傅某之妾。傅某"诸子尚幼,欲令力学以世其家。问谁可主者。意在夫人。而夫人承其意。府君喜曰:汝才真可以此付也。"这位周氏把傅家的家产管理得很好。身为妾侍的周氏应当不是出于士人之家,却能读书识字,治家理财。⑬

很多妇女喜欢诵读佛经,笃信释氏。据说"元丰、元祐间,释氏、禅家盛。东南仕女纷造席下,往往空闺门。"⑭ 上引陈氏、符氏、和崔氏等,都信佛教。崔立还有一个女儿,也受了教育,据说她"喜读书史,数过成诵,不复

---

① 钟离景伯:《宋》卷二一八二,第443—444页:杨氏墓志。
② 王安石:《临川先生文集》卷九〇,第568页。
③ 郑獬:《郧溪集》卷二二,第9页上—下。
④ 蔡襄:《端明集》卷三九,第8页下。
⑤ 郑獬:《郧溪集》卷二二,第7页上。
⑥ 陈襄:《宋》卷一〇九一,第591—592页。
⑦ 范纯仁:《范忠宣集》卷一二,第15页上。
⑧ 汪藻:《浮溪集》卷二八,第253页。
⑨ 王禹偁:《宋》卷一五六,第575页。
⑩ 苏轼:《东坡七集》,《东坡集》卷三九,第9页下。
⑪ 王珪:《华阳集》卷五三,第11页下。
⑫ 陆佃:《陶山集》卷一五,第20页上;王安石:《临川先生文集》卷一〇〇,第625页;吕陶:《宋》卷一六一五,第498页。
⑬ 陆佃:《陶山集》卷一六,第15页上—下。
⑭ 邹浩:《道乡集》卷三七,第16页上。

遗忘。"好佛书，读《图觉经》后，叹道："使我早研悟此理，当终老于家，孰能有行，重结缘累！"① 黄洪妻许氏，"尤喜佛事，诵其书十八万卷有奇。"② 任遵圣妻吕氏，"晚好佛书，知缘果大略，怡然若有得。"去世前，"闭目诵《金刚经》，凡二卷，无一字舛谬。"③ 魏羽女"学佛屠，通其书之说。故其于穷达之际，能泊然安于命，而不以外物动其心。此士君子有所不及，而夫人能之，贤矣！"④ 王安石妹，张奎妻，"工诗善书，强记博闻，明辨敏达，有过人者。""晚好佛书。"⑤ 此外，孙淮妻许氏，家氏的丈母侯氏，葛氏妻尹氏，费文妻魏氏，陈昌谟妻段氏，吕升卿妻陈氏，潘延之妻钱氏，侯仲修妻施氏，杜镐妻钟氏等，都信奉佛教。⑥ 邵潜妻孙氏教子读书，信佛之外，又信道教。⑦ 吴瀚教其女诗书笔墨。女于笔墨女工皆善。晚喜释氏书。⑧ 张景儒妻杨氏，"日阅佛书，教训子弟为事。""晚年默悟禅观，颇达其宗旨。"⑨ 晚年信佛的妇女，不计其数。

司马光不赞成妇女作诗。他说："今人或教子女以歌诗，执俗乐，殊非所宜也。"⑩ 其实这话也反映了当时有些人教女儿作诗。或者精书画，通音律。宋代女诗人当然以李清照最有名。此处不必多论。⑪ 其他的女诗人很多，如晁端中妻胡氏，知书能诗。⑫ 钱晦妻李氏，善书能诗。⑬ 孙君妻王氏，好读书，善为诗。⑭

---

① 张吉甫：《宋》卷一六四八，第294—296页：崔氏墓志铭。
② 刘挚：《宋》卷一六八二，第176页。刘挚：《忠肃集》卷一四，第20页下作黄珙。
③ 陆佃：《吕陶集》卷一六一五，第496页。
④ 沈构：《宋》卷一六二七，第699页。
⑤ 王安石：《临川先生文集》卷九九，第620页。
⑥ 沈括：《宋》卷一六九五，第401页；范祖禹：《范太史集》卷四一，第1页上；蔡襄：《端明集》卷四〇，第4页上—下；吕陶：《宋》卷六一一五，第493页；苏稷：《宋》卷一七〇一，第507页；杨杰：《宋》卷一六四六，第259，263页。施氏墓志见《江汉考古》，1989年第3期。钟氏墓志见《考古》，1963年第6期。
⑦ 慕容彦逢：《摛文堂集》卷一五，第4页下。
⑧ 汪藻：《浮溪集》卷二八，第251页。
⑨ 张峋：《宋》卷一七〇四，第556—557页：杨夫人墓志铭。
⑩ 参看《宋代教育》，第200页。
⑪ 参看胡文楷：《历代妇女著作考》，鼎文书局1973年版，卷三《宋代》，本文不再重复。
⑫ 晁补之：《济北晁先生鸡肋集》卷六八，第548页。
⑬ 蔡襄：《端明集》卷三九，第8页下。
⑭ 王安石：《临川先生文集》卷一〇〇，第625页。

钱秀女善为歌诗，平生所著千余首。① 王洙妻齐氏，有诗五十四篇。"其言高洁旷远，非近世妇人女子之所能为。"② 谭文初妻谢氏，"书画二事皆精，而于水墨尤有闲淡之趣。"也善性理。③ 张某妻许氏，"通于诗，乐于琴，习于算数。……尤于诗能考而知义。"④ 陈公甫妻阮徽，善书法。⑤ 许国妻黄氏，通音律。⑥ 在宋人笔记小说及其他资料里，可以看到很多妇女的诗篇。值得另文论之。兹举数例于下：

（一）大庾岭上佛塔庙有妇人题云："妾幼年侍父任英州司寇。既代归，父以大庾本有梅岭之名，而反无梅，遂植三十株于道之右。因题诗于壁。今随夫之任端溪，复至此寺，前诗已污漫矣。因再书之。云：英江今日掌刑回，上得梅山不见梅。辍俸买将三十本，清香留与雪中开。"⑦

（二）天圣中，有女郎卢氏，题诗于蜀道泥溪驿。其序略云："登山临水，不废于讴吟。易羽移商，聊纾于羁思。因成《凤栖梧》曲子一阕，聊书于壁。后之君子览之者，无以妇人切弄翰墨为罪。词曰：蜀道青天烟霭翳，帝里繁华，迢递何时至？回望锦川挥粉泪，凤钗斜鬈乌云腻。钿带双垂金缕细，玉佩珠珰，露滴寒如水。从此鸾妆添远意，画眉学得遥山翠。"⑧

（三）舒王女，吴安持妻蓬莱县君，工诗，多佳句。有诗寄舒王曰："西风不入小窗纱，秋气应怜我忆家。极目江山千里恨，依然和泪看黄花。"⑨ 案，舒王即王安石。除上引王安石的外祖母黄氏外，其妻能文，有小词《约诸亲游西池》句云："待得明年重把酒，携手，那知无风又无雨。"安石妹，张奎妻的佳句最多，名句有："草草杯盘供语笑，昏昏灯火话平生。"安石女，刘天保妻有如下的名句："不缘燕子穿帘幕，春去春来那得知。"《宋史》《艺文志》著录

---

① 范祖禹：《范太史集》卷三八，第14页上。
② 王安石：《临川先生文集》卷一〇〇，第627页。
③ 郑侠：《西塘集》卷四，第6页下。
④ 王令：《广陵集》卷二〇，第1页下。
⑤ 晁说之：《嵩山文集》卷一九，第382页。
⑥ 尹洙：《宋》卷五八九，第450页。
⑦ 张师正：《倦游杂录》，上海古籍出版社1993年版，第82页。
⑧ 张师正：《倦游杂录》，上海古籍出版社1993年版，第82页。
⑨ 释惠洪：《冷斋夜话》，中华书局1988年版，第39页。

《王氏诗》一卷,则不知是那一位的作品。①

(四)陈述古诸女,亦多有文。有适李氏者,从其夫任晋宁军判官,部使者以小屏求诗。李妇自作黄鲁直小楷,题其上二绝云:"梦淡芦歌曲水通,几双容与对西风。扁舟阻向江乡去,却喜相逢一枕中。""曲屏谁画小潇湘,雁落秋风蓼半黄。云淡雨姝孤屿远,会令清梦绕寒塘。"②

以上第一和第二两例中的妇女,很自然的在寺庙和旅店的墙上题诗。第三例的王安石家里的妇女,颇多能诗。这些受了教育的妇女,不但有能力教子女读书,而且在她们的传记里,有很多子女的教育完全由她们负责的例证。洪驹父四兄弟都由他们的祖母教其治经。梁在和妻金氏喜读书,善笔札。诸子皆受经于她,未尝从师。③

有些家庭里,由于丈夫忙于工作,无暇教育子女;或者有其他的原因,不注意子女的教育,于是妻子就肩负了督促或教育子弟的工作。士大夫过着游宦的生活,有的在外地做官,把妻子留在家乡。如胡则妻陈氏出嫁后,夫中科第。陈氏不从夫行,凡二十年。在家侍二亲。④最有名的例子是苏洵妻程氏支持其夫专心读书的故事。苏洵家极贫,而程家极富。苏洵自己说他"游荡不学",程氏"耿耿不乐"。等到苏洵觉悟,决心读书,程氏就独力操持家务,并且在苏洵出外游学的期间,亲自教育苏轼、苏辙兄弟。苏辙记述他的母亲"生而志节不群,好读书,通古今,知其治乱得失之故。"又说当苏轼十岁的时候,苏洵"宦学四方。太夫人(程氏)亲授以书。""太夫人尝读东汉史,至《范滂传》,慨然太息。公(苏轼)侍侧,曰:轼若为滂,夫人亦许之否乎?太夫人曰:汝能为滂,吾顾不能为滂母耶?公亦奋厉有当世志。太夫人喜曰:吾有子矣!"司马光为程氏写墓志铭,也赞美她教育轼、辙兄弟。⑤由此可见出自富

---

① 胡文楷:《历代妇女著作考》,第34页。
② 陈鹄:《西塘集耆旧绩闻》,新华书局1993年版,第21页。《宋史》卷二〇八《艺文志》中尚列有曹希蕴、蒲氏、吴氏、王亢女王尚恭、徐氏、王氏(即王安石家的妇女)、王纶、许氏等。
③ 二例见黄庭坚:《山谷集》卷一六《洪氏四甥字序》,第136页;《山谷外集》卷八,第35—36页。
④ 范仲淹:《宋》卷三八九,第40页。
⑤ 苏洵:《宋》卷九二七,第182页;苏辙:《乐城集》,《后集》卷二二《亡兄子瞻端明墓志铭》,第1411页;司马光:《温国文正司马公集》卷七六,第554页。

家的程氏曾经受过很好的教育。

## 三、教育子女的妇女

一位史氏的丈夫，不知道为什么"未尝督责三子以学。而夫人（史氏）则不然，躬课诸郎读书，至丙夜乃寝，率以是为常。平生无所好，独闻诵书声辄欣然，盖性之所嗜如此。"史氏之妹嫁给孙氏，其幼子昌裔，"年十五六，昼出从师受书，夜归，夫人自教之，至夜分乃已"①这对姐妹都是受过教育的妇女。何氏的丈夫十四年不归家，何氏教子"学书，念文字。"②杨大雅妻张氏，"教其子不略弛其色。有问之者，则曰：慈或失之教不严，不足以训。"③王氏嫁给东南衣冠显姓张氏，家贫子众，"尽使努力为诸生，以旧所忆众书，手抄教督，夜分犹课厉众子，严惮若师。"④范氏归吴郡陆师闵后，"教诸子《论语》，《毛诗》，皆其口所指授，而诸子易以立。诸女相与鸡鸣而起，曰：可不勉哉！吾母如何，吾曹当如何！"⑤王拱辰母李氏，"授诸子《孝经》，古诗，方田之数。逮其就学，皆未劳而习。"⑥沈迥与沈遵兄弟，学《诗》、《论语》于其母魏氏。⑦沈披和沈括兄弟幼时也是沈周之妻许氏教育的。⑧邵潜妻孙氏，"善教子，幼课以读书，长诲以纪己。⑨四子相继登进士第。乡间言教子者，以邵氏为能。"陶舜卿妻林氏，"观书，略能诵说，以其所诵说授诸子，劝之为学甚力。数子后皆为学者，相踵以进士补吏。乡人荣之。"⑩

还有一种常见的情况，是夫死后由妻来教育子女。欧阳修幼年丧父，由母

---

① 唐庚：《眉山集》卷五，第9页下。
② 文同：《丹渊集》卷四〇，第294页。
③ 欧阳修：《欧阳文忠公文集》卷六二，第464页。
④ 葛胜仲：《丹阳集》卷一四，第16页上。
⑤ 晁说之：《嵩山文集》卷一九，第374页。
⑥ 宋祁：《宋》卷五二九，第147页。
⑦ 王安石：《临川先生文集》卷九九，第623页。
⑧ 曾巩：《元丰类稿》卷四五，第286页。
⑨ 慕容彦逢：《摛文堂集》卷一五，第4页下。
⑩ 沈括：《宋》卷一六九六，第423页。

亲一手抚养教育成人，事见其千古传诵的《泷冈阡表》。史壸妻夏氏，亲授其子史温《孝经》和《论语》。① 冯式妻朱氏于夫死后，"携诸孤居鄂州，自教读书。"其子冯京后来官至翰林学士。② 贾昌朝的母亲教他读书，已见前引。③ 黄世规妻卢氏，夫死后，"家益乏，而夫人教益力。居七年，而两子仕。"④ 孙景修少孤，由母亲教育成人，他不忘母恩，著有《贤母录》，并且集有四十九家的家戒。⑤ 林某妻黄氏，夫卒后教育其子。子死，又教育孙儿，"日夜课诸孙以学，有不中程，辄朴之。及长，遂多知名，连以进士中其科。"⑥ 晁端友死后，妻杨氏"布衣蔬食，教子读书，皆登进士第。"⑦ 刘琚的女儿可以说是一位特立独行的女士。学问好，又有坚强的意志。她竟于夫死后，成为一位女教师。刘氏嫁给许平施后，对其夫时加劝勉。夫卒，刘氏携子还成都：

> 至则旧产已空，萧然无一椽之屋以居。寄人舍下，合聚间巷亲族良家儿女之推（稚？）齿者，授训诫，教书字。愈十年，获所遗以给朝夕。仅取足，不营于他。其所居左右之人，凡过其门，悉俯首遽进，不敢喧呼作高语大笑。惧闻于夫人。清风满家，寒苦霜雪。督诸子学，昼夜不寐。改诘检问，使中程律。一或不及，谯励不贷。故其子天启尝预府贡，《书》占在高等。夫人教之也。自是夫人之徽烈懿行，愈闻于人，万口一词，谓绝伦类。⑧

有些妇女是否确实教子女读书，并不很清楚。以下的几个例子，都是监督子女读书，而并不一定亲自执教。钱塘人钱访妻吴氏，使子就学，并慎其交友。"吴中多以夫人教子为法。"⑨ 刘弇父死，母亲才四十余。她收书万卷，以授

---

① 祖士衡：《宋》卷三六三，第345页：史壸墓志。
② 王珪：《华阳集》卷五五，第2页上。
③ 王珪：《华阳集》卷五六，第2页上，第14页下。
④ 陈师道：《后山集》卷一六，第4页下。
⑤ 苏辙：《乐城集》卷二五，第535页。
⑥ 曾巩：《元丰类稿》卷四五，第285页。
⑦ 杜纮：《宋》卷一八三九，第276—278页：杨氏墓志。
⑧ 文同：《丹渊集》卷四〇，第295—296页。
⑨ 陈襄：《宋》卷一〇九一，第580—581页。

诸子，使毕力于学。"远近士族叹之。"① 处士陈某之妻江氏，于夫死后，负责家政，"子未冠，纵其求师问道。"② 黄庶妻李氏，夫死后，遣子庭坚就学。后来成了大名。③ 吴某之妻陈氏，诸儿皆其劝督宦学。④ 刘氏妻徐氏，"课二子读书甚力。既而二子以次取进士第。"⑤ 包拯妻董氏，于夫卒后，延师教子。⑥ 魏氏夫亡子幼，她就担负起家务："生事困约，夫人殊无他忧，务择师友，磨砺其（子之）业。至于其家禄，板舆就养。士论推以为荣。宗亲党巷，指以为楷范。"⑦ 董之奇家三世不仕，父亲死后，母亲胡氏"市书，延四方有学术者，饬君兄弟而从之游。"终于登明经丙科。他的传记著者说他的"成立出于其母。"⑧

传记资料中记载北宋时期受过教育的妇女相当多。本章引用的共计一百例，是其中比较具有代表性的一群。观察这些妇女的籍贯，大致可以发现在已知其籍贯的七十五人中，南方的妇女有五十位，北方人只有二十五位。也就是说，绝对大多数受教育的妇女是出自南方的家庭。⑨ 这一现象的可能解释是，北宋时期江南的经济发展快，出版业开始发达，教育也比较普及。很多士族家庭鼓励子弟读书，而妇女也有机会接触书本。同时，由于从事举业的士人众多，竞争相当激烈。也许因此南方士族比北方人更迫切的需要受过教育的女子为妻。

## ■ 四、结语

从上引的资料来看，北宋士族妇女读的书，从经史子集到佛道，包罗万象。同时，她们的才能也从讲经说史，为文赋诗，到精通书画音乐。不过，由

---

① 刘弇：《龙云集》附录《周夫人墓志铭》，第2页上。
② 谢逸：《溪堂集》卷九，第19页下。
③ 陈师道：《后山集》卷一六，第1页下。
④ 黄庭坚：《山谷外集》卷八，第434页。
⑤ 唐庚：《眉山集》卷五，第3页下。
⑥ 《文物资料丛刊》，1980年第3期。
⑦ 吕陶：《宋》卷一六一五，第493—494页：魏氏墓志。
⑧ 《宋》卷一八三一，第144—145页。
⑨ 本文曾发表于《中央研究院历史语言研究所集刊》67.1（1996）。著者原来没有计划量化妇女们的籍贯，于接受审阅人的意见后，才做统计。

于没有系统的妇女教育制度,妇女在家族以外也没有出路,很多杰出的妇女就被埋没了。于是王旦和二程的祖父只好叹息这些才女没有生为男子。很多妇女只能在书画和诗歌方面发挥。

在传记资料里,我们可以发现很多有学识的妇女教导子女的记载。原因之一是当时士大夫对外发展,有时无暇兼顾子女的教育。原因之二是有的丈夫并不鼓励儿子进取,或者对于子女和家庭不负责任,因此妻子就必须兼顾内外。

一般来说,传统家庭里,夫的年龄往往大于妻。在妻死后夫可以连续再娶,而夫死后妻大概只再嫁一次的传统社会里,夫可以比续弦年长得多。如果夫不先死于妻,也多半死于续弦之前。因此,夫死子幼的情形相当普遍。在这种情形之下,如果妻不再嫁,她的教育水准就成为子孙能否受到教育的关键。即使妻所受的教育没有达到可以亲自教育子女的程度,她至少能够了解教育的重要性,从而送子入学,或监督其向学。

士大夫也许认为妇女不必受良好的教育,但是士族为了维持其地位,实际上需要妇女能读书明理,才能主持家政,以及照顾族人。能读书也许是一个女子能嫁给士族的一个有利条件。惟其如此,她们才能够教育儿女,维护家族的福祉于不坠。

(原文发表于"中研院"《历史语言研究所集刊》1996年第67本第1分,本书据《北宋士族:家族·婚姻·生活》录出。)

# 陈高华与《论元代的称谓习俗》

## 经典导读

陈高华（1938—　），浙江温岭人。1960年7月毕业于北京大学历史系，分配到中国科学院哲学社会科学部，后任中国社会科学院历史研究所研究员、所长，中国社科院研究生院历史系博士生导师、主任。曾任中国社科院学术委员会委员，中国社会科学院学部委员，中国元史研究会会长、中亚文化协会副会长、中外关系史学会副会长。现为中央文史研究馆馆员、中国社会科学院文史哲学部委员、中国元史研究会顾问、中国海外交通史研究会会长。主要研究元史，兼攻明史、中国绘画史、中外关系史。著有《元大都》（1982）、《元史研究论稿》（1991）、《陈高华集》（2005）、《元史研究新论》（2005）、《元朝史事新证》（2010）、《中国妇女通史·元代卷》（2011）等；在古籍整理方面，整理隋唐宋辽金元画家史料（1980、1984、1987），出版《明代哈密吐鲁番资料汇编》（1984），合编《元代农民战争史料汇编》（1985），合作点校《元典章》（2011）。对于元代城市史、妇女史、风俗史、社会生活史也有深入研究。

陈高华与史卫民合著《中国风俗通史·元代卷》对元代习尚礼俗有全面的论述。发表于《浙江学刊》（2000年第5期）的《论元代的称谓习俗》指出，称谓可以分为一般称谓、亲属称谓和人名称谓等，它反映了人与人之间的关系。分别对汉族、蒙古族以及其他民族的称谓习俗作了深入探讨。文中大量采用元曲与《元典章》资料，颇有独到之处。在元代称谓习俗的分析中,陈高华注意民族之间在称谓关系上的特色,同时注意称谓反映的社会分层与社会地位。如指出元代汉族一般称谓中,男性之间交往,凡是对方有一定身份地位,便称之为"官人",对同辈男子常以"哥哥"相称,"官人"表示尊敬,"哥哥"则在尊敬之外,又有亲切之意。与"官人"近似的称呼是"舍",有一定社会地位人家的子弟,甚至成年人,都可称为"舍",也有尊敬之意。自称"小人"含有谦恭之意,自称"小可"与"小人"意义近似。年长的男性称为"老汉"或"老子",有时也用以自称。"老子"、"老汉"、"后生"一般是对平民的称呼。对于地位较低的男性,则称为"汉子"、"小厮"。对于读书人,一般称为"秀才",以示尊重之意。读书人一般自称"小生"。"先生"这一称呼用途广泛,有文化的人均可称为"先生",为财主收账的、打卦算命的、道士也称为"先生"。清代史学家赵翼《廿二史札记·元汉人多作蒙古名》指出:"自有赐名之例,汉人皆以蒙古名为荣,故虽非赐者,亦多仿之。"陈高华进一步指出,这在中、上层官僚行列中特别流行。称谓流行于日常生活,反映社会关系,有助于认识社会结构。将不同人的称谓与法律规定结合起来考察,可以进一步揭示社会结构的复杂性。

陈高华还对元代物质文化与生活方式有深入研究。饮食方面,著有《舍尔别与舍尔别赤的再探讨》,指出发源于阿拉伯与波斯的舍尔别既是清凉饮料又是医用汤剂,传入中国后只作为饮料使用。舍尔别赤是指宫中掌管舍尔别的人。还著有《元代饮茶习俗》,研究了元代名茶种类,制茶和饮茶方法及蒙古人与茶等饮茶习俗,深化了对元代饮食生活特点的认识。服饰方面,著有《元代妇女服饰简论》,探讨了元代妇女的服装、化妆、发式、首饰、缠足和鞋等。民间信仰方面,他早年探讨元代佛教与元代社会,后来发表的《元代的天妃祭祀》考察了元代天妃庙宇分布情况,认为元政府尊崇天妃主要是加封号和举行祭祀仪式,元代天妃崇拜的兴盛与海道增运、海外交通的发展关系密切。还发表了《元代的巫觋与巫术》,认为巫觋在元代社会影响颇大,"淫祠"、"妖祠"多与巫觋信仰有关。巫觋被认为能治病、预测未来,可以沟通人与鬼神;又能施行厌镇、蛊毒、采生等巫术,置人于死地。汉族地区盛行的算命、相面、占卜都与巫术有关。文体活动与娱乐方面,他发表了《宋元和明初的马球》,认为南宋时期打马球不仅存在于军营之中,而且也在民间流行;元代和辽金一样,都是在重阳和端午举行打马球比赛,马球不仅流行于宫廷和蒙古贵族之中,也为汉族将领所喜爱;而明初端阳节打马球成为诗人经常吟诵的题材,正好说明明初这项运动的普遍。陈高华的研究,有力地推动了对于元代风俗的认识。

**延伸阅读文献目录：**

1. 史卫民：《元代社会生活史》，中国社会科学出版社1996年版。
2. 秦新林：《元代社会生活史》，河南大学出版社1997年版。
3. 陈高华、史卫民：《中国风俗通史·元代卷》，上海文艺出版社2001年版。
4. 陈高华：《中国妇女通史·元代卷》，杭州出版社2011年版。
5. 陈高华：《元代佛教与元代社会》，《中国古代史论丛》1辑，福建人民出版社1981年版。
6. 陈高华：《论元代军户》，《元史论丛》1辑，中华书局1982年版。
7. 陈高华：《论元代的站户》，《元史论丛》2辑，中华书局1983年版。
8. 陈高华：《宋元和明初的马球》，《历史研究》1984年第4期。
9. 洪金富：《数目字人名说》，"中研院"《历史语言研究所集刊》1987年第五十八本第二分。
10. 黄时鉴：《元代的礼俗》，《元史及北方民族史研究集刊》1988年第11期。
11. 陈高华：《舍尔别与舍尔别赤的再探讨》，《历史研究》1989年第2期。
12. 韩志远：《关于元代社会风尚的几个问题》，《社会学研究》1991年第3期。
13. 叶新民：《从内蒙古地区的石雕像和壁画看元代社会生活习俗》，《元史论丛》第7辑，江西教育出版社1999年版。
14. 陈高华：《元代饮茶习俗》，《历史研究》1994年第1期。
15. 陈得芝：《论宋元之际江南士人的思想和政治动向》，《南京大学学报》1997年第2期。
16. 陈高华：《元代的天妃祭祀》，《元史论丛》第7辑，江西教育出版社1999年版。
17. 陈高华：《元代的巫觋与巫术》，《浙江社会科学》2000年第2期。

18. 萧启庆:《元明之际士人的多元政治抉择——以各族进士为中心》,《台大历史学报》2003 年 12 月 32 期。

19. 萧启庆:《九州之外有斯人:元代多族士人的群体意识》,《清华学报》2005 年 6 月 35 卷 1 期。

20. 陈高华:《元代妇女服饰简论(上、下)》,《北京联合大学学报》2008 年第 3、4 期。

21. 陈高华:《元代女性的交游和迁徙》,《浙江学刊》2010 年第 1 期。

—— 原文:《论元代的称谓习俗》

# 经典原文

## 论元代的称谓习俗

### 陈高华

**提 要** 称谓是说话人称呼他人或自己使用时的名称，可以分为一般称谓、亲属称谓和人名称谓等。它反映了人与人之间的关系。本文对过去很少有学者涉及的元代称谓习俗作了深入的探讨。

**关键词** 元代 称谓 习俗

作者陈高华，男，中国社会科学院历史研究所研究员、中国元史学会会长。（北京 100732）

## 一

### （一）汉族一般称谓

元代，男性之间交往，凡是对方有一定身份地位，便称之为"官人"。对同辈男子常以"哥哥"相称。"官人"表示尊敬，"哥哥"则在尊敬之外，又有亲切之意。此外，在高丽汉语教科书《朴通事》和《老乞大》中，"官人"、"哥哥"之称随处可见，元代杂剧中亦多有这样的称呼。

与"官人"近似的称呼是"舍"。杂剧《赵盼儿风月救风尘》中，周同知之子称为周舍①。而在《罗李郎大闹相国寺》中，罗李郎以织造罗缎致富，有一个义子名叫汤哥，终日饮酒非为。酒家上门"叫汤舍讨酒钱"，罗李郎说："咱家谁做官来，叫汤舍。"② 说明称"舍"本来限于官僚贵族子弟，但实际上富户子弟亦已被称为"舍"了。高丽的汉语教科书《朴通事》中，多处出现与"舍"有关的称呼，例如："夜来两个舍人操马"；"孙舍混堂里洗澡去来"；"好大舍，那里下

---

① 关汉卿，《元曲选》第 193 页。
② 张国宝，《元曲选》第 1569 页。

着里";"一个放债财主,小名唤李大舍";"孙舍那丑厮";"你去东鼓楼北边王舍家里,买一两疥药来"等等①。可见"舍"用得很广泛,有一定社会地位人家的子弟,甚至成年人,都可称为"舍"。以"舍"相称,也有尊敬之意。

说话人在称对方为"官人"、"哥哥"、"舍"时,自己往往称"小人",这个称呼含有谦恭之意。有的自称"小可",如杂剧《看钱奴冤家债主》中管账的门馆先生便是如此②。"小可"与"小人"意义近似。

年长的男性称为"老汉"或"老子",有时也用以自称。杂剧《罗李郎大闹相国寺》中,罗李郎便以"老汉"自称③。杂剧《吕洞宾度铁拐李岳》中,私访的韩魏公自称"老汉",衙门的吏员不明他的身份,称之为"老子"、"庄家老子"、"老汉"④。《朴通事》中称站赤官员为"为头儿老汉们"⑤。年青的男性,则称为"后生"。杂剧《相国寺公孙合汗衫》中,财主张义问落难的囚徒赵兴孙:"兀那后生,你那里人氏,姓甚名谁?"⑥杂剧《硃砂担滴水浮沤记》中,白正指责王文用:"你小后生家不会说话。"⑦"老子"、"老汉"、"后生"一般是平民的称呼。

对于地位较低的男性,则称为"汉子"、"小厮"。"今人谓贱丈夫曰汉子"⑧。杂剧《相国寺公孙合汗衫》中,陈虎落难讨饭,员外张义给他酒喝,并问:"兀那汉子,你那里人氏,姓甚名谁?"⑨《朴通事》中一段记载说:"我家里一个汉子,城外种稻子来,和一人汉儿人厮打来。那厮先告官,把我家小厮拿将去监了二日。"这段话里"汉子"和"小厮"是同义词,都指仆役而言。元代文书中有"放牛小厮来哥"之名,是个雇工⑩。但"小厮"有时也用来泛指小孩。

对于读书人,一般称为"秀才",以示尊重之意。元朝的蒙古统治者习惯称

---

① 《朴通事谚解》卷上,第52页,第96页,第106页;卷中,第191页,第198页;卷下,第273页。
② 佚名,《元曲选》第1589页。
③ 张国宝,《元曲选》第1578页。
④ 岳伯川,《元曲选》第492—494页。
⑤ 《朴通事谚解》卷中,第153页。
⑥ 张国宾,《元曲选》第121页。
⑦ 佚名,《元曲选》第389页。
⑧ 陶宗仪:《辍耕录》卷八《汉子》。
⑨ 张国宾,《元曲选》第119页。
⑩ 《元典章》卷四一《刑部三·不道·采生祭鬼》。

汉族儒生为"秀才"，窝阔台汗下令"选拣好秀才"教蒙古子弟"学汉人文字"；忽必烈的令旨："道与燕京秀才每者。"宣圣庙田土都归秀才管理①。民间亦流行这样的称呼。高丽汉语教科书中不止一处提及："秀才哥，你与我写一纸借钱文书"；"秀才哥，咱们打鱼儿去来。我不去。如何不去，你这金榜挂名的书生，那里想我这渔翁之味"②。读书人一般自称"小生"③。元代还有一个用途广泛的称呼"先生"。对于有文化的人均可称为先生，高丽汉语教科书《朴通事》记"这几日我家里有人去，先生你写与我书捎的去。"④又记，两位中国文人谈话，以"先生"相称；两人对高丽来的秀才，亦称为"先生"⑤。杂剧《萧淑兰情寄菩萨蛮》中，张世英在萧公让家"作馆宾"（教书），萧公让之妹之萧家嬷嬷（女管家）见他时均称之为"先生"⑥。为财主收账的也称为先生⑦。打卦、算命的也称为先生⑧。此外，元代的道士均称为先生，无论在官方文书中或是民间都是如此。

　　元人陶宗仪说："娘字……今乃通为妇女之称，故子谓母曰娘，而世谓稳婆曰老娘，女巫曰师娘……谓妇人之卑贱者曰某娘，曰几娘，鄙之曰婆娘。""都下自庶人妻以及大官之国夫人，皆曰娘子，未尝有称夫人、郡君等封赠者。"⑨年长的妇女，称为婆婆⑩。年青的女性，称为小娘子⑪、大姐⑫。富户或有地位人家的未结婚女子，称为小姐⑬。"吴中呼女子之贱者为丫头"⑭，即女奴。

---

① 《析津志辑佚·学校》，第199—200页。
② 《朴通事谚解》卷上，第110页；卷下，第359页。
③ 杨显之：《临江驿潇湘秋夜雨》，《元曲选》第247页。佚名：《逞风流王焕百花亭》，《元曲选》第1425页。
④ 《朴通事谚解》卷下，第280页。
⑤ 《朴通事谚解》卷下，第371—375页。
⑥ 贾仲名，《元曲选》第1532—1536页。
⑦ 佚名：《看钱奴买冤家债主》，《元曲选》第1592页。
⑧ 佚名：《玎玎珰珰盆儿鬼》，《元曲选》第1389页；武汉臣：《包待制智赚生金阁》，《元曲选》第1716页。
⑨ 《辍耕录》卷一四《妇女曰娘》。
⑩ 佚名：《看钱奴买冤家债主》，《元曲选》第1600页；秦简夫：《晋陶母剪发待宾》，《元曲选外编》第574页。
⑪ 王实甫：《崔莺莺待月西厢记》，《元曲选外编》第264页；乔孟符：《李太白匹配金钱记》，《元曲选》第17页。
⑫ 史九敬先：《老庄周一枕胡蝶梦》，《元曲选外编》第389页。
⑬ 《崔莺莺待月西厢记》，《元曲选外编》第261页。
⑭ 《辍耕录》卷一七《丫头》。

## (二) 汉族亲属称谓

元代汉族的亲属称谓和前代大体相同，概括血缘关系和姻亲关系的远近而有不同称呼，可以分为父系称谓（祖父、父、伯、叔、子、兄弟、孙、堂兄弟等）、母系称谓（祖母、母、姨母、女、姐妹、堂姐妹、孙女等）、姻系称谓（岳父、岳母、舅父母、表兄弟姐妹等）几个类别。亲属之间的称谓复杂而且严格。

元代汉族人名称谓比较复杂。

首先是小名、大名之分。小名是幼年时使用的名字。杂剧《包待制三勘蝴蝶梦》中，包拯审理王氏三兄弟打杀人一案，先看文卷，"文书上写着王大、王二、王三打死平人葛彪"。包拯便说："这三个小厮，必有名讳，更不呵，也有个小名儿。"[1] "名讳"就是大名，正式的名，同时还应有小名儿。从现存文献来看，元代汉人的小名多种多样，较常见的有两种：一种取吉利的字样，如福童、安童、喜童等。杂剧《吕洞宾度铁拐李岳》中，岳孔目的儿子，"唤做福童"[2]。杂剧《翠红乡儿女两团圆》中，韩弘远"早年亡化过了，所生两个孩儿，一个唤做福童，一个唤安童"[3]。杂剧《包待制智斩鲁斋郎》中，铁匠李四的儿子"叫做喜童"[4]。另一类是以动物名为小名，如驴哥[5]、驴儿[6]、百家驴[7]、顽驴[8]等。前者用"福"、"喜"等字样，祝愿孩子前程远大；后者以动物为名，希望孩子容易养活。其心态实际上是一样的。

除上述两种之外，元代还流行以数字为小名。最有名的是元末起义首领张士诚小名九四，他的兄弟张士德小名九六[9]。后来成为明朝开国功臣的常遇春，曾祖名四三，祖重五，父六六[10]。这种情况在元代是相当普遍的。为什么以数字为名，有不同的说法，有的可能是父母或祖父母的年龄，有的可能用数字表示

---

[1] 关汉卿，《元曲选》第638页。
[2] 岳伯川，《元曲选》第490页。
[3] 杨文奎，《元曲选》第454页。
[4] 关汉卿，《元曲选》第842页。
[5] 《元典章》卷一八《户部四·嫁娶·女婿在逃依婚书断罪》，参见杂剧《薛仁贵荣归故里》（《元曲选》第315页）。薛仁贵小名薛驴哥。
[6] 《元典章》卷一八《户部四·嫁娶·定婚女再嫁》。
[7] 《元典章》卷一八《户部四·嫁娶·兄死嫂招后夫》。
[8] 陶宗仪：《辍耕录》卷一三《中书鬼案》。
[9] 《明史》卷一二三《张士诚传》。
[10] 宋濂：《常开平王神道碑》，《宋文宪公全集》卷四。

辈分和行序。有一种意见认为，用数字作人名元代独盛，这是不确的。元代这种现象很多，但唐、宋亦不少，可见由来已久。又有一种意见认为，元代"庶民无职者不许取名，止以行第及父母年齿合计为名"。也是不很准确的①。现存元代文献（如《元典章》）便记载了不少元代"庶民无职者"的大名（官名）②。从现有的文献来看，只能说，以数字为名者，以普通百姓居多，这应该是他们缺乏文化所致，并不是政府对此有专门的规定。

大名又称学名、官名，是正式的名字，在社会交往中使用。元代人们的大名，有二字，有一字，而以二字居多。名字中排辈的现象很普遍，即同一辈的人使用同一个字作为标志。孔子后裔的排辈最为严格，有元一代，先后有五代衍圣公，即孔元措——孔治——孔思晦——孔克坚——孔希学。但孔元措与孔治之间隔了一以"之"字排行的一代。所以，元代孔子后裔实际上是六代，分别以元、之、水（这一代多水旁单名）、思、克、希排行。当时孔氏后裔有南、北宗之分，北宗在曲阜，南宗在衢州（今浙江衢县），是北宋灭亡时迁过去的。虽有南、北之别，但排辈的字是一样的，例如与孔治同辈，南宋的头面人物是孔洙。③ 民间亦是如此，如上举张士诚之例，兄弟数人的大名均以"士"排行，分别是士诚、士信、士德、士义。官僚、世族成员和文人在大名之外，一般又有字和号，例如忽必烈的谋士姚枢字公茂；窦默字汉卿，又字子声；著名文学家、艺术家赵孟頫字子昂，号松雪道人。彼此之间称呼时常以字而不以名，用以表示亲近和尊重。值得注意的是，元朝皇帝对汉族大臣，常常以字而不以名称。例如，忽必烈出征云南时对儿子真金说："姚公茂吾不能离，恐废汝学，今遣窦汉卿教汝。"④ 后来，忽必烈为王文统参与叛乱之事质问有大儒之称的许衡时说："窦汉卿独言王以道，当时汝亦知之，何为徇情不言！"⑤ 以道是王文统的字，他原受忽必烈宠信，官至中书平章政事，因与山东军阀李璮相互勾结企图叛乱而被处死。窦默在事先曾揭发过王文统，而许衡却没有表示，忽必烈对

---

① 见俞樾《春在堂随笔》卷五引《德清蔡氏家谱》，吴晗先生力主此说，见《朱元璋传》第2—3页，人民出版社1985年版。
② 参看洪金富：《数目字人名说》，《史语所集刊》第五十八本第二分。
③ 陈高华：《金元二代衍圣公》，见《元史研究论稿》第328—345页。
④ 姚燧：《姚文献公神道碑》，《牧庵集》卷一五。
⑤ 许衡：《对御》，《鲁斋遗书》卷四。

许衡不满,故加以责问。但此时仍称王文统为王以道,可见已成为习惯。元仁宗称许衡为许仲平,赵孟𫖯为赵子昂,亦是同样的例子①。

下层百姓中有很多人,成年以后,仍然沿用小名,没有大名。从现存元代法律文书来看,涉及各种民事、刑事案件的普通百姓,不少人的名字与动物有关,如驴儿、牛儿等,更多的则是以数字为名,如黄三七、杨千六、陆千五、杨万十五、陈千十二等②。这些人名的大量存在,说明在元代人们以小名相称的现象。这些名字显然都是小名,而在成年以后仍然以此相称。在元代,有些"街市匹夫"发财以后,也效法上层社会,给自己取上好听的名或字,这种做法引来文人的讥笑:

> 堪笑这没见识街市匹夫,好打那好顽劣江湖伴侣。旋将表德官名相体呼,声音多厮称,字样不寻俗,听我一个个细数。
> 粜米的唤子衣,卖肉的呼仲甫。做皮的是仲才、邦辅,唤清之的必定开沽。卖油的唤仲明,卖盐的称士鲁,号从简的是采帛行铺,字敬先是鱼鲊之徒。开张卖饭的呼君宝,磨面登罗底叫德夫。何足云乎③!

在上层社会和文人眼里,下层匹夫用"不寻俗"的"字样"为自己取名、字,是可笑的事情。可见姓名上亦反映出人们的社会地位。

妇女亦有小名、大名,与男性类似。妇女的小名常用"娘"、"儿"、"哥"、"奴"等字样,以及"腊梅"、"菊花"等花草名目,成年以后继续使用小名的情况似较男性更为普遍,这应与当时女性不能从事社会活动有关④。元代汉族妇女在结婚以后,通常在自己姓以前加一"阿"字,称为"阿刘"、"阿王"、"阿

---

① 《秘书监志》卷五《秘书库》、卷六《秘书库》。
② 前者见《元典章》卷五〇《刑部一二·放火·婿烧妻家房舍离异、放火同强盗追陪》;后者见《元典章》卷一八《户部四·嫁娶·领讫财礼改嫁事理》。
③ 刘时中:《[正宫]端正好·上高监司》,《元曲选》第672页。
④ 《元曲章》卷一八《户部四·婚姻·嫁娶》中所收大多为平民案件,其中女性名字有赵速儿、刘婆安、高唤奴、李伴姐、刘伴姨、李丑哥、刘寺奴、石小梅、张福仙、安秀哥、王哇哥、刘瑞哥、郝伴姑、李兴奴、黄鹤姐、杨福一娘、胡元七娘、徐二娘、白满儿等。显然都是小名,成年后继续使用。

马"等，有时就把丈夫的姓加在前面，如张阿刘、杨阿马等①。辽阳大宁路利州妇女田阿段，丈夫田千羊，父亲段琮，便是以夫姓加阿加父姓而成的②。这种情况南北都很普遍。这和后代以夫姓加父亲姓氏（如田阿段在后代应称田段氏）是有区别的。这种称呼，起于何时，还有待进一步研究③。另外一种现象是，僧人出家以后都有法名，而法名上却冠以本来的姓，见于法律文书的僧人有孙义吉、张文通、伍普秀、袁允中、张善祥、华祖仁、曹胜哥等④。这些僧人分布在南、北各地，可见这种现象相当普遍。元末农民起义的策动者彭和尚，是江西袁州（今江西宜春）慈化寺僧人，名莹玉，人们称之为彭莹玉⑤，也是僧人冠有俗姓的例子。

元代汉人姓名还有一种颇为流行的现象，那便是取蒙古名。元朝是蒙古族上层建立的政权，蒙古人居于特殊地位。元朝统治者常以向汉人赐蒙古名的办法，表示将他们视为同族，作为笼络的一种手段。清代史学家赵翼说：

> 元时汉人多有作蒙古名者，……盖元初本有赐名之例，张荣以造舟济师，太祖赐名兀速赤。刘敏，太祖赐名玉出干；其子世亨，宪宗赐名塔塔儿台；次子世济，又赐名散祝台。石天麟，太宗赐名蒙古台。邱顺，太宗赐名察纳合儿，其弟弟亦赐名金那合儿。睿宗时，亦以大兴人贾昔剌多须而黄，遂赐今名。其后昔剌孙亦名虎林赤，盖以蒙古名世其家矣。世祖赐名尤多，刘思敬赐名哈八儿都。播州土官杨汉英赐名杨赛因不花。王昔剌保定人，赐名昔剌拔都。张惠新繁人，赐名兀鲁忽讷特。许扆曲沃人，赐名忽鲁火孙。燕公楠赐名［赛因］囊加带。刘哈剌八都鲁本河东人，初赐名哈剌斡脱赤，后以功又赐名察罕斡脱赤，最后又赐今名。自有赐名之例，汉人皆以蒙古名为

---

① 《元典章》卷一九《户部五·家财·寡妇无子承夫分·户绝家产断例》。
② 《元典章》卷一八《户部四·收继·田长宜强收搜》。
③ 洪金富先生说："这种对妇人的称呼法，至少可上溯至宋代。"但他以《清明集》为例，指出当时有在妇女姓前加"阿"的现象，如阿黄、阿戴等，"唯《清明集》中似无在'阿'字前冠夫姓而成'×阿×'之称呼之例"。也就是说，"×阿×"这类称呼的起源仍是不清楚的，因为"阿×"与"×阿×"是不同的。见他的《数目字人名说》，《史语所集刊》第五十八本第二分，第372页。
④ 《元典章》卷四九《刑部一一·刺字》诸条。
⑤ 权衡：《庚申外史》卷上。

荣，故虽非赐者，亦多仿之①。

在赐名这种做法影响下，不少汉人取蒙古名，以此向蒙古统治者表忠心，希望得到青睐。这在中、上层官僚行列中特别流行。上文提到贾昔剌，子丑妮子、虎林赤、秃坚不花，丑妮子可能是以小名行，虎林赤、秃坚不花都是蒙古名，两人均曾任要职。秃坚不花子班卜、忽里台、也速古、秃忽赤，都是蒙古名字②。又如郑鼎，曾从忽必烈出征大理，赐名也可拔都。其子郑制宜，小字纳怀，应是既有汉名又有蒙古名。孙阿儿思兰，只有蒙古名③。但在民间，亦有取蒙古名字者，但为数不多。

汉人取蒙古名字，有几种不同的做法：一种是只有蒙古名字，如上述虎林赤、秃坚不花、阿儿思兰等；另一种是同时有两个名字，一个是蒙古名，一个是汉名，同时使用，例如上面所说郑制宜又名纳怀等。此外，还有在蒙古名前用不用汉姓的区别。一人两名的情况，在当时应为人们所熟知，但各种文献中记载往往不同，有的用汉名，有的用蒙古名，这对后代的研究者来说却是很麻烦的事情。

### （三）汉人绰号

绰号又叫外号、诨名，也是一种称谓语。它指在人们本名之外，他人根据其某种特征为之另起的名号，或根据其身体特点，或根据其技艺特长，也有根据其性格作风。绰号有时直称其特征，更多则采用比喻的形式。元代流行水浒故事，水浒中人物都有绰号，流传很广。南宋遗民龚开作《宋江三十六赞》，三十六人都有绰号，龚开的"赞"都是就他们的绰号发议论的，如"呼保义宋江"，"不假称王，而呼保义，岂若狂卓，专犯讳忌"。"活阎罗阮小七"，"地下阎罗，追魂摄魄，今其活矣，名喝太伯"④。绰号与人名，已经密不可分了。元代话本《宣和遗事》和以水浒故事为题材的杂剧中，也都提到英雄们的绰

---

① 《廿二史札记》卷三〇《元汉人多作蒙古名》。
② 《元史》卷一六五《贾昔剌传》。
③ 《元史》卷一五四《郑鼎传》。
④ 周密：《癸辛杂识》续集上《宋江三十六赞》。

号。在其他题材的杂剧中,某些人物亦有绰号,如"护桥龙宋彬"①、"铁幡竿白正"②,这些是江湖人物的绰号。郑州太守苏顺,"虽则居官,律令不晓,但要白银,官事便了"。当地百姓"与我起个绰号,都叫我做模棱手,因此我这苏模棱的名,传播远近"③。显然,绰号比名字传播更快更广。在衙门中充当六案都孔目的岳寿,"谁不怕他,有个外名儿,叫做大鹏金翅雕",意思是"天地间万物,都挝的吃了"④。

# 二

## (一) 蒙古族亲属称谓

蒙古族中,亲属称谓亦相当复杂,各种亲属关系都有专门的称呼。见于记载的有:父(爱赤哥)、祖父(阿不干)、伯伯(爱宾)、叔叔(阿不合)、哥哥(阿合)、弟弟(斗)、丈人(合敦阿赤哥)、舅舅(纳合丑)、女婿(库里干)、母(阿可)、姐姐(阿可赤)、妹妹(对)等⑤。

蒙古族没有姓,只有氏族名和名字。蒙古人的名字,多种多样。清代学者钱大昕对此有所叙述:

> 元人以本国语命名。或取颜色,如察罕者白也,哈剌者黑也,昔剌者黄也(亦作失剌),忽兰者红也,勃罗者青也(亦作博罗),阔阔者亦青也(亦作扩廓)。或取数目,如朵儿别者四也(亦作掇里班),塔本者五也,只儿瓦歹者六也,朵罗者七成,乃蛮者八也,也孙者九也,哈儿班答者十也,忽陈者三十也(亦作忽嗔),乃颜者八十也(亦作乃燕),明安者各也,秃满者万也。或取珍宝,如按弹者金也(亦作阿勒坛),速不台者珠也(亦作碎不歹),纳失失者金锦也(亦作纳石失),失列门者铜也(亦作昔剌门),帖木

---

① 杨显之:《郑孔目风雪酷寒亭》,《元曲选》第1001页。
② 佚名:《睹砂担滴水浮沤记》,《元曲选》第388页。
③ 李行道:《包待制智赚灰阑记》,《元曲选》第1116页。
④ 岳伯川:《吕洞宾度铁拐李岳》,《元曲选》第494页。
⑤《事林广记》(至顺本)续集卷八《文艺类·蒙古译语》。

儿者铁也（亦作铁木尔，又作帖睦尔）。或取形相，如你敦者眼也，赤斤者耳也。或取吉祥，如伯颜者富也，只儿哈郎者快乐也（亦作只儿哈郎）。阿木忽郎者安也，赛因者好也，也克者大也，蔑儿干者多能也（一作默尔杰）。或取物类，如不花者牯牛也（亦作补化），不忽者鹿也（亦作白忽），巴而思者虎也，阿尔思兰者狮子也，脱来者兔也（亦作讨来），火你者羊也，昔宝者鹰也，昂吉儿者鸳鸯也。或取部族，如蒙古台、唐兀台、逊都台、瓮吉剌歹、兀良哈歹、塔塔儿歹、亦乞列歹、散术歹（亦作珊竹台）、肃良合（亦作琐郎哈，谓高丽人也），皆部族之名。亦有以畏吾语命名者，如也忒迷失者七十也，阿忒迷失者六十也，皆畏吾语。此外如文殊奴、普颜奴、观音奴、佛家奴、汪家奴、众家奴、百家奴、丑厮、丑驴、和尚、六哥、五哥、七十、八十之类，皆是俗语。或厌其鄙俚，代以同音之字，如"奴"之为"讷"，"驴"之为"闾"，"哥"之为"格"，不过游戏调弄，非有别义也①。

钱大昕列举蒙古人命名的多种方法：颜色、数目、珍宝、形相、吉祥、物类、部族，以及畏吾语、"俗语"。所谓"俗语"，实际上就是汉族民间流行的语言。其中多数与汉人小名相同或相近。以汉人小名为名字的现象还可举出不少，如宝哥、道童、庆童等。

元代有些蒙古人受汉文化熏陶，在姓名方面也有影响。比较常见的是保持蒙古名，采用汉字的字或号。最早的例子是忽必烈的侍臣阔阔，字子清②。元代中期以后，这种情况逐渐增多，如元末权臣脱脱字大用，大臣朵尔直班字惟中，别儿怯不花亦字大用。达不华字兼善，号白野。亦有既用蒙古名又有汉名者，如元末曾任侍正府都事的帖木儿不花，汉名刘正卿③。但这种情况似乎不多，和汉人兼用蒙古名的情况不能相比。

## （二）其他民族人名称谓

元朝是个多民族的国家，除了汉人、蒙古人之外，比较重要的民族还有契丹、女真、唐兀、畏兀、哈剌鲁、康里、吐蕃、回回等。各族都有自己的命名

---

① 《十驾斋养新录》卷九《蒙古语》。
② 《元史》卷一三四《阔阔传》。
③ 陶宗仪：《辍耕录》卷一五《高丽氏守节》。杨瑀：《山居新话》。

习惯，各不相同。他们与汉人、蒙古人共处，在文化上相互影响，因而采用汉名、汉字甚至汉姓者有之，采用蒙古名的亦有不少。

契丹、女真因长期和汉人共处，采用汉人姓名已相当普遍。契丹人耶律楚材，字晋卿，是蒙古国时期的著名政治活动家。楚材之子耶律铸、孙耶律希亮，都用汉式名字，铸有兄铉，应以"金"排行；希亮兄弟十一人，已知名字者八人，均有"希"字，可见以此排行。耶律原是契丹氏族名，后来受汉族影响成为姓，是契丹人特有的姓。王珣，本耶律氏，金朝后期其祖父避乱改姓王氏。王珣率众归附成吉思汗，其子王荣祖，孙通、泰、兴等①。这是姓、名都采用汉制的例子。此外如耶律阿海、石抹也先、移剌（耶律）捏儿、石抹明安等，都保持本族姓名，其子孙有的取蒙古名（卜花、蒙古不花、虎都不花、忙古带等），有的取汉名（宝童、驴马、良辅、继祖等）。也有仍用本族名②。此外还有一人两名，如移剌耶律捏儿之孙耶律元臣别名哈剌哈孙③。女真人的情况和契丹人很相似。乌古孙泽字润甫，奥屯世英字伯豪，这是以氏族名为姓，名和字完全从汉俗。刘国杰字国宝，李庭字劳山，则名、姓均从汉俗。而刘国杰的二子，一名脱欢，一名脱出，孙男忽都不花，曾孙伯颜帖木儿、安童，多数用蒙古名④。

唐兀又称党项，主要居住在今天的宁夏和甘肃一带。元朝统一后，不少唐兀人内迁，与汉、蒙及其他民族杂居，他们的名字多种多样，以本族名居多，亦有用汉名、蒙古名的，前者如余阙，后者如卜颜帖木儿，都是元末政坛上有名的人物。余阙的父亲沙剌臧卜，用本族名。余阙的姓和名都从汉俗，又字廷心。也就是说，到余阙一代才起变化。卜颜帖木儿字珍卿，唐兀人像他这样有蒙古名或本族名而仿效汉俗取字者不在少数。唐兀人中还有几个世代用汉姓的家族，如高氏（高智耀、高睿、高纳麟）、刘氏（刘完泽、刘沙剌班）等，其姓的由来是不清楚的，而这些家庭成员中有些仍取蒙古名字⑤。

畏兀、哈剌鲁来自中亚，一般以本民族的习惯命名。但他们中有些官员、

---

① 《元史》卷一四九《王楫传》。
② 《元史》卷一四九《移剌捏儿传》，卷一五〇《石抹也先传》、《耶律阿海传》、《石抹明安传》。
③ 《元史》卷一四九《移剌捏儿传》。
④ 《元史》卷一六二《刘国杰传》。
⑤ 钱大昕：《元史氏族表》卷二《色目》。

文人受汉文化感染，亦有按汉俗取名或字者，有的还采用汉姓。如元代后期哈剌鲁诗人乃贤，字易之，又以马为姓，人称马易之①。哈剌鲁学者伯颜，一名宗圣，字宗道②。畏兀人中取汉名者较多，如小云石海涯以"酸斋"为号，又因其父名贯只哥，便以贯为姓，人称贯酸斋③。畏兀人中有两个采用汉族姓名的著名家族，一个是偰氏，一个是廉氏。取偰为姓，是因为其先世出于偰辇杰河之故④。偰氏家族元代以文学显，其成员一般既有本民族名字，又有汉文姓名，汉文姓名实为本族名的音译⑤。廉氏家族得姓，是因为其先世有人在蒙古国时期曾任廉访使之故⑥。廉氏子孙，有一代均以"希"字排行，如希宪、希恕、希贡等。其下一代均为单名，但都有"心"旁，如恪、恂、忱等。然而就在这两代人中，见于记载的不少人都有本民族的名字，如阿鲁浑海牙、中都海牙、迷只儿海牙、惠山海牙等。可以推知其余成员亦应有本民族名字，只是不见于记载而已。这种双名制在当时可能尽人皆知，对于后代学者则增添了许多困难。清代学者钱大昕以博闻多识著称，他说："廉氏系出畏吾，虽读儒书，取嘉名，仍循国俗，以畏吾语小字行。见于史者，惟希贤一名中都海牙。至如希宪一名忻都，恂一名米只儿海牙，以予博考二十年，始能知之。"⑦

### （三）回回人名称谓

元代来自中亚、西南亚和非洲的伊斯兰教信徒，统称为回回。回回人的名字，多数仍保持原有的习俗，常见的有阿散（哈散）、阿里、马合谋（阿合麻）、亦不剌金、乌马儿等。元代回回人的名字中有不少以"丁"结尾，如纳速剌丁、阿老丁、苫思丁、赡思丁等。"丁"是阿拉伯语 Din 的音译，原意为宗教、信仰，加上所属格 ad（al），赋予整个名字以某种涵义，如赡思丁

---

① 陈高华：《元代诗人乃贤生平事迹考》，《文史》第32辑。
②《元史》卷一九〇《儒学传》。
③《元史》卷一四三《小云石海涯传》。
④ 欧阳玄：《高昌偰氏家传》，《圭斋集》卷一一。
⑤ 萧启庆：《蒙元时代高昌偰氏的仕宦与汉化》，《元朝史新论》第280—284页，台北允晨文化实业公司1999年版。
⑥《元史》第一二五《布鲁海牙传》。
⑦《潜研堂金石文跋尾》卷一八《松江宝云寺记》。

(Shams-ad-Din)意思是宗教之光,纳速剌丁是宗教的卫士,等等①。回回人入居中原日久,在名字方面也受到蒙古和汉族的影响。忽必烈时期,回回人赛典赤历任要职,对云南的开放有过很大的贡献。赛典赤的子孙大多取伊斯兰教名字,如纳速剌丁、乌马儿、哈散等,但他有一个孙子名伯颜,这是忽必烈赐给的蒙古名字,义为富。另一个孙子名伯颜察儿,义为小伯颜,也是蒙语。这是用蒙古名字的例子②。在元代中期以后回回人取汉字的很多,崇仁(今江西崇仁)县尹木撒飞,"慕效华风,欲立字以副其名",他人"字之曰仁甫",便是一例③。有的还取汉名、汉字,甚至仿汉俗取姓。常见的是以父或祖名字中的一字为姓,也有以己名中一字为姓。前者为诗人丁鹤年,曾祖阿老丁,祖苫思丁,父职马禄丁,均有丁字,因以先姓。后者如伯笃鲁丁,字至道,便称为鲁至道④。

### (四) 也里可温人名称谓

元代的基督教徒称为也里可温。蒙古族中的克烈、乃蛮两部均信奉景教(又称聂思脱里教,是基督教中的一支,流行于西南亚和中亚)。与蒙古关系密切的汪古族(又称白鞑靼,居住在阴山以北)也信奉景教。此外还有不少来自中亚、西南亚以至欧洲的基督教徒,他们中有信奉景教者,也有信奉罗马天主教者。对于这些外来的基督教徒,元朝政府称之为也里可温人(户)。基督教信奉者往往采用教名。例如,蒙古国时期宫廷中有一位出身克烈部的大臣,名叫镇海。他的儿子一名要束木(Joseph),一名勃古思(Bacchus),一名阔里吉思(Georges),都是基督教名。汪古部首领的家族,数代之中,取基督徒名者甚多,如审温(Simeon)、保六赐(Paulus)、岳难(Johanan, Jean)、雅古(Yakub, Jacques)、天合(Denha)、易朔(Yiso, Jesus)、禄合(Luc)等,都是景教习用的教名⑤。汪古部的一个首领也用教名阔里吉思(Georges),阔里吉

---

① 何高济、陆峻岭:《元代回教人物牙老瓦赤和赛典赤》,《元史论丛》第五辑,第239页。
② 何高济、陆峻岭:《元代回教人物牙老瓦赤和赛典赤》,《元史论丛》第五辑,第239页。
③ 吴澄:《崇仁县元侯木撒飞仁甫字说》,《吴文正公集》卷六。
④ 有关两人姓名考证见陈垣《元西域人华化考》卷三、四中有关部分。
⑤ 伯希和:《唐元时代中亚及东亚之基督教徒》,冯承钧译,《西域南海史地考证译丛》第一卷,第49—70页。

思之子术要（John）、兄弟术忽难（Johannes），也都用教名。元代还有一位也里可温诗人雅琥，原名雅古，亦教名①。

也里可温入居中原后，采用汉名、汉姓以及双名并用者不断增加。上述汪古家族便是一个例子。13世纪初，此家族之长习礼吉思又名马庆祥，字瑞宁，双名并用。他的后裔均以马为姓，有用基督教名，有用汉名、蒙古名，见前述，总的趋势是用汉名者愈来愈多。上述诗人雅琥，字正卿，显然仿效汉俗。还有一位也里可温诗人金哈剌，字元素，亦是汪古人，有汉姓、汉字而取蒙古名（哈剌 Qara，黑），更体现了不同文化习俗的混合②。

（原文发表于《浙江学刊》2000年第5期。）

---

① 《元西域人华化考》卷四。
② 萧启庆：《元色目文人金哈剌及其〈南游寓兴诗集〉》，见《内陆亚洲历史文化研究》第165—184页。

# 萧启庆与《元朝多族士人圈的形成初探》

## 经典导读

萧启庆（1937—2012），江苏泰兴人，1959年台湾大学历史系毕业，1963年台湾大学历史研究所硕士，师从辽金元史家姚从吾、蒙古史家札奇斯钦，1963年赴美求学，师从史学家杨联升与克立夫（Francis W. Cleaves），1965年美国哈佛大学远东区域研究硕士，1969年哈佛大学远东语言与文明系博士。先后执教于美国明尼苏达州立圣云大学、台湾大学历史系、新加坡国立大学历史系、台湾清华大学历史研究所教授。2000年当选台湾"中研院"院士。著有《西域人与元初政治》（1966）、《元代史新探》（1983）、《蒙元史新研》（1994）、《元朝史新论》（1999）、《内北国而外中国：蒙元史研究》（2007）、《元代的族群文化与科举》（2008）、《九州四海风雅同：元代多族士人圈的形成与发展》（2012）、《元代进士辑考》（2012）等著作，元史研究成就卓著，尤以元代政治、军事、社会研究引人注目。

萧启庆的元代社会史研究，是以《元代儒户：儒士地位演进史上的一章》一鸣惊人的。长期以来，人们普遍认为元代儒士地位特别卑下，流行"九儒十丐"的传统看法，形容元朝士大夫的社会地位在娼妓之下、乞丐之上。儒学与士大夫在元代的这种遭遇，被认为是中国史上的大变局。萧启庆从元代儒户制度分析儒士的法定权利与义务，讨论儒士在社会中的实际地位。他发现儒户是元朝为救济因战乱流离失所的儒士而设计的保护制度，并优惠儒户免税及免服劳役，比其他户制享有相当大的优待，唯一的义务是家里面至少要有一个人必须到学校读书。儒士虽然失去唯我独尊的传统地位，但与僧道相当，享有不少经济上的优待，同是最受优遇的阶层，仅是仕进之路较前狭隘。元朝儒士地位特殊却非特别卑下，应推翻"九儒十丐"的传统看法。对于士人的研究，萧启庆认为中原社会传统精英"士人"儒士地位较前代低落，起而代之的是皇室家臣集团，即"大根脚"家族。他还将元代士人的研究扩展为元代社会与科举的探讨。萧启庆也探讨宋元及元明之际的遗民现象，这同样可以看做了解元代社会的一个视角。

元代多元族群社会是萧启庆元代社会研究的另一大领域，他用"族群文化"代表这一研究重点。萧启庆曾撰有《元代蒙古人的汉学》一文，体认到元代中后期熟谙汉族士大夫文化的蒙古、色目人士日益增多，形成一个士人阶层，他们并非孤立于汉族士人主流之外，而是紧密结纳，相互关系千丝万缕，这是基于共同的文化造诣、兴趣与品味使然。于是萌发了"多族士人圈"的概念。

《元朝多族士人圈的形成初探》一文，旨在证明元朝中期以后一个多族士人圈业已形成。萧启庆认为各族士人透过姻戚、师生、座师、同年、同僚、同乡等关系，建立紧密的社会网络。他们不仅共同参与诗文唱酬、雅集游宴、书画题跋及著作编刊等文化活动，频繁互动，而且在信仰、价值、行为规范及政治理念上融为一体，具有共同的群体意识。这四个不同族群通过师生、同乡、婚姻的关系，同时以儒家思想为中心的共同价值、共同文化素养及品味作为密切交往的基础，逐渐衍生出"多族士人圈"。多族士人圈的形成，开辟了族群统合之路。在此文基础上，扩展成萧启庆《九州四海风雅同：元代多族士人圈的形成与发展》一书。该书论证有四：一是蒙古、色目士人群体的出现与成长；二是出于文化素养相同，各族士人形成同乡、姻亲、师生、座主门生与同年及同僚等关系，进一步成为各族士人间密切交融的一个网络；三是集体文化互动的频繁；四是士人群体意识的凝聚，显然各族士人之群体意识已凌驾于族群意识之上。虽然，元代多族士人圈的形成对当时政治与社会影响不大，这些蒙古、色目士人家族也未真正汉化，但是多族士人圈的形成已经为族群融合跨出重大的一步，这些家族的后裔在明代都与汉族士人融为一体。

以往元史学界多以"阶级论"说明元代族群关系，认为元代社会分成蒙古人、色目人、汉人、南人四个阶级，不同族群间存在种族隔离制度，老死不相往来。一般印象是蒙古、色目人高高在上，对汉文化极少接触。萧启庆认为以"族群等级制"来说明元代社会阶级更为恰当。

**── 延伸阅读文献目录：**

1. 蒙思明：《元代社会阶级制度》，中华书局 1980 年版。
2. 欧阳光：《宋元诗社研究丛稿》，广东高等教育出版社 1996 年版。
3. 方勇：《南宋遗民诗人群体研究》，人民出版社 2000 年版。
4. 张沛之：《元代色目人家族及其文化倾向研究》，天津古籍出版社 2009 年版。
5. 萧启庆：《九州四海风雅同：元代多族士人圈的形成与发展》，联经出版事业公司 2012 年版。
6. 陈得芝：《论宋元之际江南士人的思想和政治动向》，《南京大学学报》1997 年第 2 期。
7. 萧启庆：《元朝多族文人的雅集》，《中国文化研究》2001 年第 1 期。
8. 许守泯：《从仕宦看元代江南士人的社会网络——以金华黄溍为例》，《蒙元的历史与文化——蒙元史学术研讨会论文集》（上），台湾学生书局 2001 年版。
9. 申万里：《从社会交往看元代江南儒士的社会网络——以戴表元为例》，《武汉大学学报》2003 年第 4 期。
10. 许守泯：《江南第一家：元代浦江郑氏的发展及其士人网络》，《元史论丛》2005 年第 10 辑。
11. 周鑫：《出处进退必有道：宋元之际的江西抚州儒士》，《元史论丛》2005 年第 10 辑。
12. 许守泯：《吴下衣冠尽楚材——元代苏州寓居士人陈基》，《成大历史学报》2006 年第 30 期。
13. 萧启庆：《千山独行：我的习史历程》，《内北国而外中国：蒙元史研究》"代序"，中华书局 2007 年版。
14. 萧启庆：《元代科举与菁英流动：以元统元年进士为中心》，《内北国而外中国：蒙元史研究》，中华书局 2007 年版。
15. 萧启庆：《元代几个汉军世家的仕宦与婚姻》，《内北国而外中国：蒙元史研究》，中华书局 2007 年版。
16. 萧启庆：《元代的儒户：儒士地位演进史上的一章》，《内北国而外中国：蒙元史研究》，中华书局2007年版。

17. 萧启庆：《元代四大蒙古家族》，《内北国而外中国：蒙元史研究》，中华书局2007年版。

18. 萧启庆：《蒙元时代高昌偰氏的仕宦与汉化》，《内北国而外中国：蒙元史研究》，中华书局2007年版。

19. 史伟：《元初江南的游士与干谒》，《江西社会科学》2010年第9期。

20. 萧启庆：《元朝多族文士的书画题跋》，《文史》2011年第2期。

21. 屈文军：《四十年来萧启庆教授的蒙元史研究》，《中国史研究动态》2000年第1期。

22. 许守泯：《萧启庆教授"蒙元社会文化史"研究介绍》，《中国社会历史评论》第十卷，天津古籍出版社2009年版。

———— 原文：《元朝多族士人圈的形成初探》

经典原文

# 元朝多族士人圈的形成初探

萧启庆

## ■ 一、导言

族际互动是中国史上各征服王朝时代的重要现象。征服王朝时代族群繁多，关系复杂，族际互动的疏密良恶不仅决定族群间的融合或冲突，而且密切影响当代的治乱与兴衰①。

元代为一复合社会，其种族之复杂，文化之繁富，在中国历史上都可称为空前。各族群间文化与政治上的相互激荡与彼此影响，构成元史研究的中心课题。而征服民族与主要被征服民族——汉族（包括汉人与南人）之间的政治、社会与文化关系尤为学者注意的一个焦点。但因牵涉广泛，较为全面的著作，尚不多见。

过去不少学者认为元朝对汉文化抵制最力，而族群之间更存有明显的政治与社会区隔。在政治与社会方面，蒙元史先进箭内亘（1875—1926）之《元代社会の三阶级》及蒙思明（1908—1974）之《元代社会阶级制度》皆将蒙古、色目、汉人、南人等四个族群视为不同的"种族阶级"而强调其政治、社会、经济权益相去的悬殊②。这种看法衍生出各族群之间存有不可逾越的鸿沟之错误印象，如日本学者村上正二即以"差别"与"隔离"来形容元廷的族群政策，而美国学者艾本华（Wolfram Eberhard, 1909—1989）更曾说："蒙古人制定严格之民族立法。汉人既不可学习蒙语，通婚亦为法令所禁止。汉人不能供

---

① 关于元朝的族群关系，参看萧启庆《内北国而外中国——元朝的族群政策与族群关系》，《历史月刊》，第94期（1995年11月），页51—58。
② 箭内亘《元代社会の三阶级》，收入箭内氏《蒙古史研究》，东京：刀江书院，1930，页263—360。蒙思明《元代社会阶级制度》，北平：燕京大学，1938。

服军役，亦不可持有武器。"① 在元朝的所谓"民族立法"之下各族群似乎成为相互隔离的绝缘体。

在文化方面，过去不少学者认为古来征服中原的游牧民族或半游牧民族虽然族类各异，最后都难逃汉化的命运，而元代蒙古、色目人对汉文化却是抵制最力、汉化因而最浅。乾嘉史学大师赵翼（1727—1814）即主张："元代不唯帝王不习汉文，即大臣习汉文者亦少也"，意即元朝统治阶级——包括蒙古人与色目人——多为文盲，与汉文化枘凿方圆，格格不入②。日本学者羽田亨（1882—1955）对传统的吸收论最早提出批判，其《元朝の汉文明に对する态度》即主张：元代奉行"蒙古主义"，汉人及汉文化皆不受尊重，由于羽田氏为京都北亚史与东亚史之先进巨擘，数十年来日本学者一直遵奉其说为圭臬，而称元朝之文化与族群政策为"蒙古至上主义"③。在西方，魏复光（Karl A. Wittfogel, 1896—1988）与冯家升（1904—1970）之《辽代社会史》则自人类学"涵化"（acculturation）的观点对吸收论作出较有系统的批评。他们认为：征服状态造成了族群间的鸿沟，征服民族与被征服民族不可能相互认同，完全同化。两者的文化关系是双行的涵化，而不是单向的"同化"（assimilation）。真正的同化仅在征服王朝崩溃，民族鸿沟消失之后始有可能。而各征服民族与汉文化之关系每因其自身文化背景及所处历史环境的歧义而有很大的差别。各征服王朝中，由半农耕、半游牧民族所建立的金朝与清朝倾向于汉文化的吸收，汉化因而较深，而元朝则与同为游牧民族所肇建的辽朝相似，对汉文化抗拒甚力，因而汉化较浅④。

上述的说法显然低估了各族群之间的文化与社会关系，以致不少学者提出不同看法。陈垣（1880—1971）即为此一方面之先驱，其名著《元西域人华化考》考证了色目（即西域人）汉化士人一百二十七人之学艺造诣，显示色目

---

① 村上正二《元朝の文化政策について》，《历史教育》第八卷第八期（1960），页 1—10；W. Eber-hard, *Conquerors and Rulers*, Leiden: E. J, Brill, 1965, p.133。
② 赵翼著、王树民校释《廿二史札记校证》，北京：中华书局，1984，卷三〇，页 431—432，《元诸帝多不习汉文》。
③ 羽田亨《元朝の汉文明に对する态度》，收入《羽田博士史学论文集——历史篇》，京都：东洋史研究会，1957，页 686—687。
④ Karl A. Wittfogel and Chia-sheng Feng, *History of Chinese Society——Liao* (907—1125), Philadelphia: American Philosophical Society, 1949, pp.1—32。

人在汉文化方面造诣甚高者大有人在，与当时汉族相较毫不逊色。陈氏此书对上述误解的厘清起了部分作用①。杨志玖先生则自儒家思想的吸引力考述了色目人之汉化②。在蒙古人方面，神田喜一郎、吉川幸次郎、傅海波（Herbert Franke）、傅申、姜一涵、Marsha Weidner、罗贤佑、谢成林、李则芬等人之论著论述了元朝帝王之文学与艺术修养，皆认为中后期诸帝多甚崇尚风雅、嗜爱艺文，而且不无造诣，并非"不习汉文"③。至于帝王以外之蒙古人，笔者《元代蒙古人的汉学》一文曾考述蒙古儒者、诗人、曲家及书家一百一十七人的生平及造诣，④借以显示蒙古人并不尽为汉族精致文化的门外汉，不少蒙古学者士人的汉学造诣足可与当世汉人、色目名家相互争胜。

本文拟自社会文化史的观点，展示元朝各族士人间的互动关系，所拟建立的主要论点为：元朝中期以后，一个人数虽不庞大，却是日益扩张的蒙古、色目士人阶层业已成立。此一异族士人阶层并非孤立于汉族士大夫阶层之外，而是与后者声气相通，紧密结纳，相互之间存有千丝万缕的关系。各族间共同的士人群体意识业已超越种族的藩篱，遂形成中国史上前所未见的多族士人圈。

本文所谓"士人"是一个文化群体，也是一个社会阶层。自文化观点言之，士人必须具有正统儒学教育与士大夫文化（literati culture）的修养，并接受儒家基本理念与道德准则的规范。因此，此处所谓"士人"兼含着重学问、德行之"儒士"与爱好辞章、艺术之"文人"。自社会观点言之，其人可能为累世金紫的名公显宦、可能为领率乡里的缙绅，亦可能为一袭青衿的布衣，但都属于

---

① 陈垣《元西域人华化考》，北平：励耘书屋，1935。
② 杨志玖《元代西域人的华化与儒学》，《中国文化研究集刊》第 4 期（1987），页 188—203。
③ 神田喜一郎《元の文宗の风流に就いて》，《羽田博士颂寿纪念东洋史论丛》（京都：东洋史研究会，1950），页 477—488；吉川幸次郎《元の诸帝の文学》，《吉川幸次郎全集》（东京：筑摩书房，1967），第 15 册，页 232—311；Herbert Franke, "Could the Mongol Emperors Read and Write Chinese? ", in Franke, *China under Mongol Rule*, Aldershot, England, 1994, pp.28—41；傅申《元代皇室书画收藏史略》，台北：故宫博物院，1981；姜一涵《元代奎章阁及奎章人物》，台北：联经出版公司，1981；Marsha Weidner, "Painting and Patronage at the Mongol Court of China, 1260—1368", Ph. D. dissertation, University of California, Berkeley 1982；罗贤佑《元朝诸帝汉化述议》，《民族研究》1987 年第 5 期，页 67—74；谢成林《元代宫廷的绘画活动》，《九州学刊》第 3 卷第 2 期（1986），页 45—52；李则芬《元代诸帝的汉学修养》，收入李氏《宋辽金元历史论文集》，台北：黎明文化公司，1991），页 743—748。
④ 此文收入萧氏《蒙元史新研》，台北：允晨文化公司，1984，页 95—216。

备受尊崇的精英阶层。因而，本文之"士人"与"士大夫"一词同义，包含已仕或未仕的读书人。虽然士人原为中原社会的特有产物，但士人的文化素养具有普遍性，可为异族人士所接受，凡接受士大夫文化的外族人士亦可视之为士人。至于精通其本族语文而不谙熟汉文化的外族人士则不能列为士人，因不谙汉文诗、书则与汉族士人之背景互不相同，双方密切交往的可能性不大。

元代族类极为繁多，当时官方分为蒙古、色目、汉人、南人四大族群。其中汉人、南人均属汉族，在种族及文化上并无不同，差别不过是地域①，故在本文中对汉人、南人不加区别，视为一体。契丹、女真之原有种族与汉族虽不同，但二者在元朝业已汉化并经官方划分为"汉人"，在此视之为汉族，而不另列。因此，本文所谓"多族"乃指蒙古、色目、汉族等三大族群而言。

## 二、蒙古、色目士人层的出现

汉族士人层之存在，不待赘言。而多族士人层之成立乃是由于蒙古、色目士人层的出现。

### （一）蒙古、色目文化简析

蒙古、色目人之文化背景不仅与汉族大不相同，而蒙古、色目之间及其族群之内各族属之背景亦互有歧异。因而各族群中士人阶层出现之难易及先后颇有轩轾。

蒙古人与汉族原有极大文化差距。十三世纪初年，蒙古仍为一近乎纯游牧的行国社会，文化缺乏累积。建国前夕，始创文字。在此之前，蒙古人皆为文盲，所受汉文化影响极小，自然亦无汉文士人出现。即在建国之后，虽蒙古文字业已制定，大多数之蒙古人却羁身军籍，忙于戎马，无暇诗书。因此，蒙古士人阶层出现之较为缓慢，其理至显。

色目人不是一个民族，而是元廷因政治需要而设定一个族群。凡不属蒙古及汉族的民族皆经划入，背景极为复杂。色目各民族中，有的汉文化影响较

---

① 蒙思明《元代社会阶级制度》，页33—36。

深,原有汉文士人阶层之存在。有的虽未受汉文化影响,本身文化水平却甚高,因而不乏本土知识分子,却无汉文士人。

唐古、汪古二族在色目人中受汉文化的影响较深。唐古人即西夏人,西夏原是一个包拥蕃汉的国家,国中蕃、汉文兼用,并施行科举以汉文试士,因而原有一个人数颇多、水平颇高的汉文士人阶层①。蒙元初年入仕的西夏人李桢、高智耀、朵儿只等都属于此一阶层。汪古为居住于漠南阴山地区的突厥语部族,为金朝扼守边墙,两者关系密切。其文化成分"是以北方草原游牧的文化形成为主体,融合汉文化和西方国家其他民族的文化"②。汪古人中似应有汉文士人存在。如元朝名文人马祖常之高祖马庆祥(原名习礼吉斯),于金季仕至凤翔兵马判官,其人"善骑射而知书,凡诸国语言文字靡所不通",应该熟谙汉文。

畏吾儿、回回、也里可温(Erke'un)原来皆无汉文士人,却有本土知识分子阶层。畏吾儿即9世纪西迁新疆哈剌火州(Qara Qocho,高昌)及别失八里(Besh Baliq,北庭)之回纥人。西迁后之畏吾儿人已经改营城郭生活,创造了本族文字、文学及艺术,并已放弃摩尼教而信佛教,因而培养出不少熟谙释典之佛教知识分子。畏吾儿人是蒙古初起时之文化启蒙者,世俗知识分子如塔塔统阿、哈剌亦哈赤北鲁、岳璘帖穆尔等人主要为蒙廷担任文教工作,而佛教知识分子往往兼通畏兀儿文、藏文、梵文,具有多元语文的才能,后来多成为宫廷翻译家③。

回回乃指原住中亚与西亚信奉伊斯兰教的各族而言,包括大食、波斯人及伊斯兰化的突厥人(包括哈剌鲁、阿儿浑)。回回因有伊斯兰文明为基础,文化水平甚高。蒙元初年之回回大多担任理财、行政、科技等工作④。钦察

---

① 吴天墀《西夏史稿》,成都:四川人民出版社,1982,页201—202。
② 洪用斌《汪古部社会制度初探》,《中国蒙古史学会成立大会纪念集刊》,呼和浩特:中国蒙古史学会,1979,页220。
③ 胡其德《元代畏吾儿人华化的再探讨》,收入《中国边疆史学术研讨会论文集》(台北:蒙藏委员会,1995),页169—201。
④ 关于元代回回之文化活动,参看杨志玖教授新著《元代回族史稿》,连载于《回族研究》,1992年第四期,页3—14;1993年第一期,页12—22;1993年第二期,页4—21;1993年第三期,页4—15;1993年第四期,页4—16;1994年第一期,页20—30;1994年第二期,页25—40;1994年第三期,页10—19;1994年第四期,页9—25。关于哈剌鲁,参看陈高华《元代的哈剌鲁人》,《西北民族研究》1988年第一期,页145—154。关于阿儿浑,参看杨志玖《元代的阿儿浑人》,收入杨氏《元史三论》,北京:人民出版社,1985,页226—236。

(Qipchaq,原住中亚黑海以北一带)、康里(Qangli,中亚咸海以北一带)、阿速(Asud,西亚高加索北部)原有文化皆甚低下。三者皆为处于先文字阶段突厥游牧部族,其中钦察、康里信仰萨满教(少数康里人改信回教),而阿速人虽已信仰希腊东正教,但所受基督教文明影响似乎不大。① 而且在蒙元初期,三族人士主要从事征战,无缘参与文事,以致康里、钦察人中士人出现较晚,而阿速人中始终无士人阶层之涌现。

### (二)士人阶层出现的阶段

蒙古、色目士人层的出现自然为两族人士踊跃研习汉学的结果,而蒙古、色目人之所以竞相学习汉学则又是蒙元朝廷转移其政治中心至中原并将蒙古、色目大量南徙后的必然趋势。关于蒙古人研习汉学的原因,笔者在《元代蒙古人的汉学》中指出:除去中原文化自身的优越性与吸引力之外,尚有三点原因:(1)中原环境之熏染;(2)元朝政府的倡导;(3)个人政治利益的追求。这些原因亦可适用色目人,在此不拟赘述。

依士人人数之多寡、造诣之深浅,蒙古、色目士人阶层之出现可分为下列三阶段:

第一,大蒙古国(Yeke Mongghol ulus)时代(即蒙古忽必烈于1260年立国中原以前):此时蒙古立国草原,中原不过是一殖民地,汉人也不是蒙古人统治的主要对象。当时徙居中原的蒙古、色目人并不多见,研习汉学的诱因亦甚弱。在此期间,蒙廷为教习汉学而成立的机构为燕京国子学。此一国子学系建立于太宗五年(1233),招收蒙汉官宦子弟为学生。但是此校规模甚小,教育系以训练通事为目的,所起培养儒士的作用,显然不大②。除此校外,蒙古诸王中,唯有忽必烈注重汉文教育,先后命其近臣子弟从汉儒受儒书,元朝早期的少数蒙古、色目儒士多为忽必烈在其潜邸时代培养成材。

第二,元朝前期(即忽必烈时代,1260—1294):忽必烈建立元朝于中原,汉人已成为其主要统治对象。忽必烈虽不愿全盘推行汉法与儒治,但是,为争取汉人之支持,加强其政权之合法性及蒙古、色目人之统治能力,不得不

---

① 陆峻岭、何高济《元代的阿速、钦察、康里人》,《文史》第16期(1982),页117—130。
② 萧启庆《大蒙古国的国子学》,收入萧著《蒙元史新研》,页63—94。

鼓励上述二族群子弟学习汉文化。他遂在中央及地方广设学校。在中央，国子学重建于至元七年（1270），以大儒许衡主持。中央以外，各斡耳朵、诸王爱马（即投下）及蒙古、色目军人为主的各卫军亦皆设有儒学，方便中下层蒙古乃至色目子弟入学。国子学尤为蒙古、色目官宦子弟汉学者的摇篮。除去学校培养成材者外，也有少数蒙古、色目士人是因为家庭熏陶或是因从汉儒就学而有所成就。例如著名画家高克恭（1248—1310）出身于回回平民家庭，其父高亨却于"易"、"诗"、"春秋"和理学皆有造诣，克恭便是随父诵习经义而奠定学问基础。① 在此期中，蒙古、色目士人较大蒙古国时代无疑增加不少。不过，在科举恢复以前，官宦子弟多倚持"根脚"（即门第）入仕，仕宦与学术仍缺少制度性的关联，蒙古、色目子弟研习汉文化的诱因并不大。因而蒙古、色目士人数目仍然有限。

第三，元朝中后期：汉学在蒙古、色目人中日益普遍，与仁宗爱育黎拔力八达（1311—1320）以降诸帝之提倡大有关系。延祐二年（1315）科举制的恢复尤为重要。科举系以汉文、汉学为考试内容，凡想借科举晋身官场的蒙古、色目子弟皆须钻研汉学。故对其研习汉学具有极大激励作用，有如《元诗选》编者顾嗣立所言说："自科举之兴，诸部子弟，类多感励奋发，以读书稽古为事。"② 元代科举前后共十六科，共录取一千一百三十九人，其中蒙古、色目人各占四分之一，约三百人。乡试登榜而会试、廷试落第之蒙古、色目进士应三倍于此，故前后曾登乡进右榜的蒙古、色目人约为一千八百人。而参与乡试不幸落榜的蒙古、色目士子更可能数十倍于此。换言之，科举的复兴诱使数万蒙古、色目子弟埋首经籍，投身场屋，企图以学问来求取禄位。研习汉学在当时蒙古、色目族群中显然已蔚为风气。元季帝王文宗图帖睦尔（Tugh Temur, 1328—1332）及顺帝妥懽帖睦尔（Toghon Temur, 1333—1370）更相继设置奎章阁、宣文阁，提倡艺文，并以勋旧贵戚子孙肄业其中。对蒙古、色目子弟学习汉文化当具示范作用③。

蒙古、色目士人人数的扩张及其对汉文化浸润之深化，可由表一及表二看

---

① 吴保合《高克恭研究》（台北：故宫博物院，1987），页7—8。
②《元诗选》（秀野草堂刊本），初集，庚，页1下。
③ 姜一涵《元代奎章阁及奎章人物》，台北：联经出版社，1981。

出①。此二表所统计的对象为蒙古、色目"汉学者"而非"士人"。两者意义不尽契合。所谓"汉学者"乃指谙习汉人所特有而为士大夫专擅的儒学、文学、美术并有所成就而见于记录者。"汉学者"与"士人"所涵盖者的重叠性颇高，但后者涵盖较前者为广，因汉学者必为士人，而士人大多数未必有所成就而留下记录。本文在此处之讨论以汉学者取代士人，乃因汉学者留有记录以致可以统计。蒙古、色目汉学者增加的趋势，就人数而言，前期蒙古汉学者不过十七人，占总人数（包括一人兼一门以上而致重见者）10.90%。在中、后期则持续增加，分别增至28.21%与58.97%。前期色目汉学者仅占总人数8.15%，在中、后期分别为40%与45.19%，显然是与日俱增。就专长而言，前期大多数之蒙古及色目汉学者皆为儒学者，长于文学、艺术者甚为少见。而在中、后期两者擅长文学、美术之人数皆有大幅成长。蒙古、色目士人已由儒学之研习登入文学、艺术的殿堂，从知识的吸收转入汉文化感性部分的培养。于是，始有才能较为全面的蒙古、色目士人出现。此处所述之汉学者的情形应为整个蒙古、色目士人阶层发展趋势之缩影。前期蒙古、色目士人寥寥无几，而且熟谙汉族文学、艺术者不多。因而，蒙古、色目士人在本族群中尚不能构成一个阶层，与汉族士人不能密切交流。中期以后，由于蒙古、色目士人人数大增并对汉文化之钻研更为深入，真正的蒙古、色目士人阶层始告出现，而这一阶层的士人不再孤立于汉族士人之外，而是两者密切交融，形成一个多族士人圈。

表一 蒙古汉学专长及时代分布

| 专长 | | 前期 | 中期 | 后期 | 未定 | 合计 |
|---|---|---|---|---|---|---|
| 儒学 | | 13（21.67） | 22（36.67） | 25（41.67） | 0（0） | 60（100） |
| 文学 | 诗歌 | 1 | 3 | 25 | 3 | 32 |
| | 散文 | 1 | 5 | 10 | 0 | 16 |
| | 剧曲 | 1 | 2 | 1 | 0 | 4 |

---

① 表一系采自萧启庆《元代蒙古人的汉学》，页204。表二则系根据笔者所收集的资料而编制的"色目汉学者资料表"。因限于篇幅，在此暂不列入。

续表

| 专长\时代 | | 前期 | 中期 | 后期 | 未定 | 合计 |
|---|---|---|---|---|---|---|
| 文学 | 合计 | 3（5.77） | 10（19.23） | 36（69.23） | 3（5.77） | 52（100） |
| 美术 | 书法 | 1 | 8 | 25 | 0 | 34 |
| | 绘画 | 0 | 4 | 6 | 0 | 10 |
| | 合计 | 1（2.27） | 12（27.27） | 31（70.45） | 0（0） | 44（100） |
| 总计 | | 17（10.90） | 44（28.21） | 92（58.97） | 3（1.92） | 156（100） |

表二　色目汉学者专长及时代分布

| 专长\时代 | | 前期 | 中期 | 后期 | 未定 | 合计 |
|---|---|---|---|---|---|---|
| 儒学 | | 5（12.5） | 22（55.00） | 13（32.50） | 0（0） | 40（100） |
| 文学 | 诗歌 | 1 | 13 | 21 | 4 | 39 |
| | 散文 | 1 | 5 | 3 | 0 | 9 |
| | 剧曲 | 1 | 6 | 10 | 1 | 8 |
| | 合计 | 3（4.55） | 24（36.36） | 34（51.52） | 5（7.58） | 66（100） |
| 美术 | 书法 | 2 | 7 | 11 | 4 | 24 |
| | 绘画 | 1 | 1 | 3 | 0 | 5 |
| | 合计 | 3（10.34） | 8（27.59） | 14（48.28） | 4（13.79） | 29（100） |
| 总计 | | 11（8.15） | 54（40） | 61（45.19） | 9（6.69） | 135（100） |

## 三、社会网络

元朝虽然区别蒙古、色目、汉人、南人为四等。但是，四等人制不过是一种"族群等级制"，即是赋予各族不同的"身份"(status)，并因身份的差异而给予不同的权利。这种身份制度所蕴含的是族群歧视(discrimination)制度，而不是"隔离"(segregation)，各族人民的迁徙、杂居与交往自由完全未受限制。

元朝各族人士互动的基础是社会阶层(social stratum)，而不是族群。蒙古、色目士人交往的主要对象为汉族士大夫，而不是本族群的中下层。而其交往之基础与汉族王朝时代士大夫并无不同。汉族王朝时代之社会网络主要系以姻戚、师生与同年、同僚、同乡为经纬，元朝的情形大体相似。

### （一）姻戚

过去学者所说：元朝禁止征服民族与汉人通婚，可说是完全无根据。元朝不仅未曾禁止异族通婚，而且立法加以规范，近年的研究更显示，各族群间通婚颇为频繁，而族群间之通婚不仅促进血缘交融，并且与涵化具有密切的关联[1]。

中国士人婚姻素来注重门第，因为婚姻与仕宦原是相辅相成。唐代以后，门第观念虽较前减弱，士绅家庭之婚姻仍然讲求门当户对，人物相当。

元代蒙古、色目士人与汉族士人通婚者甚多，例如：元统元年进士录显示，该科录取蒙古、色目进士五十人中，其妻子具汉姓者十六人，母亲具汉姓者更达二十七人[2]。这些具汉姓的女子，当有不少为真正之汉人，亦应有不少出身汉人士族，充分反映族际婚姻之频繁，可惜这些汉族女子之家世往往不可追寻，是否出于书香门第及因何与异族联姻，已难以探究。

在现存史料中，各族士人因科举或学问而结联姻娅者尚存有数例：

---

[1] 洪金富《元代汉人与非汉人通婚问题初探》，《食货》（复刊）第六卷第12期（1977），页1—19，第七卷第1、2期（1977），页11—61。

[2] 萧启庆《元代科举与菁英流动——以元统元年进士录为中心》，《汉学研究》第五卷第1期（1987），页129—160。

（1）许有壬娶赵世延女：

许有壬（1287—1364），河南汤阴人，延祐二年（1315）进士，元朝中、后期著名之文学家、政治家。其续弦赵鸾（1308—1341）为汪古人赵世延（1260—1336）之女。赵世延"以勋门将胄"，官至奎章阁大学士，在政、学两界皆拥有崇高地位。其女鸾幼承庭训，不仅通经且能书、善琴，为一才女。世延以赵鸾为有壬继配，乃因师生关系。赵世延为延祐二年会试读卷官，有壬为其大力拔擢的门生。陈旅《故鲁郡夫人赵氏墓志铭》说：

鲁公（指世延）文学政事重海内，选婿之称难其人。初参政（指有壬）以进士廷对，鲁公参与中书为读卷官，其对在第三等，谓同列曰："此人言行磊落，可力争寘第二等。"世以为知人。及参政为两淮使，丧偶且期，值鲁公还金陵别业，因请好，于是夫人归焉。①

以后翁婿二人在政治及学术上合作颇多。

（2）不忽木娶王寿女：

不忽木（Buqumu），康里人，是色目人中最早的儒者与曲家，也是世祖末年成宗初年的朝廷重臣。其原配寇氏卒后，娶王寿女，寿为雄州新城人，官至集贤大学士，曾与不忽木同侍裕宗真金东宫。吴澄《鲁国太夫人王氏神道碑》叙王氏（1275—1310）归不忽木的经过说：

会康里公丧初配，议者咸曰："贵族重臣，有学行可妻，宜莫如公，遂以夫人归焉。"②

王寿以其女为不忽木继配，显然不仅因为后者的政治地位，也是由于他的学术。王寿本人虽是以胥吏晋身官场，却是一个士人。因此，这一段婚姻，也可称为士族联姻。不忽木育有二子，次子巙巙（1295—1345）是最负盛誉的书法家，便是王氏之子。

---

① 陈旅《安雅堂集》（元人文集珍本丛刊）卷一一，页 15 上—17 下。
② 吴澄《吴文正集》（文渊阁四库全书）卷七三，页 7 下。

(3)笃列图娶马祖常妹:

笃列图(1312—1348),蒙古捏古氏,父亲靖州路总管,母为汉人王氏。笃列图为至顺元年(1330)右榜状元。其妻为汪古族著名文人延祐二年(1315)进士马祖常之妹。至顺元年祖常为礼部尚书,知贡举,笃列图正为其拔擢之门生。笃列图与祖常之妹结姻,即因此一关系,故王逢咏其生平,有"琼林宴状元,银屏会佳婿"之句。

(4)赵期颐娶答禄乃蛮氏:

赵期颐出身汴梁宦家,泰定四年(1327)进士,累官西台治书侍御史,诗文及篆书皆颇出色。其妻答禄乃蛮(Dalu Naiman)氏,为乃蛮塔阳罕(Tayang Qan)弟屈出律(Kuchulug)之后①。其家虽累代将门,但久居汉地,落籍河南永宁,与汉人通婚频繁,子孙多钻研儒学,高度汉化,期颐所娶为台州路达鲁花赤别的因(1229—1309)之孙女,其兄弟守恭、守礼皆为进士,守礼为期颐之同年,两家可能因此而联姻。期颐并因此婚姻而成为至正二年(1341)进士及名文人答禄与权之姑父。

(5)周永言欲以丁鹤年为婿:

丁鹤年(1335—1424),回回人,出身宦家,其兄吉雅谟丁及爱理沙皆为至正进士,鹤年却不事科举,亦未出仕。鹤年为元末明初大诗人。其在早年已露才华,据戴良《高士传》说:

> 豫章周怀孝,楚大儒,时寓武昌,执经问难者比肩立,然独器重鹤年,且欲同归豫章而妻以爱女。鹤年以母老,诸兄皆官千里外,无他兄备养,辞不行。②

此段姻缘,虽因鹤年急于归里事母而未能达成,但可反映汉族名儒因爱惜色目青年之才华而欲以爱女妻之。

合上五例,可见蒙古、色目、汉族士人阶层之婚姻往往超越族群之界限,而以材识及士人之共同身份为基础。

---

① 黄溍《金华黄先生文集》(四部丛刊)卷二八,页12上—17下,《答禄乃蛮氏先茔碑》;杨镰《答禄与权事迹勾沉》,《新疆大学学报》1993年第4期,页97—103。
② 戴良《九灵山房集》(四部丛刊)卷一九,《高士传》。

## （二）师生

师生关系在儒家伦理中，与君臣、父子并列，甚为重要。这种关系在士人社会网络中，是最基本，也是最经久的一环。

汉学原为汉族人士所专长，蒙古、色目人则较为后进，因而在各族群人士之师生关系方面，大多系汉人为师，蒙古、色目人为生。

就教学的性质而言，师生关系大体可分为学校、家塾与拜师及问学三种而言：

### 1. 学校

元代的学校，有国子学、地方官学及书院三种。就异族人士师生的关系而言，有关地方官学与书院的记载极少，在此不拟叙述。

国子学系以官宦子弟为教育对象，而学生录取名额中，蒙古生占一半，而色目、汉人则各占四分之一，故对蒙古、色目生大有优待，国子学遂成为培养蒙古、色目士人的一个主要摇篮。

国子学向以名儒任教。执教国子学的名儒许衡、吴澄（1294—1333）、虞集（1272—1348）等人遂皆拥有不少蒙古、色目弟子。

在书院中肄业而与汉儒形成师生关系者，今仅知哲理野台。哲理野台为蒙古脱托历人，至顺元年（1330）进士，能诗善书。早年肄业西湖书院，为著名文人义乌黄溍（1277—1357）弟子①。

### 2. 家塾与拜师

散处各地之蒙古、色目人，大多皆无进入国子学之机会。不少官宦人家聘请汉族名儒为家庭教师，教导子弟。最早之例证为汪古马氏。早在宪宗二年（1252）马月合乃受命料民丁于中原，即罗致名士敬铉"授业馆下"②。马氏为元朝科第最盛之色目世家，其家学术之盛，当以聘敬铉为师为滥觞。元朝立国中原以后，蒙古、色目人聘请汉儒为师者自然更多。如蒙古酎温台氏蓦克笃（1245—1301），官至福州新军达鲁花赤③。许有壬所撰墓碑称他"雅尚儒术，延名师以教子"，以致其子万家闾（1278—1342）、诺海皆以汉学见长，其甥海直则登至治元年（1321）进士第。又如蒙古珊竹氏拔不忽（1245—1307）出身将

---

① 金涓《青村遗稿》（丛书集成），《送杨仲章归东阳诗卷序》。
② 《元史》（中华书局点校本）卷一三四，页3245，《马祖常传》。
③ 以下各例见萧启庆《元代蒙古人的汉学》，页113、122、138。

门，官至江东宣慰使，晚年居真扬间，聘王柏弟子、孔孟颜三族教授张翌及吴澄为师，以教其子。更如顺帝初年之权臣马札儿台（1285—1347）聘浙东大儒吴直方教授其子脱脱（1314—1355）脱脱深受儒学陶冶，后任中书右丞相，曾大行"更化"，推行儒治。曾聘浦江名儒郑深（1314—1361）为其子哈剌章之师，哈剌章于元亡前夕，官至中书平章政事。

除去延揽汉儒为家塾塾师外，又有不少蒙古色目家遣其子弟从学于汉儒，而其从学方式已难确考。

——蒙古士人自幼拜师于汉儒者有：（1）靖安王阔不花（？—1335）早年从李注习经义①；（2）拔不忽幼师李康伯，继师翰林学士周正方；（3）阿荣受业于状元宋本；（4）泰不华先后师事周仁荣与李孝光；（5）燮理溥化为揭傒斯（1274—1344）门人；（6）月鲁不花及其弟笃列图皆为绍兴名儒韩性（1266—1341）弟子；（7）囊家台受业于翟炳；（8）迺穆泰受业于赵贽。

——色目士人自幼拜师于汉儒者有：（1）马九皋（约1270—约1351）为南宋遗老刘辰翁（1232—1297）弟子②；（2）赡思（1277—1351）为翰林学士王思廉（1227—1320）弟子；（3）余阙（1303—1358）为吴澄门人张恒弟子；（4）也速答儿赤，从宋进士黄坦及李宗哲学；（5）伯颜宗道（1295—1358）少从江淮儒士黄履道学；（6）迺贤（1309—？）师事鄞人郑觉民、高岳学；（7）伯颜子中（1327—1379）早年为淳安儒士夏溥弟子。

3. 问学

"问学"乃指士人成年后向名师请益，并因而建立师生之谊。如汪古人高唐王阔里吉思问易学于江西永新人吴郛（即张应珍）。

畏吾儿人小云石海涯，早年承袭父职为两淮万户府达鲁花赤，辞职后北上大都，问学于诗文大家姚燧，以致后来成为著名曲家。又如马祖常青年时曾以经史疑义问学于名儒张翌③。

以上所述皆为汉人为师而蒙古、色目人为徒的例证。及至元代中后期，不少出身中下门第之蒙古、色目人在汉学中浸润已深，却无仕进之途径，因而出

---

① 见萧启庆《元代蒙古人的汉学》，页119、122、129、133、144—145、147、194。
② 赵孟頫《松雪斋集》（海王邨古籍丛刊本）卷六，页16下，《薛昂夫诗集序》。
③ 杨镰《贯云石评传》，乌鲁木齐：新疆人民出版社，1983，页58。

任教职。如于阗人李公敏"教授于青齐之间"①。回回人买闾及哲马鲁丁分别担任和靖书院及书院山长，而伯颜宗道更是誉满河北、学者云从的经师，皆应有不少汉族弟子，可惜不见于记载。

### (三) 座师与同年

隋唐以来，科举制度下的座主与同年是士大夫社会政治网络的核心部分。及第者视座主为恩门，而同年之间亦互相视为手足，如清王夫之《宋论》所说，座主与门生之间"揄扬名目，至于终身，敦尚恩记，子孙不替"。

元朝科举制度不及唐宋重要，但是座师与同年仍构成士人间超族群关系的重要基础。

元朝科举制度下的座主与同年是一个多族的群体。无论乡试、会试与御试，考试官皆于"有德望文学常选官内选差"，族属不是选考试官的主要评准。事实上，考试官以汉人占多数，但也不乏蒙古、色目官员，例如延祐二年首科廷试，知贡举为平章政事李孟（1255—1321），读卷官为参知政事赵世延与集贤大学士赵孟頫（1254—1322）。其中赵世延为色目人。至正十一年（1351）廷试提调官中书平章政事定住（？—1355）。读卷官为中书左丞韩元善、翰林学士李好文（1270—1324）、参知政事乌古孙良桢及翰林待制吴当。其中定住为蒙古人。而每科考试录取之乡进士及进士原则上各族人数相等，维持族群均衡的原则。

与前代相似，元朝各科座主与同年不分族群保持密切的联系并不时聚会。如泰定元年（1324）进士宋褧所撰《同年小集》记述其在北京座主及同年于天历三年（1330）聚会的情形：

> 天历三年二月八日，同年诸生谒座主蔡公于崇基万寿宫寓所。既退，小集前太常博士、艺林使王守诚之秋水轩，坐席尚齿，酒肴简洁，谈咏孔洽。……右榜则前许州判官奥鲁不华、前沂州同知曲出、前大司农照磨谐笃乐、奎章阁学士院参书雅琥。左榜则前翰林编修王瓒、前翰林修撰张益、前富州判官章毅、翰林应奉张彝、编修程谦。疾不赴者前陈州同知纳臣、深州

---

① 马祖常《马石田文集》，郑州：中州古籍出版社，1991，卷九，页182，《送李公敏之官序》。

同知王理、太常太祝成鼎。①

泰定元年科共录取进士八十六人。此次参加同年小集者十一人，因疾不赴者三人。序中所说座主为蔡文渊，东平人。右榜各人皆蒙古、色目人，而左榜则为汉人、南人，可见年谊超越族群之分。

年谊之联系亦反映于同年进士的文字往来。此类唱和、序跋、墓表在各科进士现存文集中极为繁多，兹以元统元年进士余阙《青阳集》中所见为例：

余阙，唐兀人。所著《青阳集》五卷中，有关同年之文字共有九篇，牵涉同年八人②，其中有蒙古人：虎理翰（1306—？，弘吉剌氏）、察伋（1305—？，塔塔儿氏）、月鲁不花（1308—1366，逊都思氏）；有色目人：普达世理（1308—？，畏吾儿人）；有汉人：成遵（1304—1359）、许寅（1304—？）；亦有南人：许广大（1309—？）、张兑（1304—？）。

上文所述许有壬与赵世延及笃列图与马祖常等家之联姻，更显示座师门生间关系的密切。

### （四）同僚

元朝的政府是一多族群的官僚组织。虽然"族群等级制"造成各族政治精英政治权力的不均，但并未阻绝汉人、南人的人仕。元朝中期共有品官二万二千四百九十人，其中30.12%为蒙古、色目人，69.88%为汉人、南人，可见官僚组成的族群多元性③。

各级政府机构内官员成分也是多元的。不过，其成分的族群分配因机构性质的差异而不同。有些机构是蒙古、色目人的堡垒，汉族人士很难插足其间（如怯薛、徽政院、大宗正府、枢密院、宣政院等主管蒙古、吐蕃事务，宫中事务及军令的机构）。大多数机构皆是各族兼用而不限于蒙古、色目。而主管文史、图书及教育的机构中，汉族官员则占多数。翰林国史院、集贤院、国子学、秘书监、奎章阁与宣文阁等皆是如此。据估计，翰林国史院人员中，汉

---

① 宋褧《燕石集》（北京图书馆古籍丛刊）卷一二，页209。
② 余阙《青阳集》，四部丛刊本。
③ 《大元圣政国朝典章》（国立故宫博物院影印元刊本）卷七，页27上，《内外诸官员数》。

人、南人约占52%，蒙古、色目人约占31%，而族属不明则有16%[①]。秘书监官员之名录仍存，据初步统计，各族群官员之比率与翰林国史院相似。

蒙元前期，由于语言及文化的差异，各族同僚不仅不易建立友谊，而且沟通甚为困难。有如马祖常所说，同一机构之中，各族官员"连位坐署，哄然语言，气俗不相通"[②]，唯有倚靠翻译人员的协助，始能商讨公事。但是，这种情形在中期以后发生甚大的改变。蒙古、色目官员汉文化水平提高，尤其是在科举恢复以后，各族群官员间之隔阂大为减少。而各文教机构所任用之蒙古、色目官员大多为进士或通谙汉文之士人，与汉族同僚具有共同的文化素养，交流交融甚少障碍。在现存元人文集中，例证甚多。

本节的探讨显示：蒙古、色目士人透过姻戚、师生、座主与同年、同僚等关系而与汉族士人形成一个超越族群藩篱的社会网络。

## 四、文化互动

诗文、书、画是中原士人文化的主要内涵，亦为其社会生活的重要工具。文人之间的诗文唱和、观书读画、题跋赠序等活动，不仅可以切磋攻错，而且用以敦睦情谊。居下位者借此结纳长上，居上位者亦可示惠后进。蒙古、色目士人唯有参加大型活动始能与汉族士人的主流融为一体。

元朝前期，蒙古、色目士人人数不多，在汉文化中浸润亦不深。除去高克恭、不忽木少数汉化先进外，蒙古、色目人参加汉族士人文化活动者尚属罕见。但在中期以后，参与程度大为增加。现借唱酬、雅集与游宴、题跋书画等活动的考述来显示各族士人间文化互动。

### （一）唱酬

元朝各族士人相互唱酬的诗文，极为繁多，无法枚举。现选泰不华及迺贤与汉族士人间唱酬为例，加以说明。泰不华是状元出身的蒙古显宦，而迺贤则

---

① 山本隆义《元代に於ける翰林學士院について》，《東方學》(1955)，页19—28。
② 马祖常《马石田文集》，卷十三，页244，《霸州长忽速剌沙君遗爱碑》。

为色目人，大半生皆为一介布衣。故以此二人为例应具族群及社会代表性。

泰不华（1304—1352），字兼善，号白野，蒙古伯牙兀台（Baya,udai）氏，为家世较寒微的蒙古文人，父塔不台，为台州录事判官，遂定居台州。家贫，处州安定书院山长、金华大儒王柏的再传弟子周仁荣养而教之，又曾师事隐居雁荡的学者李孝光，乃登至治元年（1321）第，为右榜状元，时年十八岁①。

泰不华在元代蒙古、色目士人中最为多才多艺，在儒学、小学、诗歌、书法等方面皆有相当成就，才艺之广，汉文人中亦不多见。泰不华为少年状元出身，前后历仕三十年，是声满全国的名宦。但是，其仕宦地区主要有二：一为大都，一为两浙。在大都，历任集贤修撰、秘书监著作郎、秘书卿、礼部尚书。在两浙地区则先后任南台御史、绍兴路总管、都水庸田使（设于苏州）、浙东宣慰使及台州路达鲁花赤，最后在台州任内殉国，故其社交圈对象主要限于此二地区。

泰不华之诗集《顾北集》早已散佚。《元诗选》初集中所辑不过二十四首，仅可反映其部分之唱酬对象。《顾北集》中赠诗对象有虞集、宋本（1281—1334）、宋褧（1294—1364）、赵知彰、述律然（萧存道）、祁志诚、吴善、姚子中、王奏差、刘提举、李供奉等，全无蒙古、色目人。其中，虞集为泰不华在奎章阁的上司，宋本为其同年，宋褧为宋本之弟，赵知彰曾任南台御史，为泰不华南台同僚，述律杰为契丹族出身的儒将，任云南宣慰司都元帅，却善于吟咏，喜与中州名士唱和，吴善为名满江南的墨工，祁志诚则为全真教之大师，皆为汉族。

《顾北集》外，今尚存泰不华行书《赠坚上人重往江西谒虞阁老》七言律诗②，释文为：

> 昔年曾到楚江干，探得骊珠振锡还。
> 忆惜匡庐成独往，眼中秦望共谁攀。
> 声华牢落金闺彦，烟雨凄迷玉笋山。
> 绝代佳人怜庾信，早年词赋动天颜。

---

① 萧启庆《元代蒙古人的汉学》，页132—133。
② 收入《罗雪堂全集》（台北：1970），第五编，第十三册，页5293—5294。

其书法笔画轻灵，却是不飘不滑，极有韵致。而诗中则对顺帝即位后被迫乡居的一代词臣虞集作了甚大之推崇。

现知曾赠诗泰不华的文人中，除雅琥（约1300—?）、迺贤（见下）外皆为汉族人士，包括虞集、袁桷（1266—1327）、柯九思、宋褧、吴师道（1282—1344）、苏天爵（1294—1352）、傅若金（1303—1342）、李孝光、叶懋、朱德润（1294—1365）、顾瑛、郯韶、郑元祐、吴克恭等。雅琥为也里可温人，泰定元年（1324）进士，能诗亦能书。曾任奎章阁参书，为泰不华奎章阁之同僚。袁桷为其集贤院上官。吴师道则为其同年，而傅若金则是北上求仕的江西才子。李孝光以下则为泰不华在两浙的师友，李孝光为其师，叶懋任嘉兴路总管，朱德润为书画家，曾任征东儒学提举，晚年乡居昆山。顾、郯、郑、吴皆是以顾瑛为中心的昆山玉山草堂文人圈（见下）的成员，泰不华虽未身临草堂，却与此一文人圈保持联系。

迺贤（1309—1368），字易之，为出身葛逻禄（即哈剌鲁）氏的元季著名诗人[①]。其先人随哈剌鲁军移戍庆元（浙江宁波）。兄塔海，为延祐五年（1318）进士。不过迺贤并无显赫家世，早年可能肄业国子学，但未得晋身官场的机会，以致长年乡居于鄞。至正六年，北上大都觅职，奔走于权贵之门。可惜未得一官半职，故有"朝士谁青眼，山人尚白衣"之叹。在"念我客京华，飘零六徂春"之后，黯然返乡。当时大乱已起，而迺贤授徒自守，"萧然一室不色忧"。但在其晚年却是时来运转，先受到刘仁本的推荐出掌东湖书院，更于至正二十三年接受元廷之征召，北上出任翰林国史院编修，五年之后死于直沽军中，下距元亡，不过三月而已。其著作传世者有《金台集》与《河朔访古记》。

迺贤生平唱和对象共有三圈，一为其庆元师友，一为在大都求官时的友人，一为道教教友。至于其晚年任官的唱和则不见于《金台集》中[②]。

迺贤大半生乡居庆元，名列当地"耆儒"，有一定声望。与故乡及其周近地区师友唱和诗较多。《金台集》中迺贤赠诗的浙东诗友对象，包括其师郑觉民，友人叶恒、张仲深、倪可与、林庭立、徐仁则、完者都、王冕（？—

---

[①] 关于迺贤事迹，参看陈高华《元代诗人迺贤生平事迹考》，《文史》第32期（1990）。
[②]《金台集》，海王邨古籍丛刊影印《元人十种诗本》。

1359）、王祎、韩文屿、刘师向等，其中完者都为朵鲁伯觯氏，时任浙东都元帅，驻守庆元，是一位"涉猎经史，博通武经"的蒙古儒将，其他人皆为南人，惟有叶恒官至县尹，其余皆为布衣文人。此外，危素虽为京华名宦，却是至正三年至庆元为三史征集文献时始与迺贤结识，以致迺贤有《和危太仆检讨、叶敬常太史东湖纪游》一诗。而浙东师友以诗文与迺贤唱和的则有郑觉民、刘仁本、朱右、乌斯道、袁士元、张仲深、沈梦麟等人，其中刘仁本为台州路天台人，出身乡贡进士，入方国珍幕，为其佐谋议，官至温州路总管，工于吟咏，对迺贤有拔擢之恩；沈梦麟，归安人，亦为乡贡进士，官至武康县尹；而袁士元为鄮山书院山长，其他皆为布衣文人。可见迺贤虽为色目人，却密切融入浙东本土士人圈。

迺贤北上大都，主要为通过诗文的切磋而谋求一官半职，故其《金台集》中唱和之对象，主要为文人出身的官员，有蒙古、色目人，亦有汉人。蒙古人有泰不华及答禄与权，泰不华时任礼部尚书，答禄则任秘书监郎官。色目人中则有偰哲笃、偰伯僚逊父子。二人皆进士出身，哲笃时任廉访使、伯僚逊为至正五年新科进士，时任翰林应奉。汉族人士唱和的对象有国子祭酒赵期颐、侍书御史李好文（1270—1342）、翰林待制杨舟、翰林应奉危素、国子助教段天祐、宣文阁授经郎贡师泰（1298—1362）。在不少诗篇中，迺贤自荐之心表露甚明。如《投赠赵祭酒二十韵》有句云：

> 鄙人自致惭无术，男子平生谩负奇。
> 久望车尘空感激，欲趋门屏愧驰驱。
> ……
> 何蕃独重阳司业，严武深怜杜拾遗。
> 怀宝山林当一出，平津正在礼贤时。

可见色目寒士必须对汉族出身的成均祭酒诸般阿谀，以谋求一官半职。

大都士大夫与迺贤的唱酬诗，现在尚无发现。但是为《金台集》作序的欧阳玄、李好文、贡师泰、程文、杨彝、张起岩等都是名满天下的汉族士大夫。

洒贤信仰道教，陈垣已加以证明①。《金台集》中，与道士唱酬者约占诗篇的十分之一，如《送陈道士复初归金华》、《玄圃为上清周道士赋》等，这些道士皆应为汉族人，且多寓居浙东。

泰不华与洒贤虽同为蒙古、色目士人，但是出身不同，遭遇互异。因而，二人之唱酬对象有相同之处，亦有不同之处。不同之处为：泰不华唱和系以同僚为主，辅以对他仰望的文人。而洒贤之唱和系以乡土布衣及方外之交为主，而其唱和之官员则多为其求官之对象。两人相同之处则是唱和的对象不以族群自限，而以汉族士人占多数。

泰不华与洒贤的唱酬是以个人为对象。而《西湖竹枝集》所代表的则是集体的唱和，其中亦有蒙古、色目人之参与。

《西湖竹枝集》是元季诗坛巨擘杨维桢（1296—1370）所编集的竹枝词集。"竹枝词"原为中唐刘禹锡根据巴渝民歌发展出的七绝小诗，歌咏风土及男女悦慕之情，似歌似谚。至正初年杨维桢闲居西湖，与文学道士张雨及吴兴苕溪名士郑韶等放浪湖上，首倡西湖竹枝，歌咏杭城山水、人物，以率直为工，一时蔚为风气，"好事者流布南北，名人韵士，属和者无虑百家"②。维桢于至正八年（1348）辑为一册，词前皆系以作者小传。《西湖竹枝集》遂成为元季东南诗坛一项重要活动记录。

《西湖竹枝集》收录诗人一百十八家。有宫廷文学侍从、山野名士、乃至僧道、女子。而以活跃东南的汉族士人为主。但亦有三名蒙古及六名色目诗人。

三位蒙古诗人同同、聂镛及不花帖木儿：

同同为元统元年（1318）右榜状元，《竹枝集》所系小传云："官翰林待制，诗多台阁体，其诗文鲜行于时云。"

聂镛为落籍大都的蒙古人，（汉学，152—153）《竹枝集》说他"从南州儒先生问学，通经术，善歌诗，尤工小乐章，其音节慕萨天锡"，而张宪之《赠答蓟丘聂茂宣》亦有"蓟门学士燕南豪"之句，可见聂镛之家早已落籍大都地区，其本人少年求学南方，而其诗风则学萨都剌。他曾与金坛良堂草堂主人张经唱酬，当为一名闻东南之布衣诗人。

---

① 陈垣《元西域人华化考》卷三，页36。
②《西湖竹枝集》（钱塘丁氏刊本），杨维桢序。

不花帖木儿为"居延王孙",《竹枝集》说他"以华胄出入贵游间而无裘马声色之习。所为诗,落笔有奇语"。

七位色目诗人为马祖常、边鲁、掌机沙、完泽、甘立、燕不花、别里沙。马祖常以外之六人为:

1. 边鲁,字鲁生,畏吾儿人,小传称其"天才秀发,善古乐府,尤工画花竹,然权贵人弗能以势约之"。

2. 掌机沙,为回回阿鲁温氏,"礼部尚书哈散公之孙也。学诗于萨天锡,故其诗风流俊爽,观于竹枝,可称才子矣"。

3. 完泽,字兰石,西夏人,任平江路十字翼万户府镇抚,《竹枝集》称其"聪敏过人,善读书,尤工于诗律"。

4. 甘立,字允从,大梁人。《竹枝集》称其"平日学文,自负为台阁体,然理不胜才,惟诗善练饬,脱去凡近。"

5. 燕不花,字孟初,《竹枝集》称之为张掖人,当系出西夏,《竹枝集》又说他"出贵胄而贫,贫而有操,不妄接于人。读书为文,最善持论。尝建月旦评,人以为其言多中云"。

6. 别里沙,字彦诚,回回人,"早登上第,官至光州路达鲁花赤,学问精明,居官有政,诗有唐人之风"。可见别里沙为一进士出身之回回诗人。

总之,《西湖竹枝集》虽系东南汉族士人所倡导,蒙古及色目各族亦广泛参与。

## (二) 雅集与游宴

唱酬是士人个人的活动,雅集与游宴则是集体的活动。元代中期以后的雅集与游宴,往往超越族群藩篱,不乏蒙古、色目士人参与。

1. 雅集

元朝中期最有名的一次大规模艺文活动为天庆寺雅集[①]。雅集主人为鲁国大长公主祥哥剌吉(约1282—1332)。祥哥剌吉为忽必烈太子真金之孙女,答剌麻八剌(庙号顺宗)之女,武宗、仁宗为其兄,英宗、文宗皆其侄,而文宗亦

---

① 关于天庆寺雅集,参看傅申《元代皇室书画收藏史略》,页13—15;姜一涵《元代奎章阁及奎章人物》,页12—16。

为其女婿。其夫婿则为出身蒙古翁吉剌部的济宁王琱阿不剌。家世可说潢贵无比。祥哥剌吉本人不仅"诵习经史",而且雅爱艺术,为元朝最重要的书画收藏家及赞助者。

祥哥剌吉于至治三年(1323)在大都天庆寺,举行雅集,到会者皆为"中书议事执政官,翰林、集贤、成均(即国子学)之在位者"。"酒阑,出图书若干卷,命随其所能,俾识于后"。当时题画诗今存者仍多。题画者廿余人中,唯有世延为色目人,余皆汉人、南人。但是,主人为蒙古人,上述机构之主持者中必有甚多蒙古、色目人。因此,天庆寺之会无疑是一次超族群的大型雅集。

玉山草堂雅集则是元季东南最著的文艺沙龙。主人为布衣士人顾瑛(德辉,1310—1369)。顾瑛为崑山富豪,"不仕王侯,高尚其事"的隐士,却是爱好风雅而又喜欢热闹。他在崑山之西营建的玉山佳处,兼有湖山与建筑之胜,共有亭阁二十四处。顾瑛常招文人雅士作诗于其间,前后二十年之久。在此作客而现尚知其名者有七八十人之多,其中有达官、有布衣、有僧,亦有道,但皆为名重东南的文人[①]。杨维桢、李孝光、柯九思、黄溍、陈旅、张雨、张翥、高明、倪瓒、王蒙等都名列其中。

参与玉山草堂的艺文活动的蒙古、色目雅士共有五人。其中昂吉、聂镛、旃嘉间等三人皆为草堂的座上客,并皆留有诗篇。

昂吉字启文,西夏人,至正八年进士,杨维桢《送启文会试序》称他"西凉世家东瓯学,公子才名久擅场",可见昂吉出身温州地区之西夏世家。登进士第后,授翰林编修,改绍兴路录事司达鲁花赤。官至绍兴路达鲁花赤。顾瑛在《草堂雅集》中称他:"多留吴中,时扁舟过草堂。其人廉谨寡言笑,非独述作可称,其行尤可尚也。"昂吉是玉山草堂多年常客,他在草堂所题诗文,以至正元年(1341)之《芝云堂题句》为最早,而在至正八、九年雅集全盛时代更是主客之一,为雅集所撰文有《玉山草堂分韎分韵诗序》、《序玉山雅集图》、《听雪斋分题诗序》,所赋诗有《玉山草堂题句》、《湖光山楼题句》、《听雪斋题句》、《柳堂春题句》、《渔庄题句》及《芝云堂题句》等,可见昂吉能文善

---

① 关于顾瑛及其玉山雅集,参看铃木敬《中国绘画史》中之二,东京:吉川弘文馆,1989,页181—194;David Sen Sabaugh, "Guests at Jade Mountain: Aspects of Patronage in Fourteenth Century K'unshan", in Chu-tsing Li (ed.), *Artists and Patrons* (Lawrence, 1989), pp.93—100;么书仪《元代文人心态》,北京:文化艺术出版社,1993,页250—266。

诗①。现知他曾题姚廷美《有余闲图》，必然亦能书，故能与草堂中汉族士人水乳交融。

聂镛生平如前述，至正八年在玉山参与《碧梧翠竹堂题句》，"太拙生蓟丘聂茂宣"②。他又有《寄怀玉山二首》③，可见他与顾瑛交情不浅。

㤀嘉间应为蒙古、色目人，但其族属及事迹皆难于确考。曾参与至正九年《听雪斋题句》④。

马九霄及泰不华二人似未身临草堂，却应顾瑛邀请，分别为草堂中玉山佳处、柳堂春、渔庄等撰写匾额及对联。草堂各处亭馆，"其匾书卷，皆名公巨卿，高人韵士手书以赠"。题匾者包括赵孟頫、鲜于枢、虞集等南北名家。

泰不华是蒙古书法名家，任庸田使时，"常欲访界溪未果"，而于至正十二年死于方国珍之乱。他与草堂常客郑元祐、道士萧元泰相友善，当因此关系为草堂中之渔庄、金粟影、雪巢、拜石坛、寒翠所荳五处题匾并撰联，是诸名家中为草堂题匾最多者。

马九霄，本名唐古德，字立夫，九霄为其号，畏吾儿人。著名散曲家马昂夫（即薛昂夫）之弟。先后历官江西行省掾，淮东廉访司经历，官阶不高，却与乃兄皆以文才扬名，时人唐元比之为二苏。九霄与名学者吴澄、吴当祖孙、贡奎、许有壬皆有唱酬。善画，《书史会要》又说他"能篆书"。与兄马九皋并称。他的书法较汉族诸名家，应该不致逊色太多。九霄大约在淮东任职时与顾瑛认识，应邀为草堂中之"玉山佳处"及"柳堂春"二处题写匾额及对联。

2. 游宴

大规模的雅集固然有各族士人参加，小规模的游宴亦往往如此，兹举较早举行的霜鹤堂之会与至正九年（1349）《道山亭燕集联句》及至正二十一年（1361）玄沙小集为例，加以说明。

霜鹤堂之会是在大德年间举行于杭州。霜鹤堂为鲜于枢所建的府邸，落成之日遍请了当时寓居杭州的各族名士。据陆友仁《研北杂志》之记载：

---

① 顾瑛编《玉山名胜集》（四库全书）卷一，页16下—17上、卷二，页15下—16下、卷五，页3。
②《玉山名胜集》卷三，页16。
③ 顾瑛编《玉山名胜外集》（四库全书），页27下—28上。
④《玉山名胜集》卷五，页3下—4上。

鲜于伯机作霜鹤堂，落成之日，会者凡十有二人：杨子构肯堂、赵明叔文昌、郭佑之天锡、燕公楠国材、高彦敬克恭、李仲宾衎、赵子昂孟頫、赵子俊孟吁、张师道伯淳、石民瞻岩、吴和之文贵、萨天锡都剌。①

道山亭燕集是福建廉访司长官、僚属举行于福州乌石山，参加者有廉访使僧家奴、廉访佥事申屠駉、奥鲁赤及赫德尔四人宴饮并作联句：

追陪偶上道山亭，叠障层峦绕郡青。（申屠駉）
万井人家铺地锦，九衢楼阁画帏屏。（僧家奴）
波摇海月添诗兴，座引天风吹酒醒。（赫德尔）
久立危栏频北望，无边秋色杳冥冥。（奥鲁赤）②

诸联叙景抒感，皆颇工整。四位作者族属互异。僧家奴为蒙古偧湣沃麟氏，"小间经史不离手，亦不辍于吟咏"，著有《崞山诗集》，大儒虞集为之序，称其诗"浩荡英迈"，"无幽忧长叹之声"。申屠駉为河南寿张人，进士出身。赫德尔似为回回，至顺元年（1330）进士。奥鲁赤族属不详，其名属蒙古文，应为蒙古人。

玄沙小集则是由宣政院使廉惠山海牙所邀集，于至正二十一年初春在福州西郊玄沙寺举行，参加者为翰林院经历答禄与权、户部尚书贡师泰（1298—1362）、治书侍御史李国凤（？—1367）及行军司马海清溪③。五人设宴于玄沙寺山堂，饮酣，廉惠山海牙"数起舞，放浪戏谑"，李国凤"援笔赋诗，佳句捷出"，而答禄与权则"设险语，操越音，问禅于藏石师"。当时，元朝已日暮穷途，四人乃因各种挽救危亡之任务而至闽中。故在当日将离玄沙寺返城时，贡师泰持杯敛容说："吾辈数人，果何暇于杯勺间哉？盖或召，或迁，或以使毕将归……故得以从容相追逐，以遣其羁旅怫郁之怀，而非真欲纵情丘壑泉石。"于是，诸人以杜甫诗"心清闻妙香"句为韵，各赋诗一首，借初春游赏抒写对国事之忧心。

---

① 陆友仁《研北杂志》（四库全书）卷上，页44上。
② 陈棨仁《闽中金石略》（敬庄丛书）卷一○，页3下。
③ 贡师泰《玩斋集》（文渊阁四库全书）卷六，页24上—25上，《春日玄沙寺小集序》。

参加玄沙小集之五人中,除海清溪族属不明外,四人分属不同族群。廉惠山海牙,畏吾儿人,儒臣廉希宪之从子,至治元年进士。答禄与权为蒙古乃蛮氏,至正二年进士,能诗能文。贡师泰出身安徽宣城书香世家,由国子学晋身,为元末诗文大家,属南人。而李国凤则出身济南官宦之家,至正十一年进士,属汉人。四人分属四大族群,出身、地位、文化却甚为相似,故其交流交融,绝无障碍。总之,由《道山亭燕集》及《玄沙小集》看来,元季各族官员不仅共宴共游,而且一同联句赋诗,共抒情怀。

## (三) 书画品题

观赏书画,并加品题是士大夫敦睦友谊、切磋艺文的重要方式。士人聚会,或出自身近作,或珍藏古人名家作品,央友品题。汉族王朝时代士大夫如此,而元朝各族士人间亦往往如此。

元朝各族士人之书画品题活动,可分宫廷及民间两方面考述。

### 1. 宫廷

元朝灭金亡宋之后,宫廷收入金、宋帝室旧藏,度藏丰富,更任用不少画家。京城大都遂一跃而成为全国艺文重心。中、后期诸帝如仁宗、文宗、顺帝皆雅好翰墨,奎章阁遂成为品鉴及创作中心。兹以奎章阁的活动为例,说明各族士人对宫中艺文品鉴共同参与。

奎章阁系元文宗所创立,存在前后不过十一年(1329—1340),却是各族士人荟萃之地。艺文活动,无日无之。而书画收藏及品题是奎章阁的主要工作。由现在之书画原件及各种书画录仍可看出各族官员共同参与阁中的书画品题[①]。

天历二年(1329),文宗御奎章阁,命柯九思鉴别《曹娥碑》真伪,并命虞集题记。同观者有大学士忽都鲁都儿迷失、承制李泂、供奉李纳、参书雅琥、授经郎揭傒斯、内掾林宇、甘立。其中忽都鲁都儿迷失为畏吾儿人,雅琥为也里可温氏,甘立为西夏人,余皆汉族士人。

同年十一月,奎章阁联衔进入赵幹《江行初雪图》,联衔者有忽都鲁都儿迷失、赵世延、撒迪、虞集、朵来、李泂、沙剌班、李纳、雅琥、柯九思、张

---

① 傅申《元代皇室书画收藏史略》,页43—52。

景先。其中忽都鲁都儿迷失、沙剌班为畏吾儿人，赵世延为汪古人，雅琥为也里可温人，而撒迪、朵来可能皆为蒙古人。

联衔进画者不必精于艺文，而题画者则对诗、书、画应有相当之造诣。当时，奎章阁奉命题画者甚多，蒙古、色目士人题画真迹仍存在的有雅琥跋董源《夏景山口待渡图》，诗书皆佳。其他阁臣题跋同图者为柯九思、虞集、李泂。

### 2. 民间

经过宫廷提倡及中原文化之熏陶，蒙古、色目人贵族及士大夫拥有或多或少之书画收藏者大有人在。前述之鲁国大长公主祥哥剌吉是因地位高贵而致收藏极丰富的显例。即是地位不高的蒙古、色目官员，也往往小有收藏，历任长兴州同知、临安县达鲁花赤的钦察便可为例。钦察之族属已不可考，但应为蒙古、色目人，其家却收藏唐宋古画数帧，屡请郭畀（1280—1335）为他鉴赏与作画①。郭畀，镇江人，为一书画、诗文造诣甚高，却是屡屡求仕不遂的失意江南文人，但因书画姻缘而与蒙古、色目官员建立友谊。现存元人文集中尚有甚多汉族文人为蒙古、色目友人之藏品所题诗文，不及一一枚举。

元朝中期以后，蒙古、色目士人精于翰墨图绘者大有人在，并且出了不少名家。因而汉族士人与蒙古、色目士人各就对方作品加以品题者与日俱增。

蒙古、色目书画家作品经当时汉族文人品题者颇多，现以蒙古画家张彦辅及色目大书家巙巙为例。

张彦辅，蒙古人，却是太一教道士。善写山水，亦长于画马及竹石。顺帝时成为"待诏上方，名重一时"的宫廷画家②。他的作品现仍存世者有《棘竹幽禽图》。图中尚有杜本（1276—1350）、雅琥、林泉生（1299—1361）、邵弘远、吴睿、凌翰、潘纯等七人题记。除雅琥外，皆为江南名士。彦辅其他画作经汉族士人品题者为数不少。如著名文学道士张雨题彦辅《雪山楼观图》，而称他"清材绝似王摩诘，爱向高堂写雪山"，比彦辅为王维，甚为推崇。又如陈基《跋张彦辅画〈拂郎马图〉》则说：

---

① 郭畀《云山日记》（台北：学生书局，1973）卷下，页24下；石守谦《有关唐棣（1287—1355）及元代李郭风格发展之若干问题》，《艺术学》第五期（1991），页81—131。

② 关于张彦辅，参看陈高华编《元代画家史料》（上海：人民出版社，1980），页276—280；萧启庆《元代蒙古人的汉学》，页171—177。

> 自出新意，不受羁绁，故其超逸之势，见于毫楮间，往往尤为人所爱重，而四方万里，亦识九重之天马矣！

巎巎，康里人，为名相不忽木之子。家世潢贵而又仕途顺畅，官至翰林学士承旨[①]。《书史会要》言其书法："正书师虞永兴，行草师钟太傅、王右军。笔画遒媚，转折圆劲，名重一时。评者谓国朝以书名世者，自赵魏公后，便及公也。"书法，兼长真行草书，而以章草最为擅长。与赵孟頫齐名，故有北巎南赵"之称，可见其声誉之高。

巎巎书法真迹及碑刻传世者仍甚多。当时汉族士人为其书卷题跋者亦有不少。现存元人文集中尚有虞集《题李重山所藏巎子山墨迹》、贡师泰《跋巎子山书陆贽五论》、刘仁本《跋康里子山平章公瑞果卷》、陈基《跋康里承旨遗墨》、徐一夔《题康里公书写鲜都生三大字后》，而林弼则有《书张师夔所藏康里子山书捕蛇说》等。巎巎为翰苑名臣，书名极高，为其墨迹题跋者不必为其友朋。

蒙古、色目士人为汉族古人及时人书画题跋者亦有不少。蒙古士人为古人书画题跋者有忽都答儿（塔塔儿氏、延祐二年右榜状元）与赵孟頫同跋王羲之《快雪时晴帖》、泰不华跋宋郭忠恕《雪霁江行图》、《睢阳五老图》及欧阳修《自书诗》。题当世士人书画者有泰不华题柯九思画竹、察伋题钱选《秋江待渡图》、也先溥化题赵孟頫《人骑图》、哲理野台题赵孟頫《水村图》、泰不华题跋鲜于枢《御史箴》及八礼台题吴镇《墨菜图》。

色目士人为古人书画题跋者有小云石海涯题马和之《袁安卧雪图》、赵世延题宋徽宗《御河鸂鶒图》、萨都剌题马麟画《钟馗图》、脱脱木儿跋北宋张先《十咏图》、迺贤题张萱《美人织锦图》及斡玉伦都跋范宽《山水》与《五老图》。为时人书画题跋则有迺贤跋赵雍《挟弹游骑图》与罗秩川《山水》、廉孚跋《秋山烟霭》、盛熙明跋赵孟頫《杂书》、昂吉题姚廷美《有余闲图》、甘立题王渊《花鸟》、丁鹤年跋王冕画梅及金哈剌题李衎、李士行所写竹、商琦所绘画、柯九思所写竹及《小景》与王冕所画梅竹。

---

[①] 关于巎巎，参看傅申《元代皇室书画收藏史略》，页63—65；北村高《元代トルる糸色目人康里巎巎について》，《龍谷史壇》第85期（1985），页28—43。

## 五、结　论

蒙古、色目与汉族之间，原有甚大的文化差异。元朝建国中原之后，蒙古、色目大量徙居中原，与汉民杂居共处。由于汉文化的吸引力、中原环境的熏染以及政治的诱因，"弃弓马而就诗书"的蒙古、色目子弟与日俱增，而在科举制度恢复之后，蒙古、色目士人不仅人数大增，而且钻研愈广，从儒学的研习登入文学与艺术的殿堂。在蒙古、色目族群中，士人阶层遂告产生。

在元朝"族群等级制"之下，蒙古、色目人之身份高于汉人。但是身份之差异不足以阻隔各族士人之交流。蒙古、色目士人并非孤立于汉族士人圈之外，而是与后者密切交融，形成一个超越族际藩篱的多族士人圈。

蒙古，色目士人与汉族士人间的交融反映于其社会关系及文化生活。在社会关系方面，元代的蒙古、色目士人与汉族士人并无不同。蒙古、色目士人经由姻戚、师生、座主与同年、同僚的关系，与汉族士大夫形成一个超越族群的社会网络。在文化生活方面，蒙古、色目士人则透过唱酬、雅集、游宴、书画品题而参与汉族士人文化活动的主流。在这些活动之中，蒙古、色目士人的人数虽然不多，其文化水平也未必很高，却与汉族文人密切交流，形成多族士人圈不可或缺的两个环节。

因限于篇幅而上文未能言及的重要课题为：士人群体意识的凝聚，即是各族具有共同的意识、信仰、价值观与行为准则。蒙古、色目士人往往以仲尼之徒自居，而以儒生伦理为行为规范。如齩思永出身西域世家，却是"日种学绩文，非儒生不交，纨绮习气，濯刮殆尽"①。而汉族士人亦视蒙古、色目士人己类，如许有壬称蒙古酎温台氏万家间"确然无间于吾徒"②，许谦称奈曼和利氏鲁古讷丁"吾党之士，鲜能及之"③。显然各族士人之群体意识已凌驾于族群意识之上。

就人数而言之，蒙古、色目士人在其本族群之中未必居于主流，也无法影响朝廷的族群政策。而且，在族群等级制之下，蒙古、色目人是特权阶层，蒙古、色目士人未必愿意扬弃本身的族群与政治认同。但是在文化方面，蒙古、

---

① 许有壬《至正集》（河南教育总会刊本）卷六五，页 4 下，《齩思永字说》。
② 许有壬《至正集》卷一四，页 6 上—6 下，《赠万国卿郎中》。
③ 安熙《安默庵先生文集》（元人珍本文集丛刊）卷四，页 234。

色目士人与汉族士人并无不同。虽然在元朝灭亡及族群等级制消失以前,真正的民族同化与融合不可能发生。而且,在各族群的精英与群众之间,族群认同可能有不少的落差。但是,多族士人圈的形成已经为族群融合跨出重大的脚步。

（原文发表于《第二届宋史学术研讨会论文集》,台北:中国文化大学1996年版,本书据《内北国而外中国:蒙元史研究》录出。）

# 何炳棣与《明清社会史论》

## 经典导读

何炳棣（1917—2012），天津人，早年在国内就读于南开中学、清华大学，后出国留美深造，获得欧洲史博士，任教于芝加哥大学等学府。1962 年由哥伦比亚大学出版社出版《明清社会史论》，亦译为《中华帝国成功的阶梯：1368 至 1911 年的社会流动性研究》(The Ladder to Success in Imperial China：Aspects of Social Mobility, 1368—1911)，1967 年该书修订再版。该书在国际学术界有重要影响。何炳棣 1966 年获选为台湾"中研院"院士，1975 年担任美国亚洲研究学会会长，1979 年获选为美国艺文及科学院院士。

《明清社会史论》研究了社会流动问题。何炳棣认为，事实上官民之间的界线并非不可逾越，四民的层次也并不如字面的清楚，每一种职业又往往包含各等各级的从业者，而四民之中的"士"，更须明白地分别为已入仕的和未入仕的。何氏把进士、举人、贡生列入入仕的候选资格，明初的监生也应算作官吏候补人，但"土木之变"以后的监生和清朝的监生，其地位就差多了。最低下的当然是大批生员，他们是算不上缙绅之列的。除了正常科举的资格外，何炳棣指出，财产也是入仕的重要资格。他列表比较太平天国以前与以后的捐纳和正途官的比例。捐纳官由 1/4 左右骤增至一半左右。何氏同意，社会上存在着由甲行至乙行间的横向流动，事实上这种横向流动也意味着社会地位的纵向流动。由明代进士的出身看来，则其来自军籍、官籍、盐漕、匠、站之类者也为数不少。清朝两浙、两淮、长芦的盐商家庭及徽州的富商家庭出了大量的进士，这也足以说明财富与学术间的连带关系。当然，以家庭而言，这种情形也是行业间的流动。何氏还用明清进士和19世纪举人贡生的大量统计资料，讨论了社会的向上流动。他把三代无功名的家庭列入A类，三代中曾出过生员，而别无更高功名者为B类，三代中有功名，并曾有官职者列入C类，C类中又分列一D类，包括三代曾出现高级官员者。A类和B类所占比例由明初至清末逐渐降低，而C类所占比例却逐步提高，可以解释为社会流动性的由活泼而变为迟滞。明、清两朝流动性的平均值，A和B两类所占比例的总和可达42%，而D类只有5.7%，可见，明清时代的社会流动仍是比较活跃的。由1469年到1892年，来自平民家庭的进士几乎降低了一半，即由60%跌到31.7%。这也是一个值得注意的现象，从中我们不难看出官吏成分的新鲜血液也有减少的趋向。何氏指出，16世纪末叶开始，A类的进士数量持续减少，再加上B类的增加，和富人以捐纳进入仕途，都使贫寒子弟在上升途上遭遇失望和沮丧。

总之，何炳棣所指出的明清时期普通家庭通过科举变为官员向上流动的比率在下降，即使如此三代无功名或只有过生员的家庭仍占有42%的观点，十分引人注目。

何氏还开创性地讨论了下行的社会流动。他用了山东新城王氏、安徽桐城张氏、江苏无锡推氏和浙江海宁陈氏四个例子，说明累世赫奕的世家逐渐式微的过程。何氏讨论了影响社会流动的因素，如明代的府州县学，生员的名额，明清两代举人的地域性分配名额，每试课取的名额，社学、义学与书院，变乱时期社会流动性的上升机会，人口和经济因素等。何氏最后讨论了社会流动的地域性的偏差关系。何氏在本书中所处理的是科举之人及其流动性，尤其是进入官吏集团的流动程度。该书用功能分析方法治史，运用统计资料及小说材料为辅助史料，足资借鉴。

我们这里选择的是该书的第三章《向上流动：进入仕途》，是全书的最核心部分。由台湾著名明史专家徐泓译注，对于理解该文极有帮助。何炳棣运用社会学的社会分层化（Social Stratification）和社会流动（Social Mobility）的理论，利用进士登科录精准提供及第举子家庭祖宗背景资料，统计分析，将制度史与社会史打通融于一炉，极具典范性。何炳棣明清社会具有较强流动性的观点，挑战以往明清社会僵化凝固、发展停滞的看法，也会对于中央集权社会基础的分析产生新的联想，即正是这种具有流动充满活力的社会（当然还有商品经济的发展等因素），建立其上的国家需要集权体制来稳定这流动充满活力的社会。何炳棣意义深远的研究，也面临一些挑战，限于写作时代，更多的进士登科资料未能见到，其统计是否真正科学，观点是否不可动摇？可喜的是，徐泓获得"国科会"赞助《明代向上社会流动新探》研究计划，拟利用现存所有明代的进士登科数据（包含登科录、会试录、进士同年录、进士履历便览）重新估算明代社会的向上流动，进一步得出较坚实的研究结果，验证何炳棣的论点，响应近年来论者的质疑，更全面地呈现明代社会流动的面貌。以统计数据具体呈现明代的向上流动，徐泓不但希望检验明朝"官场对有才能人士开放"的传统说法，而且希望通过寒微子弟向上流动的几率，论述明代社会的稳定性及其变迁。徐泓先生之于何炳棣先生的这种学术研究关系，使我不禁想到当年杨振宁、李政道的物理发现，由于袁家骝的验证才得以公认，徐泓的研究将在社会科学重演此剧，为华人世界的学术研究再添佳话。

#### 延伸阅读文献目录：

1. 徐泓：《何炳棣〈明清社会史论〉在明清科举与社会流动研究史上的地位：〈明清社会史论〉译序》》，《东吴历史学报》2009 年第 21 期。

2. 徐泓：《何炳棣教授的明清史研究》，《明史研究》2012 年第 18 期。

3. 王荣祖《遗编尚有未成篇——悼念史学家何炳棣先生》，《中国社会历史评论》第 14 卷，天津古籍出版社 2013 年版。

4. 许倬云：《介绍何著〈明清社会史论〉》，《大陆杂志》1963 年第 26 卷 9 期。

5. 刘高葆：《社会流动与明清社会史研究：读〈中华帝国晋升的阶梯：社会流动方面，1368—1911 年〉》，《中山大学研究生学刊》1994 年第 1 期。

6. Robert M. Hartwell（郝若贝），"Demographic, political and social transformations of China, 750—1550," *Harvard Journal of Asiatic Studies* 42（1982）.

7. Robert P. Hymes（韩明士），*Statesmen and Gentlemen: The Elite of Fu-chou, Chiang-Hsi, in Northern and Southern Sung*, London: Cambridge University Press, 1986. 曹国庆与邓虹编译其中的"Examinations, office, and social mobility."以《社会变动与科举

考试》为题发表在《江西社会科学》，1989 年第 6 期。

8. Benjamin A. Elman（艾尔曼），"Social and Cultural Reproduction via Civil Service Examinations in Late Imperial China," *The Journal of Asian Studies* 50：1（Feb. 1991）.

9. Benjamin A. Elman, *A Cultural History of Civil Examinations. in Late Imperial China*, Berkeley, CA：University of California Press, 2000.

10. 李弘祺：《中国科举制度的历史意义及解释——从艾尔曼（Benjamin Elman）对明清考试制度的研究谈起》，《台大历史学报》2003 年第 32 期。

11. 钱茂伟：《国家、科举与社会——以明代为中心的考察》，北京图书馆出版社 2004 年版。

12. 沈登苗：《也谈明代前期科举社会的流动率——对何炳棣研究结论的思考》，《社会科学论坛》（学术评论卷）2006 年第 9 期。

13. 沈登苗：《就明代进士祖上的生员身份与何炳棣再商榷——以天一阁藏〈明代进士登科录〉为中心》，《中国社会历史评论》第十二卷，天津古籍出版社 2011 年版。

14. Cho-yun Hsu（许倬云），*Ancient China in Transition: An Analysis of Social Mobility*, 722—222 B.C., Stanford: Stanford University Press, 1962. 中文本邹水杰译：《中国古代社会史论：春秋战国时期的社会流动》，广西师大出版社 2006 年版。

15. 毛汉光：《两晋南北朝士族政治之研究》，"中国学术著作奖助委员会" 1966 年版。

16. 郑若玲：《科举、高考与社会之关系研究》，华中师范大学出版社 2007 年版。

17. 吴建华：《科举制下进士的社会结构与社会流动》，《苏州大学学报》1994 年第 1 期。

——原文：《何炳棣〈明清社会史论〉译注（三）：第三章〈向上流动：进入仕途〉》

## 经典原文

## 何炳棣《明清社会史论》译注（三）：
## 第三章《向上流动：进入仕途》[①]

### 徐　泓[②]

何炳棣院士所撰《明清社会史论》，根据一万四五千明清进士、两万多晚清举人和特种贡生的三代履历以及大量多样史料，讨论明清"社会流动"（social mobility）。为近半世纪以来，中国史研究、社会史研究与东亚史研究及社会科学界誉为划时代之经典巨著，已有意大利文及日本文问世，但至今未有中译本刊行，实为一大憾事。泓征得何炳棣院士同意，取得该书翻译权。翻译时，一一查对何教授引用之原始文献，还原于译文之中，若有出入则以（译者注）形式说明。由于这本书出版已四十六年，此期间有不少相关文献与研究论著出版，与何教授对话；对于不同的意见及补强或修正的文献资料，也以（译者注）形式说明。由于何教授征引之资料，有许多不见于台湾的图书馆，均一一向何院士请教。力求复原何院士引用之原典，是本翻译工作不同于其他文字译本之处。本次发表者为第三章，依据的底本是1967年第二版《明清社会史论》第三章《向上流动：进入仕途》（Ho Ping-ti. The Ladder of success in imperial China: Aspects of Social Mobility, 1368—1911. New York and London: Columbia University Press, 1967. Chapter III. "Upward Mobility: Entry into Officialdom."）。

**关键词**：社会意识形态　社会阶层　社会地位　社会流动　向上流动　向下流动　科举

---

[①] 由于何先生于1962年本书出版后，又收集到北京国家图书馆藏翁同龢收集的清代进士、举人、贡生名册及在台北"中央研究院历史语言研究所"见到四种明代进士名册等新资料，1967年修订版据以修订，重计表3、4、6之数据，并修正文字；因此，1967年修订版与1962年原版中本章的内容有所不同。本稿文字编辑，承暨南国际大学张继莹同学与厦门大学刘婷玉同学惠助，谨此致谢。

[②] 台湾东吴大学历史学系教授

传统中国社会把进入统治官僚体系,当做社会向上流动的最后目标;毋庸置疑的,进入仕途可能是明清社会流动最重要的一个面相。依现代研究者的观点,研究这一面相是最会有收获的;因为这一类的史料,在现有可以掌握的史料中,无论质或量都是最好的,可以让我们据以作有意义的量化与统计分析。当把这些史料放在其历史的、制度的与社会的脉络中,做恰当的分类与解释时,这些统计数据就可以解答研究传统中国社会与制度史的基本问题:明清政府是否基于合理而广泛的基础来补充统治阶级成员。在一般人的印象中,中国旧体制最后两个朝代的官场是对有才能的人开放,这样的说法是否有根据。估定这些统计数字,并与我这项研究所累积的事证相联系,就如同在本书结论的那一章所做的一样,对我们解释明清社会的基本特征与性质是很有帮助的。

## ■ 第一节 史料的简要评述

中国史料中的传记集子很丰富,大部头的二十六史就由大量的列传组成,在这些官修及个人私修的朝代历史之外,明清时期的人物传记有百种以上私修的丛书,其中最著名、部头最大的是焦竑在万历四十四年(1616)刊行的《国朝献征录》与李桓在嘉庆二十三年(1880)刊行的《国朝耆献类征》,再者就是现有方志版本中都有的列传专篇。① 但在研究社会流动上,这些材料的用途是有限的,有问题的,其原因有二:1.据以作社会身份地位分类所需的完整传记集子,经常缺乏;2.传记传主的选择标准,常有偏见。

以这些传记来研究社会流动,其史料的缺陷是很明白的。正史列传常常完全忽略传主个人的家庭背景,除非他的祖先是中高阶的官员,或是有特殊才分

---

① 1949年以来,发现了超过千种从前不为人知的中国方志,使已知的方志总数达七千种以上。见朱士嘉《中国地方志综录》。译者按:1958年,朱士嘉《中国地方志综录》(上海:商务印书馆)出版之后,近年来陆续有新发现的地方志,据1985年中国科学院北京天文台主编《中国地方志联合目录》(北京:中华书局)的统计,已有8 264种;1989年的统计,又增至8 700多种。(详见史文,《我国现存方志的收藏与分布》,《上海志鉴》,1989年6月)最近北京籍古轩图书数位技术有限公司制作《中国数字方志库》,收录1949年以前出版的方志,更增至"近万种"。详见《中国数字方志库》(首页)http://www.wenjinguan.com/ 及台北"中央研究院"《中国大陆各省地方志书目查询系统》http://webgis.sinica.edu.tw/place/。

与成就的名人,这些传记才会记载其家世背景。虽然私家修撰的名人传记丛书中,经常会记载传主的生平与任官经历,但这些非官方的传记向来是带着赞颂的性质。一篇内容详细的墓志铭之作者,或者本来就是死者的故人旧识,对传主生平有相当的认识;或者作者依据的资料是死者亲友提供。一位名人生平某些面相和背景,总是有帮他写传记的朋友,受雇写传记的作者,或这些名人的后代,有意地隐匿或夸大。墓志铭这类带着落歌功颂德性质的记载,在处理传主的先祖及其社会流动的早期过程时,是很难与事实一致或较为明确的。而方志的传记材料通常又太粗略,用作研究社会流动是特别具有风险的。

统计研究法的价值,视其运用资料的品质而定。由于张仲礼的《中国绅士》研究社会流动的数据全来自方志,他研究这个课题又远比前人广泛;似乎有必要在此简要地评价他的资料。大规模地查对张仲礼的数据,需要大量时间与劳力;因为方志所载的个人传记,只有少数可以在国史传记丛书或其他类更好的史料中找到,其中可以拿来与我们的进士祖先资料相核对的也不多。在此仅能就一些我随手提供且较著名人士的祖先资料作抽样核对。

表7 方志的家庭背景资料正确性的取样核对

家庭背景

| 人名 | 主要成就 | 张仲礼所用的史料 | 其他史料 |
| --- | --- | --- | --- |
| 陶澍 | 嘉庆七年进士;总督 | 无资料 a | 其家甚富,后中落,父亲为生员 b |
| 郑秉恬 | 道光二年榜眼 | 无资料 c | 曾祖父为生员 d |
| 陆建瀛 | 道光二年进士;总督 | 无资料 e | 曾祖为生员,祖父为监生 |
| 汪鸣相 | 道光十三年状元 | 无资料 c | 曾祖为生员 f |
| 魏源 | 道光二十四进士;著名史地士人 | 无资料 a | 家极富,后中落;其父为低阶官员 g |

a 《湖南通志》(光绪十三年[1887]版)。
b 陶澍,《陶文毅公全集》(道光十九年[1839]后不久刊行),卷47,全卷叙述其家史。
c 《江西通志》(光绪七年[1881]版)。
d 《道光壬午同年齿录》(道光二年[1822]进士名录)。
e 《沔阳州志》(光绪二十年[1894]版)。
f 《道光癸巳科会试同年齿录》(道光十三年[1833]进士名录)。
g 《邵阳魏府君事略》(魏源儿子[译者按:魏书]增修撰著)。

由于张仲礼以"生员"作为"士绅"身份的指标,因此他由方志中收集"士绅"的社会流动资料之有效性,是相当令人怀疑的。①

上面这类传记材料的最基本弱点,在于收录人物的标准,很少是具体而清晰的,几乎无例外地是主观地;尽管如此,也从未前后一致地依其自订标准收录,更谈不上全面彻底地依标准而行。举一个明代的好例证,过庭训《国朝京省分郡人物考》是一大部头的传记集子,将人物依府来分类,共一百一十五卷,天启年间(1621—1625)刊行。过庭训是组成南直隶的江苏与安徽的提学,因此偏重南直隶,书中单只收录南直隶一省人物的就有三十一卷,而其他科举考试成绩优越的省份相对而言就不成比例了,浙江只有十五卷,江西十三卷,福建更少,只有六卷;而北方各省的人们一共只有很少的几卷,三个西南方省份则是一省一卷,对于学业成功非凡,而且社会流动最大的地区,闽南沿海的泉州府,竟未有一位名人被收入传记中。书中人物传记最长的超过十万字,最简短的却不过几行或几十字。例如江苏南部的苏州府,本是一个立传成风的地方,甚至寒微之人也作传②,所以竟有二百零一位名人入传,其邻近的松江府与常州府,虽在科举方面极为成功,然入传的松江名人只有七十三人,常州也只有八十六人。③

举一个清代传记集子为例,卷数繁多的李桓《国朝耆献类征》,共收录五千九百八十六位"著名"的中国人(除去数百名清朝宗室与满蒙八旗外),编者为满足其钟爱乡土的地域主义,而歪曲入传人的成就标准。李桓的家乡是湖南,虽然在太平军前后,湖南产生很多将军与省府官员,但产生进士数量在全国的排名很低,而进士却是决定是否可算是名人的重要因素。就由于李桓的主观标准,收录的湖南名人人数达全国第二多,高于文化甚高的浙江省。用这样一部清代最大的传记集子作为统计的依据,其危险可由下表大略知之:这个表是把李桓《国朝耆献类征》与其他传记集子相比较,这些传记集子虽性质与《国朝耆献类征》类似,但偏见较少,论述清代进士较客观而详尽。

---

① Chang, Chung-li, *The Chinese Gentry*, Part Ⅳ。
② [明]何良俊,《四友斋丛说》(北京:中华书局据明万历刻足本校释,1959),页124。
③ [明]过庭训,《国朝京省分郡人物考》,全书各处。

表8　清代分省名人数量

| 省份 | A组 百分比 | A组 名次 | B组 百分比 | B组 名次 | C组 百分比 | C组 名次 |
|---|---|---|---|---|---|---|
| 江苏 | 23.53 | 1 | 21.24 | 1 | 10.93 | 1 |
| 浙江 | 14.92 | 3 | 17.30 | 2 | 10.43 | 2 |
| 直隶 | 4.98 | 5 | 6.54 | 4 | 10.13 | 3 |
| 山东 | 5.18 | 4 | 6.21 | 5 | 8.45 | 4 |
| 江西 | 3.24 | 10 | 5.64 | 7 | 7.08 | 5 |
| 河南 | 4.59 | 7 | 3.36 | 10 | 6.33 | 6 |
| 山西 | 3.59 | 8 | 2.75 | 13.5 | 5.34 | 7 |
| 福建 | 3.44 | 9 | 5.59 | 8 | 5.23 | 8 |
| 旗人 | — | — | — | — | 4.86 | 9 |
| 湖北 | 1.84 | 15 | 2.89 | 12 | 4.53 | 10 |
| 安徽 | 4.75 | 6 | 6.92 | 3 | 4.44 | 11 |
| 陕西 | 2.29 | 14 | 2.98 | 11 | 4.22 | 12 |
| 广东 | 2.34 | 12 | 4.74 | 9 | 3.78 | 13 |
| 四川 | 3.01 | 11 | 2.75 | 13.5 | 2.86 | 14 |
| 湖南 | 15.93 | 2 | 6.16 | 6 | 2.71 | 15 |
| 云南 | 1.59 | 17 | 1.18 | 16 | 2.59 | 16 |
| 贵州 | 0.93 | 18 | 0.99 | 17 | 2.24 | 17 |
| 广西 | 0.42 | 19 | 0.74 | 18 | 2.13 | 18 |
| 甘肃 | 1.61 | 16 | 1.94 | 15 | 0.95 | 19 |
| 满洲 | 2.30 | 13 | — | — | 0.68 | 20 |
| 总计 | 99.48 | — | 99.93 | — | 99.96 | — |

史料出处：A组是李桓《国朝耆献类征》。B组是《清史列传》，朱君毅均在《中国历代人物之地理分布》中将两组资料作成表。C组则采用张耀翔《清代进士之地理的分布》，《心理》，第四卷一期（民国十五年三月［1926.3］），案：张氏的进士数字有所遗漏，不太精确。比较精确的数字与省份排名，参见表28。

A 组与 B 组的传记集子的选录，是基于主观的多种成就，其标准多重，是没有代表性的抽样。C 组把所有清代的进士全包括在内，其标准是单一的；因此，为作社会学的研究，无疑地，C 组是最有价值的，因为进士的仕宦生涯，几乎无一例外地从一开始就进入官僚体系的中层，是国家精英的一分子，名字刻在国子监前树立的题名碑上；不用说，在祖籍当地上看来，他就是名人。只有 C 组的传记集子是有代表性的抽样，量度入传人成就，是基于一致的客观标准。虽然 C 组对"成就"的定义比 A、B 两组较为窄狭，但在儒家社会的当代人士眼光中，举业的成功与社会显达的关系，必然相当密切。

A、B、C 三组的一些差异是可以解释的，如甘肃与满洲产生的进士人数最少，但比例上他们在军中任高级将领的人较多；其名人数量的排名，在 A 组与 B 组的名次，自然就比 C 组要高。湖南、安徽两省在太平军前后产生最多的将领与省府官员，其名人数量的排名，在 A、B 两组之中就比在 C 组高得多。但在清代二百六十七年的最后六十年中，这两省尽管有那么多军事将领成就其显达的程度，它们在 A、B 两组中排名之高，还是令人高度怀疑。由比例上看，A、B、C 三组的一些差异甚至是更加严重，例如江苏产生的进士人数比浙江与直隶稍多一点；但在 A 组中，却是浙江的 1.57 倍，是直隶的 4.92 倍；在 B 组中，是浙江的 1.22 倍，直隶的 3.25 倍。明显荒谬的，湖南的进士人数仅及浙江 25.7%，而其名人人数的排名却胜过浙江。把个人传记的品质置之不论，我们必须认识到这些一般使用的传记是会造成严重的统计失真。[1]

比上述各种形态的传记集子的品质更好的是科考及第举子的考试手册，明清时代，特别是清代，进士、举人、拔贡生及优贡生将他们考试的诗文重印，

---

[1] 魏复古（Karl A. Wittfogel）的相关著作有：（1）《中国社会新论》（*New Light on Chinese Society: An Investigation of China's Socio-Economic Structure*, New York: Institute of Pacific Relations, 1938）；（2）《辽朝的公职与中国科举制度》（"Pacific Office in The Liao Dynasty and the Chinese Examination System," *Harvard Journal of Asiatic Studies*, Vol.10, No 1 [Cambridge: Harvard-Yenching Institute, 1947.6], pp.13—40）；（3）《东方专制主义——对于集权力量的比较研究》（*Orirntal Despotism: A Comparative Study of Total Power*, New Haven: Yale University Press, 1957）；（4）与冯家昇合著《辽代社会史》（Karl A. Wittfogel, and Feng China-Sheng, *History of Chinese Society: Liao*（907—1125）, Philadelphia: American philosophical Society, 1949）其中提供的传统中国社会的社会流动资料，及其对社会流动与社会基本性格所作的一些概括性的归纳，我们可能要怀疑其价值。不用说，区域性的契丹辽朝，其汉化程度比较浅，是中国长远历史中最不具代表性的。

几乎已成为一种全国惯例,就是进士、举人、拔贡生与优贡生将他们考试写的考卷上的八股时文及诗文重印,分送给他们视为靠山与座师的考官,也分送给某些他们想要巴结的官员,以及亲戚、朋友与熟人。这也是他们接受本地乡亲馈赠贺仪、贺礼的场合,一般来说,乡亲们此时已将其视作新的功名确立之人。由于进士手册原本会盖上用了朱砂印泥的印,因此一般称之为"朱卷";举人、贡生手册则盖上用墨汁的印,而称之为"墨卷"。随着时间的推移,后来这两种卷子在形式上的差别,不再为人注意,均通称"朱卷"。① 研究举子的祖宗是很有价值的,因为这可提供精准的信息,来考察他们家庭祖宗三代中是否产生过科举高第的举子或官员。可惜现存的朱卷并不多,而且其涵盖的时间年代与地理分布极不均匀;削减了以之作为研究社会流动资料的价值。②

我们研究明代社会之组成及官僚体系与仕途之进入,所用的主要史料是七十多种举人、进士及两类贡生(拔贡与优贡)的名册。进士名册现在能找到的有二类:第一类为《会试录》,会试中式举子的榜单,仅载进士的姓名及其

---

① 商衍鎏,《清代科举考试述录》(北京:三联书店,1958),第二章。
② 基于朱卷所作的一项出色研究是潘光旦与费孝通,《科举与社会流动》,《社会科学》,4:1(北平,1947.10)。这项研究依据917种朱卷,其中大部是19世纪后期直隶、江苏、浙江与山东的朱卷。哥伦比亚大学东亚图书馆典藏的朱卷三百多种,由于上述的原因,在做我们这个研究时,虽参考了朱卷,但最终还是不以之作为研究的依据。编者按:近年搜集到的朱卷数目已远超过潘、费二位初作研究及何先生撰著本书时在美国所能找到的。顾延龙主编,《清代朱卷集成》(台北:成文出版社有限公司,1992),计收有清代朱卷8 364种。"朱卷"即科举之各类试卷弥封后,誊录人员用朱笔重新誊写的卷子。依清代成例新中式的举人、进士都将履历、科份、试卷刻印,亦称"朱卷"。朱卷为三部分组成:一、履历:登载本人姓名、字形大小、排行、出生年月、籍贯、撰述、行谊、并载本族谱系,最简单的只记载祖妣三代。详细的还上自始祖下至子女、同族尊长、兄弟侄辈以及母系、妻系无不载入。凡有科名、官阶、封典,著作亦注入名下。再录师承传授,如受业师、同业师、受知师之姓名、字形大小、科名、官阶以示学问渊源有自。这部分提供的资讯,对研究社会流动最为珍贵。二、科份页:载本科科份、中式名次、主考官姓名官阶与批语等。三、试卷与文章:八股本身是一种骈散文精华的文学体裁,追求修辞技巧形式的完美,是研究八股文的第一手材料。在考官的评语中,可辨别清代取士的标准。及清代教育状况。则《清代朱卷集成》可说是集科举文献、传记档案、文学、教育资料之大成,清代文武百官履历、传记撰述、行谊尽收于此;是研究科举制度及社会阶层及社会流动的重要史料。(参见刘海峰,《科举学导论》武汉:华中师范大学出版社,2005,页348—351)。因此,最近张杰即用《清代朱卷集成》统计分析其中的家族背景资料,讨论中举者的垂直社会流动,应试者的水平社会流动,以及科举与士人居住地迁移的关系,于2003年出版《清代科举家族》(北京:社会科学文献出版社),参见陆小锦,《科举家族的考试情结——评张杰〈清代科举家族〉》《中国图书评论》,6(潘阳,2006)。

他各种非传记性的信息，这对我们的研究目的用处不大。①

我们这个研究完全依据第二类的进士名册，这种名册精确地提供及第举子的家庭祖宗背景资料。这种名册的名称在明清时代改过好几次，现存所有的进士名册《进士登科录》中，除了其中三种外，均登载正式获得进士及第举子家庭背景的可资利用信息。在"进士登科录"这几个字前，总是注记举行会试与殿试的那一个年分之干支。《进士登科录》与《会试录》具体的差异，在于通过会试的举子，虽然因为殿试不采取淘汰制，人人都可以通过，已是"实际上的进士"（de facto chin-shih），但他们在"法理上的进士"（de jure chin-shih）身份，还是要等考过殿试之后，才能授予；考过殿试才算是正式登科，可以准确地称为"进士"。只有到这时候才会编印正式的进士名册，依规定登录其姓名、生日、乡贯、年龄、履历（Curricula Vitae）、配偶、子女及祖宗三代，祖宗三代若曾做过官或中过举也要注记。由于登科录是要上呈皇帝的，其编排非常正式，名册依最后的殿试之名次，以一甲的状元、榜眼、探花为首，接着是二甲、三甲进士。②

以文本的结构而言，登科录是相当好的；编印时，除了极少数因大病或家庭大变故没能等殿试放榜就回乡外，所有登科的举子都会在京城。特别在这样庄重的场合，《进士登科录》中登录信息之准确度，因此是很高的。唯一可能有的偏差是年龄，有时某些举子可能会谎报；因为年龄有时是政府授予举子第

---

① 译者注。现存于中国台湾、大陆与美国的明代进士会计录，重复不计，共有30种。详见陈长文，《明代进士登科录的流通与度藏》，《文献》，2（北京，2008），页150—158。

② 译者注。登科录为明代官方文书，每科殿试毕，礼部即编登科录，进呈御览之后，颁给在朝官员及该科进士。明代进士登科录中的"进士家状"部分，对研究社会流动最有价值，内容载：(姓名) 贯某藩省、某府、某州县（军、民、官、儒、监、灶、匠）籍，或某处人。某藩省、府、州、县学生或附学生、增广生、监生、儒士、官吏等。治（易、书、诗、春秋、礼记）经，字某，行几，年多少，某月某日生。曾祖（或某官，封赠某官），祖某（同上），父某（同上），（嫡、生、继）母某氏，或封赠夫人、淑人、恭人、宜人、安人、孺人共六种。以曾祖、祖、父母存亡情况，分重庆下（祖父俱在）、具庆下（父母俱存）、严侍下（父存母故）、慈侍下（父故母存）、永感下（父母俱故）五种，兄、弟某（或某官封赠某官或学生监生），娶、继、聘某氏，某处乡试第几名，会试第几名。现存于中国台湾、大陆与美国的明代进士登科录，重复不计，共有24种。详见陈长文所著三篇论文：《明代进士登科录的流通与度藏》，《文献》，2（北京，2008），页150—158；《明代进士登科录的版式、结构及体例》，《西南交通大学学报（社会科学版）》，8：5（昆明，2007）页107—110；《明代进士登科录的文献价值及其局限性》，《甘肃社会科学》，6（兰州，2006），页110—115。

一个官职时考虑的次要因素。但甚至这种小小的谎报，也具有高度风险，很少有人敢用；因为年龄很好查，只要拿来和举子早年在生员举人考试时所填的履历表核对就可知晓。

由于登科录主要是帝国政府人事资历的资料，随着时间的流逝，举子们后来比较喜欢自己编印另一种名册，供他们私下流通用。这种新式的名册，现存最早的是嘉靖三十二年（1553）的《嘉靖癸丑科进士同年便览录》。① 由于习惯上同学关系被认为几乎是亲属关系的延伸，一般而言，同学间是必须互相支援互相帮助；这种名册和后来编印的类似名册，都强调其"友爱"的特色。名册中同学的排名，不据其殿试的名次，而是依年龄长幼；同学以"兄弟"互称，这种特别的亲属关系延伸，是为世交，其友谊常延及下一个世代。这种延伸的亲属关系之需求及随之而来的许多效益，使举子们日益觉得编印非正式的进士名册是值得的，现存明代最后的进士名册（万历三十八年庚戌科）及所有清初的进士名册，或称《进士履历便览》或称《进士三代履历便览》（为私下参考用的，含祖宗三代资料的进士履历）。② 虽然《进士登科录》的名称较短，但其内容与《进士三代履历便览》完全相同，都登载祖宗的履历，嘉庆五年（1800）以后，进士录总是私下编印，名之为《会试同年齿录》（依年齿为序排

---

① 译者注。进士履历便览，在广义上也属于同年录，但又区别于一般的同年录。最主要的是它偏重于记载进士入仕后的为官履历。其体例，始列综考、同考姓氏爵里，继分省、分府列诸进士三代、年齿、习经及科甲名次、部院观政及此后仕宦履历。清道光年间，邵懿辰从杭州弼教坊沈雨溥书肆获得明末清初共二十八科进士履历便览，上起万历二十六年（1598）戊戌科，下讫康熙二十一年（1682）壬戌科，中脱万历丙辰、己未、天启壬戌三科。他曾著有《明季国初进士履历跋尾》一卷，认为［盖与同年齿录及绅录相为表里］，且在雍正乾隆之间始废不刻。据本书征引书目云，这本现存最早的同年便览是《嘉靖癸巳科进士同年便览录》（1553：NC，台北"中央图书馆"），但嘉靖癸巳年为十二年，公元1533年非1553年，经查《国立中央图书馆善本书目录》，《嘉靖癸巳科进士同年便览录》为《嘉靖癸丑科进士同年便览录》，癸丑年为嘉靖为三十二年，公元1553年；本处依校改。

② 译者注。现存于中国台湾、大陆与美国的明代进士履历便览，重复不计，共有11种，最后一种是《崇祯十三年庚戌科进士三代履历》，但现存最后的官方编印之登科录则为藏于台北中研院史语所的《万历三十八年进士登科录》。但陈长文似乎未见过台北学生书局编印"中央图书馆"藏的《明代登科录汇编》，不知现存最早的同年便览录版本是嘉靖三十二年癸丑科的，仍认为最早的版本是《嘉靖四十四年乙丑科进士履历便览》。详见陈长文，《明代进士登科录的流通与庋藏》。

列的会试及第举子名册)。①

　　编印进士名册制度的次第变迁,对现代的研究者,造成一个版本的难题。众所皆知,《登科录》是编于会试与殿试之间,编辑与刊行于殿试发榜不久之后,《同年齿录》则常编印于原来应考那一科的多年之后,有一两个案例,其名册甚至是该科考试举行后超过二十年才刊印。刊印之年离科考之年越远,则越容易发生同年考上进士的同学可能已经去世,或失去联系;因此,被一个或更多主编名册的同学给遗漏了。所以清代后期的名册,一些举子的家庭背景栏出现空白的状况,是相当常见的。

　　由于版本上的缺陷,这些缺乏举子父辈祖宗姓名的案例就必须从我们作的表中剔除,即使举子的祖宗姓名资料是完全的,也要特别费心查明他们是否真没中过举或未做过官。在这些进士名册中常有些线索可供查对举子祖宗的背景,例如道光二年(1822)的同年齿录拖到道光十三年(1833)才刊行,经过十一年的空当,同年齿录的编者终于能书写同年们在道光十三年时拥有的正确官职与官品。其中有些同年举子在最初似乎是出身寒微,但十一年后刊印的齿录却刊载他家人曾拥有的官职,这些举子的资料我们也排除在外;因为这些祖宗的任官是死后追赠的。道光十三年任职官的举子中,只有那些来自没有科名或官职家庭出身的,才在我们这个研究中被当做出身平民家庭。

　　若要编集全国举人的名册,则更加困难,因为数目太多,每三年总在千人以上,而且遍及全国各省。有一两本十九世纪的全国举人名册,由于某些省份名册脱漏举子的相关信息太多,也完全从我制作的表上剔除。这些名册上的进士与举人,家庭背景栏是空白的,他们是否出身寒微家庭的身份无法

---

① 译者注。明初,新科进士未有同年私会及编刊同年录之事。明代中期以后,每科考试过后,除官方刊刻各种试录、进士登科录外,登第的进士、举人往往自行编刊该科同年录。依文科、武科的不同,有文科同年录和武举同年录。依考试级别,有贡士同年录、乡试同年录和进士同年录三类。依同年录的体例,可分为二类:一类是严格按"齿"即年龄大小、出生先后排列该科进士名单,称齿录、序齿录、同年录、同年齿录、同年序齿录、同年世讲录等。另一类是兼顾"方"、"齿",即先分地区,再就同一地区内按照年齿排列,名称多为:方齿录、同年便览录等,明代最早是在弘治九年(1496)开始编刊进士同年录,现存最早的明代进士同年录是《正德十二年丁丑同年增注会录》,现藏北京国家图书馆。参见陈长文,《简评明代进士同年录》,《延安大学学报(社会科学版)》,29:4(延安,2007),页87—93。

确定；为了统计的目的，我们没有选择的余地，只好将这些版本有问题的案例，都排除在外，不列入表中计算。幸好大部分现存的明代与清初的进士名册版本质量都很好，而其累积的进士人数，也超过明清全时期的所有案例一半以上；因有版本缺憾而取消的案例，若以百分比显示，其误差幅度并不太严重。①

在清代后期名册的版本缺憾上，就现存史料一般来说，可能还有两个其他的理论缺陷，但仔细检查的后果，似乎对我们的资料品质，也不会影响太多，第一个理论上的缺憾，虽然我们的名册提供至今能找到的举子直系祖宗最准确的资料，但直到清后代期的名册才载有举子旁系近亲的特殊资料。幸好由于明清政府对官员的直系祖宗，不论活着或死去的，②其封赠的法规极为细致和精确，因此，对于举子的旁系亲属是否曾做过官，几乎总是可能分辨出来的。以下两个例子可以充分显示这个举子真正的祖宗身份是如何判定的。

案例一

举子姓名：罗文俊。

科名：进士，道光二年（1822）恩科殿试第一甲三名。

最初官职：翰林院编修，正七品。

祖宗与家庭记录：

曾祖：无官衔，亦无功名。

祖父：翰林院编修（死后追赠）。

父：与祖父相同。

两位叔伯：无官，无功名。

---

① 版本而言，现存可用的明代进士名册，品质甚高。据李周望《国朝历科题名碑录初集》，洪武四年至万历三十八年（1371—1610）十七科，及第进士总数4 963名。在这十七种明代进士名册中，有祖宗讯息的人数达4 790名，也就是据李周望所收进士总数之96.1%。如果将洪武四年与万历三十八年这两种残缺的题名碑录排除，剩余十五种题名碑录的版本，是有百分之百完整。除掉清代第一个王朝顺治时期（1644—1661），我们的清代进士名册中总有些及第举子没有祖宗讯息，但在三十一科进士名册中，有效的案例为7 436件，达到这三十一科进士总数8 739名的85.1%；这三十一科进士总数数额取自杜联喆与房兆楹《增校清朝进士题名碑录》。统共四十八种明清进士名册中，有效的案例总数为12 226件，近乎这四十八科明清及第进士累积总额13 702名的90%；这个进士总数数额也是依据杜联喆与房兆楹的。

② 封赠荣衔的精确度，赢得大史家赵翼的赞赏，其意见参阅《陔余丛考》，卷27，页4b—5a。

三位兄弟：亦无官无功名。

取自《道光壬午同年齿录》（道光二年［1822］进士名册，道光十三年［1833］刊）。

上面这个案例取用的是道光二年（1822）同年齿录，是典型的清代后期进士名册，它是刊行于许多年之后；假若这份齿录就在科考当年编印出刊，则举子直系父祖受追赠的官衔，就不会刊载。因为明清的常规，官员得做满第一任官职，才有权向帝国政府申请追封其祖父与父亲，授予相当于这位官员当时实际上拥有的官衔。这个简明的家庭及其祖宗的记录，显示罗文俊所有的祖宗与旁系亲属从未拥有科名或官位；因此，这位举子的出身应置于平民家庭之列。

案例二

举子姓名：李桢宁①

户籍：民（平民）

科名：进士，万历三十八年（1610）三甲。

祖宗记录：

曾祖父：兵部尚书（追赠）。

祖父：与曾祖父相同。

父：无官，无科名。

两位兄弟：军官。

取材自《万历三十八年庚戌科序齿录》（1610进士名册）。

在此，我们可以知道李桢宁的直系亲属没有一人实际做过官，其曾祖与祖父之所以死后得到追赠，并非这位举子最近科第中式的结果，否则其父必也会得到同等的封赠。其曾祖与祖父之所以得到封赠，肯定是来自其叔伯中有一人曾任官至兵部尚书一任以上；因此，他可以让父祖得到封赠的荣耀。（译者按：应是万历三十六年至三十九年的兵部尚书李化龙）这个简明的家庭与祖宗的记录

---

① 译者注。《明史》，卷179，页7 467作李祯宁，潘荣胜《明清进士录》页635作李桢宁，本书页353作李桢学，今依《明清进士录》改。

显示：这位举子的直系亲属中，没有一人拥有实际的官职与功名，但他有一位显赫的叔伯，由于当代进士名册的体例所限，并没有提及。但名册中提及的很引人注目的旁系亲属之重要信息，使我们要推测这意味着李桢宁之科举成功与他的两位兄弟能任下级军官，均可能是受其显赫的叔伯之帮助。虽然他们家的直系亲属都是没有功名的平民，但其出身必须置于高官位家庭之列。

由此可见，明代与清初的进士名册缺乏旁系亲戚的信息，并不算是什么严重的缺陷；因为，决定举子祖宗真正社会地位所需的资料，通常是可以推断出来的。必须一提的是，许多清代后期的进士名册提供大量他们祖宗的信息，包括亲近的旁系亲属，有时还包括远房亲戚，几乎像一部族谱的简本。

明代与清初的进士名册中缺乏远房亲戚的信息，对于这个情况，我们该注意的是，虽然中国许多地方存在着宗族，但一般家庭至多是"大家庭"。家庭才是同居共财的单位，几乎只由夫妻及其子女，有时包括丈夫的父母在内的亲属组成。① 由地方志可知，中国大部分地方，习惯上，已婚的兄弟是分家，不住在一起，年老的父母只跟一个已婚的儿子，通常是长子住在一起；因此，绝大部分的家庭，甚至并不一定会是大家庭。这可由全国每个家庭平均人口数得到最好的证明，洪武二十六年（1393）是 5.68 口，嘉庆十七年（1812）全国十四省的平均数是 5.33 口。② 虽然理学家教导大家，亲属间要互相帮助，使得现代学者有理由假设：一个有志气上进的青年，可从其成功的叔伯或叔公、伯公或年长的堂兄弟那边，得到金钱或其他形式的帮助；但如果说他在科举上的成功，要归功于远房亲戚的帮助或影响，那就很令人怀疑。

我们运用的资料之第二个理论上的缺陷，是缺乏举子家庭经济地位的信息。这一缺陷在明朝创建至景泰元年（1368—1450），最为明显；因为在这一期间，社会政治流动的主要两个管道是科举和高官保举。但由于正统十四年（1499），蒙古人大举入寇北京地区，皇帝被俘，财政困难；政府被迫出卖较低官衔、官职与国子监生的名位。就如同我们在第一章中所说的，明代后期与整个清代，经济平均水平为中等以上的人，如果买不到更高的官品或官衔，至少总会捐纳个监生头衔。自后五世纪半的材料中我们仍可由此得到关于经济状况

---

① 《明清社会史论》第五章在宗族一节会进一步讨论家庭与宗族。
② Ping-ti Ho, *Studies on the Population of China*, 1368—1953（《中国人口史论》）, pp.10, 56.

的消息。

公平地说，为社会学研究的历史资料，很少是理想的；事实上，就是近代和现代社会精英群体的社会出身的相关研究，根据的资料也只有提供精英分子父亲的职业，并不能将所有人员准确地分类。① 以所包含的世代、明确和隐含信息、按时间顺序覆盖的论述及数量而论，明清进士资料能媲美任何其他历史社会相类似的资料。

呈现在下列表9的四十九种进士名册，是我所知实际现存于中国与北美的全部；除了收录于一部近代丛书中最早一科的《洪武四年（1371）进士登科录》外，其他有十六种明代进士登科录是珍藏于台北中央图书馆和北京国家图书馆的善本：前者典藏九种，其中两种美国国会图书馆也有收藏；后者典藏七种，美国国会图书馆均藏有微卷。到目前为止，最稀见的进士登科录是清代初期的九种进士三代履历，其中有八种典藏于北京国家图书馆，一种典藏于台北中央图书馆。不知为什么，雍正（1723—1735）、乾隆（1736—1795）、嘉

---

① 参见著名的美国企业精英研究者，西摩·马丁·李普塞（Seymour M. Lipset）与赖因哈德·本迪克斯（Reinhard Bendix）合著的《工业社会的社会流动》(*Social Mobility in Indstrial Society*, Berkeley: University of California Press, 1959)，页122，表4.2。美国高级文官考试，参见本迪克斯，《高级文官在美国社会：高级联邦行政官员的社会根源、事业与权位之研究》(*Higher Civil Servants in American Society, A Study of the Social Origins, the Careers, and the Power-Position of Higher Federal Administrators*)，页26，表5。英国高级文官，参见柯素（R.K.Kelsall），《英国高级文官的社会根源：现在与过去》，《第二届世界社会学大会论文集》("The Social Origin of Higher Civil Servants in Great Britain," *Transactions of the Second Congress of Sociology*) 及其《英国高级文官：1871迄今》(*Higher Civil Servants in Britain: From 1870 to the Present Day*, Kegan Paul, Trench, Trubner and Co.1955)，页153，表25。法国高级文官，参见波托摩（Thomas B.Bottomore），《法国高级文官的社会流动》，《国际社会手册》，13（1952.9）("La Mobilite Sociale dans Ia Haute Administration Francaise," *Cahiers Internationaux Sociologie*, XIII [Seotember, 1952]。至于英国剑桥大学学生，则参见詹金斯夫人与琼斯（Ms. Hester Jenkins and D.Caradog Jones）合著，《十八、十九世纪剑桥大学校友的社会阶级》，《英国社会学报》，1:2（1950.6）("Social Class of Cambridge University Alumni of the 18th and 19th Centries," *British Journal of Sociology*, I [no.2, june 1950])。除精英分子父亲的职业之讯息外，有时其岳父的相关资料也可取得，参见波特（John Porte），《加拿大经济精英与社会结构》，《加拿大经济学与政治学学报》，23:3（1957.8）("The Economic Elite and the Social Structure in Canada," *Canadian Journal of Economies and Political Science*, XXIII [No.3, August 1957] 及其《加拿大高级公务员与官僚精英》，《加拿大经济学与政治学学报》，24:4（1958.11）("High Public Servants and Bureaucratic Elite in Canada," *Canadian Journal of Economics and Political Science*, XXIV [No.4, November 1958]。

庆（1796—1820）时期的进士名册完全不存于今。由于现今最重要的汉学图书馆制度，只有明清改朝换代的1644年以前刊印的书籍才会被列为善本；因此，尽管这些重要的汉学图书馆给我的回应是否定的，我还是不能证明这三朝的进士名册肯定不存在。道光以后的二十种进士名册同年齿录，是在美国国会图书馆及哥伦比亚大学和哈佛大学图书馆找到的，另外两种则承蒙房兆楹先生私人盛意提供。在现今的国际环境下，可以说，为这个研究搜寻统计资料，一些可能存在的资料，虽竭尽所能还是没能完全找到。①

我们能用的4 790个明代进士案例，稍少于明代进士总数的百分之二十；清代的7 436个案例，近于清代进士总数的百分之二十八。以数量而言，这些进士名册是有意义的。总数12 226名进士案例，对明清各时期，除18世纪外，都是有相当代表性的；因为18世纪能找到的进士名册，只有1703年（康熙四十二年）的《癸未科三代进士履历》。为补救18世纪统计资料的缺陷，我们能做的，也只有在康熙四十二年（1703）的名册之上，补以一全国性的拔贡生名册与三个省的举人名册。

研究省这一中间层级的社会流动，我们主要依据全国性的举人名册，因为现存个别省份的举人名册数量极为有限，只收录少数举子。全国性的举人名册

---

① 在搜寻载有祖宗讯息的善本进士名册时，我用下列书目作为主要的指引：(1)《国立北平图书馆善本书目》；(2)《国立北平图书馆善本书目乙编》；(3)《中国印本书籍展览目录》；(4)《国立中央图书馆善本书目》；(5)《国会图书馆藏中国善本书录》。最前面两本书目中提到的善本进士名册，美国国会图书馆均藏有微卷。我曾请北京国家图书馆复制刊载目录(1)的某些善本明代与清初册，但未要求其中之一的《建文二年进士登科录》(1400)，这是因为我被书名误导，认为与建文二年那一科殿试及第举子的名册《建文二年殿试登科录》（美国国会图书馆藏有微卷）是同一本书，而《建文二年殿试登科录》中应载有进士祖宗的讯息；结果当收到《建文二年殿试登科录》微卷复本时，才知道我的推测是错的，这时已来不及把它列向北京要求的书单内。因此，很可能由于我的疏忽，使现存的建文二年进士名册内的资料未运用于这个研究。另外还有一本列在目录(2)康熙三年（1675）的进士名册，虽在请印的书单中，却未复制；它是否还存在北京，有待证实。虽然另外查找了十几种中国和日本的善本书目，只有一种北美图书馆不藏的善本在京都人文科学研究所找到，但这不是进士名册而是同治元年（1862）荫生的名册。于是，这本名册填补了我们对19世纪累积荫生数目的空白。译者按：当年讯息流通不透明，何先生以为雍正（1723—1735）、乾隆（1736—1795）、嘉庆（1796—1820）时期的进士名册不存于今，今大陆藏书讯息开放，据江庆柏编著，《清朝进士题录》，下册（北京：中华书局，2007），《参考文献》，页1953—1955所载，藏于中国国家图书馆与地方图书馆的进士登科录、会试录、会试同年齿录等进士名册，计有雍正一种、乾隆十二种、嘉庆十七种。

现存的，也只有属于19世纪的，在北美所能找到的有十九种，但其中有三种因版本缺陷太大而未列入我们制作的表中。为较好在年代上涵盖各个时期，在十六种全国性的举人名册之外，补以四种特殊的贡生名册。总的来说，我们一共运用19、20世纪中等功名拥有者的名册二十种，共有23 480案例，约为四十七种明清进士名册中的案例两倍之多。因此，就后18世纪时期而论，我们的统计资料相当丰富，进入仕途的难题，能在两个不同的层次上，有系统地解决。

研究社会学术流动面向，在统计上最难探究明白的，为非士人背景家庭的平民进入"生员"群体；因为这些初级科名的拥有者，在社会上，没有一个地方会公认其身份。方志中并没有胪列其名单的成例，就更遑论登载其父祖的资料了。晚清大概有半打多长江下游县份，当地士人编辑特殊的生员名册，其中只有三种登载生员父祖简短而重要的相关信息。长江下游北岸的南通（译者按：清代通州直隶州，民国元年［1911］改为南通县）的生员名册涵盖整个明清两代，其邻近的海门县的名册则只涵盖有清一代》（译者按：其实海门县于康熙十一年［1672］圮于海，并入通州）江苏南部常熟县编印的包括各级科名举子的大部头名册，其中关于生员的名单也涵盖整个有清一代。以登载家庭背景为准，这三种生员名册把生员分为两类：一类只刊载姓名，此外无任何信息；一类既有姓名，又有他作为人家的曾孙、孙、侄孙、子、或侄，那些长辈人家简短的资料。经过辛苦地查对，终于发现后者的祖宗常常拥有初阶或更高科名。虽然这三份生员名册提供的祖宗资料，比那些高阶科名的名册简短得多，但其涵盖祖宗的世代数是一样的；这使我们可以确认这位生员是出身于士人家庭，还是出身于从未有人得过功名的平民家庭。使这两类不寻常名册更有价值的，在于它们提供的祖宗信息中，包含旁系亲属。如果说数量上不足以让我们总结出全国生员的社会构成，但至少它提供了解接近草根阶层的社会学术流动关键很有价值的线索。

## ■ 第二节　统计分析

在陈述明清进士和19世纪举人与贡生的家庭背景之前，有必要简要说明我们分类的标准。依据我们在导论一章有系统地讨论过的，从明清社会特有的权力结构和名声体系出发，我们把这三种高功名拥有者分成四类。

A类包含的举子，是其祖宗三代未有一人得过初级功名，遑论更高的功名与官位或官衔。我们应该还记得在晚明与清代，甚至成功的小商人也常会花一、二百两银捐个监生头衔，来装点门面。而绝大多数的生员要靠教书、做文书工作，甚至有时靠体力劳动，勉强维持微薄的生活。一个三代都没出一个初级科名的家庭，应该合理地当做是家境寒微的，则无科名官位者可列入最寒微的人。由于A类举子是在其有生之年，从寒微升入广泛定义的统治官僚体系；他们的案例，在明清社会的脉络中，被视为"白手起家，由穷至富"向上流动的范例。

B类包含的举子，是祖宗三代中产生过一个或更多生员，但未有更高的功名与官位，依据我们在前面章节仔细讨论过的生员之法律地位与社会地位及其生活模式，显而易见的，绝大部分出身于生员家庭的举子是相当寒微，甚至是贫穷的。只有在片面以儒家社会对书本知识与学生身份的高度重视作为评价标准时，生员家庭才可被视为一个有代表性的社会过渡群体。B类还包含清朝举子，其出身家庭的祖宗三代中产生过一个或更多的国子监生。明朝监生必须划入另一类的原因，是明代监生有资格出任低级官员。就如我们在第一章仔细解说的，清代的监生除了名义上的"毕业生"（graduate）身份外，几乎与生员没有什么不同；他们没有因为"毕业"而获得担任低级政府官员的权利。虽然一般清代监生是来自中等以上家庭，但其家庭经济地位不能被高估；因为捐买监生头衔的费用不大，真正有钱或富裕的人，多半会捐纳更高的头衔或低阶的品官，以加入地方精英。整个明清时代，来自生员家庭的举子，和清代出身监生家庭的举子，都必须视之为产生正在局部向上流动的家庭；就定义来说，他们仍是平民出身的。

C类包含的举子，其出身家庭的祖宗三代中，产生过一个或更多拥有更高的科名或官位的；所谓更高的科名，系指高于生员的科名。这个类别，在明代包括监生，在整个明清时期，包括各种贡生；此外，还应加上吏员家庭及祖宗捐过官衔或官职的。整个来说，C类构成中包括官员与有任官资格者，或称之为广义上的官僚群体，及广义的官僚群体。必须指出，虽然他们的法律与社会地位不同于平民，然而许多出身于这广义官僚群体下层的家庭，实际上拥有的名声、特权和经济手段均相当有限。

D类为C类的次类，包含的举子，其祖宗三代中产生过一个或更多任三品以上的高官者；由于三品以上的高官，除了其他的特权以外，尚有荫子的权利，其家庭因而被视为全国"有名望的"。此外，还要加上皇家与异姓世袭高阶贵族家庭出身的举子，他们与三品以上高阶官员一样享受世袭特权。而较低级的贵族则不属此类，但列于C类中；因为他们的官品只是较低的挂名头衔而已。

对于A类的标准我们是很严格的，对C类则较宽松；如果说我们的标准有特定的偏见，这偏见也是在可以接受的范围内；特别是以举子祖宗三代中拥有的最高官位来决定其家庭的社会地位时。换句话说，对于来自寒微家庭举子的百分比，我们的数字是不膨胀的，除非是因为版本的不完全而不能检查出来。

需要强调的是，基于上述分类标准算出的百分比，谈不上能讲出社会学术流动长而复杂过程的整个故事。我们的百分比数据，是要表达不同的印象，给那些已读过这些名册的人，及倾向要理论上对待这些统计的人。有关祖先的个案记录常显现其家庭的饱经不幸及其身世的浮沉。我们的数据的确不能适当地显示这些变迁，我们要做的是以其祖宗三代产生的最高身份地位总结其家庭的社会地位。换句话说，在下列诸表中显现的社会流动率，必定是"尽量缩小的"。

例如C类家庭。尽管我们是如此斟酌地分类，而实际上他们的家境又大大地不同；但我们宽松的分类还是显示出其间有相当大程度的同一性。C类举子若不经过进一步解释，C类举子可能被看做是很少或没有流动的代表，被归于代表很少或没有流动的。相反地，C类举子家庭在三代，包括其自身则是四代，家庭地位是经过相当大波动的。以下要举几个具体例子来印证。

道光十五年（1835）进士陈嵩，可作为实例来说明。陈嵩的高祖移居四川为佃农，祖父时家道渐殷实；结果祖父与父亲两代均获贡生身份。① 一个家庭祖孙五代的实际流动的数量与程度远超过我们统计所能显现的，如光绪十六年（1890）进士吴怀清就是一个典型的案例，他所代表的这一大批世代贫寒的举子们，其父辈勉强够格列入我们的C类家庭。吴怀清生于同治二年（1863）的一个陕西省的穷县，高祖至祖父从未有一人曾或功名，连最低的功名都没有，

---

① 《道光乙未科会试同年齿录》（1835年进士名册）。

祖父为贫困所迫，不得不放弃争取科名，而在村中教家馆以糊口。他们家持续贫困，父亲也为家贫所迫而放弃读书，转而行医，多年之后，终于积了一点钱，捐了一个从九品的小官。① 依我们的定义，他们家应该列入 C 类，但显然这是一个在我们表中数据无法表示出的向上流动显著的案例。

如果这些与其他类似的案例，代表 C 类内部向上流动的长期过程，许多其他同类的家庭实际上还经历几世代的向下流动过程，直至这一代才因获得进士，才停止向下流动的趋势。如郑得书，这位万历十四年（1586）进士，有一位成功的曾祖父，官至正四品的知府，其祖父与父亲却只勉强得个生员。郑得书同年的吴道宽，也是有一位类似的曾祖父官至知府，但他的祖父与父亲连生员的资格，也没有考上。② 甚至在我们的表 14，这个 C 类举子家庭的次分类表，也不能对这应该是同一性的 C 类家庭，反映出其实际社会流动幅度。

即使是 A 类与 B 类，我们的数据也不能完全适当地指出家庭初始与预备阶段社会流动的实际过程；这过程对举子最后成功是至关重要的。晚清进士名录倒是对这些家庭多世代的职业与身份变迁，提供不少信息，尤其是关于他们在生产性职业与学业间的更迭；这进一步证实我们在前一章讨论身份制度流动性所累积的证据。

总之，由于我们对 C 类标准的宽松，和对 A 类的十分严格，特别是只用三代中最成功最高身份来决定举子的家庭地位，使得以下的表中所呈现的社会流动数据低估了实际情况。

整个明清时期，我们发现 A 类占全体举子的 30.2%，B 类占 12.1%，C 类占 57.7%；A 类与 B 类，也就是在定义上代表来自平民家庭的举子，共占 42.3%。除了顺治十二年（1655），康熙廿一年（1682），四十二年（1703）三科外，出身高官家庭的进士从未超过总数的 10%，在整个五个半世纪中 D 类的平均百分比为 5.7%。较详细的数据请参阅表 9。

各次时期间 A、B、C 三类百分比的变迁的分布可参阅页 114 的表 10，由于 D 类人数太少，变迁也相对地较小，所以就省略了。

影响社会学术流动率的因素得等到第五章才会作系统性的说明，这里需要

---

① 《光绪庚寅恩科会试同年齿录》（光绪十六年 [1890] 进士名册）。
② 《万历十四年丙戌会试录》（1586 年进士名册）。

简要地指出，明初的综合情势环境对贫寒的人出奇地有利，在第一个时期洪武四年至弘治九年（1371—1496），这些寒微举子占了进士总数的大半。随着时代的前进，官员家庭能享受的各种有利条件，使他们不可能不占上风。至16世纪，C类就稳定地抬头，小幅度地多于平民群体。最关键性的变迁自16世纪晚期开始，当A类急速大减至低于30%，但这一大减靠着B类的急剧上升得以弥补。这两种现象似乎表明平民的社会学术流动越来越困难，他们需要隔代的准备，才能达成社会流动的最终目标。这一趋势继续了好一段时间，直到1644年改朝换代后不久，当清朝政府有目的地设置出奇大的进士名额，以招徕新征服的中国人，为其所用。一直要等到在康熙皇帝（1662—1722）统治之下，满清王朝稳固之后，进士名额才急速降低。伴随着名额的剧减，科举考试竞争越来越剧烈的持续存在的事实，导致A类百分比进一步下滑。就如我们在第五章表22显示的，康熙皇帝采取紧缩进士名额的政策，为其孙乾隆皇帝（1736—1795）持续采行。如果庞大数目的18世纪进士名册可以运用的话，看来我们会发现A类的数字一定会比康熙时代的平均数为低。这样的估计，可能从我们作成表12所依据的18世纪补充资料，得到部分地证实。总之，似乎由于缺乏18世纪的史料，会使整个清代A类的平均数，看起来太高了一点。若考虑到这一点，整个清代A类的平均数，可能会非常接近康熙时代和19世纪的数字。换而言之，清代A类所占的比率，看来似乎比明初的四分之一稍多一点。重要的是要牢记，清代A类百分比的急速降低，因为B类持续的上升，得到部分地弥补；这B类除了满清王朝的最初二十年，其百分比是超过A类的。

表9 明清进士的社会成分 [a]（A+B+C=100%）

| 年代 | 进士总数[b] | A类人数 | 百分比 | B类人数 | 百分比 | A+B百分比 | C类人数 | 百分比 | 类数 | 百分比 |
|---|---|---|---|---|---|---|---|---|---|---|
| 1371 | 28 | 21 | 75.0 | — | — | 75.0 | 7 | 25.0 | — | — |
| 1412 | 106 | 89 | 84.0 | — | — | 84.0 | 17 | 16.0 | 9 | 8.5 |
| 1457 | 294 | 182 | 61.8 | — | — | 61.8 | 112 | 38.2 | 9 | 3.0 |
| 1469 | 248 | 149 | 60.0 | — | — | 60.0 | 90 | 40.0 | 11 | 4.5 |
| 1472 | 250 | 137 | 54.8 | — | — | 54.8 | 113 | 45.2 | 13 | 5.2 |

续表

| 年代 | 进士总数[b] | A类人数 | 百分比 | B类人数 | 百分比 | A+B百分比 | C类人数 | 百分比 | 类数 | 百分比 |
|---|---|---|---|---|---|---|---|---|---|---|
| 1475 | 289 | 154 | 53.3 | — | — | 53.3 | 135 | 46.7 | 11 | 3.8 |
| 1496 | 298 | 140 | 47.0 | — | — | 47.0 | 158 | 53.0 | 14 | 4.6 |
| 1505 | 303 | 126 | 41.6 | — | — | 41.6 | 177 | 58.4 | 12 | 4.0 |
| 1521 | 330 | 156 | 47.3 | — | — | 47.3 | 174 | 52.7 | 13 | 3.9 |
| 1535 | 329 | 154 | 47.0 | — | — | 47.0 | 175 | 53.0 | 22 | 6.9 |
| 1538 | 317 | 154 | 48.6 | 1 | 0.3 | 48.9 | 162 | 51.1 | 23 | 7.3 |
| 1544 | 312 | 151 | 48.4 | 2 | 0.6 | 49.0 | 159 | 51.0 | 24 | 8.0 |
| 1553[c] | 384 | 182 | 47.4 | 24 | 6.2 | 53.6 | 178 | 46.4 | 15 | 3.9 |
| 1559 | 303 | 151 | 49.8 | 2 | 0.6 | 50.4 | 150 | 49.6 | 14 | 4.6 |
| 1562 | 298 | 133 | 44.6 | — | — | 44.6 | 165 | 55.4 | 17 | 5.7 |
| 1568 | 405 | 203 | 50.1 | — | — | 50.1 | 202 | 49.9 | 17 | 4.2 |
| 1577 | 301 | 126 | 41.5 | 6 | 2.0 | 43.5 | 169 | 56.5 | 23 | 7.6 |
| 1580 | 302 | 134 | 44.4 | — | — | 44.4 | 168 | 55.6 | 12 | 4.0 |
| 1583 | 351 | 117 | 36.2 | 48 | 13.7 | 49.9 | 186 | 50.1 | 26 | 7.4 |
| 1586 | 356 | 105 | 29.5 | 54 | 15.1 | 44.6 | 197 | 55.4 | 18 | 5.0 |
| 1601 | 298 | 129 | 43.3 | 1 | 0.3 | 43.6 | 168 | 56.4 | 14 | 4.7 |
| 1610[d] | 230 | 61 | 26.5 | 40 | 17.4 | 43.9 | 129 | 56.1 | 18 | 7.8 |
| 1649[d] | 176 | 48 | 27.3 | 27 | 15.3 | 42.6 | 101 | 57.4 | 15 | 8.6 |
| 1652 | 366 | 85 | 23.2 | 48 | 13.1 | 36.3 | 233 | 63.7 | 30 | 8.2 |
| 1655 | 401 | 112 | 28.2 | 65 | 16.2 | 44.2 | 224 | 55.8 | 48 | 11.7 |
| 1658 | 407 | 126 | 30.7 | 58 | 14.2 | 44.9 | 223 | 55.1 | 25 | 6.1 |
| 1659 | 358 | 124 | 34.6 | 32 | 8.9 | 43.5 | 202 | 56.5 | 27 | 7.5 |
| 1661 | 373 | 112 | 29.7 | 57 | 15.2 | 44.9 | 204 | 55.1 | 36 | 9.6 |
| 1673 | 138 | 37 | 26.8 | 22 | 15.9 | 42.7 | 79 | 57.3 | 5 | 3.6 |
| 1676 | 183 | 44 | 24.0 | 30 | 16.4 | 40.4 | 109 | 59.6 | 18 | 10.0 |

续表

| 年代 | 进士总数[b] | A类人数 | 百分比 | B类人数 | 百分比 | A+B 百分比 | C类人数 | 百分比 | 类数 | 百分比 |
|---|---|---|---|---|---|---|---|---|---|---|
| 1682 | 151 | 12 | 8.0 | 17 | 11.3 | 19.3 | 122 | 80.7 | 18 | 11.9 |
| 1685 | 169 | 30 | 17.6 | 33 | 19.2 | 36.8 | 106 | 63.2 | 15 | 8.9 |
| 1703[d] | 104 | 10 | 9.6 | 20 | 19.2 | 28.8 | 74 | 71.2 | 17 | 16.3 |
| 1802 | 258 | 36 | 14.0 | 71 | 27.5 | 41.5 | 151 | 58.5 | 12 | 4.6 |
| 1822 | 210 | 23 | 10.9 | 52 | 24.8 | 35.7 | 135 | 64.3 | 12 | 5.3 |
| 1829 | 223 | 46 | 20.6 | 49 | 22.0 | 42.6 | 128 | 57.4 | 10 | 4.4 |
| 1833 | 226 | 30 | 13.3 | 62 | 27.4 | 40.7 | 134 | 59.3 | 16 | 7.1 |
| 1835 | 243 | 26 | 10.7 | 54 | 22.2 | 32.9 | 163 | 67.1 | 17 | 7.0 |
| 1844 | 200 | 31 | 15.5 | 53 | 26.5 | 42.0 | 116 | 58.2 | 7 | 3.5 |
| 1856 | 177 | 32 | 18.1 | 33 | 18.6 | 36.7 | 112 | 63.3 | 12 | 6.8 |
| 1859 | 191 | 52 | 27.2 | 35 | 18.3 | 45.5 | 104 | 54.5 | 7 | 3.6 |
| 1860 | 146 | 35 | 24.0 | 33 | 22.5 | 46.5 | 78 | 53.5 | 6 | 4.1 |
| 1865 | 228 | 36 | 15.8 | 49 | 21.4 | 37.2 | 143 | 62.8 | 13 | 5.7 |
| 1868 | 228 | 25 | 10.9 | 50 | 21.9 | 32.8 | 153 | 67.2 | 13 | 5.7 |
| 1871 | 280 | 45 | 16.0 | 66 | 23.5 | 39.5 | 169 | 60.5 | 7 | 2.5 |
| 1874 | 228 | 15 | 6.6 | 52 | 22.8 | 29.4 | 161 | 70.6 | 9 | 3.9 |
| 1876 | 216 | 30 | 13.9 | 49 | 22.7 | 36.6 | 137 | 63.4 | 5 | 2.3 |
| 1877 | 276 | 40 | 14.9 | 46 | 16.7 | 31.6 | 190 | 68.4 | 16 | 5.6 |
| 1880 | 276 | 31 | 11.2 | 49 | 17.7 | 28.9 | 196 | 71.1 | 13 | 4.7 |
| 1883 | 245 | 31 | 12.6 | 40 | 16.3 | 28.9 | 174 | 71.1 | 9 | 3.6 |
| 1886 | 263 | 29 | 11.0 | 55 | 20.9 | 31.9 | 179 | 68.1 | 15 | 5.7 |
| 1889 | 251 | 40 | 15.9 | 41 | 16.0 | 31.9 | 170 | 68.1 | 12 | 4.8 |
| 1890 | 234 | 24 | 10.3 | 44 | 18.4 | 28.7 | 166 | 71.3 | 8 | 3.5 |
| 1892 | 239 | 31 | 12.9 | 45 | 18.8 | 31.7 | 163 | 68.3 | 13 | 5.4 |

续表

| 年代 | 进士总数 b | A类人数 | 百分比 | B类人数 | 百分比 | A+B百分比 | C类人数 | 百分比 | 类数 | 百分比 |
|---|---|---|---|---|---|---|---|---|---|---|
| 1895 | 181 | 30 | 16.6 | 27 | 14.9 | 31.5 | 124 | 68.5 | 6 | 3.2 |
| 1898 d | 142 | 33 | 23.2 | 22 | 15.5 | 38.7 | 87 | 61.3 | 5 | 3.5 |
| 1904 | 243 | 88 | 36.2 | 25 | 10.3 | 46.5 | 130 | 53.5 | 4 | 1.7 |
| 总计或平均 | 14 562 | 4 533 | 31.1 | 1 689 | 11.6 | 42.7 | 8 340 | 57.3 | 836 | 5.7 |

  a 这四十八种进士名册的完整目录，参见《明清社会史论》的《参考书目》的第1项，那是依年代排列的，每一名册的正确名称，皆按年代识别。
  b 不同年份进士的总数，只计有祖宗讯息的举子。由于版本的原因，晚清名册所载的某些及第举子不列入计算。
  c 这一年只有祖宗二代的资料，而不是一般的三代。
  d 版本很不完整。
  译者按：后来何先生增引北京国家图书馆藏翁同龢收集的清代进士、举人、贡生名册及在台北中研院史语所见到的四种明代进士名册，1967年修订版据以修订，重计本表数据。

表10 各次分期进士社会成分的变迁（百分比）

| 时期 | A类 | B类 | A+B | C类 |
|---|---|---|---|---|
| 1371—1496 | 57.6 | —— | 57.6 | 42.4 |
| 1505—1580 | 46.6 | 1.0 | 47.6 | 52.4 |
| 1583—1610 | 33.3 | 11.6 | 44.9 | 55.1 |
| 明代平均 | 46.7 | 2.8 | 49.5 | 50.5 |
| 1649—1661 | 29.2 | 13.8 | 43.0 | 57.0 |
| 1673—1703 | 17.9 | 16.4 | 34.3 | 65.7 |
| 1802—1904 | 15.5 | 20.4 | 35.9 | 64.1 |
| 清代平均 | 19.2 | 18.4 | 37.6 | 62.4 |

  译者按：后来何先生增引北京国家图书馆藏翁同龢收集的清代进士、举人、贡生名册及在台北"中研院"史语所见到的四种明代进士名册，重计本表数据，1967年修订版据以修订。

表 11　晚清举人与贡生的社会成分 [a]（A+B+C=100%）

| 年代 | 举子的总人数 | A类人数 | 百分比 | B类人数 | 百分比 | A+B百分比 | C类人数 | 百分比 | D类人数 | 百分比 |
|---|---|---|---|---|---|---|---|---|---|---|
| 1804 | 1 021 | 235 | 23.0 | 322 | 31.5 | 54.5 | 464 | 45.5 | 23 | 2.2 |
| 1807[b] | 1 109 | 211 | 19.0 | 281 | 25.3 | 44.3 | 617 | 55.7 | 25 | 2.2 |
| 1808 | 1 133 | 237 | 20.8 | 414 | 36.5 | 57.3 | 482 | 42.7 | 45 | 4.0 |
| 1816 | 1 052 | 187 | 17.7 | 396 | 37.6 | 54.5 | 469 | 44.7 | 35 | 3.3 |
| 1821[b] | 1 402 | 268 | 19.1 | 404 | 28.1 | 47.2 | 730 | 52.8 | 39 | 2.7 |
| 1828 | 1 175 | 239 | 20.3 | 322 | 27.7 | 48.0 | 614 | 52.0 | 25 | 2.1 |
| 1831[c] | 930 | 198 | 20.2 | 243 | 26.1 | 46.3 | 489 | 53.7 | 36 | 3.9 |
| 1832[b] | 1 192 | 247 | 21.4 | 269 | 22.5 | 43.9 | 676 | 56.1 | 34 | 2.9 |
| 1834 | 1 064 | 194 | 18.2 | 259 | 24.3 | 42.5 | 611 | 57.5 | 37 | 3.5 |
| 1835 | 1 130 | 247 | 21.9 | 314 | 27.8 | 49.7 | 569 | 50.3 | 32 | 2.8 |
| 1843 | 1 106 | 212 | 19.1 | 314 | 28.4 | 47.5 | 580 | 52.5 | 41 | 3.7 |
| 1844 | 1 094 | 259 | 23.6 | 298 | 27.2 | 50.8 | 537 | 49.2 | 31 | 2.8 |
| 1849[d] | 1 751 | 302 | 17.2 | 424 | 24.2 | 41.4 | 1 025 | 58.6 | 38 | 2.2 |
| 1855 | 1 311 | 254 | 19.3 | 368 | 27.3 | 46.6 | 689 | 53.4 | 24 | 1.4 |
| 1870 | 1 752 | 335 | 19.1 | 386 | 22.0 | 41.1 | 1 031 | 58.9 | 57 | 3.2 |
| 1879 | 1 314 | 225 | 17.1 | 286 | 21.7 | 38.8 | 803 | 61.2 | 34 | 2.6 |
| 1885[d] | 1 649 | 303 | 17.8 | 281 | 17.0 | 34.8 | 1 065 | 65.2 | 24 | 1.4 |
| 1897 | 1 694 | 334 | 19.7 | 232 | 13.7 | 33.4 | 1 128 | 66.6 | 31 | 1.8 |
| 1906[e] | 354 | 119 | 33.6 | 37 | 11.0 | 44.6 | 198 | 55.4 | 4 | 1.1 |
| 1910[f] | 247 | 103 | 41.7 | 27 | 10.9 | 52.6 | 117 | 47.4 | 4 | 1.6 |
| 总计或平均 | 23 480 | 4 709 | 20.1 | 5 877 | 25.0 | 45.1 | 12 894 | 54.9 | 619 | 2.6 |

　　a　本表依据史料，请参阅《明清社会史论》《参考书目》第1项B，每一名册的正确名称皆按年代识别。

　　b　有一省未计入。

　　c　有三省未计入。

　　d　拔贡生。

　　e　优贡生。

　　f　选取举人与贡生，任以低职的特考。

19世纪与20世纪初的举人与贡生之社会成分，我们以表11呈现。

虽然晚清举人与贡生的A类与B类百分比的平均类数，比同时期相对应的进士百分比为高，但这两组独立的统计序列最引人注目的特色，是他们异口同声的一致性。这两组统计序列的比较，指明非官员家庭出身的人要上升社会地位，获取中级功名要比较高的进士身份容易得多。这似乎比较合理，因为对出身平民的举子而言，会试这一级考试的竞争，必定较举人与贡生的考试，更为尖锐，更为困难。

对科举考试史上最后的两种名册，有一个看起来似乎是很不正常的特征，得在这里简短地说明。光绪三十二年（1906）与宣统二年（1910）的举贡名册，其A类的数据，也就是这两科A类举子占总数的百分比，分别是33.6%与41.7%；这比清代A类总平均数20.1%，显著地高得多，似乎打破过去在狭窄幅度内波动的同一性形态。造成这一不平常现象的主要原因有二：第一，光绪三十二年（1906）的名册为优贡生名册，优贡生的选拔完全只基于其文学才能，传统上夸称比其他类贡生和举人，优贡生中有天分的贫穷读书人比例较高。① 第二，宣统二年（1910）的名册是通过朝考的举人和贡生名册，举办这次特别朝考，是因为科举已于光绪三十一年（1905）废除，要给光绪三十一年以前取得中级功名的举人、贡生，一个取得低阶官职的机会。实际上，自从光绪二十四年（1898）流产的"百日维新"以来，科学的废除已近在眼前，于是日益增加的那些渴望做官的人，不是捐个小官，就是留学日本、西方或留在国内新式学堂读书，学习近代课程。光绪三十二年（1906）与宣统二年（1910）这两年的举贡名册中，出身寒微环境的士子的突增，部分地反映这些士子的可悲状况；他们已投入甚多于儒家经典，不易适应剧变的环境。在光绪三十年（1904）的进士名册中，A类人数大量增加，也可如此地解释。

由于18世纪与19世纪初的资料缺乏，造成有些系统性的进士信息空白；因此，表12中康熙四十二年（1703）以及嘉庆七年（1802）的进士名册将与现存七种举人与拔贡生中阶功名拥有者的名册作比较。（译者按：本段文字由于何先生后来增引资料，1967年修订版文字与1962年版有些不同。）

在这些名册中，虽然康熙四十二年（1703）科进士名册版本并不完善，

---

① [清]陈康祺，《郎潜纪闻》，卷14，页5a—b。

166位举子中只有104位有家庭背景资料，但还是有提示作用。福建乾隆十七年（1752）科举人名册只提供72个案例，数目太小，以致不能当做18世纪东南各省的典型代表。从一种完整和另一种残缺的直隶乡试举人名册看来，由于清代直隶是官员家庭聚集的地方；C类的数字要比其他省份高得多。对指明这个世纪社会流动形态的唯一名册，是乾隆五十四年（1789）科拔贡生名册，资料包括全国拔贡生，而且版本品质高。其A类数字是16.6%，略较19世纪两种拔贡生名册要小。影响18世纪社会流动率的几种因素得等到第五章才会讨论，这里现有的资料提示我们，这个世纪可能是寒微的人社会流动率紧缩的一个时期，他们要达成进阶的进士功名的机会看来是特别小。

据表9与表10，出身官员家庭的举子，明代正好是50%，清代是63.2%，我们这个研究包含整个明清两代的平均数是57.8%。在大部分的明清专制时代，官员与可能成为官员的人，都必须顺从国定的意识形态，在社会与家庭背景上也必须假定是同质的，就如我们在《明清社会史论》第一章（社会阶层）一节所讨论的，在我们宽松定义的官员阶级的下层，其组成分子，是期望获派任小官的举人、贡生，俗称"佐贰"，八、九品官，与可经包括例常升迁等各种方式升至品官的不入流官员，他们在权力、名望与财富方面，与中阶品位及高阶品位官员的差异极大。中层官员包括四品至七品的中央、省级和地方官员，他们在中央任重要的秘书与行政工作，形成省级与地方行政的骨干。上层官员包括最高的一品至三品的官员，享有其他特权之外，还有世袭的荫子特权。如果知道大部分进士仕途之预料终点的官品幅度，我们对出身官员家庭进士之背景的分析，就能给这一大群体的世代间之向上与向下社会流动，提供一个粗略的估计方法。

表12　18世纪举子的社会成分

| 年代 | 士子总数 | A类人数 | 百分比 | B类人数 | 百分比 | A+B百分比 | C类人数 | 百分比 | D类人数 | 百分比 |
|---|---|---|---|---|---|---|---|---|---|---|
| 1703[a] | 104 | 10 | 9.6 | 20 | 19.2 | 28.8 | 74 | 71.2 | 17 | 16.3 |
| 1734—5[b] | 105 | 9、 | 8.6 | 13 | 12.4 | 21.0 | 73 | 79.0 | 10 | 9.5 |
| 1738[c] | 249 | 27 | 10.9 | 30 | 12.0 | 22.9 | 192 | 77.1 | 35 | 14.0 |
| 1752[d] | 72 | 16 | 22.2 | 24 | 33.3 | 55.5 | 32 | 44.5 | 2 | 2.8 |

续表

| 年代 | 士子总数 | A类人数 | 百分比 | B类人数 | 百分比 | A+B百分比 | C类人数 | 百分比 | D类人数 | 百分比 |
|---|---|---|---|---|---|---|---|---|---|---|
| 1783[e] | 120 | 13 | 10.8 | 34 | 28.3 | 39.1 | 73 | 60.9 | 5 | 4.2 |
| 1789[f] | 1 149 | 190 | 16.6 | 372 | 32.2 | 48.8 | 587 | 51.2 | 29 | 2.5 |
| 1794[g] | 85 | 12 | 14.1 | 20 | 23.5 | 37.6 | 53 | 62.4 | 9 | 10.6 |
| 1800[h] | 193 | 28 | 14.5 | 33 | 17.0 | 31.5 | 132 | 68.5 | 17 | 8.9 |
| 1802[i] | 258 | 36 | 14.0 | 71 | 27.5 | 41.5 | 151 | 58.5 | 12 | 4.6 |
| 总计或平均 | 2 235 | 341 | 14.6 | 617 | 26.4 | 41.0 | 1 377 | 59.0 | 136 | 5.8 |

a 《康熙四十二年癸未科三代进士履历》(1703)。
b 《雍正十二十三年拔贡同年》是一种在雍正十二、十三年（1734与1735）全国性拔贡生考试中，及第的山东士子特别的合编名册。
c 《乾隆三年戊午科顺天乡试录》是一本乾隆三年（1738）直隶省举人名册。
d 《乾隆壬申科福建乡试同年齿录》是一本乾隆十七年（1752）福建举人名册。
e 《乾隆四十八年癸卯科江南同年齿录》是一本乾隆四十八年（1783）江苏与安徽的举人名册。
f 《乾隆乙酉科各省选拔同年齿录》是一本乾隆五十四年（1789）全国拔贡生名册。
g 《乾隆甲寅恩科顺天乡试同年齿录》乾隆五十九年（1794），是一本残缺的直隶举人名册。
h 《嘉庆五年庚申恩科顺天乡试同年齿录》嘉庆五年（1800），是一本完整的直隶举人名册。
i 《嘉庆七年壬戌科会试齿录》(1802)，是现存唯一的嘉庆时期（1796—1820）进士名册。
译者按：后来何先生增引北京国家图书馆藏翁同龢收集的清代进士、举人、贡生名册，1967年修订版增引了本表b、c、e、i四种名册；统计数字重加计算。

首先，大部分进士的仕途起于七品官，让我们找到最终会升到那里。一些地方志会提及当地进士的最后官位，但不能全信，因为地方志的记载可能不完全或不正确。幸好，我们处理的一种晚明进士名册，是科考之后半世纪，一位举子后人精心编制的名册，其中登载该科所有进士最后官职的正确信息。我们也有一种晚清名册，是该科的一位进士在考试后二十多年编撰的，它提供所有该科进士在编名册当时的官职，似乎绝大部分人已升到最后的官职。这将在表13加以分析。

同治七年（1868）进士名册，是该科考试至少二十二年之后才刊印的，诚然，它提供的信息可能不完全，对同科少数进士来说，刊载的可能不是他最终的官位;但其中最终官升到前三品的,会达到同科进士总数的十分之一,看来是非常不可能的。虽然其他科的进士考试,由于缺乏类似信息,不可能做有系统的统计研究;但表13所根据的这两种名册,确认了我们一般的印象:进士要升至最高的官品,清代比中国史上之前的任何朝代难得多。最主要的原因之一,是清朝留给汉人做的高官位之总数大量减少,汉人必须与满人与蒙古人及汉军旗人分享官位。如同治七年(1868)进士名册显示,截至光绪十六年(1890),该科进士只有68位或31.6%,官至四品和五品。在这种情况下,从官员家庭世代间的社会流动的观点,我们可以相当安全地说:大部分有高官祖宗的进士,仕途最终的官可能多停留在官员体系的低层,而大部分有中级官员祖宗的进士,仕途最终的官可能多在官员身份上无所得,只有那些有低级官员或有可能做低级官员身份的祖宗之进士,单单凭借他们的高功名,其社会地位肯定是上升的。

表13 进士的最后官位

| 科次 | 总数 | 高品官 | | 中品官 | |
|---|---|---|---|---|---|
| | | 人数 | 百分比 | 人数 | 百分比 |
| 1592 | 307 | 75 | 24.4 | 232a | 75.6 |
| 1868 | 275 | 19 | 7.0 | 256 | 93.0 |

史料出处:《万历壬辰科进士履历便览》(万历二十年[1592],成书于顺治三年[1646],《同治七年会试同年齿录》(同治七年[1868]:刊行于光绪十六年[1890]后不久)。

a 此232人中有五人因生病及过早死亡而从未任官。

要完全地分析所有四十八种名册是太费时间,因此只能处理其中的十二种。下列名册的挑选,是基于版本的优越和涵盖的年代较好。由于进士社会成分的关键性变迁,首先发生在晚明,其后在康熙时期;似乎需要把明代最后的万历三十八年(1610)的名册和现有三种康熙名册中的两种也纳入分析之列。康熙四十二年(1703)科进士名册,虽然版本残缺,却是18世纪这类现存可用的唯一名册;就有关个别进士祖宗信息而论,这份名册的品质是好的。

表 14　官员家庭出身进士的次分类

| 科次 | 同科总人数 | 平民家庭出身百分比 | 官员家庭出身 | | | | | |
|---|---|---|---|---|---|---|---|---|
| | | | 低阶 a | | 中阶 | | 高阶 | |
| | | | 人数 | 百分比 | 人数 | 百分比 | 人数 | 百分比 |
| 1469 | 248 | 60.0 | 34 | 13.7 | 54 | 21.8 | 11 | 4.5 |
| 1472 | 250 | 54.8 | 55 | 22.0 | 45 | 18.0 | 13 | 5.2 |
| 1538 | 317 | 48.9 | 61 | 19.3 | 78 | 24.5 | 23 | 7.3 |
| 1562 | 298 | 44.6 | 73 | 24.5 | 75 | 25.2 | 17 | 5.7 |
| 1610 | 230 | 43.9 | 58 | 25.2 | 53 | 23.1 | 18 | 7.8 |
| 1655 | 401 | 44.2 | 83 | 20.8 | 93 | 23.3 | 48 | 11.7 |
| 1682 | 151 | 19.3 | 38 | 25.2 | 66 | 43.6 | 18 | 11.9 |
| 1703 | 104 | 28.8 | 14 | 13.2 | 43 | 41.7 | 17 | 16.3 |
| 1822 | 210 | 34.3 | 61 | 29.0 | 65 | 31.0 | 12 | 5.7 |
| 1860 | 146 | 46.5 | 39 | 26.7 | 33 | 22.7 | 6 | 4.1 |
| 1876 | 216 | 36.6 | 68 | 31.2 | 64 | 29.9 | 5 | 2.3 |
| 1892 | 239 | 31.7 | 83 | 34.8 | 67 | 28.1 | 13 | 5.4 |
| 总计或平均 | 2 810 | 42.9 | 667 | 23.7 | 736 | 26.2 | 201 | 7.2 |

※ 本表材料取自表 3。

a　由于成化五年（1469）、成化八年（1472）、嘉靖十七年（1538）、嘉靖四十一年（1562）、万历三十八年（1610）、顺治十二年（1655）与康熙二十一年（1682）等年的监生被视为可能出任低阶官员。虽然在定义上，清代监生必须排除在可能出任低阶官员群体之外，但在清初有少量进士的祖宗在明代曾为监生，他们在明代定义下可能出任低阶官员，这些人也应计入。监生在康熙三十九年（1700）以后是不能列入官员阶级的。

表 14 透露一些本章表 14 以前各表所未清晰指出的重要事实：第一，在任何的三世代时期，均有 23.7% 出身低级官员和可能出任低阶官员家庭的进士，由于他们的进阶功名之优势，已上升至官僚体系的中等梯级。同时，又有 42.9% 出身平民家庭的进士。由于新进士几乎有三分之二来自平民家庭或现任

的低级官员及候补的低阶官员家庭,我们可以说政府官员界的成分经常处于波动状态。第二,一个百分比相当小的有高级官员祖宗家庭的进士,受制于一个几乎是内建的向下机制,使高阶家庭长期维持其擢升地位是困难的。第三,尽管政府经常注入新血轮,官僚体系总是能维持内部的持续性与平衡,因为平均三分之一的新进士出身中级与高级官员家庭;这一事实有助彻底而从容不迫地同化那些来自普通平民家庭和来自低阶官员家庭的新生。为奖励有大志的人与维持官僚体系的稳定,科举制度起了重要的政治与社会作用。重要的是我们须牢记,虽然表14透露的这些事实是如此,但C类家庭世代间的向上与向下社会流动的真实数量与度数,是比统计能呈现的大很多;因为统计是选取举子的三代直系祖宗中最高官位者,来断定其家庭身份地位的。

表15 生员的家庭背景

| 时期 | 常熟县 | | | 海门县 | | | 南通县 | | |
|---|---|---|---|---|---|---|---|---|---|
| | 总数 | 出身未有科名的家庭人数 | 百分比 | 总数 | 出身未有科名的家庭人数 | 百分比 | 总数 | 出身未有科名的家庭人数 | 百分比 |
| 1358—1487[a] | — | — | — | — | — | — | 267 | 263 | 98.6 |
| 1488—1505 | — | — | — | — | — | — | 88 | 78 | 88.6 |
| 1506—1521 | — | — | — | — | — | — | 143 | 120 | 83.9 |
| 1522—1566 | — | — | — | — | — | — | 444 | 332 | 74.8 |
| 1567—1572 | — | — | — | — | — | — | 35 | 22 | 62.9 |
| 1573—1620[b] | — | — | — | — | — | — | 549 | 375 | 68.3 |
| 1621—1627 | — | — | — | — | — | — | 195 | 138 | 70.8 |
| 1628—1644 | — | — | — | — | — | — | 303 | 186 | 61.4 |
| 明代总数 | — | — | — | — | — | — | 2 024 | 1 514 | 74.8 |
| 1644—1661 | 507 | 338 | 66.7 | 47 | 38 | 80.9 | 286 | 162 | 56.6 |
| 1662—1722 | 1 050 | 671 | 63.9 | 333 | 200 | 60.0 | 811 | 462 | 57.0 |
| 1723—1736 | 267 | 189 | 70.8 | 78 | 36 | 46.2 | 218 | 117 | 53.7 |
| 1736—1795 | 1 142 | 663 | 58.1 | 424 | 230 | 54.2 | 1 071 | 658 | 61.4 |

续表

| 时期 | 常熟县 | | | 海门县 | | | 南通县 | | |
|---|---|---|---|---|---|---|---|---|---|
| | 总数 | 出身未有科名的家庭人数 | 百分比 | 总数 | 出身未有科名的家庭人数 | 百分比 | 总数 | 出身未有科名的家庭人数 | 百分比 |
| 1796—1820 | 464 | 224 | 48.3 | 180 | 76 | 42.2 | 494 | 258 | 52.2 |
| 1821—1850 | 608 | 293 | 48.2 | 207 | 86 | 41.6 | 534 | 229 | 42.9 |
| 1851—1861 | 227 | 78 | 34.4 | 62 | 20 | 32.3 | 177 | 71 | 40.0 |
| 1862—1874 | 408 | 173 | 42.4 | 95 | 42 | 44.2 | 350 | 146 | 41.7 |
| 1875—1904c | 851 | 357 | 42.0 | 210 | 103 | 49.0 | 403 | 198 | 49.1 |
| 清代总数 | 5 524 | 2 986 | 54.5 | 1 636 | 791 | 48.4 | 4 344 | 2 301 | 53.0 |

史料出处:《国朝虞阳科名录》(光绪三十年 [1904] 后刊印、《静庠题名录》(民国二十二年 [1933]、《通庠题名录》(民国二十二年 [1933])。

a 这些时期都是每位皇帝在位的时期,从明太祖洪武元年到成化二十三年 (1368—1487),由于接受官品的生员人数很少,因此把几个明朝前期的皇朝合为一朝。

b 包括短命的明光宗皇朝(泰昌元年 [1620])。

c 南通县名册止于光绪十七年 [1891])。

在我们的社会学术向上流动的统计研究中,有一个面向的资料特别难收集到,那就是为数极大的生员群体之社会成分资料。由于得到生员身份标示着攀爬社会学术阶梯漫长程序的正式开始,指明生员这一基础初阶功名拥有者的社会成分之任何资料,均可阐明向上社会流动程序的临界水平。现存唯有的三种生员名册,均登载举子的祖宗记录,值得做一仔细的分析。

生员的员额制度之详情,将在《明清社会史论》的第五章开头叙述。在此只想说明,总的来说,顺应长程变迁的一般趋势,正显示在表9的进士社会成分,除了直到晚清,生员还是从广大社会基地选拔出来。出身无科名家庭的生员,其百分比最小的是咸丰时期(1851—1861),密集的太平军战役,严重地破坏长江下游地区。尽管我们的资料,只涵盖三个长江下游地方,但它们仍具高度意义,其原因有几个:第一,它们显示,即使在文化高的地区如常熟,这个夸称出许多一甲进士和全国著名家族的县分,一般平民仍有公平进入这个关键的社会初始转型的机会。第二,这三个序列的地方数据,可帮助我们解释那些高阶科名拥有者更广泛的资料之含义。由于科举制度是高度严格筛选的，进士是在代表科名拥有者的大金字塔之顶端。事实上，甚至在清代Ａ类出身进士的平均数已降到明初平均数的三分之一至四分之一之间，但超过一半的生员仍来自没有功名的平民家庭；意味着在宽广的金字塔底部的普通平民，虽不易进入顶端，但在底层有较宽广的机会结构。若没有常熟、海门与南通的这些数据，我们只能猜测：有了它们，我们的推测至少部分是有效的。第三，有功名家庭出身的生员，在明初的生员总数中，只占不显著的一部分，其后日益增多，至清代后半已占微弱的多数；但并不能把这当做是有儒学传统的地方家庭，越来越能延续他们在地方考试上的成功。总结这有价值，但高度复杂的，依地方家族编排的生员表，南通名册的编者细心地观察到，只有少数地方家族在好几代中，才能成功地，一代产生一位生员。同样的表与同样的编者评语，也可在邻近的海门县生员名册中找到。① 明代平均接近四分之三的生员，清代超过一半的生员，来自先前连初级功名都没有的寒微家庭；这意指广大生员群体，甚至比他们更小得多的进士群体，其社会成分是经常在流动的状态中。

　　总之，统计序列显示的最重要的特征，是Ａ类进士人数，从16世纪后半叶起至清代的末叶，是呈持续减少趋势。这个持续衰减现象，放在社会脉络中解释，意指寒微人士要爬升社会——官僚体系的阶梯，其困难与挫折是越来越大。虽然这个效应部分地被Ｂ类的稳定成长所减轻，但实际上，寒微人士遭遇到的困难与挫折更大；因为我们在这一章的统计数据，并不能显示金钱力量的日益增强，在清代的大部分时期，金钱很易转换成统治阶级的身份，官员的买卖还会造成官僚体系的过度膨胀。造成Ａ类的长呈下降趋势及机会架构变迁的原因，将有系统地在《明清社会史论》的第五章讨论，在《明清社会史论》的最后一章，还会进一步联系本章提供的这些主要的统计资料，与我们这个研究所累积的事证。

（原文发表于《明代研究》第15期，2010年。）

---

① 《静庠题名录》序言。译者按：《国朝虞阳科名录》，[清]王元钟撰，清晖书屋，道光三十年（1850）刊，咸丰光绪间（1851—1908）增修，光绪三十（1904）年印本。《静庠题名录》，[清]崔灵骥等原辑；[清]成廷寀续辑；[清]成荣仲等增辑，光绪三十二年（1906）刊本。《通庠题名录》，[清]顾鸿辑，清同治三年（1864）刊，光绪补刊，又有[清]崔灵骥、张宝琛续辑，民国二十年（1931）石印本。

# 喻松青与《明清时期民间秘密宗教中的女性》

## 经典导读

喻松青（1932—　），浙江杭州人。1953年南开大学历史系毕业，留校任教，1957年为中国社会科学院近代史研究所副博士研究生，师从黎澍，1960年留所中国通史研究室工作，现为研究员。20世纪60年代开始研究道家与道教，70年代后，主要研究明清民间宗教。主要成果有《明清白莲教研究》（四川人民出版社1987年）、《民间秘密宗教经卷研究》（联经出版事业公司1994年）等。她是改革开放以后，中国学术界民间宗教研究开风气之先的学者。

喻松青的明清民间秘密宗教研究特色鲜明，其所著《明清白莲教研究》收入了有关白莲教、黄天道、清茶门教、天理教、长生教和《众喜宝卷》《无为正宗了义宝卷》、新发现的《佛说利生了义宝卷》、八卦教、《破邪详辩》以及秘密宗教中的女性、孝亲观等方面的研究共12篇论文，并注意民间宗教在政治、思想方面的特点和倾向。喻松青强调民间秘密宗教源于白莲教而具有共同性，且受佛教影响较大。《民间秘密宗教经卷研究》收录作于1987—1993年间的9篇文章，主要探讨《转天图经》《普明如来无为了义宝卷》《皇极金丹九莲正信皈真还乡宝卷》《观音济度本愿真经》、《法船经》等宝卷。喻松青对于明清民间秘密宗教的总体性看法，反映在《明清时期的民间秘密宗教》（《历史研究》1987年第2期）一文中，该文主要论述了明清民间秘密宗教主要教派的发展脉络。她认为明清时期的白莲教,主要包括白莲教和罗教、黄天教、弘阳教、闻香教、圆顿教、八卦教以及它们所派生衍变的各种教派,如无为、大乘、混元、龙天、龙华、收元、清水、长生、皇极金丹、天理、清茶门、白阳、青莲、圆教等。白莲教从元末明初开始就十分活跃,它在推翻元朝统治的武装斗争中,起到了重要的作用;入明以后,又活跃于民间,把反元的矛头转向反对明朝统治者。嘉靖、万历以后,其他教派纷纷出现,滋生林立,这些教派创教之初,各有特点。如罗教和禅宗相近,弘阳教和道教关系密切,其他教派中的大宗,也都有自己的特色。但总的来说,它们的教旨、信仰、教仪、经卷、组织基础、活动方式以及其他各个方面,和白莲教大致相同。尤其是明末以后,教派之间互相吸取融合,各自的特色,多相混淆,虽然教派名目繁多,达百余种,但其间差别日小,并日趋泯灭,已很难分辨它们的差异所在了。明清白莲教各教派的组织和势力,分布于全国各地。贫苦农民、手工业工人、矿工、漕运水手、城市平民以及流民等,都是它们的基本群众。由于它们的行为、组织、思想信仰与统治阶级以及正统观念有所抵触,所以它们被统治阶级视为"邪教"。"邪教"的存在和活动,尤其是当它和农民起义、农民战争相结合时,对封建统治阶级是一个严重的威胁和打击。需要指出的是,中国另一民间宗教研究专家马西沙在《白莲教辨证》(《世界宗教研究》1993年第4期)中提出,明清时代的民间宗教不应统称为白莲教。马西沙的研究与喻松青的研究各具特色。

《明清时期民间宗教教派中的女性》发表于《南开大学学报》1982年第5期,收入《明清白莲教研究》时更名为《明清时期民间秘密宗教中的女性》。该文首先探讨了经卷中的两性观,引《救苦忠孝药王宝卷》所说:"或是男,或是女,本来不二。都仗着,无生母,一气先天。"认为无论男女都一样,都是无生老母的皇胎儿女,即男和女先天就是平等的;又引《龙华经》之说:"吩咐合会男和女,不必你们分彼此。"指的是男女教徒之间的关系。这些都是朦胧含糊的男女平等观念。其次该文论述神祇中的女性,指出明清时期民间秘密宗教信仰多神,其至尊的天神,逐渐地由明中叶以前的弥勒代之于无生老母,而且清代无生老母的信仰十分普遍,这究竟是母系残余在宗教领域的反映,还是妇女解放的先兆?也许是两者的结合。该文还讨论了女教徒与女教首。民间秘密宗教教派中,妇女领袖人物屡见不鲜,河北藁城的龙门教历代掌教的都是女性,教徒也以女性为多,教中妇女领袖人物最著名的如该教教主米奶奶唐赛儿、王聪儿;此外王伦清水教中,有王伦嫂五圣娘娘和王伦义女乌三娘。当时妇女地位低下,身处受压迫和歧视的境遇,生活贫困,她们信仰宗教,参加教派,寻求精神的慰藉和生活的出路。最后该文指出民间秘密宗教对封建伦理纲常特别是"夫为妻纲"的冲击。教徒有男有女,一起聚会,男尊女卑、男女大防等观念比较淡薄。由于男女混杂,一起聚会,封建统治阶级对此切齿痛恨,激烈攻击,指斥民间秘密宗教为异端。"夫为妻纲"的破坏,势必动摇国家中央集权的理论基础及其统治。喻松青的这一研究,将明清时期民间秘密宗教与女性建立联系,不仅对于民间秘密宗教研究是一个贡献,也推动了女性史的研究。该文从妇女解放、反封建、阶级斗争的角度,对女性参加民间秘密宗教给予了正当性的评价,或许读者未必能够全部接受,但是其所提出的问题以及探索,仍具有促进人们思考的意义。

#### 延伸阅读文献目录:

1. 郑志明:《无生老母信仰溯源——明代罗祖五部六册宗教宝卷思想研究》,文史哲出版社1985年版。
2. 马西沙、韩秉方:《中国民间宗教史》,上海人民出版社1992年版。
3. 欧大年:《中国民间宗教教派研究》,上海古籍出版社1993年版。
4. 庄吉发:《真空家乡:清代民间秘密宗教史研究》,文史哲出版社2002年版。
5. 喻松青:《〈弥勒出西宝卷〉研究》,《中国小说与宗教》(香港浸会大学人文中国学术丛书之一),香港中华书局1998年版;收入马西沙主编:《当代中国宗教研究精选丛书·民间宗教卷》,民族出版社2008年版。
6. 王庆德:《中国民间宗教史研究百年回顾》,《文史哲》2001年第1期。
7. 李世瑜:《民间秘密宗教史发凡》,《世界宗教研究》1989年第1期。
8. 宋光宇:《试论"无生老母"宗教信仰的一些特质》,"中研院"《历史语言研究所集刊》,1981年9月第52本第3分。
9. 王尔敏:《秘密宗教与秘密会社之生态环境与社会功能》,"中研院"《近代史研究所集刊》,1981年7月第10期。

10. 庄吉发:《清代民间秘密宗教的源流及其社会功能》,《大陆杂志》1991 年 80 卷 2 期。

11. 洪美华:《清代民间秘密宗教中的妇女》,台湾师范大学历史研究所 1992 年硕士论文。

12. 洪美华:《明清秘密宗教宝卷中的女神崇拜》,《历史月刊》1995 年 3 月第 86 期。

13. 庄吉发:《清代民间宗教的宝卷及无生老母信仰》,《大陆杂志》,1997 年第 74 卷第 4、5 期。

14. 巫仁恕:《〈妖妇〉乎?〈女仙〉乎?:论唐赛儿在明清时期的形象转变》,《无声之声(Ⅰ):近代中国的妇女与国家(1600—1950)》,"中研院"近代史研究所 2003 年版。

15. 李贞德:《最近中国宗教史研究中的女性问题》,收于李玉珍、林美玫主编:《妇女与宗教:跨领域的视野》,里仁书局 2003 年版。

16. 简瑞瑶:《明代妇女佛教信仰与社会规范》,成功大学 2003 年硕士学位论文。

17. 赵世瑜:《明清以来妇女的宗教活动、闲暇生活与女性亚文化》,收于郑振满、陈春声主编:《民间信仰与社会空间》,福建人民出版社 2003 年版。

—— 原文:《明清时期民间秘密宗教中的女性》

**经典原文**

# 明清时期民间秘密宗教中的女性[①]

喻松青

**内容提要** 本文由以下四个部分组成，(1) 经卷中的两性，(2) 神祇中的女性，(3) 女教首和女教徒，(4) 对封建纲常伦理的冲击。阐述了有关明清时期民间秘密宗教经卷中有关女性的神学信仰、理论观念以及各个教派中女教首和女教徒的状况，这些在封建社会中产生的朴素的具有自身特色的两性观，对封建的纲常伦理及社会现实形成一定的冲击。

**关键词** 民间 秘密宗教 女性

## ■ 一、经卷中的两性观

明清时期民间秘密宗教经卷中，直接阐说两性观的经文，至今所见，即《救苦忠孝药王宝卷》中所说的："或是男，或是女，本来不二。都仗着，无生母，一气先天。"[②] 和《古佛天真考证龙华宝经》(以下简称《龙华经》) 的《排造法船品》："吩咐合会男和女，不必你们分彼此。" 前者是说，无论男女都一样，都是无生老母的皇胎儿女。意思是指男和女，先天就是平等的。后者是指男女教徒之间的关系而言。既然男和女都是无生老母的皇胎儿女，那么，同教中的男女之间，不必存有芥蒂隔阂。从先天到后天，明清的民间秘密宗教经卷，提出了朦胧含糊的男女平等观念。这种男女平等的观念，不同于资产阶级革命以后两性平等的疾呼，但它是中国封建社会中朴素的、具有自己特色的两性观。

这种关于先天平等的朴素观念，源自中国传统的阴阳观念。一阴一阳，组成万物，缺一不可。《龙华经》的《古佛乾坤品》说道："无生母，产阴阳，先天

---

[①] 原载《南开大学学报》1982 年第 5 期 (哲学社会科学版，纪念郑天挺教授明清史学术论文特刊)。
[②] 转引自黄育楩:《破邪详辩》。以下所引经卷，如不另注出处，皆引自黄书。

有孕","生一阴,生一阳,婴儿姹女。起乳名,叫伏羲、女娲真身。"这里阴和阳完全是并列对等的。而阴阳之上的主宰者,却强调了无生老母,是阴性,这和儒家正统思想中阳是主导,在阴之上,阴是从属、卑微、低下等观念,完全相悖了。明清时期的民间秘密宗教,对阴阳、男女之间的关系和地位,没有作更多的或进一步的阐说。在它们那浅俗的经卷中,虽然也不免有传统的、占统治地位的阴卑阳尊观念的影响。但是,在一些具体问题的叙述和说教中,男女总是对列平等的。而且经常表露出对女性的尊敬和信任、关切和同情。

在各个民间秘密宗教的开教话语中,都流行以下的说法:即宇宙初创时,无生老母打发她的儿女(称皇胎儿女或原人、元人、原佛子、贤良等)九十六亿下降尘世。由于他们和她们被红尘迷了本性,受尽了人间种种的苦难,需要救度出苦海,返回天宫家乡(称真空家乡)。《普度新声救苦宝卷》说:"大乘教,立法门,度下儿女。"《龙华经》说:"顿悟教,设法门,度下儿女。"《普明如来无为了义宝卷》的《龙尊王如来分第四》说:"无生法,遍天境,男女同修。"①这里,大乘教、顿悟教、黄天道等不同的民间秘密宗教教派,它们立法传教的目的,都是要超度男和女。它们对男和女,一视同仁。其他的民间秘密宗教教派,情况也大致如此。

道光时,浙江衢州长生教教徒陈众喜,写了一本《众喜宝卷》。这部宝卷宣传长生教的教义,其中穿插了他个人的生活经历,他的婚姻、恋爱、传道的挫折等等。卷文中还记述了他和女道友之间真挚的情谊。他没有传统的女人"头发长,见识短"的偏见,而是由衷地敬佩女道友信仰的虔诚和明慧。这是当时教派中实际存在的风气在经卷中的反映。

对女性的关切和同情,在《销释孟姜忠烈贞节贤良宝卷》、《佛说黄氏女看经宝卷》、《佛说离山老母宝卷》、《地藏菩萨执掌幽冥宝卷》等经卷中,都有所表露。虽然它们中间有许多传统的、陈腐思想的影响,然而,这些宝卷的卷文,亲切通俗,充满着对妇女婚姻家庭诸问题的关怀和拯救妇女于苦难的愿望。弘阳教的《混元红阳血湖宝忏》,其大意说,阳间妇人,生产男女,秽污不净之水,聚集一处,名为血湖。妇人死后,要饮尽血水方得出期。这一血湖的信仰,与道教和佛教有关。《道藏·洞真部》收有《元始天尊济度血湖真

---

① 《普明宝卷》影印本,莫斯科,1977。

经》，佛教有《佛说大藏正教血盆经》。此外还有《太一灵宝济度血湖真经》，《报母血盆经》等内容大致相同。妇女死后，如请僧尼道冠等诵念这些经文，即可免饮血水，解脱苦痛。这种落后迷信的荒诞说法，实质上却灌注着对女性生理痛苦的关切和意图消除女性罪孽的热忱。至于对女性的尊敬和信任，主要反映在民间秘密宗教的神学思想和神学结构中，这就是下面所要阐述的对无生老母和其他女神的崇拜和信任。

## ■ 二、神祇中的女性

明清时期的民间秘密宗教，信仰多神。多神中的至尊的天神，逐渐地由明中叶以前的弥勒，代之以无生老母。当然，至尊的天神，即主宰世界的最高神，在民间秘密宗教中，并没有一个十分严格和清晰的概念，它们随时任意增删排比神的名称和位置。例如，在弘阳教中，有时混元老祖是至尊，有时又是无极老祖。在圆顿教中，又出现了无极古佛、天真古佛等。然而，无论是弘阳教还是圆顿教，仍然没有排除无生老母的至尊天神的地位。无生老母和混元老祖、天真古佛还结成了夫妻，在一些经文的具体安排上，混元老祖和天真古佛常常徒挂至尊的空衔，真正执掌实权的至尊，还是无生老母。而且愈到后来，无生老母的地位就日益重要。稍后出现的圆顿教中无生老母的地位，就高于早期弘阳教。到了清代，无生老母的地位超过了其他神祇，终于成为白莲教系统几个大教派中的女上帝。她是人类历史上拥有众多徒众的大的宗教教派中唯一的一位女上帝。

无生老母是创世主，人类的祖先。《龙华经》说："古佛出现安天地，无生老母立先天"，"无生母，产阴阳，婴儿姹女，起乳名，叫伏羲、女娲真身"。她不仅创造了宇宙和人类。同时，还要拯救沉沦于苦海中的人类。她是救世主，人类的救星。"无生老母，度化众生，到安养极乐国，同归家乡，不入地狱。"①"无生母，度化众生，同上天宫"。②她有时化为吕祖。③她差遣弥陀、大

---

① 《销释授记无相宝卷》。
② 《佛说无为金丹抉要科仪宝卷》。
③ 《皇极金丹九莲正信皈真还乡宝卷》。

意佛、① 太上老君② 等神，下临凡尘，以拯救沉沦红尘的皇胎儿女，脱离苦海，返归天宫。在《护国威灵西王母宝卷》中，无生老母化为西王母，"考察儒、释、道三教圣人"，成为跨越其他宗教和学派所奉的诸神和圣人之上的女权威。清代的民间秘密宗教，不仅奉无生老母为最高神，以"真空家乡，无生老母"为八字真诀，当它们发动起义时，无生老母又成为佑护教民攻打敌人取得胜利的神祇。如乾隆三十九年（1774年），山东清水教王伦起义，王伦奉无生老母，宣称"圣母降身，刀枪不入"③。这时的无生老母，既是创世主和救世主，同时也具备了和封建统治阶级相对抗的农民叛逆者的性格，成为农民叛逆者的护法神。

民间秘密宗教经卷中的无生老母，是一个至高无上、拥有无比权力的严肃的女神。然而，在大多数的卷文中，无生老母是以一个慈爱亲切的母亲形象出现的。她没有深奥的说教，也没有严厉的斥责。她惦挂流落东土的儿女们，为他们和她们的苦难而垂泪叹息。她努力去克服种种困难，作出种种的安排，盼望着儿女们能够早日返家和她团聚。在《销释大乘宝卷》的《大乘菩萨品》中，有一段描述无生老母和她的儿女们最终获得团圆时的欢娱景象："明心见性读妙法，归家无牵挂。凭意得纵横，参透玄妙法，普度婴儿归家罢。归家了道长生续，坐在莲花蕊，金光围护绕，接引还原位，婴儿见娘笑微微。老母见了心欢喜，今日团圆会，得上菩提路，赴在龙华会，婴儿闯在娘怀里。九品莲台端然坐，纵横又洒乐，普放大光明，一去登极乐，婴儿见娘笑呵呵。"这里得道和归家相联系，天神和老母合为一体，表露了老母对婴儿的爱护和婴儿对老母的依恋，是一幅欣愉的天伦图。当肩承着各种沉重的生活担子和精神苦痛的教徒们诵读这些经文的时候，他们和她们会忘却现实的残酷，从无生老母的爱抚中，得到慰藉和希望。

清代，无生老母的信仰十分普遍，有的地方还出现了礼奉无生老母的庙宇。关于她的传说很多。黄育楩在《破邪详辩》中，转引了道光时白阳教教首王法中的供词。王法中说无生老母于康熙年间在清苑县国公营转世，出嫁后生一子，被丈夫休弃。后来，子又被雷轰死。于是在国公营的大寺内，习教传

---

① 《佛说三回九转下生漕溪宝卷》。
② 《龙华经》。
③ 潘相：《邪教戒》，见《二文书屋集略》。

徒。这个无生老母的化身，那么贫贱、卑微、不幸、苦痛，却为教徒们奉为神圣。这正如马克思在《黑格尔哲学批判导言》中所说的那样："一个人，如果想在天国的幻想的现实中，寻找一种超人的存在物，而他找到的却只是他自己本身的反映"。无生老母是一个普通的、微贱的、受尽苦痛的妇女，这正反映了以贫苦农民、手工业者以及其他下层社会劳动人民为基本群众的民间秘密宗教信仰的特点。

除无生老母以外，明清的民间秘密宗教教派中，还有许多女神，有的是从佛教那里挪借来的，如观音；有的是中国传说中的女神，如王母娘娘，离山老母，七仙姑等；有的是从无生老母分化出来的，称为圣母，佛母，祖母等。《佛说皇极收元宝卷》中，阐述十步修行之法说："十步修行，头步七山头，有天元祖、地花母把守，二步六关至七步六关，各有祖母把守……"祖母是各个修行阶段的把关者，拥有基层组织中领导的权力，清乾隆初，河南白莲教女教首一枝花蔡氏，所奉之神有"三教祖母，十二老母，九龙圣母"①。光绪二十六年（1900年）在宛平县发现的圣贤道"邪教"，教民拜神时，诵念以下词句："叩求先天老爷指引孩儿一道诸天太缓宫，给头层圣母叩头，求头层圣母指引儿一道明天都子宫，南无萨。给二层圣母叩头，求二层圣母指引一道圣天斗牛宫；求三层圣母指点引婴儿一道安洋院清英宫；求四层圣母指引婴儿一道云盘天无水殿单求宫，给无生老母叩头"。②各种祖母、老母、圣母的出现，反映了无生老母权力的扩大。在明清时代民间秘密宗教中，不仅最高的天神无生老母是阴性，在无生老母的信仰系统中，还分布了大大小小的各种以母亲为名号的女神，把守和执掌着具体的部门，她们和无生老母组织成一个老母的天国。

为什么明中叶以前为民间秘密宗教所信仰的阳性的至尊神弥勒佛，在明中叶以后，尤其是在清代，会被阴性的无生老母所替代呢？而且在民间秘密宗教的神的结构中，至上的无生老母以下，还出现了其他的以母亲为名号的女神，这是中国封建社会中母系残余在宗教领域中的反映？还是封建社会末期妇女解放的先兆？也许是两者的结合。在清代，落后的满族入关统治，使得封建社会

---

① 《康雍乾时期城乡人民反抗斗争资料》，见中国人民大学编:《乾隆四、五年河南伊阳等地白莲教起义》，1980。
② 故宫博物院第一档案馆藏，军机处录副奏折，农民运动类，编号2307，《载勋等关于审讯圣贤道刘福顺等人之文件》。

和母系社会残余的结合，更为明显和突出。而为妇女在封建社会中所处的受压迫的处境鸣不平以及改善她们地位的呼声，在明中叶以后已陆续出现。清代虽然思想的禁锢十分严酷，远远比不上明代那样活跃自由，但有关或近似妇女解放的言论观点，仍然从明末一直延续下来。这种属于先进范畴的思想是可以和落后的母系社会的残余相结合的。因为在社会的各个领域中，常常会出现这样的情况，即落后痕迹的回照。它可以是反动的，成为社会前进的阻力；也可以使落后中有生命力的部分成为先进社会中已被否定的残缺部分的合理补充，从而获得肯定的意义。被压迫妇女的解放，在封建社会中无先进的思想理论作指导的情况下，母系社会的女性的地位和女权，被作为借鉴，是可以理解的。当然，无生老母这个女上帝的出现，还和劳动妇女的家庭地位有关，再从家庭的地位，伸延扩张到民间秘密宗教活动的群体中去。于是出现了众多的和男教徒并列的女教徒，女教徒中的出类拔萃人物，又成为女教首。她们在家庭中是母亲，在教团中是超人的领袖。从她们身上，概括出一个无生老母的形象，而无生老母将天上的母爱和人间的母爱相交融，博施于众，又感召了无数的教徒。尤其是处在困境中的人们，更容易为她所吸引。她比弥勒佛更具有诱惑力。

## ■ 三、女教首和女教徒

明清两代民间秘密宗教教派，由妇女创教或妇女成为教派首领的，为数不少，影响很大。和河北滦州石佛口王森的东大乘教相并立的北京黄村西大乘教，系明正统年间吕菩萨所创。吕菩萨即尼姑吕牛，也有称作吕妞的。传说她是吕祖的化身，"本系男身，假称女身"。但她在人间是女性。这是历史上的真人。明代谈迁《枣林杂俎》中，有一篇《吕氏沮驾》，说的就是吕牛的故事。大意说，明正统十四年（1449年），英宗驾出北征，陕西尼吕氏于紫荆关迎驾，陈说此行不利，劝谏英宗返回。英宗大怒叱唾，吕尼化去。英宗复位后，封吕尼为御妹，吕尼在黄村建保明寺（俗称皇姑寺）。在《普度新声救苦卷》中，在上述故事的基础上，又增添了一些内容，说吕尼化为疯婆，在英宗北征的路上，挡道劝阻。土木之役战败后，吕尼为英宗送饭，又刨出泉水。英宗回朝时，吕尼又劝帝回京后要闭口藏舌。英宗复位，吕尼常在宫中行走，后建保明寺。保明寺是民间秘密宗教西大乘教的发祥地,《龙华经》说:"西大乘,立法门,度下儿女。吕菩萨,领乡儿,龙华相会。"吕菩萨,即指吕牛①。保明寺的尼姑中,还出了位女秀才,在民间秘密宗教中享有声望,即嘉靖时的张归圆。她于万历元年(1573年)完成一套新五部六册,这是仿照罗教创教人罗清的经卷五部六册撰写成的。卷名是:《销释大乘宝卷》、《销释圆通宝卷》、《销释显性宝卷》、《销释圆觉宝卷》和《销释收圆行觉宝卷》(二册)。归圆12岁出家为尼,读了罗清的经卷后,即立志著述,颇有雄心和志向。她虽然不是西大乘教派的首创人,但我认为她是使西大乘教脱离正统佛教规范步入"邪教"行列的作俑者。她学习非正统的罗教宝卷,并敢于仿造,去宣传和扩大罗教的思想影响。像保明寺这样的敕建寺,和有贵族化倾向的寺院,都出现了"邪化"的思想,这在当时的宗教界是一件很有影响的事情。归圆的经卷因仿罗经没有多少创新,然而不能忽视和否认她在明后期促使民间秘密宗教发展扩大过程中的功绩。

明末圆顿教的创始人叫弓长,他创教过程中,得助于一个叫张翠姐的女性。弓长本来是滦州石佛口闻香教下的一个小头目,他曾去拜见王祖,由张翠姐作为引进人。张翠姐在《龙华经·祖续莲宗品》中,有"中央圣地翠花张姐"之称。她是一方之主,而且是最重要的中央一方之主,手下有十善大护法。可见她在闻香教中的地位。她介绍弓长谒见王祖,王祖面授机宜,为张以后的创教活动,作了指点。此时滦州石佛口的王祖,已是王森之子王好贤的后代。闻香教因起义失败受到镇压,教首被杀或逃亡,教团破坏,它的后继者或以清茶门教、或以圆顿教等名称,发扬闻香宗旨,活跃于华北、长江流域等地区。张翠花是个承上启下的重要人物。

明末龙门教,系米奶奶所创。据《那文毅公奏议》卷四十一,米奶奶是万历时人,嫁与刘姓,曾敕封掌道收圆老母名号,是龙门教教主。龙门教刘氏妇女,世代传教,至嘉庆时查出刘龚氏母子传教,已是米奶奶的第十二代子孙。龙门教在河北省南部流行,藁城有米氏祠宇,内有米奶奶泥像及坟冢,并有龙

---

① 西大乘教建教之初,似不应列入民间秘密宗教。保明寺本是明英宗侫佛并广建梵刹的产物,当与民间秘密宗教无关。以保明寺为根据地的西大乘教成为"邪教",有一演变过程,约在明嘉靖六年(1527年)"毁皇姑寺,散其党,核僧徒"(《明世宗实录》,卷八十三,嘉靖六年十二月初九日)事件之后。

门教碑。查出的经卷《九品收元卷》中有："卯金刀，牛八江山不坚牢。刘赶猪，十八家头目出来把人杀。甲子年，降圣人。三月三，午时辰，木子之家去为人。三甲之年龙蛇行，幽燕有灾刑"等语。三月三，据说是米奶奶的生辰。米奶奶的丈夫姓刘，"刘赶猪（朱的谐音），十八家头目出来把人杀"，大概指她的丈夫和当时十八个首领起来造反。"木子之家去为人"，指参加李自成的起义队伍。总之，从经文的片断看来，龙门教无疑投入了推翻明王朝统治的起义斗争。龙门教是一个有过光荣历史的民间秘密宗教教派，一个由女性创立的有很强的叛逆性的教派。

此外，如乾隆时牵及西南和江浙各省的张保太大乘教案中，查出贵州的魏王氏，又称魏斋婆，是个十分重要的人物，她受张保太之封，以右中宫兼官左中宫，加升总统官元佛。《钦定平定教匪纪略》卷二十二记载，京城宣武门外善果寺街，有高张氏称教祖奶奶，和伊女李高氏共同传教，在天子脚下标奇立异而没有顾忌。《众喜宝卷》介绍民间宗派教派玄阳教时，称道光时山东诸城金氏，创托阳教。《清高宗实录》卷二十一乾隆十一年七月载，宛平县查获以刘氏、赵王氏为首的弘阳教。《皇明嘉隆两朝闻见记》嘉靖二十六年三月条记载："汶上人田斌及其妻，啸聚数千人。"在民间秘密宗教创教和聚众的过程中，有些不是女性创立的教派，也往往有女性在其中协助她的丈夫、儿子或者教友，成为他们的得力帮手。

当民间秘密宗教和农民起义相结合的时候，又出现了不少出类拔萃的女领袖人物。永乐年间自称佛母的唐赛儿和嘉庆时川楚白莲教大起义的首领王聪儿，是众所周知的杰出者，她们受到数以千万计的徒众和部下首领的信赖。她们勇敢善战，具有大无畏的精神，把斗争的矛头直指朝廷而无所犹豫顾忌。当起义失败，唐赛儿逃匿，明廷"尽逮山东、北京尼及天下出家妇女，先后几万人"①，也没有找到她，这反映了她有浓厚的群众基础和过人的智慧。王聪儿在战斗中受到清兵的竭力追剿，最后带领女兵十余人，自坠于千仞悬崖下，英勇牺牲。在川楚白莲教大起义中，见于记载的女首领还有王刘氏、周滕氏、杨贾氏等，她们勇敢善战，其中王刘金工还自称是无生老母。②嘉庆时天理教首领

---

① 《明史》，卷一五八，《段尼传》。
② 《钦定平定教匪纪略》，卷二十八。

李文成的妻子张氏，也是一位女中豪杰。李文成牺牲后，起义队伍即由张氏主事，指挥战斗，据城固守。当官兵破城的时候，她的部下劝她随同城中难民妇女混迹出城，张氏拒绝了，她声称宁可同死，不愿逃走。后自缢死。① 此外，如明万历年间，凤阳刘天绪自称无为教主、当阳皇极佛出世，起兵造反，教民寡妇岳氏妻，称观音。② 崇祯时，山东王伦益称混元祖师，偕妻十指母，率众起义。③ 乾隆四年（1739年），河南伏牛山查获白莲教女教主一枝花。一枝花姓蔡，自称系祖师所度之人，众人崇奉，呼为女总领。她和另一个河南伊阳县的女教首梁朝凤，结拜为干姐妹。她的教团中，女性为多，有一郝氏，称玉兰老母。所奉之神，也以女神为多，如三教祖母、十二祖母、九龙祖母等。当地有民谣说："一枝花，十七八，能敌千万马"。④ 可见一枝花不仅是教首，还是一位骁勇善战的女将。伏牛山一枝花组织了以女性为中心的宗教起义队伍，是一个新颖而特殊的现象，很值得研究。可惜没有找到更多的可供研究的资料。乾隆三十九年（1774年），山东清水教王伦起义，王伦嫂于氏，称五圣娘娘，年六十余，跨马挥双刀，英勇善战。又有乌三娘，是教中另一女将，在起义中发挥了重要的作用。⑤ 嘉庆二十年（1815年），江南爆发的圆教起义中，有一女首领李玉莲，自称开创圣母，怀孕弥勒，传言"皇极真命主，隐居石观音"，石观音即指李玉莲。⑥ 从上述宗教起义中女首领人物的情况来看，除了她们与封建社会妇女弱不禁风的形象相对立的飒爽英姿，给人们留下了深刻的印象外，还有一个值得注意的问题，即一些女首领的信念和心理中，隐藏着一种超越男性的意图。一枝花固不待言，她们之所以信奉三教祖母，即认为儒、道、佛三教圣人，虽有极其崇高的地位，然而他们都是母亲、祖母孕养出来的，没有母亲，何来圣人？用这种简单的生物学的推论，来证明女性的伟大，虽然过于简单，但在单纯朴实的信徒中，也有一定的说服力。自称怀孕弥勒的李玉莲，也怀着人类起源于母亲的自豪自尊感，认为一切神佛和未来世界的主宰者

---

① 《钦定平定教匪纪略》，卷二十八。
② 《丁清惠公遗集》，卷一，《擒获妖犯乞正典刑疏》。
③ 《明清史料》，乙编九册，《兵科抄出山东巡抚王从义题本》。
④ 《康雍乾时期城乡人民反抗斗争资料》，见中国人民大学：《乾隆四、五年河南伊阳等地白莲教起义》，1980。
⑤ ［清］俞蛟：《梦厂杂著》，卷六，《临清寇略》。
⑥ 杨缙：《菊溪节相除邪纪略》，转引自《人文月刊》，第8卷，第5册，《圆教始末及其经卷》。

弥勒，也都是母亲的孩子，而她自己就是弥勒的母亲，其地位当然又比弥勒要高出一头了，这种意图超越男性的竞赛心理，是千百年来女性受男性压迫所产生的压抑情绪的反叛。她们还没有足够的力量在现实生活的各个领域中去超越男性，但她们并不甘心低下和卑微。一方面她们奋起斗争，一方面去寻找和创造一个为自己争得胜利的理论，并把自己的地位摆在神佛之上。这种做法很幼稚，但它毕竟是封建专制主义统治下所迸发出来的一点妇女争取独立平等的思想火花。

至于一般的民间秘密宗教的妇女，为数更是众多，她们无论是平日传教或是当激烈的阶级斗争爆发的时候，都是教团内不可忽视的一支活跃的力量。各个教派中，弘阳教的女教徒尤多。清嘉庆时那彦成在河北束鹿县查抄镇压红阳教时，发现入教之人，全部为女性。① 弘阳教的女教徒，许多人在入教后习医，为人治病，并从事传教活动，其中寡妇尤多。她们穿门走户，有不少三姑六婆之类的人。道光初年，临清州马进忠乾卦教，"入教者尽易李姓，男女各半"②。崇祯十一年（1638年）刊行的《崇祯乌程县志》，记载县内村庄流行佛经劝世文，名为宣卷，群集唱和，以村妪为主。明中叶以后，宣卷活动在家庭或社会中流行，宣卷者以尼姑为多，以妇孺为主要对象。她们主要宣讲果报地狱、前世来世、戒杀行善或一些生离死别、苦难折磨最后团圆幸福的故事。明末的宣卷大都不曾危及封建社会统治的均衡，在乡村市镇的集体宣卷活动中，则往往随着宣卷人和她们的听众的思想情绪，增添附加被视作异端的内容。但无论如何它都是一种和平的方式。与此相反的是女教徒习武的事情，从明末闻香于弘志的棒棰会明显的开端，清代一直不衰。八卦教、清水教、天理教以及川楚白莲教起义中，都有不少妇女们练习武功，或直接参加战场斗争。

民间秘密宗教中妇女很多，这是封建社会中妇女所遭受的压迫和悲惨的境遇所造成的。本来，吸引劳苦群众到宗教结社行列中去的原因，主要是贫困。农民、手工业者和其他社会下层的劳动群众，受尽了封建统治阶级残酷的经济剥削和政治压迫。尤其是劳动妇女，她们被压在社会的最底层，所受的苦难尤为深重。她们希望改变现状，却又找不到出路。于是祈求神灵的庇佑，寄希望

---

① 《那文毅公奏议》，卷四十二。
② 《清宣宗实录》，道光四年四月上谕。

于超人的权威力量,用精神的解脱,补偿现实的苦难,在宗教中寻得慰藉。同时,在宗教结社的团体中,又能获得人们的同情和友爱,得到物质的帮助。

## ■ 四、对封建纲常伦理的冲击

民间秘密宗教中,有男有女,一起聚会。男尊女卑,男女大防等观念,相对说来,比较淡薄,并且有朴素的男女平等的观念,比如像王聪儿和其他一些女首领,当她们的丈夫死后,她们可以继承丈夫的事业和地位,得到教团中其他首领和徒众们的拥戴,这种夫死妻继的观念和事实,在以封建正统思想为规范的领域中,是不可能出现的,封建统治阶级对"邪教"激烈攻击,而其中尤为他们所切齿痛恨的,即所谓男女混杂,阴阳颠倒。

黄育楩在《破邪详辩》中说道:"男女混杂,恣行淫欲,为邪教中第一要诀也。"他在批驳民间秘密宗教宝卷的详辩中,对于有关男女纲常的地方,分外留意,都站在封建卫道者的立场上,议论发挥,如批驳《古佛天真考证龙华宝经》说无生老母是创世主,至尊天神时,黄育楩说:"噫!天神之至尊者为玉帝,自邪教言,则无生又在玉帝之上矣。试观古来女后专权,必致祸乱,假使无生老母职掌天宫,则阴盛阳衰,安能成化育之功?"黄育楩认为历史上祸乱之由,皆系女后专权所致,是别有用心的,事实上,在一些带宗教性的农民起义中,如清代川楚白莲教起义女首领王聪儿,虽被部众奉为佛母、总教师,但没有任何记载表明她的男性部众怀有"阴盛阳衰"的恐惧和顾虑,黄育楩对《龙华经》中"吩咐合会男和女,不必你们分彼此"的批驳是:"男正位乎外,女正位乎内"、"男女授受不亲"、"外言不入于阃,内言不出于阃"等等,都是极为陈腐的说法。但在中国漫长的封建社会中,男女的关系和地位,确实是按照这些原则去规定的。而在行动上对这些原则和规定有所冲击的,恰恰又是民间秘密宗教,除此以外,封建社会任何集团和个人,包括在两性观上执进步观点的杰出人物,他们在争取妇女改善地位的言行中,比之白莲教系统的民间秘密宗教教派所为,不仅大为失色,而且可以说望尘莫及。

黄育楩攻击男女混杂,必然归结到恣行淫欲上去。尽管在封建社会里,大多数统治阶级集团中人,终身生活于淫欲之中,然而他们却把这种罪名强加于人，尤其是加之于妇女，则必致妇女于死地。所以黄育楩别具用心地说，"邪教"之产生和发生，乃是人之好色的结果。他引用一个廪生教徒赵爽的话："吾习邪教，非信邪教也，徒与少年妇女朝夕会合，由吾选用而已。"以证明"邪教"的淫乱。赵爽的供词，也许是由衷之言，也许是想以此来掩饰他的政治罪行，获取从轻发落。参加民间秘密宗教的人，尤其是像赵爽之类的地主阶级阵营中的温饱之士，他们入教，很可能有着卑劣的动机。但是，对入教的广大劳动群众来说，他们是希望改变自己的命运和地位，希望在互助的教团中求得生活的温饱和精神的安慰。这就是为什么愈是社会动荡不安，人民生活困苦的年代，民间秘密宗教的组织就发展壮大的原因所在。总的来看，纯粹的教团是没有的，只能根据它的本质、主流以及其中大多数人的倾向去断定它的性质和意义。在重要的、影响较大而且拥有较多群众的民间秘密宗教中，所谓"恣行淫欲"，绝非是它的本质和内容。① 淫欲只能是一个群众组织的腐蚀剂，它无法维持一个团体持久地存在，不可能使民间秘密宗教延绵不断地纵横传布，此伏彼起，有着坚韧的、强大的生命力。至于教团中，男女一起聚会，进行公开的社交活动，或者男女教友之间有些友谊交往甚而发生恋情或互相结合，这也无可非议，更不能斥之为淫欲。即使退一步来说，他们或她们在这方面有值得指责的地方，那么，比之地主阶级来说，也无非是一方是公开的行为，一方是隐蔽的行为，其中区别在于坦率和伪善的表现形式不同而已。当然，确实有专门从事炼丹、房中术之类的民间宗教教派。道光时长生教陈众喜在《众喜宝卷》中列出的七十个民间秘密宗教派中，就有专门从事采补运气等术的教派，如河南信阳的乾阳教，浙江杭州的清玄教、北京华钦公的坎离教等，这是道教的末流，本为迎合统治阶级而生，并无广大的群众基础，何况关于它们的存在，牵涉到其他一系列的问题，如医学、修炼、求子、方术等等，也不是用淫欲就能加以概括说明的。

黄育楩的思想观点，是有代表性的。清代唯物主义进步思想家颜元，在他的著作《存人编》中，对此也有相同的说教。他说："你们男妇混杂，叫人家是'二道'，只管入房入室，坐在炕头上。不知我圣人的礼，男无故不入中门，女

---

① 在比较重要影响较大的民间秘密宗教中，有所谓"恣行淫欲"内容的，实际上很少见。清嘉庆时流传于陕西、甘肃的悄悄会，比较突出，教内有所谓传丹、滚丹、得丹等名堂。参见故宫博物院第一档案馆藏，军机处录副奏折，农民运动类，编号2297，《方维甸等关于审拟悄悄会首王化周、石慈及案内人员有关奏折》。

无故不出中门,叔嫂尚且不通问,父兄于女子,既嫁而归,尚且对客礼待之,至亲骨肉,亦必避嫌。那有妇女往异姓无干的人家去上会的礼?那有异姓无干的男人入人内室的礼?这是大坏人道,乱风俗,你们怎么不顾体面?"颜元虽然是唯物主义的进步思想家,却是克己复礼的典型人物。他在维护封建纲纪伦常、恪守封建礼教方面,是个极为坚定的卫道者。他对"邪教"也是深恶痛绝。但他不像黄育楩那样斥责攻击,而是谆谆教导、多方劝阻村男村妇,不要去信"邪教"。无论是黄育楩的斥责,还是颜元的劝导,都说明了清代民间秘密宗教在民间有很大的影响。它们的两性观冲击了封建三纲中之"夫为妻纲",这才引起了封建地主阶级及其知识分子的忧虑不安。

三纲五常是封建国家中央集权统治的理论基础,是巩固地主阶级专政、统治和镇压农民的思想武器。三纲中的"夫为妻纲",是专门压迫妇女的。在封建社会里,妇女除了受政权、神族和族权的支配外,还受夫权的支配。"三从四德"即"夫为妻纲"的具体的道德规范。所以,对"三从四德"这一道德规范的触犯,实即破坏了"夫为妻纲"这一法则。而三纲五常又是互相依存,互相制约的。"夫为妻纲"的破坏,势必动摇整个的封建国家中央集权的理论基础及其统治。所以当资产阶级兴起、反对封建主义的时候,争取妇女解放、婚姻自由以及对宗族制大家庭的否定等,成为反封建斗争中的先声,有它十分重要的意义。明清两代民间秘密宗教中教徒们的有关男女平等的一些朦胧的、自发的思想言行,虽然对于封建的夫权来说,不免有离心和悖逆的地方,然而,远远没有产生科学的、合理的男女平等的思想观念以及妇女解放的自觉要求。它不过是下层社会劳动妇女参加一定的生产劳动以及分担沉重的家庭生活负担,在家庭中有一定的地位和相对的独立性,和地主家庭中完全寄生的妇女有所不同的社会现实的反映。这是劳动和寄生的分野以及由此而派生出来的思想上的歧异,还不是新的生产方式所导致的新旧两个阶级意识形态方面的对立。但无论如何,它应该属于民主性的精华部分,所以为陈腐的封建地主阶级所不能容忍。

(原文发表于《南开大学学报》1982年第5期,<br>本书据《当代中国宗教研究精选丛书·民间宗教卷》录出。)

# 吴晗与《晚明仕宦阶级的生活》

## 经典导读

吴晗（1909—1969），原名吴春晗，浙江义乌人。1931年入清华大学史学系工读，专攻明史。大学毕业后在清华大学讲授明史课。曾任云南大学、西南联合大学、清华大学教授，中国科学院历史研究所学术委员，中国科学院哲学社会科学部学部委员，北京市副市长等职务。在"文化大革命"期间因其所著新编历史剧《海瑞罢官》含冤自杀。吴晗是现代明史研究的开拓者和奠基者之一，明史研究取得丰硕的成果，所著《朱元璋传》在史学界有重大影响；还著有《读史札记》等著作，其学术成就集中于常君实编《吴晗全集》（分为10卷，其中"历史卷"占6卷，中国人民大学出版社2009年出版）。

吴晗是最早注意明代社会研究的现代学者。1934年吴晗于清华大学史学系毕业后留校，不久即开设了"明代社会"课程，同年吴晗、汤象龙发起成立"史学研究会"，第二年应天津《益世报》之约，主编该报"史学"版。吴晗在专刊发刊词中提出："帝王英雄的传记时代已经过去了，理想中的新史学是属于社会的、民众的。"他提倡研究下层群众历史的新史学，其在《史学》发表的绝大多数文章是关于农民和农民战争的。他在西南联大时，曾开设"中国社会史"课。吴晗从1934年起发表了系列论文，其研究从阶级关系、社会矛盾入手，重点探讨明代仕宦、农民、地主、奴变；元代社会的不平等、投下、匠户、民间宗教结社等。特别是20世纪40年代他与社会学家对话，从皇权与绅权的关系探讨了中国传统社会的结构。

吴晗的《晚明仕宦阶级的生活》写于1934年1月22日，发表于1935年4月19日《大公报·史地周刊》第31期，该文使用文集、笔记等资料，认为"在16世纪初期的仕宦生活已经到这地步。风俗之侈靡，自上而下，风行草偃，渐渐地浸透了整个社会"，并论述士大夫生活的园亭之盛、饮食衣服求精侈尚、狎优纵博、广蓄声伎等诸多方面。吴晗研究晚明仕宦阶级的创意在于从风俗入手，在生活领域探讨，这一视角与其对于16世纪社会特征的把握有密切关系。1934年吴晗在《〈金瓶梅〉的著作时代及其社会背景》一文中，认定《金瓶梅》是一部现实主义作品，集中描写的是作者所处时代市井社会的奢靡淫荡的生活。他考定《金瓶梅》是万历中期的作品。在论述《金瓶梅》的社会背景时，依据万历《博平县志》指出，他截然地把嘉靖中叶前后分成两个时代；又引崇祯《郓城县志》指出，两种地方记载所描写的"市井贩鬻"、"逐末营利"商业发展情形和社会风气的变化，正是《金瓶梅》时代的社会背景。也就是说吴晗是将对晚明仕宦阶级的认识置于万历时期社会变迁的历史中考察的，注意到明代中后期的社会风气问题，描绘了晚明社会的整体性图景。1943年吴晗写作《明代的新仕宦阶级，社会的政治的文化的关系及其生活》(《明史研究论丛》第5辑，江苏古籍出版社1991年出版)一文，又对明代仕宦阶级的社会、政治、经济、文化生活诸方面进一步研究。此后，在20世纪50年代的中国资本主义萌芽问题讨论中，吴晗的《关于中国资本主义萌芽的一些问题——在北京大学历史系所作的报告》，从手工业工厂、商业城市的兴起、沿海通商、内地官僚地主经营工商业、时人对社会变化的总结、货币经济的发展、文学作品的反映七个方面概述，认为："上述这些问题，是明代以前所没有发生过或者发生过而不很显著的。当时人也明显地感觉到正德、嘉靖前后所发生的这种重大变化"。① 由上可知，吴晗的晚明仕宦阶级研究与明代社会风气、社会生活、历史分期、资本主义萌芽问题连接在一起，具有开创性，给予后来的明史研究重大的影响。同时需要指出，吴晗的晚明仕宦阶级研究也是他对其生活时代状况的一种回应，他不满意同时代的"仕宦阶级"，借古讽今，有些影射现实的成分，因此多从负面看待"仕宦阶级"生活，将"仕宦阶级"生活与政治腐败联系在一起，虽然不乏针砭时弊的犀利深刻，但是多少也有些以偏概全，其论述的背后隐约可见明亡于士大夫的传统史家论述的惯性作用。

---

① 吴晗：《关于中国资本主义萌芽的一些问题——在北京大学历史系所作的报告》，收入吴晗《灯下集》，三联书店1960年版，第106页。

## 延伸阅读文献目录：

1. 谢国桢：《明清之际党社运动考》，中华书局1982年版。
2. 何淑宜：《明代士绅与通俗文化的关系：以丧葬礼俗为例的考察》，台湾师范大学历史研究所2000年版。
3. 陈宝良：《明代儒学生员与地方社会》，中国社会科学出版社2005年版。
4. 刘晓东：《明代士人生存状态研究》，吉林文史出版社2002年版。
5. ［加］卜正民：《为权力祈祷——佛教与晚明中国士绅社会的形成》，江苏人民出版社2005年版。
6. 赵毅、刘晓东：《晚明基层士人社会生活谫论》，吉林人民出版社2006年版。
7. 罗宗强：《明代后期士人心态研究》，南开大学出版社2006年版。
8. 徐林：《明代中晚期江南士人社会交往研究》，上海古籍出版社2006年版。
9. 吕妙芬：《阳明学士人社群》，新星出版社2006年版。
10. 巫仁恕：《品味奢华——晚明的消费社会与士大夫》，联经出版公司2007年版；中华书局2008年版。
11. 刘晓东：《明代的塾师与基层社会》，商务印书馆2010年版。
12. 周榆华：《晚明文人以文治生研究》，广东高等教育出版社2010年版。
13. 吴晗：《〈金瓶梅〉的著作时代及其社会背景》，原载《文学季刊》1934年1月第1卷第1期，收入《吴晗史学论著选集》第一卷，人民出版社1984年版。
14. 王春瑜：《论明代江南园林》，《中国史研究》1987年第3期。
15. 王春瑜：《"弃物"论——谈明代宗藩》，《学术月刊》1988年第4期。
16. 王春瑜：《明代商业文化初探》，《中国史研究》1992年第4期。
17. 赵轶峰：《晚明士子和妓女的交往与儒家传统》，《中国史研究》2001年第4期。
18. 林丽月：《小儒的风俗论：几种晚明地方忆述文献的分析》，《第十届明史国际学术讨论会论文集》,人民日报社 2005 年版。

19. 陈宝良:《从旅游观念看明代文人士大夫的闲暇生活》,《西南大学学报》2006 年第 2 期。
20. 方志远:《"山人"与晚明政局》,《中国社会科学》2010 年第 1 期。
21. 常建华:《明后期社会风气与士大夫家族移风易俗——以山东青州邢玠家族为例》,《安徽大学学报》2012 年第 4 期。
22. 赵轶峰:《晚明士大夫的救世情怀》,《吉林大学社会科学学报》2012 年第 5 期。
23. 宋立中:《晚明江南士人群体休闲观的当代阐释》,《福建师范大学学报》2012 年第 6 期。


———— 原文:《晚明仕宦阶级的生活》

## 经典原文

## 晚明仕宦阶级的生活

吴 晗

### ■ 一

晚明仕宦阶级的生活,除了少数的例外,(如刘宗周之清修刻苦,黄道周之笃学正身)可以用"骄奢淫逸"四字尽之。田艺衡《留青日札》记:"严嵩孙严绍庚严鹄等尝对人言,一年尽费二万金,尚苦多藏无可用处。于是竞相穷奢极欲。"《明史·严嵩传》记鄢懋卿之豪奢说:"鄢懋卿持严嵩之势,总理两浙两淮长芦河东盐政,其按部尝与妻偕行,制五彩舆,令十二女子舁之。"万历初名相张居正奉旨归葬时:"真定守钱普创为坐舆,前舆后室,旁有两庑,各立一童子供使令,凡用舁夫三十二人。所过牙盘上食味逾百品,犹以为无下箸处。"① 这种阔闹的风气,愈来愈厉害,直到李自成、张献忠等起来,这风气和它的提倡者同归于尽。

其实,说晚明才有这样的放纵生活,也不尽然,周玺《垂光集·论治化疏》说:"中外臣僚士庶之家,靡丽奢华,彼此相尚,而借贷费用,习以为常。居室则一概雕画,首饰则滥用金宝,倡优下贱以绫缎为袴,市井光棍以锦绣缘袜,工匠役之人任意制造,殊不畏惮。虽朝廷禁止之诏屡下,而奢靡僭用之习自如。"② 周玺是弘正时人(?—1508)可见在16世纪初期的仕宦生活已经到这地步。风俗之侈靡,自上而下,风行草偃,渐渐地浸透了整个社会。堵允锡曾畅论其弊,他说:"冠裳之辈,怡堂成习,厝火忘危,膏粱文绣厌于口体,宫室妻妾昏于志虑,一簋之费数金,一日之供中产,声伎优乐,日缘而盛。夫缙绅者士民之表,表之不戒,尤以成风。于是有纨袴子弟,益侈豪华之志以先

---

① 《明史》卷二一三《张居正传》。
② 《垂光集》卷一。

其父兄，温饱少年亦竞习裘马之容以破其家业，挟弹垆头，吁庐伎室，意气已骄，心神俱溃，贤者丧志，不肖倾家，此士人之蠹也。于是又有游手之辈，习谐媚以蛊良家子弟，市井之徒，咨凶谲以行无赖之事，白日思群，昏夜伏莽，不耕不织，生涯问诸傥来，非士非商，自业寄于亡命，狐面狼心，冶服盗质，此庶人之蠹也。如是而风俗不致颓坏，士民不致饥寒，盗贼不致风起者未之有也。"①

## 二

大人先生有了身份有了钱以后，饱食终日，无所用心，自然而然会刻意去谋生活的舒适，于是营居室，乐园亭，侈饮食，备仆从，再进而养优伶，召妓女，事博弈，蓄姬妾，雅致一点的更提倡玩古董，讲版刻，组文会，究音律，这一集团人的兴趣，使文学，美术，工艺，金石学，戏曲，版本学，……等部门有了飞跃的进展。

八股家幸而碰上了机会，得了科第时，第一步是先娶一个姨太太，（以今较昔，他们的黄脸婆还有不致被休的运气）王崇简《冬夜笔记》："明末习尚，士人登第后，多易号娶妾。故京师谚曰：改个号，娶个小。"第二步是广营居室，做大官的邸舍之多，往往骇人听闻，田艺蘅记严嵩籍没时之家产，光是第宅房屋一项，在江西原籍共有六千七百四间，在北京共一千七百余间②。陆炳当事时，营别宅至十余所，庄园遍四方③。郑芝龙田园遍闽粤，在唐王偏安一隅的小朝廷下，秉政数月，增置仓庄至五百余所④。

士大夫园亭之盛，大概是嘉靖以后的事。陶奭龄说："少时越中绝无园亭，近亦多有。"⑤奭龄是万历时代人，可见在嘉隆前，即素称繁庶的越中，士大夫尚未有经营园亭的风气。园亭的布置，除自己出资建置外，大抵多出于门生故

---

① 《堵文忠公集·救时十二议疏》。
② 《留青日札》。
③ 《明史》卷三〇七《陆炳传》。
④ 林时对《荷锸丛谈》卷四。
⑤ 《小柴桑喃喃录》下。

吏的报效。顾公燮《消夏闲记》卷上说："前明缙绅虽素负清名者，其华屋园亭佳城南亩，无不揽名胜，连阡陌。推原其故，皆系门生故吏代为经营，非尽出己资也。"王世贞《游金陵诸园记》记南京名园除王公贵戚所有者外，有王贡士杞园，吴孝廉园，何参知露园，卜太学味斋园，许典客长卿园，李象先茂才园，汤太守熙召园，陆文学园，张保御园等。娄东园亭志仅太仓一邑有田氏园，安氏园，王锡爵园，杨氏日涉园，吴氏园，季氏园，曹氏杜家桥园，王世贞弇州园，王士骐约园，琅玡离赞园，王敬美澹园等数十园。园亭既盛，张南垣至以叠石成名："三吴大家名园皆出其手。其后东至于越，北至于燕，召之者无虚日。"①

对于饮食衣服尤刻意求精，互相侈尚。《小柴桑喃喃录》卷上记："近来人家酒席，尚事华侈，非数日治具，水陆毕集，不敢轻易速客。汤饵肴蔌，源源而来，非惟口不给尝，兼亦目不周视，一筵之费，少亦数金。"平居则"耽耽逐逐，日为口腹谋。"张岱《陶庵梦忆》自述："越中清馋无过余者，喜啖方物。北京则苹婆果、黄㹠、马牙松。山东则羊肚菜、秋白梨，文官果，甜子。福建则福橘，福橘饼，牛皮糖，红乳腐。江西则青根、丰城脯。山西则天花菜。苏州则带骨鲍螺，山楂丁，山楂糕，松子糖，白圆，橄榄脯。嘉兴则马交鱼脯，陶庄黄雀。南京则套樱桃，桃门枣，地栗团，莴笋团，山楂糖。杭州则西瓜，鸡豆子，花下藕，韭芽，元笋，塘栖蜜蜜。萧山则杨梅，莼菜，鸠鸟，青鲫，方柿。诸暨则香狸，樱桃，虎栗。嵊则蕨粉，细榧，龙游糖。临海则枕头瓜。台州则瓦楞蚶，江瑶柱。浦江则火肉，东阳则南枣，山阴则破塘笋，谢橘、独山菱，河蟹，三江屯蛏，白蛤，江鱼，鲥鱼，里河鲻。远则岁致之，近则月致之，日致之。"②衣服则由布袍而为紬绢，由浅色而改淡红。范濂《云间据目钞》记云间风俗，虽然只是指一个地方而言，也足以代表这种由俭朴而趋奢华的时代趋势。他说："布袍乃儒家常服，周年鄙为寒酸，贫者必用绸绢色衣，谓之薄华丽。而恶少且从典肆中觅旧段旧服翻改新起，与豪华公子列坐，亦一奇也。春元必用大红履，儒童年少者必穿浅红道袍，上海生员冬必穿绒道袍，暑必用绉巾绿伞，虽贫如思丹，亦不能免。稍富则绒衣巾，盖益加盛矣。余最贫，尚

---

① 黄宗羲：《撰仗集·张南垣传》。
② 卷四《方物》。

俭朴，年来亦强服色衣，乃知习俗移人，贤者不免。"明代制定士庶服饰，不许混淆，嘉靖以后，这种规定亦复不能维持，上下群趋时髦，巾履无别。范濂又记："余始为诸生时，见朋辈戴桥梁绒线巾，春元戴金线巾，缙绅戴忠靖巾。自后以为烦俗，易高士巾素方巾，复变为唐巾晋巾汉巾褊巾。丙午（一六〇六）以来皆用不唐不晋之巾，两边玉屏花一双，而年少貌美者加犀玉奇簪贯发。"他又很愤慨地说："所可恨者，大家奴皆用三镶宦履，与士官漫无分别，而士官亦喜奴辈穿著，此俗之最恶者也。"

## 三

士大夫居官则狎优纵博，退休则广蓄声伎，宣德间都御史刘观每赴人邀请，辄以妓自随。户部郎中肖翔等不理职务，日惟挟妓酣饮恣乐①。曾下饬禁止："宣德四年八月丙申，上谕行在礼部尚书胡濙曰：祖宗时文武官之家不得挟妓饮宴。近闻大小官私家饮酒，辄命妓歌唱，沈酣终日，怠废政事。甚者留宿，败礼坏俗。尔礼部揭榜禁约，再犯者必罪之。"②妓女被禁后，一变而为小唱，沈德符说："京师自宣德顾佐疏后，严禁官妓，缙绅无以为娱，于是小唱盛行，至今日几如西晋太康矣。"③实际上这项禁令也只及于京师居官者，易代之后，勾栏盛况依然。《冰华梅史》有《燕都妓品序》："燕赵佳人，颜美如玉，盖自古艳之。矧帝都建鼎，于今为盛，而南人风致，又复袭染熏陶，其色艳宜惊天下无疑。万历丁酉庚子（1597—1600）其妖冶已极。"所定花榜借用科名条例有状元榜眼探花之目。称妓则曰老几，茅元仪《暇老齐杂记》卷四："近来士人称妓每曰老，如老一老二之类。"同时曹大章有《秦淮士女表》，《萍乡花史》有《广陵士女殿最序》。余怀《板桥杂记》记南京教坊之盛："南曲衣裳妆束，四方取以为式。"崇祯中四方兵起，南京不受丝毫影响，依然征歌召妓："宗室王孙，翩翩裘马，以及乌衣子弟湖海宾游，靡不挟弹吹箫，经过赵李，每开筵宴，则传呼乐籍，罗绮芬芳，行酒纠觞，留髡送客，酒阑棋罢，堕珥遗

---
① 《明宣宗实录》卷五六。
② 《明宣宗实录》卷五七。
③ 《野获编》卷二四。

簪,真欲界之仙都,升平之乐国也!"①

私家则多蓄声伎,穷极奢侈。万历时理学名臣张元忭后人的家伎在当时最负盛名。《陶庵梦忆》卷四《张氏声伎》条记:"我家声伎,前世无之。自大父于万历年间与范长白邹愚公黄贞父包涵所诸先生讲究此道,遂破天荒为之。有可餐班,次则武陵班,……再次则梯仙班,……再次则吴郡班,……再次则苏小小班,……再次则平子茂苑班。……主人解事日精一日,而傒僮伎艺则愈出愈奇。"阮大铖是当时最负盛名的戏曲作家,他的家伎的表演最为张宗子所称道。同书卷八记:"阮元海家优讲关目,讲情理,讲筋节,与他班孟浪不同。然其所打院本又皆主人自制,笔笔勾勒,苦心尽出,与他班卤莽者又不同。故所搬演本本出色,脚脚出色,出出出色,句句出色,字字出色。"士大夫不但蓄优自娱,谱制剧曲,并能自己度曲,压倒伶工。沈德符记:"近年士大夫享太平之乐,以其聪明寄之剩技。吴中缙绅留意音律,如太仓张工部新吴江沈吏部璟无锡吴进士澄时俱工度曲,每广座命伎,即老优名倡俱皇遽失措,真不减江东公瑾。"②风气所趋,使梨园大盛,所演若红梅桃花玉簪绿袍等记不啻百种:"括其大意,则皆一女游园,一生窥见而悦之,遂约为夫妇。其后及第而归,即成好合。皆徒撰诡名,毫无古事可考,且意俱相同,毫无足喜。"乡村每演剧以祷神:"谓不以戏为祷,则居民难免疾病,商贾必值风涛。"③豪家则延致名优,陈懋仁《泉南杂志》:"优伶媚趣者不吝高价,豪奢家攘而有之,婵鬓傅粉,日以为常。"使一向被贱视的伶工,一旦气焰千丈。徐树丕《识小录》记吴中在崇祯十四年(1641)奇荒后的情形:"辛巳奇荒之后,……优人鲜衣美食,横行里中。人家做戏一台,一本费至十余金,而诸优犹恨恨嫌少。甚至有乘马者,乘舆者,在戏房索人参汤者,种种恶状。然必有乡绅主之,人家惴惴奉之,得一日无事便为厚矣。"优人服节有至千金以上者。④男优之外,又有女戏:"十余年来苏城女戏盛行,必有乡绅主之。盖以倡兼优而缙绅为之主。"⑤亦有缙绅自教家姬演戏者,张岱记朱云崃女戏,"西施歌舞,对舞者五人,长袖缓带,绕

---

① 余怀《板桥杂记》。
② 《野获编》卷二四。
③ 汤来贺《梨园说》。
④ 黄宗羲《南雷集子·刘子行状》。
⑤ 《识小录》卷二。

身若环,曾挠摩地,扶施猗那,弱如秋乐;女官内侍,执扇葆璇,盖金莲宝炬、纨扇、宫灯二十余人,光焰荧煌,锦绣粉叠,见者错愕。"① 刘晖吉女戏则以布景著:"刘晖吉奇情幻想,欲补从来梨园之缺陷;如唐明皇游月宫,叶法善作,场上一时黑魆地暗,手起剑落,霹雳一声,黑幔忽收,露出一月,其圆如规,四下以羊角染五色云气,中坐嫦仪,桂树吴刚,白兔捣药。轻纱缦之内,燃赛月明数株,光焰青黎,色如初曙,撒布成梁,遂蹑月窟,境界神奇,忘其为戏也。"②

## ■ 四

士大夫的另一种娱乐是赌博。顾炎武《日知录》记:"万历之末太平无事,士大夫无所用心,间有相从赌博者。至天启中始行马吊之戏,而今之朝士若江南山东几于无人不为此。有如韦昭论所云穷日尽明,继以脂烛,人事旷而不修,宾旅阙而不接。"甚至有"进士有以不工赌博为耻"的情形。吴伟业又记当时有叶子戏:"万历末年,民间好叶子戏,图赵宋时山东群盗姓名于牌而斗之,至崇祯时大盛。有曰闯,有曰献,有曰大顺,初不知所自起,后皆验。"③缙绅士大夫以纵博为风流,《列朝诗集小传》记:"福清何士壁跅弛放迹,使酒纵博。""皇甫冲博综群籍,通挟凡击毬音乐博弈之戏,吴中轻侠少年咸推服之。""万历间韩上挂为诗多倚待急就,方与人纵谈大噱,呼号饮博,探题立就,斐然可观。"此风渐及民间,结果是如沈德符所说:"今天下赌博盛行,其始失货财,甚则鬻田宅,又甚则为穿窬,浸成大伙劫贼,盖因本朝法轻,愚民易犯。"④

自命清雅一点的则专务搜古董,巧取豪夺:"嘉靖末年海内宴安,士大夫富厚者以治园亭教歌舞之际,间及古玩。如吴中吴文恪之孙,溧阳史尚宝之子,皆世藏珍秘,不假外索。延陵则稽太史应科,云间则朱太史大韶,携李项太

---

① 《陶庵梦忆》卷二。
② 《陶庵梦忆》卷五。
③ 《绥寇纪略》卷一二。
④ 《野获编·补遗》卷三。

学，锡山安太学华户部辈不吝重资收购，名播江南。南都则姚太史汝循胡太史汝嘉亦称好事。若辈下则此风稍逊，惟分宜严相国父子朱成公兄弟并以将相当途，富贵盈溢，旁及雅道，于是严以势劫，朱以货贿，所蓄几及天府。张江陵当国亦有此嗜。董其昌最后起，名亦最重，人以法眼归之。"① 年轻气盛少肯读书的则组织文社，自相标榜，以为名高。《消夏闲记》下："文社始于天启甲子张天如等之应社。……推大讫于四海。于是有广应社，复社，云间有几社，浙江有闻社，江北有南社，江西有则社，又有历亭席社，昆阳云簪社，而吴门别有羽朋社，武林有读书社，山左有大社，佥会于吴，统于复社。"以讥弹骂詈为事，黄宗羲讥为学骂，他说："昔之学者学道者也，今之学者学骂者也。矜气节者则骂为标榜，志经世者则骂为功利，读书作文者则骂为玩物丧志，留心政事者则骂为俗吏，接庸僧数辈则骂考亭为不足学矣，读艾千子定待之尾，则骂象山阳明为禅学矣。濂溪之主静则盘桓于腔子中者也，洛下之持敬则曰是有方所之学也。逊志骂其学误主，东林骂其党亡国，相讼不决，以后息者为胜。"② 老成人物则伪标讲学，内行不修。艾南英《天佣子集》曾提及江右士夫情形："敝乡理学之盛，无过吉安，嘉隆以前，大概质行质言，以身践之。近岁自爱者多而亦不无仰愧前哲者。田土之讼，子女之争，告讦把持之风日有见闻，不肖视其人皆正襟危坐以持论相高者也。"③

仕宦阶级有特殊地位，也自有他们的特殊风气。《小柴桑喃喃录》卷下说："士大夫膏肓之病，只是一俗，世有稍自脱者即共命为迂为疏为腐，于是一入仕途，则相师相仿，以求入乎俗而后已。如相率而饮狂泉，亦可悲矣。"在这情形的社会，谢肇淛说得最妙："燕云只有四种人多，奄竖多于缙绅，妇女多于男子，倡伎多于良家，乞丐多于商贾。"④

1934年1月22日

（原文发表于《大公报》《史地周刊》第31期，1935年4月19日，本书据《吴晗史学论著选集》第一卷录出。）

---

① 《野获编》卷二六。
② 《南雷文案》卷一七。
③ 卷六《复陈怡云公祖书》。
④ 《五杂俎》卷三。

# 刘志琴与《晚明城市风尚初探》

## 经典导读

　　刘志琴（1935——    ），江苏镇江人。1960年复旦大学历史系毕业，分配至中国科学院哲学社会科学部研究室，1974年调到近代史研究所，后为中国社会科学院近代史研究所研究员，曾任近代史研究所文化史研究室主任。早年致力于晚明党争和东林党的研究，后转而探讨晚明社会风俗、近代文化，是社会文化史研究的引领者。著有《中国文化史概论》（1994）、《晚明史论》（2004）、《张居正评传》（2006）等著作，主编《近代中国社会文化变迁录》（1998）等。

　　明代中后期社会风俗发生重大变化，吴晗从《金瓶梅》的背景与仕宦阶级生活的角度给予关注。20世纪50年代，傅衣凌探讨资本主义萌芽问题出版了《明代江南市民经济试探》，该书导言认为中国资本主义生产萌芽开始于明代嘉靖（1522——1566）前后，16世纪为一转折点，首先在江南及沿海地区表现出来。他介绍了浙江太平、湖北京山风俗变化的资料，前者以明初、宣德正统、成化弘治间、正德以来为几个阶段，说明风俗的变化；后者将成化弘治以前、壬午癸未（即嘉靖元年、二年，1522——1523）之间、丙午丁未（即嘉靖二十五、二十六年，1546——1547）之间作为县之风俗的阶段，说明其一变又一变的情形。

　　中国改革开放以后，刘志琴较早开展晚明社会的研究。她的《论东林党的兴亡》（《中国史研究》1979年第3期），关注东林党所处的社会环境。接着探讨《城市民变与士大夫》(《明清史国际学术讨论会论文集》，天津人民出版社 1981 年出版)，认为万历时风起云涌的民变，对商品经济和民众利益有保护作用，却不能助长资本主义萌芽。随后的《商人资本与晚明社会》(《中国史研究》1982 年第 2 期)一文，察觉到商人资本在抑商政策下的发展，主要是封建的经济和政治体制，给商人资本留下了发展的必然性。商业超越实有的经济水平过速发展的原因，一是商品生产的一定发展，伴随着经济失调的强烈刺激，促使贩运性商业领先兴旺；二是一度涌现弃农从商的趋势，并非完全受商品经济的吸引，主要是高额赋役政策的后果。作者提出："明后期的商人资本遭逢这样坎坷的命运：它促进士商渗透，不利于商人成长为独立的政治力量；提高城市消费水平，贻害自身受到摧残；侵蚀伦理道德，引发咒金思潮的抵制；对封建生产方式的加固更甚于分解的作用。诸种矛盾的制约，促使它屈从、攀附封建生产关系，从而不能成为摧醒中国封建社会的经济力量。"①

在以上论文的基础上，作者分析了晚明时期消费生活引发的城市风尚与伦理道德观念的变迁，揭示了民情风尚与精英观念的互动关系。刘志琴《晚明城市风尚初探》(《中国文化史研究辑》第 1 辑，复旦大学出版社 1984 年出版) 概括了风尚变迁的过程：商品经济的发展——普遍的越礼逾制——消费生活更新——人情风貌的改观。如此，既关注生产的变化，也关注消费生活，并将礼制与风尚相联系，将明代风俗的研究带入新境界。刘志琴的论述多有新意，如指出："衣食住行的消费方式，是社会风尚的物质内容。社会风尚的变迁往往首先在消费用品上得到表现，礼制正是通过限定消费品的等级分配，从而制约风尚。"② 在风尚的研究中强调对消费生活的重视。同时，指出从城市的视角考察风尚变迁："统治机构及其成员聚拢在城市；各地豪富往往被封建国家强迫迁移到城市；闲居的缙绅地主经常自动流向城市；富商大贾更是云集此间。富有者向城市聚集的结果，大大提高了城市的消费水平。而消费水平的提高又刺激富人的享受欲不断地膨胀，因此而兴办起来的各式行业和娱乐场所，吸引大批农业人口流向城市谋生。所以政治中心与商业中心重叠结合这种城市特点，造成了消费人口的高度集中，使得千家万户莫不依靠市场供应。商品经济

---

① 刘志琴：《晚明史论》，江西高校出版社 2004 年版，第 73 页。
② 刘志琴：《晚明城市风尚初探》，《中国文化研究辑》第 1 辑，复旦大学出版社 1984 年版，第 115 页。

就这样渗入人们的生活,进而改变人们的风习。"[①] 作者将城市风尚独立出明代社会风气的研究,给予城市史以特有位置,促进社会史、文化史新的研究取向。以上论文 20 年后收入文集《晚明史论》,该书的副标题是"重新认识末世衰变",表明了作者对晚明社会的历史定位。这一副题也是作者《代序》的题目,强调的是晚明统治机构自行解体的趋向,理学的衰微和异化。作者总结:"明末种种有声有色的社会景象,是以商品经济的发展和异端思潮为舞台的,然而这种景象都局限在少数城市。封建生产方式对商品经济的制约,中国商人资本难以转化为产业资本的历史局限,限制了商品经济能量的进一步发挥。商人和士大夫不能成长为独立的政治力量,启蒙思潮在人文方面的局限,致使晚明社会虽然跃动着变革的曙光,仍然不能迈出中世纪。但是沿袭两千年封建统治的坚冰,毕竟已经溃裂,士大夫的素质正在发生变化,市井之民在社会生活中崭露头角,这种变化是将要萌生新生力量的前兆,经济、文化、政治正在积蓄前所未有的变动。"[②]

—— 延伸阅读文献目录:

1. 陈学文:《中国封建社会晚期的商品经济》,湖南人民出版社 1989 年版。
2. 严昌洪:《西俗东渐记——中国近代社会风俗的演变》,湖南出版社 1991 年版。
3. 严昌洪:《中国近代社会风俗史》,浙江人民出版社 1992 年版。
4. 牛建强:《明代中后期社会变迁研究:社会风尚理论拟构及运用》,文津出版社 1997 年版。
5. 卜正民:《纵乐的困惑:明代的商业与文化》,方骏、王秀丽、罗天佑译,生活·读书·新知三联书店 2004 年版;该书英文版初刊于 1998 年。
6. 李长莉:《晚清上海社会的变迁——生活与伦理的近代化》,天津人民出版社 2002 年版。

---

[①] 刘志琴:《晚明城市风尚初探》,《中国文化研究辑》第 1 辑,复旦大学出版社 1984 年版,第 119 页。

[②] 刘志琴:《晚明史论》,江西高校出版社 2004 年版,第 12~13 页。

7. 巫仁恕:《奢侈的女人:明清时期江南妇女的消费文化》,三民书局 2005 年版。

8. 徐泓:《明代社会风气的变迁——以江、浙地区为例》,《第二届国际汉学会议论文集·明清近代史组》,"中研院"1989 年 6 月。

   按:此文先发表于韩国汉城大学《东亚文化》1986 年 24 辑。

9. 徐泓:《明代后期华北商品经济的发展与社会风气的变迁》,《第二次中国近代经济史会议论文集》,"中研院"经济研究所 1989 年版。

10. 陈学文:《明代中叶民情风尚习俗及一些社会意识的变化》,《驻马店师专学报》(后更名为《天中学刊》) 1986 年第 2 期。

11. 吴仁安:《明代江南社会风尚初探》,《社会科学家》1987 年第 2 期。

12. 吴仁安:《明代江南地区的商人和社会风尚》,《历史教学问题》1988 年第 5 期。

13. 王家范:《明清江南消费风气与消费结构描述——明清江南消费经济探测之一》,《华东师范大学学报》1988 年第 2 期。

14. 王家范:《明清江南消费性质与消费效果解析——明清江南消费经济探测之二》,《上海社科院学术季刊》1988 年第 2 期。

15. 朱子彦、张洁明:《明清时期乌青镇的经济文化与社会风尚》,《学术月刊》1988 年第 12 期。

16. 王兴亚:《明代中后期河南社会风尚的变化》,《中州学刊》1989 年第 4 期。

17. 陈茂山:《试论明代中后期的社会风气》,《史学集刊》,1989 年第 4 期。

18. 刘和惠:《论晚明社会风尚》,《安徽史学》1990 年第 3 期。

19. 王春瑜:《明代流氓及流氓意识》,《社会学研究》1991 年第 3 期。

20. 常建华:《论明代社会生活性消费风俗的变迁》,《南开学报》1994 年第 4 期。

21. 张正明:《明中叶以来山西民风的变化》,《晋阳学刊》1995 年第 3 期。

22. 林丽月:《衣裳与风教——晚明的服饰风尚与"服妖"议论》,《新史学》,1999 年 10 卷 3 期。
23. 钞晓鸿:《明清人的"奢靡"观念及其演变——基于地方志的考察》,《历史研究》2002 年第 4 期。
24. 樊树志:《江南市镇的民间信仰与奢侈风尚》,《复旦学报》2004 年第 5 期。
25. 王鸿泰:《侠少之游——明清士人的城市交游与尚侠风气》,收入李孝悌编:《中国的城市生活》,联经出版公司 2005 年版;新星出版社 2006 年版。
26. 吴启琳:《〈皇明条法事类纂〉所见成弘时期"奢靡"之风》,《中国社会历史评论》第 10 卷,天津古籍出版社 2009 年版。
27. 原祖杰:《奢侈性消费与晚明士商的身份认同》,《史林》(沪)2009 年第 5 期。
28. 林丽月:《世变与秩序:明代社会风尚相关研究评述》,《明代研究通讯》2001 年第 4 期。
29. 钞晓鸿:《近二十年来有关明清"奢靡"之风研究述评》,《中国史研究动态》2001 年第 10 期。
30. 钞晓鸿:《明代社会风习研究的开拓者傅衣凌先生——再论近二十年来关于明清"奢靡"风习的研究》,《第九届明史国际学术讨论会暨傅衣凌教授诞辰九十周年纪念论文集》,厦门大学出版社 2003 年版。
31. 常建华:《旧领域与新视野:从风俗论看明清社会史研究》,《中国社会历史评论》第 12 卷,天津古籍出版社 2011 年版。

—— 原文《晚明城市风尚初探》

## 经典原文

# 晚明城市风尚初探

## 刘志琴

晚明在中国历史是一个引人注目的时期。这个被当时人说成"天崩地解"、"纲纪凌夷"的王朝末世，有着新的社会因素在萌动，出现了种种异于往古的景象。

问题的提出是因为，社会生活，本来鲁朴，俭约，守成，到明代晚期，却出现一股去朴从艳，好新慕异的风尚。它从嘉靖年间滥觞，万历中叶成为潮流，至明清鼎革之际中断，尔后又回归如昔。

这种现象在封建社会发生是有原因的。完备的封建制度对人们生活的统制，有一套严密的等级规章。礼制是它最集中的表现形态。历代统治者都奉行所谓"教训正俗，非礼不备"[①]。因此，风尚的变迁与礼制的盛衰，有着至为密切的关系。

中国封建社会的礼制，从生活方面不遗琐细地区分尊卑贵贱。君臣官民士庶，"衣服有制，宫室有度，人徒有数，丧祭械用，皆有等宜。"[②]就是说，社会各阶层成员，从生到死，从衣食住行到穿靴戴帽，应该享用什么样的消费品，都必须受到身份品级的限定，规格是很严的[③]。衣食住行的消费方式，是社会风尚的物质内容。社会风尚的变迁往往首先在消费用品上得到表现，礼制正是通过限定消费品的等级分配，从而制约风尚。循礼或非礼，不仅是道德规范，还具文形成律例，用法律手段实行各种强制，违者罪为逾制或僭越，要受到严厉制裁，甚至处以极刑，反映封建统治阶级力图运用政权力量，划定各阶层不同

---

[①]《礼记·曲礼上》。
[②]《荀子·王制》。
[③]《新书》卷一："奇服文章以等上下而差贵贱，是以高下异，则名号异，则权力异，则事势异，则旗章异，则符瑞异，则礼宠异，则秩禄异，则冠履异，则衣带异，则环佩异，则车马异，则妻妾异，则泽厚异，则宫室异，则床席异，则器皿异，则食饮异，则祭祀异，则死丧异。"

的消费标准，由此形成"贵贱不相逾"①的生活方式，使千家万户相沿为习。统治者也往往以此作为衡量世风良莠、名教盛衰的准绳，而无休止地用教育的、道德的、哲理的各种手段进行灌输和宣扬。于是，在偌大的帝国内，不管行之何方，是何许人士，"见其服而知贵贱，望其章而知其势"②。自战国秦汉以后，务期尊卑贵贱，各安其位，芸芸众生，循礼蹈规，这就是封建统治者最理想的社会模式。

明朝的封建专制主义中央集权制度极端发展，礼制具有更周密而严峻的形态。朱元璋在开国初期就说："昔帝王之治天下，必定礼制，以辨其贵贱、明等威。是以汉高初兴，即有衣锦绮縠、操兵乘马之禁。历代皆然。近世风俗相承，流于奢侈，闾里之民服食居住与公卿无异。贵贱无等，僭礼败度，此元之所以失败也。"③他把生活方式的贵贱差别，看成国家兴亡的大事，用严刑峻法加以管制。洪武八年，德庆侯谬永忠僭用龙凤花纹，被处死刑。次年营建谨身殿，中等工匠误报上等工匠，几乎全部处死④。洪武十三年颁布的《明律》，专设"服舍违式"条，即越级僭用服饰、车舆、房舍、器用的惩办条例。违章者庶民笞五十，当官的杖一百⑤。封建法律对犯法官员从来给以优容，唯独这项是例外，当官的比不当官的加倍处分。这反映统治者力图要官员成为循礼的表率，把一切可能发生的僭越行为，从生活领域中消除。

明朝在一定程度上实现了"贵贱之别，望而知之"⑥的社会模式。张瀚说："国朝士女服饰皆有定制。洪武时律令严明，人遵画一之法。"⑦朱舜水说："仆之冠服，终身不改。大明国有其制，不独农工商不敢混冒，虽官为郡丞郡倅，非正途出身亦不敢服。"⑧叶梦珠说："自职官大僚而下至于生员，俱戴四角方巾，服各色花素绸纱绫罗道袍。其华而雅重者，冬用大绒茧绸，夏用细葛，庶民莫敢效也。其朴素者，冬用紫花细布或白布为袍，隶人不敢拟也。……其市

---

① 《韩非子·有度》。
② 《新书》卷一。
③ 宋濂《洪武圣政记》。
④ 参见《明史·廖永忠传》，《万历野获编》卷十八。
⑤ 《明律集解附例》卷十二。
⑥ 《阅世编》卷八。
⑦ 《松窗梦语》卷八。
⑧ 《朱舜水集》卷十一。

井富民亦有服纱绸绫罗者,然色必青黑,不敢从新艳也。"① 冠服是如此,车舆房舍器用也是如此。这些明末清初的追述,可能出于怀旧而不免夸大,但使他们缅怀不已的淳厚民风,就是这样恪守礼制的、单调刻板的生活程式。

受礼制严格约束的社会风貌,基本上是拘谨、守成、俭约的。但是这种状况不会持之长久,必然要被社会经济的发展打破。

在私有制社会里,消费水平的高低需要有一定的个人财产为基础,个人财产的积聚也必然要求相应的消费水平,这是物质生活的必然趋势。但是,封建时代的礼制,用以区别生活消费的标准,却是以尊卑贵贱的政治身份为依据,用国家立法手段,强制不同身份者遵照统治者的意志过着不同的生活方式。礼制的实施,就是为了使财产的拥有者,"虽有货财,无所设施,是以咸安其分。"② 庶民即使腰缠万贯,按礼法规定,也不得享用不该享受的生活消费;有财有势的达官贵人也不例外,都要按照等级名分而生活,不得恃富越分。礼制就是这样层层维护特权,防范特权外溢。这种制度反映中国封建社会,是这样一种权力统治财产的社会,私人可以有财产的所有权,却不能随意享用消费品。但政治权力凌驾在财产所有权之上,从分配领域直接干预各阶层的生活消费,由权力的分配决定消费的分配,超经济的强制渗透社会生活。

然而这样一个僵滞不变的制度,经常在同私人财产的冲突中遭到败坏。古代中国的货币制度,为财产的所有者以货币换取商品,提供了充分便利的条件。在市场交易中只要支付货币就能购买一切,包括王侯享用的奢侈品,在这里财产的享用权影随着它的所有权而很难分离。中国封建社会允许自由买卖土地的制度,使得私人财产可以自由积累。从法制上说,国家并不干预私人财产的所有权,却力图限制私人财产的享用权,这本身就属于不可摆脱的矛盾。当人们的财产增长到一定程度,必然要求相应的物质消费,货币在此就能显出神通,成为消费者突破礼制所约束的生活方式的媒介。这种现象大量涌现,就意味着禁令失控,物质生活更新,社会风尚也发生变化。所以社会经济的发展,尤其商品经济的发展,是与礼制相离异的力量,是促进社会风尚发展的真正动因。明初承大乱之后,社会生产处在恢复阶段,商品经济不活跃,又加以严刑

---

① 《阅世编》卷八。
② 《陆宣公集》卷十二。

刘志琴与《晚明城市风尚初探》 419

峻法，礼制的推行能起到预期的效果，社会是静态的，循礼、俭约、拘谨是惯常的民风。然而随着明朝统治趋向稳定，社会生产发展，财富积累增加，商品经济繁荣，统治机构逐渐腐败，法制松弛了，财富的占有者不甘受礼制的约束，凭借金钱恣意享受的风气开了，越礼逾制的问题也就大量出现。

还在宣德四年，也就是在颁布"服舍违式"条例以后的半个世纪，礼部尚书胡濙不得不承认"近多越礼犯分"①，而重新揭榜申明祖宗定制。尔后又三令五申，也不能禁绝，但在明中期以前，这大都属于少数贵人的违章行为，没有对整个社会风尚造成震动。到明后期就不同，越礼犯分者愈来愈多，终于导致社会风尚的剧变：

"明初风尚诚朴，非世家不架高堂，衣饰器皿不敢奢侈。……万历以后迄于天崇，民贫世富，其奢侈乃日甚一日焉。"②

在江南，"正（德）、嘉（靖）以前，南部风尚最为醇厚"③；那以后，"风俗自淳而趋于薄也，犹江河之走下，而不可返也。"④

在福建，"长老"们叹息："吾乡自正德以前风俗醇厚，而近则浇漓甚矣！"⑤

在山西，"国初，民无他嗜，率尚简质，中产之家，犹躬薪水之役，积千金者，宫墙服饰，窘若寒素，后则靡然向奢，以俭为鄙。"⑥

在湖北，有人描述他的家乡丧失"忠厚少文"的风气道："成化、弘治以前，县之俗椎鲁"，"自后声名渐辟，文物转盛，生齿繁多，机心猾起。……盖在壬午、癸未（嘉靖一、二年）之间，县之风俗实一变矣。自后密迩郡邑，车马繁会，五方奇巧之选，杂然并集。盖在丙午、丁未（万历二十五、二十六年）之间，县之风俗又一变矣。"⑦

由此可见，明代风尚的显著变化，大致起于16世纪20年代即嘉靖初期，盛于16世纪末即万历中叶，以后迅速发展，直至17世纪中叶明亡为止，历时一百余年。这种变动又有一定的普遍性。从江南到东南沿海的殷富地区，到内

---

① 《明实录》宣宗卷五十一。
② 《吴江县志》卷三十八。
③ 《客座赘语》卷一。
④ 《云间据目抄》卷二。
⑤ 《漫录评正》卷三。
⑥ 《肇域志》山西二。
⑦ 《古今图书集成》职方典卷一一四二。

地的繁华城镇，凡在商品的重要集散地，都有不同程度的表现。

当然，这种变化在农村并不显著。分散的个体小农经济，自耕自食聊以卒岁的贫困生活，对商品的需求甚少，因而可在很长时期内感受不到商品经济对生活方式的直接影响，使社会风习可以仍然沿袭古朴、简陋的传统。城市则不一样，这里是封建统治的大小据点。统治机构及其成员聚拢在城市；各地豪富往往被封建国家强迫迁移到城市；闲居的缙绅地主经常自动流向城市；富商大贾更是云集此间。富有者向城市聚集的结果，大大提高了城市的消费水平。而消费水平的提高又刺激富人的享受欲不断地膨胀，因此而兴办起来的各式行业和娱乐场所，吸引大批农业人口流向城市谋生。所以政治中心与商业中心重叠结合这种城市特点，造成了消费人口的高度集中，使得千家万户莫不依靠市场供应。商品经济就这样渗入人们的生活，进而改变人们的风习。由此也可以理解，为什么历代社会风尚的变化，无不从城市，尤其是京城开其端。"城中好高髻，四方高一尺；城中好广眉，四方且半额；城中好大袖，四方全匹帛。"两汉已是如此，明朝自然更是如此。

城市风尚的演变，始作俑者往往是作为城市居民上层的富家大户讲究奢华。在晚明，就是"豪门贵室，导奢导淫"[1]。住所必有绣户雕栋、花石园林；宴饮一席之间，水陆珍馐数十品；服饰一掷千金，视若寻常；日用至不惜以金银作溺器。典型人物如御史大夫王大参，每次出动游猎，"妖童执丝簧，少妇控弓弩，服饰诡丽，照耀数里"[2]；文人吴昌时，家居时坐榻四周环列梅花一百盆，水仙一百盆，人称"自奉奢豪无度"[3]；工部郎徐渔浦，"每客至，必先侦其服何抒何色，然后披衣出对，两人宛然合璧。"；太守金赤城，"每过入室，则十步之外，香气逆鼻，水纨雾縠，穷极奢糜"；大学士张居正，"性喜华楚，衣必鲜美耀目，膏泽脂香，早暮递进"[4]；大理卿沈思孝，"整须修容，老而弥甚"[5]。在生活享受上，这样癖好华丽、雅洁的时尚，反映城市消费生活的高度发展，流风所及，中小城市的一般富民，也莫不以奢侈为荣。如山西太原居民

---

[1]《云间据目抄》卷二。
[2]《万历野获编》卷十七。
[3]《归庄集》卷六。
[4] 以上均见《万历野获编》卷十二。
[5]《万历野获编》卷十二。

"靡然向奢"①，山东滕县"其人竞相尚以靡侈"②，此等记录，在晚明典籍中俯拾即是，这些素称俭朴的北方城镇，那时已不比江南逊色。

城市上层的高消费生活，刺激着城市生活的繁荣，也促使了城市风貌的改观。在缙绅士大夫最集中的苏州城，号称"奢糜为天下最"③。民谣形容街道的洁净说："苏州城，雨后看绣鞋。"④城中市场上，"洋货、皮货、细缎、衣饰、金玉、珠宝、参药诸铺，戏园、游船、酒肆、茶店如山如林，不知几千万人。有千万人之奢华，即有千万人之生理。"⑤兴旺的各色行业，为众多的城市居民，如店员苦力、工匠负贩、优伶乐工、僧道术士以及衙卒、仆隶等等提供就业或发迹的机会。谋生的、寄食的、钻营的，熙来攘往。

富人放纵声色的影响，市场交易竞争的激荡，市井庸人追逐眼前欢乐的倾向，掺搅在一起，滋生着商业都会特有的好尚虚荣的习气："家才儋石，已贸绮罗，积未锱铢，先营珠翠。"⑥"不论贫富，俱竞市什物，以庆嘉节。"⑦"贫者亦椎牛击鲜，合飨郡祀，与富者斗豪华，至倒囊不计。"⑧"上海生员，冬必服绒道袍，暑必用骔巾绿伞，虽贫如思丹，亦不能免。"⑨"家无担石之储，耻穿布素"⑩，"即舆夫仆隶，奔劳终日，夜则归市淆酒，夫妇团醉而后已，明日又别为计。"⑪有的以"卒岁之资，制一裳而无余"⑫，有的"从典肆中觅旧缎旧服翻改新制，与豪华公子列座"⑬。有的自认："余最贫，最尚俭朴，年来亦强服色衣，乃知习俗移人，贤者不免。"⑭

像这样超过实际消费能力的奢华趋向，给市面的繁荣增添了一定的假象。

---

① 《肇域志》山西。
② 《山东通志》卷四十。
③ 《巢林笔谈》卷五。
④ 《古谣谚》卷五十一。
⑤ 《消夏闲记摘抄》上。
⑥ 《客座赘语》卷二。
⑦ 《煎朝乐事》，见《续说郛》。
⑧ 《郓城县志》卷七。
⑨ 《云间据目抄》卷二。
⑩ 《巢林笔谈》卷五。
⑪ 《广志绎》卷四。
⑫ 《阅世编》卷八。
⑬ 《云间据目抄》卷二。
⑭ 《云间据目抄》卷二。

当时人说这是"贫而若富"①。民谣嘲讽说："杭州风，一把葱，花簇簇，里头空。"②华而不实是商业城市常有的弊病，但它又那样有力地改变人们生活的习俗，连素以清操自守的寒士也不免追赶时髦。

  市民追求奢华的风习，最先表现在服饰上的变化。中国历代王朝都重视冠服之制，用礼法加以约束，服饰的更动一般不大。除非异族入侵，用屠刀逼令人们改衣胡服，即使改了朝换了代，服饰也只是稍有异同，正如《阅世编》所说："一代之兴，必有一代冠服之制，其时尚随时变更，不无小有异同，要不过与世迁流，以新一时耳目，其大端大体终莫敢易也。"

  但是，服饰在人们的社交活动中，最外在而又最能表现自己的意趣、财富和身份地位，较之房舍车舆又更易逾制，所以更能敏感地反映城市生活习惯的变化。明朝后期与前相比，就数服饰更新更快，百余年间日骛新异，以致突破贵贱的堤防，流风波及社会的各个阶层。

  在服饰中最高贵的是龙纹，向为人君至尊的象征。明初廖永忠即以侯爵僭用而被处死。到明末，团龙、立龙却已成为寻常百姓常用的服装花纹③。酷肖龙袍的蟒衣，图案仅比龙袍少一爪，以往只有内阁大臣才配服用，还要得自皇帝的赏赐；佩玉腰带非三品以上的高级官员一概不得使用。但到明后期，小小的八品官，"系金带，衣麟蟒"④，也不算稀罕；宫廷内管洒扫、烧火的太监，"衣蟒腰玉"⑤者，为数甚多。文官的礼服，各按自己的品级配以各种禽鸟的花样，这是明朝独创的格局，任何人不得混冒；卑贱的教坊司乐工，过去按规定只准戴青卍字巾或绿头巾，用以区别士庶。到明末，后者却堂而皇之的仿效士大夫，绘以禽鸟，穿戴"与朝臣无异"⑥。

  公服尚且如此，便服更是百无禁忌。嘉靖初年只有生员戴瓦楞骔帽，二十年后间有富人用之，再二十年"不论贫富皆用骔"⑦。明制规定只有官宦之家的贵妇人才能用金珠翠玉作头饰，到明末倡优也能满头珠翠招摇过市。明初对于

---

① 《消夏闲记摘抄》上。
② 《古谣谚》卷六十四。
③ 《巢林笔谈》卷五。
④ 《万历野获编》卷二十一。
⑤ 《五杂俎》卷十二。
⑥ 《万历野获编》卷十三。
⑦ 《云间据目抄》卷二。

服装的色彩和用料限定甚严，士庶不准用黄色，民妇限用紫、绿、桃红和各种浅淡颜色，而对大红色和金绣闪光的锦罗丝缎的服用禁止更严，违用者本人、家长和工匠都要治罪①。时到明末，小康人家"非绣衣大红不服"，大户婢女"非大红裹衣不华"②，胥隶之徒"日用服食拟于市宦"③。有人哀叹说："男子服锦绮，女子饰金珠，是皆僭拟无涯"，"人皆志于尊崇富侈，不复知有明禁，群相蹈之。"④现实生活的发展，冲破呆滞不变的程式，呈现出绚丽多姿的风采。最刻板不过的生员制服，身穿白袍，头戴乌帽，被人讥笑为："车驾临辟雍，诸生尽鞠躬，头乌身上白，米虫！"⑤到晚明也修饰一新，所以俭朴的寒士范濂也不得不改穿彩色衣袍。富有的市民更是花样翻新。男子服装，原先是用细练褶，老的上长下短，少的上短下长，后来老少一样，类似胡服，不久又改换阳明衣、十八学士衣、二十四气衣、道袍等等。正如当事者说，"其心好异，非好古也。"⑥衣料先后时行宋锦、唐锦、汉锦、晋锦，不久又"皆称厌物"⑦，改兴千种粟倭锦、芙蓉锦。服装不断更新，发型也相应地频繁变换。冠髻原高过二寸，大如拳，其后变扁而小，高不过寸，小如酒盅，不久又以髻愈大愈扁愈时髦。江南有的地方还流行男子着色若女装，使得道学家们"惊心骇目"，作诗云："昨日到城市，归来泪满襟，遍身女衣者，尽是读书人！"⑧，妇女们更是争异斗妍，这里不再赘述。总之，短短数十年间，变化多端，层出不穷，间有穿着陈旧者被邻里"窘且笑之"⑨，连儒生的常服布袍也"鄙为寒酸"⑩。

　　在住房、肩舆和日用品方面的僭越现象，也不亚于服饰。明初严禁庶民厅房逾三间，即便富人可以拥有数十所房舍，但每所房舍的厅房不得超过此数，更不准用瓦兽屋脊，彩绘梁栋；家具不许用红漆金饰细木桌椅；酒具只能用锡、

---

① 参见《明律例》、《明会典》有关服饰条目。
② 《阅世编》卷八。
③ 《郓城县志》卷七。
④ 《松窗梦语》卷八。
⑤ 《七修类稿》卷二十六。
⑥ 《云间据目抄》卷二。
⑦ 《阅世编》卷八。
⑧ 《见闻杂记》卷十。
⑨ 《郓城县志》卷七。
⑩ 《云间据目抄》卷二。

银或漆器，不准用金盏；肩舆只准三品京官乘用，庶民不能越分①。到明后期这些禁令已名存实亡。庶民之家营建王侯的厅堂，一个匠头的别墅可以"壮丽敞豁，侔于勋戚"②。"隆（庆）万（历）以来，虽奴隶快甲之家，皆用细器。"③肩舆"僭滥之极"④，从不许乘轿的优伶、家奴，有的公然乘坐八人大轿，招摇过市。一时间，饮食器用，婚丧喜庆，"尽改旧意"⑤。

值得注意的是种种越礼现象，更多的是来自庶民百姓。万历二十六年中进士的顾起元，在《客座赘语》中记述他目睹南京的风俗说："今则服舍违式，婚宴无节，白屋之家，侈僭无忌。"又说他读到《潜夫论》述及汉朝京师贵戚僭上的情形时，不禁抚卷长叹："近日留都风尚往往如此，奢僭之俗在闾左，富户甚于缙绅！"这表明，以前经常发生在贵戚高官中的越礼行为，如今已具有群众性的趋势，这是封建社会历史上少有的景象。

这股越礼逾制的浪潮，是对钦定礼制的反叛。在物质生活中冲击等级名分大防的后果，必然伴随在观念上背离传统的礼教。人们把礼法规定也商品化了，"拥资则富屋宅，买爵则盛舆服，钲鼓鸣笳为常乐，盖有僭逾之风。"⑥有钱就可以享用高贵者的衣饰器用。僭逾在实际上已被人们承认为理所当然的事，因此非但"不以越分为愧"⑦，而且"以过前为丽，得之者不以为僭，而以为荣，不得者不以为安，而以为耻"⑧。是非荣辱观念变化之大，使当时人惊叹："习俗移人，捷于影响，甚可畏也。"⑨

马克思说："财产的任何一种社会形式都有各自的'道德'与之相适应。"恩格斯说，人们是"从他们进行生产和交换的经济关系中，吸取自己的道德观念"⑩。人们由于在生产中的地位不同，形成的道德观念是不相同的。生产决定

---

① 参见《明会典》礼部二十。
② 《万历野获编》卷十九。
③ 《云间据目抄》卷二。
④ 《巢林笔谈》卷四。
⑤ 《郓城县志》卷七。
⑥ 《湖州府志》卷二十九。
⑦ 《龙江梦余录》卷四。
⑧ 《阅世编》卷八。
⑨ 《见闻杂记》卷二。
⑩ 《马克思恩格斯选集》，第二卷，431页，第三卷，133页。

交换，但是交换与生产不是同一领域。只要人们的生活卷进商品交换的激流，商品经济的价值规律就要对人们的道德观念发生影响，下层居民也不例外。从商品交换中带来的实际利益，会侵蚀人们对封建道德的信念。金钱既然可以变辱为荣，以贱易贵，它就有可能凌驾在纲常名教之上，成为人们追求的对象。

晚明有这样一首《题钱》的民歌："人为你跋山渡海，人为你觅虎寻豹，人为你把命倾，人为你将身卖。细思量多少伤怀，铜臭明知是祸胎，吃紧处极难布摆。""人为你亏行损，人为你断义辜恩，人为你失孝廉，人为你忘忠信。细思量多少不仁，铜臭明知是祸根，一个个将他务本。""人为你东奔西走，人为你跨马浮舟，人为你一世忙，人为你双眉皱。细思量多少闲愁，铜臭明知是祸由，每日家营营苟苟。""人为你惹烦惹恼，人为你梦忧魂劳，人为你易大节，人为你伤名教。细思量多少英豪，铜臭明知是祸苗，一个个因他丧了。"①

金钱就是这样驱使人们卖身亡命，负义忘恩。凡是在利欲横流的地方，那里的忠孝节义的观念就要发生动荡，出现似乎不可思议的现象：

封建道德最重视孝行，《孝经》说"人之行莫大于孝"，《孟子》说"未有仁而遗其亲也"。可是在江南地区，当儿孙的掘祖坟，焚祖尸，"鬻其地，利其藏中之物"，"吴中之人，视为故然，未有以为不义而众诛之者。"②

婚姻大事自古奉为"人道之始"，最看重"门楣求其称，婿妇惟其贤"③。但到明末，男计奁资，女索聘财，婚书如同买卖文契，只要有钱，"良贱不及计，配偶不及择。"④时人惊呼出现"以富贵相高而左旧族"⑤的现象，金钱超过门第观念，比家世赫赫的没落贵族具有更大的魅力。

出嫁从夫在封建时代视为天经地义，跟着丈夫安贫守贱被当做妇女的天职。但在晚明商人众多的徽州，流行的风俗是"商在外率数岁一归，其妻孥宗党全视所获多少为贤不肖，而爱憎焉"⑥。做妻子的爱钱更甚，以丈夫能否挣钱决定爱憎，这虽是少数地区的现象，却把三纲戳了一个窟窿。

---

① 《林石逸兴》卷五。
② 《潜书·吴弊》。
③ 《巢林笔谈》卷三。
④ 《巢林笔谈》卷三。
⑤ 《五杂俎》卷十四。
⑥ 《辽阳海神传》，转引自傅衣凌《明清时代商人及商业资本》。

师生关系向来如君臣父子一样,"尊师"被看做是门生"重道"的表现,怠慢师长有伤风化,为纲常礼法所不容。但到明末,"所称门生者亦如路人,过门而不入者多矣!"① 有人甚至悲观地说,当时弟子事师者不及古人的万分之一。②

同样,以贱事贵、以卑敬尊的旧例,到明末也动摇得厉害:"民间之卑胁尊,少凌长,后生侮前辈,奴婢叛家长之变态百出。"③ 连卑微的宫廷小竖,路遇内阁大臣,也不讲任何礼让,"扬扬驰马,交臂击毂而过。"④ 有人愤愤地说:"小人欺君子,后辈侮先达,礼义相让之风邈矣!"⑤

对上述种种现象,有首民歌作了很好的描述:"骨肉贫相远,陌路富相亲","冷暖观门第,礼貌看衣服","薄者厚,亲者疏,原业只是敬青蚨(金钱)。"⑥ 就这样,利欲的冰水使温情脉脉的伦理关系受到侵蚀。伦理道德观念本是封建统治阶级赖以统治的精神支柱,如今遭到这样的破坏,是封建制度衰败的征兆,也是货币势力冲击封建制度的最大成效。

这种普遍的越礼逾制,离经叛道的行为,改变着人们的精神生活,也使得传统的艺术趣味和治学观念发生相应变化。市井文艺,向来被道学家所不齿,这时却越发受到群众欢迎。歌诗者"多浮虚艳词"⑦。酒店茶肆,"多异调新声,泊泊浸淫,靡焉勿振,甚至娇声充溢于乡曲,别号下延于乞丐。"⑧《客座赘语》说:"诲淫导欲"的民间俚曲,风靡一时,"里衖童孺妇媪之所喜闻"。评话和传奇戏曲中主人翁放浪形骸,追求人生极乐生活的故事,脍炙人口。在治学上,也一反陈规旧说,"厌常喜新,慕奇好异","六经之训目为陈言,刊落芟夷,唯恐不力。"⑨ 所以像李贽那样非圣无法,倒翻千古是非的"异端邪说",不是偶然现象。正是因为他用哲理的形态,充分反映晚明社会的风俗民情,猛烈抨击迂腐的道学和旧时俗,才能不胫而走,轰动一时。

---

① 《林居漫录》卷二。
② 《黄梨洲文集·广师说》。
③ 《从先维俗议》卷二。
④ 《五杂俎》卷十五。
⑤ 《漫录评正》卷三。
⑥ 《林石逸兴》卷八。
⑦ 《吴风录》,见《续说郭》。
⑧ 《博平县志》卷四。
⑨ 《谷山笔麈》卷八。

晚明城市在物质和精神生活中发生这样大的变化：服饰上"去朴从艳"，文艺上"异调新声"，学术上"慕奇好异"。这艳、新、异三个特点成为明季一代的时尚。风尚的变迁在经济和思想之间起了中介的作用。

综观晚明风尚的变迁，大体经历这样的过程：商品经济的发展——社会中普遍越礼逾制——消费生活更新——人情风貌改观。风俗习惯的变化，与商品经济的发展，礼制的衰微，相承相应，似乎可看成中国封建社会风尚变迁的规律。

需要说明的是，越礼并不是晚明社会独有的现象，也不是所有的越礼行为都会引起风尚的变动。只有当越礼的行为从上层蔓延到下层，具有群众性的时候，才会引起风尚的变迁。

晚明社会兼受商品经济发展与法制衰败的双重作用，所以社会风尚变化之大，达到封建社会所能容纳的最大限度，迸发出新旧时代交替前朦胧的曙光。然而尽管如此，也没有摆脱重蹈前辙的命运，就如历史上曾有过汉朝"世俗奢僭"，晋朝"伤风败俗"，元朝"僭礼败度"一样，在一片诅咒声中风息云散。

这与西欧封建社会不一样。西欧的社会风尚，从文艺复兴时代开始变化，基本上保持向前发展的趋势，随着17世纪资产阶级革命成功，就出现了与封建时代迥然不同的新局面。晚明社会风尚的发展，虽然在深度上和广度上超过以往，却基本上没有能够越出旧时代的范畴。主要有下列三个原因：

第一，晚明社会风尚的变化，主要表现在商业繁荣，消费人口大量集中的城市。商品经济是从流通领域侵蚀人们的思想，败坏礼制，这对封建制度固然起到一定的分解作用，但在农村就遇到自然经济的天然抵抗。当金钱在城市肆虐，冲击着城市生活方式的时候，广大农村却可能沿袭祖祖辈辈的生活方式，始终保持古朴、简陋的田园风光。中国的城市经济，一直受制于农村，社会风尚的变迁，局限在像孤岛一样的少数城市，很难向农村扩展，而农村中僵固的封建主义生产方式却有力地抵制了城市风尚的蔓延。

再说，晚明社会商品经济的发展，本身存在很大弱点。它突出地表现在贩运性商业的兴旺。这既反映经济发展中的健康因素，如经济作物的种植扩大，手工工场在各地的发展；也反映经济发展中的不健康因素，如地区间经济发展不平衡的持续加深和城乡荣枯所形成的地区差价的刺激。整个社会生产力并没有显著提高，商品生产的发展速度并不快，大宗的商品不是来自商品生产而是收购农家剩余生产物，商业的发展超过了商品生产的实有水平，主要表现在流通领域的繁荣①。这种畸形繁荣的商品经济缺乏坚实的基础，经不起天灾人祸的挫折，容易发达也容易萎缩，影响城市风尚不能稳定发展，容易夭折。

第二，社会风尚的变化从缙绅士大夫越礼发其端。"原其始，大约起于缙绅之家，而婢妾效之，浸假而及于亲戚，以逮邻里。"②顾炎武说："万里之邑，必有士夫数十，诇谀相先，侈靡相耀。"③缙绅士大夫是城市居民中享有特权的阶层，对城市风尚的变化起着主导的影响。这个阶层在明后期的势力显著增强，主要表现在：①人数扩大。以生员为例，宣德年间有三万人，到明末有五十万，不到二百年增加十六倍以上；②特权优厚。一入黉门就能役使奴婢，终身不当差，犯法也能减刑等等，比先朝享有更多的经济利益和政治保障；③财富积累增加。"缙绅士夫多以货殖为急"④，"吴人以织作为业，即士大夫家多以纺织求利，其俗勤啬好殖以故富庶"⑤。以末致财是明后期缙绅士大夫的重要倾向，殷实的财富和深厚的社会势力，使他们不甘于礼制的约束，纵情享受，越礼逾制，导致社会风尚的变化。这与西欧的国情不同。西欧放纵奢华的世风，随着城市的崛起而扩展，首先在商人、工场主等市民阶层中发生，这是不同于封建主的新的社会力量。而明朝的缙绅士大夫兼有官僚、地主和商人三位一体的特点，他们自身就是封建生产关系的体现者，或是封建政权的基干，不是新的社会力量，因而中国和西欧的风尚变迁，在指导思想上就有实质上的差异。在西欧，伴随新风尚的形成，出现崇尚个人价值，追求世俗享乐，主张人性解放的人文主义思潮，社会风尚的变迁具有鲜明的反封建色彩。在明末，虽然曾经迸发人文主义思想的火花，但没有形成新的思想体系。他们用以叛离纲常名教的指导思想，往往来之于佛、道、儒的不同派别，虽有冲击封建礼教的言行，却没有从根本上动摇纲常名教的理论武器。所以晚明社会风尚的变迁，没有新的阶级基础，缺乏深刻的思想内容，经不起纲常名教的回击。

第三，晚明社会风尚所以能变化这么大，还有特殊的历史条件，这就是晚明时统治机构的涣散，法制的废弛，远过于前朝列代。从16世纪上半叶起，

---

① 参见拙作《商人资本与晚明社会》，《中国史研究》，1983年第3期。
② 《阅世编》卷八。
③ 《菰中随笔》。
④ 《吴风录》，见《续说郛》。
⑤ 《谷山笔麈》卷四。

嘉靖皇帝就不见朝臣，隆庆皇帝接位三年不向大臣说一句话，万历皇帝三十年不上朝。直到崇祯以前，大约有一百年的时间，除了张居正一度整顿朝政外，长期以来帝国的最高主宰不理国务。大臣与皇帝见不着面，上了奏疏没人看，想辞职也无从辞，任意弃官回家。内阁首辅随意闭门而去。地方官更是擅离职守，有的衙门十多年没有专人负责，缺了官员也不补。万历四十年，中央六部长官只剩下一个刑部尚书，都察院八年没有正官，御史一百一十名，在职的只剩下九人，不及十二分之一。边防军请发军饷，没人签发；各处解银，无人征收；外藩进贡，无人接待；刑部长年不审案，监狱里长出青草。从上到下，"职业尽失，上下解体"①。这种情况更助长肆无忌惮地越礼逾制。但是得益于法制废弛时的昌盛，也必然会因法制的强化而衰退。当清王朝重新加强封建统治，又得以全面控制社会生活的时候，这股新风也就被压抑而消散。

这一代新风虽然夭折了，但它在人们社会生活中留下的余响，却经久不绝。因为一代风尚的形成，是一个民族在特定时代的文化现象，是经济、政治、心理、习惯等诸多因素的综合表现。权力制约风尚，并不能取代风尚。由违礼而形成的某些时俗，一旦被群众接受，受到群众心理习惯的滋养，就具有稳定性从而源远流长。以民间时尚的色彩为例，以僭为荣的社会心理，使人们的好恶发生变异，那些不准庶民使用的大红、鲜黄，却在民间成为富贵色，特别受到欢迎。这种欣赏习惯的传统影响，使得我国民间尤其偏爱大红、鲜黄等对比度强烈的浓郁色彩，较少用中间色，这与西方某些民族喜好浅淡色显出很大不同。又如练鹊图案，在明朝礼律上是士大夫礼服的装饰，象征着士大夫的荣誉和地位，然而也因为如此，备受庶民欢迎，视为吉祥的传统象征。诸如此类，由越礼造成的时俗，或者说是礼制异化的某些形态，已经成为我国民族文化的传统的一部分。至于一代风尚提供的新的思想信息和丰富的生活情态，更是文化史的珍贵内容。因此，晚明社会风尚，在我国古代社会史上，别创一格，给研究者留下了正待揭开的篇章。

（原文发表于《中国文化研究辑》第1辑，复旦大学出版社1984年版，本书据《晚明史论》录出。）

---

① 《明史·方从哲传》。

# 森正夫与《〈寇变纪〉的世界
——李世熊与明末清初福建省
宁化县的地域社会》

## 经典导读

  森正夫（1935—　），日本京都人。1962年毕业于京都大学文学部史学科。1967年于京都大学文学研究科修完了博士课程，专攻东洋史学（后获得日本国文学博士学位）。先后任高知大学教育学部讲师，名古屋大学文学部教授、部长，爱知县立大学教授、校长。他还担任日本国政府大学咨议会成员、日本东洋史研究会评议员等职。森正夫教授是日本著名的中国明清史专家，著有《李大钊》《中国民众叛乱史》《明代江南土地制度的研究》《江南城镇的研究——历史学与地理学的结合》等著作，其学术成就集中反映在《森正夫明清史论集》（三卷本，汲古书院2006年版）。

  20世纪的日本的中国明清史学研究至80年代发生重要转折，进入新的历史时期，其特点之一是有关地域社会的研究占据主导地位。所谓地域社会研究实际上包含两个含义，即具有确定含义的地域社会论和地域研究中的社会研究，把视野转向地域社会。地域社会论由森正夫提出，其影响则遍及整个中国史研究，把握日本的中国明清地域社会研究现状，对于中国社会史研究和明清史研究，都有重要的意义。

  森正夫本来是研究中国明清时期土地制度和民众反乱的，这正是20世纪60至70年代日本中国明清史学界的显学，它是重视阶级理论的反映。1977年，森正夫发表了《关于一六四五年太仓州沙溪镇乌龙会的反乱》(《中山八郎教授颂寿记念明清史论丛》燎原书店)开始着眼于"秩序"概念。1979年他又发表了《关于明末社会关系的秩序变动》(《名古屋大学文学部三十周年纪念论文集》)一文,进一步提出明末秩序发生了尊卑、良贱、长少、上下、主佃、主仆、绅民等社会关系的颠倒现象。预测秩序是在"场"表现出的,这个场可以置于作为人们生产和生活的基础单位的地域社会。他认为机械地运用经济范畴的主佃关系概念不能把握明末秩序的颠倒现象,在地域社会,除了纵向关系的阶级、身份间的秩序外,还有横向关系的共同体。1980年森正夫又发表了《明代的乡绅——关于士大夫和地域社会关联的记录》(《名古屋大学文学部研究论集》26)一文,从关注于地域社会即县的志向,把乡绅类型分为经世济民型和升官发财型,论述了前者对于地域负责的存在意义。如果说森氏前一篇论文提出主佃关系的阶级分析面临困境的话,那么后一篇论文则进一步通过乡绅的类型化处理突破阶级分析的方法,并把乡绅的作用放在地域社会的视角认识。这种对于乡绅的新认识,不是懂得阶级关系就能演绎的,实际上形成了独立领域的问题。

1981年名古屋大学举办中国史研讨会,森正夫在《中国前近代史研究的地域视点——中国史研讨会(地域社会的视点——地域社会与领导者)基调报告》,(《名古屋大学文学部研究论集》83,史学28,1982年)尝试将自己的观点体系化,正式提出了他的地域社会研究设想,强调了把意识作为研究对象的重要性。他提出,所谓秩序或秩序原理,与进行生命的生产或再生产的场所,即人们生存的基本场所深深关联着,它对于整合构成这个场所人们的意识来说,是不可或缺的要素。换言之,虽然孕育着阶级矛盾和差异,但面对着从广义上来说共同的再生产的现实课题时,各个人都处置于共同的社会秩序下。这样由共同领导者统治下被整合的地域场所叫做地域社会。这是和行政区划、市场圈等实体概念、基点不同的方法概念。作为这种概念的地域社会,研究史上提出过四种类型:家族、同族基轴论,地主领导型地域社会论,士大夫领导型地域社会论,国家基轴论。森正夫之后,众多学者采用不尽相同的研究方法和理论探讨地域社会,形成以地域社会为研究对象的学术倾向。

森正夫的明清史研究主要关注江南地区,不过对于"地域社会论"的实践却在福建的研究中有重要体现。森正夫在《〈寇变纪〉的世界——李世熊与明末清初福建省宁化县的地域社会》(原刊《名古屋大学文学部研究论集》史学37,1991年,再刊《中国文化研究》2005年冬之卷)中,追寻李世熊对明末清初福建宁化县"寇"、"贼"的把握,讨论了士人对地域社会组织整合的关心,并对否定国家的地方统治秩序及其社会秩序的作为个人或集团活动的"寇"、"贼"活动作了探讨。森正夫注意到，李世熊著《寇变纪》等一系列作品里频频出现"吾族"、"吾宗"等词语，其中尤以"吾乡"一词出现的频率最高，推断作者李世熊最关注的是自己生活的地域和李氏宗族。森正夫指出，李世熊提到的"吾乡"有两层意思，一是指作为"面"的泉上里，一是指作为"点"的泉上。李世熊所说的"吾乡"在大多数场合指的是后者。作为"面"的泉上里，包括现在的泉上镇人民政府管辖的区域和湖村乡人民政府管辖的区域，由22个村庄构成的泉下里并不包括在内。尽管发生了明清交替这一全国规模的政局动荡，李世熊最为关心的并不是政局的变动，而是"吾乡"、"吾族"的安危。李世熊在明末清初宁化县泉上（或称泉上里）地域社会中的活动，在维持地域社会的秩序上具有很高的实践性。对李世熊而言，侵入宁化县的"寇"、"贼"，彭妃所代表的反清势力的活动、县内土豪黄通的抗租叛乱及其创设的长关的活动以及黄通叛乱给县内外带来的影响，这些事件具有同等的性质，都是危及"吾乡"泉上（或是泉上里，有时是泉上·泉下两里）地域社会的延续，破坏"吾族"安宁的因素，因此都必须消除。李世熊的目的是维持"吾乡"地域社会和"吾族"同族的社会统合，这一使命理所当然要由作为士人的他来承担。

森正夫对于"吾乡"用语与地域社会联系的探讨，令笔者联想起英国艺术史学者柯律格《雅债：文徵明的社交性艺术》中对"吾吴"与在地人义务的研究。柯律格指出，"地方"意识是文徵明因应不同义务而调整的身份认同，"通过它，文徵明及其同代、后世之人，便合力建构了今日所理解的他。"[①] 可见地方意识对于文化建构、社会建构的重要性，地方意识与地域社会的密切关系，应是社会文化史研究者着力把握的问题。

—— 延伸阅读文献目录：

1. ［日］岸本美绪：《明清交替の江南社会：17世紀中国の秩序問題》，東京大学出版会1999年版。

2. ［日］三木聰：《明清福建农村社会の研究》，北海道大学图书刊行会2002年版。

---

① 柯律格：《雅债：文徵明的社交性艺术》，生活·读书·新知三联书店2012年版，第107页。

3. 唐立宗:《在"盗区"与"政区"之间——明代闽粤赣湘交界的秩序变动与地方行政演化》,《台湾大学文史丛刊》118,台湾大学出版委员会2002年版。

4. [日]滨岛敦俊,朱海滨译:《明清江南农村社会与民间信仰》,厦门大学出版社2008年版。

5. [日]山田贤著,曲建文译:《移民的秩序:清代四川地域社会史研究》,中央编译出版社2011年版。

6. [日]森正夫:《中国前近代史研究中的地域社会视角——"中国史研讨会'地域社会——地域社会与指导者'"主题报告》,刘东著,孙歌等译,[日]沟口雄三,[日]小岛毅编:《中国的思维世界》,江苏人民出版社2006年版。

7. [日]森正夫著,王翔译:《由地方志所见明末社会秩序的变动》,《琼州大学学报》1998年第2期。

8. [日]森正夫:《田野调查与历史研究——以中国史研究为中心》,《上海师范大学学报》2003年第3期。

9. [日]三木聪:《清代前期福建农村社会与佃农抗租斗争》,《中国社会经济史研究》1988年第2期。

10. 王翔、王秀芳:《对民国社会史的执着研究——记日本学者森正夫教授》,《民国春秋》1994年第4期。

11. 常建华:《日本八十年代以来的明清地域社会研究述评》,《中国社会经济史研究》1998年第2期。

12. 山田贤著,太城佑子译:《中国明清时代〈地域社会论〉研究的现状与课题》,原刊日本《历史评论》580号(1998年),中译发表于台湾《暨南史学》第二号(1999年6月)。

13. [日]岸本美绪著,陈永福译:《评〈森正夫明清史论集〉》,《中国社会历史研究评论》第13卷,天津古籍出版社2012年版。

—— 原文:《〈寇变纪〉的世界:李世熊与明末清初福建省宁化县的地域社会》

经典原文

# 《寇变纪》的世界：
# 李世熊与明末清初福建省宁化县的地域社会

森正夫

## ■ 序 言

《康熙宁化县志》是现存唯一的清代福建省宁化县的地方志，它出自明末清初生活在该县的士人李世熊之手。该书第七卷《寇变志》记述了唐、宋、元时期发生的叛乱以及明正统十四年的邓茂七叛乱，其中大部分涉及明朝后半期发生在该县的"寇"、"贼"的活动。笔者曾在1973年、1974年和1976年发表的《关于十七世纪的福建省宁化县黄通的抗租叛乱》（一）、（二）、（三）中[①]，介绍了《寇变志》中有关正德五年至崇祯十二年间的内容，并全文翻译了其中从崇祯十三年至康熙十三年的有关内容。透过李世熊的记述，笔者探讨了领导"寇变"的黄通及其周围人们的活动以及与黄通叛乱几乎同时发生的与福建省宁化县相邻的江西省石城、瑞金、宁都三县的起义，并通过探讨发生在17世纪后半叶的抗租叛乱，揭示了福建、江西交界地区发生的抗租叛乱之间的相互关联。

1980年中华书局出版的《清史资料》第一辑收录了谢国桢收藏、吴白娅评点的李世熊著《寇变纪》（手抄本）和《寇变后纪》、《寨保纪》、《堡城纪》和《康熙宁化县志》第七卷《寇变志》（以下略称为《志》）相比，《寇变纪》等一系列作品表现出鲜明的特色。《志》与《纪》均记载了同一时期宁化县的"寇变"，两者的内容基本一致。《志》和《纪·后纪》的内容也大致相同。但《纪·后纪》中涉及一些《志》中没有提到的内容。在《纪·后纪》里频频出现"吾族"、"吾宗"等《志》里没有出现的词语，其中尤以"吾乡"一词出现的频率最高。由此可以推断，《纪·后纪》的作者李世熊最关注的是自己生活

---

[①] （一）《名古屋大学文学部研究论集》59·史学20。（二）《名古屋大学文学部研究论集》62·史学21。（三）《名古屋大学文学部研究论集》74·史学25。以下分别称为拙稿一，拙稿二及拙稿三。

的地域和李氏宗族。他在《纪·后纪》中还将宁化县称为"吾邑",这一点清楚地表明了作者与自己所生活的县之间的关系。此外,《纪·后纪》中常常以第一人称"熊"来叙事,而《志》采用的则是第三人称。由于《纪·后纪》用第一人称描述与作者密切相关的人物、事件,行文具有鲜明的个人色彩,所以它更为真实地反映了当时的社会情况。

本文通过李世熊对发生在明末清初激烈动荡的宁化县的"寇"、"贼"活动的描述,分析士绅在地域的秩序重构中所起的作用。与前面提到的拙稿(一)(二)(三)不同,本文侧重于探讨镇压黄通抗租叛乱的人们的活动。

本文所使用的"地域社会"一词指的是广义的再生产的"场",也指人们进行生活和活动的基本场所。笔者在1981年日本中津川市举行的中国历史专题讨论会"地域社会的视角——地域社会与领导者"上所作的基调报告《中国前近代史研究与地域社会的视角》中,① 第一次使用了"地域社会"这一概念。对于这一概念,日本不少学者在会上以及会后提出了许多意见。无论是赞成意见还是批评意见,都给了笔者很大的启发,但是,就"地域社会"这一概念而言,笔者的基本看法至今没有改变。在前面提到的三篇拙文发表之后,三木聪、谷口规矩雄、甘利弘树和唐立宗相继发表了有关清初至道光年间福建、江西、广东地区的抗租或抗租叛乱的论文。②

---

① 《地域社会的视点——地域社会及其指导者》,"以地域社会为视点的中国前近代史——中国史研究讨论会"的基调报告(《名古屋大学文学部研究论集》83·史学28,1982年)。

② 三木聪《清代前期福建的抗租运动与国家权力》(《史学杂志》91编8号,1982年)。三木聪《明末泉州地区佃租的掠夺行为与"斗姥会"斗争》(《史朋》17号,1984年)。三木聪《清代时期福建抗租运动的开展》(《北海道大学文学部纪要》34—1,1985年)。三木聪《抗租和阻米——明末清初期以福建为中心》(《东洋史研究》45卷4号,1985年)。三木聪《抗租与法·裁判——雍正五年(一七二七)的〈抗租禁止条例〉展开》(《北海道大学文学部纪要》37卷1号,1987年)。三木聪《沙县——清代福建的地方社会》(《史朋》24号,1991年)。三木聪《由长关·斗关到乡保·约地·约练——福建山区的清代乡村支配的确立过程》(山本英史编《传统中国的地域像》,庆应义塾大学出版会,2000年)。三木聪《明清福建农村社会的研究》(北海道大学出版会,2002年)。唐立宗《在"盗区"与"政区"之间——明代闽粤赣湘交界的秩序变动与地方行政演化》(《"国立"台湾大学文史丛刊》118,"国立"台湾大学出版委员会,2002年)。谷口规矩雄《"金·王之变"及由此引起的诸叛乱》(《大阪大学教养部研究录集》人文社会科学38辑,1990),指出江西的宁都、瑞金、石城三县内,移住居民组织与"客纲"及"田贼"相联合,其指导者温应采为明朝的举人。甘利弘树《明末清初期广东、福建和江西交界地域广东的山寇——以五捻贼·钟凌秀为中心》(《社会文化史学》38号,1998年)。甘利弘树《关于清初的阎罗总》(《史峰》8号,1999年)。

在以下的行文中，笔者将《寇变纪》略称为《纪》，同时提及《寇变纪》和《寇变后纪》时，略称为《纪·后纪》，提及包括《寇变纪》在内的一系列著作时，则简称为《寇变纪》。

## ■ 一 明末的李世熊与"吾乡"、"吾族"

天启元年（1621），自李世熊获得乡试副榜以后，①《志》、《纪》的内容逐渐详细起来，原因之一是作者记录的是其同时代发生的事情。《纪》的内容起于距此半个世纪之前、即16世纪中叶以后、在该县内"寇"、"贼"的活动日渐猖獗的嘉靖末年。其中出现"吾乡"、"吾族"等词语。

"嘉靖之辛酉、壬戌、癸亥，贼连扰吾乡。吾乡尚未立寨，贫民携子女避山谷间。即幸免锋镝，而受岚湿疫死者过半。惟吾族多避入县城，获自全。"

"是时惟三涂贼最强，其犯汀郡城者即此伙也。……其扰吾乡者，广贼一至，后皆连城朗村贼，最后两贼复合，从吾境至邵武书坊，出广信、抚州，为官兵堵杀殆尽。其余或剿或抚，各峒以次就平。迄隆庆间始有宁宇。"

关于此处出现的"吾乡"、"吾境"，作者在《志》中的有关部分是这样记述的：

"其扰泉上十里者为广贼。广贼一至，后皆连城朗村贼，最后两伙复合，由泉上里至邵武书坊，出广信、抚州，为官兵堵杀殆尽。余或剿或抚，各洞以次就平。迄隆庆四年始有宁宇。"

第一段引文中的"吾乡"是指泉上里和泉下里，第二段引文中的"吾境"是指泉上里。"吾乡"和"吾境"这两个词语在《纪》中各有所指，广义上是指前者，狭义上是指后者，更多的是如下面引用的句子那样，指的是后者，也就是只指泉上或者是泉上里。具体涉及的是顺治二年（1645）十月，泉上下里受到

---

① 《清史稿》卷五百一，列传二百八十八，出自遗逸二的李世熊传中。

"粤寇"威胁一事。关于这一事件，将在后文中言及。现在，泉上位于宁化县的东北端，距离县城的直线距离为36公里，是县直属的泉上镇人民政府所在地。①

"于是泉上下里，各点乡兵屯扎罗坊坝，约数千人。泉下则号令于武进士邱隽，吾乡则受令于熊。"

"吾族"、"吾宗"当然指的是李世熊所在的李姓宗族。②在《纪》有关嘉靖末年到隆庆年间的内容中，已经出现关于李世熊祖先的记述。

"曾伯祖凤遅公目击贫民窜死之惨，始议创寨于官坑之莲峰。寨成而贼息，故人称为太平寨。"

《纪》中经常使用"吾乡"、"吾族"这一词语，这当然意味着相对于《志》而言，《纪》更多地描述了李氏宗族和他们所在的地域社会的情形。这里先举一二个明朝灭亡前的记述为例。

崇祯元年（1628），广东平远县的谢志良一伙袭击武平、宁化两县。《志》和《纪》里都有关于这一事件的记述，下面的叙述见于《纪》而不见于《志》：

"吾乡之妇女老稚遽避归、宁二城矣。（三月）"

"是岁米价大踊，五月归化柳杨贫户一呼数百，劫富民之仓而食，若固有之。事定，治以官法，亦各重创焉。建宁县鸣火劫人，到处而是，虽城中不免。吾乡始募银修寨为保聚计。（五月）"

---

① 本文中出现的《纪·后纪》中的地名及现在的县、镇、乡、村名，均按照福建省测绘局·福建省民政厅编《福建省地图册》（福建省地图出版社1982年1月第1版）以及中华人民共和国民政部行政区划处编《全国乡镇地名录》（测绘出版社1986年第1版）进行核对。
② 有关李世熊一族，除《寇变纪》及《寇变后纪》中的片段性记述以外，在李世熊亲自编写的《寨堡纪》里也作了记述，其中包括明朝嘉靖末年以来与城堡之间的关系，我们从中可以大致了解到当时的历史情况。另外，在《堡城纪》（大部分由李世熊执笔）中也有关于李氏一族的叙述。李世熊的文章原本收入《李氏家谱》中（《清史资料》第1辑《寇变纪》等4篇文章），但是令人遗憾的是目前尚未见到该家谱。中国社会科学院历史研究所张显清所做的调查也指出，《李氏家谱》是否存在尚且不明。

崇祯四年（1631）二月以后，广东平远县钟凌秀一伙攻入汀州府，由武平县进入长汀县，捉住了汀州府知府林联缓派遣的指挥严明。《纪》对当时的情形作了如下记述：

"当二月严明被执时，都邑大震。及闻犯瑞金，恐由石城径路抵宁化。又讹闻贼已至淮土郭外，纷纷缒城，竟有坠死者。吾族家累亦悉入归化城中。"

面对"贼"的攻击，"吾乡"的人们或垒筑寨堡，或避难于邻县的归化县城，"吾族家累"也在避难的人群之中。

自"国变"（《志》）之年，即崇祯十七年（1644）明朝灭亡之年起，在福建无论是在山区，还是在沿海，"寇""贼"与反清势力相互结合，积极开展斗争。《志》中有如下的记述："崇祯十七年，甲申，国变。兴与泉贼，大炽。督抚张肯堂提师，捕之稍戢"。相比之下，《纪》的记载更为详细。

"至崇祯甲申三月十九日，闯贼陷燕京，至尊义殉社稷，勤王之旅骚动南北，奸宄飙举，闽中自是苦盗矣。兴、泉之乱，馘斩数千。余孽漂入漳洲，旋及万人。抚军张公肯堂，提师捕之。贼复旁扰汀邑。"

由此可见，发生在福建沿海兴州府和泉州府的叛乱也波及了位于山区的汀州府。在上面引用的段落之后，作者记述了汀州府的紧急事态：

"时有粤寇萧声、陈丹等，率众数千，号阎罗总，剽掠虔州部境，亦渐逼临汀。是时钟三舍之遗党张思选者，号猪婆龙，聚首数百，与阎罗总遇，欲与之合。"

翌年七月，明永宁王在江西兴国县举起反清大旗，将归顺的阎罗总收入麾下后，广东方面新的反清势力于八月再度攻入汀州府下诸县，十月以后，攻势仍在延续。关于这一时期事态的变化，《志》是这样记述的：

"八月，有粤寇。不知主名。攻归化，不克；复攻清流，不克。邑大戒严。十月,粤寇复抵归化城下,大治攻具。"

关于顺治二年八月以后的形势变化,在《纪》的叙述非常详细,它同时也清晰地描述了李世熊和"吾乡"的关系。由于原文较长,现分段作一介绍。

(1)"八月有粤寇千人,不知主名,由上杭、连城出掠马屋,经松口营、余家铺,破松溪、粪斗砦。吾乡惶遽,以砦为城。熊乃严哨探,七八辈昼夜往返不绝,悉贼动定,乡恃以少安。贼亦皆经吾乡由林舍、石痕而向归化。"

(2)"邑令华廷宪集民兵往御之。民兵实不知击刺为何事,哄然而戏耳。诸生子弟或携酒盏往观战者,猝遇贼,各释兵而窜,死者百余人。廪生揭三龙遇害,庠生萧为光被执。"

(3)"贼径抵城下,治攻具,城中如沸。适大理评事张景星以差出寓围城中,为画守御策,民志少定。贼亦纵萧为光使求款。为光往返贼营颇行赂,而贼始罢攻。抵清流,攻城不克,乃退。"

(4)"至十月,粤寇复由故道驻松溪。吾乡益岌岌可危,家累悉居官坑砦。熊始议为固守计。于是泉上下里,各点乡兵屯扎罗坊坝,约数千人。泉下则号令于武进士邱隽,吾乡则受令于熊。泉下乡兵各携糇粮,吾乡颇犒劳之。吾乡则派饷给兵,凡食租一石者,征米一升而已。屯坝上者八日,给粮一升。屯莲花峰者,① 人给粮一升半。莲峰为松溪出吾乡之要路。峰岭峻削,若静宵霁日,与松溪烽相瞩,帜相辨也。吾乡堵守凡十有余日,糜粮七十石。有咸取赡于吾族,余升斗之助而已。贼知吾里整暇不可向,则仍趋归化,大治云梯等具。"

(5)"是时宁化令于华玉已由职方擢上杭兵巡道,乃率汀兵及所抚张恩选、宁文龙等援归化。复檄宁化、连城及泉上下里乡兵协助之。官兵至归化,贼逆战于五里桥,前锋杀七贼,乘胜追奔,先后不相继。贼出左右翼衷(里)之,官兵败,死伤者十余人。贼追至城下乃返。次日吾乡选锋三百,熊董之,泉下集兵四百余,分属于诸武生,而丘隽统之。刻日抵归邑。贼知

---

① 莲花峰的叙述是根据《康熙宁化县志》卷1.山川志上以及内阁文库藏·光绪二十一年(1985)刊《福建全省地舆图说》中宁化县图而展开的。该《图说》是在1990年明清夏季研讨会上,从三木聪针对青山一郎的报告所发表的意见中得知的。

援师大集,是日遁。贼既退三日,而宁化、连城乡兵始至。供亿不资,归民苦之。当事旋遣萧为光说贼,欲抚之,竟不得要领而还。贼即退,巡道于华玉及监纪推官李之秀张皇露布,叙功题请,若克大敌,恢封疆者。华玉遂焯兵部侍郎,其标官皆加守备、游击街。清流李官之子,遂借此冒题恩贡,上下欺罔,良可耻痛也"

李世熊无论是在泉上里还是在泉上、下两里,都站在防范广东来犯之"贼"的第一线。八月,"吾乡"的人们筑起了堡垒,昼夜派遣七、八人探哨。十月,广东叛乱集团再次来犯之时,李世熊提出"固守之计",建议建立正式的军事防卫体制,并以此为基础,组织泉上、下两里合计数千人规模的乡兵,并且亲自指挥其中的泉上里的乡兵作战。此后,被唐王隆武政权任命为上杭兵巡道的于华玉,率领官军赶来支援遭到叛军攻击的归化县城。于华玉命乡兵协助,李世熊率领精锐乡兵300人与泉下里的乡兵一起赶赴县城作战。

在这里要特别强调的是,李世熊在《纪》和《后纪》中提到的"吾乡"有两层意思,一是指作为"面"的泉上里,一是指作为"点"的泉上。李世熊所说的"吾乡"在大多数场合指的是后者。作为"面"的泉上里,包括现在的泉上镇人民政府管辖的区域和现在的湖村乡人民政府管辖的区域,由22个村庄构成的泉下里并不包括在内。

## ■ 二 李世熊与黄通

明朝被推翻后的第三年,即顺治三年(1646),发端于明末崇祯十三、十四年间的宁化县黄氏家族内部的对立关系——居住在宁化县城内的黄氏族人和迁居留猪坑的黄通等黄氏族人间的对立——已经到了无法调和的地步。留猪坑位于宁化县城北方,是永丰里的中心村落。靠近中沙村(现乡人民政府所在地中沙),《康熙宁化县志》第一卷《疆界志》中记为"留朱坑"。黄通号召宁化县的"诸乡"改变有关佃户交租的规定,将交租量具的容量减少百分之二十,这项提议受到了广大乡民的支持。黄通将县管辖下的"各里"联合起来,建立了称为"长关"的新的政治和军事组织。此举激化了黄通与县内"大户"和"诸乡佃丁"之间的矛盾。顺治三年（1646）六月二十六日上午10点，黄通率领由一千多名"佃丁"组成的"田兵"攻进县城，杀死了同族的有权有势者，抢劫一百余户"殷户"之后，在下午4点撤出了县城。①

阅读《寇变纪》可以发现，除一些细节之外，有关黄通叛乱的背景，以及六月二十六日的县城遭到攻击的情况，在《纪》和《志》之间的记述几乎无甚差异。但在以下事件的描述中，《纪》与《志》的记述有所不同。为镇压黄通之乱，南明上杭兵巡道于华玉（曾任宁化县知县）于七月三日率队从汀城出发来到宁化县，却被黄通麾下的"田兵"扣留，另有八月十八日清军进入福建，随后唐王隆武帝由福州府逃亡到汀洲府，清朝开始控制汀洲府以及宁化县的一系列活动，《纪》中有关这些事件的记述与《志》有所不同。比如，《纪》中关于"吾乡"与黄通以及其麾下的"长关"之间的关系，是以李世熊的活动为中心展开的。另外，关于这一地区与唐王隆武政权败兵集团之间的关系的记述，也是通过李世熊的活动展开的。《纪》的上述特点，有利于后人了解李世熊与黄通以及"长关"之间的关系，关于李世熊参与整个宁化县政治和军事情况的记述，也使我们可以清楚地了解作为士人的李世熊的活动全貌。

首先让我们来看一看包括"田兵"扣留于华玉事件在内的宁化县与李世熊之间的关系。于华玉由于轻敌，在与县通判朱墀下围棋时被捉。根据《志》的记述，于华玉在被扣留之处写信给宁化县城，要求"诸乡绅与某某迅速筹划军饷（名为'田兵'军粮，实为于华玉的赎金）"，于华玉后以一千五百两获释。关于事情的经过，《志》和《纪》的记述几乎完全相同，但是，通过其号"元仲"以及"熊"等文字可以知道，在《纪》中描述的此处的某某即为李世熊。

"次日于赍一揭至城，但云请诸乡绅同元仲速商措饷云。熊不获已，乃同诸乡绅措设一千五百金，② 付通之族好黄洪者。赂去而于始归。"

在于华玉等看来，在面临"田兵"袭击的紧急关头，受到宁化县内的乡绅信赖的李世熊是进行交涉的合适人选。李世熊与于华玉之间的关系始于明朝灭

---

① 有关这一事件的详细经过，请参见拙稿一、二。
② 如拙稿二15页中所指出的，与长江下流南岸地区不同，宁化县内有进士、举人功名者非常少，故而将生员也归入"乡绅"之列。

亡之年，即崇祯十七年十月，广东的张恩选一伙和阎罗总一伙合力攻打汀洲府之时。当时，李世熊刚刚从广东的潮州府回到福建汀洲府宁化县，对当时的宁化县知事于华玉询问进言。此事在《志》中被描述为"有客人向于华玉进言"。发表于1973年的拙文（一）将"客人"译为"幕友"。根据《纪》的记载，这个"客人"实际上就是李世熊。

> "熊时适从潮州归汀，备知贼情。归见邑令于华玉，询以汀事，熊言贼势甚猖，而二党不附，可离而破之。"

此时，李世熊代表宁化县士人参与处理包括"吾乡"、"吾里"和其他的乡、里在内的"吾邑"（即宁化县）的事件，在围绕于华玉释放的交涉中，他也扮演了此种角色。

其次，顺治三年，关于黄通麾下的"田兵"进攻宁华县城和从宁化县撤退，以及于华玉被扣留直至释放的经过大体如下。清军于八月十八日攻入福建，南明唐王隆武帝从福州被追到西北部的延平府，二十二日又由延平府逃往汀洲府方向。清军也随之穷追不舍。在这一过程中，二十七日隆武政权的首辅何吾趋在泉上里与隆武帝分开，奔向宁化县城，后逃亡到广东。同日被隆武帝封为海忠伯的田仰率领残兵进入泉上里的留坑村（在《康熙宁华县志》第一卷《疆界志》中称为"留亭"）。二十八日他们试图进入泉下，但因泉下乡兵的抵抗而遭到失败。此后他们又在黄通的大本营根据地中沙（村）与长关相战，最终逃往江西。

八月三十日清军进攻汀洲府城，唐王被捕，总兵周之藩战死，知府汪指南投降，[①] 原上杭兵巡道于华玉也相继投降。九月六日，清军四名骑兵进入宁化县城，没收了"册籍"（即户口、土地及税粮、徭役等簿册），知县徐日隆也与士人、平民一样剃发降清。十月四日，清朝任邹钟秀为新知县，并任李友兰为汀洲府知府。

新知府李友兰于十一月来到宁化县，亲自访问了黄通的大本营根据地，劝其归顺清朝。黄通以巨额贿赂李友兰，与李友兰之间缔结了盟约。李友兰授予黄通守备（清朝武官）的任命状后离去。此后，黄通将千总的任命状以数十

---

① 在周之藩《瑞金县志》卷十·杂记（康熙二十二年）（1683年刊）中记载为南明的总兵官。根据乾隆十七年（1752）修·同治六年（1867）刊《汀洲府志》记载，从明朝到南明时期，没有资料记载汀洲府知府的姓名。由此可见，汪指南是由南明唐王政权派遣来的。

两、数百两的价格,出售给"乡内殷实或狡黠之徒"。这些人又转手将千总的头衔卖给"它乡之富豪"。千总旗子频繁地往来于清流、归化、泰宁、永安、沙等宁化县邻近的县之间,黄通的支配范围也由此而逐渐扩大。

不久,以宁化县的半寮为根据地,黄通与父亲的盟友宁文龙之间逐渐形成了对立关系。黄通于顺治四年四月十六日在从乌村前往下埠途中,被中了县内某人所使的离间之计的宁文龙杀害。

六月,李友兰与于永授(汀州镇总镇)一起率领清军骑兵和步兵进攻黄通的根据地中沙,杀死了黄通任命的千总陈亢、江丹、黄仲以及军师黄居正。黄通的兄弟黄允会以及千总马文、吴坚俊等人归顺了清军。

在这一形势下,"吾乡"与黄通、长关之间,以及与唐王隆武政权的败兵集团之间的关系又如何呢?根据《纪》的记载,我们可以了解到具体的情况。以下我们就引用其中的一部分加以分析。

根据《纪》的记载,李世熊将于华玉从黄通麾下的"田兵"手中救出后,在八月二十七日田仰的残兵进入留坑村之时,仍在宁化城中。

"急遽间,举乡各东西窜。熊时居城中,乡人不审机宜,无节制,老弱数辈零出哨探,遇贼而死者五人。是夜,焚留坑官贤任屋一区,所掠惟牲畜,而衣帛皆弃勿取。"

李世熊认为,由于自己待在县城里而不在泉上,所以"乡人"在得知田仰率残兵来犯后没有能够采取有效的措施。由此可见,他对自己在泉上里的作用评价甚高。在泉下里,迎战经过此地的残兵的乡兵,一看到敌人的旗帜就胆怯而退。乡兵的指挥者武进士丘隽、武举人吴维城、生邱浙、武生邱沐、生邱澍之妻谢氏等人相继被杀。此后,田仰的残兵到达中沙,与长关相战,并将黄通麾下长关的数十人杀害。客观而言,长关作为乡兵一时起到了防卫乡里的作用(见《纪》,《清史资料》第一辑第36页)。清军在九月六日控制了宁化县,在此之前,李世熊于九月二日"弃城归里"。此后,李世熊在泉上开展活动(见《纪》,《清史资料》第一辑第35页)。

李世熊回到泉上一个月之后,深受黄通之害的"宁民"——宁化县的人民——请求清朝任命的新知府李友兰、知县邹钟秀出兵讨伐黄通。

"宁民既患苦黄通,于是以通悍逆状悉诉于守令,密请清兵扑剿之。"

然而,在周围的连城、上杭、武平和永安四县,"是时连上、武永诸乡民各起义相应,汀兵不能支"(见《纪》,《清史资料》第一辑第36页)。这些行动可以说是对黄通的长关部队对抗宁化城清朝统治当局的举动的呼应。因此,汀洲府的清军于顺治三年十月派偏将田国泰率200名士兵进入宁化县,"邑之首事"(即知县)准备军粮和饲料等呼应大军,随时准备进击黄通。但是黄通并没有动摇。如前所述,十一月,知府李友兰前往黄通的大本营中沙,劝告黄通归顺清朝。在黄通处于优势的情况下,泉上和泉下里(即泉上下里)等一直是拒绝接受黄通统治的地方,这时也终于不得不迫于形势改变态度。

黄通占领宁化县永丰里留猪坑村内同族地主的土地,呼吁减轻"诸乡"佃户负担,号召佃户开展抗租活动,同时他还成立了军事组织——长关。长关的范围跨越了县境,扩展到福建西北部等周围诸县的农村地带。正如前文所引用的《纪》所言,长关制定了"长关编牌册"。"长关编牌册"是户口登记账簿,上面按地区登记了各县住民的情况。因此,长关不单纯是一个具有战斗性的军事组织,而且转化成为具有政治色彩的组织,并逐渐转换成为连接各县"诸乡"之间的地域性的权力组织。到顺治四年二月为止,李世熊等泉上的住民一直拒绝接受黄通的控制,但当黄通的兄弟亲自来访时,他们已经无法继续坚持此种态度。连生员、举人等士人阶层也表示接受"长关编牌册"的登记制度,因此不得不接受黄通之弟黄赤的指挥,唯有李世熊拒绝接受他的指挥。

在"长关编牌册"上登记同时也意味着承认长关的裁判权。黄通兄弟利用这一权利向登记者索取贿赂。归化县的大洋塘、吴地两地均被要求交纳上千两的贿赂。知县陆鸣鳌逮捕了长关任命的千总。由于知县的冷静处理,一千几百名长关士兵狼狈而逃,但是,当他们再度返回戈杨地时,扣押了举人曾文灏之弟,索取了高达一千二百两的赎金。

如上所述,李世熊在《纪》中详细叙述了长关与黄通所在的"吾乡"之间的关系,而《志》中对此却没有描写。由此可见,李世熊从其自身的观点出发,着重描述了"长关"统治的消极面。李世熊认为,由于黄通以及长关的出现,使"吾乡"原有的政治结构以及社会秩序遭到破坏。持有黄通所授的千总"令旗"的人,频繁地出现于宁化县周边各县的村落,李世熊在《纪》和《志》

中称"盖乱世之民其聪明昏塞如此"。

顺治四年四月十六日，黄通为宁文龙所杀。据《志》与《纪》记载，宁文龙是半寮一带的"土豪"，与黄通之父黄流名之间有私交。由于他蔑视黄通及其兄弟，双方结了仇。按照《志》与《纪》的记述，我们可以推定半寮是距宁化县城以北一百里的招得里附近的一个小村庄，与建宁县接壤，现在半寮属建宁县，是一个位于其南端的一个"自然村"。

"报至城，合邑欢声动地，自是诸乡绝千总之矣。"（选自《志》。《纪》中除将"跻"字写为"迹"外，内容相同。）

李世熊描述道，黄通死后，包括他自己在内，全县人大大地松了一口气。对于否定由王朝国家任命的地方官即"有司"维持的地方统治和相关社会秩序的人和社会集团的活动，李世熊进行了严厉的抨击，斥之为"寇"和"贼"。

如上所述，六月，自汀州进入中沙的清军杀死了黄通手下的数名头目。但是，李世熊的"吾乡"、"吾族"仍然处于困境之中。黄通自领导抗租运动以来的一系列活动，都是在当时的宁化县以及福建西北部的"乱世"，即在社会失序的情况下发生的。

以下三种事态的发生，使"吾乡"、"吾族"继续面临困境。第一，宁文龙为取代黄通掌握宁化县的军事主导权而展开活动，在此过程中，与县内外的其他势力不断发生冲突。六月归顺清朝从而保全了大部分实力的已故黄通的兄弟们率领的长关部队，也包括在对抗宁文龙的这些势力之中。第二，支持明朝的各种反清势力，以及县内与此相呼应的新的叛乱集团的活动。第三，为了镇压这些势力，清军进驻宁化县，强迫住民负担军费。

与上述三种事态相关联的，是围绕顺治四年八月进入泉上里的拥护明宗室彭妃势力的一系列活动。《纪》中关于自顺治四年六月清军对黄通集团核心力量的镇压至顺治五年（1648）的内容记述了与此有关的事态，可以说，《纪》所关心的核心问题始终是"吾乡"的存亡和以此为前提的"吾族"的安危。在这个意义上，李世熊上面指出的三点十分重要。第一，在彭妃起义前两个月的顺治四年六月，副将高守贵麾下的清军为镇压宁文龙而经由泉上被派往水西。在关于此事的记述中，李提到"吾乡"正是从这个时候起开始受军队之苦的。

第二，顺治五年正月二十五日，宁文龙党羽罗庭的部下孙某进入泉上，为掠夺来的财物被"吾族"的"不肖子弟"和"无赖"所夺而进行报复。李世熊在记述事件的经过之后指出，正是在这个时候"吾乡"的防卫遭到破坏，从此一蹶不振的。第三，导致这次报复事件的是同年正月"吾族"不肖子弟的恶劣行为，李世熊自己当时也成了清方的怀疑对象，因此无力顾及乡里的安危。

从这些记述中，我们可以清楚地看到，尽管发生了明清交替这一全国规模的政局动荡，李世熊最为关心的并不是政局的变动，而是"吾乡"、"吾族"的安危。

## ■ 三　清初地域社会的分化

顺治五年（1648），在江西省发生了由金声桓、王得仁率领的叛乱，即金王之乱，康熙十三年（1674）到十五年（1676），受康熙十二年云南吴三桂叛乱的影响，在福建省又发生了耿精忠之乱，直到十八年（1679）发生对福建等东南沿海地区产生重大影响的郑成功的军事行动，这一时期在时间上基本上和《纪》的后续部分所叙述的时期以及《后纪》所叙述的时期相一致。李世熊的记述仍然是围绕"吾乡"的存亡、"吾族"的安宁这一中心问题出发而展开的。因此，大部分内容与来自外部的"寇"、"贼"势力的活动有关。不过，值得注意的是，在关于这一时期的记述中，李世熊还对"吾乡"、"吾族"内部的社会矛盾等问题进行了记述。有关内容在《志》中只有很短的记述，有时甚至只字不提。关于这一时期出现的各种来自"吾乡"、"吾族"外部进攻势力十分复杂，主要反映了金声桓、王得仁以及耿精忠等势力的动向。它们起初作为清军的骨干力量参与镇压明朝的势力，后来又叛清投明，不久又败于清军。

金王之乱发生在顺治五年正月，《纪》中称"三月，而吾乡有丘民滋之乱"。《志》中用60个字左右描述了发生在泉下里的叛乱行为。发生在邻接于泉上里西北部的泉下里的这次叛乱由邱民滋发动，后来波及了泉上里。对李世熊来讲，这是发生在"吾乡"的叛乱活动。对此《纪》用大约430字的篇幅作了详细描述。

"（邱）民滋本妄庸乳臭，乘四郊不靖，群凶拥而北面之（拥戴首领），聚众至数百人，借此为剽劫计，非有攻城略地之志也。"

按照《纪》的记述,在金王之乱造成的社会混乱中发生的此次叛乱,没有什么政治色彩,是以掠夺为目的的叛乱。虽然从《纪》的一系列叙述中,很难判断出这次叛乱的性质,但是我们可以确认这次叛乱反映出泉下、泉上两地域间的对抗,以及各地域社会内部的矛盾。邱民滋等起事后,"治锡箔(薄)为业,寓吾乡"的"浙人李明宇者""与其徒李时有隙","明宇因投于民滋"。另外,"(李)时亦与诸少年六十人结为义兄弟,意若防明宇之变者"。

于是,泉下"(邱)民滋之党数十人"在李明宇率领下与"吾乡"(即泉上)的李时等近六十名少年发生了武力冲突。邱民滋还从泉下派遣数百人到"吾乡"(即泉上),"搜缉所谓六十兄弟者。因焚官屋,① 杀伤数人,毁民舍,被掳劫者数十家"。次日冲突发展到"泉下无行诸生为明(民)滋游说,其气焰而吾族无识者信之,科六十人输赂百二十金"。在随后的两个月里,发生了"凡泉上遭侵剥擒拷者,会计所破近二千金"等掠夺活动。

一方是邱民滋及其"众"数百人成为泉下的势力,其中包括邱民滋的同党数十人和从泉上来投邱民滋、并成为邱党头目的李明宇;另一方是泉上的势力,包括李时和他的六十名结拜兄弟。两股势力的对抗带有泉上、泉下两地域之间对抗的性质。曾在顺治二年十月,为了抵抗"粤寇"的袭击,在李世熊的号召下,泉上、泉下两地分别组织乡兵与"粤寇"进行了对抗。当时所出现的团结合作精神,此时已是荡然无存。

同时,因李明宇及其表弟李时之间的不和而引起的此次冲突,也反映出泉上内部的矛盾,而且其中李世熊一族也出现了内部分化。泉上的"无行诸生"在"为明(民)滋游说"之时,泉上的李世熊同族的一部分人,即被称为"吾族无识者"的人,都服从于邱民滋,另一方面,同族的其他大多数人,被描述为"吾宗皆以寨为家,足迹不敢及市衢,其懦软无济于人如此",换句话说,其他的同族的只是留在堡砦,没有阻止这次冲突。

值得注意的是,李世熊在《寨堡纪》中对本族的人避居城寨一事,并非持完全否定的态度。城寨也非李族专有。例如,顺治九年在麻布峒开工的"城

---

① 此处的"官屋"具体不明。李世熊在世时刊行的《宁化县志》卷一·公署志(康熙二十三年即 1684 年刊行)中指出,宋代以后至清初,泉上里内没有常设的官僚机构或临时派驻的官僚用来办公的建筑物。卷七·惠政志中记载,明代曾在泉上里设立预备仓,但是"现在各里的仓均已废除",由此可见,此时期已经不存在了。

堡"建成之前,关于李世熊一族堡寨的莲峰寨扩充,李世熊曾有过如下记述。

"戊子年,变乱益剧,吾宗咸以砦为家。于是砌马道,增木垛,建东南两城楼,而砦势益壮矣。三、四年间,工以万计,资以千计。"。(中略)"余惟助工三日而已。至于稽察惟谨,巡督惟严,皆吾宗一辈贤子弟倡领诸姓,不问炎寒,以是砦规整肃,闻于四乡,颇销邻奸之志。"

但是,李世熊指出"吾族"、"吾宗"在邱民滋叛乱之时,只知保身,不顾"吾乡"的利益,还有一些"吾族无识者"参与叛乱,这反映出同族内部发生了分裂。从这里我们也不难看出,泉上地域社会内部已经开始出现矛盾。

第二年四月十六日,邱民滋的叛乱被服从清军的李仁指挥的归化县下角里的乡兵镇压。宁化县知县和驻扎在汀州的清军总兵得到"里中"之人的报告,命令李仁逮捕了邱民滋。

在四年之后的顺治九年(1652),泉上、泉下两地再次发生了类似于邱民滋叛乱的事件。以下是此次事件的经过。

顺治五年八月,以反清为目的的广东之"寇"张、黄与泉上里延祥村的杨禾之间发生了冲突。

顺治六年二月,站在金、王一方的郭天材率领败兵集团袭击了宁化县城。

顺治六年九月,刘、李率领广东之"寇"突袭并抢劫了宁化县的避难地温家山(即现在的清流县北部温家山村)。

顺治七年,县下招贤里水西村的土豪宁文龙之弟、已与乃兄断绝关系的宁六郎,在"吾乡奸细"的接应下进入傅家山(不详),吾乡(泉上)为应战而"初议点集乡兵"。(如本稿(一)所述,顺治二年十月,"泉上下里"在李世熊的提倡下组织了乡兵。这里的"初"有可能针对乡兵长期以来一直处于无组织状态而言,也有可能是指在此之前泉上没有单独组织过乡兵。)

同年十月底,明军将帅张老虎率"四营头之贼"突然进驻领关(不详)和温家山,十二月三十日由莲花峰(即宁化县泉上南部,被称为泉上的望山)进驻乌村(即泉上里乌村。见前),杀死了在岩洞避难的乌村地区大部分人。

顺治八年二月,清军开始讨伐宁文龙。他们从水西(即宁化县东北招贤里水茜村)攻打宁文龙的据点半寮(即现在的建宁县半寮村。见前)。前一年,驻扎于邵武府建宁县的清军"防将"鲁云龙对宁文龙进行勒索、并试图杀害宁，宁文龙先下手杀死了鲁云龙。为此，汀州总镇（汀州镇总兵官）王之纲派遣龙得云前往对付宁文龙。宁文龙从半寮经泉下里的中心部（即现在的泉下），住在泉下里的赖田村，又经泉上里中心部（即现在的泉上）出了木石坑（不详）。官军进驻"吾乡"（即泉上）的魏坊洞（即上魏坊村），追缉宁文龙，而龙得云把沿路各处住民看作宁文龙的同伙，向当地住民索求贿赂。王之纲率领的官军驻扎在张坊（即招贤里张坊村），滥杀"附近半寮四五十里之内"的住民，并以妇女儿童人质索取赎金。

两个月之后，官军撤回。宁文龙认为使自己陷入困境的是已故黄通的兄弟等人，因此动用加入四营头之"贼"一伙的林珍、黄徽任、黄朝用等人的兵力袭击了黄氏的根据地留猪坑，黄氏方面向清军求援。

同年九月，曾经响应明德化王的号召进行起义、失败后停留在将乐、归化两县交界地区的吴一星，一度曾入宁文龙麾下，但因不满于宁的不诚实，与林珍、黄徽任一起离开了宁文龙。

同年十月，官军在追袭吴、林的军队时，"驻吾乡罗坊坝。凡三日，犒劳诸费颇为吾宗（李世熊同族）之累"。汀州镇总兵官王之纲率领的"亲兵"进驻靠近宁文龙本部的水西村，听从黄氏兄弟之言，将各乡视为"贼"和"宁党"，并对各乡进行了大肆掠夺。其间宁文龙逃走，下落不明。此后《纪》、《志》不再出现有关宁文龙的叙述。

同年十二月三十日上午，接到林珍部队进入盖洋（不详）的消息，"吾乡"（即泉上）的住民于同日下午进入堡砦。

如上所述，以清朝官军与宁文龙之间展开的一系列冲突为主的军事活动，跟明朝败军"四营头之贼"等活动同时进行。那时在各地还出现了官兵大肆掠夺。李世熊一族也陷于负担经费之苦，在此种情形下，迎来了顺治九年。

顺治九年正月六日（即"壬辰正月初六"），发生了两名"贼"企图偷盗两头水牛而被"吾乡"（即泉上）"巡夜"发现、仓皇逃跑的事件，两头牛是泉下吴月、吴光之物。五月六日（即"五月初六"），接到"四营头之贼"进驻巫下芜村（即县北部的龙下里）的消息，黄通势力的主要人物黄允会（黄通之弟）以长关相抵抗，但遭到了失败。七月，使者从宁化县城持火把赶来报告："谓此贼（四营头贼）必出泉上下，盖土贼向导甚力也"，因此，"吾（李世熊）乃亲谕乡人，悉率入砦严为备"，这里的"土贼"，即指泉上、泉下当地的"贼"。可见当时地域社会中已经分裂。李世熊在《纪》的跋文中回顾这一事件时指出："衅发于二牛，而殃播于万室"，并对事件的结局进行了描述，指出"虽吴月、吴光旋即僇死，岂足雪良民之恨哉"。他把偷牛未遂事件中牛的主人吴月、吴光也看成是"土贼"。

七月十二日，"贼（四营头贼）果全营抵泉下，乡人仓卒奔南和砦，无斗粮赍随者"。那时"诸生邱翰、富户邱善，为贼所获。孝廉继室杨氏，以病遭害。余皆脱"。"贼入村，远闻南和砦众声如殷雷，又见居宅稠连，墙壁峻整，无通衢，多斜径，且不得本旷地可了望者，疑不敢驻"。但是，另一方面，"邱氏家贼跪挽之，愿絷身为质，保无他。于是焚宗祠，延烧数十宅"。

"四营头之贼"在泉下只停留一夜就弃泉下而进入泉上。李世熊记述道：

"抵吾乡之罗坊、官衙坊下营焉。以二村各有出口，达清、归（清流县和归化县）诸村落也。"

由此可见，在地域社会出现分裂的时期，也同时出现了掠夺行为。泉下的住民当中有一部分人没有躲进南和堡，而加入了"四营头之贼"的抢劫活动。

"而泉下丘、雷、吴三姓之附贼者三百余人，自合一营，为贼指纵，破谢坑、赤岭头、路下三砦，掠男妇百十，皆批票索赎。数乡之米豆器物，泉下人皆捆负，顿贮于羊角砦。焚吾乡并李坊、官坊、罗宅千百余宅。

"泉下丘、雷、吴三姓之附贼者三百余人，自合一营，为贼指纵"。对此，《纪》中有以下的记述：

"贼魁有刘大胜者，特投吾（李世熊）一书，云：破砦非由攻打，乃本乡人纷纷移徙，我辈见景生端耳。若焚宅尤非本意，乃新充兵子各报私怨，逐屋举火。如公之书馆，初闻火发，急遣兵丁救熄。次日新充兵子又窃毁之。罪不在愚辈云云。谓新充兵子者，即邱、雷、吴一营也。其后邱翰、邱善各赍金赎命。善费至三百余两，贼皆释之。而族人邱丑为贼掌号簿者，独不许,唤贼纳金而皆杀之。其狠忍至此。"①

从前面一段引文中可以看出,"贼"首知道李世熊的声望,阻止手下对李世熊的书馆进行放火和破坏。而泉下的丘、雷、吴三姓一伙违背"贼"首的命令,进行了破坏活动,这说明在此之前泉下的丘、雷、吴三姓和泉上的李姓之间就存在矛盾。

顺治九年九月至十二月,清军对泉上里临田寺的僧兵首领进行镇压,②曾在黄通手下任千总的临田寺僧侣即登,因将罗坊村寺院的檀越作为俘虏激怒过"吾乡"(即泉上)而被官军诛杀。即登死后,僧侣善度以临田寺的城堡为据点"招纳亡命之徒",抢劫泉上里黎坊村。善度被清军捕获入狱,"亦毙于狱"(参见拙文〈一〉)。

顺治十二年十月,黄通之弟黄允会被清朝军官谋杀。黄曾在顺治九年十二月清军进攻临田寺城堡时既协助清军、又向僧侣索求贿赂、协助僧侣逃跑。黄允会的部下在杀死泉下里巫坊村征收官税的诸生巫建勋并抢夺了税粮。因此,分巡漳南道郁之章率亲兵一百五十人将允会诱至上杭县城杀害。顺治十三年正月十四日,汀镇官兵雪夜攻入留猪坑(距宁化县城北50里的永丰里留猪坑村),捣犇其巢,生擒允会之弟黄赤、黄沙禾诛之。黄冬生同弟黄素禾亡入广"。黄氏兄弟中,黄冬生和黄素禾逃往广东,顺治十三年七月,泉上遭到"贼"的袭击,地域社会内部再度出现分裂。

不知何人率领的数百名"贼"经泉下、泉上奔向归化县的沂州(即归化县下觉里沂州村,位于泉上东北方向,现在有同名的村落)。他们占据沂州,对全体住民不分男女进行拷问,并索取赎金。"贼"退出沂州之后,由于谢氏的告发,汀州镇派千总白庆禄、余养成率领官兵进行搜索,同时讨伐"贼"。官兵驻进泉上("吾乡")积场(市场)。这时,由于"奸民"因报私仇、恣意指名,使得官军的搜索范围不断扩大,住民无处伸冤。

"若留坑(泉上里留亨村)官五,乡霸耳,仇家以匿名告兵严捕之,留坑合乡皆奔逃吾堡"。其仇人向军官控告,要求官兵逮捕并搜索官五的家。留

---

① 《清史稿》卷五百一中的李世熊传提到此次事件。
② 《康熙宁化县志》卷二·寺观志"属泉下里管辖之寺"中列有临田寺,位于泉下里乌村内。

坑百姓集体逃往"吾堡"避难,官五之妾黄氏逃至黄田(即泉上里的黄田村)堡,被官兵捉拿。官五独自躲在"吾堡",官兵得到这一消息,使用各种威逼利诱的手段设法搜寻。

李世熊是官五的"姻戚",他认为官五不是畏罪而逃来投奔自己的,所以不应该将其送到官兵的手下,他把官五隐藏起来,没有采取任何行动。"乡中父老"害怕因此遭到袭击,一天十数次到李世熊家探察他的动向。李世熊写道:

"吾言以(官)五献兵非策也。既丧五,又不释吾堡,彼以吾匿吾(五即指官五)罪均耳。但行吾意,终不累汝,盖中有所恃。以(清军总兵官)王之纲① 最慕(福建布政使)周方伯元亮(即周亮工),② 元亮曾向之纲极口称吾。之纲阳为浮慕,遂以其子制义来求教。其不伤吾,必矣。又李令(宁化县知县)于吾时通尺素,忍不为吾地乎。债弁不过求过山钱耳,遂以官五为主,吾乡两堡助之,费百金,先鸠丰裕者,渐以吾祖祀租填偿,债弁不复问五矣。"③

在《后纪》这一段的最后部分,李世熊指出:"而谢氏所指名(者)痛恨,实为贼谋主、向导,曰官兰、官魁者,汀师反纳抚置不问,蹂躏归、宁界内,月余乃撤兵。"

顺治十三年十月也发生了一起事件。先是,顺治五年"妖教"之徒赖子明被官诛杀,其妻张氏与妇人某氏创腰条教,在董家岭的堡寨中聚集信徒数百人。二人被汀州镇官军捕杀。康熙元年(1662)夏天,"本乡"(泉上)的十数名"喇棍"(无赖)"骚扰市积(市场),通里苦之"。30~40名"诸棍"发动了"天罡"之乱。这是"纪""后纪"中第一次提到的公然发生在地域社会内部的叛乱事件。

虽然天罡之乱的首领李祥不是李世熊的同族,但"吾宗不肖数辈",即李世熊同族的数名叛逆者也参加了"天罡"集团。事件发生后,李世熊和"族兄"李伯启致信宁化县知县,知县对此没有采取实质性的措施。李世熊"乃倡议连合附

---

① 《纪》原文中所记王之纲的官职为"汀洲镇将","镇将"。《清史列传》卷七十九·二臣传·乙王之纲传称"徐州平。入京陛见,授福建云霄总兵,(顺治)六年,加都督金事,镇汀洲"。尚需考证。
② 原文为周文亮,根据《清代职官年表》第3册·布政使年表订正。
③ 《后纪》《清史资料》第1辑49页中载"朱鸠手裕者,渐以吾祖祀租填偿"。

近二十余乡，力行保甲，约集牌丁，于六月二十二日驱逐贼党"。此后，在围绕事后到来的清朝官兵的撤兵问题上，李世熊为了保护乡里和同族的利益，不得不再次采取行动。从叛乱中出现数名"吾宗"参与叛乱以及李世熊和"族兄"李伯启向知县报告等活动看，叛乱最初发生在以泉上为中心的局部地区。后来，保甲势力扩大到"二十余乡"，说明叛乱的影响已经由局部范围扩大到了整个泉上里。

《后纪》中详细地记载了康熙元年发生在泉上的"天罡叛乱"，但在《志》中对此却没有任何记载。另外，在《后纪》中还有关于康熙十三年到十八年的三藩之乱时黄通和宁文龙的活动，以及"吾乡"和宁化县社会状况的记述。这些也是《志》中没有出现的内容之一。对于"天罡之乱"以及上述有关内容，还有待更为深入的探讨和研究。通过有关"天罡之乱"的记载，可以了解到自顺治五年的邱民滋之乱后李世熊及"吾乡"、"吾族"的处境，同时还可以了解到在与从外来的"贼"、"寇"之间的矛盾之外，"吾乡"、"吾族"的内部也存在着深刻的矛盾。

顺治三年黄通领导的抗租叛乱，集中发生在永丰里留猪坑一带（即与黄通同族的田主土地集中之处），并且将县内其他地域的佃户也卷入其中。黄通麾下的军事组织长关的势力也扩大到了其他诸县。在本文第二部分曾经介绍过，到顺治四年二月为止，"泉上下两里以及宁文龙势力下各处"都没有服从黄通的命令。这一时期尚未出现任何内部矛盾。此后，随着内部矛盾逐渐表面化，李世熊成了统一"吾乡"社会的中心人物，对统一"吾族"也起到了十分重要的作用。

## ■ 结　语

我们透过李世熊的著作《纪·后纪》，可以了解到他在明末清初宁化县泉上（或称泉上里）地域社会中的活动，在维持地域社会的秩序上具有很高的实践性。

传记作者对李世熊的好学精神给予了很高的评价。例如，《清史稿》卷五百一、列传二百八十八遗逸二的李世熊传中，关于他对前人学识的敬仰作了如下记述：

"年八十，读书恒至夜分始休。六经、诸子百家靡不贯究，然独好韩非、屈原、韩愈之书。其为文，沉深峭刻，奥博离奇，悲愤之音，称其所遇。纵论古今兴亡，儒生出处，及江南北利害，备兵屯田水利诸大政，辄慷慨唏嘘，涔涔泣下不止。"

明朝灭亡后，李世熊"自号寒支道人，屏居不见客，征书累下，固谢却之"，不管是对南明政权还是对清朝，李始终保持了不仕的态度。《清史稿》对李世熊在明朝灭亡后对王朝权力的拒绝给予了很高的评价。

关于李世熊和地域社会的关系，史籍里记载了这样一段插曲。《清史稿》称"世熊既以文章气节著一时，名大震"，所以，顺治八年到顺治九年"（江西）建昌（府）的溃贼黄希孕"和"粤寇""贼魁刘大胜"严令手下不准破坏李世熊的庭院住所。《清世列传》卷七十的李世熊传的作者在记述此事后，也写到"故其乡落多残破者，而其乡独全"。还有"有司以世熊故，亦恒薄其乡人徭赋"。《清史稿》还有"世熊山居四十余年，乡人宗之，争趋决事"的记载。

但是，从本文引用的《纪·后纪》的内容看来，"乡人"和李世熊的关系，并不仅限于乡人对李世熊的学者身份以及他不仕王朝的态度的尊重，而是与李世熊对"吾乡"、"吾族"乃至"吾宗"的关心，以及他在"寇"、"贼"与"乡""族"的对立和"乡"、"族"内部发生对立时采取的具体对策密不可分的。关于"乡"、"族"问题的处理，李世熊在《纪》的末尾作了如下记述：

"世熊曰：吾乡兵端见于乙酉、丙戌，而后义旗波沸，多以义名而行盗实。他不论，论其迹者。吾闽如福宁州、兴、泉、漳，则缙绅反正。建宁府、永安、沙县、将乐、顺昌，则宗室称王。大田、尤溪、武平、永定，则推立乡豪。连城则拥戴故令。建宁则降属建武。至于千室百户之乡，处处揭竿，咸奉明朔。

于时，王侯将相片楮为符，子卢儿，拥旄载道，搞剥富民，蚕吞弱姓，会不旋踵，而官兵冲荡，城陷垒空，使井灶坟夷，万灵血肉。哀哉！丧乱死多门，今目之矣。

吾乡华饰著名，贪狼所美。值此兵寇交讧，而邻奸出没，隙孔尤多，岌乎殆哉！熊热血洒地，醒眼哀时，登坛誓众，设险自雄，的恐招乎众射。忠信甲胄礼仪干橹道（《礼记》儒行），又愧于儒行。绸缪智殚，每用慨悼。往观田畴（三国）约法于徐无，庾衮（西晋）保众于禹山，吾敬之、慕之，愧不能效之。贼暴不入周党（后汉）之城，黄巾不犯孙期（后汉）之舍，吾敬之、慕之，愧不能效之。①

乃天幸，屡邀聚族歌哭，保有邱坟，先泽流长，斯岂人力。假令日月遂霁，雾霾顿扫，后之吊温泉（宋代的温泉团。明以后的泉上、泉下里）者，不以为田庾周孙之遗风哉。贪天不祥，谁能当此。使后贤考遗绪职思忧，则予之苦心传矣。壬辰年正月十五日记。"

上面这段引文的第一段和第二段是围绕着明朝灭亡翌年以来有关"吾乡"的军事、政治状况的概括描述，第三段表现了李世熊的焦虑，他担心自己为"吾乡"度过危机所作的努力没有达到儒教的典范，也远远比不上东汉初年、东汉末年、三国时代的先贤的业绩。第四段描述了顺治九年（1652）他对一"族"的安全已经得到保障而感到欣慰。他预测如果能够顺利度过非常时期、确保"吾乡"地域社会和"吾宗"的安宁的话，自己付出的艰辛一定会流芳后世。

将本文所探讨的内容和李世熊直吐胸怀的心声结合起来，我们不难看到，对李世熊而言，侵入宁化县的"寇"、"贼"，彭妃所代表的反清势力的活动、县内土豪黄通的抗租叛乱及其创设的长关的活动以及黄通叛乱给县内外带来的影响，这些事件具有同等的性质。这些都是危及"吾乡"泉上（或是泉上里，有时是泉上·泉下两里）地域社会的延续、破坏"吾族"安宁的因素，因此都必须消除。以黄通的抗租叛乱为例，在收租时使用的量器和贩卖粮食时使用的量器的大小有出入等事上，李世熊客观地认识到地主对佃农不公正，对于地主对待佃农"多尊卑少恩惠"进行了严厉的批评。另一方面，李世熊对黄通袭击县城、长关势力在县内外的扩大，以及长关对"吾乡"实行的统治这一系列的事态进行了严厉的斥责，这和他对地主的批评并不矛盾。

归根结蒂，李世熊的目的是维持"吾乡"——地域社会和"吾族"——同族的社会统合，这一使命理所当然要由作为士人的他来承担。李世熊及其族人为本地的防御提供钱财和祭田的地租一事，说明李及其族人具有实现这一使命所需的物质实力。

（原文发表于《中国文化研究》2005年冬之卷。）

---

① 有关田畴及其后台徐无山的记述参见《三国志》卷十一·魏书十一·袁张凉国田王邴管传第十。有关庾衮的记述参见《晋书》卷八十八·孝友传。有关周党的记述参见《后汉书》卷八十三·逸民列传第七十三。有关孙期的记述参见《后汉书》卷七十九上·儒林列传。

# 施坚雅与《中华帝国晚期的城市》

## 经典导读

施坚雅（G.William Skinner，1925—2008），出生于美国加州奥克兰，1954年获美国康奈尔大学人类学博士学位，先后在哥伦比亚大学、康奈尔大学、斯坦福大学、加州大学戴维斯分校任教。1950—1951年曾到中国四川考察，1977年再度来华考察中国城市市场。1980年当选为美国科学院院士，1983—1984年任美国亚洲学会会长，1987年至1989年任斯坦福大学巴巴拉·布朗宁人文科学教授。著有《中国农村的市场和社会结构》（中国社会科学出版社1998年版）、《中华帝国晚期的城市》（中华书局2000年版）等。施坚雅的理论对中国的区域研究与城市史研究影响巨大。

施坚雅所写《中华帝国晚期的城市》（The City in Late Imperial China）中文版"序言"概括了他城市研究的学术主旨，他强调一种有别于把中国疆域概念化为行政区划特点的空间层次的认识，即由经济中心地及其从属地区构成的社会经济层级。他认为："就一般情况而言，在明清时期，一个地方的社会经济现象更主要地受制于它在本地以及所属区域经济层级中的位置，而不是政府的安排。"[①] 该书讨论了社会经济层级作为一种理论构架对于分析明清时期中国的社会进程、经济交流和文化变迁的重要意义。作者认为区域体系理论的基本模式大体上适用于所有的农业社会，即

---

① 施坚雅:《中华帝国晚期的城市》，中华书局2000年版，第1页。

以农民为基础的文明。这种文明的主要特征：国家、受过教育的社会精英、比较复杂的社会结构、城市体系、基层的定期集市已被整合于更大的贸易体系中。欧亚农业社会具有一些结构上的规律性：1. 大区域经济形成于与流域盆地联系的主要的自然地理区域之中；2. 关键性的资源如可耕地、人口和资本投资等集中于一经济体系的位于近河低地的中心，愈近边缘（大部分是山地），此类资源愈稀缺；3. 交通运输的便利性由经济区域的中心地到远离中心的边缘地而急剧下降；4. 农业生产的强度在城市化程度高的核心区最高，在最边缘区最低；5. 随着一经济区域的空间由核心向边缘推移，农业的商品化和家庭对市场的依附呈现由强而弱的变化；6. 在一特定的区域中，镇和市形成层级制度，其最高点是此区域的一个（有时是两个）大都市，城市化程度则由核心至边缘递减。这一模式在总体上显示了这样一种区域结构：它包含着以镇和市为连接点的本地和区域体系的层级。就中国的情形而言，作为大区域经济的顶级城市的大都市，处在不同程度上整合成一体的中心地层级的最高层。这个层级向下则延伸到农村的集镇。因此，我们认识施坚雅有关明清时期（即施坚雅所谓的"帝国晚期"，止于1895年）城市的看法，应当将其城市理论放在他区域体系空间层次理论的脉络下，方能把握。

《中华帝国晚期的城市》一书，收录了欧美、日本等国以及中国台湾地区中国城市史研究的重要成果。该书围绕中国明清时期城市分三编展开论述，每编有一篇施坚雅撰写的导言。

第一编"历史上的城市"，讨论城市的建立与扩展，以及影响其形式与发展的各种因素。本编导言"中华帝国城市的发展"，将区域体系分析理论贯彻于对中国城市的具体研究，指出直至19世纪中叶，中国各大区发展出的独立城市体系之间，经济与行政事务关系相当薄弱，不能结合成全国范围的统一城市体系，这也是把各区城市化分开讨论的理由。地方制约、行政收缩以及中世纪嬗变形式，是对明清城市发展最具意义的三个问题。

第二编"空间的城市"，着眼于城市在各自腹地和区域中的扎根过程，讨论城市与城市以及城市与乡村之间的关系。本编导言"中国社会的城乡"，区分作为商业中心的城市与作为行政治所的城市，指出治所的正规行政属性，大部分是由它在相关经济中心地区域体系中所处的地位发展出来的，非正规政治体系的规模与强度，与官僚政府的强度成逆变化关系。文中提到两个问题，中国士大夫有多少城市成分？传统中国有无独特的城市文化？

第三编"作为社会体系的城市",讨论城市内部社会结构。第三编导言"清代中国的城市社会结构"提出,尚无几个学者对该问题作过详尽的微观研究,有些概括并无可靠的资料根据,而一些哗众取宠的论断,翻来覆去地炒冷饭。施坚雅在这篇文章中主要讨论城市生态、客居与城市会社以及城市管理的问题。在城市生态部分,他关注旧中国城市内部社会分化的性质,特别是与城市空间分划的关系。认为商业活动极盛的地区看来却从不可位于中心,而是极明显地偏于城市主要通商路线的一边。他还关注中国城市社会经济分化、人口梯度与其他国家不一致的方面。施坚雅不同意西方社会学中普遍流行的观点:传统城市社会阶层的空间分布与距离城市中心的远近成反比,即由于交通不发达,越有钱的人就越愿意住在离市中心近的地方,越穷的人则不得不住在离市中心远的地方。他以清代北京为例,阐明城市生态模式。他认为明清时期中国城市存在着两个不同的空间核心,即由商人和官僚士大夫分别组成的居住及社交中心。城市缙绅的空间核心坐落在官署附近,常位于衙门的学宫一侧,商业区则偏向交通便利的城门附近。两个空间核心之内社会地位和经济实力的空间分布差别并不突出。在客居与城市会社部分,他指出"客居策略以忠于乡里的原则为基础,并因城市客民的同乡组织而受到推动。"[1] 同乡会兼行会几乎总是按行政区划来确定其同乡范围,然而各会吸收会员的范围总是经济层级中这一级或那一级的集市体系或贸易体系。在城市会社与"市政"管理部分,他提出:"帝国晚期的城市在什么程度上是一个统一的社会政治实体呢?提供过什么市政设施,又通过什么制度上的安排呢?官绅商人的政治权力又如何行使与调停?在什么意义上可以说城市毕竟是管理着的呢?"[2] 他认为这是可以取得丰富报偿的问题。

------- **延伸阅读文献目录**:

1. 韩大成:《明代城市研究》,中国人民大学出版社1991年版。
2. 陈宝良:《飘摇的传统——明代城市生活长卷》,湖南出版社1996年版。
3. 赵世瑜:《腐朽与神奇——清代城市生活长卷》,湖南出版社

---

[1] 施坚雅:《中华帝国晚期的城市》,中华书局2000年版,第643页。
[2] 施坚雅:《中华帝国晚期的城市》,中华书局2000年版,第649页。

1996年版。

4. 王卫平:《明清时期江南城市史研究:以苏州为中心》,人民出版社1999年版。

5. 刘凤云:《明清城市空间的文化探析》,中央民族大学出版社2001年版。

6. [美]林达·约翰逊:《帝国晚期的江南城市》,上海人民出版社2005年版。

7. 李孝悌:《中国的城市生活》,新星出版社2006年版。

8. 李孝悌:《恋恋红尘:中国城市、欲望和生活》,上海人民出版社2007年版。

9. 复旦大学文史研究院编:《都市繁华:一千五百年来的东亚城市生活史》,中华书局2010年版。

10. 巫仁恕:《激变良民——传统中国城市群众集体行动之分析》,北京大学出版社2011年版。

11. 刘凤云:《北京与江户——17—18世纪的城市空间》,中国人民大学出版社2012年版。

12. 陈桥驿:《评〈中华帝国晚期的城市〉》,《杭州大学学报》1985年第1期。

13. 刘小萌:《清代北京内城居民的分布格局与变迁》,《满族的社会与生活》,北京图书馆出版社1998年版。

14. 刘凤云:《明清城市的坊巷与社区:兼论传统文化在城市空间的折射》,《中国人民大学学报》2001年第2期。

15. 赵世瑜、周尚意:《明清北京城市社会空间结构概说》,《史学月刊》2001年第2期。

16. 曹树基:《清代北方城市人口研究——兼与施坚雅商榷》,《中国人口科学》2001年第4期。

17. [美]周锡瑞:《华北城市的近代化——对近年来国外研究的思考》,《城市史研究》21辑,天津社会科学院出版社2002年版。

18. 任放:《施坚雅模式与中国近代史研究》,《近代史研究》2004年第4期。

19. 冯贤亮:《明清中国的城市、乡村及其关系的再检讨》,《华东师范大学学报》2005年第3期。

20. 杨宇振:《区域格局中的近代中国城市空间结构转型初探》,张复合主编:《近代中国建筑研究与保护（五）》,清华大学出版社2006年版。

21. 魏立华、闫小培、刘玉亭:《清代广州城市社会空间结构研究》,《地理学报》2008年第6期。

22. 何一民:《清代城市研究的意义、现状与趋势》,《湘潭大学学报》2009年第5期。

——— 原文:《中华帝国晚期的城市·第三篇·导言　清代中国的城市社会结构》

## 经典原文

# 中华帝国晚期的城市

## 第三篇·导言
### 清代中国的城市社会结构

施坚雅

关于中华帝国晚期的城市结构，我们所知真是出人意表之少——虽则存在着几百个城市的丰富资料——因为在这个问题上，没有几个学者曾作过详尽的微观研究，而这种微观研究，在其他很多领域中国研究中却都是作过的。于是结果是有些概括并无充分的可靠资料作根据，而一些哗众取宠的论断，翻来覆去地炒冷饭，也就成了公认的学问了。社会人类学家在研究海外城市华侨社会时，把一些样板带进这片空白园地中，有时太匆遽地就做这样的设想，以为在形形色色的海外城市中，凡是华人社会结构所共有的东西，就必然源于前现代中国城市居民生活方式的共同传统。因此，本书的几篇有关城市社会结构的论文，体现了一种回过头来探求有关资料的倾向，并反映出专心致志于来龙去脉的精确描写，也就不足为奇了。在这篇论文中，虽然不可能作出涉及面很广的综合，我却想评论一下本书关于旧城市内部结构不得不说的话，并谈谈它对某些问题所作的贡献，这些问题不论是汉学家还是城市规划专家，同样都是会感兴趣的。

第一编的几篇论文，除拙作以外，都以不同方式论述了意识形态对城市形式的影响：在规划帝都时，宇宙论观念与思想规范的表现，是芮沃寿与牟复礼所讨论的中心题旨；拉姆利与章生道的研究，清楚地揭示了中国人关于城市的特有观念，影响了帝国晚期各级行政中心的城市生态。此外，章生道关于城市地理的论述，可用作解释城市社会结构的空间背景，并提出了有关各城内部及各城之间生态变化的问题。拉姆利的实例研究对城市领导阶级结构具有重要含义。他们所证明的官商缙绅在发起建设府城县城时的有效合作，是否即非正规"市政"管理方式演化的第一步呢？或者，在达到此目的以后，新城的各色上层人物，是否会再一次追求城市社会各分区的较为狭隘的目的呢？这使人怀疑：全城范围的领导阶级结构，性质上是否可能并无间断性，而筑城仅仅是碰到的第一次非常时期呢？所谓非常时期也就是一些因不寻常的威胁或机会而激起的活动与动员的高峰期，这种非常时期会周期性地给平时隐伏的政治形式吹进生命。拙文谈的是区域城市化，在强调了城市大小规模变化（以及此种变化的广阔范围）的有规则性质时，重新摆出了规模与人口密度如何制约着社会结构这一老问题。关于人口集中本身的社会学后果，中国的情况能否告诉我们点儿什么呢？

第二编的大部分论文，甚至更直接地谈到城市内部结构问题。拙作说明了导源于经济、行政中心职能的特殊结合的城市社会结构的差异；文中提出由地区体系形成的人口流动，如何反映于城市的社会组成、住区格局和组织结构中。瓦特把衙门作为城市机关来分析；斯波的论文用了很长的篇幅把宁波作为城市体系来探讨；埃尔文使我们既密切注意许多市民对保持重要运输线——他们的生计、他们城市的生存全系于此——开放的浓厚兴趣，也注意到水道管理制度的政治意义；格里姆给我们指出书院对城市士大夫的重要性，并说明书院在大城市的分化了的赞助人之间作为竞争与合作的另一焦点的作用；贝克则首先关心城市背景下的家族组织形式。

第三编共有五篇论文，第一篇戈拉斯教授讨论了从明末到19世纪50年代行会的发展与性质，当时许多行会在世纪中叶的叛乱中衰替或解体了，而西方产品与生产技术也对行会产生了首次的冲击。在各色各样的城市客民——士大夫及商人等——按同乡组成互助组织的活动中，他看出了行会的"现代"起源。自然，戈拉斯是把共同经济活动作为行会的试金石的。在早期行会间事实上很普遍的两个特点——宗教社团与乡亲关系中，他发现前者对变革更有抗拒力。他得出的结论与某些20世纪论著给人的印象相反，以为中国行会作为土生土长的制度，在1850年前就已达到完满的发展了。

戈拉斯把行会的主要目的视为"保持一个稳定的经济环境。使每个行户可以进行活动，而没有外人的竞争，也不致发生同行间的削价抢生意"；对行会究竟做了什么，行会的活动又如何为此目的服务，他也作出了犀利的分析。关于行会与外界的关系——招收学徒、处理侵犯行会行业与地域等事件、与官吏打交道、树立信誉——他指出是与保持内部纪律的技术紧密交织在一起的。戈拉斯仔细考虑了阶级如何与行会结构相互影响的问题，他在承认清代商界里边随处存在着剥削的时候，又得出结论说，行会本身很少作为此种剥削的工具。在组织理论上，戈拉斯发现清代行会极不普遍，考虑到行会的组织结构，虽"尚未完备"但可说是极为有效，此外是靠强迫制裁，也靠平常的号召力。

　　行会和其他城市会社是从民间信仰的神祇中选取保护神的；既然以地域为基础的会社同样也是如此，民间庙宇在所有中国城镇的社会结构中，也就是紧要成分了。在《两个世界之间的中国城市》一书中，福伊希特旺博士在他写的那一章的上半篇对一个清代城市——1895年前的台北——民间庙宇的作用作了精辟的分析。他在为本书所写的那一章中，论述了清代中国的官方信仰，特别强调在设治所的城市中它与民间信仰的对抗。官方信仰是国家机器的组成部分，国家机器则概括全国地方行政层级的结构。作为治所象征的两个官方信仰的宗教机构，就是孔庙与城隍庙，几乎毫无例外，这两个庙宇都是与正规行政层级中的衙门相联系着的（参看《中华帝国晚期的城市》第421—422页上复制的浙江绍兴府刻板图）。福伊希特旺又讨论了各治所规定建造的郊坛及为朝廷审定的民间神祇所建的官方庙宇。他以这一官方信仰划区的行政形式，来与民间信仰的"分香"相对比——所谓"分香"就是从母庙香炉里取点香灰置于新香炉内，以此建立子庙。他发现神主、祭文、官方的和家礼这几种在官方信仰中并行不悖，这与民间信仰中的神像、法术、道士和祭礼那一套适成对照。同时他强调了两者都吸取的宇宙论成分，两者彼此相互渗透的方式，以及在哪种意义上可以把一方的成分看做是他方相应成分的变形。福伊希特旺是通过一场官方大祭与道教做醮仪式的比较，通过对城隍神双重作用的考察，来对这些细微之处加以探索的。在郊外祭坛举行的严肃的官方仪式中，城隍神是以神主来代表的，但市民群众礼拜的城隍神，却是一尊坐在衙门般的庙宇中的神像，他的印绶也就是冥间知县的印绶，人们把它看作有法力的神器。

　　官方宗教信仰把民间众神中的尊神结集起来，规定正统的界限，以施行一种管理小神和人民的方式。作为管理方式，官方宗教信仰是范·德·斯普伦克尔博士论文中所论述的社会管理机制的一种要素。她把衙门执行的官方颁布的法律与行会、同乡会、街坊会社和庙宇的习惯法和老例区分开来。范·德·斯普伦克尔的重点，集中于与工商业有关的事务上。她首先说明官方颁布的法律对商业相对说来不很重要的原因：一方面，衙门大堂原非为处理商务争端而设的,同时也没有能力这样做;另一方面,政府也很少借助于大堂判决来推行其经济政策。政府能容忍行会与同乡会,可能不但是因为这些组织有解决行户间纷争的能力(如果没有这些组织,知县大堂的狱讼就可能承受过重的负担),而且还因为它们具有裁决起于利害冲突的商务争端或赔偿损失的要求等纯辅助性职能。范·德·斯普伦克尔强调建立私人关系作为重要商业交易的先决条件的重要性;虽则这会使商业关系集中于特殊关系的渠道之内,但也说明了在中国商界成为惯例的中间人的极大重要性。她对这一作用的精深论述,说明了(契约与代理的习惯法,弄清楚了为什么职业)保人按法律须有另一保人作保。这一问题也有助于说明中国城市市场中商业交易与金融交易的规模与复杂性。在论文的最后部分,范·德·斯普伦克尔提出:随着各城市在经济行政层级中地位的不同,也许可以推想管理机制各城之间也会有种种差异。

  本书最后两篇论文是对两个台湾城市——台南和鹿港——的实例研究。自从17世纪末叶清朝统领台湾以来,台南作为台湾府,曾是该岛首要的政治经济中心。鹿港也是西海岸的一个港口城市,直到18世纪,近邻腹地彰化平原被大陆移民开垦后,才变得重要起来。从18世纪80年代到19世纪80年代,鹿港是个繁荣的贸易中心,其海外商业的支柱是出口大米到海峡对岸的泉州府各港口。按照我对1843年经济中心地的分析,台南[台湾府]列为地区城市,也是该岛唯一的地区城市,而鹿港则列为台湾两大城市之一,另一个是艋舺。艋舺是台湾北部的港口城市,在拉姆利叙述台北的兴起时曾大出风头。像大陆上许多地区大城一样,台南既是个道的驻地,也是个府治;相形之下,鹿港的行政地位照它在商业上的重要地位看来,却显得过低了。它甚至连县治都还不是,只在那里驻了个管理贸易和收税的小官。谈了这么多背景,让我们回过头来看看对这两个迥然不同的实例研究颇为值得注意的发现吧——首先要谈谈德格洛珀教授对鹿港社会结构的分析,然后再谈谈施舟人教授对台南宗教组织的分析。

  在再现19世纪的鹿港时,德格洛珀描绘了一幅动人的图景:一幅关于一个同乡关系无足轻重的城市(全城居民都自认属泉州籍),关于按不同原则吸收成员、以不同方式划分的互相重叠的集团,关于有分寸的对抗与交换的动人图景。全城人口的一套划分法是分成宗族帮派,各集团间的相互关系,以到处弥漫着敌意但却并无深仇大恨为特点。第二套划法是分成街坊,每个街坊都以某一神祇的香炉为中心点,每年至少在该神诞辰时举行一次节庆,招待宾客。在某些情况下,几个街坊共管一个"高级"庙宇。七月间的节日,宗教仪式的交流和迎神赛会,把所有的街坊都连成一起;每隔数年,在上城与下城举行街头赛会时,半壁平分的结构就显得很清楚了。

虽然街坊与宗族帮派为全城市民的社交提供了重要的分类,但他们只是断断续续地被动员起来,组成有效率的团体。对比起来,郊却是持久性的社团;鹿港八郊共同支配着该城的经济政治生活。德格洛珀谈到鹿港日益迫切要求把治所的标志补足齐全,并定为本县县城,这一段讽刺性的描写令人想起了拉姆利早已描写过的远北诸城的发展;鹿港在这方面的野心最后受挫,成为拉姆利的三个成功故事的反衬。德格洛珀把鹿港的郊与宗族相比较,把鹿港的城市结构与海外华侨社会相对照,以此结束了全文。

施舟人对台南这个较大较古的城市的研究,是密切地集中于宗教组织上的,特别是街坊祀神社。他指出19世纪70年代的台南分成70余个街坊(是街道或几条街道的组合,而不是街区),每个街坊都组织成一个土地公的"炉下"。像中国社会里别的会社一样,土地公会也是正式组织的,有会章,有一批范围明确的会户,有毫不含糊地指定的董事,还有确实可靠的资金;也像别的会社一样,这些安排的合理性都安插进宗教用语中去了。年年举行节日宴会,为神祝寿,也促进了团体的团结;同时还要演戏,供神娱乐。董事是以在神像前掷杯茭的方式由神挑选的;缴费税捐,都有委婉的宗教名称。施舟人指出这些会社关心的是保持街坊清净安宁、管制不轨行为、禁止可能有损于街坊风水的建筑物,但就是执行这样的一些治安活动,也是为了避免触犯神祇。城市街坊基本上是自治的,土地公有个特点就突出地表现了这一点:别的祀神社通常的分香的方式与别处的母庙发生关系,而土地公却没有这种依附关系,他的香炉盛的是谷子。施舟人探索了土地公的神话起源与象征联想,并讨论了别的宗教社,这些会社常常是在起初就划为该神炉下的街坊内组成的。然后他又说明近邻土地公会的传统分组,总是在某些神庙周围统集起来的,这些分组起着划分另一个包容范围更大的城市社区的作用。举例说,每二十年左右一次的大醮,就是为这一级的坊举行的。郊也采取宗教团体的形式,郊的实际领域是跨越上文谈过的区域层级的。最后,施舟人提到三益堂:这是三个郊的联合会,包括全城主要的海外贸易商人。19世纪初该堂建立时,以西郊的水仙宫为总部；该官经过重修后，以大加扩充的规模重筹资金，三益堂靠着会员捐助资金的收入，不但组织了几次全城范围的盛大宗教节庆，而且还资助台南的大部分"市政"公用事业。

## ■ 城市生态

在下面的介绍中我想提出的问题，第一个是旧中国城市内部社会分化的性质，特别是与城市空间分划的关系。我感觉到，一是中国城市（包括本书一些实例研究）的描述性分析，再是汉学文献中常常碰到的概括，三是城市地理学家与社会学家的理论预言，其间都存在着一种紧张关系。以各商业单位的坐落为例，章生道引起人们注意城市内部"商店与市场很分散"的情形①，杨庆堃却论证中国城市"没有类似西方城市那样的中心商业区"②。另一方面，这一学科的文献却使人推想在前现代城市中，中心商业区常是在"市内各处来此最为方便的地点"（这里地价也最昂贵）发展起来的③。人们从本书中所得的印象仍有不同之处。商业活动极盛的地区看来却从不可位于中心，而是极明显地偏于城市主要通商路线的一边。19世纪的宁波（参看《中华帝国晚期的城市》第485—486页地图），商业区集中于东边的两个城门，在城外的江厦、甬东二区，地价与商业活动，比城内都高。19世纪的台南，商业重心却远离中心而偏向港口一边。《中华帝国晚期的城市》第790页上台南的地图表明，西部城墙大部已拆毁，但19世纪70年代城墙还在的时候，大西门却是最最重要的商业交通要冲，最大的批

---

① 章生道：《中国县城城市地理面面观》（下作《县城城市地理》——译者），载《美国地理学家协会年刊》，第51卷，第1期（1961年3月），第38页。
② 杨庆堃：《关于中国城市社会研究的一些想法》（下作《城市社会研究》——译者）（美国学会理事会、社会科学研究理事会联合组织的当代中国委员会中国社会研究小组举办的"中国社会的小组织问题学术讨论会"论文，百慕大，1963年1月），第16页。
③ 此语引自一篇早期综合性论文，琼西·D.哈里斯（Chauncy D. Harris）、爱德华·J.乌尔曼（Edward J. Ullman）：《城市的性质》，载《美国政治社会科学院年刊》，第242期（1945年11月），第15页。

发商和几个大郊,也都坐落在西部城郊①。苏州的航空摄影图,在老练的眼光看来,也说明这座大城市的"中心"商业区是集中在西城最北面的城门,用不到人家来告诉我们,说"商业和银行的集中地区"是沿此门以西郊区的大运河延伸的②。在周家口(参看《中华帝国晚期的城市》第 89 页地图),富商巨贾的府第及其会馆,都集中于三个有墙围的聚落东南的沿河一带。谢文孙在为《两个世界之间的中国城市》所写的论文中,证明清代石角(广州三角洲上的一个县治)的城市发展是高度集中于西郊,在城墙和附近可通航河流之间一带,此文附图(第 128 页)和本书无论哪幅附图一样,在这方面是很能说明问题的③。

第二个不一致的方面涉及社会经济分化问题。菲茨格拉尔德(C. P. Fifzgerald)告诉我们:"很少看到中国城市分成富人区和贫民区。富家的庭园错落的宅第和穷人的小院在同一条小巷里比邻相依。"④牟复礼在他对苏州的研究里也附和了这一论点,他坚持说,旧中国城市少有"西方城市那种上流社会住区或贫民区。所有的住宅区街道,看起来多多少少是同一个样子,各家各户的生活,却被全无差别的墙垣掩饰起来了。"⑤杨庆堃曾把旧中国城市描写成外观基本相似,内中却截然不同的"街坊单位"。每个单位都既有商行,又有住宅,既有富户,又有穷家,再添上极少的几个生产企业、市场、庙宇和学校。他认为,"在这种空间布局之下,在一个街坊中工作和生活,与城里别区的接触就减少到最低限度"⑥是有可能的。比较城市社会学家对大部分观点是抱着怀疑态度的。对他们说来,问题与其说在于有没有住宅按社会阶级集中的情况,倒不如说在于住宅集中的方式。一致的意见是在前现代城市中,社会阶级与到中心的距离存在着颠倒关系。"前工业化城市的中心区,显系……上流社会的主要住区。……城中地位低下的人家,则向边缘成扇形展开,赤贫之徒与贱民

---

① 关于 1874 年台南地图与一些相关叙述,见卡米·C.安博尔特—赫尔特(Camille C. Imbault-Huart):《福摩萨岛:历史与记述》(巴黎:埃尔内斯特·勒鲁,1893 年),第 174—179 页。
② 牟复礼:《中国城市史一千年:苏州的形式与时空观念》(下作《苏州》——译者),载《赖斯大学研究》,第 59 卷,第 4 期(1973 年),第 55 页。
③ 谢文孙:《1911 年广州三角洲农民暴动与集市层级》,见马克·埃尔文、施坚雅编:《两个世界之间的中国城市》(加利福尼亚,斯坦福:斯坦福大学出版社,1974 年),第 127—130 页。
④ 费子智(C. P. Fifzgerald):《中国文化简史》(伦敦:克雷瑟特出版社,1935 年),第 530 页。
⑤ 《苏州》,第 59 页。
⑥ 《城市社会研究》,第 17 页。

居于郊外。"①看来对欧洲、拉丁美洲与印度为数甚多的城市，这一模式都是适用的②，但对中华帝国晚期的城市，是否它就完全不适用呢？

第三个不一致的方面涉及人口梯度。在这个方面，关于中国城市的概括，也有缩小差别的倾向，通常的观点也反映于第一编章生道的论文中，文中他假定城内人口密度是相对地均匀的。另一方面，牟复礼（在第一编他那篇论文中）指出，就在扬州、苏州这样的城市，当人烟稠密的郊区在城门外面扩展的时候，城里有些土地仍用于农耕；在另一处章氏又说，许多都城设计时都在城内留着大片耕地"，为了"万一被围时可以为居民生产粮食"③。在这一点上，比较城市地理学家一般总以为实际的普遍情况是距市中心区愈远，密度也愈下降；但他们又说，前现代城市中，因交通效率较低，灵活性也较小，同时（又是老论调！）士大夫也总是偏爱坐落在中心地带的住宅，所以前现代城市中的人口梯度特别陡急④。

这里我虽难解决全部问题，但却想再用几个例子来阐明，并提出几个假设，为未来的研究引路。让我们从北京开始。北京当然很难算得上是典型的中国城市，但这个城市的规模与多功能的重要性，却可用以加强部分论点。图1、图2示该城大比例地图中所绘的两个地区。此图制于1750年前后，详细得有点难以置信⑤。每一条街（即商店、住宅的基本建筑单元）我们都看得清清

---

① 吉代翁，肖伯格：《前工业时期城市：过去与现在》（伊利诺斯，格伦科：自由出版社，1960年），第97—98页。
② 关于相关经验研究要点，见瓦尔特·F.阿博特（Walfer F. Abbott）：《1897年的前工业化时期城市莫斯科：一个反步济时（Burgess）地带假说的试验》（下作《莫斯科》——译者），载《美国社会科学评论》，第39卷，第4期（1974年8月），第543页。阿博特关于1897年莫斯科的研究，发现上、中社会层离历史性市中心克里姆林宫愈远，人口百分比也愈减，而制造业工人人口则愈增。文化教育水平离市中心愈远也愈降。
③ 《县城城市地理》，第36页。
④ 关于城市人口梯度交叉社会差异的早期论述（但却是按"西方"城市与"非西方"城市的不恰当对比来立论的），见布赖恩·J.L.贝里（Brian J. L. Berry）、詹姆士·W.西蒙斯（James W. Simmons）、罗伯特·J.泰南特（Robert J. Tennant）：《城市人口：结构与变化》，载《地理评论》，第53期（1963年7月），第389—405页。关于后来这一问题的一般论述，见詹姆士·H.约翰逊（John H. Johnson）：《城市地理》（伦敦：珀加蒙，1967年），第52—56页；布赖恩·J.L.贝里、弗兰克·E.霍通（Frank E. Horfon）：《城市体系的地理展望》（新泽西，恩格尔伍德克利夫斯：普伦蒂斯—霍尔，1970年），第276—293页。
⑤ 中国内务府雕板处舆图坊：《乾隆京城全图》(1750年前后绘制地图影印，比例尺1：650共442页)；北京：故宫博物院，1940年。

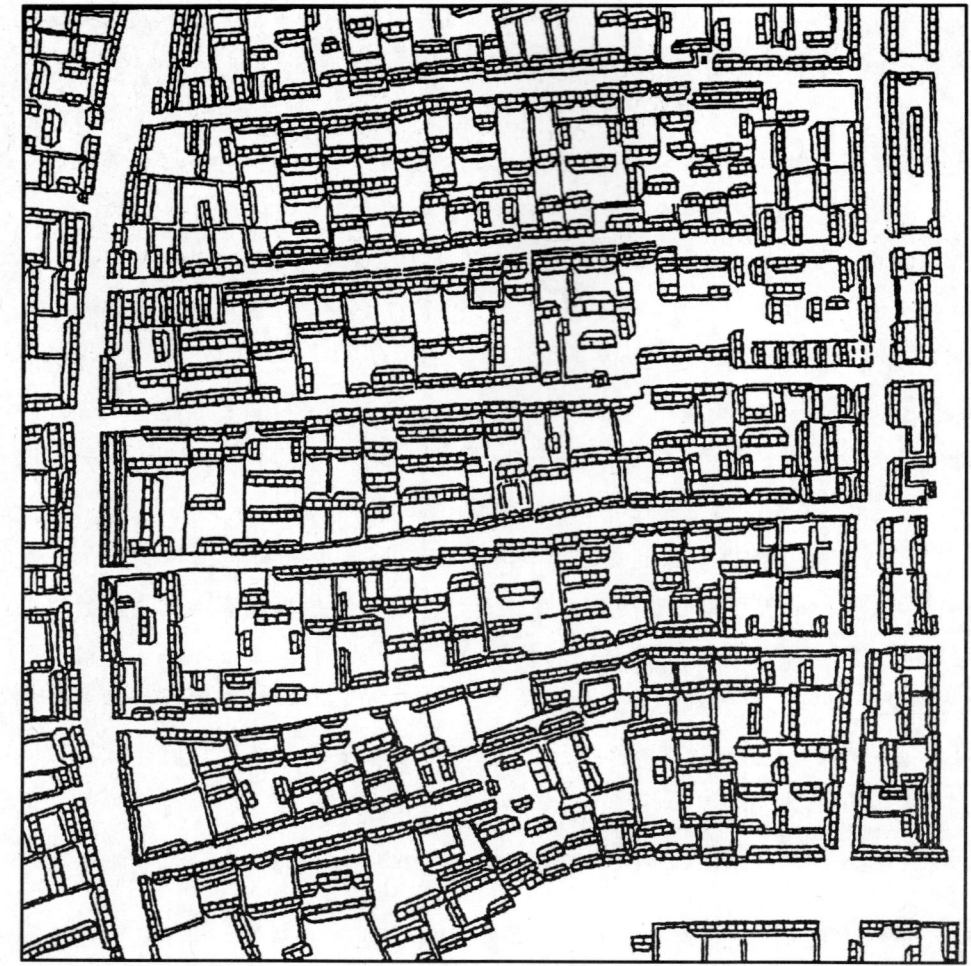

图 1　1750 年前后北京主要商业区坊里图　此区坐落于外城，位于自内城南面中门正阳门南下大街的西面。左方的南北大街是煤市街。资料来源：见上页注⑤；此图为第 13 行第 6 张一部分。

楚楚；牟氏早已唤起我们注意的四合院和内院，处处都一目了然。虽然二区的空间布局都清清楚楚是中国式的，但还是呈现出极不相同的城市景观。图 1 的建筑与院落却很小，街道格局密集，很大一部分建筑是朝向小巷的店家。图 2 布局各方面都较宽敞，面街房屋也较少。我认为我们看到的是从社会学看来十分不同的两个坊。我倒很想从时代上晚得多的资料中查查看，这些差别究竟是什么。二区在城内的位置如图 3 左上方所示。图 1 那个坊坐落于先前（20 世纪前十年也如 18 世纪 50 年代一样）北京"中心"商业区心脏地带附

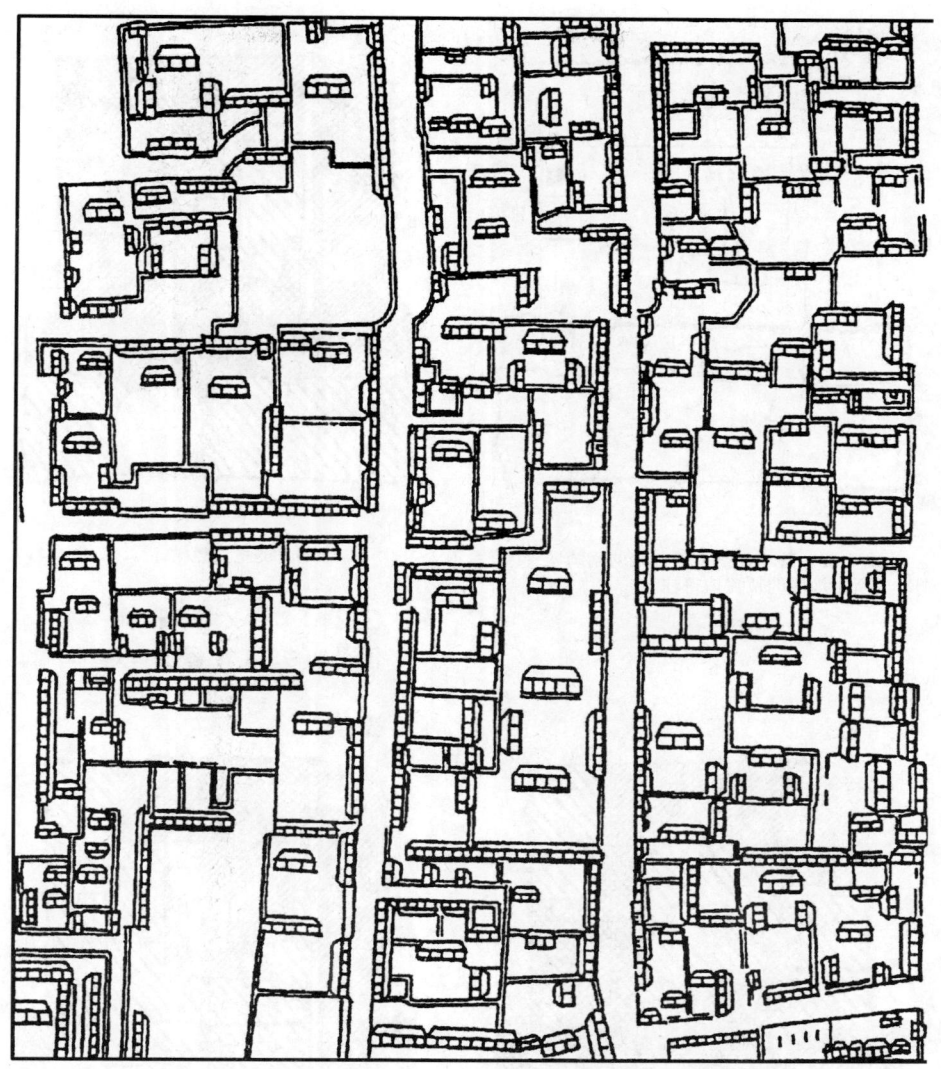

图 2　1750 年前后北京的一个上层阶级住区坊里图　此区坐落在内城的东城附近,正位于东烧酒胡同以北。右方宽阔的南北大街沿朝阳门以北城垣而行。资料来源:同图 1;此图为第 6 行第 1 张一部分。

近的南城(即外城);图 2 的那个坊却坐落在皇城东边(20 世纪前十年也如 18 世纪 50 年代一样),是贵族缙绅喜居的地带。甘博(Gamble)在 1917—1918 年搜集的资料,把这些坊放在生态环境中来看①。

---

① 甘博(Sidney D. Gamble):《北京社会调查》(纽约:多兰,1921 年),第 100,412—413,486 页。

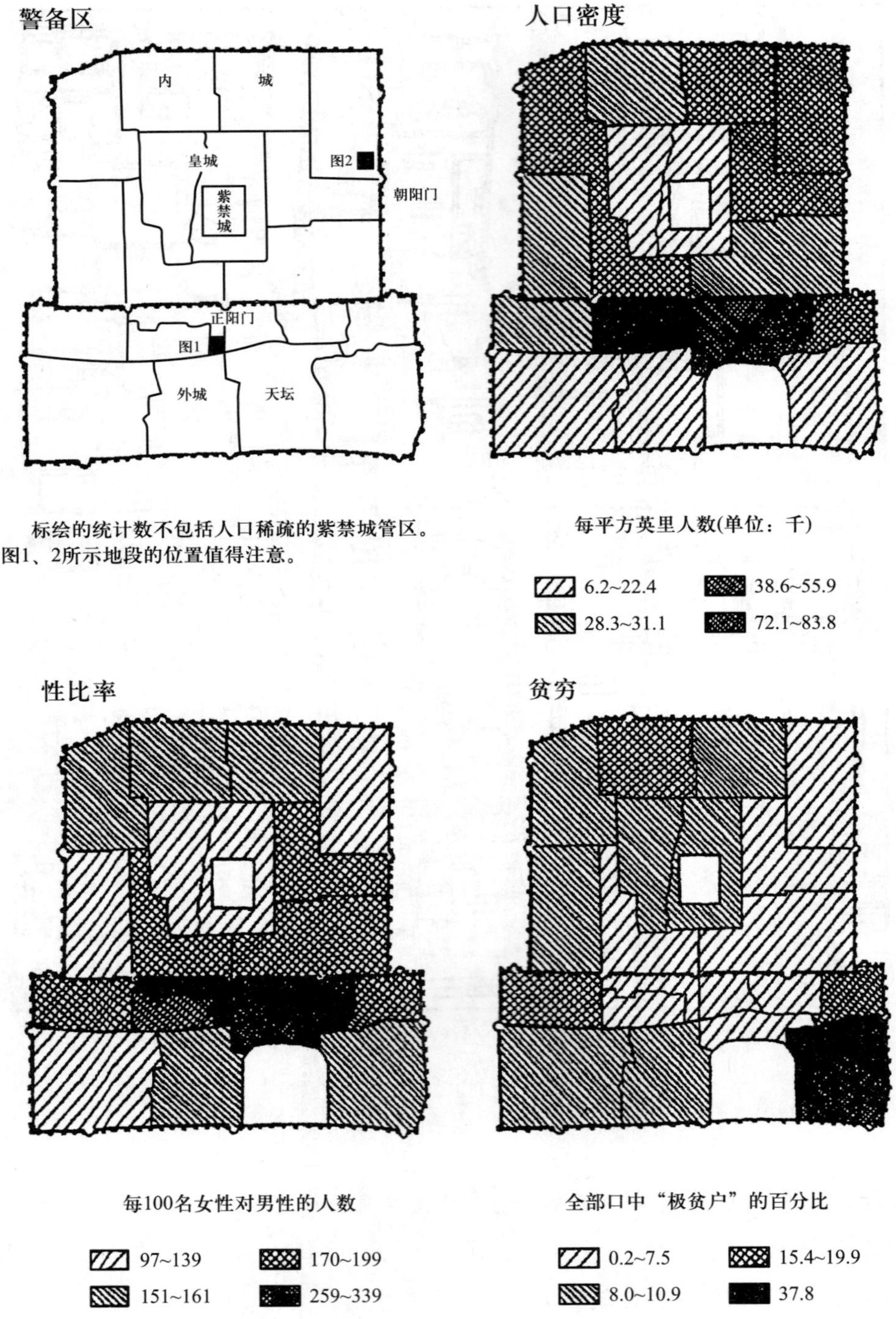
警备区
内
城
皇城
紫禁城
图2
朝阳门
正阳门
图1
外城
天坛
标绘的统计数不包括人口稀疏的紫禁城管区。图1、2所示地段的位置值得注意。
人口密度
每平方英里人数(单位：千)
6.2~22.4
38.6~55.9
28.3~31.1
72.1~83.8
性比率
每100名女性对男性的人数
97~139
170~199
151~161
259~339
贫穷
全部口中“极贫户”的百分比
0.2~7.5
15.4~19.9
8.0~10.9
37.8

图3 1917—1918年北京的人口统治特征。示各警备区人口密度、性比率及贫困指数。资料来源：甘博：《北京社会调查》（纽约：多兰，1921年），第100，412—413，486页。

图3所示（右上方）城内人口密度的尖锐对比，从外城（该处1917年时尚有耕田）东南角的每平方英里6 200人，到商业区心脏地带的每平方英里80 000人以上的高峰，人口疏密悬殊。1917年，图2所示那个坊的密度接近于图1那个坊的一半，盛清时期如有不同，推想起来差异只会更大。从性比率图（图3左下）中，我们看到，人口最密的地区一般地说男性人口比例也高得最为失调。图1那个坊，每三个男性可能只有一个女性，而在图2那个坊，比例一定要有利得多：至少每四个男性有三个女性。图3下右边还编绘了第三种变化情况，即1918年警察局划为"极贫"的户口比例。图中我们看到外城商业区（如图1所示）和皇城南区、东区（如图2所示），都以没有赤贫为特点。贫户在外城东南凸出部分集中得最密，内城沿北首城墙和西首城墙等处也较多。1918年连皇城（两个中央警备区）贫困水平相对地也颇高，该区以北以西各区在某种程度上也是如此，这无疑反映了清代后半期食禄的满人日益加剧的贫困化，这样的分布特点在1750年是不会达到的。

　　清代北京的情况所阐明的城市生态模式，也许可普遍适用于中华帝国晚期的城市。这一模式的特点有两个核心：一个是商业活动中心，一个是官僚士大夫活动中心。商业区以店屋为主（在大城市通常是二层楼房），其中商店的售货房与手工业作坊的作场同时也兼作伙计（以男性为主）的餐室与卧室。住区都很拥挤，因为地价高昂，商业通常总想降低非必要的一般企业管理费，客居者也尽量节约他们的进款。性比率失调，因为比例很高的客居者都把家眷抛在家乡，未婚的年青学徒也为数甚多。在"中心"商业区，会馆及其他由商人领导的互助会社，效力高达顶点，贫困的失业者不是由慈善机关妥为照顾，以"公费"遣送还乡，就是不许寄寓该区。商业核心的位置，看来主要是由商人运费决定，而不是由消费者往来方便决定的，典型特征是离开城内地理中心而偏向城门（有的就在城门口，或甚至在城外）：城门有时不止一个，有可直通城市间的主要运输线（在1552年修筑外城把明代老城和南郊祭坛围进来以前，北京的商业区老早就已在明老城南城的三座城门外发展起来了）。

　　城市缙绅的宅第常结集在与他们有极大利害关系的官署附近。书院、书肆、文具店、旧书摊，喜欢设在学官、贡院的邻近[①]，城里缙绅核心区则常位于

---

[①]《县城城市地理》，第37—38页。

衙门的学官一侧。对这一格局，章生道已经在提醒我们注意了。以北京的特别情况而论，官绅核心区位于内城东三（见图2），在北面的太学与南面的贡院之间。缙绅住区甲第连云、院落开敞，有妻有妾的大家庭和只有一对夫妻、子女同聚的小家庭都较多，这些都是特点；缙绅之家婢妾成群、女性比例膨胀，也是一个特点。性比率虽远没有商业核心区那么悬殊，但因许多衙门小吏都是外来人，也因本区客寓的书生集中，高级治所则还有等待补官的人，因此性比率仍旧是不平衡的。在城中这个地区，慈善机关和互助会社总是由官府创办、缙绅管理，为应受照顾的穷人提供生计也极有效；一般地说，巡警和官署廨舍的巡逻，把该区的乞丐流氓都驱逐得一干二净了。

19世纪晚期广州的资料支持了双核心的概念。爱德华·J.M.罗兹（Edward J. M. Rhoads）有一段话描述广州的一般情况："广州商人与缙绅之间的分界，实际上可在城市图上画出来。大部分商业与手工业、大部分商人，都集中于该城西半部，特别是西郊。……该城东半部则是缙绅的据点。旧贡院、府孔庙……及许多书院……都在那边。"① 虽然每一核心的地理焦点也许还可能定得更精确些，但在这里这样做意义不大，因为我现在想用来印证罗兹教授描述的1895年统计资料已经积累过多②，却未将整个旧城与整个新城（南城）分开来。纵令如此，当我们把旧城、东郊（二处合在一起把缙绅核心区已包括在内）与新城及其毗邻的南郊、西郊（二处合在一起把大部分商业核心区已包括在内）相对比时，两个地区就表现了迥然不同的轮廓。1895年的性比率，该城东北"缙绅"区为每100个女性对168个男性，西南"商人"区为每100个女性对224个男性。此外，在该城缙绅占多数地区的（13.8%）"大家庭"比例高于商人占多数地区（7.7%）的比例。

关于此处所作的对比，我们也许可以回忆一下斯波在宁波"官邸附近的街坊"与"商业活动中心"之间划出的明显区别，我们也可以注意一下杨联陞在

---

① 爱德华·J.M.罗兹（Edward J. M. Rhoads）：《1895—1911年的广州商会》，见马克·埃尔文、施坚雅：《两个世界之间的中国城市》（加利福尼亚，斯坦福：斯坦福大学出版社，1974年），第101—102页。
② 这里说到的统计是保甲户籍数字，见加米·C.安博尔特—赫尔特：《1895年的广州人口》，载《通报》，第7卷，第2期（1896年），第58—59页。

一篇论述城市商人的论文①中顺便提到的话：他说，在帝国晚期时代，在对商店地址所作的限制中，有一条就是商店不可"太近衙门，有损尊严"。

这一模式与吉代翁·肖伯格首先阐明的模式（最近瓦尔特·F.阿博特[Walfer F.Abbott]也作了较为严密的重述②）的不同，在于它有两个核心（至少其中一个核心在地理上是偏离中心的），而不是事实上决定着真正的城市中心的单一核心。它的不同还在于城市边缘与更大的同心圆并无空间上的联系。中国城市的社会学边缘，反而以"极纯粹"的形式出现于城区以内的角落里，这些角落是从较重要的城门最难到达的地方③。从这成双的核心走向冷僻的城角，可以看到城市贫民的棚屋愈来愈多，住在这里的是脚夫、轿夫、搬运苦力、码头工人④；行贩、货郎、带着轻便炊具的厨师、挑着轻便修理工具的手艺人之类出门人⑤；医卜星相、说书人、乐人杂伎；从最下层阶级人家被弃逐的妓女；某些城市特有的"卑贱"的人（如宁波和绍兴府的"惰民"）；麻疯病人；尤其是乞丐。在最偏僻的冷角落的空地里种菜的人，常常是些擅自占地的人。在不少城中，穷人倚城筑舍，有时甚至在城墙上挖"窑洞"⑥。

这种阐述还带有主张前现代城市离中心愈远则社会地位愈下降这个一般命

---

① 杨联陞：《传统中国政府对城市商人之统治》，载《清华学报》，第8卷，第1—2期（1970年8月），第196页。杨教授还指出，十八世纪中叶，北京内城禁设客店、戏场。

② 《莫斯科》。

③ 对这一模式的特别清楚的叙述，可在下文中找到：沈汝生、孙敏贤：《成都都市地理志研究》，载《地理学报》，第14卷，第3—4期（1947年12月），第20页。

④ 城市人口中脚夫的相对比例，当然是随城市在运输网中的地位而变化的，各种不同搬运工人的相对重要性，也是随有无通航水道而有所不同。成都是个主要依靠陆路运输的都市，1920年前后，估计那里的城市男性人口，至少有五分之三是各种各类的脚夫。在大运河上的海港都市天津，与水运贸易联系在一起的脚夫，1846年可能占总人口的十分之一，在城市周围地区最为集中。见许高志（George D. Hubbard）：《成都的地理背景》，载《菲拉德尔菲亚地理学会通报》，第21卷，第4期（1923年10月），第23页；百瀬弘：《〈津门保甲图说〉中关于清代天津县农工商户口的统计资料》，见《东洋农业经济史研究，小野武夫博士六十寿纪念论文集刊》（东京：日本评论社，1948年），第125—134页。

⑤ 在有大量男性客民的中国城市中，凡家庭妇女能做的事，无不可由行工来做，"缝衣妇"即其一例。"她找了个苦力和工人定会歇一歇的地方安顿下来，她摆出针线箩和各色零布，招徕缝补生意：从布鞋鞋面到衣衫上扯的一码长的裂口。她用很牢的绸底布……绸袜底，以求穿得久些，这件活计应接不暇。"克罗齐埃·福尔德（H. Crozier Faulder）：《中国的小贩》，载《中国学报》，第21卷，第6期（1934年12月），第276页。

⑥ 成都就是一个很好的例子。见《成都都市地理志研究》，第20页。

题的痕迹,但如断言中国城市中最贫穷的人都"住在郊区",那分明会陷入歧途,因为正如我们所看到的,某些郊区正好位于商业核心区内。我要大胆地再提出两个命题,这两个命题对于帝国晚期的城市,只要规模大到相当程度,似乎都有几分可以适用。首先,我们早已注意到同行批发商、特产零售商和同类手工业工人,都沿着某一条街或几条街集中。我认为商业区内部的空间分化,是资本集中区——包括钱庄与专营价高体小的产品的商号——有处于商业核心区中心的趋向,而劳动力集中区与土地集中区则离中心较远。需要重劳动(例如生产祭祀用纸钱的敲锡箔)或露天作场(如染工与细木匠)的低等手艺,常位于极靠边缘的街坊。第二,两个核心之间的地区(在有的城市仅为一条狭长地带),则常常是绅商杂处,店宅交错,但就每人平均财富方面而言,却比商业区本身要均匀些。也就是在这个地区,人们有时可以找到一些庙宇及其他由商人与文人合办的公共机构。

着重说明了我认为帝国晚期城市存在过的生态总结构以后,我们现在可以把西方观察家一般认为例外的街区内部参差不一的现象摆在正确的位置上来观察一下。本节开头所引汉学家的几条论述,主要反映了他们专心致志于区分中国城市与西方城市的不同之点的研究。商店在旧中国城市中比现代西方城市中分散得更广,在美国上中层阶级的郊区或城市中心贫民区所见的那种社会均一性,无疑地在旧中国是不存在的。在北京一个占地80英亩左右的区中,沿着八条商业街道,人口82%以上是男性,而沿里边两条住宅区街道,人口的性比率却是平衡的①。牟复礼说得对:"人们还没有跨进门户,在粉墙周围窥视里边的院子的时候,可能不知道会看到一座宅第还是一家酱油作坊,或者是宅第当作坊来用。"②可是他一定也会同意,看到作坊在某些区可能要大些,在另一些区却要小些——而出人意外的可能性,则是以位于城中两个核心之间的区里为最大。至于贫富杂居,在某些城市街坊里无疑范围很大,在许多院落里住着的

---

① 北京灯市口正好坐落在皇城东边,约在图1、图2所绘二区之间的半途上。《北京社会调查》,第327页。店屋自然集中于大街两旁,正像灯市口区的店屋一样,而住宅则集中于小巷与里面的侧街上。这种一般性格局成都也很普遍:两旁排列着两层楼店屋的街道,是划分街区的大街,单层的住宅则面向里面的小巷。结果正如《成都都市地理志研究》第21页所指出的,是个"盆状"模式。

② 《苏州》,第59页。

家庭，按今日西方的标准来看，就要算是贫困的。但我本人在上文所说到的城市贫民——在城市总人口中所占比例很可能在十分之一到五分之一之间——大多数却不是住在"住宅区街坊"；很少人家有大门出入。

人们自然要估计这两个核心的相对重要性会反映出城市在行政、经济层级中的地位。这里不是在这方面大做文章或者旁征博引的地方，但却值得记下我的一般印象：在非行政中心地的城市生态学中，缙绅核心区也决非就不存在。本书诸文清楚地阐明了较重要的非行政城市，可能会有一个小吏的衙门（瓦特）、一所书院（格里姆），或一座文武庙（福伊希特旺）；缙绅核心区可能即集中于其中某一机构或者几个机构的周围。甚至在我研究过的四川的那个标准市镇中，在一个地方慈善会社附近，也可以考证出一个缙绅核心区，在与商业中心隔着一段不远不近的距离的清静侧街上，坐落着一所儒院，商业区的中点则是该镇大庙喧嚷的院子。

## ■ 客居与城市会社

很容易得到这样的印象：在帝国晚期，大多数城市居民都是客籍。16世纪以来，中国作家对某些城市总是带着独特的夸张来强调土著人数的重要性。一份明代资料宣称，大运河上繁荣的港口临清，十九皆徽商①。另一份资料断言，扬州"外来人口以二十比一大大超过本地人"②。19世纪的西方旅行家也常附和此论。关于杭州，弗雷德里克·克劳德（Frederick Cloud）写道，人口中本地人仅十分之一，"其余都是来自国内各省的客籍"③。19世纪70年代初，阅历丰富而明敏善断的观察家李希霍芬（Richthofen）描写直隶北部的张家口时写道：

---

① 引自仁井田陞：《北京的工商业行会以及作为其结合要素的宗教信仰与同乡关系》（下作《北京的行会》——译者），载《民俗学研究》，第9期（1950年），第200页。
② 引自何炳棣：《扬州的盐商：十八世纪中国商业资本主义研究》，载《哈佛亚细亚研究学报》，第17期（1954年），第144页。（原文无可考，此处据英译转译。——译者）
③ 弗雷德里克·D.克劳德（Frederick D.Cloud）：《杭州——"天堂之城"》（下作《杭州》——译者）（上海：长老会传道团出版社，1906年），第9页。

"住居人口大部自认为是长期作客的,家属都在他处或他省。"① 会馆条例常规定遣返贫困成员归乡,衙门官吏喜欢采取的一个办法,就是把滋事者送回原籍②;每一行户或每一目无法纪的市民,都有个在别的什么地方的老家,这似乎是人人认为理所当然的事了。

事实上,每个城市当然总有些人是世居的——即老家就在该城的人——他们的人数与客民相比,变化的幅度很大。为什么有的城市能吸引客民而另一些城市则否,又为什么客民在某些城市占多数,而在另一些城市则只占少数?下文我就要转到这些问题上来。但现在还是让我们承认大多数城市的人口有相当大一部分并非本地人,并注意观察他们在城市社会中的地位。关于城市人口的客籍成分,常常可指出三个相关的特点:(1)他们都是按原籍在职业上专门化了的;(2)他们都是典型地按籍贯组织起来的;(3)他们的籍贯身份都消失得很慢。

关于第一点,克劳德对杭州特征的描写,可以代表上百个类似的城市,所涉范围甚广。"几乎所有的木匠、雕花匠、装饰匠、细木匠及药商都来自宁波。茶布商、盐商和客栈老板都来自安徽。瓷器商来自江西,鸦片商来自广州,酒商来自绍兴。很多钱庄换兑业老板,也来自绍兴,还有很多铁匠;……苏州出的是一大批官吏、歌女和酒家老板。"③ 关于第二点,北京可作生动说明。北京的同乡会,数量之多,种类之杂,真是异乎寻常的。何炳棣在他1966年的权威研究里④,考证出19世纪的北京有391个这一类会;但仁井田陞搜集到的一篇手稿,最近在东京公之于众⑤,却给北京开列了不下于598个各类同乡会,其中包括乡寺,几乎都是为各县、各府和各省——各级相邻行政区划,有的按习惯合并在一起——的老乡服务的。何炳棣的分析唤起人们对这一事实的注意:即许多这些会馆的成员只限于书生,他还强调这些同乡会馆作为考生寄寓处的作用。与此不同,仁井田陞的研究则强调了同乡会馆的商业方面,特别指出商

---

① 《李希霍芬(Richthofen)男爵书信集,1870—1872年》(上海:华北先驱办事处,1872年),第117页。
② 参看本书戈拉斯论文注138;玛高温(D. J. Mac Gowan):《论中国囚犯的充军》,载《皇家亚细亚学会华北分会学报》,第3期(1859年),第299页。
③ 《杭州》,第9—10页。
④ 何炳棣:《中国会馆史论》(台北:学生书局,1966年版),第24—33页。
⑤ 这部手稿今为东京大学东方文化研究所收藏。我很感谢柯慎思提醒我对此稿的注意。

人与手艺人也利用许多这类起初原供书生膳宿的会馆,并指出几十个同乡会馆的成员,都只限于从事某一行业的人(如延邵会馆限于来自福建延平、邵武两邻府的纸商,浙诸会馆则限于浙江宁波府诸暨县的裁缝)①。

第三点实际上属于文化问题。籍贯是旧中国社会中个人身份的要素。萍水相逢、素不相识的人,开始交谈总先要问明彼此的籍贯和姓氏。一个人的县籍,通常会写在门牌上(而且总会刻在墓碑上)并在通信与纯文学中作为名流显宦的别号。标准的模式很清楚:一个年青人离乡背井、出外去碰运气,(家人)总会希望他回家娶妻,为父母居丧,最后则告退回归先人的埋骨之地。即使这些意料中的事并未实现,但客居他乡的人所生的儿子,也继承了父亲的籍贯与姓氏。住所虽非不变——这一点我们就会看到——但在几代时间内,籍贯却必须看作一种身份上的特征②。

客居不大会仅仅是个人的问题。离乡背井到一个城市里来碰运气的人,常常是作为家庭、宗族和乡里的"代表"而来的。他是被"挑选"出来让他出门的。由于对中国社会中的书生都很明白的原因,"独子"几乎是从不外徙的;出去的人总是从成行的儿子中挑选的,这方面某些标准——雄心、敏慧、闯劲——在决定谁去时起着作用,常常有一段在族人或乡人开办的地方书院里或小镇企业里受考验和锻炼的时期。前程远大的年青人在这条路途上每走一步都得到族人乡人的支援帮助,这种援助不但被认为是一种道义上的责任,而且也是一种投资,指望会对各种范围的社团产生利益的。我在另一处曾从"流动策略"方面来分析客居——就是说把客居作为家庭、宗族、村庄、集市社区、县,以至于府的最大限度扩张方式③。各地培养专业技能,"出口"到机会集中的城市。爬上中心地层级以利用这些机会的人,所走的路不外乎两条:他们不是在经济中心地利用商业机会,就是在行政中心地利用读书做官的机会。

在后一条路上取得成功,声望也更大,少年公子更喜欢采取的"流动策

---

① 《北京的工商业行会》,第197—201页。又见加藤繁:《清代北京的商人会馆》,载《史学杂志》,第53卷,第2期(1942年2月),第1—31页。

② 参看劳伦斯·W.克里斯曼(Lawrence W. Crissman):《海外城市华侨社会的分裂结构》,载《人》,第2卷,第2期(1967年6月),第190页。

③ 施坚雅:《中华帝国晚期的流动策略:地区体系分析》,见卡罗尔·A.史密斯(Carol A. Smith)编:《地区分析》,第1册,《经济体系》(纽约:学术出版社,1976年),第327—364页。

略"是学业上的成功。典型范例是地方体系挑选出最聪明的孩子,供给资金,支持他们早年求学,以图功名爵禄。这是件旷日持久的事,但一旦功成——使本乡子弟当上了官——报酬却是极大极广的。所得的好处是:有了权力可以保护地方体系,扩大其利益;有了财富可以提高生活水平与生产力。首先还是声望,一乡一族的人有了名,对整个地方体系的各家各户,也会产生特别的报酬。商业与学业成就相比,声望虽有不及,但培养专业化商业才能出口,也是广泛流行的扩张策略。第二编中讨论了以地区为基础的商人与金融企业家的重要性,其中斯波在分析宁波商人情况时,提出了许多有关事实。但地方体系在手艺人、半职业性人员和卖饮食者的出口专门化,甚至比包括读书做官和经商开钱庄两条出路在内的策略更为广泛。取得惊人成就的可能性当然是较为有限的,大部分这种专门化都是集中于某一城市或范围不大的亚区的一些市镇和城市里找机会。职业不体面未必妨碍地方体系专门化:在城里职业地位有保障,对于资金有限的村庄居民或集市居民说来,是件需要考虑的重要事情;无论如何,把财富转换成社会地位的办法是人们所熟知的。虽则这里不是探讨这一问题的地方,但客居策略的重要性与类型是受地方体系在辖区体系总结构中的地位的强有力地制约,却是自不待言的——特别是在不同层级水平的城市和在城市体系内部联络各城市的运输路线方面。

客居策略以忠于乡里的原则为基础,并因城市客民的同乡组织而受到推动。北京和各省会的同乡会,改善了地方体系在科举和入仕方面的竞争地位,经济中心地的同乡会则是垄断或控制职业位置之争的表现。然而这些作为手段的目标,却应当放在同乡关系作为组织原则的特别有利条件之中来看。其中就是同乡关系中包括着大部分别种关系,中国人是把这些关系视为发展信任的潜在基础的。正如贝克所指出的,一城亲属人数往往不多,无力维持一个有相当规模和力量的组织,但在实际上,无论是姻亲关系还是血亲关系,都被纳入同乡关系并加强了同乡关系。中国社会中有许多——如果不是绝大部分——极其重要的萍水相逢结成的关系(同从一师,同年参加县试,同道进香,同舟渡海等等),很可能都是曾与住所相离不远的人相与共过的。因此这些关系也包括于同乡关系之中,并加强着同乡关系。

第二个有利条件是从同乡关系的层级累增性中产生的。社区成员资格必然也需要更高阶层的本地人和此社区所在的地区体系内的会员担保,这使同乡作为城市组织原则很有伸缩性。逐步扩大的同乡关系的相关层次,自县以下的集镇社区直到传统的数省合成的大区。成员的包容范围,当然视来自各地方体系的客民的相对人数和竞争情况而定。来自一个贸易体系或行政区划内的各地方体系的客民,在争一个遥远城市里的一件什么东西,不让别处同类的一帮得到它时,往往会看需要加入层级中哪一级的团体就参加哪一级的团体,这种事情一次又一次地发生过。我们看到本书的实例研究中这一原则在反复起着作用。南惠县(福建)乡人的各种组织有:(1)县一级;(2)传统的三邑一级;(3)泉州府一级;(4)省一级。宁波商人也组成各种会馆,有的限于宁波人,有的限于宁绍两邻府人,有的限于浙省人,也有的限于通称"三江"的四邻省老乡。

　　同乡作为组织原则的第三个有利条件,是它可以跨越阶级及其他纵向纽带(包括常是阶级特有的许许多多经验关系的纽带)。这使豪门巨富特别看中了同乡关系,他们能够运用貌似平等的原则,在组织内部实行劳动分工,把"脏活"留给下层阶级的老乡;这些人还能够掉文弄墨,拟定会馆的宗旨,以效劳于自己企业的利益。同时,同乡团结的关系,对于培养向上爬的初出茅庐的青年人的社交能力,并给予他们以支持,也是很理想的。

　　戈拉斯的论文强调在清代城市中,行会很难和同乡会分开。用以称呼同乡会的那类名称,如"公所"、"会馆"、"殿"、"宫"等等,完全是不可靠的标志,我们从清与民国的材料知道,一个单有地名的会社,可能起着行会的作用(例如汉口的上元会馆;以南京的一个首县为名,实际上是作为该城专营布杂的商人行会的[①]),而一个单以经济专类为名的会社,实则可能限于某一地方的老乡(例如温州府的打金行,是由宁波府人垄断的[②])。按乡里分的经济专业化程度,在另外两点上可能被低估了。首先,当来自某一特定地方体系的客民在某城从事不止一种经济专业化时,他们可能组织成一个同乡会,下设专业化分会担任行会工作。我们在斯波的论文中看到此种安排的一个相当特别的例子:宁波的福建省总会下面的一个分会兴化帮,是以专营鲜、干龙眼的商人为限

---

[①] 何炳棣:《长江中下游各省会馆地理分布》(下作《地理分布》——译者),载《清华学报》,第5卷,第2期(1966年12月),第131页。
[②] 玛高温:《中国的行会:商会与工会》,载《皇家亚细亚学会中国分会学报》,出版处不详,第21卷,第3期(1886年),第181页。

的。在几个城市里，宁波府客民的同乡会，都有为钱庄老板和货运代理商组织的类似行会的独立分会①。第二，乡里的经济专业化（发展）并不受垄断的情况限制。仁井田陞考证了北京的几个行业，分属两个或更多的行会，每个都以同乡为基础组成；还有一些例子，竞争的同乡行会，参加某些势力，以保障它们共享的垄断地位。糖饼行由"南案"、"北案"组成，这两个单位分别以南京、北京的老乡为限②。

同乡会兼行会几乎总是按行政区划来确定其同乡范围的。然而现有证据说明，各会吸收会员的范围总是经济层级中这一级或那一级的集市体系或贸易体系，即第二编中拙文所述的那种经济层级——以行政区为名，是由于要对官方行政观点表示尊重，还有个实际理由，即某一特定城市中，可想而知，是不大有人会熟悉遥远地区的经济地理的。某些实例中，规定的行政区划是不拘于地方行政层级拼凑起来的，这里有力地提示我们，商业体系是处于优先地位的。例如汉口的萍澧公所是来自不同省分的两个邻县——江西的萍乡和湖南的澧陵③——的商人组成的会社；事实上吸收会员范围是湘江一条支流流域内的贸易体系。北京浴室老板的行会，一般都认为是由离该城西南65英里左右的一个直隶州易州的老乡垄断的，但实际上该会成员却来自包括保定府的定兴县以及易州内两个县级区划的较大城市贸易体系④。汉口的苏湖公所又是个在行政层级中较高等级的类似例子，其成员限于江苏的苏州府与浙江的湖州府，那是长江下游经济核心地区的两个邻府⑤。"广州"商人在各城中组织的三个级别，可以说明一般的原则。所谓"两广会馆"（广东、广西同乡会），我以为是限于广州首府区贸易体系——即整个岭南的商人；所谓"广肇会馆"（广州、肇庆二府同乡会），限于来自广州地区城市贸易体系的商人；所谓"三邑公所"（南海、番禺、顺德同乡会），限于来自广州地方城市贸易体系的商人。

---

① 这方面的一个常见调节方式，可由福州的广州会馆来说明。会馆为广州客民专营的三个主要行业（包括茶业），分别任派了经理人。见《旅闽广州会馆条例》，阿连壁（C.F.R.Allen）译，收于尤斯图斯·杜利特尔（Jusfus Doolittle）：《汉语词汇与手册》（福州：罗扎里奥，马卡尔，1872年），第2册，第401页。
② 《北京的工商业行会》，第201页。
③ 《地理分布》，第132页。
④ 《北京的工商业行会》，第200页。
⑤ 《地理分布》，第132页。

帝国晚期城市中很普遍的按乡里进行经济专业化的格局，从各地人的劳动分工方面进行分析是大有好处的，把中国城市里来自外区的经商"侨民"看成少数人是并无任何困难的。马士（Morse）指出："广州人在上海是异方人，就像菲利浦二世（Philip II）兼为西班牙、葡萄牙二国国王时葡人在西的情况一样。"① 安徽商人在重庆，宁波商人在北京，福建商人在汉口，宁波商人在广州，山西商人在福州——这些人讲的全是当地人听不懂的话，行的充其量也只显得是些外乡的奇风异俗。但如果最近的同乡人分类研究使我们学到一些东西的话，那就是同乡人团结决非文化特色的简单作用②；细微的乡音，甚至是谈吐举止上琐小的特点，如果有一方觉得这些有利于维持或建立同乡人界线的话，都可作为同乡人的标志。中国城市不乏地方体系在邻区搞经济专业化的事例。北京的猪牙人都是东北（密云、顺义等县）15—30英里一带地方的乡人③；汉口专营制造贩卖烟袋的，都是该城北方不到20英里的黄陂人④。徽州、黄陂的商贩都认为值得在汉口搞一个会馆，两地商人间的差别，究竟是类别之差呢，还是程度之差呢？他们牢牢把持各自的经济地位，手法又是否基本上不同呢？黄陂商人是否也认为强调文化特点有利呢？未来的研究也许会认为把这些问题放在以地区为基础的同乡或小同乡层级结构中来考虑是有好处的。

这使我们转到了同化问题。戈拉斯看出清代有一种离开按乡里为核心搞经济专业化的倾向，在说明这种倾向的原因时，他很有理由唤起我们注意同化问题。既维持同乡界限又维持经济专业化，自然是当同乡帮与其乡里维持着密切联系时才最易办到。只要兴化在生产龙眼供应宁波市场方面保持着较为有利的地位，可以想见，兴化帮就会使兴化人代代不断更新，对龙眼批发的垄断，也会继续保持下去。但中国的地区经济是在断断续续地波动着的，地方体系也处处在准备适应因情况变化而产生的机会。如果兴化的比较有利的地位被另一地区夺了过去，或者宁波的兴化商人感到分头经营各种行业不与原籍发生关系会更有利的话，那么到一定时候，不难想见，兴化人就会被同化，兴化帮要不是

---

① 马士（Hosea Ballou Morse）：《中国的行会》（伦敦：朗文斯，格林，1909年），第36页。
② 参看弗雷德里克·巴特（Fredrik Barth）编：《乡亲的集团与边界》（波士顿：李特尔，布朗，1969年），阿布纳·科亨（Abner Cohen）编：《城市乡亲关系》（伦敦：塔维斯托克，1974年）。
③ 《北京的工商业行会》，第199—200页。
④ 《地理分布》，第131页。

逐渐衰替,就是改变性质。在中华帝国晚期,同乡会兼行会的预期寿命显然是不长的;如果不重新组织,很少能延续二三代以上的。历史记录很清楚,在特殊场合,归化了的同乡会,成了单纯的行会。但有一件事对我说来没有像对戈拉斯那样清楚,就是这种事例总起来意味着背离按乡里搞经济专业化的长期趋向。很可能在现代化变革开始前,情况恰好相反:中国城市中职业地位竞争加剧,更频繁地导致一个同乡人集团为另一个同乡人集团所取代,加速了城市会社的发展周期,也加剧了城市里各地人的同化。不过不论哪一种趋向,证据似乎都还不够有力。

许多本城人是否可能是一批又一批相继涌入的客民遗留下来的渣滓,我曾顺带注意到这个问题。根据我们对海外华侨界的了解,我们可以设想一些彻底的失败者——那些不能继续汇款、无钱回乡探望、无力偿还同乡恩人的贷款的人——常常回不了家乡;在许多场合,由于自感赧颜,于是与城里的同乡人断绝了关系,无声无息、身败名裂地了却一生。威廉逊(Williamson)在19世纪70年代旅行华北时指出:"人们可以从紧靠城外的郊野里的坟墓数目,得到该城大小的概念。这些都是穷人与外乡人的坟墓。"① 落拓的客民就是葬身于这种穷汉墓地的人。既然这些人在城中很少有子孙后代,他们对城市人口的增长也不可能有多么大的影响。可是由同乡会管理的基地,情况却大有不同。在中国人的理想世界里,客民到了暮年总要落叶归根,返回故园;不幸而客死城中,也当运柩还乡。按照莫尔斯的说法,同乡会"总会有个善堂,停放乡人棺柩,等待……实现所有中国人的心愿,就是能把他们的遗骨运回祖居的乡里安葬。"② 自己没有善堂的客帮,各重要城市都可找到同类的公共机构③。莫尔斯从贫穷方面来说明同乡义冢:省俱乐部(用他的说法)"总有自己的义冢,可为

---

① 伊萨贝勒·威廉逊(Isabelle Williamson):《中国的古道》(纽约:美国宗教小册出版会,1884年),第108页。
②《中国的会馆》,第40页。
③ 广州北门外的永胜寺是个典型的例子,该寺布置成"死人之城"的形式,有房舍194座。这里放满了"棺柩,盛的都是些出外做官、经商或游历的人们的尸骨。他们……来到广州,在此城作客期间……去世了。把他们的尸骨埋葬在广州,当然使他们的游魂失掉他们应当……享受的……祭祀。因此,这些棺柩……就暂厝在这个处所,直到方便的时节,再扶柩回乡。"约翰·亨利·格雷(John Henry Gray):《广州城漫步》(香港:德苏扎,1875年),第541页。

穷乡亲营葬,使他们的骸骨得以入土,权且代替故里的泉壤。"① 这种义冢有的远在明代即已有之②,我们还可以猜想,在同化过程中的客民后代也曾利用过,而不问其社会经济地位如何。

于是,就是客居的这种动力,成了本城同乡人口相对规模变动的部分原因。贸易正在扩大的商业城市,吸引的客民也多;贸易在缩小的城市,吸引的客民也少。经济中心地位急剧变化,以致在经济层级中升了一级或降了一级的城市,应可提供极其生动的对比。在19世纪期间,上海的贸易与人口扩大了三倍以上,上海的地位也从地区都会——长江下游有好几个这样的都会——转变成该区首屈一指的中心都会。19世纪晚期上海的本城人被客民淹没了③,这也没有什么可奇怪的。直隶的张家口在19世纪70年代李希霍芬(Richthofen)来游时,正在迅速发展;那时这个比较大的城市正处在取得地区城市兼有经济中心地位的过程中。该世纪末,杭州为外乡人所控制的情况,克劳德曾作过生动的描写。这以前的四十年,当杭州从太平天国叛乱期间所受的破坏中恢复过来的时候,曾为客民提供过稀有的机会。在明代晚期,以客民占优势著称的临清、扬州,到19世纪末叶却衰落了。二城在经济层级中都下降了一级,城中的本城人——大多是从前的客民的渣滓——在人数上也逐渐占了多数。鹿港一例甚至更达极点,19世纪期间这座港口城市萧条衰替后,竟成了一座全无客民的城市④。

当然,并非所有的本城人都是严格意义上的客民子孙后代。本城缙绅不但包括一些飞黄腾达的客民,而且也有一些从该城近邻腹地的农村聚落逐渐移居过来的地主。城市贫民也不但包括坎坷潦倒的客民,而且还有来自乡间的游

---

① 《中国的会馆》,第39—40页。
② 17世纪20年代,广州曾建公墓,收葬宁绍二府客民。《中国会馆史论》,第40页。
③ 关于证明客民比例很高的上海人口资料,见张朋:《中国各省商团的分布及力量:1842—1911年》(哲学博士论文,华盛顿大学,1957年),第103页;东亚同文会编:《中国经济概说》,第7卷(东京:1907年),第159—160页。
④ 台湾城市是个例外,因为19世纪大半段时间各帮之间斗争极为激烈。所有的聚落,从村庄到市镇甚至城市,在19世纪70年代,有很高比例是完全由一个地方帮派单独把持的——若非东南沿海地区韩江上游盆地的客家人,就是漳州府人、泉州府人,或者泉州某区的人。鹿港的"老乡是清一色的",正如德格洛珀所写的,但与台湾别的城市——例如经济上蒸蒸日上的艋舺——却并不显得有天壤之别。

民,这些人在乡村和市镇中都没有社会基础。他们没有故里,因此根本是社会上的"多余的人"①,他们在城市背景下可以得到保障的唯一希望,是能够加入乞丐的行列。

## ■ 城市会社与"市政"管理

在这里我要提出第三编诸文所提的也许是最重要的问题,作为最后一个争论点:即城市会社是如何管理的?根据我们所了解的情况,只能肯定地说,对这一问题的回答,一城与一城各不相同;对大多数城市说来,清代在这方面是制度上有显著变革的时期。以下诸文有助于确定一个范围,在这方面进行新的研究,是可以取得丰富的报偿的。帝国晚期的城市在什么程度上是一个统一的社会政治实体呢?提供过什么市政设施,又通过什么制度上的安排呢?官绅商人的政治权力又如何行使与调停?在什么意义上可以说城市毕竟是管理着的呢?

我们也许可以从本文尚未提及的一个组织原则开始来谈,那就是城市居地。一般情况似乎总是这样:无论哪个规模较大的城市,居民组织成街坊,街坊通常是按街道而不是按街区划定。本书多少作过详细论述的城市——宁波、广州、南京、北京、台北、台南及鹿港——都是如此。从施舟人的论文,可以知道街坊会社不但为本区做醮消灾,而且负责维持秩序、和谐与整洁。杨庆堃总结了他对十九世纪佛山的研究,认为"象防火、清除垃圾……维持……街坊秩序,某几种……慈善事业和宗教庆祝之类城市生活里的正常集体行动,都是街坊会社的传统职责。街坊会社是自治团体,完全不依赖……里甲制度。"②他还指出,同一街坊居民间的争端,通常都在会社内调解。

如果说城市人口在社会学上的边缘成分,事实上也合并在有组织的街坊之内——例如说睡在桥下的乞丐,或者擅自傍着城墙搭棚的穷人——那是会相

---

① 此语系格哈德·伦斯基在一般论述农业社会的不公时所用。参看他的《政权与特权:一种社会分化理论》(纽约:麦克格劳—希尔,1966年),第281—284页。
② 《城市社会研究》,第22页。(原作:C. K. Yang 1953…但本文附注中列出的杨氏著作,仅注2中的一篇,标明的时间为1963年,其中必有一个是误排。——译者)

当令人惊异的话，但不必怀疑客民的"户"（就是说店屋与住宅）也包括在内。施舟人的台南资料揭示了一个街坊的组成并相当迅速地发展起来，他所描述的把新来者组织入街坊团体的途径，对于客民适应城市生活一定是很重要的。虽然我们知道同一行业的店铺都集中于某条街道，而某一行业又常为某地区的人所控制，但这些事实对街坊组织的影响却似乎仍未被探索过。

正如斯波所指出、而施舟人的论文也有声有色地描写过的，在旧城市中，集团利益通常是反映于宗教形式中的。没有理由怀疑，全中国的城市街坊，都是按施舟人所描写过的旧台南方式组成宗教社团形式的。土地公（即福德正神）的街坊祀神社，似乎无论在中国的城市还是乡村，都是随处可见的。约翰·凯尔（John Kerr）说，在十九世纪的广州，街街都有福德祠①，把他的话打个恰当的折扣，也许几乎对其他任何城市都可以这样说。施舟人的分析有个很大的优点，就是现在我们有了一个根据，可以猜测中国城市里的那些庙宇，对城市社会秩序有什么含义。

我相信，总括地说帝国晚期城市中的某些寺庙，是几个街坊合成的地域区划的集中点，那也是不会错误的。土地公会是向内看的，每年的宴会只限于会社成员，但城中集中于神庙的区或坊，却是向外看的，宴会是为吸引他坊来客，还为招待同宗、同乡、同行以及住在他处的朋友而举办的。德格洛珀的实例研究强调了划为某些庙神炉下的各城区，其间的竞赛与交流具有一体化的作用，除了最大的城市，所有城中都有一些庙宇（有时只有城隍庙）被视为供全城朝拜的，某些宗教节日则是表现整个城市的独特精神，这也是清清楚楚的。许多对某些部分居民有吸引力的祀神社，全城中到处都有信徒；当我们弄清了无论是行会还是同乡会，通常都会组成宗教社团的时候，那也就很明显是德格洛珀的交叉入社层级的生动描写，单单在宗教组织方面说来，也有很多引人注意的地方。

本书各实例研究指出，至少19世纪时有许多——如果不是大部分——城市设施，是由非政府的社团提供，由税收、会费、或社团产业的收入供给资金的。在帝国晚期最初几百年间，同样的格局是否适用，我只好把这问题留待历

---

① 嘉约翰（John G. Kerr）：《广州城内城郊导游》，增订本（香港：凯莱、瓦尔什，1904年），第10页。

史学家去解答了，但台南三益堂一例却启示我们，相对说来区分不严的宗教社团，甚至没有行会与同乡会时，也有能力提供范围广泛的市政设施。在极长时间内，当然我们看到衙门在管理城市方面的作用明显减缩，但这一情况究竟为何密切地与行会和同乡会的兴起同时发生，我却不甚清楚。行会与同乡会是仅在18世纪才成为公共机构景观中的特色的。

我以为可以分辨出向着全城范围的领导结构发展的两个方面，这些领导结构协调着城市服务。一个方面是由商人会社发展出来的，另一个方面是从缙绅机构中发展出来的（虽然我们可以看到，这两个方面从来都并非全不相涉，在19世纪期间，还愈来愈纠结在一起了）。在商人方面，第一个重要发展是开始只为内部成员服务的行会和同乡会，逐渐扩大到为社会服务的领域。仁井田陞在他对洪江的研究中，强调了这一发展的意义。洪江是湖南的一个地区城市，控制着沅江上游盆地，建有十个会馆①。就个别行会所负的职责而言——例如消防与治安——这些好事原来可能是为行户着想的，但不可避免地也让区里别的人们共享了。行会消防队如仅因为起火店铺并非行户就不闻不问，那就毫无意义了。德格洛珀说得很清楚，鹿港泉郊所管的团练，是为保卫全城而设的。很有可能，威信与权力上的竞争是把服务扩大到整个社会的主要因素。新安会馆主动在宁波建立全城范围的消防站体系，既是炫耀财力的行动，同时又是关心地方公益的表示；既是使整个商界感恩戴德的手段，又是维护自己在城内各商会中的优越地位的办法。仅为行户开办义学、养济堂、惠民药局的会馆，很易罹吝啬的恶名，当别的会馆都在遵行更为开放的方针、能摆出儒家美德典范的姿态时，那就更其如此了。这是各会馆在此类事务上进行合作，或者至少在彼此之间实行分工的一小步。1871年广州各大会馆合办"爱育善堂"，就是一个很好的例子：此堂是个慈善机关，"为贫寒的病人免费门诊，给艰苦的寡妇以经济援助，给穷人施舍棺材；善堂还为穷人家的孩子开办初级义学。"②

清代研究典章制度的史学家曾强调商行联合会的意义，在某些城市，这类组织有点像市政府。重庆、洪江的商行联合会是两个最好的例子。重庆的联合会，稍后称作"八省会馆"，康熙年间（1662—1722年）初办时，原是各行行

---

① 仁井田陞：《清代湖南会馆商人》，载《东洋史研究》，第64期（1958年2月），第78—79页。
② 爱德华·J.M.罗兹：《1895—1911年的广州商会》，见马克·埃尔文、施坚雅编：《两个世界之间的中国城市》（加利福尼亚，斯坦福：斯坦福大学出版社，1974年），第104页。

头的非正式会议（机构），调解行户间的纠纷——主要是范·德·斯普伦克尔指出已超出知县大堂解决能力的那类商务纠纷，但也有刑事纷争①。它也关心使城市码头保持良好的维修状态，并使各商行的条例标准化。最后建立了联合办事处，到19世纪中叶，联合会承担了包罗很广的慈善事业与公共工程。它开办了一所育婴堂，一所养济院、一座义仓，并组织赈灾济贫一类慈善事业。它还办消防队和团练，太平天国时，衙门还对它施加压力，要它负起地区防御之责②。大概是19世纪50年代，洪江也组成了共有十个会馆的类似的联合会，到了1880年，它开办了一所孤儿院和义仓，养了一支团练，并负责消防、修桥、铺路和赈灾③。除了这两例以外，我们知道海南岛的琼州府（城中有五个会馆），江苏常州直隶州的嘉定县，还有湖北荆州府附近非行政港口沙市，都有类似的联合会④。

　　汕头的联合会称为"万年丰"，相当特别，由六个会馆组成，各自代表该城四周各县，城中以讲潮州话的人占优势。潮州府的客家人与所有来自汉水上游盆地的其他客家商贩，共同组成称为"八属会馆"的独立会社，广州人及其他外地人可能都被摈于占优势的潮州联合会之外⑤。台南可能也有类似的地方帮成分，施舟人描述为三郊联合会的三益堂，可能以泉州府老乡为限，这帮人在台南海外商贩中普遍占着优势，特别是在该堂所在的西郊。无论是汕头还是台南的联合会，都负有部分的政府职责，也与重庆、洪江的那些联合会相似。

　　我以为去探究一下某些史学家在正式设有商人联合会和未设此种联合会的城市之间所划的鲜明区别，也许是有意义的。各会馆之间的有效合作，并不一定需要独立的办事处与正式会章。校验城中度量衡，调停个别行会或同乡会间会员的争执，维修码头与疏浚整个商界所依赖的水道，避免慈善活动中花钱

---

① 陶季梁（音）:《同乡组织之研究》（上海：正中书局，1946年），第35，76页。
② 陶季梁（音）:《同乡组织之研究》（上海：正中书局，1946年），第73—78页。
③ 《清代湖南的会馆商人》，第74—85页。
④ 中国总理衙门海关：《中华对外商开放口岸贸易、航运、工业十年报告：1882年—1891年》（下作《报告》——译者）（上海：总税务司署统计科，1893年），第635—636页；《中国会馆史论》，第112，131页；马克·埃尔文：《1905—1914年的上海行政》（下作《上海行政》——译者)，见马克·埃尔文、施坚雅编：《两个世界之间的中国城市》（加利福尼亚，斯坦福：斯坦福大学出版社，1974年），第240页。
⑤ 《报告》，第537—540页。

重复与不公——在我们没有找到商人联合会记录的无数其他城市中,一定也曾感到过这一类需要的。海外城市华侨社会的政治结构,在这方面是有启发性的。许多东南亚城市中,不同行会与会社的华侨商人领导人,都参加各种社会势力,创办和管理庙宇、学校、医院、墓地及慈善机构①。即使在没有一个会社占优势时,也未必要以正式联合会作为联合行动的先决条件。曼谷有七个华人会馆(赞助人在理论上包括中国所有地区的籍贯),每当出现影响整个华侨界(或其占支配地位的商业部门)利益的危机时,领导人就会聚一堂,但却未设联合办事处,也没有成文的会章——甚至连一个非正式机构的名称也没有②。广州的会馆在我们看到任何正式合作(即1899年"成立""七十二行")的记录以前的28年,就联合创办了一个综合性慈善基金会,对此我并不觉得奇怪;没有这种正式机构的形成,也不能就当作什么初步证据,以为可以证明"各行会间很少合作或没有什么合作,即使在经济方面也如此。"③

劳伦斯·克里斯曼(Lawrence Crissman)曾论证说,在中国和海外的城市华人,都面临着相似的情况,即他们都必须"在不设引人注意的管理机构的情况下来管理自己。"④如果说帝国晚期城市衙门里的官吏,一般总是会带着疑忌之心来看待"引人注意的管理机构"的话,那么可以想见,正式联合会只有在一些特殊情况下,当它是为衙门利益服务并为官吏所特别鼓励时才会出现。洪江、沙市、鹿港(如果我们可以合理地把它包括在里面的话:据现有材料看,八郊形成正式机构的程度并不明显)和汕头,全都是重要商业中心,它们的经

---

① 请特别参看劳伦斯·W.克里斯曼:《海外城市华侨社会的分裂结构》,载《人》,第2卷,第2期(1967年6月);莫里斯·弗里德曼:《移民与会社:十九世纪新加坡的华侨》,载《社会历史比较研究》,第3卷,第1期(1960年10月);施坚雅:《泰国的华侨社会:历史分析》(下作《历史分析》——译者)(纽约,伊萨卡:康奈尔大学出版社,1957年);施坚雅:《泰国华侨社会的领导与权力》(下作《领导与权力》——译者)(纽约,伊萨卡:康奈尔大学出版社,1958年);田汝康(音):《沙捞越华侨社会结构研究》(伦敦,伦敦经济政治科学学院,人类学系,1953年);埃德加·威克伯格(Edgar Wickberg):《菲律宾生活中的华侨:1850—1898年》(康涅狄格,纽黑文:耶鲁大学出版社,1965年);多纳尔德·E.威尔莫特(Donald E. Willmott):《三宝垄的华侨:变化中的印度尼西亚少数民族社会》(纽约,伊萨卡:康奈尔大学出版社,1960年);W.E.威尔莫特:《柬博寨华侨社会的政治结构》(伦敦:阿思隆出版社,1970年)。
② 《历史分析》,第294,318—319,331;《领导与权力》,第23—24,152—156页。
③ 《1895—1911年的广州商会》,第104页。
④ 《海外城市华侨社会的分裂结构》,第200页。

济中心地位远远超过行政地位,在这方面是值得注意的。这几个城市全是被别的城市来"管理"的,虽则各城都驻有巡检,监管贸易。在这种情况下,搞得头疼的官吏想来也许会欢迎与一个总联合机构打交道的便利之处,这个机构可以负起官僚政府力所不及的责任。德格洛珀的叙述,言外之意也表明鹿港情况确系如此,仁井田陞则明确论证说,官府还要求洪江十会馆担负起特别管理职责,在会同与靖州两地,联合会要与衙门密切合作,联合会在行政上隶属于该县治与州治①。重庆是道与府的治所,情况又大有不同,但即使在这一实例中,19世纪时重庆作为长江上游地区中心都会出现,也意味着它的经济中心地位已超过了中国其他处大部分省会的经济中心地位。这一实例中,我们的根据也是清清楚楚的:在太平天国叛乱的动荡年代,官府迫使联合会负起管理职责②。因此,在中国,行会联合会只有在受到官府的特别鼓励时才可能出现,但这却并不意味着在一些商业城市里,官府若是觉得并无冒着正式联合起来的商人权力的潜在威胁之危的必要,那么实际上等于秘密市政府的非正式安排就必然不会存在。

马克·埃尔文在《两个世界之间的中国城市》一书中的论文里,老练地分析了缙绅势力联合的类似发展③。他看出的三个有关倾向,都涉及官绅合作。一个是建立专业化地方董事会,部分由"绅董"管理;上海的第一个此类事例是创建于1825年的"上海江苏海漕局"。第二个革新是由知县召集的地方绅士大会;上海第一个有案可查的事例是1864年召开的一次大会,就水利方面向知县提出建议。在这方面,康有为注意到县城里的"公局","有绅士聚而议之,又有大事,则开明伦堂而公议,有司亦常委人焉。"④第三个倾向是绅士开办的慈善机构大大增加,上海的第一个此种机构是建于1710年的"育婴堂"。"缙绅所办的新慈善机构……特色在于这种机构是在公益事业领域内体现着制度化了的缙绅权力的有节制形式。它们都有可观的土地,并常得到官府津贴。"它们的某些职能,"对慈善机构说来,人们一般是想不到的":救火、治安、清道、

---

① 《清代湖南会馆商人》,第72—74,83页。
② 《同乡组织之研究》,第35,73,76—78页。
③ 《上海行政》,第240—246页。
④ 《辛亥革命前十年间时论选集》(香港:三联书店,1962年),第1册,第174页。引文据《上海行政》中埃尔文的翻译,第240页。

点街灯①。我们从杨庆堃的文章里知道，甚至在非行政的工业城市佛山，19世纪时也有个"半正式"缙绅会社，叫"大魁堂"，为公益活动当领导，代管非官府的公产，和被邀请到官府做其顾问②。

最后，我们必须注意许多城市中绅商领导机构相互渗透的现象。在庙宇管理会和重大节日的组织会上，行头与地方绅士合作共事屡见不鲜。在广州，"官绅扶助"组织慈善机构的商人③；在上海，绅士开办的慈善机构得到商人捐款和官府津贴的支持。在重庆，大部分会馆的领导人中都有得过功名的人，福建会馆尤以其管理会中有若干做过官的人而闻名④。1888年一篇资料里提及的洪江"十会馆的绅商"⑤，我们也从德格洛珀论文中知道，鹿港八郊及一群地方上有功名的人，与同知合办书院。是否可以说一个新的城市上流阶级超越了绅商之间的古老的社会划分而融合起来了呢？大概还不能这么说。但未来的研究却很可能会证实一个广泛的社会过程，这个社会过程最后可能曾改变了中国城市的社会政治结构，而完全未受西方的影响。一个严格中国式的市政府，看起来究竟会是什么样子，却是个引人深感兴趣的历史疑问。

（选自《中华帝国晚期的城市》，叶光庭译。）

---

① 《上海行政》，第251页。
② 《城市社会研究》，第24—25页。
③ 《1895—1911年的广州商会》，第104页。
④ 《同乡组织之研究》，第28—32页。
⑤ 关于提示绅士在十会馆中作用的一些线索，见《清代湖南会馆商人》，第88—90页。

# 经君健与《试论清代等级制度》

## 经典导读

经君健（1932— ），江苏仪征人。1954年毕业于北京大学经济系，中国社科院经济所研究员。长期从事中国经济史研究，著有《明清时代的农业资本主义萌芽问题》（与李文治、魏金玉合著）、《清代社会的贱民等级》等著作，发表《试论地主制经济与商品经济的本质联系》等重要论文，主编《中国经济史·清代经济卷（中）》等。

《试论清代等级制度》是提交1980年8月天津南开大学主办的"明清史国际学术讨论会"的论文，发表于《中国社会科学》1980年第6期，该文考察了清代等级结构状况和特点。经君健把清代的社会成员分列了七个等级，并在有的等级中又划分了若干等第，它们是：皇帝；宗室贵族等级，其中分衍圣公、王公贵族和闲散宗室觉罗等三个等第；官僚缙绅等级，又可分高官和一般官僚两个等第；绅衿等级，又可分举人和生监两个等第；凡人等级，分为地主、自耕农和佃户三个等第；雇工人等级；贱民等级，大体可分为四个等第，一是隶卒，包括各种衙门服役人等和长随、家人，二是佃仆，三是乐户，包括娼妓、优伶、惰民、九姓渔户、蜑民等，而最低的等第则是奴婢，包括壮丁、投充人。经君健分析了他们的法律身份和社会地位，认为佃户属于凡人等级中的低下等第，在主佃关系中，佃户和他的田主所属的等级、等第距离越远，其实际地位越是低下，这是由于地主和佃户法律地位的高下不同而形成的相对差别。尽管有这些差别存在,佃户仍具有凡人的基本权利,而不属于贱民等级。既不能笼统地说清代的主佃关系具有主仆名分,也不能笼统地讲清代的主佃关系是单纯的契约关系或金钱关系。经君健还认为,和西欧封建等级制度相比,二者根本差别是由于它们赖以建立的基础不同。领主经济制下土地占有的等级结构决定了欧洲中世纪产生严格的等级制;建立在土地可以自由买卖的地主经济制基础上的清代等级制,自然与西欧等级制度有着全然不同的特点。文章分析了清代等级制的四个主要特点:清代的等级制度贯彻着封建宗法伦理原则;清代等级制度的变化和解体异常缓慢;清代的封建等级制度中存在着资本主义关系的可能性;清代社会成员个人等级身份的可变性起着阻碍资本主义生产关系发展、巩固封建制度的作用。

  马克思主义认为,阶级是由经济地位决定的。阶级差别在于人们在社会生产中所处的地位,而不在于法律上的特权或政治地位。封建社会重视等级身份。决定等级身份的因素,除经济和政治条件外,法律起确定性作用,中国传统社会的等级身份主要是通过法律体现的。在法律与等级身份关系问题的研究中,瞿同祖的《中国法律与中国社会》是一部开创性的著作。该书首先论述了法律对阶级衣、食、住、行生活方式的规定,对于婚姻、丧葬、祭祀的规定,使人们了解到各阶级在社会生活上的差异;其次论述了贵族的法律、贵族、官吏的法律特权,良贱间的不平等,种族间的不平等,对各阶级法律上的不同地位与权利进行了揭示。经君健不仅光大了这样的研究传统,更在 20 世纪 50 年代后期"中国资本主义萌芽"的讨论中思考雇佣劳动的性质,认为"从某种意义上说,雇佣关系的非资本主义性决定性地否定资本主义关系的存在"。① 20 世纪 60 年代初,经君健对明清两朝的雇工人"条律"做了进一步的分析,确认明清两代有一种名为"雇工人"的雇佣劳动者,在雇约生效期间,主雇之间的关系非但不是自由的劳动力买卖关系,甚至与主奴关系甚为相近,发表了《明清两代"雇工人"的法律地位》(《新建设》1961 年 4 期)、《明清两代农业雇工法律上人身隶属关系的解放》(《经济研究》1961 年 6 期)。对于经君健(笔名欧阳凡修)把乾隆三十二年清代法典上出现的"农民佃户"所雇请的农业长工,包括在明清法典上的"雇工人"等级之内,并最终得出不能把这看成是带有资本主义萌芽性质的自由劳动者的结论。对此,罗仑等人提出了不同意见(参见《清代山东经营地主经济研究》第七章),雇工人也成为学界关注的热点问题(参见裘轼的《关于中日学者对明清两代

---

① 经君健:《清代社会的贱民等级》,再版后记,中国人民大学出版社 2009 年版,第 222 页。

雇工人身份地位问题研究的评价》《中国社会科学院经济研究所集刊》3辑）。经君健对于清代奴婢等也有深入研究，最终出版《清代社会的贱民等级》一书。

著名学者对于经君健的研究给予高度评价，方行指出："中国是否存在着封建等级制度，是一个很重要而学术界迄今又很少涉及的问题。作者经过多年研究，认为中国存在着一个有别于西欧、具有中国特色的、相当完整的封建等级制度。"[①]

―― **延伸阅读文献目录：**

1. 经君健：《清代社会的贱民等级》，浙江人民出版社1993年初版，中国人民大学出版社2009年再版。
2. 瞿同祖：《中国法律与中国社会》，中华书局1981年版。
3. 韦庆远、吴奇衍、鲁素：《清代奴婢制度》，中国人民大学出版社1982年版。
4. 韩大成：《明代社会经济初探》，人民出版社1986年版。
5. 冯尔康、常建华：《清人社会生活》第一章《清人的等级社会生活》，天津人民出版社1990年版。
6. 李天石：《中国中古良贱身份制度研究》，南京师范大学出版社2004年版。
7. 吴欣：《清代民事诉讼与社会秩序》，中华书局2007年版。
8. 王雪萍：《16—18世纪婢女生存状态研究》，黑龙江大学出版社2008年版。
9. 阿风：《明清时代妇女的地位与权利——以明清契约文书、诉讼档案为中心》，社会科学文献出版社2009年版。
10. 商传：《试论明代的社会阶级结构》，《明清论丛》第1辑，紫禁城出版社1999年版。

―― 原文：《试论清代等级制度》

---

[①] 方行：《中国封建等级制度的一种开创性研究》，《中国社会科学》1994年第2期。

**经典原文**

# 试论清代等级制度

## 经君健

　　这是提交明清史国际学术讨论会的一篇论文。它考察了清代等级结构状况和特点。

　　作者认为，清代的等级制是由七个等级和若干等第构成的。文章分为三个部分：第一部分叙述了皇帝、宗室贵族、缙绅、绅衿、雇工人和贱民等六个等级各自包括的社会成员范围，成员具有的权利和义务以及各等级内部等第的划分；分析了他们的法律身份和社会地位。第二部分着重分析了凡人等级的法律身份和社会地位；并对地主经济制中最主要的直接生产者——佃户的等级身份作了比较详细的分析。作者认为佃户属于凡人等级中的低下等第，在主佃关系中，佃户和他的田主所属的等级、等第距离越远，其实际地位越是低下，这是由于地主和佃户法律地位的高下不同而形成的相对差别。尽管有这些差别存在，佃户仍具有凡人的基本权利，而不属于贱民等级。既不能笼统地说清代的主佃关系具有主仆名分，也不能笼统地讲清代的主佃关系是单纯的契约关系或金钱关系。第三部分分析了清代等级制的特点。作者认为，和西欧封建等级制度相比，二者根本差别是由于它们赖以建立的基础不同。领主经济制下土地占有的等级结构决定了欧洲中世纪产生严格的等级制。建立在土地可以自由买卖的地主经济制基础上的清代等级制，自然与西欧等级制度有着全然不同的特点。文章分析了清代等级制的四个主要特点。

　　作者经君健，一九三二年生，中国社会科学院经济研究所副研究员，有《明清两代"雇工人"的法律地位问题》、《明清两代农业雇工法律上人身隶属关系的解放》等著作。

　　阶级是由经济地位决定的。阶级差别在于人们在社会生产中所处的地位，而不在于法律上的特权或政治地位。在资本主义社会中，阶级是赤裸裸地对立着；在奴隶社会和封建社会中，阶级差别是用等级划分固定下来的，阶级表现为等级。列宁称前者为"非等级的阶级",称后者为"等级的阶级"。①

所谓等级,是指奴隶制国家和封建制国家中一定的社会集团,这些集团由国家的成文法或不成文法②规定其成员享有某种权利,承担某种义务以及加入或排除于该集团的条件。由于被规定的权利与义务不同,各等级间形成不平等的高下阶梯,彼此间形成统治和被统治的关系。法权身份基本相同的同一等级成员,因其经济、政治等各方面情况仍有某种差别,又分为不同的等第。这不同的等级和等第组成的系列,就是该社会的等级制度。人与人之间法律地位、社会地位的不平等,乃是等级制度的实质。一般地说,剥削阶级总是属于较高贵的等级,被剥削阶级总是属于低下的等级,高贵的等级总是拥有许多超越于他人的特权,处于统治者的地位。等级把剥削阶级与被剥削阶级之间的统治关系法律化了。等级制度则成为超经济强制的一种最一般的、最明确的形式。本文讨论的是社会的等级,而不是爵秩等级或官阶等级。

各个封建国家的经济制度、政治传统、道德规范、宗教势力以及民族关系等多种因素决定着这些国家等级制度的特点。例如我国就没有欧洲各国中世纪的僧侣、贵族和骑士,也没有日本封建社会的旗本、大名、町人、秽多或者朝鲜的两班、中人层。一个封建国家的不同发展阶段,随着各种因素的变迁,其等级制度也要发生变化。例如我国唐代的部曲、杂户,元代以种族统治为特色的蒙古、色目、汉人、南人,以及明代的勋贵等级,都具有时代特色,随着王朝的更迭而消失。

我国的清代处于封建社会的末期③,也有一套特有的等级制度。本文拟就清代的等级制度的状况和特点做初步的探讨。

---

① 《俄国社会民主党的土地纲领》,见《列宁全集》第6卷,第93页。
② 这里所谓的不成文法,是指虽然未经通常的立法程序、甚至没有文字的规定,但是得到国家承认的具有法律效力的行动规范,而不是指任何实际存在的非法行为。
③ 需要说明的是,1840年以前的清王朝是封建社会,1840年开始进入半殖民地半封建社会;但直至清亡以前,其典章制度没有根本性的改变,封建的上层建筑仍旧保留。因此,为了方便起见,我在这里对整个清王朝的等级制度进行探讨。这样处理问题,不涉及对历史分期问题的看法。

## ■ 一、清代的等级

满族以一个尚带有许多奴隶制残余的甫经进入封建制的民族，征服朱明政权以后，结合汉人原有的封建法制，建立了一套具有民族特点的封建制度，开始了一个新的王朝。清王朝的法典，对社会各种成员的权利和义务，法律身份和社会地位，均以不同形式分别有所规定。这些规定，散见于吏、户、礼、刑等有关法律和条例中。把这些条文归纳起来，就清楚地呈现出一幅极不平等的等级系列的图像，说明清代是一个等级社会。

清代的社会成员分属下列七个等级，即皇帝、宗室贵族、官僚缙绅、绅衿、凡人、雇工人和贱民。在有的等级中又可划分为若干等第。现在让我们看看这些等级和等第的情况。① 为了叙述的方便，把凡人放在最后谈。

皇帝。皇帝是地主阶级的总代表，是清代的最高统治者。这是继承了中国封建专制制度的传统。皇帝具有无上的权威，"乾纲独揽"，"唯有一人治天下"。在名分关系上，君臣之纲是三纲中最基本的一条，清代的整个封建政治都是围绕着维护君权的专制统治这一目的而建立的。《大清会典》规定，内阁、军机处以及六部各有职掌，但都是"赞上"以治理万民的，即都是帮助皇帝办事的。皇帝有权夺取人民的土地归他自己或赐给别人（如圈地），有权把人民束缚在土地上（如钦赐孔府庙户），有权动用国库以供享乐（如修建园庭陵墓、巡幸狩猎），有权决定战和（如镇压农民起义、与外国宣战和议和等）。总之，大臣的任命，财政的管理，法典的制定，死刑的批准，考试的录取等一切政、军、财、文方面的立法、司法和行政大权，最后都集中在一人身上。皇帝的绝对权威不可触犯，刑法十恶中的谋反、谋大逆、大不敬等条都是为了惩治危及皇帝的统治和尊严而设的，违犯皇帝的意旨也要杖责。直至生活上各种细节，诸如称呼、礼节、衣食住行、医疗、丧葬等，无不列入典章而有定制，绝对禁止他人僭越。可见皇帝是清代最高的等级。

宗室贵族等级。努尔哈赤之父塔世克被封为"显祖宣皇帝"，凡其本支均称宗室，其伯叔兄弟之支均称觉罗，是为清代的皇族。凡皇族都系一条带子作

---

① 清代社会中所有的成员，大体上都可以归入这些等级、等第。文中提到的职业、行业或职务的名称，只是列举示意，无法遍列无遗。同一种职业的人，由于所处地位不同，也可分别属于不同等级或等第，这也不是本文篇幅所能容纳的。现在只是对清代的等级和等第作轮廓的描述。

为标志，宗室系金黄色带，觉罗系红色带。宗室觉罗中的近支及有功者得封爵，爵位按一定制度世袭。其余为闲散。宗室觉罗设长以治族务，成一独立体系。系有带子的宗室觉罗受到法律的特殊保护。规定，殴系带的宗室觉罗比殴一般人罪重九等；殴伤者则重十等之多。宗室觉罗与皇帝间的亲族关系，绝大部分已出五服，在服制上属于"袒免"亲。清律中，即使像主仆那样严格的关系，奴仆对主人的袒免亲也不另列条文了。但包括皇帝袒免亲在内的全体宗室觉罗却都受法律的保护。律注解释说，"裔出天潢，均是皇家之派，岂可轻犯！"①

宗室觉罗犯有一般罪行，不加鞭责，罚俸了事，重罪也不过板责圈禁，非叛逆重罪不拟死刑，不监刑部。革退宗室改系红带，革退觉罗改系紫带。革退后如再犯罪，与一般旗民同罚；但皇族修谱（玉牒）时仍列名册后，生女不选秀女。正因有所依恃，他们之中许多人经常胡作非为，酒肆茶坊寻衅闹事。"越礼逾闲，干犯宪章者，亦层见叠出。所为之事竟同市井无赖"②。光绪九年仍有宗室载泰开设赌局殴死旗民某，暴尸城隅"二十余日无人为收殓，官亦不敢过问"之事。③

在经济上，宗室觉罗分有大量庄田，特别是王公将军们有庄头为之监督壮丁进行强制性劳动，有带地投充人为之纳银纳物。他们没有向朝廷缴纳田赋的义务，相反还要从宗人府领取俸禄和养赡银。因此他们骄淫奢侈，坐吃京师。至于那些闲散宗室觉罗虽也和王公们一样不事生业，但他们无力拥有较多的壮丁供其剥削。人口繁衍，仅靠养赡银挥霍，其中许多人逐渐贫困。

具有特权地位的汉族贵族只有所谓"圣裔"，即曲阜孔丘的后代。清承明制，仍封之为"衍圣公"。钦赐大量土地作为祭田，孔林地，庙基地，学田等。公爵世袭罔替，土地累代相传。此外孔家还大量购置民田。所有孔府地亩不纳赋税，例免差徭。衍圣公受赐钦拨佃户，并接受投靠。所属各户独立于官府之外，自编保甲；其佃户需向孔府领取户帖，不应国家差徭。

衍圣公在实际上行使地方行政权与司法权。清初，曲阜知县一缺，由衍圣公保举孔氏族人充任；自乾隆二十一年以后，曲阜县令改由朝廷拣选补调，但

---

① 《大清律例》卷二七，《斗殴》。
② 嘉庆十三年《宗室训》。见光绪《大清会典事例》卷一，《宗人府》。
③ 《清史纪事本末》卷五六。

孔府大堂上仍陈设着刑杖签筒。佃户不及时听候差遣，衍圣公可开信票通知有关县令拘押，解到孔府堂讯，判处枷号等刑，送县执行。甚至佃户之间的人命案件也"上告本府老爷"要求解决，孔府即批"准行票拘听审"。不仅对孔府佃户如此，衍圣公对孔氏宗人和当地一般农民也同样具有这种权利。①

衍圣公的这种行为，不载清代典章或特颁诏旨，但是清廷对此从未加以干涉。历来参劾不法绅衿私置板棍擅责佃户、富豪劣绅肆虐乡里的奏章，包括雍正间以此著称的河南山东总督田文镜，对孔府的所作所为都未尝置一词。可见孔府这种权力至少是朝廷默许的，也是被视为当然的特权，成为一种不成文法。虽然衍圣公的势力所及相对全国而言其范围是不大的，但它的性质是不容忽视的。在清代，这样的司法特权乃是一种特例，即使是宗室觉罗中的王公将军也不具有。因此，从等级序列上说，衍圣公居于很高的位置。

据此，宗室觉罗及特封贵族属于一个等级，其中分为衍圣公、王公贵族和闲散宗室觉罗等三个等第。

官僚缙绅等级。官僚缙绅代表"朝廷之体"，乃是国家机器的象征，是皇帝意旨的实行者。官民之间有着一条重要的界限。所谓上下之分在名分关系中占有重要地位。定尊卑名分以"励臣节"，"励臣节以维国体"。就是说要给官僚封建特权地位以维护封建国家的统治。

所谓官僚缙绅，或简称缙绅，首先是现任大小文武官员。他们是现政权的具体体现者，是人民的统治者。其次是"以理去官"者，即以正当道理解任而去，但其官职仍在，包括任职已满停止支给俸饷，已不管事的官员，有新官接任交代而去的官员，沙汰的冗员，裁革衙门而多余的官员，起送赴部候补官员，已补而未到任的官员，以及因老因病退官乡居的官员等，统统在内。第三是封赠官，即本人未任朝廷官员，因子孙当官而得封诰者。第四是捐买品级职衔而不任实缺的虚衔人员等。总之，凡有封建品级的各类官员都可列入缙绅等级。此外还包括上述各种官僚的诰命妻子。所有这些人构成一个法典承认的特权集团。

他们的特权主要表现在法律和赋役两大方面。法律方面，一般民人对缙

---

① 这里有关衍圣公情况，以及下文涉及孔府佃户情况，均据杨向奎《中国古代社会与古代思想研究》第562—668页及王毓铨《明代勋贵地主的佃户》（见《文史》第五辑）。

绅有所侵犯，要加重处刑；缙绅与一般百姓发生诉讼案件，不须出庭，只派家人告理即可；即使诉败也不服刑，只罚俸或缴纳极为有限的赎金完结。在赋役方面，缙绅有优免权。清制，百姓有承担官差徭役的义务，各种官差称为"力差"，后改为"力差银"，又摊征于地粮，为"均徭银"。不论征夫抑或征银，这种负担都相当沉重。但缙绅却可得到不同程度的优免。顺、康、雍、乾各朝虽曾几度缩小和限制，但缙绅优免特权始终存在。在实际生活中，由于优免特权的存在，缙绅则可利用其本身的势力以及与地方现任官吏勾结，加以扩大和滥用，可以"有田连阡陌，坐享膏腴而全不应差"。所谓"包揽"和"诡寄"的问题，有清一代未能解决。结果百姓负担大大加重，"免差之地愈多，则应差之地愈少，地愈少则出钱愈增"。① 有的地方，贫者"既无立锥以自存，又鬻妻子、为乞丐，以偿丁负"。② 人民苦不堪言。

此外，在礼制和日常生活方面，缙绅也异于常人，婚丧礼仪、车轿服饰，以及屋宇房舍都有高于一般百姓的规定，低下等级不得僭越。官吏还有权役使所属部民，每次可役使五十名，每名役三日。理由是"部民于有司原有应役之义"，③ 就是说百姓本来就有为官吏服役的义务。

官僚缙绅之中，文官三品、武官二品以上又有更为特殊的权利。百姓如骂或殴他们，获罪更重。他们有罪不受刑讯。此外更有一种特权，即准送一子入监读书，称为"荫监"，以保证他们至少有一子可以做官，从而保证其下一代仍在缙绅行列之中。

因此官僚缙绅总起来是一个等级，又可划分为高官和一般官僚这两个等第。

绅衿等级。所谓绅衿，是指有功名（学衔）而未仕的人物，包括文武举人、监生、生员等。举监生员在法律上具有不同于一般人的地位，如诉讼时一般不受拘押，诉讼可以家丁或子侄抱告，轻罪得予纳赎，罪至杖一百也仅咨参除名而已，流罪发遣时地区上予以照顾，且不为奴。和缙绅等级比较，差异较大之处是没有规定他们在和一般人发生刑事纠纷时具有较高法律地位。绅衿也和缙绅一样拥有优免丁徭杂役的特权。

绅衿虽然不像缙绅那样拥有较多的特权，但是他们在地方上的实际势力

---

① 屠之申《敬筹直隶减差均徭疏》，见《皇朝经世文编》卷三三，《户政八》。
② 盛枫《江北均丁说》，见《皇朝经世文编》卷三○，《户政五》。
③ 沈之奇《大清律例辑注》，转见《大清律例统纂集成》卷八，《户律·户役》。

不容忽视。他们和缙绅，特别是和现任地方官之间有许多矛盾，双方的共同利益却又使之相互勾结，相互利用和相互依靠。外地调来的地方官只有依靠地方实力派才能有效地进行统治，他们离开绅衿寸步难行。所以只能"专意结合士绅，保其一日之利"。① 绅衿则利用衙门势力坐享膏腴，"里下差役永不及身"，包揽钱粮，诡寄田亩，起灭词讼，对百姓无所不为，结果形成这样一种局面："官不过为绅监印而已"。② 所以说绅衿和在乡缙绅实际乃是封建统治的基础。

读书人取得生员资格，即得到人们的尊重，出入可乘肩舆。但够得上与缙绅交往的，还要取得举人资格，或者他是监生中的荫监。因为只有他们才能直接得到朝廷的任命成为现任官员。生员中举后，称呼皆改为"老爷"。乾隆元年，福建发生一起吏卒骂举人的案件，判处中把举人比照六品以下长官，可见举人之不同于一般生监。因此，在绅衿中又可分为举人和生监两个等第。

不可否认，清朝建国之初，为了巩固新的体制，曾经对汉人缙绅和绅衿加以打击和限制。例如顺、康间多次制定禁止豪强霸占，禁止劣衿土豪借开垦侵人田地，禁绅衿诡寄田亩、拖欠和包揽钱粮等条例。特别是顺治末年著名的江南奏销案、哭庙案以及多次闹案等，都曾给缙绅、绅衿势力以沉重的打击。但当统治体制稳定之后，就整个清代而言，缙绅和绅衿不论从法定的特权还是从实际势力来看，都处于特殊的地位，各自成为一个特殊的等级，则是没有问题的。通过科举，特别是通过清中叶以后滥行的捐纳和军功保举，缙绅和绅衿等级一直在不断扩大。

在官僚政治体制下，皇帝为了有效地进行专制统治，就必须给缙绅和绅衿一定的政治、经济特权。他们获得特权后，就尽一切可能去扩大它的作用。他们利用这种特权及其非法作用，一则扩大土地占有面积加强土地集中的趋势，加强对佃户的剥削；二则包揽、诡寄，尽可能地逃避朝廷赋役。赋税有定额，他们逃避越多，非缙绅、非绅衿等级的土地所有者缴纳也就越多。所以缙绅和绅衿等级的扩大就意味着农民负担的加重。

雇工人等级。清代的法典把雇工人置于低下的地位上。法典规定，雇工人称雇主为家长。雇工人和家长以及家长的有服亲属间具有主仆名分。刑法中关

---

① 金蓉镜《复抚军密查地方吏治文》，见《疲气集》卷七。
② 李辀《牧沔纪略》卷下。

于雇工人及其家长间相犯的处刑规定，没有一项是平等对待的。以斗殴不成伤罪为例，雇工人殴家长杖一百徒三年，比一般斗殴罪处刑加重十三等之多。反之，家长殴雇工人即使折伤也比一般斗殴罪处刑减轻三等。特别是规定雇工人"若违犯教令"，家长有权"依法决罚"，决罚时"邂逅致死"，"各勿论"。这就是说，朝廷给雇工人规定这样一种义务，他必须服从雇主的任何指示，如果雇工人不服从这种指令，雇主有权将他打死，不构成犯罪。这一规定是将雇工人和奴婢并列的，这就意味着，立法者把雇工人的劳动看成和奴婢的一样，属于奴役性的强制劳动。

雇工人不仅对家长是这样，他对整个宗法家长制体系中的任何成员都具有不同程度的不平等关系，而且总是处于卑幼的低下地位。雇工人和雇主及其家族成员间发生的许多犯罪处刑，法典为雇工人安置的法律地位类似家族中子孙卑幼对父祖尊长的关系，也有一些罪行的处刑比子孙对父祖略轻，如骂詈罪是。所以说，雇工人隶属于家长的整个家族。

但雇工人和家长及其家族的这种不平等关系到雇约解除时即行中止。即使在未解除时，雇工人在家长家族体系以外的社会上也不是贱民，有关良贱的法律对雇工人无效。

雇佣劳动者中只有一部分属于雇工人范畴。法庭在不同时期按照当时特定的条文判断该雇佣劳动者是否具有雇工人的身份。① 此外处在雇工人法律地位上的人还有：一、白契所买奴婢、典当家人、隶身长随三种人中甫经典买或典买未及三年并未配有妻室者；二、干犯家长并家长以下亲的赎身奴婢；三、干犯家长及家长期亲、外祖父母的赎身奴婢之子女；四、放出奴婢之子女；五、发谴黑龙江等处为奴人犯之妻；以及六、奸职官妻之弓兵及门皂等。

贱民等级。《大清会典》规定，对居民要分良贱，民、军、商、灶"四民为良，奴仆及倡〔娼〕优隶卒为贱"。② 良贱界限是清代另一条重要的等级界限。

清律承继明律，把奴婢规定在最低下的法律地位上。男为奴，或称奴仆、僮奴；女为婢，或称仆妇、婢女；他（她）们在法律中的称谓为"奴婢"。奴

---

① 有关雇工人问题，参阅欧阳凡修《明清两代"雇工人"的法律地位问题》（见《新建设》1961年第4期）及《明清两代农业雇工法律上人身隶属关系的解放》（见《经济研究》，1961年第6期）二文。
② 光绪《大清会典》卷十七，《户部》。

婢是贱民中最主要的部分。满族入关后，把原有的一套严格的奴仆制度和明代留下的奴婢制度结合在一起了。清初，奴婢主要由下列六部分人组成：满洲原有的壮丁、家奴，与汉人作战所得俘虏，汉人原来的奴婢，汉人投充奴仆，汉人卖身当身奴婢，以及有罪发遣为奴者。以后，逐渐以卖身、当身的奴婢为主了。清初满族奴仆中主要是从事皇庄旗地生产劳动的壮丁和从事家内服役的包衣。汉人地主中也有使用奴仆进行农业生产和使用奴婢供家内服役的。

奴婢称主人为家长，家长与奴婢间具有严格的主仆名分。家长及其家族对奴婢有绝对的权利。这种权利得到法律的切实保证。双方的法律地位相差极为悬殊。例如一般不成伤的斗殴罪笞二十，奴婢殴家长则"皆斩"。奴婢侵犯家长的许多刑罚规定被比作子孙对父祖的地位判处。奴婢的这种低下地位不只是对家长本人，而且对家长的宗族中全体有服亲属莫不如是，只不过随其与主人服制的亲疏而有等差罢了，所以说奴婢和雇工人一样是被编制在宗法家长制体制内论刑的。奴婢的地位比雇工人低下得多。主人有权将奴婢出卖、赠送他人和陪嫁。主仆关系是终身关系，而且影响延及子孙。奴仆的妻子在一定意义上也是属于主人的。奴婢在社会上是贱民，法律中的良贱关系主要是指四民和他人奴婢的关系。特别是其中禁止良贱为婚的规定，从血缘上把奴婢和良人分开。奴只能配婢为妻，所生子女为"家生子"，仍为主人的奴婢，这就将奴婢身份世袭化。奴婢以获得一次身价将人身卖出后，就成为主人的财产，并可由主人配以其他奴婢为主人进行奴婢的再生产。就这一点看，奴婢几乎成了和牲畜一样的财产，近似奴隶了。主仆关系可以通过开户、赎身或放出的途径解除；但不论通过什么办法，奴婢即使脱离主家，他和他的子女，甚至孙辈也不能和旧主人取得完全平等的地位。

清初，奴仆中大量的是壮丁。壮丁是用于皇庄、旗地的劳动力，也称东来壮丁或东人。"以供种地牧马诸役"，旗人赖以驱使养生。主人及管家庄头待之极为苛虐，不但残酷役使，甚至有逼迫殉葬者。因之壮丁奴仆逃亡甚众。生产奴仆的大量逃亡，严重影响满人统治者的剥削收入。所以严立惩治逃人的法令，给窝家以极为严重的惩罚，使壮丁逃出后无人敢留，用这种办法保证宗室觉罗和旗人的劳动人手。但是效果并不显著，却给汉人百姓带来严重骚扰，成为当时社会的严重问题，百姓苦不堪言。

投充人也是奴仆。满人入关前就有投充人。入关后，汉人单身投充领地纳银者为绳地人,多贫困无依,只能充当壮丁。带地投充者为纳银庄头,经济上有一定的独立性,只需向主人缴纳一定的货币或实物即可;他们在实际生活中有的和主人关系比较松弛,但其法定身份则与奴婢同。

佃仆也称庄仆或世仆①。清代许多地方都存在这种具有人身隶属关系的制度,如河南、江西、江苏、湖北、广东等,而以皖南徽州、宁国、池州三府为最多。佃仆没有迁徙自由,虽有独立经济,但其财产权受到种种限制。有人卖身典身为仆,佃主之田,住主之屋,葬主之山,与主人具有主仆名分之后,世代相沿。世族之仆脱离奴籍而自立门户后,仍为小户,附居大户之村,佃种大户之田,被迫服役。这种关系,有的因年代久远,契券无存;也有的根本没有任何凭据而指称某姓良民为佃仆。虽经雍正五年、十年、乾隆三十四年②、嘉庆十四年、道光五年等多次禁革,直至光绪间皖南某些大户还在整顿庄仆条规③,宣统年间广东还请禁这种"陋俗"④。

清代还有一批公差隶卒,包括皂隶、马快、步快、小马、禁卒、门子、弓兵、仵作、粮差、巡捕营番役、长随、家人等。这类人等,在法律上属于贱民,不齿于良民;但是在实际生活中的地位与奴婢大不相同。他们服役于内外各级衙门,听命于大小官僚,直接为官僚对百姓的统治服务,因此他们实际是封建国家机器的组成部分。他们为虎作伥的同时,利用官家旗号敲诈勒索,坑人肥己,其中有的长随、家人,经济上相当富有。这些人是百姓的一大祸害。

此外,娼妓、优伶和山陕的乐户均属贱民等级。浙东各县的惰民(即堕民,或称丐户)、九姓渔户,和广东、福建、广西的蛋民等,也因"习猥业"而属于同一类型。他们虽于雍正初年解除贱籍,但事实上仍受歧视如故,规定中仍需自"报官改业之人为始,下逮四世,本族亲支皆系清白,方准报捐考试"。存在这样的规定的时候企图改变社会对他们的看法,承认他们与齐民等,那是不可能的。

---

① 清代文献中有时称东人或家生子为世仆,也有时称所有旗人为世仆,和这里所称世仆均非同一含义。
② 乾隆三十四年安徽按察使瞻善奏折。中国第一历史档案馆藏《军机处档案》,乾隆三十四年,卷号1—5(2)。
③ 参阅章有义《从吴葆和堂庄仆条规看徽州庄仆制度》,见《文物》1977年11月。
④《宣统政纪》卷七,第五页。

以上所有贱民及其四世内子孙都无权考试出仕,这一点是贱民很重要的标志。剥夺考试出仕的权利确保贱民不能跨越官民界限;保证缙绅等级成员身家清白,从而维护统治者的尊严。由此可见划分官民之别和划分良贱之别的目的的一致性。

根据社会地位特点,贱民大体可分为四个等第:一是隶卒,包括前述各种衙门服役人等和长随、家人;二是佃仆,三是乐户,包括娼妓、优伶、惰民、九姓渔户、蛋民等,而最低的等第则是奴婢,包括壮丁、投充人。

下面我们专门讨论凡人等级。

## ■ 二、凡人等级和佃户的身份

除去前述各个等级的成员外,清代社会的广大编氓都属于凡人等级。

清制,军、民、商、灶"四民为良"。良民即平人,在法律上称"凡人"。清律中关于凡人犯罪的条文是量刑的标准。犯有同一罪行,对其他等级成员的处刑都在对凡人所判刑等上酌为加减,以区别该人等级身份的高低。

凡人是人数最多的一个等级,通常所谓百姓,包括旗人在内,主要都在凡人等级之中。凡人也是一个复杂的等级,它包括了不同阶级的成员,如非缙绅和非绅衿的凡人地主,富裕农民,自耕农,佃户,不具雇工人身份的雇佣劳动者,手工业作坊主,手工业工人,其他个体劳动者,灶户、店铺老板、店伙、城镇居民、兵丁、民壮直至乞丐以及僧尼等统统在内。

清代的赋役主要由土地所有者负担。缙绅和绅衿等级的优免和私下的包揽、诡寄,把他们作为土地所有者应该承担的义务转嫁到凡人土地所有者,即凡人地主,富裕农民和自耕农身上。商业和手工业方面的税收也有类似的情况。从这个意义上讲,凡人乃是清代主要的纳税和应差的等级。

凡人有应试出仕的权利,这是和贱民相区别的很重要的特征。但这种权利受到经济条件的制约,在凡人中不是机会均等的。因此,凡人等级中的地主、富商及其子弟乃是缙绅、绅衿等级的预备队伍。自从捐纳盛行后,这种不均等表现更为明显。凡人中的另一部分,即自耕农、佃农、雇工、小手工业者、小商贩以及其他贫困者,因天灾人祸而破产则是普遍的大量的经常的现象。他们之中的许多人为了能够活下去而通过立契受雇、典当卖身，落入雇工人和贱民等级，也有的应募为隶卒而沦为贱民。因此，凡人中的这一部分乃是雇工人和贱民等级的预备队伍。所以说，凡人是一个不断分化的等级。

凡人等级的成员如拥有奴婢，或者和雇工间的关系符合家长和雇工人的条件，那么他就具有家长的法律地位。因此，相对奴婢和雇工人等级来说，凡人也可说是拥有特权的等级。他们拥有这种特权，不是由于血统的高贵，也不是由于拥有"名器"，仅是由于他们具有家长身份。主仆名分决定了家长即使是凡人也可以具有特权身份。凡人和贱民之间的界限在清代是十分重要的界限。当然，能够拥有奴婢的，能够和雇佣劳动者形成具有主仆名分的家长、雇工人关系的，不是任何凡人都可做到，而是凡人中高等第的成员才有可能。

凡人等级内部的各个成员之间，在社会上彼此没有法律规定的统治和依附的关系，从这个意义上讲，凡人地主、手工业主、大商人和佃户以及不具雇工人身份的雇佣劳动者间的法律身份是平等的。但在实际生活中，凡人等级的各类成员的实际状况有着很大的差别，甚至彼此间表现出许多不平等关系。这是由于习俗、传统、等第之间关系的影响，特别是经济地位的差别等多种因素造成的。凡人中的大地主、大商人等相对其他人有优越地位，其中以大地主为代表；中小地主、富裕农民、自耕农、商人、小手工业作坊主、一般城镇居民、兵丁等则处于相对独立状态，其中以自耕农为代表；佃户、农业手工业及商业中的雇佣劳动者、小商贩、灶户以及乞丐等地位相对低下，其中以佃户为代表。因此，凡人等级可以分为地主、自耕农和佃户三个等第。在实际生活中这些等第间的身份是不平等的，但这种不平等乃是等级内的差别。

地主制经济中，佃户是最基本的、最主要的、也是人数最多的直接生产者。因而有必要对佃户的等级身份地位做进一步的分析。

西欧领主制经济下，土地由国王向下层层分封，除他自己领有的以外，土地分属于某个僧侣、贵族或骑士。"没有土地没有领主"，生产者则附属于土地，分别属于某个伯爵或男爵。领主拥有土地，拥有向生产者征收徭役或实物地租的权利，同时也拥有在领地上的审判权。领地上的直接生产者就是农奴。所以马克思称"农奴是土地底附录"。[①] 在那里，土地分封和主人的等级身份直

---

① 《经济学—哲学手稿》，人民出版社1956年版，第46页。

接相联系，土地也带上了等级的属性。土地占有的等级结构以及与之有关的武装扈从制度使贵族掌握了支配农奴的权力。被束缚在一定地块上的农奴和领主自然形成世袭的依附关系，没有没有领主的农奴。各级领主拥有的农奴并不直属于国王，他们没有向国王缴纳贡赋的义务，国王也对这些农奴没有直接的司法权。可见，等级的统治是和领主经济制密切地联系在一起的。

清代的中国则全然不同。民田土地可以自由买卖，实行的是地主经济制。人们只要拥有足够的银两就有买得土地的可能。但他买得的只是土地所有权，并不附带其他政治权利。等级关系和土地间没有直接的联系。清代实行中央集权制度，行政权、立法权和司法权属于朝廷，最后由皇帝掌握。等级的统治权和土地相游离。佃户在经济上虽然必须与地主发生关系，但在政治上则仍是国家的臣民。土地所有权可以买卖，因此佃户不属于某一固定的地主。朝廷没有授予地主以对佃户的司法权利。就规定而言，地主和佃户间的诉讼也应在代表朝廷的衙门大堂上解决。

清律和明律一样，没有将佃户置于低下的法律地位上，甚至某些条文还在一定程度上保护佃户的利益。①

清代佃户是有移动自由的。清廷从来没有关于佃户离开地主土地的禁令，没有给地主以缉拿逋逃佃户的权利，也没有将流民押交地主的规定。肯定包括许多佃农在内的流民、客民的大量存在也可说明清代没有把佃户束缚在地主土地上。"佃户不过穷民，与奴仆不同，岂可欺压不容他适！"② 由于经济上的贫困，佃户是否可以自由退佃，自由地离开地主的土地外出谋生，那是另外的问题。不禁止离开土地，说明佃户和地主在法律上没有严格的人身隶属关系。

清律继承了洪武五年"佃户见田主，不论齿叙，并行以少事长之礼；若亲属，不拘主佃，止行亲属礼"的命令。这是在礼仪方面的规定，并非用以确定

---

① 如《兵律·邮驿·私役民夫抬轿》律规定："若豪富（庶民）之家（不给雇钱，以势）役使佃客抬轿者"，杖六十，并"每名计一日追给雇工银八分五厘五毫"。律注解释这样规定的理由是，"佃客不过为富家耕种田地，非雇工人之比，若豪富之家役使抬轿者，非分役人"，（《大清律例》卷二二）说明法律上佃户没有为地主服役的义务。

② 康熙《江南通志》卷六五。

佃户的法律身份。①这个规定究竟是否实行了,在多大范围实行了,实行了多久,都是问题。清代法学家薛允升说,这礼仪"乃古法也,今不行矣"。②

如前所述,缙绅和绅衿是两个特权等级,和凡人相比,他们当然是有势者、有力者。因此,佃户与缙绅、绅衿地主相对,法律虽未规定佃户身份低于凡人,但在实际生活中却是另外一种情况。例如顺治间安徽凤颖大家有将佃户称为"庄奴","随田转卖","不容他适",康熙间仍有压佃为奴的现象。康熙间浙江天台绅衿逼租时动辄押人、抄家。雍正间山东绅衿多私置板棍,将佃户锁拿刑责,③如此等等。这种主佃关系,完全是超经济强制的突出形式。

缙绅、绅衿等级的地主对待佃户的这些行为,是实际生活的事实,但不是他们应有的等级特权,也不是佃户应有的法律地位。因此,这些行为在当时也是非法的。史料中也不断出现关于禁止上述行为的记载④。至雍正初年,制定了一项正式的有关主佃关系的条例。

雍正五年,河南总督田文镜上疏称,"豫省绅衿置有地亩即招贫民耕种。一为伊等佃户,本系平民,视同奴隶,不但诸凡供其役使,稍有拂意,并不呈禀地方官究治,私治板棍,扑责自由。甚至淫其妇女,霸为婢妾。佃民势不与敌,饮恨吞声,不敢告究。地方官不能查察,徇纵肆虐者,亦干严谴"。他认为应"严加定例"、"永远禁革",才能使"势恶土豪知有国法,而贫民穷佃亦得共游于熙嗥之天"。⑤田文镜要求承认佃户的"平民"即凡人身份,他的矛

---

① 《大清律例》卷十七,《礼律·仪制·乡饮酒礼》律附条例。清代地方法庭有据此判罪的案例:乾隆十七年,河南通许的员卓与佃户张林斗殴,将张林伤成废疾,员卓应按凡斗伤人肢体律判杖一百徒三年。河南按察使司认为,"查定例内载,'佃户见田主,不论齿叙,并行以少事长之理〔礼?〕'等语,细绎例意,主佃虽与良贱不同,实有长幼名分,如有相殴之处,若与凡殴一概拟罪,则主佃与平人毫无区别。查员卓系张林田主,应将员卓比照同姓服尽亲属相殴,尊长犯卑幼,减凡斗一等律,应减一等,杖九十徒二年半"。这一判决,竟也得到巡抚最后批准。(吴光华《谳备备考》卷八,外结案)但据此判案,至目前为止,我们只发现这一例,暂时只能称作孤证,不能据此认为该令在司法中具有效力。
② 《读例存疑》卷十九,《礼律·仪制·乡饮酒礼》律附例。
③ 这类记载相当不少。可参阅康熙《江南通志》卷六五;《河南宣化录》卷三;《天台治略》卷六;《培远堂偶存稿》;同治《长沙县志》;《雍正定例成案合钞》;《碑传集·邵延龄墓碑》等。
④ 参阅康熙《江南通志》卷六五;《河南宣化录》卷三;《天台治略》卷六;《培远堂偶存稿》;同治《长沙县志》;《雍正定例成案合钞》;《碑传集·邵延龄墓碑》等。
⑤ 转引自中国第一历史档案馆藏:《吏垣史书》,雍正五年九月十九日署吏部左侍郎查郎阿题本。

头是指向"绅衿"的。吏部在会议后的题本中表示同意田的观点,认为"佃户本系贫民赁地耕种,原非奴隶,纵拖欠租课,亦宜呈禀地方官究追,何得倚恃绅衿,私置板棍,任意扑责。至于淫占妇女霸为婢妾,使佃户饮恨吞声不敢告究,此等倚势肆恶,目无法纪,若不严加定例,令地方官不时严查,详请参究,乡农受其荼毒,为害匪小"。具体拟定例文如下:"嗣后,如有不法绅衿仍前私置板棍,擅责佃户,经地方官详报题参,乡绅照违制例①议处;衿监吏员革去衣顶职衔,照威力制缚人及于私家拷打者不问有伤无伤并杖八十律治罪。地方官失于觉察,经上司访出题参,照徇庇例议处。如将佃户妇女淫占为婢妾者,俱革去职衔衣顶,照豪势之人强夺良家妻女占为妻妾者绞监候律治罪。地方官不能查察,徇庇肆虐者,照溺职例革职。该官上司不行揭参,照不揭劣员例议处"②。可见,拟例的立意有三:一是肯定佃户及其妻女的凡人身份;二是否定缙绅和绅衿对佃户及其妻女有司法权和人身占有权;三是地方官有监督和保证这种主佃关系的责任。这里并没有提到佃户对绅衿有什么义务的问题。

  雍正帝对拟例的三点立意也不反对。但他提出问题的另外一面,毋宁说是封建主佃关系中更带有实质性的一面,即地租问题。他批道:"这本内,但议田主苛虐佃户之罪,倘有奸顽佃户拖欠租课、欺慢田主者,亦当议及"。他认为,只有两方面都谈到,"立法方得其平",下令再议。③雍正作为地主阶级的最高代表,没有忘记这个阶级的最大利益所在。刑部、吏部奉命会议后题:"查绅衿私置板棍擅责佃户、奸淫佃户妇女占为婢妾者固宜惩治,而奸顽佃户拖欠租课、欺慢田主者,应照不应重律杖责④;所欠之租照数追给田主。如此则田主不致苛虐,而奸佃亦知惩儆,于法得平矣"。⑤雍正五年十二月初五日奉旨:"依

---

① 《大清律例·吏律·公式·制书有违》律:"凡奉制书有所施行而(故)违(不行)者,杖一百"。
② 《吏垣史书》雍正五年九月十九日查郎阿题本。
③ 中国第一历史档案馆藏:《起居注》,雍正五年九月二十二日。参阅《雍正实录》卷六一,第二七页,雍正五年九月二十五日戊寅。
④ 上海图书馆藏:《雍正定例成案合钞》第二册,此句为"应照不应重律杖八十,折责三十板"。《大清律例·刑律·杂犯·不应为》律:"凡不应得为而为之者,笞四十;事理重者,杖八十。(律无罪名,所犯事有轻重,各量情而坐之)"。
⑤ 雍正五年十一月二十七日刑部尚书德明等题本。见《刑科史书》雍正五年十二月(一)。

议"。① 定例全文如下:"凡不法绅衿私置板棍擅责佃户者,乡绅照违制律议处,衿监吏员革去衣顶职衔,杖八十。地方官失察,交部议处。如将妇女占为婢妾者,绞监候。地方官失察徇纵及该管上司不行揭参者,俱交部分别议处。至有奸顽佃户拖欠租课,欺慢田主者,杖八十;所欠之租照数追给田主",②"命下之日通行直隶各省一体遵行"。③

欠租"杖八十,所欠之租照数追给田主"的规定说明,清廷对欠租的惩治比对欠债的惩治要严厉得多。清律,"其负欠私债违约不还者,五两以上,违三月笞一十,每月加一等,罪止笞四十;五十两以上,违三月笞二十,每月加一等,罪止笞五十;百两以上,违三月笞三十,每一月加一等,罪止杖六十。并追本利给主"。④ 二者相较,欠租不论多么少,处刑比欠银百两逾期半年以上者还要重二等。可见这一条例的立意绝非把租佃关系等同一般债务关系来处理的。通过这个条例,以法律保证地主及时取得地租,并且给封建统治机器规定了保证地主这种权利得以实现的责任,乃从根本上保护了封建土地私有制。从等级关系上讲,条例给予缙绅、绅衿以身份上的尊严,禁止慢侮;但同时明确地否定了缙绅、绅衿有越出范围去侵犯佃户及其妻子人身的权利。所以说,清王朝是没有授予地主以对农民随意打骂甚至处死之权的。

这个条例的基本精神,直至清末都仍有效。⑤ 几乎无需证明就可理解的事实是,由于缙绅和绅衿具有特权地位及其与地方官的密切勾结,条例对他们的限制作用是很有限的;相反,他们却有了要求地方政权为他们追索地租的条文依据。此前,地方官发出告示促佃输租,是需要经过绅衿要求的,例如顺治二年苏州绅衿要求巡抚土国宝所做的那样。⑥ 条例制定以后,地方官警告佃户必须及时纳租的告示迭出,县衙门代地主锁拿佃户敲扑比租的记载越来越多了。

在实际的比租行动中,且不说凶差恶役的敲诈勒索,就在公堂上对佃户的惩治也远远超过条例规定的杖八十。佃户无法忍受,以致有"脱枷自尽之案",

---

① 雍正五年十一月二十七日刑部尚书德明等题本。见《刑科史书》雍正五年十二月(一)。
② 《大清律例通考》卷二七,第四四页。参阅光绪《大清会典事例》卷一〇〇。乾隆五年和乾隆四十二年两次修改这一条例,将绅衿处分和地方官责任均有所减轻,但总的精神未变。
③ 雍正五年十一月二十七日刑部尚书德明等题本。见《刑科史书》雍正五年十二月(一)。
④ 《大清律例》卷十四,《户律·钱债·违禁取利》律。
⑤ 参阅宣统二年沈家本等修《大清现行刑律》卷二四,《斗殴上·威力制缚人》律附例。
⑥ 叶绍袁:《启祯纪闻录》卷六,第四页。

使得有的省份不得不规定"嗣后比责佃户不得过满杖,再重亦仅准枷示而止,不得滥用木笼"①。而这所谓的限制,比原规定的杖八十要高出许多!比租惨况的记载也有不少,不一一列举了。

不论定例以前私置板棍吊打佃户、淫占佃户妻女也好,定例以后通过官府代为追比地租也好,都需既有钱又有势,因此主要是缙绅、绅衿等级分子干的。至于凡人地主,则应分别看待。

在缙绅、绅衿地主作恶影响之下,凡人中的大地主也会起而效尤。法典中关于"倾陷富室"要"治以重罪"②,禁止"欺慢田主"以及"佃户见田主,不论齿叙,并行以少事长之礼"等规定中所谓"富室"、"田主"是包括了凡人地主的。尤其是富而不贵的大地主仅凭财力往往和官府、缙绅有着勾结关系,他们对佃户的关系绝非是平等的。因此,佃户和凡人大地主虽然在法律上处同一等级,但不属同一等第。

凡人等级中的中小地主则有所不同。他们在经济上占有较多土地,靠剥削地租为生,但他们与缙绅、绅衿等级巴结不上,没有行使"富室"、"田主"权利的力量。因此他们和佃户之间的关系也大不相同。在资料中常有这样的记载,例如,"奇零小户其势本弱",佃户抗欠,"地方官率漠然不顾,曰:吾但能催赋,岂能复催租"!③ 大户的佃户纳租逾限,则送官追比,"若夫小户则往往无此力量",收租时"佃户漠然","一佃户如故,众佃莫不如故","特明知业户无力能如大户之办人,使受缧绁鞭笞之苦耳"。④ "有财者未必有势","业主一忍耐,而顽户愈恃欠租为得计矣"⑤。这些记载显然是在为中小地主叫苦,但反映出缙绅、绅衿等级,以及凡人等级中的大地主和中小地主是有着等级、等第的差别,从而他们与佃户的关系并不一样,则是事实。

雍正五年条例的前面部分是要限制缙绅、绅衿等级苛虐佃户,但是它并不是要限制他们在法律上和实际上的特权地位,而这种特权地位的某些方面在条

---

① 《江苏省例·臬政》,同治七年二月;《江苏省例续编·藩例》,同治十年。清刑制,满杖为杖一百。
② 光绪《大清会典事例》卷一五〇,《户部·户口》。
③ 秦蕙田:《经筵讲义·龙德而正中者也》,见贺长龄《皇朝经世文编》卷十,《体治四》。
④ 《字林沪报》,光绪十三年十一月十四日。
⑤ 《字林沪报》,光绪十五年十月十一日。

例制定后反以更合法的形式出现了。"奸顽佃户拖欠租课、欺慢田主者杖八十，所欠之租照数追给田主"的规定，从文意上理解是适用于所有主佃关系的，但在实际生活中真正能够得到好处的，主要是属于缙绅和绅衿等级的地主以及凡人等级中的大地主等第。

以上讲的是民田佃户的情况。需要指出的特例是山东曲阜衍圣公孔家的佃户。孔府户下有：一、钦拨佃户，又称实在户或屯户，耕种钦赐祭田。他们是世袭佃户，世代束缚在土地上，向孔府缴纳实物地租。他们之中，有庙户，服洒扫庙廷及看守庙宇之役，有屠户、条帚户、猪户、羊户、牛户等，专门屠宰或供应上述各类物资，还有嚎丧户，专为在举行丧礼时服嚎丧之役。二、一般佃户，他们将自己的土地卖给孔家后仍领种原地，成为孔家佃户，向孔家缴租，但免去承担国家差徭。三、寄庄户，是佃种孔家土地的外来户。他们地租较重，但不为孔家服役，和孔府没有很深的依附关系。可见清代曲阜孔家佃户情况是复杂的，从一般租佃关系到世袭的依附关系都有。前面已经讲到，衍圣公对不听差唤的佃户具有某种实际的司法权；佃户之间的纠纷，孔府大堂也可票传签讯，这使得主佃关系带有官民性质。特别是实在户，还无法更换主人，也不能脱离孔府土地。由皇帝分封土地、赐给佃户，同时带有司法权（虽然这种司法权不是朝廷明确规定的），使得孔家土地和领主庄园制经济有着某种共同之处。孔府的佃户中，实在户可以相当于贱民等级中的佃仆。孔府的一般佃户和寄庄户则属于凡人等级中的佃户等第，他们的地位和一般民田佃户相比略低，是因为田主的等级身份特殊的缘故，而他们本身还不能列入贱民等级。

总起来说，清代的佃户是凡人等级的一个地位较低的部分。较低，是相对他的田主而言，而不是贱民的一部分。佃户和特封贵族、缙绅、绅衿、凡人等级中的大地主等第的关系和他们同自耕农等第中的中小地主之间的关系不同，就因为田主们的等级地位不同。在主佃关系中，佃户作为凡人，他和地主的所属等级、等第的距离愈远，其地位愈是低下。这是由于地主等级地位的高下（从而其法定的和实际拥有的权利有大小）所形成的相对差别，而不是由于佃户象奴婢属于贱民等级那样绝对低下。佃户具有凡人等级的一般权利，不是没有任何政治权利。他们不属于贱民等级，对奴婢等贱民的关系也是良贱关系。他们和缙绅、绅衿间形成的主佃关系也不是主仆关系。

当时人也往往把主佃关系和主仆关系相类比。有的认为佃户受业主役使

"皆其分内之事",①或者直称主佃之间"有主仆名分"。②这些只能说是缙绅、绅衿等级以至凡人大地主等第的地主与他们的佃户之间实际生活中的关系的反映,不能据以得出一般的主佃关系与主仆关系等同的结论。

清代涉及主佃关系案件中,也有提到"并无主仆名分"的判例。但那是一般性的比拟语句,不能由此推论清代有的佃户与地主具有主仆名分。因为在《大清律例》中,从来没有关于佃户对地主具有主仆名分从而对他的处刑不同于凡人的任何律文或条例。

佃户作为一个统一的名称和处于不同等级的地主分别相对待,这样一种复杂状况形成了人们对佃户认识的矛盾。清代法学家薛允升就曾提出这样的问题:清律中"究竟佃户和田主是否以平人论,何以并不叙明耶?"③他们普遍地没有把佃户看得低于凡人,承认主佃间"无贵贱之分"④,"与奴仆不同"⑤,或"与良贱不同"⑥。但又必须解释实际生活中那么多不平等状况的存在。所以说主佃间"亦有主宾之谊"⑦,"实有长幼之分"⑧,"究与平民不同"⑨,或者"与平人有间"⑩等。不提田主的差异而试图对主佃关系作出统一的提法,毕竟不甚确切。

根据以上分析,我认为,清代佃户在法律上属于凡人等级中的低下等第,佃户在实际生活中的状况受他的田主身份的直接影响。田主的等级和等第愈高,佃户的地位则愈低。佃户和凡人等级中的地主具有同等法律地位。当然,我们这样讲毫不意味着凡人地主和佃户间关系不是封建关系;因为这种关系本来就是封建等级、等第关系的一个组成部分。封建地租本身就代表着封建关系最本质的内容。封建地租的实现,必须通过超经济强制,而这种超经济强制不论来自地主还是来自国家机器,其根源都在于封建土地所有制,因此即使超经

---

① 《陈确集》卷十五,《揭》。
② 嘉庆《太平县志》卷十八。转见仁井田升《中国法制史研究·奴隶农奴法》。
③ 《读例存疑》卷三五,第五二页。
④ 《湖南省例成案》,转见仁井田升《中国法制史研究·奴隶农奴法》。
⑤ 《大清律例通考》卷二七,《斗殴》。
⑥ 《谋邑备考》卷八。
⑦ 《湖南省例成案》,转见仁井田升《中国法制史研究·奴隶农奴法》。
⑧ 《谋邑备考》卷八。
⑨ 《读例存疑》卷三五,第五二页。
⑩ 《大清律例通考》卷二七,《斗殴》。

济强制的程度可以比较轻微，主佃关系仍只能是封建关系。我们必须看到清代社会中佃户和缙绅、绅衿以及凡人等级中的大地主等第的地主相对时所处的极不平等的状况，不然就不能理解为什么广大农民经常揭竿而起进行英勇的反封建斗争。同时也必须看到，佃户和中小地主相对时形成比较一般的主佃关系。由于前一种状况的存在，我们就不能笼统地讲清代的主佃关系是单纯的契约关系或金钱关系；由于后一种状况的存在，就不能笼统地讲清代的主佃关系具有主仆名分。事物既然本来是复杂的，就不应简单地对待。

## 三、清代等级制度的特点

相对明代等级制而言，结合满族特有的内容而建立起来的清代等级制度是有所不同的。例如清代的宗室贵族等级与明代的勋贵等级就大不一样；贱民等级中的奴婢等第也与明代的有很大差别。但清代等级制毕竟是继承明代而来，二者的基础是相同的，即都建立在地主经济制上，因而两朝等级制有许多共同之处。若以清代等级制和西欧封建社会的等级制相比，则有许多显著的差别。

前面讲凡人等级中的佃户身份问题时，已经谈到清代等级制度和西欧领主制下的等级制的根本差别在于没有土地占有的等级结构。从这个根本差别出发，可以看到清代等级制有其与西欧封建等级制度迥然不同之处。

现就清代等级制的四个主要特点略加分析。

（一）清代的等级制度贯彻着封建宗法伦理原则。君臣、父子、夫妇三纲之中，君臣之纲乃是根本。父子之纲要求子孝，夫妇之纲要求妇顺。孝和顺为了齐家，齐家又是为了治国。清律中有所谓"干名犯义"律。父有罪，子应为之"容隐"，如告官，是为干犯，即使告实，父罪同自首可免刑，而子却被判杖一百徒三年。但当父犯大逆、谋叛罪时，子告发，不为干犯。就是说，一般情况下子对父只能讲孝，无权揭发他的罪过；当忠孝发生矛盾时，孝必须服从忠。可见父子之纲和夫妇之纲是为了巩固君臣之纲服务的，其最终目的是巩固封建统治，巩固君权。因此，围绕父为子纲而建立的封建宗法家长制在封建法制和等级制度之中也被突出地强调了。宗族关系被当做政治关系来处理，反过来政治关系中到处渗透着家族关系。我同意王亚南同志的说法："一方面把家族政治化，另一方面又使政治家族化，把国与家打成一片，这是伦理的精髓"，"一旦官僚政治出现了，王者或天子高高在上，对于领内广土众民，单依靠郡守县令的管制，实在是难期周密。最妥当的莫如通过家族宗族来管制，即把防止'犯上作乱'的责任，通过家庭，通过族姓关系，叫为人父的，为人夫的，为人族长家长的，去分别承担，以建立起家族政治的联带责任"。① 这是说朝廷直接通过家族进行统治的方面。封建宗法家长制还有另一方面的作用。

  清代法典中，礼制丧仪部分以九族五服形式把血缘关系按亲疏尊卑组织起来，规定血缘关系具有尊卑长幼名分，刑律则根据这种名分决定亲族间法律地位的不平等关系。在社会上，凡人之间的法律地位是平等的。法典规定了统一的处刑标准。同一凡人在家族关系中则具有双重身份，身为尊长，对卑幼处于较高的法律地位，身为卑幼则相反。丈夫法律地位高于妻子，妻子低于丈夫。父为子纲，夫为妻纲的天定秩序以法律形式固定下来了。其中最严格的关系莫过于子孙对父母、祖父母。以斗殴（未成伤）罪为例。凡人斗殴处刑仅笞二十，而子孙殴父母、祖父母"皆斩"。计算起来，处刑相差十七等之多。其实十七这个数字还不足以反映刑等差别之大。因为第一，清律刑制规定，如加等，一般不加至死；这里的差别却是进入死刑。第二，刑制规定的死刑中，斩重于绞；这里是从重处斩。第三，法律规定一般罪行首犯从犯分别轻重判处；这里不分首从一律从重处斩。再以最远的亲族关系为例，卑幼殴缌麻亲尊长杖六十徒一年，比凡斗重九等；尊长殴缌麻亲卑幼，"勿论"。甚至卑幼殴"五服已尽同姓尊长"也要加凡斗一等；尊长殴五服已尽同姓卑幼则减凡斗一等。家族内尊卑不平等的程度至于此极。

  如果以法律地位的不平等作为等级的实质和特征的话，家族内部具有不平等法律地位的按服制亲疏排列的尊长和卑幼，似乎也可以称做是一种等级制。当然这和前面讨论的社会等级不属同一系列。这种特殊的等级是族权的一种表现形式。家族成员的这种不平等关系只限于家族内部。同一家族成员，他的地位对其晚辈是尊长，对其长辈又是卑幼，同时又和家族别的成员形成期亲、大功、小功和缌麻等各种不同的关系，个人身份具有相对性；因而不论是哪一种地位都具有范围不定的特点。家族内部这样的不平等的法律地位是否可以称为

---

① 《中国地主经济封建制度论纲》，华东人民出版社1954年版，第20页。

等级，也还是可以进一步讨论的。不过，不论是否称之为等级，这种家族内部法律身份的不平等都是值得注意的现象，它对经济上诸如土地买卖手续、财产继承制度等习惯的形成和影响，都应该做进一步的研究。

我们指出家族内部法律身份的不平等，是为了说明更重要的一点，即等级间的法律地位以家族中尊卑关系相比拟，使等级制度的某些部分披上家族关系的外衣。例如雇工人等级。清代刑法许多罪行的处刑规定，是把雇工人类比为子孙，而把雇主类比为父母、祖父母的。其理由是，"雇工人虽不在伦常中，而名分之重则与子孙不异"。另一些罪行的处刑规定，雇工人所处法律地位又略高于子孙，其理由是雇工人对家长"实属分严情疏，非卑幼亲属可比"。此外，雇工人的法律地位不但低于雇主本人，而且低于雇主所有有服亲属，包括雇主的卑幼亲属在内。通过这种办法，确定了雇工人和雇主及其家族的关系，确定了雇工人的等级地位。贱民等级中的奴婢也与此类似，只是奴婢的法律地位比雇工人更低罢了。

处理这种关系的根据是家长和雇工人、奴婢间具有主仆名分。这里虽然不是由于血缘上的亲疏而是由于身份上的差异决定了法律上的不平等关系，但是主仆名分和尊卑名分相联系，相比拟，这种身份上的差异也具有了封建宗法家长制的意义。

既然父子之间是天定的尊卑关系，父祖对子孙则处于当然的、无条件的优越地位，他们之间只能是统治与服从的关系；那么，比作父子的家长与奴婢、雇工人也只能是统治与服从的关系。这种比拟，使得人们必须承认这种等级关系是天经地义的、无可怀疑的，从而君权统治下的封建秩序也是天然合理的。这就是立法者的逻辑和所要达到的目的。

将封建宗法家长制的原则扩大运用于某些社会等级关系，从而使等级制度贯彻着宗法家长制的精神，这实际上是以父权家族统治的模式来建立君权政治统治体系的某些部分，这一点是我国的，也是清代的等级制度的一个特点。

此外，皇位的嫡长世袭制度、宗室贵族之列为特权等级，以及皇帝以臣民为赤子，臣民以皇帝为君父等等级观念，都说明清代等级制到处体现着封建宗法家长制的原则。族权渗透在政权之中，起着支持政权的作用。血缘家族的亲亲观念掩盖着森严的等级制度的残酷性。清代统治者就是用这样的等级制度来排列社会成员的法律地位，维持封建国家的秩序，以保证封建统治机器正常运转。

（二）清代等级制度的变化和解体异常缓慢。曾经有人认为，雍正初年解除惰民、疍民、佃仆等贱民身份的命令就是贱民的解放，似乎从那以后清代就不存在等级问题了。这是不对的。因为那些命令并未触及等级制度，即使是对贱民等级，也只涉及其中的一部分，而对以奴婢为主体的贱民等级没有实质性的影响。何况在实际生活中，疍民、佃仆等人的社会地位直至清末变化也不甚显著。等级制度的总体结构，有清一代没有发生过根本性的改变，清代的任何社会成员都属于某一特定的等级。从这个意义上讲，清代等级制可称是一个僵化的制度。但是不能由此认为清代等级制没有变化。它也在解体之中，只不过其变化速度特别缓慢罢了。

清代初年，满人入关后在圈地上建立起来的属于农奴制类型的强制性奴仆壮丁生产制度，经奴仆壮丁大量逃亡斗争，无法继续维持，在不到一个世纪的时期内，已逐渐为租佃制所代替，旗地民田化的趋势也加速进展了。随着生产关系的这种变化，严格的逃人法已无必要，因而有所放松。明代末年汉人中曾流行一时的奴仆生产，在清初经多次奴变之后，也趋向衰微，代之以租佃制以至雇工经营。因此，贱民等级中的主体——奴婢——的内容在发生着明显的变化，从以男性生产奴仆为主转为以女性家内服役奴婢为主。"人市"已消灭，人口买卖"买婢女者多而买奴仆者少"。① 自然抽样的统计数字也说明了这一点：嘉庆朝刑部档案记载的京师及直隶等十二省涉及奴婢的一百二十一件卖身案件中，买婢六十九人次，买幼女三十三人次，买男仆四人次，买幼男十五人次。其中婢和幼女共一百零二人次，占百分之八十四点三；奴和幼男共十九人次，占百分之十五点七②。男性奴仆买卖比例显著地小，而且其中尚不排除属于买来从事服役或学戏等非生产性劳动的情况。尽管在实际生活中早已发生了这样大的变化，在关于奴婢的条例上却直至光绪末年、宣统年间，才考虑从法律上禁革买卖人口问题。至于有关奴婢的法律地位，作为贱民的身份，更是没有修改。

清初民田中经营地主及富裕农民土地经营方式逐渐增多，雇佣劳动，特别是短工的使用逐渐普遍。把大量雇佣劳动者束缚在雇工人等级中，已不能适应

---

① 《读例存疑》卷三六，第四页。
② 据中国社会科学院经济研究所藏刑部抄档卡片统计。

经营制度变革的要求。因此统治者于乾隆二十四年、三十二年及五十三年,将有关确定雇工人身份的条例一再修改。修改的总的趋势是逐渐将更多的雇佣劳动者划出雇工人等级,使之脱离对雇主的人身依附关系,进入凡人等级,和雇主处于平等的法律地位。条例这一变化,用去了将近一个半世纪,而且其中还颇有曲折。清代等级制度变化之缓慢由此可见。

此外,宗室贵族等级中,除少数高级的王公贵族仍旧居于高贵地位而外,大量闲散宗室觉罗也和一般旗民一样,经济上日趋败落,穷极潦倒者大有人在。他们除去由于身上系着那条彩带,人们一般不敢去招惹他们而外,远不像他们的祖先甫入中原时那么神气活现了。即使如此,关于宗室觉罗的特权规定依然如旧。

所有上述实际生活中出现的现象,自乾隆中叶以后就表现相当明显了,各个等级所代表的内容已然变化。等级制作为一种上层建筑却远远不能及时地作出相应的反应。清代等级制一方面在继续发挥着巩固封建统治的作用,同时也在渐渐地溃圮中。不过直到清王朝被一群帝国主义入侵而变为半殖民地半封建社会的时候,这个等级制度也还没有完全陷入诸如18世纪初时法国的等级制或者明治维新时日本的等级制面临的境地。解体的内在性和缓慢性也是清代等级制的特点之一。其所以有此特点,和它本身的弹性特点有关。关于这一点,下文还将论及。

(三)清代封建等级制度中存在着产生资本主义关系的可能性。资本主义雇佣关系是"自由劳动"的雇佣关系。"自由劳动和这种自由劳动对货币的交换","是雇佣劳动的前提与资本的历史条件之一"。① 所谓"自由劳动"包含双重意义:第一,劳动者已从前资本主义的人身隶属关系中解放出来,成为一个有出卖自己劳动力的自由的人;第二,劳动者已被夺去生产资料,"自由"得一无所有。前者使劳动者出卖劳动力成为可能,后者使劳动者出卖劳动力成为必要。当这种"自由"的劳动者在劳动力市场上和资本家进行交易时,双方"彼此作为身份平等的商品所有者发生关系,所不同的只是一个是买者,一个是卖者,因此双方是在法律上平等的人"。②

---

① 马克思《资本主义生产以前各形态》,人民出版社1956年版,第3页。
② 马克思《资本论》第一卷,见《马克思恩格斯全集》第23卷,第190页。

清代的凡人等级是一个十分庞杂的等级。除去属于具有特殊地位的人以外，绝大多数社会成员都在这个等级之内。它既包括不具缙绅、绅衿身份的城乡地主、富裕农民、自耕农、手工业作坊主和大小商人，也包括佃农、店伙以及农业、手工业和商业中不具雇工人身份的雇佣劳动者。他们虽然分属于不同的阶级，但从法律地位上看却同属一个等级，彼此是"在法律上平等的人"。其中的剥削者并不具有国家赋予的政治特权，他们和被剥削者之间没有法定的隶属关系或依附关系。因此，他们之间也就有经济上等价交换的可能性。处在凡人地位的劳动者的生产资料丧失到一定程度，需要出卖劳动力来维持生活，出雇给拥有生产资料的凡人进行农业生产时，他们之间就是平等的雇佣关系。这就给资本主义雇佣创造了前提。因此，在清代，农业资本主义关系能在不触动等级制度的条件下产生，而且有一定的发展余地。在手工业和商业方面也有类似的条件存在。当然，这是仅就法律身份而言的。考虑到封建行会以及其他条件的影响时，又需另作综合分析。此外，也还要看到等级制度本身对这种关系的发展的扼制作用。

（四）清代社会成员个人等级身份的可变性起着阻碍资本主义生产关系发展，巩固封建制度的作用。

清代每个社会成员都处在一定的等级之中。但是除去皇帝这一特殊人物和以皇族血统为标志的宗室觉罗以及特封的衍圣公外，其他人的等级身份大都是可以改变的。处于特定等级的个人可以由于政治、经济、文化等各方面条件的改变而进入另一等级。譬如，犯罪可以使缙绅等级的成员革职为凡人；经济上的破落可以使凡人降为雇工人或贱民；文化上的科举得中，可以使凡人上升为绅衿甚至缙绅；雇工人可因雇约解除而回到凡人等级；一名奴仆也可经由某种途径脱离贱民法律地位。和其他国家，如西欧或日本的封建等级制度相比，这是清代等级制度的特点之一。其所以如此，也是由于地主经济制和领主经济制的差异造成的。等级权利和土地所有权相游离，而土地又可自由买卖，才使得等级制度有可能具有这样的灵活性。如果把这一特点作为清代不存在等级制度或不存在严格的等级制度的证明，那显然是一种误解。

社会成员的等级身份可以升降这一特点具有特殊意义。它使得清代的等级制度在封建末期起着阻碍资本主义发展、巩固封建制度的作用。这可以从下述三个方面来看：

第一，金钱的力量不能破坏清代等级制度。马克思写道："国王们在与别国人民进行战争时，特别在与封建主进行斗争时需要钱。商业和工业越发展，他们就越需要钱。但是，这样一来，第三等级，即市民等级也就跟着发展起来，他们所拥有的货币资金也就跟着增长起来，并且也就借助于赋税渐渐从国王那里把自己的自由赎买过来。为了保障自己的这些自由，他们保存了经过一定期限重新确定税款的权利——同意纳税的权利和拒绝纳税的权利。在英国历史中，可以特别详细地探求出这一过程"。① 清代统治者也需要货币，也要从凡人等级手中弄到钱。但是，凡人中的富裕分子积累了财富不是用来赎买自己的自由，而是通过捐纳从朝廷换取"名器"，即进入拥有特权的等级。赎买自由的结果是导致等级制度的瓦解，而换取名器的结果却是缙绅、绅衿等级扩大，从而使得等级制度加强。同样是金钱的力量，却有着完全不同的后果。在这里，等级制度本身具有的灵活性使得等级制度具有更强的顽固性。

第二，已形成的资本主义关系也还可能变质。在土地自由买卖的经济制度下，地权能够自由转移，它就不可能像西欧领主制下的土地那样带有政治属性。清王朝的行政权、司法权集中于中央，不随土地下移。实行官僚政治，就必须有一套选择和任命官僚的具体办法。在清代，科举和捐纳是两种重要的措施。科举的目的是按照封建的德才标准定期从知识分子中考评一批官僚的候选人。捐纳制度则出于朝廷财政的需要而将官爵职位标价出售，谁出得起钱，谁就可以进入缙绅等级，不仅能够得衔，而且可以真个掌印临民。进入缙绅、绅衿等级的这两座大门，始终是对凡人敞开的。当然，不论是直接用现金买官也好，还是供养一个读书人也好，均需投入一定的财富，从而不是凡人等级中任何人都能跨入那两道门槛的。可见，统治者补充官僚的办法本身已经大体上进行了以经济实力为标准的筛选。

如前所述，凡人等级中人与人具有平等的法律地位，这决定了在凡人等级中最有可能产生资本主义关系。但是，清代凡人中具有优越经济条件的人，由于受到特权可以带来经济上、政治上的利益的诱惑，往往通过科举、捐纳等途径，改变自己的等级身份。那些财富不多的人也争取跻身缙绅等级，"甚至同

---

① 《对民主主义者莱茵区域委员会的审判·马克思的发言》，见《马克思恩格斯全集》第6卷，第303页。

族比邻共捐一职衔监生，借为护符"。① 这样一来，本已形成的平等的雇佣关系，因雇主一方身份的改变而转化为等级的雇佣关系，失去了资本主义性质。凡人中的农民雇工因天灾人祸而经济上无法维持生存，以至典卖人身，从而进入贱民等级为人奴役，也使得资本主义性质的雇佣关系瓦解。因此，如果说清代等级制度中凡人这个等级的存在给资本主义产生以极大的可能性，那么社会成员个人等级可以升降这一特点，又严重地阻碍着资本主义的发展。

  第三，和土地自由买卖制度相结合的等级制度，阻碍着资产阶级的产生。西欧的领主经济决定了国王、僧侣以及贵族的收入来源依靠土地和贡赋，骑士在败落以后还可以靠战争和掳掠。这些都得到政治特权的保证或统治者的认可。特权等级不会自愿放弃这种特权地位。另一方面，新兴的第三等级既无土地贡赋，又不能掳掠，他们主要依靠工商业和贸易来积累财富。第三等级具有的低下等级地位却使得他们在经济上的发展受到极大限制。自由竞争的愿望和不平等的等级强制间的矛盾不可调和。消灭等级乃成为西方早期资产阶级的迫切要求，等级之间的斗争不可避免。资产阶级和封建领主之间的阶级斗争以等级间斗争的形式表现出来。在封建等级制度中产生的第三等级，只有突破等级制度的外壳才能进一步成长。所以，资本主义制度战胜封建制度的过程中必然伴随着等级的阶级向非等级的阶级的过渡。

  清代的中国却是另一种情况。在这里，人们向往的财富积累方式是地租剥削。土地自由买卖制度允许人们购买土地，不受身份的限制，凡人可以自由地购进地产。这对资本主义的发展本来是很有利的。但是，缙绅和绅衿拥有免除部分赋役负担等权利使得他们的土地更为有利，并可利用其优越的等级地位更为方便地购买土地。这一点有力地诱使人们进入缙绅和绅衿等级，以便扩大自己的财富。同时，凡人通过商业、高利贷所获赢利，主要也投向地产。大商人也和地主一样希望进入缙绅等级。个人等级身份的可变性又给予凡人中的地主、商人以这种可能性。和欧洲第三等级的处境全然不同。工商业者可以和地主、高利贷者以及官僚融合一体。有着积累财富欲望的凡人可以利用等级制度的这个特点得到更大的满足而不必触动这个等级制度。在这样的条件下，清代的中国虽处封建末期，也很难形成一个代表新兴生产方式的、与封建等级制度

---

① 光绪十三年直隶布政使、按察使告示。见《字林沪报》光绪十三年九月二十四日。

势不两立的"第三等级"。

所以说,清代等级制度的个人身份的可变性特点,使得这个制度在封建社会末期仍能顽固地起着巩固封建土地制度、阻碍资本主义产生的作用。等级制度的弹性增强了封建制度的韧性,使之难于破坏。

附带应该提到一个与难以产生强大的资产阶级相联系的问题。西方新兴资产阶级为了突破等级制度的束缚,提出"民主"、"自由"、"平等"的口号,对封建的君主专制和等级制进行有力的批判。这是资本主义自由竞争的需要。因此,资本主义社会中封建等级观念消灭得相对彻底。清代的状况全然不同。新产生的资产阶级既不需要打破等级制度才能获得雇佣劳动者,又不妨戴着红顶花翎,在收取地租、放高利贷的同时办一点新式企业。"民主"、"自由"、"平等"的口号也曾作为舶来品而时兴,但是,经济上和政治上均极软弱的资产阶级谈不上对封建的等级制度进行什么认真的、比较彻底的批判。因此,许多重要的等级观念,诸如皇帝的家天下制,皇帝意旨的不可违犯,皇亲国戚的高贵和尊严,缙绅、绅衿理应拥有法外特权和权威地位,服役被视为贱业等等,等等,都仍公开地或潜在地作为当然信念以原来的或变态的形式深深地扎根在人们的头脑中,一遇适当条件,就冒出来支配行动。

未能进入资本主义的半殖民地半封建社会,乃至今天的社会主义社会,仍带有这样的母斑,看来是很自然的。

(原文发表于《中国社会科学》1980年第6期。)

# 郭松义与《清代人口问题与婚姻状况的考察》

## 经典导读

郭松义（1935— ），浙江上虞人，1960年北京大学历史系毕业，中国社会科学院荣誉学部委员、历史研究所研究员、博士生导师。研究领域为清史、经济史、社会史，尤以清代人口、农业、商业、婚姻、家庭的研究擅长。著述丰硕，著有《伦理与生活——清代的婚姻关系》《民命所系：清代的农业和农民》《中国妇女通史·清代卷》《清代赋役、商贸及其他》《清代社会环境和人口行为》等，与定宜庄等合著《辽东移民中的旗人社会》《清代民间婚书研究》等。

郭松义的清代社会史研究是从人口史入手的，最初关注清代人口流动，以后逐渐把人口与婚姻、家庭联系在一起，再后来探讨生育、疾病、死亡以及自杀等人口行为，这是目前研究较少的课题。郭松义认为清代人口问题表现为人手和人口相互矛盾的两个方面。清代自乾隆以后出现了"人浮于地"的人口问题，然而中国地域广阔，各地人口分布和经济发展不平衡，加之政府政策上的调整变化，都为缓解矛盾提供了客观机会，人口流通就是在这种背景下出现的。持续不断的移民活动，既可以认为是社会对这些过剩人口的自我调节和自我消化，同时对改变人口分布格局，促进边疆和后进地区经济面貌的变化，具有积极作用。至少在道光以前，中国的人口问题还属于可控制范围之内。清代的人口外流，主要发生在农业经济有相当发展，城镇工商业却相对落后的地区。而像长江下游太湖平原区和广东珠江三角洲等地，尽管人口密度全国最高、人均耕地面积最低，可人口却很少外流，还能适当容纳外来人口。说明人口问题归根结底是经济问题，以及与此相关的人口素质问题。

郭松义研究清代的婚姻家庭，注意吸收人类学、民族学、民俗学、人口学、伦理学和心理学等学科的理论方法，经常使用的如抽样分析，典型分析，定量、定性数据统计法，以及某些田野调查的问卷设计等。他曾谈到与合作者定宜庄以及美国的李中清到辽宁盖州、海城和法库、开原、铁岭等地，就"清代辽东内务府旗人"后裔的历史记忆所进行的田野查访，收获最为巨大。《伦理与生活——清代的婚姻关系》是郭松义的代表作。该书的研究，采取由小而大、自简而繁、逐步推进的办法，一边积累资料，一边试着先作些小专题。先从年谱、文集开始读，根据所得资料，写了《清代绅衿阶层婚姻状况的考察》和《清代的纳妾制度》二文，探讨绅衿和有钱人家婚姻行为；再在扩大资料同时，考虑选题上走出圈子，将资料重点放在家谱和政书，也看一点地方志，陆续写了《清代妇女的守节和再嫁》《清人通婚地域圈的考察》和《清代的家庭规模和家庭结构》等论文。郭松义不仅写官员绅衿，也写一般百姓，论文的成功增加了他的信心，决定更全面地收集资料，于是查阅中国历史档案馆收藏的"刑科题本、婚姻奸情类"档案，翻阅清人笔记，较大规模地翻阅地方志，最终写成专著。

阅读郭松义的著作，每每被他丰富的资料与仔细的统计分析所折服，这些都是郭著的研究特点。郭松义自认为，他费力最多也是收获最大的是清代婚姻家庭，在这方面，他取得了众多的数据信息，并结合有关分析把它反映出来。如他从地方志烈女传的三四十万名女子中，查到了一万五千多个初婚年龄资料，加上从年谱、档案、文集中得到的数据，统共辑得一万七千多例；男子初婚年龄记录较少，但也辑得七百多例。他根据这些抽样资料计算了清代男女初婚年龄和各年龄段的比例，考察了不同阶级、不同地区和清朝前后不同时期婚龄的变化。他通过户口册和家谱中的数千个数据，计算了夫妻年龄差，以及这个差别在南方、北方、绅衿和一般平民百姓中的不同情况。他根据《清实录》等资料，统计了有清各朝旌表节妇、烈女、贞女的人数和情况，利用家谱等资料抽样分析通婚地域圈，又对童养媳的童养年龄和结婚年龄，表亲婚在整个婚姻中的比例等抽样统计，还利用刑案对流民和童养媳的婚姻质量以及婚外性关系中的通奸原因和通奸男女原来关系进行量化分析。上述统计，有的也有人做过，比如有的学者根据《古今图书集成》，辑得清代节妇9 482

人，烈女 2 841 人，只能反映清代康熙以前的情况，而郭松义统计节妇有百万之众。这样的工夫，自然在许多方面可以超越前人的研究。

其实，郭松义上述研究清代社会史的风格，早在 1987 年于《中国史研究》(1987 年第 3 期)发表的《清代人口问题与婚姻状况的考察》中就体现出来了。该文利用族谱统计清代人口增长率、男女寿命数、男女性比例、婚姻状况，指出清代人口增长的不平衡，迁居对人口增长影响较大，男女性比例失调，在一般农民或中下层人户中，成年男性的未婚比例是很高的，纳妾属于少数，族谱记载中妇女再嫁属于少数，再嫁以年轻丧夫又无子女者为主。这种历史人口学的探讨，为社会史研究特别是家庭史研究打下了坚实的基础。

#### 延伸阅读文献目录：

1. 郭松义：《伦理与生活——清代的婚姻关系》，商务印书馆 2000 年版。
2. 郭松义：《清代社会环境和人口行为》，天津古籍出版社 2012 年版。
3. 刘翠溶：《明清时期家族人口与社会经济变迁》，"中研院"经济研究所 1992 年版。
4. 李中清、郭松义主编：《清代皇族人口行为和社会环境》，北京大学出版社 1994 年版。
5. 李中清、郭松义、定宜庄主编：《婚姻家庭与人口行为》，北京大学出版社 2000 年版。
6. 李中清、王丰：《人类的四分之一：马尔萨斯的神话与中国的现实》，生活·读书·新知三联书店 2000 年版。
7. 王跃生：《十八世纪中国婚姻家庭研究：建立在 1781—1791 年个案基础上的分析》，法律出版社 2000 年版。
8. 王跃生：《清代中期婚姻冲突透视》，社会科学文献出版社 2003 年版。
9. 余新忠：《中国家庭史》(明清卷)，广东人民出版社 2007 年版。
10. 冯尔康：《清代的婚姻制度与妇女的社会地位论述》，《清史研究集》第 5 集，光明日报出版社 1985 年版。

11. 冯尔康:《清代的家庭结构及其人际关系》,《文史知识》1987 年第 11 期。

12. 鞠德源:《清朝皇族宗谱与皇族人口初探》,第一历史档案馆编《明清档案与历史研究》,中华书局 1988 年版。

13. 吴建华:《清代江南人口增长探析》,《中国人口科学》1988 年第 5 期。

14. 李伯重:《清代前中期江南人口的低速增长及原因》,《清史研究》1996 年第 2 期。

15. 曹树基、陈意新:《马尔萨斯理论与清代以来的中国人口——对美国学者近年来相关研究的批评》,《历史研究》2002 年第 1 期。

—— 原文:《清代人口问题与婚姻状况的考察》

经典原文

# 清代人口问题与婚姻状况的考察

郭松义

利用族谱中有关世系的记载来研究我国历史上的人口问题,已经越来越引起国内外学者的重视。由于不少族谱在排列世系时,往往同时载有生卒年月、婚姻状况、家人迁徙,以及各支派的盛衰消长等等,而这些内容,很多又是当时政府人口登记册籍中所不具备的,因此,尽管族谱涉及的面一般较窄,充其量只不过是一个或几个家族,但作为一种抽样性研究,还是具有很高的社会价值,在某种意义上,它丰富了历史人口学的内容。近年来,我陆续搜集族谱中有关人口的资料。统共翻阅了六七十种,从中统计了至少几万个数据。下面,我们根据族谱资料,就清代(偶尔可能延及明末或民国初年)人口增长的不平衡性、男女寿命数、性比例和婚姻状况,作一初步的考察。

## ■ 一、人口增长的不平衡性

世系表或世系图,是族谱中最重要的一个组成部分,通过对世系表中所载名字的统计,可以大致了解到该家族在一个时期内人口发展的状况。不过按照我国族谱的体例,世系表都是以男性作为中心,对于各行辈中的妇女,常常加以忽略,或根本不予记载。另外,在男子中,通常只限于年龄在20以上(指习惯所称的虚年龄),或虽不满20,但已婚配及有子嗣者。这样,我所统计的各代人口,实际上就是成年男子数。我把查阅的有关统计资料,按照每个家族的世代进行列表(见文后附表1、2),表中统共排列了42部族谱的各代成年男子数,分别归成两组,时间的起点是明末清初,少数因为落籍时间较晚,亦有始自乾隆年间的,其讫点大体以该家族人口发展的最高额为定。由于族谱纂修时间有早有晚,有的只止于嘉道年间,但多数是在清末、甚至民国初年。在上述两组列表中,第一组也就是附表1,都属落属较久、在当地繁衍了十几代或几十代的较老家族；另一组即附表2，则多是些在明末清初以至清中叶，由外地迁入、新发展起来的家族。

从这两个表中，我们看到各家族间每代人口发展很不相同，最高的像陇西李氏，从第一代到第六代，平均每代增长率达到242.2%。其余像南昌张氏、云阳涂氏等九个家族，平均每代增长率也各都超过100%。这些增长率在100%以上的家族，约占我所统计的家族总数的23.8%，另外的都在100%以下，其中增长率不足50%的有20个家族，占总数47.6%，可见从其比例数来看，近半数家族的增长率在50%以下。如果我们把两个表对照考察，可发现一些新迁居的家族在人口发展上普遍地要超过老家族。在统共10个平均每代增长率超过100%的家族中，有九个属于新迁家族。反之，增长率不满百分之五十的，新迁家族只占两个。在16个新迁家族中，最突出的当为明末到清雍正年间自湘、鄂、闽、粤等省迁入四川的六个家族（其中包括原属四川籍，明末因避兵外迁，后又重返故里的简阳游氏）他们除邻水李氏，平均每代增长率为99.3%以外，其余都在100%以上，或超过200%。

按照通常的情况，各家族在人口增殖中出现某种不平衡性是极为正常的。福州赖氏自雍正七年（1729）移居洋屿，到清末一共繁衍了七代，根据族谱所载，该家族内部并没有特别的变动，可是他们平均每代增长率却只有63.4%。同样，绵西张氏也是雍正年间的迁居户，到清末亦为七代，而平均增长率达到153.6%，超过福州赖氏的一倍以上。各家族间如此，家族内部也一样。桂林张氏明末从应天府迁到广西桂林落籍，第二代宏仁生四子，其中只一支"后世枝叶大茂"，其余三支常常只是单传，或每代二三个男丁。江苏武进《陈氏家乘》在载录定于系世表后，特别注明："以上旧谱甚略，总由人丁衰弱之故"，无法与其他几个支系相比。我曾统计过《荥阳潘氏统宗谱》中"十甲派恩宅系各房"，第25代到32代的子孙繁衍情况，发现在18个房派中，真正称得上枝叶繁茂的，只有良永一房，其余或多或少，相差很大，另良能等五房，到26代，就因绝嗣或其他缘故而失系了。类似情况，在其他家族中亦同样存在。

较老的家族在人口发展上，常常落后于新迁居家族的原因很复杂，在此，我们仅就人口流动对家族世系繁衍所产生的影响，稍作讨论。一般来说，附表1所列的那些家族，在清代，差不多都是些开发较久的传统农业区，那里的人口密集，特别是一个家族在当地居住了十几代、几十代，最早只是一户，后来就发展成为百余户、几百户，同时又因家族内部的贫富分化，这样必然会有相当一部分人，因为缺乏耕地，谋生困难，被迫离开故土，向外迁居（当然不是所有外迁者都是因为生计问题，但多数应是如此）。这些外迁人户，往往隔省隔府，与原来的家族失去联系，再也无法续谱续系了。通常而言，一个家族的外迁者越多，那么在世系表中反映的人口数，相应的要减少很多。

在清代，很多老的家族中，几乎每代都有不少外迁者。台湾学者刘翠溶女士在其《明清人口之增殖与迁移——长江中下游地区族谱资料之分析》一文中，统计了湖南邵阳李氏和衡阳魏氏两个家族的外迁情况，其中李氏的11—20世的10个世代，外迁人数竟达到833人，占其总人数的13.24%。魏氏外迁比例虽不如李氏高，但据17—25世的九个世代统计，也有716人，占6.4%（见台湾《第二届中国社会经济史讨论会论文集》，1983年7月版）。在我见到的一些族谱中，很多亦与李、魏二氏相同。江苏常州陈氏大房分际公支派第十世的74人中，外迁者9人，占12.16%。湖南宁乡高氏"华房辅公系"第12—16世共118人，外迁者12人，占10.16%。浙江余姚徐氏南宅、见辉等六房的16—17两代，有538人，外迁者35人，占6.5%。安徽黟县朱氏"屏山派"17—21世618人中，有33人外迁，占5.33%。这些都说明外迁人数是相当多的。当然，也有一些家族相对较少，如：福建延陵吴氏（13—14世），家族总人数133人，外迁者3人，占2.25%；山东即墨杨氏（11—21世），家族总人数6 016人，外迁者133人，占2.21%。不管是多是少，都说明，在一些较老的家族中，都较普遍地存在有外迁的情况。家族成员的不断外迁，是影响各家族间、平均每代人口增长高低的一个重要外在原因。

附表2中所列的那些家族，最初都是从老家族中分裂出来的成员，他们所以愿意在新地区定居下来，就是因为新区较原居处有更多的活动余地，生产和生活条件亦有所改善。这样在一定时期里，家族内部往往能保持相对的稳定，表现在人口发展上，也较老家族要快得多。迁居四川的几个家族可算是最典型的了。四川省自明末以来，由于历经战乱，人烟稀少，土地荒芜。为了鼓励外省各地人户前往居住落业，康熙和雍正时，清朝政府都颁发过招垦条例，优待外省人户进川垦荒。当时，两湖闽粤的很多农民，纷纷前往开垦，表中所列六户，除邻水李氏因居地不明，简阳游氏原系四川籍外，另四户分别迁自湖北、广东等省。上述邵阳李氏、衡阳魏氏、宁乡高氏等等，他们的外迁户中，也有相当一部分或者多数是移居四川的。这些新迁家族，几乎都得到了土地或取得佃种权，有的还因此发了家（参见拙作：从宗谱资料看清代的人口迁徙》，载《清史研究通讯》1986年第二期）。

当然，我们不是说所有进川人户，都能成为小康殷实之家。但是从一般情况来看，特别是康熙到乾隆中的百余年里，移居到四川的人户，都比较容易得到土地，他们的生活也比较安定，这样，在家族内部的人口流动方面，比起那些老家族，要少得多了。且以平均每代人口增长速度最高的陇西李氏为例：

表1  四川陇西李氏外迁人口和所占比例

| 世代 | 23 | 24 | 25 | 26 | 27 | 28 | 29 | 30 | 31 | 总计 |
| --- | --- | --- | --- | --- | --- | --- | --- | --- | --- | --- |
| 成年男子总数 | 1 | 3 | 6 | 27 | 129 | 229 | 469 | 379 | 176 | 1 419 |
| 外迁人数 | — | — | — | 5 | 23 | 4 | 7 | 2 | 8 | 49 |
| 外迁人数占成年男子数的% | — | — | — | 18.15 | 17.83 | 1.74 | 1.49 | 0.53 | 4.54 | 3.45 |

陇西李氏自23世迁入四川后，到26世开始有人外迁，以后各代，虽人数多寡不等，但计算总数，也只49人，占3.45%，比起前面提到的百分之五六或十几来，还是要少多了。据《邻水李氏族谱》记载，该家族从第6世始见有人外迁，到第10世，共外迁15人，占当时总人数456人的3.29%，与陇西李氏大体相等。类似四川那样的情况，在其他地区的新迁家族中也同样存在，表中所列的花县洪氏、桂林张氏等等，即属如此。

家族成员外迁对人口增长所造成的影响，实际上反映了生存空间对人口增长所起的制约作用。一些从老家族中分裂出来的成员，几乎绝大部分都迁居到地广人稀，有较多活动余地的新垦区，闽粤湖广之民徙居到四川是这样，广东洪氏从原嘉应州迁到花县官禄㘵村，张氏由原应天府迁到广西桂林等等，亦是如此。通过对新老家族间人口增长不平衡的考察，不但使我们了解到人口外迁对家族世系繁衍所产生的影响，而且对于更好地研究清代各地区间的人口发展，也有重要的参考价值。

## 二、关于男女寿命数

为了考察清代男女寿命数,我们将载有生卒年月的33部族谱,按照性别,以每十岁作为一个年龄段,进行列表(见文后附表3)。在表中,我们共推算了5 269人的死亡年龄,其中男性2 922人,女性2 347人。根据这一统计,我们再列出每个年龄段的总的死亡情况比较表(见表2):

表2　家谱所载各年龄段男女死亡人数表

| 年龄组 | 男性死亡人数 | 各年龄段死亡数占总死亡数的% | 年龄组 | 女性死亡人数 | 各年龄段死亡数占总死亡数的% |
| --- | --- | --- | --- | --- | --- |
| 90岁以上 | 18 | 0.62 | 90岁以上 | 33 | 1.4 |
| 80—89 | 162 | 5.54 | 80—89 | 189 | 8.05 |
| 70—79 | 429 | 14.68 | 70—79 | 414 | 17.64 |
| 60—69 | 656 | 22.45 | 60—69 | 478 | 20.37 |
| 50—59 | 688 | 23.55 | 50—59 | 385 | 16.4 |
| 40—49 | 492 | 16.84 | 40—49 | 319 | 13.6 |
| 30—39 | 282 | 9.65 | 30—39 | 288 | 12.27 |
| 20—29 | 195 | 6.67 | 20—29 | 241 | 10.27 |
| 总计 | 2 922 | 100 | 总计 | 2 347 | 100 |

从表可知,在清代的成年男子中,死亡率最高的是50—69岁这个年龄段,达到46%,妇女是60—79岁之间,比例数是38%,统计表明,在高年龄中,妇女的人数比例要多于男子。

在进行年龄统计时,我曾发现三名百岁以上老人,这三人竟无一例外,全是妇女。至于下面20—39岁间妇女死亡率高于男性,则可能与此年龄的妇女正当生育的最旺盛期间有一定关系。以上统计,缺少19岁以下年龄段的数字,这是因为按照族谱规制,凡7岁或10岁以下死亡的儿童是不得入谱的。不过在这以上至19岁,尽管族谱不具体登录生卒年月(已婚或有子嗣者除外),但却以"殇"、"夭",或"早世"、"幼亡"等字样出现,所以对于这个年龄段,还是能大体作出推算的(见附表4)。

上述早亡人数中，大多是从8岁开始计算的，但也有少数起于10岁，因为标准不一，在统计数额时就会造成某些差误。但即使如此，有的家族，如即墨杨氏、睢阳沈氏、陇西李氏、滕县生氏等，从其构成的比例来看，早亡人数仍明显地偏少，另外还有些家族，也程度不同地存有此等现象。为什么会这样？我认为原因之一是：族谱之作，主要是为了"明世系"、"辨名定分"，因此对于那些既无子嗣早年即殇者，一般常常加以忽略。福建《延陵吴氏家谱》在《谱例》中说："族众人蕃，凡殇折者逐一稽查，不胜烦琐，今只据各房开报明白。"不认真稽查，只凭各房自身开报，这就会造成很多有意无意地缺漏；其二：很多家庭宥于传统的习惯，或因某种忌讳，或怕触痛旧伤等等，对于亡子亡女，常常隐瞒不愿申报。陈达在《现代中国人口》一书中，就曾谈到此种情况。应该说，这也是造成族谱中填注早亡人数偏少的原因（有的族谱根本未注早亡人数，有的族谱某些代注了，另外有些代未注）。不过尽管如此，上述统计，对于弥补空缺，帮助我们了解8岁（或10岁）至19岁之间的死亡情况，还是有一定参考价值的。

前面的早亡人数统计，仅指男性而言，有女性登录的只有少数几例，我们拿它们与同期的男性死亡情况稍作对比（见表3）：

**表3　宜兴庄氏等四家谱男女早亡者各所占比例数**

| | | | |
|---|---|---|---|
| 江苏宜兴庄氏<br>（24—27世） | 男性总人数 417<br>女性总人数 132 | 男性早亡数 41<br>女性早亡数 17 | 早亡者占男性总数 9.83%<br>早亡者占女性总数 12.87% |
| 四川崇阳王氏<br>（国相系第6世） | 男性总人数 24<br>女性总人数 9 | 男性早亡数 3<br>女性早亡数 5 | 早亡者占男性总数 12.5%<br>早亡者占女性总数 55.55% |
| 四川云阳涂氏<br>（14—16世） | 男性总人数 264<br>女性总人数 241 | 男性早亡数 14<br>女性早亡数 24 | 早亡者占男性总数 5.34%<br>早亡者占女性总数 9.95% |
| 江苏常州蒋氏<br>（9—14世） | 男性总人数 385<br>女性总人数 267 | 男性早亡数 55<br>女性早亡数 14 | 早亡者占男性总数 14.28%<br>早亡者占女性总数 5.24% |

江苏宜兴庄氏等四例，除常州蒋氏男性早亡人数比例大于女性外，其余三例都是女性高于男性，在封建社会中，女性在家庭和社会中的地位均低于男性，在生活等各种条件上也较男子恶劣，因此在多数情况下，青少年女子死亡率要高于男子，这是毫不奇怪的。

由于族谱多不载录有关婴幼儿死亡的情况，这就使得我们的统计多少有不完整之感。一般说来，婴幼儿的死亡率不但要大大高于青壮成年人，而且也高于族谱中所言"殇"，"夭"等8—19岁间的人（这在新中国成立以后直到1982年的全国人口普查中还是如此），而这不包括当时农村中十分严重的溺婴陋习。如果加上这一些因素，可以想见，清代的男女寿命平均数值是很低的。其中特别是妇女，尽管在高龄中她们的人数比重占有优势，但从总体来看，还是要低于男性，这恐怕也是中国封建社会的一条重要人口规律。

我们作的上面种种统计，都是从有清一代总的平均数而言的，其实在各个不同时期，比如康乾时期和后来的咸同时期，各个年龄段的比例数就不完全相等。另外，诸如遇到战争，严重自然灾害等，也会影响到整个寿命数。关于清代各个时期寿命的平均数，因为有的资料一时整理不出来，留待以后再谈，这里只说一下战争对一些家族所产生的影响。

睢阳沈氏世居河南商丘县，据家谱统计，在第九代的156人中，死于崇祯十五年（1642）农民军进攻商丘时战火的有17人，占整个总数的10.89%；第十代202人，死于战火的13人，占6.43%，而这还不包括因失漏而未载入的人数。一次战争，就使家族人口死亡30人，这确实是个不小的数目。

在南方江浙等省的族谱中，更多的是反映太平天国起义时期，战争给各家族带来的浩劫。光绪浙江分水《凤市赵氏宗谱》《世表·引言》中载："四下儒桥天水一族，自道清公始迁以来，绳绳相继，椒衍繁盛，咸丰间，聚族而居者不下千余人。无何时，丁未造劫，遭红羊房亡殆尽，大小男妇什不存一，综计之仅一二十人。"当然，赵氏家族成员的剧减，不全都是死去了，但战争造成赵氏家族成员大量死亡，这是肯定的。

安徽泾县潘氏和江苏丹阳陈氏等宗谱，还给我们提供了一些具体数字。潘氏"十甲四派原宅公支旻公四派"第29—31世的总人口数是419人，"遇难并不知下落者"有96人，占22.91%。丹阳陈氏第30、32两代中，明确记载生卒年月的共124人，其中死于同治三年（1864）战乱的24人，约占当时可考数的19.35%。又如宜兴庄氏，它整个家族的人口就不旺盛，可是一次战火，就死难21人，下落不明者3人，其比例数较丹阳陈氏更大。

《毗陵陈氏宗谱》（常州）中所载的某些内容，则又展示了另外一些重要线索。咸丰十年（1860），太平军进攻常州时，仅"大房陈公际支派"门下罹难的，就有33人。这33人，除5人具体年龄缺考外，剩下的28人中，有18人（占64%以上），年龄在20至40岁之间，真正70岁以上的老人只有三人，可以说，死亡的大部分都是青壮年。另外像云南《腾冲叠水河李氏宗谱》《世系表》所载，第17代的16人中，有6人死于杜文秀之难，也都说明战争对其家族人口发展所带来的冲击。

由于战争不但造成一个家族死亡率的突然增加，而且因为在死亡人数中，青壮年常常占有很大的比重，因而必然会降低当时整个家族的寿命平均数。清代自嘉道以后，特别到了咸同期间，战争频繁，自然灾害肆虐，整个社会处于极度动荡之中，康乾之际和后来咸同时期平均寿命的差距，这恐怕是一个重要原因。

## ■ 三、关于男女性比例

这里所说的男女性比例，主要是指族谱中每代男女出生的比例。正如前面提到的，族谱中对于女性的载录常常缺失甚多，如浙江余姚县的同治《孝义徐氏宗谱》所载：第16代的38对有后代的夫妇中，统共生育了87人，注明男孩78人，女儿9人，男女的性比例是866.66。男女性比的差距如此之大，这除了说明女性的记录有严重失漏以外，不可能再有别的解释。从我所接触的资料情况来看，把出生的女性载入族谱，一般是清代多于明代，而且在时间上愈接近今天，所载内容亦更接近于真实。民国《交河李氏族谱》自13世后始见有生女记录，其具体数额（如表4）：

表4 交河李氏各代男女性比例

| 世代 | 男性人数 | 女性人数 | 男女性比例 | 世代 | 男性人数 | 女性人数 | 男女性比例 |
| --- | --- | --- | --- | --- | --- | --- | --- |
| 13 | 167 | 2 | 8 350 | 17 | 319 | 163 | 196 |
| 14 | 180 | 19 | 947 | 18 | 380 | 274 | 154 |
| 15 | 208 | 57 | 365 | 19 | 417 | 324 | 129 |
| 16 | 250 | 87 | 287 | 20 | 252 | 194 | 130 |

交河李氏第 13 世的男女性比例是 8 350，这简直是近乎荒唐，以后是 947、365、287、196 等等，越到后来比例越小，大概到 19、20 世，达到 129 和 130，我认为这个比例，就比较接近于当时的实际。类似的情况在其他族谱中也可见到，且再举浙江分水县《凤市赵氏宗谱》（可贤派和可久派）为例（见表 5）：

表 5　凤市赵氏各代男女性比例

| 世代 | 男性人数 | 女性人数 | 男女性比例 | 世代 | 男性人数 | 女性人数 | 男女性比例 |
| --- | --- | --- | --- | --- | --- | --- | --- |
| 15 | 113 | 18 | 628 | 20 | 186 | 96 | 194 |
| 16 | 137 | 24 | 571 | 21 | 171 | 96 | 178 |
| 17 | 141 | 50 | 282 | 22 | 83 | 51 | 163 |
| 18 | 161 | 67 | 240 | 23 | 20 | 11 | 182 |
| 19 | 181 | 75 | 241 | | | | |

《凤市赵氏宗谱》的男女性比例，总的说来，都差距偏大，但从由大到逐渐变小的这种趋向来看，应当说与《交河李氏族谱》所反映的情况是相同的。

在族谱记载中亦有比较接近于可信的，民国四川《云阳涂氏族谱》《丁口统计表》中，记录了涂氏一世宏亮，乾隆二年（1737）由湖北蒲圻县迁居四川云阳老龙坪，到 1929 年，将近二百年的历代男女丁口数，其中除娶入外姓为妇者不计外，统共涂姓男子 977 人，女子 709 人，男女性比例为 141。按照《涂氏族谱》统计后的说明："凡男丁有名而无生庚暨未成年而夭者不列"；"订婚而未娶、或已娶而再醮者不列"，以及"女子未适人者"归入别类，这三条来看，男女双方的数字都有所缺漏，而一般说来，女方缺漏可能稍多于男子，但差距估计不会很大，最多不超过 5%。

下面把各族谱中男女数额和性比例，进行列表（见附表 5）。表中，我们共统计了 22 部族谱中的一万三千多人。从男女的性比例情况来看，最低的 104，最高到 222。当然，上述比例数有的是大了些，但如果加上前面说的男女登录中的缺漏差，我认为有相当部分还是可作参考的。

男女性比例失调，并非清代如此。它是我国封建社会中始终存在的严重问题。造成此种情况的原因，除了前面说的因妇女地位低下、平均寿命低于男性以外，那种"生男则收，女则多弃"的溺杀女婴之风（光绪《顺昌县志》卷八，《碑文》，陈瑛：《谕士民戒溺女文》），亦增加了其中的不平衡性。虽然，由于自然的以及其他社会经济等条件的差异，在每个地区和每个家族，或一个家族的不同时期，男女的性比例是不完全一致的，然它并不改变男多于女的总的格局。性比例失调的一个最直接的后果，就是婚姻关系的失调。贫民常因"少女难聘"，而造成"男女婚媾失期"（民国《顺昌县志》卷二四，《杂录》：顺治《吉安府志》卷一，《风土志》），甚至出现大批旷男鳏夫（关于成年男子的未娶，下面我们还将进行讨论）①。与此相对，则又促使某种具有变态性的婚姻形式——蓄童养媳之风的盛行②。所以，性比例的基本平衡，实是保持社会稳定的重要因素，这在清代等封建制度下是永远难以解决的。

## ■ 四、婚姻状况

关于婚姻状况，我们主要讨论三个问题：（一）家族成年男子中未娶者所占的比例；（二）有关多妻（指侧室、副室或妾）情况的分析；（三）关于妇女再嫁。

### （一）家族成年男子中未娶者所占的比例

族谱中常在某些人的名字下注有"未娶"字样，或虽无未娶二字，但亦无配偶姓氏。这些未娶者的成员中，有一部分属于年龄较轻，还没有来得及结婚就亡故了的。如果把这些人统统作数，进行统计，那是不合理的。为此，刘翠溶女士曾把未娶者的标准定为50岁，我认为这又过于偏高了，因为在当时情

---

① 比如浙江《金华府志》载：东阳县，"生女多不举，故多鳏旷"；汤溪"多不举女而贫家难得娶"。浙江《开化县志》更谈到，因"浙东俗不举女"，故有"人间多旷夫"之说。又，福建《延平府志》亦言南平、顺昌等县，因"溺女之风未泯"，"贫家子辄有年逾四五十岁未娶"。因男女性比例失调，而导致男子无法娶妻的，当然不止闽浙两省，以上只略举例子说明。

② 如江西赣州一带，民间"多童养媳，每在髫龀或哺乳时入门，略具花烛仪，及长，择吉祀祖而配之，谓之合帐，虽不备礼，而贫家可免溺女之患"（同治《赣州府志》卷二〇）。又，新淦县亦因此而"无力之家多厮养媳"（同治《新淦县志》卷一一）。在湘南桂阳，"州俗结婚必于童时"（同治《桂阳直隶州志》卷一九）。陈诏盛在《问俗录》中说：贫民所以多抚幼女为童养媳，"可以济婚礼之穷窭，人抚女七八年执箕帚，又七八年能为人妇、为人母，无嫁娶之难"。

况下，男子的平均初婚年龄通常在二十一二岁到二十四五岁之间，若再加上其他社会原因，大概到40岁还未结婚，可以算得上未娶了。根据如此原则，我们把湘乡陈氏各代未娶情况，列表如下（见表6）：

表6 湘乡陈氏各代男子未娶者所占比例

| 世代 | 总人数 | 未娶者人数 | 婚姻情况不明者人数 | 未娶者占总人数% |
| --- | --- | --- | --- | --- |
| 9 | 4 | — | — | — |
| 10 | 11 | — | — | — |
| 11 | 12 | — | 1 | — |
| 12 | 13 | — | — | — |
| 13 | 35 | 2 | 1 | 5.71% |
| 14 | 70 | 11 | 8 | 15.71% |
| 15 | 96 | 14（内1人为僧） | 26 | 14.58% |
| 16 | 138 | 27 | 29 | 19.56% |
| 17 | 146 | 29 | 11 | 19.86% |
| 18 | 216 | 42 | 18 | 19.44% |
| 19 | 239 | 7 | 10 | 2.93% |
| 20 | 266 | 6 | 16 | 2.25% |
| 总计 | 1 246 | 138 | 120 | 9.63% |

湘乡陈氏从第9—20代共1 246人，除120人因情况不明无法归类外，40岁以上而未有配偶记录的有138人，占9.63%。另如福州赖氏7—11世30人，40以上未娶者3人，占10%，湘潭谭氏6—14代474人，40以上未娶者58人（另，婚姻情况不明者132人未计），占12.4%，比例数都超过湘乡陈氏。

以上三个家族，赖氏为驻防汉军正黄旗的一般人员，其余两家，多数都是些普通农民。从这三个家族可见，在当时一般农民或中下层人户中，成年男性的未婚比例是很高的。

当然，未娶者的比例高，也不是所有家族都像湘乡陈氏或湘潭谭氏那样。下面是江苏两个家族的部分统计数字（见表7）：

表7　常州陈氏和嘉山刘氏男子未娶人数和所占比例

| 家庭名 | 总人数 | 未娶者人数 | 婚姻情况不明者人数 | 未娶者占总人数% |
|---|---|---|---|---|
| 常州陈氏（大房分际系7—8世） | 99 | 5（内1人为僧） | 12 | 5.05% |
| 云阳嘉山刘氏（大房系17—29世） | 52 | 1 | 6 | 1.92% |

表7显示他们中一个所占比例是5.05%，另一个只有1.92%，这与前面说到的三个家族，比例要少多了。

通过从湘乡陈氏、湘潭谭氏，直到常州陈氏、云阳嘉山刘氏等等的统计，可以清楚地看出，未娶男子的比例在各家族间有很大的差距。这说明在每个家族内部或各家族间，经济水平都是高低不一的。每个家族未娶成年男子数目的多少，实际上反映了这个家族赤贫者队伍所占比例的大小。

## （二）有关多妻情况的分析

与大批未娶者情况相对照，当时也存在一些结婚二次或多次的人，举例如下（见表8）：

表8　11个家谱所示婚姻状况表

| 家族名 | 有婚姻关系总人数 | 结婚一次者 | 结婚二次者 | 结婚三次者 | 结婚四次者 | 备考 |
|---|---|---|---|---|---|---|
| 湘潭谭氏（6—14世） | 324 | 306 94.44% | 15 4.63% | 2 0.62% | 1 0.31% | |
| 湘乡陈氏（9—20世） | 599 | 557 93% | 35 5.84% | 4 0.66% | 3 0.5% | |
| 湖北范氏（5—12世） | 385 | 319 82.66% | 54 14.02% | 10 2.6% | 2 0.52% | |
| 桂林张氏 | 75 | 61 81.33% | 11 14.67% | 3 4% | — | |
| 睢阳沈氏（8—13世） | 178 | 105 59% | 47 26.4% | 23 12.9% | 3 1.7% | |

续表

| 家族名 | 有婚姻关系总人数 | 结婚一次者 | 结婚二次者 | 结婚三次者 | 结婚四次者 | 备考 |
|---|---|---|---|---|---|---|
| 代州冯氏 | 159 | 117<br>73.58% | 31<br>19.5% | 9<br>5.66% | 2<br>1.26% | |
| 嘉山刘氏（17—24世） | 45 | 41<br>91.11% | 4<br>8.89% | — | — | |
| 福州赖氏（7—11世） | 20 | 18<br>90% | 1<br>5% | 1<br>5% | — | |
| 新安汪氏 | 13 | 5<br>38.46% | 6<br>46.15% | 2<br>15.38% | — | 仅限有生卒年月可考者 |
| 山阴王氏 | 95 | 69<br>72.63% | 21<br>22.10% | 3<br>0.32% | 4<br>0.21% | |
| 介休李氏 | 44 | 15<br>34.88% | 22<br>51.16% | 6<br>13.95% | — | |

注：①表中所说的结婚次数，只是笼统而言，按照封建礼法的规定，除正配继室外，其余侧室副室或妾，都不能与前者同列，表现在字面上，常常前者称娶，后者叫纳。

②表中列举的百分比数，系指各家族结婚一次、二次或三次、四次者在有婚姻关系总人数中所占有的百分比。

我们共列举了湘潭谭氏等11例。这11例中，除新安汪氏和介休李氏情况稍异外，另8例绝大部分都只结婚一次，其中湘潭谭氏、湘乡陈氏、嘉山刘氏、福州赖氏，各均占其所有结婚人数的90%或90%以上，最低的像睢阳沈氏，也将近60%。至于结婚二次，以至三次四次的，多数属于妻室早亡或其他缘故而再娶的继室。比如湘乡陈氏，在结婚二次以上的42人中，只有6人纳有侧室，即一妻一妾、一妻二妾（1人），占其中的14.28%，其余36人均为继室。山西代州冯氏的42人，确实纳为侧室的也只7人，占16.67%。在湘潭谭氏族谱中，我们竟没有发现娶侧室的记载。比例稍高的像山阴王氏，在结婚二次以上的26人中，注明为侧室的6人，占23%；湖北范氏，在结婚二次以上的66人中，纳侧室的20人（包括3人纳2妾，1人纳3妾），占30.3%；睢阳沈氏纳侧室者29人（纳2妾6人、3妾1人），占39.77%；桂林张氏的13人，纳侧室的5人（1人纳2妾），占38.46%。至于嘉山刘氏、福州赖氏等等,均只有1人纳侧室。我们所谈比例,都是根据结婚二次以上的人口中得出的,如果把它与当时整个家族的结婚男丁额相比较,当然还会更小。

这里需要说明一点,按照我国的封建宗法制度,各家族在登录每人的婚姻关系时,是有一套严格规定的。如嘉庆《黄氏宗谱》:"妻生则书娶,死则书配。妾曰侧室,明嫡庶也。"光绪《八贤刘氏桂枝房支谱》:"各公妻室,凡明婚正娶者书配,继室为继配,妾为侧室,其余来历未明及不以礼聘者均削去。"民国《洪氏宗谱》亦言:"妾之名虽同而实有异,凡以礼娶者书侧室某氏,不以礼娶者书纳妾某氏。"但也有的家族规定:"妾无出不载"(光绪《大阜潘氏支谱》卷首,《凡例》),或"妾媵有子则于其子录内书之,无子不书"(康熙《会稽偶山章氏家乘》卷首,《书法》)。根据这一情况,上面的统计,可能会存在着某种遗漏,但估计不会很多。

那么,这些少数娶纳侧室或妾媵的,其身份究竟如何?《睢阳沈氏家谱》记载纳侧室的29人,除4人无官职功名外,其余都有高低不等的官职或功名,经济上至少应当是当地的殷实之户,属于中小地主或中小地主以上一类人物。山阴李氏纳侧室的6人,1人情况不明,余5人都记有功名或是中下级官衔。其他家族虽没有像睢阳沈氏等那样记载全面,但仍可找到某种线索。湖北范氏纳侧室的人中,就有内阁中书、知县、州训导、太学生、庠生等等。湘乡陈氏有一个连纳二妾者,其头衔是"诰授建威将军头品顶戴记名提督洪额巴图鲁"。在前面的列表中,我们曾举出新安汪氏的例子,据该族谱的记载,汪姓家族有不少人以经商致富。他们纳妾是因为做买卖有钱。

### (三)关于妇女再嫁

封建社会的道德规范要求妇女从一而终,不得二嫁。有的家族在"宗约"、"族规"和"家范"中,明白写上:"寡妇或有不能青年矢志者,改醮后不许往来,违者罚其子及舅姑伯叔"(光绪《山阴安昌徐氏宗谱》卷二,《家教》);"妇人改嫁者不得入祠进主"(光绪《萧山长巷沈氏续修宗谱》卷三四,《宗约》)等等。尽管如此,在族谱中我们还是发现有少数再嫁的妇女。那么她们都是在什么样情况下再嫁的呢?首先,她们几乎都是在死了丈夫以后才行改醮的。其次,多以年轻丧夫又无子无女者为主。《两湘续修陈氏族谱》中一共记录了41名再醮妇女,她们的年龄状况(见表9):

表9 两湘陈氏续谱中妇女再嫁年龄状况

| 年龄段 | 人数 | 占再嫁妇女总数 % |
| --- | --- | --- |
| 19 岁以下 | 8 | 19.5 |
| 20—29 | 10 | 24.4 |
| 30—39 | 5 | 12.2 |
| 40—49 | 3 | 7.23 |
| 50 岁以上 | 1 | 2.44 |
| 年龄情况不明者 | 14 | 34.14 |

其子女情况是，无子女者20人，占48.78%；有子者8人，占18.51%；有女者10人，占24.39%；有子有女者3人，占7.32%。《中湘谭氏续修族谱》载录再醮妇女9人，其中无子女者3人，占33.33%；有子者5人，占55.55%；有子有女者1人，占11.11%，无子女的比例数少于湘乡陈氏。遗憾的是她们守孀时的年龄记录不全，不过通过仅有的四例，其丧夫年龄都在二十几到三十几岁之间，说明亦以年轻丧夫者占有多数。在有的族谱中曾订有："至若子女俱亡，公姑无靠，不能谋生者，亦可不必强守。"（宣统《白沙陈氏支谱》卷首上，《家训》）或"族中孀妇……或有志不能守及家贫无一可守，而势难终守者，听其别为调停，族规无庸苛责"（光绪《周氏三续族谱》卷二，《族规》）。两湘陈氏和中湘谭氏的那些再嫁妇女，多数应属"青年丧夫"或无人靠养而"不能谋生者"。

最后，从我们翻阅的宗谱中，注有功名官衔的家庭，亦不乏有年轻守寡者，但却无有一例属于再嫁，这除了表明再嫁与家庭经济有重要关系外，同时更反映了那种吞噬妇女青春和个人意志的封建礼教，在中上层人士中所占有的绝对统治地位。处于这类家庭中的妇女，她们在精神思想上所受的束缚，远比一般平民百姓要严重得多。

考察人口增长率，以及男女寿命数、性比例、婚姻状况，都是现代人口统计学的重要组成部分。由于资料的缘故和计算方面的困难，我们对清代所作的统计，当然无法做到全面系统，但就从这有限的数据中，还是可以看到它与当时的文化道德传统及社会经济发展水平的关联作用。这些，对于研究清代的文化史、社会史、经济史，都有十分重要的价值。

附表1　26个家谱中男子起始世代至迄止世代人口增长速度

| 家　族　名 | 起始世代 | 迄止世代 | | 平均每代增长速度（％） |
|---|---|---|---|---|
| 泰安姚氏 | 2人 | 168人 | 7代 | 109.3 |
| 宁乡高氏 | 4 | 183 | 7代 | 89.1 |
| 湖北范氏 | 3 | 178 | 8代 | 79.2 |
| 滕县生氏 | 5 | 384 | 10代 | 62 |
| 常州蒋氏 | 2 | 76 | 9代 | 57.6 |
| 长乐郭氏 | 3 | 156 | 10代 | 55.1 |
| 洪洞刘氏 | 10 | 119 | 7代 | 51 |
| 宜兴庄氏 | 4 | 108 | 9代 | 51.1 |
| 庆云崔氏 | 7 | 215 | 10代 | 46.3 |
| 亳县郭氏 | 6 | 152 | 10代 | 43.2 |
| 代州冯氏 | 8 | 178 | 10代 | 41.2 |
| 湘乡陈氏 | 12 | 266 | 10代 | 41.1 |
| 延陵吴氏 | 73 | 350 | 6代 | 36.8 |
| 普定伍氏 | 7 | 115 | 10代 | 36.5 |
| 郴州房氏 | 47 | 564 | 9代 | 36.4 |
| 交河李氏 | 33 | 417 | 10代 | 32.6 |
| 睢阳沈氏 | 156 | 469 | 5代 | 31.6 |
| 黟县朱氏 | 55 | 212 | 6代 | 31 |
| 湘潭谭氏 | 12 | 91 | 9代 | 28.8 |
| 荆西孙氏 | 8 | 51 | 9代 | 26.1 |
| 即墨杨氏 | 143 | 1 055 | 10代 | 24.9 |
| 鄱阳童氏 | 19 | 69 | 8代 | 20.2 |
| 丹阳陈氏 | 42 | 113 | 7代 | 17.9 |
| 分水赵氏 | 49 | 123 | 7代 | 16.6 |
| 丹阳郑氏 | 94 | 226 | 7代 | 15.7 |
| 上虞陈氏 | 27 | 59 | 7代 | 13.9 |

附表2　16个家谱中男子起始世代至迄止世代人口增长速度

| 家　族　名 | 起始世代 | 迄止世代 | | 平均每代增长速度（%） | 备　考 |
|---|---|---|---|---|---|
| 南昌张氏 | 1人 | 66人 | 5代 | 185 | 明末始迁居南昌 |
| 建德朱氏 | 1 | 21 | 4代 | 176 | 乾隆中由安徽迁居 |
| 花县洪氏 | 1 | 216 | 7代 | 145 | 康熙中由嘉应州迁居 |
| 桂林张氏 | 1 | 182 | 8代 | 110.3 | 明末迁自应天府 |
| 黄冈朱氏 | 1 | 85 | 8代 | 88.6 | 明清之际迁来 |
| 西平陈氏 | 1 | 154 | 10代 | 75 | 顺治初始迁居 |
| 辽阳吴氏 | 1 | 105 | 10代 | 67.7 | 顺治初由太原迁来 |
| 福州赖氏 | 1 | 19 | 7代 | 63.4 | 雍正七年驻防于止 |
| 广东南溪盛氏 | 1 | 30 | 10代 | 46 | 明末由香山县迁此 |
| 汉阳宋氏 | 1 | 23 | 10代 | 41.7 | 明末由河南迁居 |
| 陇西李氏 | 1 | 469 | 6代 | 242.2 | 雍正四年由粤入川 |
| 云阳涂氏 | 1 | 183 | 6代 | 183.5 | 乾隆初由楚入川 |
| 绵西张氏 | 1 | 266 | 7代 | 153.6 | 雍正三年由粤入川 |
| 简阳游氏 | 1 | 115 | 7代 | 120.5 | 明末徙遵义清初乱定后重返四川 |
| 崇阳王氏 | 1 | 89 | 6代 | 145.4 | 明末由湖北入 |
| 邻水李氏 | 1 | 125 | 8代 | 99.32 | 明清之际入川 |

按：表1、表2中所列起始世代，系指我统计时作为起点的那个世代，迄止世代即为我截止统计的那个世代。

附表3 各家族不同年龄段男女死亡数

| 家族名 | 各年龄组男女死亡数 | | | | | | | | | | | | | | | | |
|---|---|---|---|---|---|---|---|---|---|---|---|---|---|---|---|---|---|
| | 90岁以上 | | 80—89岁 | | 70—79岁 | | 60—69岁 | | 50—59岁 | | 40—49岁 | | 30—39岁 | | 20—29岁 | | 小计 | |
| | 男 | 女 | 男 | 女 | 男 | 女 | 男 | 女 | 男 | 女 | 男 | 女 | 男 | 女 | 男 | 女 | 男 | 女 |
| 直隶庆云崔氏 | — | — | 3 | 3 | 14 | 4 | 6 | 4 | 6 | 2 | 4 | 4 | 1 | 1 | — | 1 | 34 | 19 |
| 山西代州冯氏 | 1 | 1 | 9 | 11 | 20 | 27 | 45 | 33 | 41 | 34 | 45 | 36 | 12 | 26 | 8 | 41 | 181 | 209 |
| 山西洪洞刘氏 | — | — | 6 | 8 | 30 | 27 | 36 | 24 | 43 | 20 | 23 | 18 | 21 | 29 | 7 | 30 | 166 | 156 |
| 奉天辽阳吴氏 | — | 1 | 2 | 4 | 1 | 4 | 3 | 1 | 6 | 3 | — | 1 | — | — | 1 | — | 13 | 14 |
| 河南睢阳沈氏 | 1 | 4 | 15 | 17 | 20 | 30 | 38 | 30 | 31 | 28 | 16 | 8 | 9 | 11 | 11 | 15 | 141 | 143 |
| 河南西平陈氏 | — | — | — | 2 | 1 | — | 4 | — | 1 | 1 | — | 2 | 3 | 2 | 1 | 1 | 10 | 12 |
| 湖南郴州房氏 | 3 | 1 | 13 | 29 | 56 | 42 | 99 | 78 | 102 | 48 | 76 | 36 | 53 | 37 | 28 | 31 | 430 | 302 |
| 湖南湘乡陈氏 | 2 | 1 | 16 | 15 | 43 | 32 | 64 | 37 | 42 | 21 | 30 | 17 | 25 | 14 | 14 | 15 | 236 | 152 |
| 湖南湘潭谭氏 | 1 | 2 | 4 | 1 | 10 | 12 | 17 | 4 | 29 | 17 | 12 | 7 | 11 | 6 | 9 | 4 | 93 | 53 |
| 湖南宁乡高氏 | — | 1 | 1 | 7 | 8 | 6 | 14 | 1 | 9 | 11 | 6 | 4 | 7 | 3 | 4 | 1 | 49 | 34 |
| 江苏常州蒋氏 | — | 2 | 3 | 9 | 5 | 9 | 14 | 15 | 24 | 3 | 10 | 9 | 9 | 10 | 3 | 10 | 68 | 67 |
| 江苏常州陈氏 | 2 | 2 | 7 | 6 | 24 | 14 | 23 | 21 | 18 | 18 | 22 | 10 | 8 | 11 | 7 | 7 | 111 | 89 |
| 江苏荆溪孙氏 | — | — | — | 1 | 9 | 13 | 30 | 27 | 32 | 19 | 27 | 26 | 7 | 12 | 4 | 4 | 109 | 102 |
| 江苏丹阳陈氏 | 1 | 2 | 6 | 10 | 23 | 32 | 36 | 28 | 71 | 29 | 45 | 25 | 37 | 35 | 18 | 12 | 237 | 173 |

郭松义与《清代人口问题与婚姻状况的考察》

续表

| 家族名 | 各年龄组男女死亡数 ||||||||||||||||
|---|---|---|---|---|---|---|---|---|---|---|---|---|---|---|---|---|
| | 90岁以上 || 80—89岁 || 70—79岁 || 60—69岁 || 50—59岁 || 40—49岁 || 30—39岁 || 20—29岁 || 小计 ||
| | 男 | 女 | 男 | 女 | 男 | 女 | 男 | 女 | 男 | 女 | 男 | 女 | 男 | 女 | 男 | 女 | 男 | 女 |
| 江苏丹阳郑氏 | — | 1 | 4 | 3 | 12 | 17 | 18 | 18 | 26 | 13 | 23 | 9 | 7 | 7 | 5 | 5 | 95 | 73 |
| 江苏宜兴庄氏 | — | — | 4 | 5 | 6 | 10 | 18 | 12 | 23 | 12 | 16 | 9 | 6 | 6 | 4 | 6 | 77 | 60 |
| 安徽亳县郭氏 | — | 2 | 7 | 8 | 3 | 7 | 7 | 17 | 11 | 7 | 6 | 1 | 4 | 2 | 4 | 5 | 42 | 49 |
| 安徽屏山朱氏 | 1 | — | 10 | 1 | 19 | 1 | 24 | 5 | 18 | 2 | 10 | 1 | 14 | 5 | 8 | 5 | 104 | 20 |
| 安徽新安汪氏 | 1 | — | 1 | 2 | 4 | 3 | 2 | 1 | 1 | 7 | 1 | 2 | 3 | 4 | — | 2 | 13 | 23 |
| 安徽泾县潘氏 | 2 | 2 | 5 | 3 | 2 | 4 | 7 | 5 | 10 | 6 | 2 | 2 | 2 | 2 | 4 | 4 | 34 | 30 |
| 浙江青田端木氏 | 1 | 1 | 3 | 6 | 7 | 8 | 10 | 5 | 9 | 5 | 6 | 4 | 3 | 4 | 2 | 8 | 41 | 41 |
| 江西饶州童氏 | — | 1 | 7 | 1 | 28 | 13 | 37 | 18 | 39 | 15 | 31 | 18 | 6 | 15 | 14 | 6 | 162 | 90 |
| 福建福州赖氏 | — | — | — | — | 2 | 4 | 5 | 4 | 3 | 3 | 2 | 3 | 1 | 2 | 7 | — | 20 | 16 |
| 广东南溪盛氏 | — | 1 | 1 | — | 2 | 1 | 6 | 6 | 6 | 7 | 3 | 4 | — | 3 | 2 | 1 | 20 | 21 |
| 广东长乐郭氏 | 2 | 1 | 7 | 1 | 22 | 20 | 16 | 16 | 12 | 12 | 15 | 12 | 8 | 7 | 9 | 8 | 91 | 77 |
| 广西桂林张氏 | — | 3 | 3 | 9 | 14 | 17 | 16 | 13 | 14 | 5 | 12 | 12 | 3 | 3 | 5 | 1 | 67 | 63 |
| 四川陇西李氏 | — | — | 2 | 3 | 5 | 8 | 6 | 8 | 11 | 8 | 12 | 8 | 6 | 5 | 4 | 1 | 46 | 41 |
| 四川邻水李氏 | — | — | 3 | 1 | 3 | 1 | 4 | 4 | 2 | 1 | 1 | 3 | 2 | — | 2 | 1 | 17 | 11 |

续表

| 家族名 | 各年龄组男女死亡数 | | | | | | | | | | | | | | | |
|---|---|---|---|---|---|---|---|---|---|---|---|---|---|---|---|---|
| | 90岁以上 | | 80—89岁 | | 70—79岁 | | 60—69岁 | | 50—59岁 | | 40—49岁 | | 30—39岁 | | 20—29岁 | | 小计 | |
| | 男 | 女 | 男 | 女 | 男 | 女 | 男 | 女 | 男 | 女 | 男 | 女 | 男 | 女 | 男 | 女 | 男 | 女 |
| 四川崇阳王氏 | — | 1 | 1 | 3 | 8 | 2 | 4 | 5 | 6 | 4 | — | 4 | 1 | 4 | 2 | 4 | 22 | 27 |
| 四川绵西张氏 | — | — | 1 | 1 | 8 | 7 | 10 | 3 | 5 | 5 | 5 | 2 | 1 | 2 | 1 | 1 | 31 | 21 |
| 四川云阳涂氏 | — | — | 4 | 4 | 1 | 6 | 8 | 6 | 5 | 3 | 3 | 6 | 1 | 4 | 2 | 3 | 29 | 32 |
| 四川简阳游氏 | — | 3 | 9 | 8 | 8 | 18 | 9 | 9 | 7 | 5 | 5 | 2 | 4 | 5 | 1 | 4 | 43 | 54 |
| 总计 | 18 | 33 | 162 | 189 | 429 | 414 | 656 | 478 | 688 | 385 | 492 | 319 | 282 | 288 | 195 | 241 | 2 922 | 2 347 |

附表4　16个家谱男性早亡人数和所占百分比

| 家　族　名 | 男性总人数 | 男性早亡人数 | 早亡者占男子总人数的（%） |
|---|---|---|---|
| 山东即墨杨氏（11—21世） | 6 016 | 63 | 1.04 |
| 河南睢阳沈氏（9—14世） | 1 832 | 38 | 2 |
| 山东滕县生氏（15—16世） | 294 | 8 | 2.72 |
| 四川陇西李氏（26、29—31世） | 1 051 | 30 | 2.85 |
| 浙江上虞何氏（德盛崇七派18、20—21世） | 145 | 6 | 4.14 |
| 四川云阳涂氏（懋心系14—16世） | 262 | 14 | 5.34 |
| 广东花县洪氏（16—18世） | 527 | 31 | 5.88 |
| 浙江余姚徐氏（16—17世） | 134 | 10 | 7.46 |
| 江苏宜兴庄氏（21—27世） | 417 | 41 | 9.83 |
| 四川崇阳王氏（国相系4—8世） | 108 | 14 | 12.96 |
| 江苏常州蒋氏（8—15世） | 417 | 59 | 14.15 |
| 湖南湘乡陈氏（少者少海少安派6—22世） | 1 115 | 239 | 21.43 |

续表

| 家 族 名 | 男性总人数 | 男性早亡人数 | 早亡者占男子总人数的（%） |
|---|---|---|---|
| 四川邻水李氏（10世） | 28 | 6 | 21.43 |
| 江西鄱阳童氏（56—58世） | 83 | 19 | 22.89 |
| 浙江建德朱氏（22—26世） | 53 | 13 | 24.52 |
| 江苏昆山程氏（8—9世） | 27 | 10 | 37.03 |

**附表5　22个家谱所载男女性比例**

| 家 族 名 | 男子数 | 女子数 | 男女性比例 |
|---|---|---|---|
| 江苏荆溪孙氏（东大二房敬支世系8—17世） | 202 | 91 | 222 |
| 江苏丹阳郑氏（越塘、下店西庄系69—78世） | 1 471 | 674 | 218 |
| 江苏常州陈氏（大房分际支派6—11世） | 331 | 158 | 211 |
| 江苏云阳嘉山刘氏（大房支18—25世） | 61 | 29 | 210 |
| 浙江端木氏（青田支系69—76世） | 109 | 53 | 206 |
| 山西代州冯氏（惠支系11—14世） | 291 | 146 | 199 |
| 江苏云阳陈氏（万城分支26—33世） | 688 | 347 | 198 |
| 浙江建德朱氏（23—26世） | 53 | 28 | 189 |
| 湖南湘乡陈氏（少海、少池、少耆系16—22世） | 825 | 446 | 185 |
| 四川崇阳王氏（国相系4—8世） | 108 | 60 | 180 |
| 广东长乐郭氏（宝房义鹏派12—23世） | 622 | 357 | 174 |
| 河南西平陈氏（不含王前系8—13世） | 720 | 414 | 174 |
| 四川简阳游氏（10—13世） | 224 | 140 | 160 |
| 江苏宜兴庄氏（五洞桥系18—27世） | 216 | 138 | 157 |
| 四川云阳涂氏（9—16世） | 977 | 709 | 141 |
| 福建福州赖氏（8—12世） | 45 | 33 | 136 |
| 四川邻水李氏（灏裔栋系10—11世） | 64 | 47 | 136 |

续表

| 家　族　名 | 男子数 | 女子数 | 男女性比例 |
|---|---|---|---|
| 山东泰安姚氏（6—9世） | 402 | 303 | 133 |
| 河南睢阳沈氏（9—15世） | 423 | 343 | 123 |
| 广东南溪盛氏（15—18世） | 65 | 56 | 116 |
| 江西南昌凤岐湖张氏（11—21世） | 256 | 220 | 116 |
| 云南腾冲李氏（10—19世） | 57 | 55 | 104 |

## 本文征引宗谱目录

河北《庆云崔氏族谱》（民国二十五年版）

河北《交河李氏族谱》（民国二十六年版）

山西《代州冯氏族谱》（民国二十二年版）

山西《洪洞刘氏宗谱》（嘉庆十五年版）

山西《介休李氏家谱》（道光七年版）

辽宁《辽阳吴氏族谱》（民国二十九年版）

山东《滕县生氏族谱》（民国二十五年版）

山东《泰安姚氏族谱》（嘉庆二十年版）

山东《即墨杨氏族谱》（光绪三十年版）

河南《睢阳沈氏家谱》（道光二十七年版）

河南《西平县权寨镇陈氏家乘》（民国九年版）

湖北《范氏支谱》（光绪二十八年版）

湖北黄冈《朱氏支谱》（光绪二十六年版）

湖北汉阳《宋氏家乘》（光绪二十八年版）

湖南郴州《蓉城北乡沙里房氏宗谱》（光绪二十五年版）

湖南《两湘陈氏续修族谱》（民国十九年版）

湖南《资阳高氏三修族谱》（嘉庆二十四年版）

湖南《中湘潭氏续修族谱》（民国十三年版）

江苏《武进蒋氏宗谱》（民国二十七年版）

江苏《云阳后分陈氏宗谱》(光绪二十年版)
江苏《云阳嘉山刘氏家乘》(光绪四年版)
江苏《云阳郑氏宗谱》(同治十一年版)
江苏武进《陈氏家乘》(宣统三年版)
江苏昆山《广平程氏谱略》(民国十年版)
江苏《毗陵陈氏宗谱》(光绪元年版)
江苏《荆西孙氏宗谱》(民国十五年版)
江苏宜兴《庄氏宗谱》(光绪十一年版)
安徽黟县《屏山朱氏宗谱》(民国九年版)
安徽黟县《(新安)汪氏统宗续谱》(清残抄本)
安徽《亳县郭氏宗谱》(民国十五年版)
安徽泾县《荥阳潘氏统宗谱》(光绪十年版)
浙江山阴《王氏族谱》(光绪三十年版)
浙江余姚《孝义徐氏宗谱》(同治十年版)
浙江上虞《崧里何氏宗谱》(道光三年版)
浙江上虞《横山陈氏宗谱》(宣统三年版)
浙江分水《凤市赵氏宗谱》(光绪七年版)
浙江青田《东鲁端木氏小宗家谱》(民国九年版)
江西南昌《凤岐岸湖张氏支谱》(光绪八年版)
江西饶州《童氏宗谱》(光绪三十年版)
福建福州《赖氏家乘》(宣统二年版)
福建《延陵吴氏族谱》(道光二十二年版)
广东《长乐郭氏六修族谱》(光绪二十七年版)
广东《南溪盛氏家谱》(民国十九年版)
广东花县《洪氏宗谱》(民国年间版)
广西《桂林张氏族谱》(民国二十二年版)
四川《云阳涂氏族谱》(民国十九年版)
四川《蜀西崇阳王氏族谱》(民国二十五年版)
四川《邻水李氏族谱》(宣统元年版)
四川《简阳游氏谱》(民国十三年版)

四川《陇西李氏族谱》(民国三年版)
四川《绵西张氏族谱》(民国十一年版)
云南《腾冲叠水河李氏家谱》(民国二年版)
贵州《普定伍氏族谱》(民国十七年版)

(原文发表于《中国史研究》1987年第3期,本书据《清代社会环境和人口行为》录出。)

# 冯尔康与《十八、十九世纪之际的宗族社会状态：以嘉庆朝刑科题本资料为范围》

## 经典导读

冯尔康（1934— ），江苏仪征人，1959年毕业于南开大学历史学系，留校任教，旋从著名历史学家郑天挺在职攻读明清史研究生，1985年晋升教授。中国社会史学会创会会长、南开大学社会史研究中心学术委员会主任、南开大学荣誉教授，国家清史编纂委员会委员。冯尔康史学研究领域广博，学术成果丰硕，尤以社会史、清史成就卓越。在清史研究领域，以《雍正传》（1985）饮誉学界，《清史史料学》（1993）、《清代人物传记史料研究》（2000）全面、系统研讨断代史史料学，为治清史者案头之书。

冯尔康在中国社会史研究领域的学术贡献主要体现在四大方面：一是中国社会史学科体系的探讨，著有论文集《中国社会史研究》（2010）、教育部重点教材《中国社会史概论》（2004）、主编并撰写《中国社会史研究概述》（1988）；二是中国社会群体及其结构的探讨，主编并主撰《中国社会结构的演变》（1994）、有论文集《顾真斋文丛》（《清代社会群体史论》2003）；三是有关宗族史的研究，著有《中国宗族制度与谱牒编纂》（2011）、主持并写作《中国宗族史》（1994年初版，2009年增订）、写作《中国古代的宗族和祠堂》（1996）、著有《18世纪以来中国家族的现代转向》(2005);四是对清代社会生活史的研究,设计并主撰《清人社会生活》(1990)、还有《清人生活漫步》(1999初版,2005年版易名《生活在清朝的人们》)等。

冯尔康长期致力于宗族研究,探讨宗族形态与社会、族谱及其学术价值、宗族文化观念、宗族史与家庭史以及姓氏文化,对中国宗族史有系统性的认识。他在《中国宗族史》将中国宗族史划分为四个发展阶段,即先秦的贵族、典型宗族制,中古的士族宗族制,宋元的官僚宗族制,明清的绅衿宗族制,认为宗族制度的发展趋势是平民化和民众化。尤其对于清代宗族有深入研究,以往的清代宗族研究主要利用族谱、文集、方志以及文书资料,冯尔康则尝试利用清朝刑科题本档案,探讨宗族社会的细部状况,进入宗族实态的分析。

冯尔康《十八、十九世纪之际的宗族社会状态——以嘉庆朝刑科题本资料为范围》(《中国史研究》2005年增刊)的分析,立足于考察宗族的生活状态,族人间的关系是日常生活的重要体现。作者在文章中探讨宗族成员间的互助、互救的情形。具体分为由中保、立嗣、资助、收容、干活、吃请体现的日常互助,由兄弟叔侄相帮、族人相助、宗族房系内讧中近房相助等体现的急难之时的救助,由人命案件中兄弟报案、叔侄报案、堂兄弟报案、伯叔祖孙报案体现的充当苦主的角色。强调宗亲关系笼罩着宗人的生活,给人们生活以关注,这是生活的现实。宗亲关系与人们生活的密切程度,又取决于血缘疏密关系,即遵循由近及远的原则,血缘越近的人,相互之间的关照就越多。

族人的日常关系也不总是互相帮助或者互相帮助也会引起矛盾,甚至族人之间也存在利益之争引发冲突。这特别反映在宗族公产、公益与纠纷方面。具体问题有宗族公产及其来源、管理与分配,祖遗田产的用水管理与纷争,族人间的买卖、借贷与纠纷,图赖强求族人财物(如强占便宜、强借、讹诈)。冯尔康认为许多宗族拥有公共财产,举办公益事业,开展宗族集体活动,这在有助于安排族人生活的同时,往往也造成事端,发生家族内难,也是族人生活的内容。

族人的观念不仅反映生活,也是日常生活的一部分,宗族意识与通财观念对于宗族很重要。冯尔康认为宗亲关照族人,或者族人强求人照顾,这种事仿佛是两个极端,互不相容,而其思想观念却是相通的,这就是宗族意识和家族通财观念。具体如宗亲情义、尊长卑幼观念,或者说尊长权威意识。

宗族的日常生活虽然具有独立性,但是与法律有密切关系。清代法律法令强力维护宗法宗族,具体反映一是宗亲法的审判原则及执行,如尊长犯卑幼相对轻判刑,妇女案件的判决与男性有所不同，政府视族人之间的犯罪案子为关涉宗亲伦理的重大案件；二是推行孝道的存留养亲法；三是政府依靠宗族协助命案的审理与执行；四是地方官将一些民事纠纷交由宗族处理。

宗族具有自己的社会功能与特性。从族人个人的角度看其同宗族的关系，宗族给族人一个经济生活圈、社交圈，形成宗亲文化氛围，维护小范围生态环境圈，起着维系家庭，排除宗族内部的某种干扰的作用。作为宗族一分子的族人，生活、生存在宗族社会人文环境中，既受到关照，又受其制约，在聚族而居的状态下是不可以离开宗族的，否则难于生存，换句话说，宗族在保障族人生活、生存中是起着重大作用的。从政府对于宗族的实际态度看，政府认可宗族的某种自治性和实行宗亲法。从宗族功能看，宗族具有管理公有经济，协调族众的内外人际关系，管理或协调社区公共事务，奉政府之命协助处理族众纠纷等职能。总之，宗族是具有社会、政治功能的民间自治性群体。

冯尔康对十八、十九世纪之际宗族社会状态的考察，不同于以往对宗族族权、制度的关注。本文着眼于族人的关系、生活，研究别开生面，通过朴实的叙述呈现出宗族社会状态、日常生活的取向。这应是未来宗族研究新的路径。

**—— 延伸阅读文献目录：**

1. 朱勇：《清代宗族法研究》，湖南教育出版社1987年版。
2. 张研：《清代族田与基层社会结构》，中国人民大学出版社1991年版。
3. 陈支平：《近500年来福建的家族社会与文化》，生活·读书·新知三联书店上海分店1991年版。
4. 郑振满：《明清福建家族组织与社会变迁》，湖南教育出版社1992年版。
5. 许华安：《清代宗族组织研究》，中国人民公安大学出版社1999年版。
6. 林济：《长江中游宗族社会及其变迁：黄州个案研究（明清——1949年）》，中国社会科学出版社1999年版。
7. 林济：《长江流域的宗族与宗族生活》，湖北教育出版社2004

年版。

8. 冯尔康:《18世纪以来中国家族的现代转向》,上海人民出版社2005年版。

9. 唐力行:《徽州宗族社会》,安徽人民出版社2005年版。

10. 张艺曦:《社群、家族与王学的乡里实践——以明中晚期江西吉水、安福两县为例》,台湾大学出版委员会2006年版。

11. 朴元熇:《明清徽州宗族史研究》,中国社会科学出版社2009年版。

12. 赵华富:《徽州宗族论集》,人民出版社2011年版。

13. 黄海妍:《在城市与乡村之间——清代以来广州合族祠研究》,生活·读书·新知三联书店2008年版。

14. 何淑宜:《香火:江南士人与元明时期祭祖传统的建构》,稻乡出版社2009年版。

15. 陈启钟:《明清闽南宗族意识的建构与强化》,厦门大学出版社2009年版。

16. 徐斌:《明清鄂东宗族与地方社会》,武汉大学出版社2010年版。

17. 常建华:《明代宗族组织化研究》,故宫出版社2012年版。

18. 左云鹏:《祠堂族长族权的形成及其作用试说》,《历史研究》1964年第5-6期。

19. 徐扬杰:《宋明以来的封建家族制度述论》,《中国社会科学》1980年第4期。

20. 冯尔康:《论清代苏南义庄的性质与族权的关系》,《中华文史论丛》1980年第3期。

21. 王思治:《宗族制度浅论》,《清史论丛》第4辑,中华书局1982年版。

22. 冯尔康:《清史的谱牒资料及其利用》,《南开史学》1984年第1期。

23. 李文治《明代宗族制的体现形式及其基层作用》,《中国经济史研究》1988年第1期。

24. 冯尔康:《宗族制度对中国历史的影响》,《谱牒学研究》第1

辑,文献出版社 1989 年版。

25. 冯尔康:《清代宗族制的特点》,《社会科学战线》1990 年第 3 期。

26. 冯尔康:《族规所反映的清人祠堂和祭祀生活》,《清王朝的建立、阶级及其他》,天津人民出版社 1994 年版。

27. 冯尔康:《论"一史馆"土地债务类档案的史料价值》,《南开学报》1999 年第 4 期。

28. 科大卫、刘志伟:《宗族与地方社会的国家认同——明清华南地区宗族发展的意识形态基础》,《历史研究》2000 年第 3 期。

29. 冯尔康:《清人'礼以义起'宗法变革论》,朱诚如、王天有主编:《明清论丛》第二辑,紫禁城出版社 2001 年版。

30. 冯尔康:《18 世纪末 19 世纪初中国的流动人口——以嘉庆朝刑科题本档案资料为范围》,《天津师范大学学报》2005 年第 2 期。

31. 冯尔康:《乾嘉之际小业主的经济状况和社会生活——兼述嘉庆朝刑科题本档案史料的价值》,《中国社会历史评论》第七卷,2006 年 10 月。

32. 冯尔康:《秦汉以降古代中国"变异型宗法社会"试说——以两汉、两宋宗族建设为例》,《天津社会科学》2008 年第 1 期。

33. 冯尔康:《清代宗族族长述论》,《江海学刊》2008 年第 5 期。

34. 常建华:《清代宗族"保甲乡约化"的开端——雍正朝族正制出现过程新考》,《河北学刊》2008 年第 6 期。

35. 冯尔康:《清代宗族祖坟述略》,《安徽史学》2009 年第 1 期。

36. 冯尔康:《清代宗族祭礼中反映的宗族制特点》,《历史教学》2009 年第 4 期。

37. 冯尔康:《清代宗族的兴学助学及其历史意义》,《清史研究》2009 年第 2 期。

38. 冯尔康:《略述清代人"家谱犹国史"说——释放出"民间有史书"的信息》,《南开学报》2009 年第 4 期。

39. 冯尔康:《宗族不断编修族谱的特点及其原因——以清人修谱为例》,《淮阴师范学院学报》2009 年第 5 期。

40. 冯尔康:《略述清代宗族与族人丧礼》,《安徽史学》2010 年第 1 期。

41. 冯尔康:《政府规制与民间舆情的互动——以清代族正制的内涵及存废推动为中心》,《社会科学辑刊》2011 年第 3 期。

42. 冯尔康:《中国宗族的历史特点及其史料》(《清代宗族史料选辑》序言),《社会科学战线》2011 年第 7 期。

43. 冯尔康:《清代宗族的社会属性:反思 20 世纪的宗族批判论》,《安徽史学》2012 年第 2 期。

—— 原文:《十八、十九世纪之际的宗族社会状态:以嘉庆朝刑科题本资料为范围》

**经典原文**

# 十八、十九世纪之际的宗族社会状态：
## 以嘉庆朝刑科题本资料为范围

冯尔康

**内容提要**：中国第一历史档案馆藏有《内阁全宗·刑科题本·土地债务》类档案，文章利用其中属于嘉庆朝形成的几百件档案资料，描绘18世纪末期19世纪初期宗族社会的细部状况，即宗亲间在生活各方面的互助、互救，宗族公共财产的管理、分配以及纠纷，族人的宗族意识和通财观念，清朝政府施行宗亲法的刑政状况及其对宗族的影响。从这些具体事实中我们可以认识族人与宗族的关系和宗族的功能、性质。作为宗族一分子的族人，生活在宗族社会人文环境中，既受到关照，又受其制约，宗族在保障族人生活、生存中起着重大作用。政府利用宗族协助其治理，从而给予极其有限的自治权利。

**关键词**：嘉庆　刑科题本　宗族　宗亲法　自治群体

在中国第一历史档案馆（以下简称"一史馆"）藏档中，有刑科题本一种，是清代地方督抚和中央三法司审理命案的记录。因其内容，一史馆又将其分类，其中由土地债务等原因形成的案件，命名为"土地债务类"，其中嘉庆朝（公元1796—1820年）产生的刑科题本土地债务类档案三万二千多件。笔者于20世纪80年代中期，与一史馆研究部合作，带领南开大学历史学系一些研究生和本科生去该馆，将嘉庆朝土地债务类档案查阅一过，摘录了数百万字的资料。20年后的今日，笔者重新阅读当年摘抄的资料，限于时间，仅仅认真读了四百余件，据以写成本文。乾隆朝刑科题本档案，中国社会科学院历史研究所早在60年代作了摘抄，并公布《清代地租剥削形态》（1982年）、《清代土地占有关系与佃农抗租斗争》（1988年）两部资料选集，因而乾隆朝的刑科题本材料为学者有所利用。嘉庆朝的资料则基本上没有被研究者使用，笔者此文纯用这类史料，或许令拙文有了特点。刑科题本对案情交代得相当细致，使得我们有可能对它所反映的事物进行细部研究，故而这篇小文将用一件件档案素材说明宗族史中的细小事情，可能显得琐碎，不过对深入认识清代宗族社会状况或许有所裨益。案件发生在嘉庆年间，可是有的事情的肇因却蕴涵在乾隆后期，因此它所反映的时间就不是纯粹嘉庆朝的，故而笔者所说的时间应该是18世纪末期到19世纪初期的三四十年间。文章写法则是先交代档案材料所记录的宗族社会的事实，然后作一点宗族社会性质的分析。

## 一、宗亲间的互助与互救

笔者在嘉庆朝刑科题本中见到宗族成员间的互助、互救的情形，可以区分为下述三种情况：

### （一）日常互助

**中保**。族人买卖、典当土地房屋，借贷、赊购银钱物件，要请亲友，特别是家族近亲作保证人，中人要在契约文书上签字画押，对成交的事情负责，如若借贷不能按期交还钱物，所卖田房产权有纠葛，中保要承担责任。所以做中人，常常是对卖方、借贷方的支持。

嘉庆二年（公元1797年），四川阆中县邢洪先邀请堂兄邢洪仁作中人，当给王士奇田地一分，五年十二月，邢洪先因贫穷，请邢洪仁一同到王家要求追加当价，买主不同意，邢洪仁将其妻、邢洪先将其子打伤致死。① 五年（公元1800年）十月，四川温江县刘体林将水田一段，凭中人刘兰纯，卖给堂兄刘体中，买主当即交出大部分价银，而剩余部分过期不交，刘体林投告中人，六年四月向刘体中索讨，以致打死买主。② 六年（公元1801年）二月湖南邵阳县李有道将他和李信言所共有的山地一块，私自凭中人李信元卖给杨礼选，李

---

① 中国第一历史档案馆藏档，《内阁全宗·刑科题本·土地债务类·嘉庆朝》，第4 546包；下引该馆档案，仅简单注明包号；又，该馆对土地债务类档案作了新的编号，此包号系旧有的，笔者暂时不能去查阅改变，对于需要检索的读者造成不便，尚请见谅。
② 第4 589包、第4 600包，前包题本系四川总督所作，后包是主管刑部的大学士题本。

信元出于照顾本家李有道而欺骗了外姓买主。① 五年七月贵州陈家老五陈金玉、老六陈金黄请求二哥陈金万说情，向其亲戚石潮奉赊米一石二斗，三个月后陈金万代其亲戚向五弟、六弟讨要米价，竟然被两个弟弟打伤而死。② 贵州遵义杨明扬无子，临终向妻胡氏说不必立后，将遗产分给侄儿，让他们轮流养活。二年九月，胡氏依照遗言，"邀凭族户，将伊夫所遗田产分予二、三、四各房子侄管业，议令每房各出银十两给予胡氏，以为养赡之资，各房应允，立有字据"③。上述数例的中保，均是族人、"族户"，有了他们，才使得买卖、赡养契约得以成立。

**立嗣**。前述杨明扬不让立嗣子，像他那样有田产的人而不立嗣，并不多见，通常的情形是无子的人会在生前确定嗣子，或死后由宗族为其立继。山东邹县周某有三个儿子，为他们分家，每人得地十二亩，后来他的哥哥亡故，就将三子兴荣过继给伯母王氏，让把分给他的十二亩田产带去，并且议定，王氏所有的七亩田，在其身故后，由三子平分。④ 这就不仅是为兄长立后，还在经济上关照亡兄遗孀。安徽泾县王道传，在其三弟故世时，将次子王延沃过继给他，继承其三亩田业，王延沃仍随生父生活。⑤ 福建漳浦县丁秋无子，自幼抱养陈旺子的儿子殿邦为子，其弟丁节又将儿子丁章过继给他，及至丁秋夫妇故世，其兄丁弄收养殿邦，嘉庆六年族中分公项银，丁弄三兄弟共分到三十千文，三房均分，丁章与殿邦作为丁秋的二房共得一十千文。⑥ 河南唐县康起玑出继为人后，不知是否有子，但是没有孙子，遂以康万良为继孙。⑦ 陕西渭南李澍修自幼出继族叔李光启，⑧ 这是过继给出了五服的族人，与给近房叔伯不同。家族为无子的族人立后，起着维系家庭的作用。

**资助**。宗亲相互帮助是常有的事情，以致承担债务。四川乐山宋氏妇女，先嫁范姓，夫死携带其女改嫁魏文才，将女儿改姓魏，并于嘉庆五年招赘王

---

① 第 4 586 包。
② 第 4 593 包。
③ 第 4 595 包。
④ 第 4 606 包。
⑤ 第 4 588 包。
⑥ 第 4 712 包。
⑦ 第 4 564 包。
⑧ 第 4 574 包。

老么承继魏家，魏文才死，因其贫困，经本家魏万有、魏文清等议定，将家族的公共桑地出产供宋氏母女生活之用。① 由此看来，魏姓家族，不歧视再婚妇女，还悯其困难，给予公产出息的顾恤。湖南安化陈明信在舅舅邱庆云家做工，舅舅不能及时给工钱，乃牵了他的牛卖钱，外出做生意，而别人误说他盗牛，他的伯父陈道方怕他吃官司连累自己，出钱将牛赎回，以便他回乡拿牛去换工钱。② 邵阳县徐立祥与堂叔徐亲南田地毗邻，共用坝水，该徐立祥用水灌田的日子，徐亲南予以堵塞，引发争闹，无理的徐亲南却邀族人徐立任等人，指责徐立祥"触犯尊长"，应该出钱赔礼，徐立祥不予理会，外出贸易，徐亲南又约徐立任等将徐立祥哥哥徐立珍的牛牵走，寻经族人劝解，由徐立珍出钱二千四百文交给徐亲南，换回牛以息事宁人。③ 以上有关牛的两个案子，都是尊长出钱以图消弭事端。

**收容**。收留没有直系亲属的宗亲。四川峡江县曾欢保，父亲死了，母亲改嫁，到剃头店当帮工。嘉庆五年，欢保十七岁，打架受伤，伯叔祖曾会迪收留他在家养伤，然而伤重死去。④

**干活**。族人有急事，找宗亲去帮助做活，是极其平常的事情。广东潮阳梁阿磬于五年闰四月二十五日放牛时突然腹痛，就请在地里割草的族人梁阿汉带为照顾牛，自己回村歇息。⑤ 浙江仙居人应文标将田租给张钦法耕种，嘉庆三年向佃户借钱三千六百文，五年张钦法就扣租抵欠，六年夏收应文标去收割一半麦子，到七月三十日夜间，叫侄儿应希杰帮忙去抢割稻子，被张钦法发现，应希杰竟被张钦法的侄子张组富打死。⑥ 像应希杰这样应招帮忙的事，在笔者所见的档案里发生了多起，其实张组富也是应叔父之招而来的，从而惹了祸。

**吃请**。宗族活动和宗人家庭有事，宗亲间会有餐饮之举。六年二月二十三日邵阳李信言与从侄李仲文、族兄弟李信荣、妻弟蒋老三在家"吃祭祀酒"⑦。

---

① 第4588包。
② 第4574包。
③ 第4592包。
④ 第4598包。
⑤ 第4586包。
⑥ 第4614包。
⑦ 第4586包。

## （二）急难之时的救助

"患难之交"，在中国人最受称扬。宗亲之间常常出现患难与共的情形，特别是在近房之间。出手排难，有多种情形，因血缘关系的疏密，区分出远近，人们之间的相互救助，采取由近及远的原则，首先是亲兄弟叔侄相助，其次是五服内亲、族人之间相助，外出谋生中更是宗亲相帮。为亲人排忧解难，甚至不计自家的利害安危。救助不仅是对付外姓、同姓不同宗的人，因为由近及远原则，乃至为近房而与远房结仇争斗。

**兄弟叔侄相帮**。浙江玉环厅张添锡于乾隆五十六年（公元1791年）出典山地一块给姚阿娄，同时给予契据，然而契据内包含有未典地段，嘉庆六年姚阿娄要照契据所开地亩管业，带领兄弟姚阿五及雇工到并未购买的地里耕种，张添锡随即与已经分家的弟弟张添送去阻拦，姚阿娄将张添送打伤，张添锡则将姚阿娄打死。① 这是两对兄弟相帮一致对外。广东长乐县人张略成与张达帼，同姓不同宗，两家相邻，屋后有官地一块，嘉庆元年（公元1796年）立石分界，各自用作晒谷场。张略成占的面积小，他因租地少，场地够用，所以没有理会，后来增加租地，感到场地小了，就在六年端午节邀请堂侄张石秀去移动界石。张达帼与其堂弟张达敏走来阻止，发生争执，张石秀打伤张达敏，而张达帼打死张略成，张达帼被拟刑绞监候，张石秀逃逸被追捕。② 一个堂侄、一个堂弟各为帮助亲人，一个受伤，一个成为潜逃犯。湖北蕲水胡有本及侄胡升谦、胡升让有公共田庄，租给陆得高、陆老九弟兄，嘉庆五年秋天胡家叔侄以约期已满，要收回自种，陆家兄弟要求秋后退佃，胡家兄弟带同雇工于九月初十去犁田，陆家兄弟遂打死胡升谦，打伤胡升让和工人沈三。③

**五服祖孙相助**。江苏如皋孙万益于嘉庆三年向监生戴宝贤借钱，不收利息，未还，四年除夕又去借钱，戴宝贤不答应，孙万益就将他家茶碗摔碎，住在间壁的戴宝贤侄孙戴伯成闻声赶来，祖孙二人遂把孙万益打伤致死。④

**族人相助**。陕西临潼孙驴儿向借贷人田大怀讨债，反而被田大怀追打，孙

---

① 第4 601 包。
② 第4 591 包。
③ 第4 588 包。
④ 第4 595 包。

登举见状，为保护族叔祖孙驴儿，失手将田大怀打死。①浙江临海人张洪豹交租，故意少交二斗，业主陈志经不肯少让，争打中，被赶集回来的张洪豹族叔张光义看见，他为帮助族侄，上前袒护，被陈志经打死。②

**在外谋生相帮**。江西瑞金人古奕祖与堂侄古喜奇同到福建长汀做挑夫，五年十一月十一日有一个挑夫冯起中在邹细丰饭店吃饭，不能付现钱，被店主责嚷，古喜奇出于同类相怜，上前帮护冯起中，邹细丰就将古喜奇打伤，别人通知古奕祖，古奕祖赶来将古喜奇搀扶到住处刘贵官店内，请医生治疗，不治而亡，古奕祖遂去报案，请求申冤。③在异地他乡，古喜奇无人可以依靠，只有堂叔是亲人，而古奕祖也因为他是堂侄，就以救助他为己任。四川合川人周元珑、周元贵兄弟移居邻水县，租佃熊姓地主田地，王明绍、王斌父子也租种熊家的田，同院居住，周家兄弟看不上王家父子的不务正业，王家则向他们寻衅闹事，陈盛潮也种熊姓田，隔院居住，五年三月，周家兄弟联合陈盛潮致害王家父子。④

**宗族房系内讧中近房相助**。湖南浏阳王氏有公共祭田，六房轮流管业办祭，嘉庆五年该王孟举轮值，他将田租给小功服的王海南，七年归王有堂轮值，要起田自种，可是乡俗起田得在头年十二月言明，王海南已经犁过田，不允起田，三月初八日王有堂带着侄子王代楠强行耕种，被王海南之子王明川等打伤，王有堂、王汉章遂带同弟侄到王海南家，打死王明川。王有堂与王海南共曾祖，自祖父起房系不同，然而死者系王有堂缌麻服侄，仍未出五服。⑤这个命案是王有堂与王海南两个房系相争的恶果。江西萍乡何姓也因公共山田租息导致小功服宗亲相残：嘉庆七年何文松轮值，小功兄弟何文贵往讨山租，被何文松弟弟何文标打伤而死，何文贵的侄子何仕庭报案，为叔父申冤。⑥

救助的内容是多方面的，其中包括宗亲遭遇困难时代他向人求情，希图使他从困厄中解脱出来。四川彭县人尹崇俸于五年二月受雇于净水寺，到五月患病不能做事，僧人道悟要把他辞退，尹崇俸之兄尹崇位到寺院，再三向道悟恳求，容留乃弟在寺里调养，只管吃饭，不给工钱，道悟遂允许尹崇俸继续留在

---

① 第4556包。
② 第4614包。
③ 第4547包。
④ 第4586包。
⑤ 第4715包。
⑥ 第4711包。

寺中养病。① 湖南靖州绥宁县李昌太将塘田典当给苏时春，仍归出典人佃耕，嘉庆六年李昌太用潮湿谷子交租，苏时春生气要收田自种，李昌太就请求族人李昌华向苏时春讲情，继续让李昌太佃种。②

以上族人相助的案例，是非不能一概而论，有的帮助合情合理，有的站在无理的一边，笔者在这里不是要分辨谁是谁非，而是说宗人与外人之间、宗人房系之间，不讲是非，而只讲血缘原则，以此决定对族人困难、灾难的态度。

### （三）特殊情况下充当苦主的角色

人命案件通常由苦主报案，这苦主应是直系亲属，即父子祖孙和夫妻，在没有直系亲属，或死者的子孙年幼的，其他宗亲代为报告官府，恳求申冤。报案者，除了需要受亲人惨死的伤痛外，还要如实陈述案情，并对真实性负责。这是在心理沉重负担下、压抑下做出的，很不好受，一般情形下谁也不愿意充当这种角色，而宗亲有义不容辞的责任，不容不去为死难宗人处理后事。

**兄弟报案**。湖南衡山佃农吴蒂岳因用水溉田之争，被田主打死，乃兄吴文豪报官，"恳验究"③。河南洛阳杨振甲被人杀害，其兄杨印甲投报请究。④

**叔侄报案**。山东昌乐人韩小水在姜进贤家牧羊，死了两只羊，主家没有让赔偿；他的被雇得到张玉的保荐，张玉觉得韩小水无能，使他没有脸面，因此责骂被保人，并在斗殴中打死韩小水。事发，韩小水的叔父韩克武投保报验。⑤ 前面说过四川乐山魏姓家族关照寡妇宋氏母女，后来出现变故，魏济明到那块桑地采取桑叶，并将宋氏母女打死，宋氏丈夫魏文才的堂侄魏万有报案请究。⑥

**堂兄弟报案**。安徽宿州宋玉被宋兹荣误伤身亡，他的堂兄宋兹美报案⑦。江西铅山人曾景盛交定金预购程有惠的竹箸，至期交货不足，引发殴打，曾景盛死亡，他的堂弟曾景春投报，求抵究。⑧

---

① 第4 604 包。
② 第4 712 包。
③ 第4 565 包。
④ 第4 565 包。
⑤ 第4 603 包。
⑥ 第4 588 包。
⑦ 第4 565 包。
⑧ 第4 597 包。

**伯叔祖孙报案**。前述曾会迪为侄孙曾欢保报究，即为实例。

由上述各种情形来看，在人们的生活之中，需要找人干活，请保人，找监护人，立嗣子，求资助，急难之中寻觅排忧解难之人，乃至死亡后的料理后事，都离不开宗亲。宗亲关系笼罩着宗人的生活，给人们生活以关注，这是生活的现实。

宗亲关系与人们生活的密切程度，又取决于血缘疏密关系，即遵循由近及远的原则，血缘越近的人，相互之间的关照就越多。

## 二、宗族公产、公益与纠纷

许多宗族拥有公共财产，举办公益事业，开展宗族集体活动，这在有助于安排族人生活的同时，往往也造成事端，发生家族内难。这些方面，与前述的互助、互救生活，同是构成族人生活的一种内容。

### （一）宗族公产及其来源、管理与分配

在笔者看到的案例中至少有四十多个宗族拥有公共资产。这些资产多数原为先人故世前指定作为他的祭祀资源的田业，而后成为祭田为他的房分所有，待后房支扩大，产业则成为宗族公有；或者开始就指定产业为宗族所公有，是族产而不是房系产。宗族公产主要是不动产的耕地、山林和房屋，有的也有浮财——银钱；族产的各项收入，在完纳钱粮之外，主要用于办祭，有余钱则按人丁分给族人。公产有固定的经理人员，负责收纳与支出，而公产不多的宗族大都采取各房轮管的办法，轮值之年，既管理田产的收益，又办理祭祀事务。至于田地的经营方式则由宗族公议或轮值人员决定，或自家耕种，或出租给族人、外姓人。有的宗族公产的收益分配，采取按房按股的方法，多半开始时按房给股，后来房下又有房，各房的族人就依所得的股份，再进行分摊。宗族在公产管理中有漏洞，有的族人又因贫困而企图贪占公产的便宜，于是发生纠纷，甚至出现斗殴命案。

直隶宝坻张姓宗族有"公伙祭田，坐落不止一处"，可知田产不是很少；"每年收的租息，作为完粮祭扫用度"，这种祭田，名副其实是为祭祀之用；

"公议张用庆经管总账,张美玉催交租钱",即管理人有两位,一管总账,一管收租,人选是族人共同商议出来的,经过某种民主的程序,而非族长指定。该宗族祖坟边上还有几亩地,由张宗立租种,每年交纳东钱十六吊。嘉庆四年、五年欠交租金,六年清明祭祀之后家族结算账目,让他交租,可是他在这以前为族中公事垫支一百多吊东钱,他要求以此抵算租钱,可是族众不同意,因为众人希望他交现钱,以便完纳钱粮,张宗立于是答应筹措现钱定日子交纳。①河南鄢城刘姓家庙有祖遗祭地六亩,族人轮种,五年由刘叫花耕种,八月间他的无服族兄弟刘顺诈称该轮到他耕种,并要分割刘叫花所种的芝麻。②江苏溧阳史姓祠堂有田产,收有存粮,嘉庆四年出粜稻米,族人史一沅蒙混私自挑走一石,被发现后,族长史其凤罚他祖前设祭;五年六月,史一沅又向经管人要求借用祠堂公存银十二两,经手人不同意,要由族长处断,史一沅乃将史其凤杀害。③原籍江西崇义、寄籍南康的王世月,兄弟六人,其父遗留祭田九石八斗(种),④租给邱姓耕种,并收押租钱六十五千文,六兄弟轮年收租值祭。嘉庆五年王世月轮值,邱姓欠租,且无力还租与继续承佃,王世月乃将其所欠租谷估值五千文,另给他六十千文押租钱,将田收回自种,随后他二哥王世朋从外地回来,不明原委,以为他要"赖租减祭",责嚷他,以致被他打伤而亡。⑤

江西万载杨姓族人公有凤凰山场,租给兰姓等佃种,收租按八十股均分,雍正年间(公元1723—1735年)以后陆续出卖六十四股给族人,剩余的杨伦红等人十六股,收租送到宗祠,按股分给。嘉庆四年十月又将山田立约阄分,各自管业收租。可是杨伦红却将他和杨可观分内的租子一并征收,引起两家的打斗。佃户表示他的地租是二十二千文,杨家不管谁来,都可以取租,可见杨家管理不严密,给不良族人钻空子,发生恶性案件。⑥江西武宁周姓有公山一丘,嘉庆二年三月,族众因乏公用,将山上树木以五十千文押给洪大衍,二分起息,立有文约,五年还过本利,然欠利钱二千文,十一月周姓族人上山砍

---

① 第4600包。
② 第4602包。
③ 第4588包、4603包。
④ 清代南方有些地区以"石斗"为田亩的计算单位,每石种究竟合多少亩,各地不一致,不过总在六亩以上。
⑤ 第4601包。
⑥ 第4583包。

树,典主阻拦,形成命案。① 浙江淳安徐姓宗族有毛桐岭秋字454号、455号两个公山,分别是十二亩、二亩纳粮税额的面积,在各户名下纳粮。四年十一月徐吉孙、徐万和出面将二山的柴薪树木的砍伐权出让给方长太,得价八十四千文,按股份所有权分给各户,由于有的股份业主没有及时得到钱文,造成斗杀案件。②

福建上杭刘姓宗族有公项银,族人刘芳文于乾隆五十八年(公元1793年)八月借用十两,立有字据,每月按一分半起息,宗族将利息用作每年的祭扫费,嘉庆二年(公元1792年)四月以后刘芳文拖欠利钱,五年端午日祭祖,刘芳文与祭,轮值办祭的刘腾应让他交纳欠租,发生争执并殴斗,刘芳文受伤死亡。③ 江西新淦帅氏宗族也有公存银钱,帅俊万经管出入,五年正月二十二日族众在公厅与他算账,他应交出六千文,远房的人要他立即拿出来,近房的人维护他,引发厮打,生出命案。④

宗族公产有田业,有银钱。产权归宗族所有,比较有稳定性,但也不是绝对的,会发生出卖、出典的事情,如万载杨姓、淳安徐姓的公山就在变化,所以旧有的会减少、消失,而新的祭产又会不断出现,像王世月家族那样。家族产业不许族人个人私自出卖,因此才有稳定性,与此相一致的是产业契据管理有方,有的归宗祠统一收存,有的由长房保管。安徽歙县方姓,"祠内公业契据"向由"长房收执"⑤,是为一例。族产不容侵犯,族人自觉地监督,起到保证作用。福建晋江李姓祠堂前有两株古树,一贯禁止砍伐树枝,嘉庆八年六月李虎去砍枯树枝,无服族叔李辇见而阻止。⑥

### (二) 祖遗田产的用水管理与纷争

族人的田产有一部分是祖先遗留下来的,这种田地的灌溉用水,在祖宗时代由于是自家的,不会有什么争竞。可是留传后代,每家分得的地块越来越

---

① 第4714包。
② 第4579包。
③ 第4581包。
④ 第4579包。
⑤ 第4504包。
⑥ 第4717包。

小，用水的秩序就要重新安排，否则就会出现乱子。事实上，不仅同一宗族内部，而且不同宗族之间都需要进行水资源的管理，然而纠纷还是不时地发生。

六年（公元1801年）四月，湖南邵阳徐立祥、徐亲南为用水的斗殴，前面说过，不必重复。嘉庆五年秋天，湖北黄安李空元因为天旱，公塘水少，偷挖堂兄李再华的田埂放水灌田，被打伤死去。① 湖北孝感汤姓宗族在嘉庆七年十一月发生卖田牵涉到未来用水的戕杀案。凶手汤洪桂，年七十二，有四兄弟，他行四。兄弟们的田有公塘，车水共用，但都经过三房汤洪富的田。十一月初二，汤洪富因乏钱使用将二斗水田卖给丁万桂，汤洪桂得知，与二哥洪明等商量，觉得将来用水都要经过外姓丁万桂的田地，恐多不便，不如大家凑钱，帮助三房索回田业，于是逼着汤洪富找丁万桂退田，可是买主不答应，汤洪富因而生气发病，汤洪桂乘机将三哥勒死，企图嫁祸于丁万桂。② 汤洪桂固然是丧尽天良，然而促使他如此行动的是用水的原因，可见农田水利资源的分配是重大的问题。江西宁都州刘潮铭、刘捷贤堂兄弟的耕田上下毗连，同用圳水，嘉庆二十二年八月十四日刘捷贤堵塞刘潮铭水道自用，结果就出现了刘潮铭被打身亡的事故。③ 在宁都州还发生宗族之间争水打官司的事情，平阳乡有高陂水，灌溉中塘、洲塘、江口三村，郭姓中塘在上，张、崔二姓之村在下，各自车水溉田，都以明代万历年间（公元1572—1618年）的地方志和顺治十五年（公元1658年）、乾隆十九年（公元1754年）共同修治与分用陂水的政府批谕作凭证。然而新修的宁都州志记载高陂系张、崔二姓先人所修，与郭姓无关，张、崔二姓遂于嘉庆四年（公元1799年）六月上告，不许郭姓用水，署理宁都州知州石瓒韶以陂水乃自然之利，下令照旧共同灌溉。崔姓不服，继续上告，江西巡抚批示赣南道审理，赣南道转委会昌知县会同宁都知州勘讯，会昌令等认为郭姓只有私存远年官断批谕，并无州衙文献作根据，而崔姓、张姓交验的新志，有张汉宸、崔彬等兴筑字样，而且郭姓另有塘水，遂将高陂之水断归崔姓、张姓使用和管理。原来各姓都有陂水使用的管理人员，负责修缮、用水事务，崔姓遂命原来的管理人崔兴扬继续管业，合族拨给他十五石粮食作为酬劳。七年四月十五日崔兴扬邀同族人修筑陂坝，所起沙土压在郭以

---

① 第4 595包。
② 第4 713包。
③ 第4 720包。

的田里，郭以匐以此为由，掘堤放水，崔兴扬与崔兴全等巡夜发现，杀死郭以匐，于是郭姓控告到湖南按察司，按察使衡龄审断，准许郭姓用水，惟安排三姓不同的用水时限，即郭姓准用二日，崔姓、张姓共用八日，并按照用水的天数，计日出资维修陂坝。①

无水不能种田，水和地一样关系着农民的生产和生活，因水利灌溉而产生的争端，就毫不足怪了。不过以上利用水利资源的纠纷多发生在南方的湖南、湖北、江西等水田地区，而北方则比较少见这种现象。

### （三）族人间的买卖、借贷与纠纷

族人之间有无偿资助，同时有借贷和买卖的关系，这中间有的有互助的因素，不过更明显的性质是买卖、借贷成分，是财产私有，你我分明的表现。

贵州仁怀县黄添桂原先借堂兄黄添俸银三两，后来商议将田一丘卖给黄添俸，借银就从田价中扣除，尚未成交，又把同一块田卖给另一个堂兄黄添潮，致使黄添潮、黄添俸两个堂兄弟争买田产。②四川彰明县马魁文，弟兄五人，分家各过。他于嘉庆四年十月将水田二亩卖给四兄马化文，随后因贫穷要求加价，马化文责备他好吃懒做，不允加价，他就把四哥殴伤致死。③嘉庆五年八月湖南湘乡李白瑾凭中买族叔李本亦山地一块，预备做地基造屋，而这块地土，李本亦的祖父李次林在雍正年间（公元1723—1735年）卖产时已将其包括在内卖给了李宅士，至此李宅士的孙子李树北拿出田契，投报族户李青香等人，并告到官府。但是这块田地实际上李宅士及其后人没有管业，而仍由李本亦及其子孙管理，所以官方判断让李树北照李白瑾的价格再行购买，由李本亦出据卖契④。此类案例表明田地在宗族内部买卖是常见现象。本来，宗法习俗"卖产先尽亲邻"，这不仅是伦理的事情，而且是有着实际利害的问题，观汤洪桂弟兄不愿把田地卖给外姓人的理由就立即明白了。

这些是宗族成员之间买卖田产和借用银钱的事情，此外还有交易、借用物品的。江苏泰兴栾盛宽于嘉庆六年正月十八日向无服族叔栾宗书买草，欠钱

---

① 第4711包。
② 第4535包。
③ 第4600包。
④ 第4596包。

八十文,约定二月十一日还清。届期还过六十文,下欠二十文,栾宗书讨要,以致使栾盛宽的母亲死亡。① 嘉庆五年八月四川酆都刘仕彬将方桌、抽箱各一个卖给弟弟刘仕才,议定八百文,二十五日交钱,可是二十三日刘仕彬喝醉酒,强拉刘仕才去付账,生出不幸事件。② 安徽泾县吴常九于嘉庆六年四月向二哥吴仲材借白布大褂一件、絮被一床,典当花用,六月吴仲材讨要衣被,被兄弟殴打致死。③ 这些都是兄弟、族人间细微的琐事,处理得好,不会发生伤亡事故。

### (四)图赖强求族人财物

各家各户的财产是分明的,虽然是亲兄弟、亲叔伯,以及五服内外族人,按理不得抢夺他人财产,强占小便宜,可是这类事情却时常出现。

**强占便宜。**陕西澄城李洪恩家有三棵梨树,梨果成熟的时候,他被为人强横的缌麻服叔李京造强行承包贩卖,由他出价,每年只给制钱五六百文。嘉庆五年七月将熟的梨果生得特别多,而麦子却是歉收,李洪恩希望在梨果方面得到一些补偿,多卖一些钱,但是李京造只肯给一千文,李洪恩就卖给他人,得到二千文,李京造则挑衅生出事端。④ 王免与兄王善寄居山西宁远,分居各过,王善有子王贵谦,父子也分家另过。王免不务正业,经常受乃兄周济,嘉庆二十二年(公元1817年)十一月到侄子王贵谦家要饭吃,侄儿嫌弃他不给做,他遂到哥哥家抱怨,说王善不能教子。⑤

**强借。**陕西渭南人李澍修到汉中做蒙学教师,他的缌麻服兄李瑞澂也到汉中做磨面生意,折本歇业。他们住前后院,李瑞澂屡次向李澍修借钱,预备作本钱重新开业,李澍修无钱可借,李瑞澂就责备他薄情。⑥ 嘉庆五年八月,四川夹江县黄国祥的孩子要吃豆子,国祥就到堂弟黄国顺地里去割豆,被发现阻止,他反而说人家小气。⑦

---

① 第 4 593 包。
② 第 4 574 包。
③ 第 4 535 包。
④ 第 4 594 包、4 553 包。
⑤ 第 4 718 包。
⑥ 第 4 574 包。
⑦ 第 4 574 包。

**讹诈**。前述江苏溧阳史一沅杀害族长史其凤的事,其中还有一个原因,就是他讹诈族人的行为被族长证实,怀恨在心,而蓄意报复。事情是这样的:史受六于乾隆四十八年(公元1783年)购买史映兴两间平房,七年之后的乾隆五十五年(公元1790年),与此房毫不相干的史一沅找到族兄史受六,强索酒礼银十六两,史受六把他告到县衙,史其凤到公厅证明他确系诈赖,知县遂处以枷刑。①

**鸡鸭牲畜践踏田园粮食**。贵州仁怀人廖天奇家的鸡,在五年六月初七日进入廖天奇堂孙廖国俸的田内吃稻子,廖国俸赶鸡,鸡飞向山坡,廖天奇怕鸡走失,棒打廖国俸。②江苏通州曹菊的鸡鸭跑进堂弟曹利仁的田里,曹利仁赶逐鸡鸭,曹菊则赶打曹利仁。③五年七月,福建漳浦陈见家的猪践踏缌麻服叔陈枫的菜园,陈枫驱赶,陈见的母亲涂氏反而阻拦④。江西东乡少年鲁海俚在无服族婶鲁魏氏园地旁边放牛,魏氏怕践踏园子,赶骂鲁海俚⑤。鸡鸭牲畜糟蹋他人的田园粮食,他的主人认为毁坏人家的东西有限,而自家的家畜家禽宝贵,故对人家少有歉意,而对别人的赶逐则耿耿于怀,所以引出事端。

## ■ 三、宗族意识与通财观念

宗亲关照族人,或者族人强求人照顾,这种事仿佛是两个极端,互不相容,而其思想观念却是相通的,这就是宗族意识和家族通财观念。

**宗亲情义**。族人是一个老祖宗所生,所谓出自"一本",因此族人之间当有一本共祖的亲情,在生活的各个方面理应互相关照,有无相通,否则族人受苦受难,就会让祖宗在天之灵难受,有条件的族人就需要伸出援手,才能使祖宗安心。这种观念主导一些族人援助宗亲;如果不这样做,别人就会认为他不讲宗人情谊,而需要支援的人,也认为接受帮助是理所当然的事,因之要求他

---

① 第4603包、4588包。
② 第4608包。
③ 第4579包。
④ 第4579包。
⑤ 第4574包。

人资助倒显得理直气壮。如同前面讲到的：李瑞澂不能得到李澍修的帮助，就说他"薄情"；黄国祥偷割黄国顺豆子，却说人家"小气"；浙江淳安徐吉孙等出面出让公山林木，又不能及时给有股份的徐善喜等人分红，开始，徐善喜"因念同族也就没有喷声"，后来一拖再拖，终于冲突斗殴。直隶房山唐辅臣与长子唐德分家各过，而与次子唐勇一起生活，唐辅臣租种官地，并欠有债务，唐德在各地做工度日，五年九月秋收之时，唐勇收割庄稼，唐德因一家五口无食物，要求借粮食，唐勇回说家里要还租、还账，不能借，唐德又说五口人要饿死，唐勇就说饿死与我无关，莫非要我偿命不成，唐德认为兄弟说话利害，"没有手足情分"，心里难受，于是故意把他打死。① 他要求弟弟有手足之情，而自家则忘掉这种情义。这些事例无不说明：亲情，是施惠与受惠双方的共同理念。

**尊长卑幼观念**，或者说尊长权威意识。尊卑名分，使人地位相殊，人们要依本分行事，才合于规范，不过这是宗法意识。曹菊的鸡糟蹋曹利仁的田禾，曹菊不认错，反而追打曹利仁，曹利仁因为他是堂兄，"不敢回手"，后来说给姐夫张宪度听，引出张宪度的抱打不平。② 贵州广顺李小四出卖自家田产，李云连诬赖他卖的是族人李于德的绝户财产，要求分享田价，并责打李小四，后者因其为堂兄而退让，后来被迫反抗，把他打伤，赶紧去他家磕头赔礼，答应为他养伤。③ 李京造敢于欺凌李洪恩，凭恃缌麻服叔的长辈地位，人家稍微不听话，就用"违拗尊长"的帽子来打压。④ 五年十月甘肃固原州龙王堡王姓族长王国佐滥施淫威，打死族人王礼。原来龙王堡有兴德寺，在乾隆五十五年（公元1790年）被水冲坏，王国佐垫钱六十五千文修缮。兴德寺有出借众人的会钱，用还的钱还过三十三千二百文给王国佐。王国佐于嘉庆五年（公元1800年）九月以欠钱久不归还将会首王贵生告到州里，王贵生遂与众人相商，向王国佐求情，并要求借钱人每人先还所借钱文的百分之二十。借有二千文的王礼听说此事，认为众人不应该向王国佐低头，还说要告王国佐。王国佐遂要所有的欠钱人到兴德寺与王礼算账，王礼明知不妙，赶紧求饶，王国佐仍下

---

① 第4 593 包。
② 第4 579 包。
③ 第4 589 包。
④ 第4 594 包、4 553 包。

令:"罚打,把腿打断,使他不能行走。"众人不愿动手,王国佐遂以立即还钱相要挟,于是王染等开打,竟然将王礼打死。①

## ■ 四、法律法令强力维护宗法宗族

清朝政府依照宗法伦纪的精神和法律制度,维护宗法尊长的利益,压抑卑幼,处理宗族内部纠纷和人命案件,同时依靠宗族族长协助处理和解决农村社会所发生的民事案件。

### (一)宗亲法的审判原则及执行

清朝的大清律传承于明律,明律又是以唐律为蓝本制定。中国古代的法律一脉相承,在人伦关系方面,均施行宗亲法,在族人范围内犯罪,要依据情节判定是非,但量刑判罪,则是绝对根据宗亲原则,对于同样的犯罪情节,由于犯人的宗族身份不同,会有相异的处断,即为尊长减刑,相对而言就是为卑幼加刑。今日看来非常不合理,而清代视为当然。

**卑幼干犯尊长加重判刑。**江西大庾刘行元无家室,在刘克昌酒店食住,嘉庆五年七月初一日晚上刘祥发、怀祝兄弟在酒店吃酒,无钱付账,刘行元帮着店家说话,发生冲突,刘行元杀死刘祥发,死者是凶犯的小功服兄(同曾祖的堂兄),所以刘行元被判处斩立决。②如果不是这种宗亲关系,刘行元只是绞监候的罪。广东归善人袁佐发砍柴度日,于五年八月十六日向胞叔母范氏借钱,范氏同意,旋因堂叔袁怀恩阻拦,没有借成,袁佐发就将堂叔打死,于是依卑幼殴本宗小功服叔致死斩立决律执行。③湖北襄阳王作明、王作贵等弟兄三人,久已分家,仍然共同住在老宅,嘉庆六年初因房屋被白莲教军焚烧,兄弟各自搭棚暂住,时间久了之后,因为居住不方便,三弟王作贵提出分给他一片宅基地,自行造屋,长兄王作明还想弟兄住在一起,将来共同建造,遂爆发打斗,

---

① 第 4 574 包。
② 第 4 547 包。
③ 第 4 549 包。

三弟失手杀死长兄，王作贵被判处斩立决。① 四川阆中侯成将地当给朱姓，朱姓租给侯琼耕种，侯成因缺钱使用，私自把田地的一部分佃给黄姓，六年二月侯琼去耕田，侯成阻拦，侯琼把侯成打伤，而侯成将侯琼之妻郑氏打死。侯成是侯琼的同祖堂兄，所以四川总督拟刑：侯成依尊长殴卑幼之妇死绞监候；侯琼依卑幼殴本宗大功兄加凡斗伤一等，杖九十徒二年半。② 前面说到四川彰明马家弟兄五人，五弟马魁文将二亩水田卖给四哥马化文，后来要求加价不遂，把哥哥打伤，四川总督拟刑：依弟殴胞兄成伤律，马魁文绞立决。③ 河南商丘韩四、韩五兄弟分居已久，韩四将分家以前出当的七亩地赎回，贫穷的韩五要求哥哥分给他二亩卖钱使用，韩四不允，韩五把他打死，河南巡抚为韩五拟出斩立决的判刑意见，上报中央。④ 总的来讲，凡是卑幼致死尊长，不论缘由，都是判刑斩立决，成伤是绞立决，比凡人之间的犯罪加几等治罪。

**尊长犯卑幼相对轻判刑。** 陕西咸宁纸幅才请同曾祖堂兄纸幅继作保，赊欠贾维精油渣银十一两，五年十二月二十八日讨要，纸幅继将在场的同曾祖堂弟纸幅经打死，陕西巡抚拟刑：纸幅继依尊长殴死小功卑幼律绞监候。⑤ 四川乐山周泰于嘉庆元年十一月向同高祖再从堂侄周德俸借银七两多，几年不还，五年四月十五日争执中杀死周德俸。终审，周泰依本宗尊长殴死缌麻卑幼律绞监候。⑥ 四川夹江郭正均拾得同曾祖堂弟郭正青钱包，争执中杀死郭正青，四川总督拟刑：郭正均以尊长殴死卑幼绞监候。⑦ 卑幼犯尊长，加重处刑；尊长犯卑幼，基本上是依凡人法处断，既不加刑，也不减刑，然而对比之下，法律将天平倾向尊长，卑幼与尊长在法律上不平等，所以清朝实行的是传统宗法性法律。

**妇女案件的判决。** 妇女在涉及宗族的案件中，不论是受害人还是罪犯，刑法的处断，在遵循宗亲法的原则下，与男人有所不同。湖南永定胡庭举家庭因欠租，棉布、蚊帐被田主夺去，胡庭举为要回被、帐，在田主家门前将四弟的童养媳彭氏杀死，以图嫁祸于人。事发，湘抚拟刑：依兄殴弟妇至死依凡故杀

---

① 第 4 606 包。
② 第 4 600 包。
③ 第 4 600 包。
④ 第 4 605 包。
⑤ 第 4 607 包。
⑥ 第 4 565 包。
⑦ 第 4 595 包。

者斩律，拟斩监候，秋后处决。① 这与凡人之间相犯的处刑相同，而没有因为是尊长而减刑。前述山东邹县周家三兄弟，老三过继给伯母王氏，王氏有田七亩，身后三兄弟均分，老二周兴贵为早得遗产，联合老大周兴德勒死王氏，二人依谋期亲尊长死律，凌迟处死。② 安徽寿州马氏，前夫顾姓病故，改嫁陈松年，以带来的儿子为继子，改姓名为陈满仓，后夫死，向前夫的侄子顾如材借钱发丧，事后与他商量，要将后夫遗田出当，她的后夫伯叔陈凤安听说，派儿子陈尚文去阻止，结果被顾如材打死。顾如材依法被判处绞监候，至于马氏，判决书谓其"欲当田产，并不通知陈姓，致肇衅端，亦有不合，姑念妇女无知，从宽免议"③。若系男性，这样的情节，会有笞杖之刑。四川梓潼李文元，入赘唐家，五年八月初四日，因为吃饭没有菜，要打妻子，岳母护卫女儿，被他打伤致死，遭到殴死妻之父母斩监候的刑罚。④ 如若是妻子杀害丈夫的父母，则会被凌迟处死。山西霍州张邢氏是继母，前房生张兴太，自生张兴顺，六年正月她主持分家，她按月轮流在两家吃饭，并留养老水田一亩，由两兄弟分年承种，春天，轮种的张兴太收了麦子，被人讨债，就用它还账，并没有告诉继母，邢氏知道后气愤之下自杀身亡。晋抚拟刑：张兴太照子孙违反教令致父母轻生律绞监候。⑤ 七年七月四川安岳李枝魁偷砍堂兄弟李枝广柏树，李枝广的母亲责嚷李枝魁，被李枝魁殴打，她的儿媳胡氏为救婆母，失手杀死李枝魁。这样的情节本应判刑绞监候，然而律例载明：如有祖父母、父母被人殴打，实系事在危急，其子孙救护情切，因而殴死人者，地方官要请旨定夺，结局是胡氏减为杖一百流三千里，系妇人，照例收赎。⑥

族人之间的犯罪案子，政府将其视为关涉宗亲伦理的重大案件，不可轻忽。江苏镇江府丹阳县岳姓家族元旦祭祖，岳忝忠误烧岳殿宪寄存祠堂的篾箩，岳殿宪就打死无服族叔岳忝忠，勒死大功服兄岳殿锡，江苏按院以"伦常重案"，又因丹阳县的审理中有情节不清的地方，下令将案犯解往苏州府元和

---

① 第 4607 包。
② 第 4606 包。
③ 第 4600 包。
④ 第 4591 包。
⑤ 第 4592 包。
⑥ 第 4712 包。

县，由两县会同审理。① 前述陕西澄城李洪恩因为梨果的事与李京造争持，在被动中杀死李京造，晋抚审处，李洪恩应以殴死缌麻服叔罪判斩监候，但是他的父亲李京雨已经七十五岁，家中并无其他的人，合于存留养亲的条例，而且死者李京造"恃尊欺凌，不敢与较，今因李京造知价霸买梨果未遂，屡次登门叫骂，该犯畏惧躲避，路遇，又被赶殴"，才失手造成人命，家中"年逾七旬之老父，茕茕失养，情殊可悯"，因而请皇上睿鉴。可是皇帝并不怜悯，勾决为斩监候。② 嘉庆帝这样处断的根据无非是以下犯上，干犯伦常重罪，不论有多少抗争的理由，都是不准许的，按宗亲律办罪，决不开恩。

## （二）推行孝道的存留养亲法

存留养亲法基本上是清朝的创造，即祖父母、父母年逾七十，家中又无次丁，犯死罪的男子，因为承担赡养老亲的责任，政府可以考虑不对他处死刑，留下来养活老人，当然还要看其他条件，特别是被害人的家庭状况，如果也有七十以上老人、家里并无次丁，则凶犯不能留养，否则就不公道了。笔者在案件中看到十余起有关存留养亲的例子，其中还有寡妇守节二十年以上，而年龄并未达到七十的，也特殊照顾。

浙江兰溪人胡联发和胡顺苟是无服族兄弟，同在龙游做泥水匠，五年三月胡顺苟借胡联发一百五十文，四月胡联发讨要，胡顺苟说他"无情"，并将他打死。胡顺苟家有七旬老母，并无次丁，而胡联发有分居的哥哥胡联魁，终审：胡顺苟著照例枷责，准留养亲，③ 免除了偿命死罪。湖北松慈谭之敏出了命案，而父亲七十岁，家无次丁，鄂抚为他声请存留养亲。④ 山西太谷人张泽宇到直隶蓟州桑梓村开饭店，与马坊庄开饭店的杭奇因账务纠葛，于嘉庆四年（公元1799年）九月杀死杭奇，凶犯在原籍有母白氏，六十三岁，别无兄弟妻子，其父死于乾隆四十一年（公元1776年），即乃母守寡二十四年，终审允许他存留养亲。⑤

---

① 第4 564 包。
② 第4 594 包、4 553 包。
③ 第4 556 包。
④ 第4 547 包。
⑤ 第4 598 包。

四川乐山徐启太于乾隆三十二年（公元1767年）将一些田地舍施给三江寺和华光寺，由会首轮管收租，可是嘉庆六年（公元1801年）正月，他又同儿子去那地里栽种桑树，被轮值会首徐志林打死。徐志林应判绞监候刑，然而他的母亲刘氏年逾七旬，弟弟出家为僧，别无丁男，可以考虑存留养亲。皇帝批示：徐志林的弟弟还俗养亲，徐志林著判绞监候。① 前述江西武宁周逢云家族以公山林木押给洪大衍，前者将后者打死，周逢云出继胞伯周恭沫，年七十二，继母五十二岁。但是赣抚不考虑他的存留养亲的事，因为他的家族"另有可继之人"，不得存留养亲，仍拟刑绞监候。② 所以过继与本生不同，留养的条件要多一些。

存留养亲，是法外开恩，表明清朝更着意于通过司法推行孝道和以孝治天下的方针。

### （三）政府依靠宗族协助命案的审理与执行

在涉及家族人际关系的案件中，政府根据情节，常常要宗族提供有关资料，以便断案。

陕西同官王必升于嘉庆二年三月向王规借钱一百文，五年六月王规讨要，被王必升打伤身亡，官府在审案中为了弄清两边的宗亲关系，指令该族提供证明材料，族长王新直到官厅供称，王规是王必升族叔，已隔十七代，并无服制，同时呈验绘制的宗图。这样证明两者无服制关系，官司就依照凡人之间的犯罪断案，王必升判处绞监候。③ 若没有宗族的证词，王必升的结局或许会按有服制关系来处断，那将是斩监候或斩立决。由此可见官府在审判中是让宗族发挥作用的。前述溧阳史一沅讹诈族人案，官方也是让该族族长史其凤出庭作证，从而给史一沅定了枷责罪。湖北京山罗光中殴伤其妻张氏导致死亡，他三岁丧父罗祥俸，母亲改嫁，按其犯罪情节应判绞监候，鄂抚在审理中考虑到处死他，罗祥俸有无承祀人的问题，令户族保邻出具甘结，证明罗祥俸确无直系子孙的承祀人，至于是否矜恤，特在八年二月二十二日的题本中声明，请求皇

---

① 第4597包。
② 第4714包。
③ 第4604包。

帝睿断。①

案件对案犯的处理之外,官府还有未了的事情命令宗族承办,以便不再发生事端。前述河南郾城刘姓家庙的祭田,因族人争着承种而出现命案,官府在处决案犯同时,命该宗族公议招佃②。安徽泾县王延沃过继给三叔王道俶,继承其三亩田产,并由其生父管业,嘉庆五年生父故后,他的大哥接管家务,王延沃因丧妻,打算续娶,要求变卖那三亩地,可是大哥不允许,因而怀恨杀害了他,官府处其斩立决,并饬令该族在昭穆兄弟之侄内为王道俶立后承嗣,以杜争端。③

### （四）地方官将一些民事纠纷交由宗族处理

安徽宿松项佳士于乾隆五十九年（公元1794年）将田四十亩出售给项忝禄,讲明由卖主之子项万盛佃种,并从价银中扣除二十千文作为押租钱,嘉庆三年（公元1798年）项万盛欠几石租子,项忝禄告到县衙追租,知县批复"族中理处",经由项菁干、高心哲等调停,项万盛还清欠租,项忝禄退还押租钱,另给项万盛出屋贺仪。④乾隆四十二年（公元1777年）安徽歙县方志好与无服族人方起之妻通奸,经族中公议,"生死不许入祠",并禀报县衙存案,乾隆六十年（公元1795年）方志好亡故,其子绍昌要求将乃父木主送进祠堂,族人阻止,打官司,县里的断决是尊重宗族的意见,依然是"不准入祠"⑤。

## ■ 五、小议宗族的社会功能与特性

宗族的社会功能,从族人（个人与群体关系）、宗族群体、政府（政府与宗族关系）三个方面进行考察,而归结点则在宗族的功能与性质方面。

---

① 第4 715 包。
② 第4 602 包。
③ 第4 588 包。
④ 第4 601 包。
⑤ 第4 504 包。

### （一）从族人个人的角度看其同宗族的关系

笔者注意到：

**宗族给族人一个经济生活圈**。族人要依靠族人之间的互助，相帮作农活，小量无偿的粮物支援，承担少量的债务，充当买卖借贷活动中的保人，孤儿寡妇被近房收养，等等。族人之间的帮助是族人个人、家庭维持下去的必要条件，对于遭遇严重困厄的个人和家庭尤其如此。

**宗族给族人一个社交圈**。族人一出世，就确定了他在宗族中辈分位置，也即尊卑长幼的社会地位。族人的社交圈，第一位是宗族内的族人，当然是由近及远的关系，首先是本房的人，依次是近房、五服以及同宗族人。第二位是俗话说的"姑姨娘舅"，就是父亲的姐妹（出嫁姑姑）家，母亲姊妹（姨母）家，母亲的娘家（外公、舅父家）。出嫁姑姑，原来是本族人，人虽然离开了，但同本族仍有密切联系；舅家是母亲原来的宗族，妻子娘家是岳父家族。通过个人同另外几个宗族发生关系，个人成为不同宗族联络的中介，从这个意义上说，个人更同宗族分离不开。第三位是朋友，如果有的话。一个居住在农村宗族环境的人，他的一生无非是同本族人、姑姨娘舅宗族的人打交道，在这个社交圈中生活，给人以温暖，也得到他人的关怀。

**形成宗亲文化氛围**。个人参加宗族的祭祖扫墓活动，为族人的婚嫁丧葬贺喜致哀，休戚相关。这样做被视为自然，因为一本的观念，尊卑长幼的伦理，孝亲的文化，家族通财的意识，植根于脑际。宗亲文化的氛围，让人很自觉地参与宗族活动和维护宗族利益。

**维护小范围生态环境圈**。族人聚族而居，所生活的那片地方的自然环境，宗族或多或少地意识到需要保护，所以为了持续农业生产，就自觉地保护水源，修筑塘坝，制定用水规则。那些因农田灌溉而发生的命案是破坏那种规范的不正常现象，而遵循的情况应当是常态。

**维系家庭**。没有儿子的族人从侄儿中收养继子，宗族给无子的族人立嗣子，资助寡妇，维持一个家庭不致破灭，继续存在下去。

**宗族内部的某种干扰**。因为是一个宗族的人，对他人的强占便宜，强行借贷，讹诈，以及鸡鸭牲畜的践踏田园，往往要容忍，免得伤了自家人的和气。更有甚者，财产的处置有时也会受到族人的干扰，比如寿州陈凤安干预侄儿陈松年遗产的出卖。遵义杨明扬遗产不少，不让妻子胡氏立嗣和经管、出卖产业，而要分给二、三、四房的侄子。其中一个侄儿把他的田地出售，价银一百三十两，①可是侄儿每房对伯母胡氏的回报仅为十两。为什么杨明扬不卖田作胡氏养老之资？很明显，寡妇卖丈夫的遗产要受丈夫宗族的限制，大约杨明扬考虑及此，才想出分配遗产与赡养寡妻的办法。不过这并不是好方法，最终出了事，仍由政府下令为其遗孀立嗣。

上述六个方面的因素，令笔者认为：作为宗族一分子的族人，生活、生存在宗族社会人文环境中，既受到关照，又受其制约，在聚族而居的状态下是不可以离开宗族的，否则难于生存，换句话说，宗族是在保障族人生活、生存中起着重大作用的。

### （二）政府对于宗族的实际态度

**认可宗族的某种自治性**。政府审案过程中令宗族提供证据，事情的本身，表示政府承认宗族作为一种群体存在的合法性。不仅如此，案件判断书的某些内容，即刑罚以外的善后事务——处置条文，有的亦让宗族处理，诸如立嗣、宗族公产的经营之类的事情，由宗族去完成。本来宗族在不经过官府时，就自行处理族内的一些纠纷，族人一般服从执行，使得自身具有某种自治性质，案件中政府命令它负责未了事务，事实上是承认宗族的这种自治性。

**宗亲法的实行促进人们的宗族群体观念**。宗亲法的尊卑长幼宗族观念和刑法，令人知道九族有共同命运，互相受着牵连，一人犯案，有的要牵连进去，至少亲房要提供证词，可能就会有罪。侄儿卖人家的牛，本与伯父无干，他怕受连累，出钱赎牛以躲祸，这种共命运不就加强了人们的宗族群体意识吗！嘉庆七年四川忠州邹谷仕打死佣工袁成，提出私了，袁成的妻子陈氏因贫穷无靠而同意，后来事发，判案中，袁成的胞叔袁朝贵以知情不举，受杖刑一百。②叔侄、服亲就有关照的义务，叔叔不给侄子报案申冤，当然要判刑。宗亲案件的事实教育族人应有群体意识，利害一致，维护群体利益。所以宗亲法的实行，在客观上强化宗族族人的家族共同体意识。

政府的认可宗族和实行宗亲法，是为了实现以孝治天下的施政方针，用孝

---

① 第 4 595 包。
② 第 4 717 包。

道令民众成为顺民,以利国家的治理。宗族是政府实施孝治方针的基础,政府是从其自身利益出发而看重宗族作用的。总起来说,政府是利用宗族协助其治理,从而给予极其有限的自治权利。至于清朝政府给予宗族的送审权、族产保护权,以及一度赋予的处死不肖子孙权,笔者目前在档案材料中尚未见到,就不在这里道及。

### (三) 宗族功能

宗族在一本观念主导下,在以大小宗法原则产生的宗族管理人族长的具体组织下,通过祭祖扫墓、食祭祖饭、族产按股分红等活动,将族人凝聚为一个群体。它的社会功能,简单地说:

**管理公有经济。**相当多的宗族具有或多或少的公有资产,或为田地房屋,或为银钱,均有收益,作为宗族公共用度。公产设有专门的管理人员,而且因为分工的需要,不只设置一人,应是多人。拥有公产,因而能够如期祭祀祖先,给族人分派花红,或分配红利。宗族公产是宗族存在的物质基础,在一定意义上说,没有宗族公产的宗族是缺乏凝聚力的群体,具有宗族公产,并且管理完善,就会造成强有力的宗族群体。明智的宗族无不在致力宗族公有财产的发展和完善它的管理方面下工夫。

**协调族众的内外人际关系。**族人与族人、房系与房系、五服内亲与出服宗人之间,族人同族外人会因利害的关系出现利益一致与不一致的两类状况,对于矛盾的方面,宗族要尽力去做协调工作,解决纠葛,如若化解不了,则会出现异常事故,成为宗族之累,所以无论从什么角度去看,宗族都会去弥补族人间产生的裂痕,或可能发生的问题。族人做田房买卖、银钱借贷的中人,就是起协调作用的一种表现形式,使得买卖成交、借贷实现。族人处于急难之中,近亲若不施以援手,族人出现命案,近亲若不报案恳求申冤,宗族就会指使族人去做,就会指责近亲没有尽到责任,所以族人常常会主动去做。这样的行为虽属个人主动,然而是以宗亲的身份和缘由而采取的行动,同样具有宗族组织的性质。至于对外族的冲突,像江西宁都州郭姓与张、崔二姓的争水纠纷,被害人郭以匍的官司,就不只是他的家属的事情,而是郭姓一族的事,同样凶犯一方的崔姓宗族也是官司的另一方,因此围绕高陂用水的三姓历次官司,各自提交有利于本宗族的证据。当然宗族协调的能力是有限的,意外的事情不断发生，使它处于被动地位，尤其是宗亲间的命案，使它陷入尴尬境地。族人间发生争执的事件不少，乃因族人关系密切，利益攸关，好事与坏事总是连在一起的，越亲近倒越容易生事，比如买卖田房先尽亲邻，这样买卖的关系就会多，当然争执事情的出现就是不可避免的。在这里一本观念未能起到消弭作用，也是不难理解的。

**管理或协调社区公共事务**。前述管水是宗族及宗族之间的公共事务，家族出面管理，而这是重大事情，农业生产资源的好坏，一在土质，二在水利，这两项是自然条件，个人难以掌握，靠群体力量会好一些，特别是在用水方面。宗族还会同区域的其他组织一起办理地方的公共事务，如管理寺庙财产，与寺庙共同举办社区的一些活动。固原龙王堡兴德寺的维修，由王姓族长王国佐垫钱，由族人借用的会钱归还，可知含有族人支付的性质。

**奉政府之命协助处理族众纠纷**。这在第四目的"地方官将一些民事纠纷交由宗族处理"中业已说明，不再赘述。政府是在办案，是理政，宗族的协助理事，自然具有政治性质，由此而言，宗族的功能中含有政治功能的成分。

总而言之，宗族是具有社会、政治功能的民间自治性群体，当然这种自治性出现在宗法社会，与近代社会团体的自治性不是一回事，其"自治"的程度和性质不可同日而语，不过宗族在清代的某种自治性群体性质，也是不可忽视的。

（原文发表于《中国史研究》2005年增刊。）

# 张仲礼与《中国绅士：关于其在 19 世纪中国社会中作用的研究》

## 经典导读

张仲礼（1920—　），江苏无锡人，1941 年毕业于上海圣约翰大学。1947 年赴美国西雅图华盛顿大学经济系深造，先后获得经济学硕士、博士学位。之后在华盛顿大学经济系、远东研究所任教，主要研究中国绅士问题和太平天国史。先后出版了《中国绅士：关于其在 19 世纪中国社会作用的研究》（1955，下称《中国绅士》）、《中国绅士的收入》（1962）两部专著，奠定了他在国际中国历史学界的地位，学术影响深远。

张仲礼的《中国绅士》是 19 世纪中国社会变动定量分析的第一部著作。全书分为四章，探讨了 19 世纪中国绅士的构成与特性、人数分析、科举生涯、传记的数量分析。《中国绅士的收入》讨论了绅士的收入问题，作者将绅士的收入分为六个来源，即官职、绅士功能（也就是领导建设公共事业所获得的酬劳）、作为幕僚、进行教学、地租收入、商务收入。

本书所选是《中国绅士》的第一章中部分内容，主要探讨了 19 世纪中国绅士的构成和特征。张仲礼为绅士定义："取得功名、学品、学衔和官职"之人。成为绅士的途径有"正途"（科举考试）和"异途"（捐纳）之分。他将中国绅士分为上层和下层，上层绅士包括正途或异途的官吏、进士、举人、各类贡生，下层绅士包括各类生员,异途监生和例贡生等。这样的定义与划分,不仅有助于了解绅士,也是对社会结构的探讨。弗兰兹·迈克尔的导言说该书"对了解社会组织和社会发展"很有意义。张仲礼的绅士定义与绅士内部划分,直接引发了学术界对此的讨论。张仲礼分析了绅士的特权:"绅士的地位给了他们许多好处。他们的特权为他们提供了若干特殊的免税和免刑等待遇,这不仅为法律所承认,也为社会所接受。然而实际上,绅士凭藉其地位常常将其权力扩大到超过明文规定的限度。"他也特别谈到绅士阶层的作用和职责,以及绅士在地方社会中如何发挥作用。受时代与专业的影响,张仲礼的研究侧重于社会经济的视角。

如何分析中国社会,钱穆在《如何研究中国社会史》中提出中国社会是"四民社会"的观点,认为士为四民社会的核心,并依据士在历史上的地位与变化,将中国社会划分为游士(战国)、郎吏(秦汉)、九品中正(魏晋南北朝)、科举(唐)、进士(宋元明清)五个历史阶段。张仲礼同样有此思路,他在《中国绅士研究》后记中说:"在长达两千多年的中国传统社会中,始终盛行着'士、农、工、商'的社会等级排序。'士'这一社会群体一直就被视为中国社会各阶层之首,他们体现和传承着传统社会的政治制度和文化思想,拥有公认的社会特权和高人一等的社会地位,上至参与国家政权下到涉及民间生活。"①

### 延伸阅读文献目录:

1. 谢俊贵:《中国绅士研究述评》,《史学月刊》2002年第7期。
2. 张桂华:《一个阶层的历史命运——评三本"中国绅士"著作》,《博览群书》2006年第9期。
3. 张仲礼著,李荣昌译:《中国绅士:关于其在19世纪中国社会作用的研究》,上海社会科学院出版社1991年版。
4. 张仲礼:《中国绅士的收入》,上海社会科学院出版社2001年版。
5. 费孝通、吴晗:《皇权与绅权》,观察社1948年版;天津人民出版社1988年新版。
6. 周荣德著,周荣德译:《中国社会的阶层与流动:一个社区中士

---

① 张仲礼:《中国绅士研究》,后记,上海人民出版社2008年版,第507页。

绅身份的研究》，学林出版社2000年版。

7. 费孝通著，惠海鸣译：《中国绅士》，中国社会科学出版社2006年版。

8. 王先明：《近代绅士——一个封建阶级的历史命运》，天津人民出版社1990年版。

9. 贺跃夫：《晚清士绅与近代社会变迁史——兼与日本士族之比较》，广东人民出版社1994年版。

10. 马敏：《官商之间——社会剧变中的近代绅商》，天津人民出版社1995年版。

11. 刘晓东：《明代士人生存状态研究》，吉林文史出版社2002年版。

12. 徐茂明：《江南士绅与江南社会，1368—1911年》，商务印书馆2004年版。

13. 卜正民著，张华译：《为权力祈祷：佛教与晚明中国士绅社会的形成》，江苏人民出版社2005年版。

14. 陈宝良：《明代儒学生员与地方社会》，中国社会科学出版社2005年版。

15. 衷海燕：《儒学传承与社会实践——明清吉安府士绅研究》，世界图书出版公司2010年版。

16. 冯玉荣：《明末清初松江士人与地方社会》，中国社会科学出版社2011年版。

17. ［韩］吴金成：《明、清时代绅士层研究的诸问题》，东洋史学会编：《中国史研究的成果与展望》，中国社会科学出版社1991年版。

18. ［日］檀上宽：《明清乡绅论》，刘俊文主编：《日本学者研究中国史论著选译》第2卷专论，中华书局1993年版。

19. ［日］重田德：《乡绅支配的成立与结构》，刘俊文主编：《日本学者研究中国史论著选译》第2卷专论，中华书局1993年版。

20. 常建华：《士大夫与地方社会的结合——清代"乡绅"一词含义的考察》，《南开史学》1989年第1期。

21. 尤育号：《近代士绅研究的回顾与展望》，《史学理论研究》2011年第4期。

—— 原文：《中国绅士：关于其在19世纪中国社会中作用的研究·第一章　19世纪中国绅士之构成和特征的考察》（节选）

经典原文

# 中国绅士：关于其在19世纪中国社会中作用的研究

## 第一章
## 19世纪中国绅士之构成和特征的考察（节选）

张仲礼

■ 第一节 关于以学衔和功名划分的主要绅士集团的描述

绅士的地位是通过取得功名、学品、学衔和官职而获得的，凡属上述身份者即自然成为绅士集团成员。功名、学品和学衔都用以表明持该身份者的受教育背景。官职一般只授给那些其教育背景业经考试证明的人。

学品和学衔都是通过政府的科举考试后取得的。这种考试是证明受教育者资格的正式方法。因此人们常将经科举考试而成为绅士的那些人称为"正途"。

然而，功名可以由捐纳而获得。虽然捐功名的人一般也是有文化或受过若干教育的，但他们并不需要提供任何足证其受教育资格的证明。这些绅士人们常称之为"异途"。

19世纪的一个西方作者曾这样描述绅士的这两个集团："绅士是那些已获得某种功名的人，虽然有功名的人都被称为'读书人'，其实这些功名有的可以用钱买到，有的是通过读书而取得的。"① 有一位朝廷显宦曾用下面这段话来说明对教育的高度评价和对"正途"出身的绅士的尊敬："举人、附生之所以贵于世者，谓其以诗书自致。"② 以受教育的水准和社会地位而言，这些通过考试而获得其身份的绅士要高于由捐纳而成为绅士的人。"正途"出身的绅士尤为强调这种差异，从而在面对"异途"竞争时保护其来之不易的既得利益。③ 有

---

① 《澳门月报》，第1卷第11期，第461页。
② 陈庆镛：《籀经堂集》，"补遗"，上，第1页。
③ 许大龄：《清代捐纳制度》，第140~141页。

不少材料可说明中央政府利用这种竞争为手段来控制绅士,在绅士内部集团间搞平衡,以便将它们都掌握在自己手中。①

在这两个绅士集团中,"正途"是指那些通过政府考试的那些绅士。使人得到绅士地位的最低一级学品就是生员,这一学品的获得也需经过一系列考试。"生员"一词确切的意思是"官办学校的学生",它指的是在州、县学或府学里的学生。②"生"的字面意思是学生,"员"的意思是指某个确定的数额。③合为一词,其意思即为每个州、县学或府学经考试录取的固定数额的学生。这些生员可参加"举人"和"进士"等更高等级的考试,乡试入选即为"举人",④会试入选即为"进士"。⑤有些在等级较高的考试中下第,但其较深的学生资历为人公认的生员,可授予"贡生"(即"朝廷的学生")的学衔⑥。进士、举人和贡

---

① 关于政府捐官职或捐功名的政策,参阅本书第二章。(本书指《中国绅士:关于其在19世纪中国社会中作用的研究》,下同)
② 这些学校不同于现代教育机构。学生去这些学校只是为了参加科举考试。如果他们未得到更高的学衔或功名,学生的身份将保持终身。关于其中细节参阅本书第三章。将"生员"翻译为"政府的学生"并未为人广泛使用。"生员"更多地翻译为文学硕士或学士,但是笔者认为这一译名不妥,因为生员是学生而不是毕业生。薛宝超(Hsieh Pao-Chao)在《中国的政府(1644~1911年)》一书第145~146页也有大体相同的观点,他写道:"……进入州、县学或府学,事实上仅仅是取得参加乡试的资格,但是常常被误解为最低一级功名。……取得资格的困难突出了已获得资格的学生的重要性。他们所享有的特权使他们凌驾于为生活而挣扎的平民之上。尽管与众不同,但是学生身份仍然是学生身份,究其实质毕竟不是学衔。"
③ 顾炎武在《日知录》卷17第1页上曾说到"有定额谓之'员'"。顾炎武还引征《唐书》说:"《唐书》'儒学传',国学始置生七十二员,取三品以上子弟孙为之。太学百四十员,取五品以上。四门学百三十员,取七品以上。郡县三等,上郡学置生六十员,中下以十为差。上县学置生四十员,中下亦以十为差。此'生员'之名所始"。另见《辞源》。
④ "举人"的字面意思是"被推荐的人"。据《辞海》及顾炎武《日知录》卷16第3~4页,"举人"之名最初出现于《后汉书》"章帝本纪",《北齐书》"鲜于世荣列传"和《旧唐书》"高宗本纪"。其本意是指各州郡推荐至朝廷候选官职之人。"登科则除官,不复谓之'举人',而不第则须再举",并不保持"举人"称号。然而明清,"以乡试榜谓之'举人'","举人"乃成为一终生持有的功名,"举人"一词也出现于《新唐书》,"选举志",参阅罗贝尔·德·罗图尔斯(Robert des Rotours):《论科举制度》,第248页。
⑤ "进士"的字面意思为"被保举之士",即获保举而食俸禄的士人。其名最初由隋代的一种考试而来。到明清时代,"进士"成为会试和殿试中榜者的一种功名的称号。参阅《辞海》及《日知录》,卷16,第5页。
⑥ 将"贡生"译为"朝廷的学生",因为他们是州、县学或府学挑选出来,保举至京师求学的,在理论上,他们是国子监的学生。

生的地位都高于生员。他们与许多仍为生员的人一起，组成了绅士阶层中最重要的部分，他们的身份是由逐级考试而取得的。我们将这一集团称为"正途"。

政府官吏是从进士、举人和贡生这些具有较高学衔的人中挑选出来的。获得这些学衔实际上是入仕的正规途径。诚如《大清缙绅全书》所示，上层的官吏几乎都是来自正途。① 作为官吏，这些人服务于政府并代表政府行使各种职责，但是，与此同时他们在原籍仍是绅士，他们的官职提高了他们作为绅士的威望。

成为绅士成员的另一途径是捐功名。这种功名就是"监生"（即国子监的学生）。② 除了极少的例外，大量的监生实际上并不进京就读于国子监。对他们来说，这一功名之重要乃在于他们的绅士地位和特权得以承认，并且为进一步的加官晋衔提供了一个开端。同样，前一集团中提到的贡生一衔，有时也可经捐纳而不经考试得到。

"异途"出身而获得绅士地位的人也可能出任官职。捐得功名的人可再捐官职。实际上，功名和官职常常是一起捐得的。③ "异途"出身只能出任较低的官职，④ 但是这种官职，即使是捐来的，也能提高捐纳者作为绅士成员的地位。

如果一个人由捐功名而取得绅士地位，他以后还是能成为"正途"出身的绅士的。捐功名的人也可参加"举人"或"进士"等学衔等级更高的考试。如果他们考试中式，那么就被认为是"正途"绅士。有的考生捐监生衔只是为了尽早获得参加较高等级考试的资格。⑤

还有一些人是通过获得武科的功名、学品、学衔或官职而获得其绅士身份的。在科举制度中有武科考试这一特殊部分，经考试可取得武生员、武举人、

---

① 参阅《大清缙绅全书》，光绪七年（1881）版，或其他年份版。
② "监生"字面意思是"太学"或"国子监"的学生。关于国子监的组织，参阅《钦定大清会典》卷76。
③ 参阅许大龄《清代捐纳制度》一书中捐纳执照的影印件。影印件之三可见光绪二十八年九月十九日某平民捐银三十三两而发给"监生"的证书。影印件之四可见同一天发给同一人捐县丞的证书。在该证书上他已被称为监生。
④ 允许捐纳的文职只有五品及五品以下的京官，四品及四品以下的外官。允许捐纳的武职是三品及三品以下的京官和外官。关于允许捐纳的职官目录，参阅《清国行政法分论》第五编，第318~321页。
⑤ 《凌霄一士随笔》，载《国闻周报》第7卷第16期，第1页。参阅本书第168页，注2。

武进士等学品和学衔。武学功名高的人可担任武职官员。受武学教育的人也可捐监生的功名,并由此步入军界。然而,中国的政府军队中大部分军官都是行伍出身。他们起初并不是绅士,而是获得了官职才获得绅士地位的。在绅士阶层中,出身行伍的军人只是一个人数少得多,势力也小得多的集团,相对于必须有受教育经历的一般准则而言,这是一种例外,因为他们获得绅士地位并没有先取得功名、学品或学衔。

## ■ 第二节 绅士阶层内两个集团的适当划分

一般持绅士身份者必须具有某种官职、功名、学品或学衔,这种身份会给他们带来不同的特权和程度不等的威望。为了说明绅士的权势和各方面的职责,对此作一详细的描述乃是必要的。然而,如果我们不过分拘泥于划分的细节,那就会发现整个绅士阶层可以按水平划分为上层和下层两个集团。

根据这一划分,许多通过初级考试的生员,捐监生以及其他一些有较低功名的人都属于下层集团。上层集团则由学衔较高的以及拥有官职——但不论其是否有较高的学衔——的绅士组成。

如前所述,政府的行政官员都来自绅士阶层。在这方面,上层绅士比人数众多的下层绅士有明显的优越条件。上层绅士有资格担任官职,而下层绅士要当官则必须捐纳,或者是通过更高等级的考试。在官方出版的书籍如《大清会典事例》和地方志中,下层绅士是在"学校"的篇章中论述的,上层绅士则是在"科举"、"贡举"或"选举"(意即官吏的铨选)的篇章中论述的。(见表1)

表1 绅士集团划分简表

|  | 正途 | 异途 |
| --- | --- | --- |
| 上层绅士 | 官吏<br>进士<br>举人<br>贡生(包括各类贡生) | 官吏 |
| 下层绅士 | 生员(包括各类生员) | 监生<br>例贡生 |

上层绅士享有的特权要多于下层绅士，并且一般说来，在行使各种社会职责时也居于下层绅士之上。虽然读者在下文的章节中将会看到有关绅士阶层内不同特权和职责的详细说明，以及上层和下层绅士参加各类活动的统计研究，但在此就说明两个集团划分的合理性，略作数语也是有用的。例如田赋的缴纳，上层绅士更有能力抵制额外征收，或者享有部分或全部的减免，甚至参与分享税款的中饱。① 又如在地方团练的组织中，上层绅士拥有更大的控制权，下层绅士通常只是较小的团练单位的首脑。② 在许多家族中也作这样的区分。有的家族规定，祭祖仪式由族中官阶最高的人主持，用作供品的三牲的分派也根据各人从前所居的官阶和科举考试中所得的学衔或学品而定。③ 有一个家族，只有那些曾任官职或通过乡试的族人去世时，才可免费让灵牌放于祠堂，其他人要想这样做就必须付五十两纹银。④

实际上在婚丧和祭祀仪式上，上层与下层绅士之间的区别是正式规定的。在政府颁行的关于这些礼仪的则例中，对绅士的规定不同于平民百姓。在绅士阶层内，对上层绅士的规定不同于下层绅士。

在婚丧仪式中，有三类规则分别适用于"品官"（字面含义为各种品级的官员），"庶士"（字面含义为一般士子）和"庶人"（字面含义为平民百姓）。第一类中包括七品以及七品以上的官员。八品和八品以下的官员，以及由考试得生员学品的，和由捐纳得监生功名的则归入第二类。⑤

在祭祀仪式中所规定的规则也同样分为三类。据记载"品官"这一类中不仅包括各级官吏，也包括居住原籍的进士和举人等，他们被人认为相当于七品官。还包括学衔为贡生的人，他们被认为相当于八品官。生员、监生及捐纳而得的例贡生，被认为属于第二类即"庶士"一类。⑥

---

① 官阶高的官员所享有的赋税减免要大于官阶低的官员或未任过官职的绅士。参阅本章第五节。
② 参阅本书第四章。
③ 胡先缙（音译 Hu Hsien-Chin）：《中国的家族集团及其职责》，第 126 页。编者按：胡先缙原译为胡贤庆。
④ 胡先缙（音译 Hu Hsien-Chin）：《中国的家族集团及其职责》，第 126 页。
⑤ 吴荣光：《吾学录初编》，"凡例"，第 8 页，以及卷 16 至卷 19。《大清通礼》，卷 26，特别是第 1、6 页，卷 52，特别是第 16、19、28、29、30 页。
⑥ 《吾学录初编》，同上；另见《大清通礼》，卷 17，特别是第 8、16 页。第二类即庶士原定的次序是例贡生、监生、生员，这是礼仪规定的位置。但根据社会地位，他们的次序应是生员、例贡生、监生。本书所采用的次序是根据他们分别在绅士阶层中的人数规模及相对地位。

上层和下层绅士的区别还可从衣冠的差异上显示出来。例如上层绅士的帽子为金顶，下层绅士则为银顶。①

自然，与下层绅士相比，上层绅士更受地方官的尊敬，一般说来享有更多特权并更有势力。在以后的章节中，上层和下层绅士的区别还将进一步得到展开论述。

## ■ 第三节　下层绅士身份的获得以及该集团的构成

虽然下层绅士的特权和势力都小于上层绅士，但是他们的人数以及他们所管理的社区也多得多，并且在没有上层绅士居住的地方他们也有放手管理的权力。自然应说明，在有些较小的社区甚至完全没有绅士。

然而，无论何地，主要的分界线总是在平民百姓与整个绅士阶层之间。在整个绅士阶层中，下层绅士所占比例远大于上层绅士，并且上层绅士也来自下层。因此，获得下层绅士的地位是跨越平民百姓与绅士间主要分界线的决定性的一步。因此我们先论述这一集团。

进入下层绅士集团的主要途径是考试和捐纳。其中考试是跻身绅士的更重要的途径。经此途而为绅士的要多于捐纳，由考试而成为"正途"绅士所享有的威望也高于由捐功名而成为"异途"的绅士。

取得绅士地位的入门考试称为"童试"，意即初等学生的考试，这些学生称为"童生"。通过了童试就是生员，即受过教育的下层绅士，在日常口语中被称为秀才。

入门考试"童试"实际上有三场连续的考试组成。②申请第一场考试的称为"俊秀"。③只有男性平民有资格申请。无正当权利的"贱民"则无此种权利，

---

① 《大清缙绅全书》，第1册，第3~6页。
② 关于描述中国科举制度的西方著作和论文的目录，可见亨利·高第《西人论中国书目》，第1卷第546页。另见邓嗣禹：《中国对西方考试制度的影响》，载《哈佛亚洲研究杂志》，第7卷第4期（1943年9月号）第308~312页，"附录二"。
③ 换言之，"俊秀"不过是对准备应考的平民的一种美称。

条文规定奴仆不得应试,即使赎身后也是如此。① 出身娼、优、皂、隶的人不允许报考,② 所有的疍户也都与此无缘。③

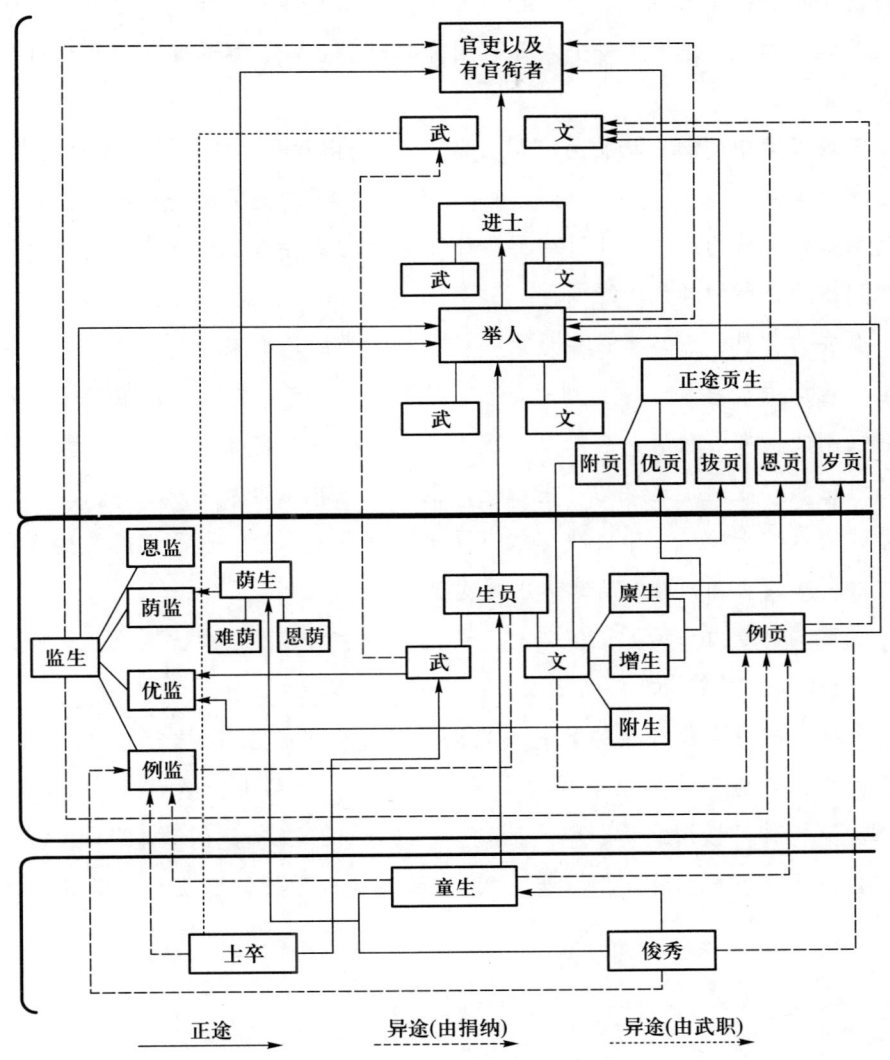

图1 绅士身份的获得以及绅士集团的构成

---

① 《钦定大清会典事例》(以下称《事例》)卷155,第5页。
② 《清史稿》卷114,第1页。
③ 参阅《竞争性的中国科举制度》,载《布莱克伍兹爱丁堡杂志》,1885年10月号(第138卷),第482页。一佚名作者称:"在应考报名以前,每个考生需出具文书以证明其人身自由,家世清白,不仅所有疍户,而且皂隶、娼优和奴仆的子弟一概不准应考。"

从理论上说，除了上述例外，进入绅士阶层的途径对所有的人都是平等开放的。① 然而，实际上考试制度绝不是不偏不倚一视同仁的。舞弊和贿赂总是存在的。并且由于考生必须找一个绅士为他的出身和品行作保，这就阻碍了许多人参加考试。② 并不是每个人都有同样的机会象科举制度要求的那样终身读书的。

三场考试中的第一场称为"州县试"。这是由知县（或知州）主持的考试，考生来自本县（州）。第一场考试考中的称"童生"，他们有资格参加由知府或直隶州知州主持的府试。通过者再参加院试，③ 这是由各省学政在各府的府治或直隶州州治举行的考试。④

要成为生员，三场考试中最后一场是决定性的。如果知县或知府宽容一些的话，他们一般总是让考生通过的。⑤ 然而学政主考的院试，所取的考生是有名额限制的。中央政府对各地每次院试考中人数俱有定额。由于考生数总是大大超过定额，故通过这最后一关者比例很小，一般大约为百分之一、二。因此经考试进入绅士阶层一事的决定权乃操诸学政手中，他们自己都是受过很高教育的人。知县或者知府们所起作用是次要的。⑥

武童试也是由三场考试组成的。通过这些考试者可获绅士地位，称"武生员"。平民包括士卒均可应武童试。

捐纳是厕身下层绅士的又一主要途径，人称"捐监"，意即监生的功名可由捐而得，捐监者名义上就成为国子监的学生。这些由捐纳而获监生者称为"例监生"，即"援用成例"捐纳的监生。贡生（即"朝廷的学生"）的功名也可捐纳。捐贡生者亦称"例贡生"，即"援用成例"捐纳的贡生。实际上这些

---

① 如丁忧者不得应试。
② 参阅本书第三章。
③ 院试称呼之由来是因为学政的正式名称为"学院"。
④ 章中如：《清代考试制度》，第3~7页。
⑤ 《东莞县志》卷33，第10页；乾隆九年（1744）的一道上谕敕令知府、知州和知县在州县试和府试中考中人数无定额限制。
⑥ 咸丰五年（1855）四月五日的一道上谕曾提到这一点。四川学政何绍基对捐纳出身的知府、知州、知县主管考试一事表示疑问。上谕则说："捐纳知府、州、县，考试文童，向来皆延幕友阅校。将来去取，仍归学政。"参阅《清文宗实录》，卷164，第9~12页。

例监生和例贡生偶尔也有去京城国子监读书的，①但是绝大部分是不去的。不去读书者的社会地位要低于在学的生员。②

平民百姓亦可捐这些功名，而"贱民"则不允许，正如他们不得应考一样。这些"贱民"如改姓换名，并未被发现而应考或参加捐纳，那么不仅要褫革其已获得的功名、学衔和官职，而且要受到惩治。③

然而，不仅平民有捐纳者，即使已身为绅士的生员也有捐纳者，因为生员还不能步入仕途。故想捐官的生员必须先捐监生或贡生。不过作为生员，他们捐同样的功名，纳银比平民为少。例如据1831年（道光十一年）的户部规定，俊秀要捐监生需纳一百零八两银，而生员所纳则为六十至九十两不等。④

如前所述，为取中生员而参加童试者，必须在原籍的县和府应考。与此相比，捐监生者既能在原籍也能在京城捐纳。⑤在特殊情况下，还可允许某些地方的人往它县捐监生。⑥

考试和捐纳是取得绅士地位的两大途径。除此而外，还应提及若干其他

---

① 国子监学生的人数是有限的，在不同的时期从300至180人不等。并且这一数字中包括不是由捐纳而得的监生和贡生。在清末还包括一些有举人功名者。参阅《事例》，卷1 098，第4页。
② 因此在《清国行政法分论》，卷3，第59页。其中讲到，社会地位较高的国子监的学生是指那些实际在那里读书者。该处整个一节都描述了国子监学生所享有的特权，这些学生也是指那批为数有限的实际在国子监就读者。
③ 《钦定户部则例》，卷134，第21页。关于违背则例并受惩治的实际事例可见郭嵩焘《郭侍郎奏疏》卷4第42~44页所载同治四年的一份奏疏。其中郭嵩焘奏报办理广东署揭阳知县潘铭宪的长随唐福挪用银两一案的经过。"咸丰九年潘铭宪批解是年地丁银二千一百两，饬长随唐福解赴藩库投纳。该长随挪移，为其子唐应坤朦捐同知，分发福建，竟将正项宕延。直至潘铭宪续饬管解税羡银二千八百两来省，该长随复擅移，完前次地丁解款，余银七百两，又为其女婿王有源凑数报捐县丞，分发广东。"案发后，又发现唐福另外两个儿子也违例捐职。结果将唐福的子婿均行黜革，并治罪。
④ 《陕省各府州捐监粮数条例》，第1页，另见汤象龙：《道光朝捐监之统计》，载《社会科学杂志》，第2卷第4期（1931年12月号），第438页。又见《清国行政法分论》，第五编，第359页。在有些省，如西北的陕西省，都要求纳粟而不是纳银。甚至据说，如一知县擅收捐银两，就要被参劾。参阅《陕省各府州捐监粮数条例》，第1页。有些地方有纳草、纳驼、纳马者。参阅《清代捐纳制度》，第34页。
⑤ 《事例》，卷1 098，第1页。
⑥ 《陕省各府州捐监粮数条例》第18~19页载，"榆林府、绥德州、延安府均为省境，仓廪皆空。当地民人，生活富裕而有意捐监生者极少。凡凤翔、汉中、同州等地民人欲在榆林、绥德、延安捐监者，听。其他州县仅许从本地生员、俊秀中收捐。陕西商籍子弟如原籍为他省，但愿在陕西捐监者，听。"

途径,虽然由这些途径而成为绅士的人数是非常少的。途径之一是成为"恩监生",即因皇帝恩赐而得的监生。恩监生为数极少。其中有的选自官学生,即八旗官学和皇室宗学的学生。① 作为旗人,他们并不是真正的绅士。但是,也有的选自人数很少的"算学生",他们可能是汉人。②

有时恩监生也授予原为"奉祀生"的古代圣贤的后裔,奉祀生即为负责祭祀圣贤的学生。这些圣贤的后裔即便是俊秀,也可参加皇帝的巡幸和在国子监听讲授礼仪,他们往往被授予恩监生。这种获得绅士地位的途径是专门为这些后裔保留的。③

进入绅士阶层的另一途径是世袭特权即"荫"。这些绅士称为"荫生",即依世袭权而成为官学的学生。授予他们荫生是考虑到他们的祖辈中有人为国家效劳,或是为国家受过大难。则例规定此类功名只赐给京官文武四品及四品以上,外官文官三品及三品以上,武官二品及二品以上的后辈的一个子嗣。④ 这类荫生称为"恩荫生"或"官荫生",因为授予此功名是因其祖辈的功勋。则例还规定,此类功名可赐与七品及七品以上文武官员因公务在江海丧生者以及在军营任职而病故者的后辈的一个子嗣。⑤ 后一种荫生称为"难荫生",因为此功名之授与,是考虑其祖辈任官时的殉职。如荫生被送入国子监,则称"荫监生"。

由于"荫"的特权绕过考试和捐纳二途,直接接受荫生而进入绅士阶层,所以如果这一特权盛行,就成为影响社会地位变动的一个重要因素。由此,人们或许会高估太平天国时期范围更大的人接受封荫这一事情的重要性。在记载政府与太平军作战时浙江"殉节者"名录的《浙江忠义录》一书中,曾有一序

---

① 此外,旗人还可参加"翻译童试",即能将满、蒙、汉语互译的翻译考试。考试中或者称"翻译生员"。参阅《事例》卷365。
② 算学生一次只有30名,学习期限五年,学成后或为"天文生"(观察天文的学生),或为恩监生。参阅《事例》,卷1 101~1 102。
③ 同上书,卷1 098,第1页。这些人是孔子、孟子、颜子和曾子的后裔。
④ 这一规定将"恩荫生"限制在一个很小的数目,因为达到这一品级的外官须是藩臬司或官阶更高者,武职须是提督或官阶更高者。K. A. 魏复古在《辽代的官职与中国科举制度》(载《哈佛亚洲研究杂志》第10卷第1期,即1947年6月号,第25页)一文中曾说明,在辽代和其他朝代因荫庇的特权而获官者在官吏中占很大比例。另见魏复古、冯家声,著:《中国社会史:辽(907—1125年)》,第456页。但是在19世纪比例似乎已变得很小。
⑤ 《事例》,卷1 098,第1、4页。

言述及"荫"的特权甚至扩大到"殉节"的举人、贡生和生员。① 四川一地方志还记载了将荫监生衔授予两个贡生和十三个生员的儿子等具体事例。②

然而这种赏赐实行时，肯定有朝廷随意决定的问题，因为赐予荫生的人数实际上是相当少的。以上面提及的浙江省为例，据我们所知，整个清代余姚县只有五个人为恩荫生，只有三个人为难荫生。③ 所以，作为一种进入绅士阶层的途径，"荫"的特权有必要说明，但在19世纪其意义是不足道的。

关于绅士的讨论中，"耆老"的身份也常常遭误解。这个中文词指的是年高德劭的老人，而不是像某些西方作者往往认为的那样，是那些负有实际地方行政职责的乡村领导。中国的耆老并没有这种职责。④

耆老的人数是很少的，并且没有明确的年龄界线，但一般说来，至少60岁以上的人才够格称耆老。并且，绝不是所有老人都能得到"耆老"这一荣誉称号，只有那些威望、能力、财富都很显著并且在地方事务中起领袖作用的人才是耆老。他们劝募并协助主持赈济局，⑤ 在某些地区还宣讲皇帝的"圣谕十六条"，⑥ 协助捕匪，⑦ 等等。如上所说，社会声望和地方领袖的身份也是绅士的特征之一，那么绅士与为数不多的耆老的关系是怎样的呢？

某些年高的绅士也可称为耆老，尽管他们的绅士头衔更有价值。不是绅士的耆老有的也被授予官品。特颁的上谕有时会赐予80岁以上的布衣以九品官服和顶戴，90岁以上的赐予八品官服、顶戴，100岁以上的赐予七品官服、顶戴。⑧ 据雍正朝的一道上谕，每县每年可举荐一个老农"给以八品顶带荣身，

---

① 《浙江忠义录》，"表五下"。表前一序言讲到殉节的绅士："呜呼，士之读书知忠孝耳。卒遇世变，力不能杀贼，义不当辱，忍耻苟活如何其可也！"其中还特意提及"皇上用廷臣言，凡举贡生员例不予恤荫者皆沛特恩，照职官赠恤荫子。"
② 《叙州府志》，卷35，第21页。
③ 《余姚县志》，卷23。恩荫生中一人入国子监，后步入宦途。另有三名恩荫生出任小官。难荫生中也有一人入国子监。另两名难荫生任都司。
④ 华盛顿大学远东与苏俄研究所的萧公权曾在《十九世纪的乡村中国和皇朝统治》一书中讨论了地方政府的征税、治安等制度。该书现（指1955年时——译者注）仍为手稿。
⑤ 《牧令书》，卷14，第58~60页。
⑥ 《吾学录初编》，卷3，第1页。关于"圣谕"，参阅本书第63页。
⑦ 曾国藩：《曾文正公全集》，"批牍"卷1，第2页；致湘阴知县的批札。
⑧ 《剡源乡志》，卷4，第20页，卷12，第1页。又见《东莞县志》卷34第25页载咸丰皇帝即位所颁恩诏。这说明，只是在国家重大庆典时，才将这种特殊恩典授予耆老。

以示鼓励"。①

不过这种恩赐的官品并不给与这些耆老以全部的官、绅地位。例如在婚、丧、祭祀仪式上,不是绅士的耆老即使身穿官服仍必须按平民的礼节行礼。②这种荣誉也并不意味着承认他们有实际的官职,除了在官府交往的礼仪上以示恩遇以外,并不赏赐任何正式的官、绅特权。

另一方面,所有非绅士的耆老,无论是否拥有荣誉性的虚衔,往往都有别于平民百姓而与绅士相提并论,或者仅次于绅士之下。例如在接奉和宣读圣旨的官方仪式上,文官居台阶之东,武官居台阶之西,绅士居文官下首,耆老居武官下首,然后再是士卒和平民。③

有幸受邀参加"乡饮酒礼"的年老的平民可以说是从平民中千里挑一选出的。诚如有位文人所说,这种乡饮的目的是鼓励当地居民忠、孝、节、义。④除了荣誉以外,"一当此饮,即有匾扬币聘之荣"用当时的话说,就是"不试

---

① 《连州志》,卷2,第16页。该书并未明确这种赏赐是否每个县都给予。格里菲思(R. Griffith)所译伏尔泰的《路易十四时代》一书英文本第411页上说:"新继位的雍正皇帝对法律和公益的热心更甚于其父亲。没有一个皇帝像他那样重农。他对农业之重视到了将八品官衔赐予各省最能干、最勤奋和最诚实的农民这样的程度,这些农民是由各知县挑选出来的。这并不是要这些种田人抛弃其务农的擅长,而去从事司法的职责,他们并不懂得处理纠纷。他们仍然是庄稼汉,但是他们有官衔。他们有权在面见总督大人时坐下,有权与总督大人同桌吃饭。他们的名字用金字在祠堂登录。"据《东莞县志》卷33第2页载,这道上谕是对州县的谕令,其意思是每县可保举一名老农。

② 《吾学录初编》,前引有关各卷。另见《大清通礼》,卷17、26、52。《浙江忠义录》将"殉节者"的表按下列顺序排列:驻防(旗人)职官,将弁(绿营),楚湘将士,绅士,义民。细察表中所列的数千名绅士,可以发现这些绅士是由在籍官员、候选官员、有官阶者、举人、贡生、生员和监生组成,但不包括耆老。

③ 同上书,卷1,第7页。

④ 同上书,卷3,第3~9页。吴荣光将"乡饮酒礼"列为维护风教的三项措施之一。另外两项措施是"宣讲圣谕"和"旌表事例"(包括节妇贞女、殉难官民、名官乡贤、百年耆寿及五世同堂等)。《重修蒙城县志书》卷5,第7页载:这种仪式"每岁正月朔日及十月朔日举行",由本县教谕向年高德劭的绅士中选出的大宾、介宾及耆老中选出的众宾汇报,并设宴。费用由该县政府从正项中开支。《严州府志》卷7第6页"乡饮礼"条载:"举乡绅高年有德者一人为正宾,生员高年有德者一人为介宾,平民高年有德者二三人为耆民。"《清史稿》卷89第10~11页载:"初,乡饮诸费取给公家,自道光末叶,移充军饷,始改归地方指办。余准故事行。然行之亦仅矣。"据《继修睢州志》卷3,第69页载,睢州自嘉庆十八年(1813)后,不再行乡饮酒礼。

之誉"。①

因此，非绅士的耆老是平民中的一种特殊的人物，他们得到了某种本应属于绅士的威望，也效力于某些绅士的活动。但是他们并不能享有绅士重要的特权，也不能象绅士那样出任官职。

如上所述，下层绅士内部根据不同的等级和威望也可分出几个大的集团。下层绅士中的文生员是其中主要的一个。文生员从一个等级至另一等级的升迁取决于特定的考试。岁考由学政主管，每三年举行一次，这场考试结果将决定生员的升迁乃至黜革。②科考也由学政主管，每三年一次，这场考试的主要目的是决定哪些生员有资格参加乡试，但是考试结果也影响生员的等级升迁。③换言之，在学的下层绅士总是有一个连续不断的制约，他们的地位可能会经常变换，并且因应考的长期压力而为政府所控制。④

未参加过岁科二考或参加过岁科二考但成绩在三、四等的生员称为"附生"，字面意思为"补遗的生员"。他们构成生员的最低一级，也包括从其他等级递降的生员。

岁科考中成绩最优者为"廪生"，即"享有津贴（廪米）的生员"。在每个官学中其名额是限定的。⑤津贴额各地不同，一般为每个廪生每年约四两银。⑥

---

① 参阅潘杓灿《未信编》，载《牧令书》，卷16第13～14页。《未信编》言："此礼专尚齿德……有大宾有介宾。大宾与邑长抗礼，介宾襄赞其间，稍次于大宾……席费颇出正项。务须延访舆情悦服者当之。其有绅衿公举书吏以蜚语毁举者，不可轻信。盖一当此饮，即有匾扬币聘之荣；素封者固乐趣以夸于田夫野老，而巨狡宿奸亦冀借此以庇毕世之衍，行贿者每赂口以行不试之誉，而蓄怨者亦乘隙以施嫉贤之诽……"其中还讲到有时"村落痴驶之人，累有积贮，里地欲施鱼肉，蔓延举报。盖愚民见邑长如天如帝，登公堂如云如雾。一闻此言，反如驱临陷井，百计求脱。奸蠹揣身打点，或觅情，或指官，分肥意润，竟有破家者。"
② 引自艾特尼·资：《中国的文科举制度》，载《分类社会学》，第五卷，第一编，第七章。字面上，"岁"的意思即每年，但是，这些考试却是三年一次的。
③ 《分类社会学》，第二编，第二章。另见《清国行政法分论》，第三编，第35～36页。在科举制度中"科"的意思是指乡试。
④ 参阅本书第三章。
⑤ 《事例》，卷370，第1页。
⑥ 见《钦定大清会典》，卷19，第2~3页。当然，这一款额是很小的，但作为廪生，其特权和声望大为改善。

张仲礼与《中国绅士：关于其在19世纪中国社会中作用的研究》

一旦廪生出缺，①即由岁科考中成绩优秀的其他等级的生员递补。

岁科考成绩二等的为"增生"，字面意思是"增广生员"。②增生的来源是岁科考试成绩二等的附生以及成绩四等的廪生，这意味着附生的升级及廪生的降级。增生得不到津贴，但他们可优先递补廪生的出缺。在每所官学里增生的名额也是限定的。

所有生员中，廪生享有特权最多，影响最大。除了享有津贴，还可因晋升贡生而成为上层绅士。他们得到授权，可为初次应州县试的考生作保。如果他们捐一个例贡生，就可出任县的训导，而其他生员或平民捐例贡生则没有资格任教职。③

总之，经文科考试而形成的文生员集团在下层绅士中占有最高地位。

另一个由考试而形成的集团是武生员，这一集团无可再细分。文生员每三年必须参加一次岁考，一次科考，而武生员只需参加岁考，没有武科考。与文生员一样，未在更高的考试中及第时，也是没有资格入仕的。这样他们就难以在军队中任职，只能倾力准备应乡试。④

下层绅士中仅次于生员这一最大集团的是由捐纳而来的例监生。我们曾经说过，他们原先是平民，也有部分是生员，通过捐纳银米在名义上或实际上可进入国子监为学生。这些监生中曾经是廪生的通常称为"廪监"，曾是增生的称为"增监"，曾是附生的称为"附监"。但大部分监生只是俊秀，即平民，就直称监生。例监生内这种清楚的划分对我们以后分析有多少人直接来自平民，有多少人来自原已有特权即已是在学的生员，是很有用的。⑤

除了例监生，即捐得的监生，还有三种监生。如已提到的"恩监生"，来源于两条途径：（一）因朝廷恩赐选自官学生或算学生；（二）由朝廷赐予圣人后裔。又如前面也提及的荫监生则出自恩荫生或难荫生，即因继承而来的官学生。

---

① 廪生位置出缺可因下列原因：1.廪生通过乡试而成为举人；2.廪生经挑选而为贡生；3.廪生捐贡生或监生，或者经捐纳而入仕途；4.廪生因岁、科考试成绩劣等而降级。
② 各种生员的名称袭用明制。《日知录》卷17第1页曾提及："明初诸生无不廪食于学"，"其后以多才之地，许令增广"，"踵而渐多，于是宣德元年定为之额如廪生之数"，这些生员即称"增广生员"。另见《清国行政法分论》，第三编，第36页。
③《事例》，卷74，第2页。
④《事例》，卷719，第4页。
⑤ 参阅本书第二章。

最后一种监生是优监生，即品行兼优的监生。他们系选自各省各学校的附生和武生员，①人数极少。挑选一事由各省学政决定。他们在正式进入国子监以前须通过礼部和国子监会同举行的考试。②

最后，还有一个由捐纳而来的下层绅士的集团，即例贡生，即捐得的"朝廷学生"。这些"异途"的贡生迥然有别于"正途"的贡生。"正途"贡生确实属于上层绅士。"异途"贡生社会地位较低，特权较少，因而属于下层绅士，虽然在此界线并不分明。只有"正途"贡生可被选任教职，或经廷试而出任知县。这两种贡生都可以在国子监学习，即在京师的国子监居住，其后他们可参加有关考试，通过后可得到官衔。然而"异途"贡生在国子监待的时间必须长得多，才能参加这些考试。③并且对不同的贡生所授的官衔是不同的。在这方面"异途"贡生也不如"正途"贡生那样有优待。④

贡生不仅各类生员可捐，监生甚至平民也可捐。⑤对整个捐纳制度持反对意见仅偶尔有之，但是反对贡生一衔捐纳的却时有发生，因为贡生接近于较高的地位。例如曾有一份奏议抱怨说："岁贡一项，所谓正途。自捐纳事例渐推渐广，而生员俊秀，并得输纳。"⑥另有一上谕也提到，通过捐纳制度，一些学本不固的青年反倒成了饱读经书的年长诸生的教师。⑦因此对捐得贡生的人就规

---

① 《事例》，卷1 098，第2页。
② 《事例》，卷1 098，第1页。清初，优贡生的选拔并不是定期的。至康熙九年（1670）其程序方才确定。该年有一上谕："顺治八年（1651）、十一年（1654），曾令各省学臣，选取生员文行兼优者，起送赴监。今宜遵仿此例，于郡邑各庠，或间一岁，或间三五岁，举文行兼优年齿少壮者一人，入太学。"见《事例》，卷1 098，第1页。
③ 同上书，卷74，第3页。"（乾隆）十二年（1747）议定，考职贡监，应扣限期满日，方准咨送考试。"其期限至短分别为6~24个月。俊秀捐贡须在国子监满24个月方准考试。乾隆五十六年（1791）以前，这种考试三年举行一次，后来就变得不固定了。"（乾隆）五十六年奏准，考职之人，未选用者，共千余员。毋庸三年一次增加，将来不敷录用，临时斟酌具奏。"
④ 《事例》，卷1 100，第4页载有关规定：恩贡、拔贡、副贡考列一等，授州同职衔，二等授州判职衔，三等授县丞职衔。岁贡及捐纳贡监生考列一等，仅授主簿职衔，二等仅授吏目职衔，令其在籍候选。
⑤ 《事例》，卷1 098，第1页。凡贡生原为廪生者，通常称廪贡，原为增生者称增贡，原为附生者称附贡，原为俊秀者直称贡生。当我们查阅地方志、《大清缙绅全书》和其他著作时，了解这些名称将有助于我们研究捐贡生者的出身。
⑥ 徐文元：《酌议捐纳官员疏》，载贺长龄：《皇朝经世文编》，卷17，第48页。该奏议写于康熙年间。
⑦ 见《事例》，卷1 098，第1页，雍正元年（1723）的一道上谕。

定了某种防范，只有那些廪生出身因而儒学经典功底较深者方可被选任教职。

## ■ 第四节 上层绅士身份的获得以及该集团的构成

上层绅士集团人数远较下层绅士为少，但是这一集团具有很大的威望和权势。如上所说，下层绅士不能直接取得官职，与此相比，上层绅士与仕宦紧密相连。上层绅士由那些学历较深者以及有官职者组成。不过，如前面曾说明过，并不是所有的官吏均来自官学的学生，经捐纳而出身"异途"者或有军功者也可为官。故上层绅士地位的获得，主要通过科举正途的递升，自然也可通过仕宦生涯。

然而使上层绅士有别于下层绅士的标准是由他们的学衔所体现的较高学历。考试是进入上层绅士的正途。无论"正途"或"异途"的下层绅士都可以经由"正途"而为上层绅士。下层绅士中无论是读书出身的生员还是捐来的监生或贡生，都可参加乡试，即省级考试。① 在文科乡试中入第的考生为"举人"，即省级的毕业生。在武科乡试入第者称"武举人"。这些人一旦获得举人的功名，即跻身于上层绅士。

考生员的各场考试日期各府不同，由学政决定。但举行文武乡试的日期是确定不变的。② 所有乡试每隔三年于同一日期在省会举行。武科考试紧接文科之后，两场考试均由钦差的考官直接主考。

文生员即下层绅士中的正途，如准备参加文科乡试，必须先参加科考。③

---

① 西方著作中关于乡试的资料可参阅 F. H. 尤尔：《三年一度的考试》，载《教务杂志》(Chinese Recorder)，第 3 卷，第 11 期（1871 年 4 月号），第 330~332 页。该文描述了在广州举行的一次考试，并译出了一份试卷和题目。另见李周崇珍（Li Chow Chung-cheng 音译）：《清代中国的乡试（1644~1911）》。又见尤源昌（Yu Yuan Chang 音译）：《中国的文官考试制度 1644~1905》。

② 清初乡试的固定日期规定为："凡乡试以子、午、卯、酉年八月（即三年一次）……初九日为第一场，十二日为第二场，十五日为第三场（每次考试均为三场）。每场皆先一日点入，次一日放出。"参阅《钦定科场条例》（以下简称《科场》），卷 1，第 1~2 页。还规定武乡试于子、午、卯、酉年十月举行。见《事例》，卷 716，第 1 页。

③ 生员如遇丁忧，不得应考。参阅《科场》，卷 5，第 9 页。

他们必须在原籍参加这些考试。然而所有的贡生和监生既可参加在原籍省城举行的乡试，也可参加在顺天府举行的顺天乡试。①

顺天乡试为监生和贡生的中举另设定额。这就意味着监生和贡生不必以同等条件与生员竞争。由于考生数与中额的比例不同，可知那些监生和贡生中举的可能性更大。②这无疑是一大优点，因而也是生员捐贡生和监生的目的之一。

武科乡试无需科考，武生员和兵生（兵士出身的武生员）都有资格参加乡试。③

乡试除了三年一次定期举行的以外，还有"恩科"，即因皇帝特赐而不定期举行的考试。由于军情或其他原因，定期乡试往往会延期。在特殊情况下，有些乡试甚至会延迟至下一次乡试的日期，于是两次就并为一次。不过这场考试的中额也加倍，以图弥补。④

偶尔举人的学衔也有授予未参加乡试的人。如有一次皇帝巡幸天津，授予两名贡生和一名生员以举人衔。⑤由此而获举人者称为"恩赏举人"。整个19世纪，时有将这一学衔授予宦绩卓著的官员后裔，这些后裔有的原已是有生员、监生、贡生、荫生等绅士身份者，有的甚至是平民。⑥不过这种事情是很少见的。

根据则例，乡试中每有五名中举者，即可增一名"副榜"。"副榜"的字面含义是"增补的入选者"。不过"副榜"不能参加再上一等的会试，故"副榜"常被称为半个举人。⑦然而他们已是上层绅士。当他们被选授官职时，即是"正途"出身的官员。当他们捐纳时，所费也比下层绅士少。

---

① 《科场》，卷5，第5页。
② 参阅本书第169页，注4。
③ 《事例》，卷716，第7、17页。
④ 如据咸丰元年（1851）上谕称：广西"士子，现多董理团练，保卫乡里，文武各官，因军务未竣，各有应办要务。碍难于本年十月举行乡试……所有广西省，本年辛亥恩科乡试，著准其展至来年，与壬子正科一并举行。倍额取中。"见《科场》，卷1，第6页。
⑤ 乾隆五十三年（1788）上谕："此次巡幸天津，直隶及各省士子迎銮献赋，因令分别考试……贡生王苏、王艺孙，生员吴镕著赏给举人。准其一体会试。其考取二等之刘宝梧、黄掌纶、丛之锺、邵士铎，俱著各赏缎一匹。"另可参阅《学政》，卷2，第13～14页。
⑥ 《科场》，卷53。
⑦ 《凌霄一士随笔》，载《国闻周报》，第6卷，第33期（1929年8月15日）。文中说："俗号副榜为半个举人。生监得之，亦为慰情胜无。以入仕已为正途，捐官可免'捐免保举'之费耳。惟以副榜再中副榜，则除又认一次同年外，毫无所益。"

恩赏举人和副榜也有授给那些屡应乡试而不中的年迈的考生。则例规定，考生为正途贡生的达 80 岁，其他考生达 90 岁者可授举人。生员、异途贡生和监生达 80 岁者可授副榜。① 因而下层绅士为获上层绅士的功名而虚报年龄的事也时有所闻。② 但是，总的说来因考虑年龄而授与举人或副榜学衔总数是很小的。③

考举人竞争之激烈一如考生员。考生员不过是聚本县的人一起竞争，而考举人则是聚本省各府的人一起竞争。中举者不过百分之一、二，他们不仅为自己赢得荣耀，而且他们各自的村庄或市镇也大为光彩。他们中举并从此跻身上层绅士，使他们能够与巡抚和其他省级上层官员以及各地的上层绅士交往，从而为家乡带来各种物质利益。举人的功名的确是儒林中地位高的一种标志。这一等级防范严密，任何时候都不容鬻卖的侵害。

然而，这一规则偶尔也有破例的。举例言，著名行商伍崇曜原是生员，道光十一年（1831）年授举人，因为其父亲以他的名义为公共工程（将桑园围改筑石堤）捐了三万三千两银子。④ 其他记载也表明那些行商有几个人的儿子在 1833 年被擢升为举人，因为这些行商捐助军饷，平息了连州地方的动乱。⑤ 同年北京附近的几个富人为赈济饥民，认捐了巨额粮米给政府，结果得到佩戴

---

① 《科场》，卷 53，第 2 页。副榜可视为一种正途的贡生。如某士子应年迈而获副榜衔，下次乡试即可授举人衔。如《东莞县志》卷 73 第 9 页讲到陈翰源的事情，他屡应乡试不第，直到 81 岁被授副榜。他如参加下次乡试即有资格获钦赐的举人。但是在考试举行之前他已去世。

② 《科场》，卷 53，第 10～13 页，第 27 页。又光绪五年（1879）议准："乡试年老诸生，三场完竣，不问文字佳否，即为奏请赏给副榜、举人……其初，每省不过一二人或四五人，近来各省多倍于前。每见学册，有甫经入学，即填注七十、八十、九十者，一遇科场，抚臣即援例奏请。难保不虚填年岁，滥窃荣名……嗣后，老生乡试，拟请比照捐纳贡监，已满十科之例，量为变通。必须入学年份，查系三科（九年）以前者，方准入单具奏……"《科场》，卷 53，第 35～37 页。

③ 《东莞县志》卷 47 第 40～44 页上列有因高龄而获官阶、学衔者的名录，包括因高龄授官品的举人，授举人衔的副榜，授副榜衔的生员。该县这三类人合计，乾隆朝（1736～1795）为 11 人，嘉庆朝（1796～1820）为 20 人，道光朝（1821～1850）为 14 人，咸丰朝（1851～1861）为 5 人，同治朝（1862～1874）为 10 人，光绪朝（1875～1908）为 11 人。但是《清宣宗实录》载道光二十七年二月十七日上谕："赏江苏等省丙午科乡试年老诸生王金声等一百八十四名举人、副榜有差。"此数约相当于该科取中的举人、副榜数的 10%。

④ 《广州府志》，卷 129，第 25 页，另见恒慕义：《清代名人录》，第 2 卷，第 867 页。西方人称伍崇曜为浩官。

⑤ 《澳门月报》，第 2 卷，第 2 期（1833 年 6 月号），第 96 页。

孔雀翎和举人的功名为酬答。①

授与那些捐助者以举人衔,自然引起了一位御史的愤愤不平。这位御史上奏称,道光十三年(1833)畿辅大旱,广东副贡潘士成捐助了一万二千两,得授举人。他承认这尚可接受,因为副贡离举人仅一步之差。但是他反对一些不是副贡者因捐款也被巡城给事中和顺天府尹荐为举人。据记载,他的抗争为皇帝下旨嘉纳。②

咸丰初,因与太平军作战需款孔急,某些大员讨论了允许捐举人的可能性。结果御史彭庆锺又"极言不可"。③虽然举人的功名有时仍然因财富和势力而获得,④但在条例上从未允许供捐纳。

由于举人的社会地位高于贡生,许多贡生为提高自己的威望和改善出任官职的机会而参加乡试。凡会试未能登科的举人,有经"大挑"即"拣选"担任官职的规定。⑤有的举人由此而任知县或州判,也有的任州学正或县教谕。⑥

---

① 《澳门月报》,第2卷,第6期(1833年10月号),第287页。
② 《云南通志》,卷169,第49页,"朱嶟传"。朱嶟,云南通海人。朱嶟上这道奏章在道光十三年,当时朱嶟是湖广道监察御史。
③ 《江西通志》,卷150,第35页,"彭庆锺传"。
④ 如光绪十六年李鸿章有一奏疏说:"浙江乌程县绅士,廪贡生(由廪生捐贡生衔者称廪贡,候选郎中(显系捐纳所得)庞元济,因闻近畿水灾甚重,情愿报捐赈银三万两……从前捐例捐银一万两,蒙赏给举人……查从前两淮盐商、广东洋商并有报捐银两,奖给举人成案。军兴以后,援例者多,旋经言官条奏停止……惟该绅庞元济独捐赈款实至三万两,迥非寻常所有。此非悬格可招之事,自无援引冒滥之虞。该绅本系优等廪生,富而好义,急公向上,志尤可嘉。自各省劝办赈捐以来,罕有一人助赈如该绅之巨者。若蒙破格奖励,愈足见科名进取之重。亦可励群士响慕之忱,合无仰恳天恩,可否将该绅庞元济赏给举人,一体会试。"
⑤ 关于大挑,嘉庆五年(1800)奉上谕:"各省举人,业经降旨,于明年会试后举行。原以疏通寒畯,及时自效。俾各省廪民牧者多读书人,于吏治民生,实有裨益。近年定例,将近四科举人扣除不挑,是应挑者皆系远科。恐人数过少,难以甄录。若将近科概行与挑,又恐挑取者多系新进。"最后上谕决定:"所有明岁大挑举人,著将近年乙卯、戊午、庚申三科举人扣除,其甲寅以上各科举人,俱准一律与挑。"见《科场》,卷52"举人大挑",第14~15页。有时,如乾隆二年(1737)议准,"会试之后,拣选下第举人文理明通者,大省四十员,中省三十员,小省二十员,带领引见,钦定录用,令回本省以学正、教谕即用。"见《科场》,卷52"举人大挑",第20页。
⑥ 《科场》,卷52"举人大挑",第1页。又见该书同卷第20~21页。据《科场》编纂者按:"会试后,如奉旨举行大挑,旧例每阅六年举行大挑。嘉庆十八年后,吏部于每届四科,奏请大挑一次。礼部查造清册。注明年岁,咨送吏部。奏请钦派王大臣,于八旗各省文举人内,共同拣选。一等者以知县试用。二等者以教职铨补。"

武举人的影响较小，享有的社会威望也不及其同事文举人，但他们属于上层绅士。武举人未在会试中登科者，也可被选任军职。①

拥有文武举人学衔者，可继续应会试。②如会试及第即为"进士"。在享有特权的绅士集团内，一般说来他们居有的社会地位最高，威望和影响也最大。凭藉这一功名，他们可以直接进入官场，一般说来立即就授与官职。这些官员即如人们所称的为"科甲"出身。由于是"科甲"出身，他们可出任重要的行政官职。在会试中名列前茅者送至显耀的翰林院，那是才学极高者聚集的学院，以后离开翰林院可派为各省学政，或者在朝廷或地方担任要职。

意义重大的会试也是每三年举行一次。③及第者分为三等。④及第者的年龄以及考试中的名次会影响他们不同官职的任命。⑤一般说来，文进士列名一甲者任命为翰林院修撰或编撰，其他任命为翰林院庶吉士，或者为六部和内阁的部属，以至知县。⑥列名一甲的武进士可授与禁军的一等和二等侍卫等显耀职位，其他武进士可授三等侍卫或蓝翎侍卫，以及军中营卫、守备等职。⑦在文

---

① 据规定，"武举会试落第，具呈情愿随营差操者，由部咨回本省，分发各标协营效力……效力三年期满，如果材技优娴，晓习营伍，该督抚提镇等，保送到部考验，分发邻近省份，以营千总（六品）拔补……至未经拣选者，效力三年期满，如果材技优娴，晓习营伍，该督抚提镇等，保送到部考验，分发邻近省份，以把总拔补。"参阅《事例》，卷566，第2页。
② 下列举人没有资格应会试："举人欠粮、缘事黜革及现在议处未结，与罚科、丁忧、患病等项，不得应试。"参阅《科场》，卷7，第3页。已选任官职的武举不得应会试。参阅《事例》，卷717，第1页。已过六十的武举也不得应会试。参阅《事例》，卷717，第2页。
③ 文会试逢丑、辰、未、戌年的三月初九、十二、十五日在京师举行。参阅《科场》，卷1，第1页；《事例》，卷330，第1页。武会试分为内、外两场，于同年九月的初五和十五日举行。参阅《事例》，卷717，第2页。
④ 会试也有数场考试组成。会试实际上仅是其中第一场。会试中榜者称贡士。殿试于会试后一个半月举行。中榜者的名次是在殿试中最终决定的。殿试中榜称进士，然而，贡士未中进士是很少见的。因此贡士仅仅是短时间的称呼。参阅《科场》，卷56，第1~3页，傅增湘：《清代殿试考略》，也见《国闻周报》，卷10，第1、2、3期。另见章中如：《清代考试制度》，第32页。
⑤ 如《事例》卷72第1页载雍正元、二年（1723、1724）上谕提到，年纪大的进士授与知县。《福建通志》，"列传"，卷39第69页"卓孝复传"说，卓氏应朝考，策论题为"汰冗兵"。"孝复指斥时事，语颇切直。尚书启秀阅卷，恐得罪东朝，摈列三等，当以知县用矣。有御史熙麟，见其作，以为被屈，奏劾阅卷者，请以卷呈御览。奉批：写作俱妥，拔置二等。启秀议罚俸。孝复乃以主事用，签发刑部治律。"
⑥ 《事例》，卷12，第1页。
⑦ 《事例》，卷566，第1页。

武会试中，最年轻并且成绩最优者选留京师并位居要津。

进入上层绅士集团的另一途径是由文生员选拔为"正途"贡生，这种选拔是根据文生员的成绩、学业和资历。选拔贡生依据的是学政主持的一种特殊考试的成绩。所有三类文生员都可参加这一考试。① 考试中或者称"拔贡生"，意即特殊挑选的贡生，也可成为上层绅士。"拔贡生"的考试十二年举行一次。② 每次这一考试只取两名府学生员、一名县学生员授"拔贡生"。③ 故拔贡生人数很少，但他们可参加特殊的殿试，或被任命为七品京官或各省知县。④

根据学业来选拔贡生，由总督、巡抚和学政会考。⑤ 只有生员中较上两等的廪生和增生有资格参加。选出者人数很少，称为"优贡生"，意即学业超群的贡生。⑥ 各省"优贡生"的挑选每三年一次，选出者可参加朝考，根据朝考结果可授知县或教谕。⑦

根据资历来选拔贡生是进入上层绅士集团的又一"正途"。选出者称"岁

---

① 关于参加拔贡生考试的资格，在乾隆四十一年（1776）礼部咨复四川学政的公文中曾明确："选拔生员，无论廪增附生，果系文优品端，屡次考居优等，及现在试列前茅者，秉公选取……至未经岁考之新生，其人才素行，尚未深知，自不得滥邀甄拔。"参阅《学政》，卷51，第21页。

② 关于拔贡考试的目的以及每次考试间隔多少年的最后决定，可参阅乾隆七年（1742）的上谕："国家科目取士之外，又有拔贡一途，所以收未尽之人才以备用也……又屡开恩科，加添中额。是以进士济济多人，举人则日积日众，竟有需次多年而不得一官者……若又拔贡以分其选用之途，数年一次举行，则人愈多而选用愈少……朕思拔贡乃生员中之优者……则应科举时，自可脱颖而出，又不专藉拔贡以为进身之阶也。从前选拔或数十年一举，或二十年一举。今则六年一举，为期太近……嗣后著定为十二年一举，永著为例。"见《事例》，卷1 098，第10页；《学政》，卷50，第10～11页。

③ 艾特尼·资：《中国的文科举制度》，载《分类社会学》第五卷，第一编，第八章，第86页上，曾正确地指出，拔贡生每十二年即逢酉年选拔一次。他还说到拔贡生选自廪生和增生，但他没提到附生也有选中拔贡生的可能性。

④《清代考试制度》第40～41页上说："各直省取中之拔贡，由学政给单送（礼）部，限次年五月内，投文验到。礼部奏请朝考"。其中一部分"或以七品小京官，分部学习；或以知县，分发各省试用。其余……愿以直隶州州判用者，即掣签分省试用；愿以教职用者，即交吏部注册铨选。其朝考未取，及殿试落第之拔贡，亦得赴吏部，呈请就教谕、直隶州州判职，听候铨选、惟不如录用者之优耳。"

⑤《学政》，卷51，第26～27页。

⑥ 选自廪生的优贡生也称优廪生，选自增生的优贡生也称优增生。参阅《中国的文科举制度》，第一编，第八章，第89页。

⑦《清代考试制度》，第41页。

贡生"，意即论资历的贡生。只有生员中等级最高的廪生有资格候选。①正常情况下，府学每年可选一个岁贡生，州学三年两个，县学两年一个。②

如遇国家庆典，可论资历再选拔贡生。因此种机会选拔的贡生称为"恩贡生"，意即朝廷恩赏的贡生。例如，据1796年嘉庆皇帝登基时所颁的一道诏书中说道："皇上奉太上皇帝恩诏，颁行天下。内开各直省儒学，以正贡作恩贡，次贡作岁贡。"③在有的情况下，"恩贡生"一衔也授与已有廪生衔的圣人后裔。④

这些贡生加上"副榜"（也称为"副贡生"），组成所谓"正途"的"五贡"。与下层绅士中"异途"的贡生、监生和"正途"的生员相比，他们的社会地位较高，特权也较多。他们属于上层绅士，可直接授教职，有时甚至授行政官职。⑤

由"异途"进入上层绅士集团的办法是以捐纳、军功或举荐来获得官职或官阶。由这类特殊的任命而获官职者，有别于科甲出身的官员。有进士功名的官员称为"甲科出身"，即他们的官职是通过最高等级的文科考试得来的。通过这种"正途"考试来获取官职是传统的中国文士最理想的目标。"正途"出身的官员不仅在他人看来极为荣耀，他们自己也形成一个特殊的集团，以维护他们的特权和地位。然而，尽管出身"异途"的官员其社会地位低于"正途"，但他们的特权和势力肯定使他们不同于下层绅士。

上层以及下层绅士均可由捐纳而获提升。据规定，京师文官可允现职官员、举人、贡生和监生捐纳。地方文官可允上层和下层绅士捐纳。京师和地方的武官可允军官、武举人、武生员和监生捐纳。⑥从理论上说，文生员和平民不得捐官。因为文生员是在学的学生，理应努力进取更高的荣誉，并由此而谋"正途"出身。平民不应平步青云，一跃而为上层绅士。然而在实际上生员

---

① 《学政》，卷51，第2~3页。
② 《学政》，卷51，第1页。
③ 《学政》，卷50，第4~5页。又嘉庆四年（1799）和嘉庆十四年（1809）也有此例。
④ 《学政》，卷50第1页讲到皇帝临国子监视学，来京师观礼的圣贤家族后裔，如为廪生者即授恩贡生。
⑤ 《事例》，卷74，第2~3页。
⑥ 关于哪些绅士捐哪些官职的纳银数，兹举数例：贡监生捐京官郎中职纳银六千九百十二两，捐外官道台职，纳银一万一千八百零八两。见《清国行政法分论》，第五编，第321~322页。

和平民都允许捐监生和贡生衔，他们可由此再进而捐官。其中有的人从未真正称为监生或贡生，因为他们捐官时，将监生或贡生捐银和官职的捐银同时缴纳。因此在官员们的奏报中，往往将捐官者的出身分别为官吏、绅士、商人或富豪。①

捐官职与仅仅捐荣誉性虚衔是有区别的。前者可获实授官职，后者则无实授。表面上看，有虚衔者享有许多与同阶的实职官员一样的特权，但是实职官员的关系和权势自然大大提高其势力地位。不过，捐虚衔者人数远过于捐官职者，因为有衔无职所捐银两大大低于有衔有职。②

官职或虚衔也可经举荐获得。绅士和平民均有获被举荐的可能，但绅士被举荐成功的机会更多。酝酿并保举的人都是绅士或重臣，一般说来这些人举荐他人任官职时选择的都是绅士。举荐有各种类型。其中之一是"孝廉方正"，这是赏与品行端正而默默无闻的文士的荣誉称号。这些文士首先应由其家乡的绅士、耆老和乡亲提名，其履历由县府和省的官员甄别，然后正式保举给朝廷。被举荐者要到朝廷入觐皇上，然后授与知县、其他行政副职或教官。③"孝廉方正"的举荐并不常见，被举荐者往往为生员，即在学的下层绅士。④

总督、巡抚和其他官吏幕下的幕友也可被保举出任官职。官吏的幕属并不

---

① 例如，有一次李鸿章奏报了从光绪十五年（1889）十一月至光绪十六年（1890）四月江浙两省官、绅、商、富报捐所得的总额。见《李文忠公全集》，奏稿，卷68，第28页。
② 贡监生捐京官郎中衔，只需纳银三千八百两，捐外官道员衔只需5248两。如捐同衔的实职，需纳银两约一倍。参阅《清国行政法分论》，第五编，第358~359页。实际上，到后来捐虚衔需纳银数降至规定数的一半。参阅《李文忠公全集》，卷68，第25页。
③ 举荐"孝廉方正"的程序在乾隆元年（1736）的一谕旨中曾有说明："令直省督抚转饬府州县卫各官。令该地方绅衿耆庶、邻里乡党合辞公举。该地方正印各官，采访公评，详稽事实。其所举或系生员，会同该学教官考核，造具事实册结，加具印甘各结，申详该管上司，逐加采访，督抚核实保题，给以六品顶戴荣身。如其中果有德行，才识兼优，堪备召用者，准该督抚出具切实考语，破格保荐，给咨赴部，会同九卿输詹科道，公同验看。如果众论相符，引见候旨简用。"参阅《事例》，卷75，第1页。
④ 如《夔州府志》，卷27上，第20页载："徐步青，万县增生。道光元年，恩诏各省公举孝廉方正。有贡生易昭然等十余人，公举步青为孝廉方正。"

是官方行政组织中的一部分,他们是官员自己延聘并付薪金的。①因为他们没有官职,所以可以是绅士,也可以是平民。不过,一般而言知县的幕友是下层绅士或平民,封疆大吏的幕友常常是上层绅士。②举荐幕友任官职的规定对有上层绅士身份者尤为有利,对下层绅士或平民来说,这种入仕途的办法虽是可能的,但是鲜见的。

有时,生员因其品学兼优,也会被学政特意保举任官。③在咸丰、同治、光绪历朝,朝廷大员、满洲将军、总督和巡抚也保举其他有才干的人,"共济时艰"。④

由于军功既可以使兵士逐级拔擢为军官,也可以使绅士或平民擢升任文武官职,所以由军功累擢也可成为获官职或官衔的途径。在19世纪后半叶绅士和平民因军功而获任命的事日益增多。当时大量的文武官员都出身于团练或军官。然而,查阅一下清末的《缙绅全书》,可以看到大部分军官仍然是出身行伍的。⑤这是步入仕途并自然获得上层绅士地位的又一途径。

因此,在上层绅士内也有若干不同的集团,他们是从不同的途径而获绅士地位的。这个最有特权的上层绅士集团乃是由贡生、举人或进士,以及所有在职或退职的官员和有虚衔者组成的。诚然制度上并没有特别规定,以标明他们是"上层绅士",但是他们的威望、势力以及在社会中的地位使他们迥然不同于下层绅士。

---

① 然而,注意到这一点也是颇有趣的:一个知县的幕友为知县所聘,必须依赖这位知县的上司之力。如《江西通志》卷156第42页"涂鸿仪传"载,涂鸿仪是嘉庆时四川的一位刚直的知县。"大学士蒋攸铦为四川总督……尝以幕下士荐鸿仪,不受,益重之。前后官蜀中六年,卒以刚正膺忌落职,归。"《语冰阁奏议》卷4第13页载,当时为户科掌印给事中邓承修光绪九年(1883)八月二十九日奏议,斥责幕友弄权。他奏称:"粤省积习,往往属员上司同一幕友。"他举例说,惠州知府刘浧年的幕友宋华廷又兼归善县知县徐殿兰的幕友。又如,"沈彬以抚臣之刑幕而兼广府兼理事同知"。其长子沈棪,"不通例案,强荐东莞县刑幕。一县之事,皆其主持。"附近府县的幕友"非沈彬之亲戚,即系门徒"。官员的任职数年一换,但是幕友为半官方职位,长期盘踞。沈彬即"盘踞抚署十余年,积产至十数万金"。在各处广置房屋,聚赌窝娼。
② 如著名大臣李鸿章、左宗棠均曾以上层绅士身份入幕。有时,下属官员为掌权势和得到更多的提升机会,也会入达官贵人之幕,充任幕友。
③《事例》,卷75,第2页。
④《事例》,卷75,第5页。
⑤ 如可参阅《大清缙绅全书》,光绪七年刻本。

# 蔡少卿与《关于哥老会的源流问题》

## 经典导读

蔡少卿（1933—    ），江苏张家港人，1956 年考入北京大学历史系，1960 年提前毕业留校任教，1973 年至今执教于南京大学历史系，曾任中国会党史研究会会长。蔡少卿长期致力于秘密社会史和中国近代史研究，主要著作有：《中国近代会党史研究》《中国秘密社会》《民国时期的土匪》；另主编有：《再现过去：社会史的理论视野》、"中国社会史丛书"、"中国秘密社会丛书"。

会党问题是中国近代史上的一个重大问题，《中国近代会党史研究》对会党史进行了比较全面而深入的研究，对许多重大问题作了分析阐述，勾画出一个比较完整、清晰的中国会党演变的过程。书中纵论近代中国的秘密社会及其历史演变，探讨天地会的起源问题，嘉道时期会党发展的特点，太平天国与天地会的关系，自立军起义、辛亥革命、民国初年资产阶级革命党人与会党关系，新民主主义革命时期会党问题，19 世纪的南洋华人秘密会党问题等。李侃称赞该书"是一部勇于探索、求是求真的承前启后之作"[①]。

清代哥老会问题也是《中国近代会党史研究》中的重要内容。《关于哥老会的源流问题》原刊于《南京大学学报》（1982 年第 1 期）分为五大部分，即关于哥老会

---

[①] 香港《大公报》1988 年 7 月 19 日。

起源的几种说法,哥老会与啯噜的异同,啯噜产生的时间与社会原因,从啯噜到哥老会的历史演变,哥老会出现的年代和背景。哥老会是清末流传最广势力最大的秘密结社,关于它的起源、性质及其名称的由来,学界存在不同看法,蔡少卿认为哥老会发源于乾隆初年四川的啯噜会,到嘉庆道光年间,由于南方天地会势力的北移,与川楚一带的白莲教啯噜党势力相会合,它们之间经过相互渗透、相互融合,才形成了哥老会的组织名目。同治光绪年间,随着湘军等军伍的遣撤,和破产劳动者无业游民队伍的急增,哥老会即勃然而兴。哥老会不是啯噜组织的简单重现,或名称的变异,而是以啯噜为胚型,吸收、融合了天地会、白莲教的某些特点,在半殖民地中国的特定社会条件下迅速发展起来的一种无业游民组织。该文发表后,受到学界的注意,英国伦敦大学柯文南博士将其译成英文,在美国《近代中国》杂志上发表。蔡少卿关于哥老会的研究,还有《论长江教案与哥老会的关系》、《论余栋臣起义与哥老会的关系》,探讨了近代历史与哥老会的关系。蔡少卿认为余栋臣以哥老会首领的身份来领导大足县人民两次起事,绝非孤立偶然的现象。它反映出哥老会在这个地区势力强大,也反映出人民群众反教会斗争的组织形态和领导力量的变化。蔡少卿还以教会医院拿中国人当试验品等惨无人道的事件,来说明长江教案反教排外的原因。

台湾学者庄吉发在《评介蔡少卿著〈中国近代会党史研究〉》一文中对于蔡少卿的研究有专门评论。他认为,蔡文不同意哥老会起源于满汉民族矛盾产物的说法符合历史事实,但认为哥老会也不是蔡文所说是社会阶级矛盾的产物。哥老会的源流由啯噜而江湖会、哥老会,以至长江会等,也只能说明是啯噜系统的会党发展史,但它们并非一脉相承,不宜过于强调其纵向发展。蔡文过于强调哥老会在反教排外运动中所发挥的具体作用,基本态度不客观。所谓迷拐幼孩、残害婴儿等多为当时人对西洋教会的误解,以致引起许多盲目排外案件。哥老会虽然强调内部的互助问题,但由于各地哥老会与散兵游勇互相结合,又与盗匪挂钩,以致哥老会多成结伙打单、焚抢拉生、掳人勒赎的犯罪集团,对各地社会造成了严重的侵蚀作用,不是历史进步的因素。

——— 延伸阅读文献目录:

    1. 戴玄之:《中国秘密宗教与秘密会社》,台湾商务印书馆股份有限公司 1981 年版。

2. 蔡少卿:《中国近代会党史研究》，中华书局 1987 年出初版，中国人民大学出版社 2009 年增订版。

3. 周育民、邵雍:《中国帮会史》，上海人民出版社 1992 年版。

4. 庄吉发:《清代秘密会党史研究》，文史哲出版社 1994 年版。

5. 庄吉发:《清代台湾会党史研究》，南天书局 1999 年版。

6. 刘平:《文化与叛乱——以清代秘密社会为视角》，商务印书馆 2002 年版。

7. 秦宝琦:《中国地下社会》，学苑出版社 2009 年版。

8. 邵雍:《中国近代会党史》，合肥工业大学出版社 2009 年版。

9. 王尔敏:《秘密宗教与秘密会社之生态环境及社会功能》，"中研院"《近代史研究所集刊》1981 年 7 月第 10 期。

10. 刘铮云:《哥老会的人际网络——光绪十七年李洪案例的个案研究》，"中研院"《历史语言研究所集刊》1991 年第六十二本第一分。

11. 庄吉发:《评介蔡少卿著〈中国近代会党史研究〉》，庄吉发《清史论集》(十二)，文史哲出版社 2003 年版。

—— 原文:《关于哥老会的源流问题》

**经典原文**

# 关于哥老会的源流问题

蔡少卿

## ■ 一、关于哥老会起源的几种说法

哥老会是清末流传最广势力最大的秘密结社。关于它的起源、性质及其名称的由来,迄今仍众说纷纭。综合国内外学者的有关论述,主要有以下几种说法:

(一)认为哥老会与天地会同出一源,是清康熙年间郑成功创立的"反清复明"组织。这是史学界长期以来最流行的一种说法。这种说法,出于辛亥革命时期以陶成章等为代表的资产阶级革命党人。[①]他们为了利用会党发动革命,特意粉饰了这套历史附会。到了民国时期,经过一些帮会"著作"的渲染,这种说法就更增添了神秘色彩。[②]中华人民共和国成立后,虽然有人指出了这种说法的错误,但其至今还有一定的影响。近年来,大量档案文献材料的发现和利用,愈来愈清楚地证明,这种说法是毫无根据的。

(二)认为哥老会"成立在乾隆年间。同治时平定粤匪以后,湘勇撤营,穷于衣食之途,从而组织各团体,于是哥老会始盛"[③]。持这种说法的,是日本人平山周。辛亥革命时期,他作为孙中山的朋友、中国革命的同情者,曾多次入哥老会,调查内幕,写出《中国秘密社会史》一书,1912年出版。平山氏明确肯定哥老会成立于乾隆年间,是值得重视的,但他没有说明根据。

(三)认为哥老会就是啯噜会,"哥老会即啯噜的音转"[④]。持这种意见的学

---

① 参见陶成章:《教会源流考》。
② 参见刘师亮:《汉留全史》,刘联珂:《帮会三百年革命史》,朱琳:《洪门志》等。
③ [日]平山周:《中国秘密社会史》,75页。
④ 庄吉发:《清代哥老会源流考》,载台湾《食货月刊》,第9卷第9期。此外,有些文章也有类似的说法,如陈湛若:《哥老会起源初探》(载《新史学通讯》,1952(12));胡珠生:《天地会起源初探》(载《历史学》,1979(4)),其他不一一列举。

者，偏重于"啯噜"与"哥老"的语音对证，认为"啯噜"与"哥老"在语音上是相吻合的，从而断定哥老会就是啯噜会。但他们对哥老会与啯噜会的内在联系与区别，特别对啯噜怎样演变成哥老会，缺乏辩证的历史的分析。

（四）近年来，国外有些学者认为，哥老会是清末天地会和白莲教两大结社相互融合发展的产物，哥老会与天地会并非出于一源。[①] 这是一种很有启发性的见解，但他们对两大结社究竟是怎样融合而产生哥老会的，缺乏具体的论证。

另外，有人根据中国第一历史档案馆所藏有关哥老会源流的史料，认为哥老会是由江湖会发展而来，而江湖会又来源于仁义会和天地会。"由天地会而仁义会而江湖会到哥老会，这就是它的源流"[②]。作者比较客观地说，他的这些结论，"仅据故宫明清档案部所藏的一些文件"，"不涉及其他文献"。实际上，这一部分的档案史料保存并不齐全，所以我以为此提法还值得商榷。

根据以上各种见解的启示，根据目前所能见到的有关材料的研究，我们认为，哥老会发源于乾隆初年四川的啯噜会，到嘉道年间，由于南方天地会势力的北移，与川楚一带的白莲教、啯噜党势力相会合，它们之间经过相互渗透、相互融合，才形成了哥老会的组织名目。同光年间，随着湘军等军伍的遣撤，和破产劳动者、游民队伍的急增，哥老会即勃然而兴。哥老会不是啯噜组织的简单重现，或者名称的变异，而是以啯噜为胚型，吸收、融合了天地会、白莲教的某些特点，在中国半殖民地的特定社会条件下迅速发展起来的游民组织。下面，我们来做具体的说明。

## 二、哥老会与啯噜的异同

早在同治年间，由于哥老会势力崛起，连年举事，清朝统治者在"剿办会

---

[①] 参见［日］酒井忠夫：《清末的会党与民众》，载历史教育研究会编：《历史教育》，第13卷第12号；［日］渡边惇：《清末哥老会的成立》，见东京教育大学亚洲史研究会编：《近代中国农村社会史研究》；Jerome Chén, "Rebels Between Rebellions-Secret Societes in the Novel Peng Kung An", in *Journal of Asian Studies*, 29.4, August 1970; Charlton Lewis, "Some Notes on The Kolao Hui in Late Ch'ing China", in Jean Chesneaux ed., *Popular Movements and Secret Societies in China, 1840–1950*.

[②] 朱金甫：《清代档案中有关哥老会源流的史料》，载《故宫博物院院刊》1979（2）。

匪"的同时，就注意追查哥老会的源流。当时，许多地方官奏报，一致认为哥老会起于四川，由来已久。例如，同治六年（1867年）九月，湖南巡抚刘崐在一个奏折中说："数月以来，臣详查卷宗，细加考究，哥老会之起，始于四川，流于贵州，渐及湖南，以及于东南各省。"①李瀚章在奏折中也说，哥老会"起于川黔，由来已久"②。但是，他们都没有查明哥老会产生的具体年代，和它产生的具体过程。这是我们探索哥老会起源的一个困难。

有人根据清朝乾隆年间档案文书中有关四川啯噜会的记载，将啯噜会与哥老会在语音上做了对证，认为"啯噜"与"哥老"发音相同，便得出结论：啯噜就是哥老会。我认为这个结论是缺乏说服力的。这是因为，秘密结社的源流，是个很复杂的问题，靠语音的对证是难以搞清的。即使有的组织名称相同，但内容未必一样。况且"啯噜"与"哥老"虽然发音相同，但两者的含义并不相同。我们看到，乾隆年间，清朝统治者在追查啯噜的根由时，乾隆皇帝对"啯噜"的含义做过专门的询查，他在上谕中曾明确指出"啯噜乃骂詈之语"③。而哥老却是兄弟的意思。清人朱克敬对此曾做过专门的研究和解释。他说："蜀中弟曰老，哥老，犹言哥弟也"④。可见，单凭啯噜与哥老的语音相同，即断言啯噜就是哥老会，未必是恰当的。

我认为，要判明哥老会与啯噜会之间的关系，主要应该从两者的组织形态和活动特点方面来分析。

就组织形态来说，哥老会与啯噜有许多相同或相似之处：（1）两者都是异性相约为兄弟、实行结盟拜把的组织，结拜不序年齿⑤。（2）啯噜有红线、黑线两种，有的地方称红签、黑签；哥老会也有红帮、黑帮之分⑥。（3）在组织内部，啯噜"头目曰帽顶，总头目曰大帽顶，其最大者曰坐堂老帽"⑦；"其为首者

---

① 《刘中丞奏稿》卷2，《请饬在籍大员帮办团练折》。
② 《录副奏折》，同治五年七月二十日湖南巡抚李瀚章奏。
③ 《上谕档》，乾隆五十六年三月二十六日。
④ 朱克敬：《瞑斋二识》。
⑤ 参见《录副奏折》，嘉庆十年三月二十九日勒保奏；[日]平山周：《中国秘密社会史》。
⑥ 参见邱仰文：《论啯噜状》、《再论啯噜状》，见贺长龄辑：《皇朝经世文编》卷75；《录副奏折》，光绪八年十月七日刘海鳌奏，光绪十三年八月十三日陕西巡抚叶伯英奏；[日]平山周：《中国秘密社会史》。
⑦ 刘蓉：《复李制军书》，见葛士濬辑：《皇朝经世文续编》卷83。

曰帽顶，暗言其为主也。其次曰大五小五，暗言大王小王也。又其次曰大老幺小老幺，言兄弟也。以下曰大满小满。其新入伙者曰伲娃娃"①。哥老会也"称会首为老冒，会末为老幺。并有冒壳子大爷、圣贤二爷、当家三爷、红旗五爷之称。其余为八牌上的，有上四牌下四牌之分。并各自带小儿，曰少伲儿"②。

就活动的特点而论，两者都"十百为群，以焚抢为事"③。啯噜"始乎赌博，卒乎窃劫"④；哥老会则以"盗窃为武差事"，"赌博为文差事"⑤。啯噜平时有"白昼攫物者，杀伤平民者，有将人抢去奸污者，有因而致死者"⑥；哥老会则"其党每于山隘及江湖港边泊船所在，谋劫客商，多遭惨害"⑦。

但是啯噜与哥老会也有许多不同之处：首先，啯噜一般不设"堂口"；而哥老会的组织系统，多设山堂香水。其次，哥老会内的各级头目名称、开山仪式、会规条例以及暗号隐语等，比啯噜会复杂得多。最后，哥老会在组织和信仰等方面，还吸收了白莲教和天地会的一些特点（详见下文）。

从两者出现的时间来看，啯噜出现在先，哥老会出现在后。显然，后者是从前者演变而来的。联系到它们的发源地点、蔓延的方向路线，联系到左宗棠曾奏称"盖哥老会者，本川黔旧有啯噜匪之别名也"⑧等语，可以确信，哥老会发源于四川的啯噜会，是由啯噜会逐步演变而成的。

## 三、啯噜产生的时间与社会原因

啯噜起于何时？它是一种什么样的组织？

---

① 陈庆镛：《与舒云溪制府书》，见葛士濬辑：《皇朝经世文续编》卷97。
② 天下第一伤心人：《哥老会说》，见《辟邪纪实》，同治元年（1862年）刻印，同治辛未（1871年）夏重刻。
③ 梁上国：《论川楚教匪事宜疏》，见贺长龄辑：《皇朝经世文编》卷89；天下第一伤心人：《哥老会说》。
④ 邱仰文：《论啯噜党状》。
⑤ ［日］平山周：《中国秘密社会史》，75页。
⑥ 《录副奏折》，乾隆九年十一月六日御史柴潮生奏。
⑦ 天下第一伤心人：《哥老会说》。
⑧ 《左文襄公奏稿》卷31，《刘松山剿除绥德州叛卒收复州城折》。

据清代文书记载，乾隆初年，四川啯噜已活动频繁，犯案累累，"狱讼繁兴，囹圄充积"①。因此，我们认为啯噜最迟应起于乾隆初年。

啯噜主要是外省入川的流民，和四川本地的破产劳动者、游民结成的互助自卫团体。乾隆八年（1743年）十月，四川巡抚纪山奏称："川省数年来，有湖广、江西、陕西、广东等省外来无业之人，学习拳棒，并能符水架刑，勾引本省不肖奸棍，三五成群，身佩凶刀，肆行乡镇，号曰啯噜子。"②乾隆九年（1744年），御史柴潮生也奏称："四川一省，人稀地广，近年以来，四方游民多入川觅食，始则力田就佃，无异土居，后则累百盈千，浸成游手。其中有等，桀黠强悍者，俨然为流民渠帅，土语号为啯噜，其下流民听其指使，凡为啯噜者，又各联声势，相互应援。"③

康雍年间以来，由于农村人口的迅速增加、政府"地丁"政策的掠夺，以及地主阶级的兼并剥削，造成大量无业流民向地广人稀地区迁移。乾嘉年间，川楚陕交界南山、巴山老林地区，就侨寓着数百万"江、广、黔、楚、川、陕之无业者"④。他们依亲傍友，到此耕种荒地；他们居无定所，伐木架橼，借以栖身；他们种地之外，多资木厢、盐井、铁厂、纸厂、煤厂佣工为生。尽管身处这些地广人稀的荒僻地区，他们仍不免于地主、厂主、吏胥、差役敲骨吸髓的压榨，成为流荡城乡的"闲打浪"。他们为了谋生自卫，便呼朋招类，十百为群，啯噜乃应运而生。所以，乾隆年间四川的督抚官多奏称："川省五方杂处，游手最多，往往结党成群，流荡滋事，日久即成啯匪。"⑤

加入啯噜组织的，除了外省入川的流民，还有四川本地的破产劳动者、贫苦水手、纤夫、盐贩、烟贩和一些散兵游勇。单就水手、纤夫来说，四川就有数十万。他们在长江、嘉陵江以及潼、泸、涪等江上，终岁劳作，却不得温饱。他们之中的许多人，最后不得不卖光所穿的衣服履物，成为"精膊溜"。这些人，漂流江湖，"弱则为乞丐，强则入啯匪伙党"⑥。

---

① 邱仰文：《李蔚州先生墓志铭》，见《国朝文汇》乙集卷1。
② 《大清高宗纯皇帝实录》卷203，24页。
③ 《录副奏折》，乾隆九年十一月六日御史柴潮生奏。
④ 严如煜：《三省边防备览》卷14，《艺文下》。
⑤ 《录副奏折》，嘉庆十年三月二十九日四川总督勒保奏。
⑥ 严如煜：《三省边防备览》卷5，《水道》。

盐是四川货值最大的物产，著名产盐者有数十处。每厂盐工苦力多者"以数十万计"，少则"亦以万计"。各处口岸，商贩云集，"利之所在，走险如鹜"①。啯噜多横行其间，或充私贩，或做保镖。此外，如雅州等处前往云南贩卖鸦片的沿途，"啯噜、刀客也很活跃"②。

从上述可见，啯噜的基本群众，乃是"不能谋衣食"的"无赖恶少"③，即破产的劳动者和游民。他们结拜啯噜的目的在于"有事彼此帮助，以免被人欺压"④。他们内部有严明的约束，"拜把之后，不许擅散"⑤。他们的基本活动是，强乞强买，逢场绺窃，"昼抢场市，夜窃富民，小则拒捕抗官，大则揭竿谋逆"⑥。由此，我们就不难得出结论：啯噜不是明末清初满汉民族矛盾的产物，而是康雍乾以来社会阶级矛盾的产物；不是郑成功派陈近南往四川"开精忠山"的结果，而是四川民间自发组成的秘密结社；不是"反清复明"的组织，而是破产劳动者的互助团体。

## 四、从啯噜到哥老会的历史演变

从啯噜发展到哥老会，并不是简单的组织重复，也不是简单的名称变异，而是一个错综复杂的历史演变过程。其间，很明显地经历了川楚陕白莲教起义时期啯噜与白莲教的融合，和太平天国起义时期天地会与白莲教两大结社系统的相互融合两个重要阶段。

第一阶段，是啯噜与白莲教的相互融合。从乾隆末年到嘉庆初年，啯噜的势力由四川向外扩展，首先与川陕楚三省交界地区强大的白莲教势力相会，它们便迅速走向合作融合。

由于他们的基本群众都是贫苦的劳动者和无业流民，他们都要求改变痛苦

---

① 严如煜：《三省边防备览》卷5，《水道》。
② 《录副奏折》，道光二十二年十二月十一日御史朱坚奏。
③ 严如煜：《三省边防备览》卷11，《策略》。
④ 《录副奏折》，嘉庆十年三月二十九日四川总督勒保奏。
⑤ 严如煜：《三省边防备览》卷11，《策略》。
⑥ 陈庆镛：《与舒云溪制府书》。

的生活境遇。所以，两者之间的合作融合有着共同的阶级基础。同时，两种组织又各有长短，需要相互补充。白莲教"多深堂大宅，复轻财好施"，啯噜可"藉教匪家以藏身"①；而且"入彼党伙，不携赍粮，穿衣吃饭，不分尔我"②。因此，就有大批啯噜分子加入白莲教。而啯噜内"皆年力精壮之无赖恶少"，操习技艺，劲悍善斗，"教匪因以起事，故麇麇鼠子啸呼而起，战阵技艺有如素习"③。因此，川楚陕白莲教大起义时，吸收了大量啯噜分子加入起义队伍。嘉庆元年（1796年），徐添德在达州起兵，"招乡市游手无赖，遂至万人"，"其中大多是啯噜子"④。严如熤说："自达州倡乱，各匪潜相附从。近闻教匪亦逸至蜀中，则匪中添生力徒卒，而总以教匪名矣。"⑤嘉庆五年（1800年），白莲教起义军蓝号冉天元等部入川西时，也吸收了大量战斗力甚强的啯噜子，队伍从三四千人很快扩大到五万余人。⑥

平时的合作交融，战时的并肩战斗，不能不对它们的组织形态产生影响。我们看到，嘉庆以后，啯噜的组织开始设立山堂字号，"自分支派，不相溷淆"，内分红、黄、蓝、白、黑五旗。⑦这种五旗制的分派，显然是效法白莲教而来的。而有些地方的白莲教（如湖南的青莲教），也开始举行拜台结盟的仪式。⑧这可能是受了啯噜结拜仪式的影响。

第二阶段，是太平天国起义爆发前后，天地会和白莲教之间的相互融合。嘉道年间，南方天地会势力北移，与白莲教势力相会。特别是鸦片战争之后，由于中国社会半殖民地化的加深，破产劳动者、游民就愈来愈多，成为特别严重的社会问题。他们为了生活，加入秘密社会如水赴壑，随处风靡。或加入会党，或投向教门，或既入会党又入教门，名目繁多，层出不穷。除了传统的名

---

① 石香农：《戡靖教匪述编》卷1。
② 严如熤：《三省边防备览》卷11，《策略》。
③ 石香农：《戡靖教匪述编》卷1。
④ 石香农：《戡靖教匪述编》卷1。
⑤ 严如熤：《平定教匪总论》。
⑥ 《剿平三省邪匪方略》正编卷157。
⑦ 参见刘蓉：《复李制军书》。
⑧ 湖南新宁一带青莲教，系由四川成都的王又名传布而来，"其法入教人出百五十钱，供会饭费，每招徒至三四十人，辄白昼野会累台，洒鸡血酒中，班饮设誓约，谓之拜台。"参见《宝庆府志》卷7，《大政纪七》；《录副奏折》，道光二十年九月十五日湖南巡抚裕泰奏。

目之外，当时出现了许多亦教（教门）亦会（会党）、非教非会的组织。就湖南一省而论，据当时的地方官奏报，"教匪充斥，有红簿教、黑簿教、结草教、斩草教、捆柴教等名目"①；"会匪名目不一，有添弟、串子、红教、黄教、白教、道教、佛教及青龙、白虎等会"②；此外还有"红黑会、半边钱会、一股香会、名目繁多"③，不下数十种。

如果考察它们的组织活动，那么就可以发现以下几个重要特点：(1)这一时期，湖南许多会党组织的活动，多带有教门的特色。我们前面提到的添弟、串子、青龙、白虎等会，"类皆踵白莲之余习，托免劫以为词"④。而教门组织的活动，又带有会党的特点。如湖南的青莲教，"皆以四川峨眉山会首万云龙为总头目，所居之处，有忠义堂名号"⑤。(2)在一个组织的内部，可以包含教和会两个不同的部分。如湖南新宁雷再浩倡立的棒棒会，就"分青、红两教，青教茹素，红教食荤"⑥。(3)一个组织的头目，既有来自会党的，又有来自教门的。如湘鄂边界监利、沔阳交属之洪湖，哥弟会有廖士银等十二头目"半自粤余土匪出身，半由白莲教匪出身"⑦。(4)有既入白莲教又拜天地会的。如道光年间董言台等先在江西、湖南一带"入金丹教、礼敬无生老母，并邀诱多人结拜天地会"⑧。(5)还有人同时结拜或掌管几个组织的。如湖南浏阳县曾帼才"总理黄、红、白三教十五营"⑨；宁远县李春笼"结拜红、白、黄三会，伊称黄会头目"⑩。湘乡县李世溃"食长斋""系来龙、四方、金龙、青龙、宝华、天宝等山首领"⑪。以上情况，一方面反映出当时社会的极度动荡不安，广大贫苦人民为了摆脱生活的困境，纷纷投奔秘密结社的情景；另一方面也反映出教门

---

① 《大清文宗圣训》卷90；《录副奏折》，咸丰元年礼科给事中黄兆麟奏。
② 《刘中丞奏稿》卷2，《请饬在籍大员帮办团练折》。
③ 《曾文正公全集·奏稿》，卷1，《严办土匪以靖地方折》。
④ 《刘中丞奏稿》卷2，《请饬在籍大员帮办团练折》。
⑤ 《大清文宗圣训》卷90。
⑥ 《录副奏折》，道光二十八年二月十七日广西巡抚郑祖琛奏，道光二十八年二月十七日湖南巡抚陆费瑔奏。
⑦ 《大清德宗景皇帝实录》卷130。
⑧ 《大清宣宗成皇帝圣训》卷87。
⑨ 《刘中丞奏稿》卷4，《擒获浏阳等县会匪惩办片》。
⑩ 《录副奏折》，同治五年十二月四日湖南巡抚李瀚章奏。
⑪ 《湘粤剿办哥老会文稿》，南京大学图书馆善本部藏。

与会党两大秘密结社系统之间相互融合、相互渗透的错综局面。

不能认为，教门和会党之间的合作交融只是发生在这一时期，或者只是发生在湖南地区。实际上，在此前后，在湖南的临近省份，多有类似的现象存在。例如，嘉庆七年（1802年），广东惠州永安县，就有白莲教与天地会联合攻城的事。《惠州府志》载："官粤陇、赖东保倡乱于宽清溪，围攻邑城……官为添弟会首，其众以红巾裹头为号；赖东保为白莲教匪首，其众以白布裹头为号。"① 嘉庆八年至嘉庆十一年（1803—1806），江西省的贵溪、临川，福建省的邵武等县，有人结拜天地会，会内分有"阴盘教、阳盘教名目"，"愿入阳盘教者，传授手诀口号，愿入阴盘教者，抄传经本，吃斋念诵"②；"善字号尽是吃斋，和字号俱系吃荤"③。同光年间，楚豫边界地区，有哥老会与灯花教（白莲教的一种）"互相勾煽，根株纠结，蔓延日广"④。在陕西境内，有"签匪"与"会匪勾结者，亦有既为签匪复为会匪者，彼此效尤，无恶不作。其宰鸡滴血，传授口诀，绰号排行，竟与会匪无二。其公然剽夺，报仇杀人，倡乱谋逆，亦与会匪行径相似"⑤。

哥老会正是在上述社会形态发生变化、社会极度动荡、秘密结社飞速发展、会党与教门广泛融合的情况下，以啯噜的组织形式为胚型，吸收了天地会、白莲教等组织的若干特点，逐步形成起来的。据清朝地方官的大量奏报，咸同年间的哥老会、江湖会和红钱会等组织，不仅都实行宰鸡滴血、焚香拜把的结拜仪式，会内不仅都有老帽、老幺、大爷、二爷、三爷、五爷等名称；而且还"传授开口不离本，出手不离三口诀暗号"⑥，并有"五祖洪门木戳"等印记。⑦ 这种三指口诀暗号和五祖洪门印记，就是从天地会那边借用来的。

哥老会的出现，在组织机构和名称方面的具体演变过程，学术界的看法很不一致。有的同志认为，这个具体过程是："由天地会而仁义会而江湖会到哥老会，这就是它的源流"。我的看法与这种看法不尽相同。我同意关于哥老会的

---

① 《惠州府志》卷18，17页。
② 《录副奏折》，嘉庆八年九月六日江西巡抚秦承恩奏，嘉庆十一年七月十九日闽浙总督阿林宝奏。
③ 《吴文春供词》，附于嘉庆十一年八月四日署江西巡抚布政使先福折内。
④ 《张文襄公全集》卷33，《派员专办沿边缉捕事宜折》。
⑤ 《录副奏折》，光绪十三年八月十一日陕西巡抚叶伯英奏。
⑥ 《录副奏折》，同治元年三月二十八日闽浙总督庆端奏；天下第一伤心人：《哥老会说》。
⑦ 参见《录副奏折》，同治十一年十一月十五日张树声片。

前身是江湖会的说法。这是因为，不仅哥老会与江湖会的组织结构和活动特点基本相同，也不仅有许多人奏称哥老会是江湖会的变名，而且不少材料证明，江湖会的名目比哥老会出现得早。要补充说明的是，据我所知，早在道光十一年（1831年），福建就破获江湖会组织，并搜到了《江湖公约》。这个公约的具体内容有"端品行；酌己力；泯强形；公利路；慎收徒。佩服斯约，何处难行。如其无辜被人勒索，须报同人，然后行事等语"①。如果将这个公约的内容与后来流传于哥老会的《江湖海底》相对照，我们不难看出，他们之间是一脉相承的，后者只是在文字条例上更繁杂一些，具体反映了前者到后者的演变情况。

但是，我觉得关于江湖会来源于仁义会和天地会的说法，是值得商榷的。这是因为，有关文章所列举的嘉庆年间福建的仁义会，与光绪年间河南等地的仁义会，名称虽然一样，但实际内容是大不相同的。从档案材料所反映的内容看，前者源于天地会，或是天地会的变名；而后者的名称虽然也是仁义会，但内容却与前者大不一样。从后者开山立堂、封授职号等内容看，我认为是哥老会的变名。②所以，我们不能单凭某些组织的名称相同，就断然认为它们是一种组织，或是一个来源的。在清代，秘密结社名称一致而内容相异，并不是个别的现象。重要的是，必须依据它们的组织内容和活动特点来鉴别。我以为哥老会的前身是江湖会，而江湖会又是从啯噜（即钱会）变化而来。这一点，熟悉哥老会由来演变情况的李榕说得很清楚，他说："窃按蜀中尚有啯噜会，军兴以来，其党多亡归行伍，十余年勾煽成风，流毒湘楚，而变其名曰江湖会。每起会烧香，立山名堂名，有莲花山富贵堂、峨眉山德顺堂诸名目。每堂有坐堂老帽、行堂老帽。每堂八牌，以一、二、三、五为上四牌，六、八、九、十为下四牌，以四、七两字为避忌，不立此牌。其主持谋议者号为圣贤二爷，收管银钱者号为当家三爷。内有红旗五爷专掌传话派人，黑旗五爷掌刀杖打杀，其聚党行劫者谓之放飘，又谓之起班子，人数多寡不等。"③这种说法，也见于其他材料。因此，我的初步看法是：由啯噜（钱会、签会）变为江湖会和哥老会，

---

① 《录副奏折》，道光十一年十一月十二日福建巡抚魏元烺奏。
② 天地会开台拜会，没有山堂系统；而哥老会开山结盟，设有山堂香水。天地会封授职号一般有红棍、白扇、草鞋等名目；而哥老会山主（龙头）之下，有坐堂、盟证、陪堂、理堂等名目。两者有很大的不同，这也说明哥老会不是源于天地会。
③ 《十三峰书屋·批牍》卷1，《禀曾中堂、李制军、彭官保、刘中丞》。

以至长江会、洪江会、昌江会、英雄会等,才是哥老会的源流。

## 五、哥老会出现的年代和背景

关于哥老会组织名目出现的具体年代,目前还不能确知。一般专史和文献记载,多说始于同治初年。但据目前所见清代档案和有关记载的分析研究,我认为哥老会名目出现的时间似乎要更早些。首先,我们看到,咸丰初年曾国藩创办湘军所拟定的湘军营规,已明确规定"禁止结盟拜会。兵勇结盟拜会、鼓众挟制者严究;结拜哥老会、传习邪教者斩"[①]。这说明哥老会势力在咸丰初年已相当兴盛,而且已传入清朝军营,所以才引起曾国藩的恐惧和深恶痛绝,将结拜哥老会同传习"邪教"一样,列入严厉的禁例。由此我们可以推断,哥老会的名目约在咸丰之前就已出现。其次,据左宗棠奏称,咸丰十年(1860年)他在招募楚军时,也将严禁军营结拜哥老会列入"行军五禁"[②]。他在一个奏片中又说:"近年江楚之间,游勇成群,往往歃血会盟,结拜哥老会,又号江湖会。臣于咸丰十年成军时,严禁各营,不准收用此等游勇,并谕禁勇丁,不许蹈此匪习,犯者立正军法。后经查办数人,无敢犯者。"[③]这就再次说明,咸丰年间哥老会已在湘军中盛传,那么它的名目出现应该更早。据四川的同志研究,道光二十八年(1848年)四川已出现哥老会的名目,并引起清廷注目和严禁。[④]又,不能道人著《救世新论》,也提到道光二十九年(1849年)四川会党内有"江湖烧会"[⑤],实际上就是"烧灰结盟"的哥老会。这种烧灰结盟的仪式,都是来源于四川的啯噜。[⑥]另外,卫聚贤在《中国的帮会》一书中说:"道光十二年时已有哥老会了"[⑦]。如果以上这些说法是确有所据的话,那么即可确认哥老会的组织名称最迟应出现在道光年间。

---

① 《曾文正公全集·杂著》卷2,《营规》。
② 《左文襄公全集·奏稿》卷22。
③ 《录副奏折》,同治五年五月八日闽浙总督左宗棠奏。
④ 张力:《啯噜试探》,载《社会科学研究》,1980(2)。
⑤ 转引自庄吉发:《清代哥老会源流考》。
⑥ 参见《黄胜才供》,见《大清高宗纯皇帝实录》卷1145。
⑦ 卫聚贤:《中国的帮会》,5页。

同光年间，清朝的许多封疆大臣奏称，哥老会"起自军营"，这当然不很确切。但哥老会蔓延发展，却与清朝的军营，特别是湘军的创立与解散有着密切的关系。湘军成立之初，曾国藩虽严禁军营结盟拜会，但实际上已有大批哥老会分子混迹其中，鲍超的军营就是突出的一例。王闿运在《湘军志》中说："哥老会者，本起四川，游民相结为兄弟，约缓急必相助。军兴，而鲍超营中多四川人，相效为之，湘军亦多有。"① 左宗棠也说："鲍超籍隶四川，而流寓湖南最久……所部多悍卒，川楚哥老会匪亦杂厕其间。"② 经过辗转相传，到同治初年，湘军"各营相习成风，互为羽翼"③。以至"楚师千万，无一人不有结盟拜兄弟之事"④。

湘军为什么要结拜哥老会？或者说哥老会为什么能盛传于湘军之中呢？按照曾国藩的说法，主要有两个原因："一曰在营会聚之时，打仗则互相救援，有事则免受人欺。二曰出营离散之后，贫困而遇同会，可周衣食；孤行而遇同会，可免抢劫。因此，同心入会。"⑤ 我认为这个说法既说明了湘军结拜哥老会的基本目的和真实情况，又反映了哥老会这种江湖团体的基本性质，因而是可信的。

当然，哥老会不光流行于湘军营伍，同时也流行于其他军营，情况亦与湘军相似。刘崐在一个奏折中说："臣查军兴以来，各省招募勇丁，在营之日，类多结盟拜会，誓同生死，期于上阵击贼，协力同心，乃历久习惯，裁撤后仍复勾结往来。其端肇自川黔，延及湖广。近日用兵省份各勇，亦纷纷效尤，党羽繁多，伏而未发。"⑥ 刘坤一在一个文告中也说："前此各省用兵，营中材武之士，结为兄弟，自成一队，遇有劲敌，辄以陷阵冲锋，带兵员弁，另给旗帜号衣，以作其气，而收其效，此哥老会之所由来也。久之流弊渐生，往往怯于公战，而勇于私斗；随即严加禁止，而其习未能尽除。迨后发、捻以次削平，各营陆续裁撤，此风仍而不改。"⑦

由上述可见，陶成章把哥老会盛行于湘军说成是李秀成、李世贤等隐遣洪

---

① 王闿运：《湘军志》（一），《湖南防守篇第二十五》。
② 《左恪靖伯奏稿》卷25，《附陈鲍提督所部仍请由该员自为主持片》。
③ 《曾文正公全集·批牍》卷3。
④ 《十三峰书屋·批牍》卷1，《湘潭县梅震荣到任批》。
⑤ 《曾文正公全集·批牍》，卷3。
⑥ 《刘中丞奏稿》卷2，《扑灭湘乡会匪并击散浏阳斋匪折》。
⑦ 《刘坤一遗集·公牍》卷2，《哥老会匪及早悔改示》。

门兄弟投降于湘军,以复大仇于未来①,有的同志还把它说成是天地会的一种有计划有目的的部署,看来都是缺乏史实根据的臆测。

原来,曾国藩办湘军是为了镇压农民起义、剿灭太平军,但由于哥老会盛传于湘军,使他不得不解散湘军;而湘军的解散,又促使哥老会更广泛地蔓延于社会,成为反抗清朝统治的一支巨大力量。这是历史的辩证法,是不依统治阶级的意志为转移的。后来,刘坤一总结这一过程时曾悲哀地说:"前则为国剿贼,今竟自陷于贼,将来为人所剿,良可痛心。"②

为什么湘军等营伍的遣散,会促使哥老会更广泛地蔓延,并转化为反抗清朝统治者的巨大力量呢?这是因为,当时的中国,已坠入半殖民地的深渊,政治腐败,国弱民穷,社会上存在着大量破产劳动者、游民。湘军和其他营伍的解散,数十百万将士的安置,是个极严重的问题。这些人解甲不得归农,也找不到其他职业,绝大部分不得不成为无家可归、无业可就的游民。于是,他们就流浪江湖,与各地原有的游民相勾串,结盟立会,散票取钱,"江湖流荡之辈固趋赴不遑,市镇负贩之徒亦相从而靡"③。从中国第一历史档案馆所保存的清朝同光年间哥老会的数百起案件材料,我们看到,各地哥老会的头目,绝大部分是营伍出身,具体说明了这批散兵游勇在社会上传布哥老会的作用。哥老会的广泛蔓延,很快就造成"各路之会匪声气相通,抗官拒捕,势渐不可制"④的局面。

这个问题,在湖南尤为突出。因为湖南不仅是筹兵筹饷的一个重要地区,而且是湘军的老家,遣散回家的兵勇最多,因而也是哥老会流传最盛的地区之一。同治九年(1870年)湖南巡抚刘崐在一个奏折中说:"溯查湖南二十余年以来,支持东南大局,筹兵筹饷,历久不懈,其时尚值年岁丰稔,官绅殚心筹划,略无旁顾。近年滨湖大水,上游州县各时遇饥旱,民力久经告竭。而自江南大功告成之后,遣散兵勇以数十万计,多系犷悍久战之士,不能敛手归农。从前平定川陕三省教匪,筹办善后,安插数十余年之久,始能敉定。此次军务十倍于川陕善后,安插又不能及嘉庆年间物力之厚,勉强敷衍,苟顾目前。兵

---

① 参见陶成章:《教会源流考》。
② 《刘坤一遗集·公牍》卷2。
③ 《刘坤一遗集·公牍》卷2。
④ 《丁文诚公奏稿》卷14,《拿获重庆泸州巨枭片》。

勇之情，多未安帖，哥匪名目因之乘之以兴。"①在这里，刘崑说明了两个重要情况：其一是，清朝政府镇压川楚陕三省白莲教起义和镇压太平天国起义，由于社会条件的不同，因而处理战后遣散兵勇的安置问题也就大不一样。如果说嘉庆年间中国封建社会已走向没落，但清朝政府在镇压白莲教起义之后，还能勉强敷衍安置遣散兵勇善后问题的话，那么，到同光年间，中国社会已陷入半殖民地深渊，清政府在镇压太平天国起义和捻军起义之后，就再也无力处理大量遣散兵勇的善后问题了。其二是，由于湖南有数十万遣散兵勇，回乡后不能敛手归农，"兵勇之情，多未安帖"，因此哥老会就特别猖獗。从同治六年（1867年）起，哥老会就在湖南举事作乱，此后连年不断。曾国藩也为之哀叹："剿之而不畏，抚之而无术。"②

  总之，哥老会势力崛起，是清末的一个重要社会现象，探明其源流背景，我们就从一个侧面看到中国社会、政治、经济的急剧变化，看到半殖民地中国日益深重的社会危机。上面的叙述，只是一个很粗浅的看法，希望有助于对这个问题的讨论。

（原文发表于《南京大学学报》1982年第5期，
本书据《中国近代会党史研究》录出。）

---

① 《刘中丞奏稿》卷7，《湖南饷源匮竭恳赐协拨折》。
② 《曾文正公书札》卷27，《复吴南屏》。

# 王庆成与《晚清北方寺庙和社会文化》

## 经典导读

王庆成（1928— ），浙江嵊州人，1951年毕业于南京大学社会学系，曾任中国社会科学院近代史研究所所长，中国社会科学院荣誉学部委员。主要研究太平天国史，近期研究重心为晚清（19世纪后半叶）华北乡村。论著有：《太平天国的历史和思想》《太平天国的文献和历史——海外新文献刊布和文献史事研究》《稀见清世史料并考释》等。

从2002年起，王庆成发表了一系列以晚清直隶为中心的华北乡村的论文，他从村落的外部形态入手，描述了村落的街巷、房舍结构和道路交通情况，并摹录了一些显示当时村落形态的村图。王庆成发现北方村落规模多为中小村落，百户以上大村不占多数；为安全需要，若干村落环筑土墙或设立"庄门"；为农事、生活及精神等方面的需要，很多村落在村内、村外掘井、立庙。接着他还探讨了直隶、山东一些州县村镇的人口，指出当时的"镇"不一定是商业聚落，不少"镇"人口不多，又无商店市集，只是一般村庄。村镇户均人口多在五人左右，入学者只占人口之百分之一二。穷民、残疾、节孝等类人员在人口中占有相当比例，老年人口比例偏低，性比例普遍严重失衡，就人口年龄分配而言基本上是稳定的人口类型。他关注集市问题，对美国学者施坚雅关于中国乡村市场和社会结构的理论、公式提出了质疑，认为华北各州县集市数量参差不一，甚至差距很大，集市数与州县人口数、村庄数及土地面积的关系,亦无有规则的比率。集市圈即集市与赶集村庄的空间构成,所包含的村庄多至近百村,少则二三村,甚至一村。他还认为集市数增加,意味着农产商品化和商品流通量的扩大,显示出经济繁荣的景象;但在晚清,人均耕地减少,农民贫困度增加,农民为维生而会更多地卷入商品经济,会更多地利用剩余人力以发展低成本的各色家庭工副业,这些对集市贸易量和集市数增长都起着作用。故贫困是晚清北方农村商品流通量扩大的原因之一。王庆成还探讨晚清华北乡村规模。指出明以前华北由于经常的大规模战乱和落后民族的掠夺统治,社会经济停滞、衰退,人口减少。明代以降,河北、山东各地多有外来移民组成村屯。晚清时期武清、栾城、青县、望都等州县的村落及人口资料证明,这些村屯之少数是数百户上千户的大村,绝大多数只是数十户以至数户、十数户的小村。

本书所选论文,是王庆成关于华北乡村研究最新的论文,侧重于社会文化,是近来学术界的关注点。该文指出,晚清时期北方地区的大小村落中普遍存在寺庙,基本可以说是"无庙不成村"。以武清、深州、定州、青县、唐县、望都、延庆七州县为例,一般而言,千人以上大村落拥有的寺庙数大幅度超过该地区村平均数,百人以下小村落的寺庙数则低于村平均数,但相反者也不乏其例。乡村中寺庙以土地庙最为常见,关帝、龙王、真武、观音等亦为众多寺庙所祀的主要神佛道。主持寺庙庵观的究竟是僧或尼或道,呈现出较大的随意性,并不存在一定的界限和规则。寺庙不仅是乡民精神寄托、免灾祈福之所,也为人们设立社会救济机构、举办义学乡塾等提供了空间,当时的寺庙具有较为广泛的社会文化功能。

有关近现代华北的研究,先行的研究多围绕20世纪30年代日本满铁调查开展,缺乏对于历史资料的全面搜集和深入研究,王庆成的研究挖掘了大量文献,从社会的视角统计分析,进入历史实态,有力推动了研究进展。

—— 延伸阅读文献目录:

1. [美]黄宗智:《华北的小农经济与社会变迁》,中华书局1986年版。

2. [美]杜赞奇:《文化、权力与国家:1900—1942年的华北农村》,江苏人民出版社1994年版。

3. 从翰香主编:《近代冀鲁豫乡村》,中国社会科学出版社1995

年版。

4. 乔志强、行龙主编:《近代华北农村社会变迁》,人民出版社1998年版。

5. 魏宏运主编:《二十世纪三四十年代太行山地区社会调查与研究》,人民出版社2003年版。

6. 李金铮:《近代中国乡村社会经济探微》,人民出版社2004年版。

7. 郑起东:《转型期的华北农村社会》,上海书店出版社2004年版。

8. 朱汉国、王印焕:《华北农村的社会问题:1928至1937》,北京师范大学出版社2004年版。

9. 江沛、王先明:《近代华北区域社会史研究》,天津古籍出版社2005年版。

10. 张思:《近代华北村落共同体的变迁:农耕结合习惯的历史人类学考察》,商务印书馆2005年版。

11. [美]彭慕兰(Kenneth Pomeranz):《腹地的构建:华北内地的国家、社会和经济》,社会科学文献出版社2005年版。

12. 李怀印:《华北村治:晚清和民国时期的国家与乡村》,中华书局2008年版。

13. 张思等:《侯家营:一个华北村庄的现代历程》,天津古籍出版社2010年版。

14. 王庆成:《北方村落历史小识》,《山西大学学报》2002年第2期。

15. 王庆成:《晚清华北村落》,《近代史研究》2002年第3期。

16. 王庆成:《晚清华北村镇人口》,《历史研究》2002年第6期。

17. 王庆成:《晚期华北的集市和集市圈》,《近代史研究》2004年第6期。

18. 王庆成:《晚清华北定期集市数的增长及对其意义之一解》,《近代史研究》2005年第6期。

19. 王庆成:《晚清华北乡村:历史与规模》,《历史研究》2007年第2期。

20. 王先明:《中国近代乡村史研究及展望》,《近代史研究》2002年第2期。

21. 梁敬明:《中国乡村史研究：学术史的回顾与思考》,《浙江学刊》2004年第2期。
22. 王先明、杨东:《新世纪以来中国近代乡村史研究的回顾与反思》,《史学月刊》2010年第7期。
23. 黄忠怀:《从聚落到村落：明清华北新兴村落的生长过程》,《河北学刊》2005年第1期。

——— 原文:《晚清北方寺庙和社会文化》

经典原文

# 晚清北方寺庙和社会文化

王庆成

**内容提要** 晚清时期北方地区的大小村落中普遍存在寺庙,基本可以说是"无庙不成村"。通过对武清、深州、定州、青县、唐县、望都、延庆七州县的具体考察可知,一般而言,千人以上大村落拥有的寺庙数大幅度超过该地区村平均数,百人以下小村落的寺庙数则低于村平均数,但相反者也不乏其例。乡村中寺庙以土地庙最为常见,关帝、龙王、真武、观音等亦为众多寺庙所祀的主要神佛道。而主持寺庙庵观的究竟是僧或尼或道,则呈现出较大的随意性,并不存在一定的界限和规则。另外,寺庙不仅是乡民精神寄托、免灾祈福之所,也为人们设立社会救济机构、举办义学乡塾等提供了空间,因此,当时的寺庙具有较为广泛的社会文化功能。

**关键词** 寺庙 僧尼道 义学 乡塾 村落

寺,义为官署,又以汉明帝时白马驮经止于鸿胪寺,乃立白马寺以居之,因之寺亦成为僧人所居之代词。庙,初指宗庙,为供奉祖先之所,以后引申为凡奉祀先哲或神佛之所都可称庙。女僧所居多称"庵",道人所居多称"观",故僧尼道所居又有寺庙庵观之称。在一些地方志书中,关帝庙、东岳庙等列于"坛庙",而玉皇阁、文昌宫等则列于"寺观";本文不作此区划。

在历史上,"村"是一种聚落,特别是指位于田野的居民点。近代人文地理学者所给出的解释是,乡村是指以农业人口为主的居民点。而本题所称的北方,限于资料,重点只是直隶省的局部县域。在百年前的历史时期,寺庙庵观和僧尼道对普通民人有很大影响,他们的生产生活以至喜怒哀乐生老病死,都与之密切相关,是一值得关注的历史问题。

# 一、概貌

中国有人物祠庙，由来已久。公元五六世纪北魏郦道元注《水经》，所述及的祠庙有禹庙、子夏庙、司马子长庙、舜庙、尧祠、夷齐庙、伍子胥庙等人物祠庙。宋明以后，则多有神佛寺庙庵观，如观音庙、山神庙、龙神庙、真武庙、白云寺、弥陀寺、玄真观等等。

据晚明时期来到中国的利玛窦估计，当时中国有大量装饰得颇为华丽的寺庙，佛教僧侣约有二三百万人。① 明嘉靖时期《京师五城坊巷胡同集》记述京师中城南薰坊等九坊地面中，有天将庙、玄极观、成寿寺、关王庙等十余所寺庙；东城的明时坊等五坊地面中，有灵官庙、延寿庵、二郎庙等20余所；全京师的寺庙庵观约计达200所。② 直隶安次县有"古县村"，村西有石幢，其幢面镌字云大唐幽州安次县隆福寺长明灯楼之颂，末云垂拱四年四月八日建。③ 这是古寺的珍贵遗存。又有定觉寺、广善寺、宁国寺等始建于唐、金、明时期。邢台县有晋石勒墓及宋、元、明古墓及古寺多处，治所东北有开元寺，有唐开元间钟离权题壁诗遗迹。又有唐初始建宋元重修的天宁寺，太保刘秉忠曾为寺掌书记，明刘大夏有天宁寺怀刘文正诗。④ 河南商水县城乡18处均有关帝庙，12处有炎帝庙，15处有玄武庙。至民国时期，据北平研究院编的《北平庙宇通检》，北京内外城郊，寺庙有900余所；其中关帝庙33所，观音庵22所，火神庙15所，真武庙15所，龙王庙14所。另有许多行业神庙，如木石瓦匠，祀鲁班；金银铜铁匠，祀老君；酒商，祀杜康，等等。历史麟爪显示，寺庙在城市形成过程中是不可或缺的元素。如台湾淡水厅城，在1 800年前的初建阶段，与建立衙署的同时，就有了内外天后宫、城隍庙、关帝庙；在1800—1827年的城市续建阶段，又建有文昌祠、观音寺、文庙、先农祠等。其后又续建地藏庵、龙王祠、五谷庙等。⑤ 清康熙年间，左都御史赵申乔奏称：

---

① ［意］利玛窦、［比］金尼阁著，何高济等译：《利玛窦中国札记》，中华书局1983年版，第108页。
② ［明］张爵：《京师五城坊巷胡同集》，北京古籍出版社1982年版，第5—20页。
③ 民国《安次县志》卷1，"地理志·古县村"。
④ 光绪《邢台县志》卷7，"寺观"。
⑤ 转见［美］施坚雅主编，叶光庭等译，陈桥驿校：《中华帝国晚期的城市》，中华书局2000年版，第185页。

直省寺庙众多，易藏奸匪。旨准勒禁增建。① 康熙直隶《青县志》记"祠庙寺观"，在城关者有 19 所；但至光绪年间，亦即在旨准禁止增建后约 150 年左右，《青县村图》载青县城关有祠庙寺观 22 所，其中注有"新"字者 9 所。可见寺庙之增加与众多，非一般禁令所能限止。

在晚清，曾久住中国北方农村的西方人说：中国的事很难加以概括，但说村庄普遍有寺庙，大概不错。② 的确，考察晚清时期的北方村落，基本上可说"无庙不成村"。据萧公权研究统计，华北地区 28 个人口在 1 000—1 600 之间亦即 200 户左右的村庄中，每村寺庙达 25 所者，28 村中有 1 村，达 19 所者 1 村，达 18 所者亦 1 村，达 14 所者 2 村，达 12 所 11 所者各 1 村，达 10 所者 2 村，8 所 7 所者各 1 村，5 所者 3 村，4 所 3 所者共 9 村。在华北，千人以上的大村中，每村平均有 7.25 所寺庙；100—199 人口的小村中，每村平均有寺庙 2.73 所；人口在 100 以下的更小村，村均寺庙 2.13 所。③ 直到 1930 年，经过自然毁损和人为拆除，河北定县县城还有寺庙 22 所，全县 453 个村镇有寺庙 857 所，村均约 1.89 所寺庙，几乎平均一村有两所寺庙。④ 直隶武清县在清末时期共 486 村，26 717 户，而有寺庙 958 所，平均每村 1.97 所，略多于定县。⑤ 而据甘布尔的调查，定县 6 个样本村共有寺庙 38 所，平均每村有寺庙 6 所余；每村少则 2 所，多则 15 所。其 64 户的样本村 A，有大小寺庙 2 所：大者菩萨庙，小者五道庙。307 户的 B 村则有寺庙 15 所：7 所是较小的五道庙，其他几所多已倾塌，仅真武庙和药王庙与村民生活仍密切相关。276 户的 C 村和 142 户的 D 村，主要寺庙都是关帝庙。C 村的关帝庙在关羽左右是关平、周仓，两侧之神坛则是阎王、土地、二郎、火神、虫神、财神。375 户的 H 村有寺庙 7 所，其中有城隍庙、孔庙、关帝庙、岳飞庙等及僧院与尼庵各 1 所。⑥ 民国时期河北省新河县辛章村村中及村郊有关帝庙 4 所及土地、药王等

---

① 《清史列传》卷 12，中华书局 1987 年版，第 3 册，第 837 页。
② ［美］明恩溥著，午晴、唐军译：《中国乡村生活》，时事出版社 1998 年版，第 132 页。
③ Hsiao Kung-chuan, *Rural China: Imperial Control in the 19 th Century*（Seattle: University of Washington Press, 1967）, pp.17, 19.
④ 李景汉：《定县社会概况调查》，中国人民大学出版社 1986 年版，第 417 页。
⑤ 《武清县城乡总册》写本。
⑥ Sidney D. Gamble, *North China Villages: Social, Political, and Economic Activities before* 1933（Berkeley: University of California Press, 1963）, pp.148, 163, 181, 196.

庙宇 20 所；西流村村中村郊有关帝庙、真武庙等庙宇 22 所。不仅庙宇众多，而且一所寺庙除主神外，所供奉的有多种神道，如河北省顺义县沙井村观音寺，其前殿供奉老爷即关羽、药王，中殿供奉二郎、土地、虫王等八位，后殿供奉普贤等三位；又有五道庙，这是报丧神的庙，而同它在一起的庙神，却是龙王、财神、二郎等。① 可知一寺庙的祀神众多，非主神的名称所能范围。

以下取直隶省数州县的综合资料，以观概貌。

表 1　直隶八州县寺庙情况表

| 州县 | 村镇数 | 户口 | 寺庙数 | 村均数 | 资料来源 |
| --- | --- | --- | --- | --- | --- |
| 武清县 | 486 | 26 717 户（口数不明） | 958 | 1.97 | 晚清《武清县城乡总册》 |
| 深州 | 414 | 39 734 户 203 587 人 | 1 811 | 4.37 | 晚清《深州村图》 |
| 青县 | 435 | 27 643 户 148 229 人 | 567 | 1.3 | 晚清《青县村图》 |
| 唐县 | 263 | 20 311 户 81 617 人 | 389 | 1.48 | 光绪《唐县志》 |
| 定州 | 423 | 34 836 户 206 410 人 | 1 882 | 4.45 | 道光三十年《定州志》 |
| 望都县 | 115 | 11 303 户 59 787 人 | 702 | 6.1 | 晚清《望都县乡土图说》 |
| 延庆州 | 235 | 5 253 户 27 000 人 | 489 | 2.08 | 光绪《延庆州志》 |
| 获鹿县 | 199 | 31 846 户 176 021 人 | 1 325 | 6.66 | 光绪《获鹿县志》 |

表 1 显示了 8 州县的村均寺庙数，差异很大，村均从 1 所多，到 6 所多。获鹿县据光绪志，199 村镇，共寺庙 1 325 所，村均 6.66 所。最多的村街是东关、南北新城和东三教，各有寺庙 16 所；寺家庄、上庄等村各 13 所；西关、顺城关各有 12 所 11 所。仅 1 所者，有小张庄等 3 村。望都县村均寺庙 6 所以上，据《望都县乡土图说》，该县县城才 130 户，而寺庙达 53 所；又有三贾村，393 户，寺庙 16 所；又次为常早村，123 户，寺庙 14 所；再次为白岳村 111 户，北柳絮村 263 户，均寺庙 13 所。记录的寺庙数虽多，但《乡土图说》有句云："庙宇寺观载在志书者卅余所，而一村中往往有报至十余所者，大都一椽半壁如斗大，足张画像而已。"寺庙数虽多，而规模甚小。

---

① 引据从翰香主编《近代冀鲁豫乡村》第一部分上篇，图 1-2、1-3，作者王福明，中国社会科学出版社 1995 年版，第 73、74 页。

上述数州县中,以望都、获鹿的村均寺庙数最多,都在6所以上。青县最少,村均仅1所余;唐县、武清县亦不及2所。这些是一县范围内的平均数。当然,"村"和一所寺庙的"所",其规模是有伸缩余地的;而且,在方志及村图中,有的寺庙会标明间数,有的则不。前引甘布尔的书中所举的J村,村有103户620口人;村的6所寺庙中,大寺庙有房屋30大间,祖师庙17大间,关帝庙11大间,白衣庙3大间,而地藏王庙、玉皇庙则均只3小间。故对寺庙的规模,仅据一般文字记载,很难准确判别,对此只有舍去不计;由此,村均寺庙数,可能也只有相对的比较价值。

## ■ 二、大村落寺庙

村落是居民点的一种形式。村落的大小,并无固定的定义。从以上8州县的村镇数、人户数来看,定州每村镇平均82户余,武清约55户,青县63户余,深州约96户,望都98户余,延庆22户余,唐县77户余,获鹿是八州县中唯一超过百户的——平均160户余。什么规模的村可称为大村?人文地理学的定义不很简单,本文只取最通常的理解:以农业人口为主的聚落,200户以上或者1 000人以上为大村,以下为小村。

首先看武清县村落的寺庙数及其他情况。

据晚清《武清县城乡总册》写本,武清县境486村镇,共26 717户,200户及以上村共14个。这些村的概况,略见下表。

表2　武清县200户以上村镇户数、土地数与寺庙数

| 村镇 | 户数 | 土地(亩) | 寺庙数 | 村镇 | 户数 | 土地(亩) | 寺庙数 |
|---|---|---|---|---|---|---|---|
| 西杨村 | 482 | 不载 | 8 | 西柳行村 | 278 | 4 800 | 2 |
| 义光村 | 830 | 11 700 | 5 | 太子务村 | 250 | 15 000 | 8 |
| 牛镇村 | 230 | 8 000 | 5 | 东州村 | 260 | 4 000 | 2 |
| 本城村 | 640 | 不载 | 13 | 马家口村 | 224 | 3 200 | 2 |
| 河西移村 | 204 | 1 100 | 7 | 王庆坨村 | 2500 | 30 000 | 5 |
| 黄苑店村 | 285 | 8 000 | 5 | 东阳村 | 440 | 不载 | 7 |
| 泗店村 | 350 | 12 000 | 3 | 梅厂村 | 382 | 6 900 | 2 |

《城乡总册》不记武清县城资料。上表列有"本城村",记有铺户36家,寺庙数13所,为全县之冠,村用"本城"为名,或以为即是县城;但该总册于各村镇均列有"距城"一目,本城村"距城"栏写作"18里",可知它不可能是县城;但究指何处,手边缺少资料,暂难确定。武清200户以上14村,共7355户,村均525.4户;其中王庆坨村有2500户,村有绅士4人,铺户10家,三八有集,是一少见的特大村。武清上述200户以上14村镇,共有寺庙74所,村均约5.3所;全县486村,寺庙共958所,村均1.97所,则以上14村镇占全县村镇数2.9%,而寺庙数则占全县寺庙数之7.7%。

但武清县亦有人户较少而多寺庙者,突出者有崔黄口村,这是一商业市镇,全村只85户而有铺户45家,寺庙18所——寺庙数之多为全县之最,亦他州县所不常有。此外20户及以下小村而又记有寺庙情况者,有95村,大都有寺庙1所或2所;较突出者有:11户小曹地村,12户小于庄,14户黄花店刘庄,15户小桃园村等,各有寺庙3所。

以下看深州。《深州村图》列414村镇,其中千人以上大村达45个。州民崇尚寺庙,道光《深州直隶州志》风俗:"俗尚浮图,寺观星列,虽穷乡僻壤,募缘化施,即倾囊付之。"深州各大村寺庙,多数均列有寺庙名,寺庙数从1所至16所不等,今列举于下。

表3  深州千人以上村镇户口数、土地数与寺庙数

| 村镇 | 户口数 | 土地数(亩) | 寺庙数及庙名 |
| --- | --- | --- | --- |
| 西安庄 | 386户1833人 | 5594 | 11所:天齐、菩萨、二郎、三官、药王、观音、五道、龙母、马王、玉皇、三义 |
| 大寺家庄 | 222户1254人 | 4227 | 8所:三官、五道、玉皇、真武、关帝、龙王、娘娘、河神 |
| 清辉头 | 308户1656人 | 6685 | 13所:关帝、马王、观音、药王、三官3、河神、真武、龙母、菩萨、土地、兴隆寺 |
| 河栏井 | 193户1462人 | 5700 | 7所:二郎、财神、三官、关帝、南海、土地2 |
| 曹家庄 | 342户1606人 | 11613 | 6所:三义、三官、龙母、观音、奶奶、老母 |
| 大染庄 | 219户1157人 | 2799 | 1所:大寺 |
| 吴山庄 | 285户1337人 | 3029 | 13所:观音3、三官2、玉皇2、关帝、土地2、三皇、真武、1未名 |

续表

| 村镇 | 户口数 | 土地数（亩） | 寺庙数及庙名 |
|---|---|---|---|
| 太古庄 | 396 户 1 224 人 | 3 900 | 6 所：关帝、土地、龙王、大佛、菩萨、三官 |
| 南小营 | 172 户 1 066 人 | 4 413 | 5 所：关帝、土地、药王、真武、龙母 |
| 焦庄 | 205 户 1 159 人 | 3 786 | 5 所：三官 2、观音 2、五神 |
| 刘沙窝 | 237 户 1 006 人 | 2 987 | 7 所：关帝、土地、龙母、观音、真武、奶奶、南海 |
| 二官庄 | 279 户 1 108 人 | 4 863 | 8 所：关帝 2、观音 2、三官、玉皇、龙君、三教堂 |
| 马栏井 | 285 户 1 453 人 | 5 609 | 6 所：三义，余未名 |
| 大赫科 | 753 户 2 531 人 | 6 494 | 7 所：三官、三义 2、玄帝、土地、药王、观音 |
| 狼窝村 | 300 余户 2 930 人 | 4 968 | 10 所：未名 |
| 孤城村 | 542 户 2 600 人 | 5 022 | 8 所：关帝 4、菩萨 2、真武、白衣 |
| 西杜家庄 | 292 户 1 865 人 | 6 074 | 2 所：观音、石佛 |
| 西马庄 | 205 户 1 170 人 | 3 773 | 10 所：未名 |
| 邵甫村 | 208 户 1 244 人 | 5 921 | 7 所：关帝 2、玉皇、菩萨、真武、龙母、佛爷 |
| 西魏村 | 191 户 1 060 人 | 2 559 | 8 所：关帝、土地、玉皇、观音、药王、龙王、白衣、河神 |
| 和乐寺 | 180 户 1 027 人 | 3 842 | 14 所：未名 |
| 西王家庄 | 150 户 1 026 人 | 2 838 | 7 所：未名 |
| 北午村 | 236 户 1 400 人 | 4 624 | 7 所：未名 |
| 程管屯 | 143 户 1 104 人 | 380 | 6 所：土地 2、玉皇、真武、三官、南海大士 |
| 刘家屯 | 147 户 1 017 人 | 3 200 | 4 所：关帝、三官、马王、1 未名 |
| 张村 | 198 户 1 037 人 | 5 507 | 21 所：未名 |
| 东阳台 | 267 户 1 026 人 | 3 003 | 9 所：白衣庵 1，余未名 |
| 西阳台 | 348 户 2 103 人 | 6 000 | 12 所：真武、三义、玉皇、三官、关帝、土地、奶奶、白衣、全神、龙王、龙母 2 |
| 西景萌 | 369 户 2 290 人 | 7 008 | 16 所：三官、七圣、白衣、五道、马王、药王、玉皇、观音、王母、关帝、玄帝、龙王、菩萨 4 |
| 张郭庄 | 114 户 1 106 人 | 2 806 | 3 所：三官、土地、菩萨 |
| 东杏园 | 230 户 1 043 人 | 4 831 | 11 所：菩萨 3、奶奶 2、玉皇、真武、关帝、三官、玄帝、双庙 |

续表

| 村镇 | 户口数 | 土地数（亩） | 寺庙数及庙名 |
|---|---|---|---|
| 清河坊 | 225 户 1 246 人 | 750 | 10 所：关帝、土地、真武、奶奶、马王、玄帝、大士、龙母、三官 2 |
| 下博村 | 237 户 1 317 人 | 3 677 | 11 所：关帝 2、三义 2、大士、三皇、龙母、真武、九圣、兴云寺，一未名 |
| 南黄龙 | 340 户 1 039 人 | 5 877 | 14 所：关帝 2、土地 2、真武、菩萨、奶奶、马王、马祖、三官、三义、三皇、天齐、龙母 |
| 北黄龙 | 332 户 1 520 人 | 7 800 | 8 所：关帝 2、土地 2、菩萨 2、真武、龙母 |
| 握璞头 | 322 户 1 121 人 | 5 938 | 10 所：菩萨 3、土地 3、三官、关帝、真武、天仙 |
| 东西马庄 | 319 户 1 412 人 | 6 264 | 6 所：玉皇、土地 2、华严寺、南堂、北堂 |
| 孟家角 | 70 户 1 080 人 | 1 200 | 2 所：未名 |
| 三龙堂 | 133 户 1 100 人 | 2 100 | 4 所：关帝、土地、观音、大士 |
| 前磨头 | 198 户 1 051 人 | 2 137 | 7 所：关帝、三义、菩萨、文昌、天仙、玉皇 2 |
| 陈家口 | 360 户 1 034 人 | 3 000 | 8 所：玉皇、关帝、龙王、三官、天仙、菩萨、土地 2 |
| 贡家台 | 258 户 1 012 人 | 3 187 | 5 所：关帝、土地、三官、九圣、玉皇 |
| 西蒲垌 | 276 户 1 254 人 | 8 699 | 8 所：关帝 2、土地、真武、大士、龙母、南海、紫金山 |
| 高古庄 | 299 户 1 570 人 | 4 071 | 5 所：玉皇、菩萨、土地、三官、全神 |
| 宋家营 | 170 户 1 662 人 | 3 275 | 4 所：玉皇、土地、菩萨、奶奶 |

资料来源：晚清《深州村图》。

上述深州 45 个千人以上大村，占深州《村图》所列 414 村镇之 10.9%；此 45 大村的寺庙共 360 所，村均 8 所，占全部 414 村镇 1 811 所寺庙之 19.9%。

45 大村的寺庙数虽总体上大大多于平均数，但个别而言则不尽然，颇有一大村而仅一二所二三所寺庙者，如大染庄，219 户 1 157 人，仅大寺 1 所；西杜家庄，292 户，仅寺庙 2 所。

在这 45 大村中，张村有寺庙 21 所，为最多，但《村图》未载寺庙之名。其次是西景萌村，369 户 2 290 人，有寺庙 16 所。

深州千人以下的次大村和中等村，亦颇有多寺庙者。如：唐凤村140户738人，寺庙有三官庙、关帝庙各3所，真武庙2所及药王庙、菩萨庙、六圣庙、龙母庙、朝阳庙、法宝寺等共14所。西午村、南黄龙村、和乐寺村等村亦各有寺庙14所，均为寺庙次多村。东辛庄102户410人，寺庙13所；榆科村118户778人，寺庙13所；黄家疃村73户350人，寺庙12所。亦颇有小村而多寺庙者，如马家湾，25户而有土地、观音、玉皇3所寺庙；侯家村34户，而有寺庙6所：观音堂3，土地、三义、天齐庙各1。

晚清《青县村图》载县城有寺庙22所，其中有吕祖大寺庙、关帝庙、娘娘庙等。县境共435村镇，千人以上大村镇11个，这些大村镇的户口数、田亩数及寺庙数如下表所示：

表4　青县千人以上村镇户口数、土地数与寺庙数

| 村镇 | 户口数 | 土地数（亩） | 寺庙数及庙名 |
| --- | --- | --- | --- |
| 县城 | 600户4 014人 | 3 585 | 22所：文庙、文昌、关帝3、城隍土地、菩萨土地、吕祖大寺、天齐、药王、娘娘、白衣、火神、马神、龙王、科神、菩萨、刘猛将军、弥陀庵、观音、佛爷、清真寺 |
| 流河镇 | 165户1 069人 | 4 071 | 4所：关帝、娘娘、火神、文昌 |
| 兴济镇 | 861户4 468人 | 3 691 | 9所：立佛、关帝、城隍、三官、文昌、龙王、火神、泰山、白衣 |
| 李云龙屯 | 167户1 047人 | 7 935 | 3所：关帝、佛爷、土地 |
| 王维屯 | 180户1 057人 | 5 188 | 6所：大寺、玉皇、火神、娘娘、药王、土地 |
| 王胜武屯 | 195户1 077人 | 6 042 | 3所：菩萨、关帝、娘娘 |
| 钱海庄 | 208户1 052人 | 民486旗3 739 | 2所：关帝、观音 |
| 回褚 | 295户1 251人 | 民891旗971 | 1所：清真寺 |
| 南小营 | 284户1 424人 | 民2 035旗116 | 1所：菩萨庙 |
| 山呼庄 | 284户1 617人 | 民3 175旗1 994 | 2所：关帝、药王 |
| 戴家庄 | 201户1 245人 | 民3 554旗20 | 2所：清真寺、八郎庙 |

资料来源：晚清《青县村图》。

以上 11 大村镇，占青县全部 435 村镇 2.5%，寺庙 55 所，村均 5 所；全县寺庙数 567 所，435 村村均 1.3 所。11 大村寺庙数为全县寺庙数 9.7%。其中，县城有文庙 48 间，为第一大庙；城隍土地庙 26 间为次，天齐庙 15 间居三。全县庙祀最多的是土地庙，计 170 所；其次为关帝庙，92 所；第三为娘娘庙，65 所。兴济镇人口超过青县县城，而只立佛寺、关帝庙、三官庙等 9 所。

青县寺庙的祀神，亦有其地方特色。除上述数居前三位的寺庙外，多有三官庙、龙王庙、火神庙、真武庙；还有他处较少见的九圣庙、八郎庙、龙母庙、圣母庙等。九圣庙不习见，据旧载，九圣指土地、山神、虫王、药王、龙王、马王、雷公、风婆、闪光娘娘，但亦有称九圣庙即山神庙者。

青县有少数较小村而寺庙数较多，如长芦坦，57 户 300 人，寺庙有娘娘庙等 3 所；魏塔庄 48 户 166 人，寺庙有关帝庙等 3 所。但亦有大村而无寺庙者，如 187 户的郑家屯，133 户的娄西河头，在青县都是大村，但均无寺庙。

唐县 263 村镇，千人以上大村情况见表 5。

表 5 所列唐县 10 村镇，占全部 263 村镇之 3.8%；而 10 村镇共寺庙 38 所，村均 3.8 所，占全县 389 所寺庙的 9.8%。唐县亦颇有不大村而有较多寺庙者。如中山阳村，74 户 308 人，有三义庙、观音庵等寺庙 12 所；北放水村 51 户 279 人，有五道庙、马王庙等 5 所；王家庄 70 户 307 人，有龙王、虫王等寺庙 4 所。

表 5 唐县城厢及千人以上大村户口数、土地数与寺庙数

| 村镇 | 户口数 | 土地（亩） | 寺庙数及庙名 |
| --- | --- | --- | --- |
| 县城 | 186 户 965 人 | 2 971 | 13 所：尧庙、文庙、城隍、文昌、真武、八蜡、观音、寿圣寺等 |
| 东南西三关 | 184 户 811 人 | 2 141 | 7 所：三皇、河神、关帝、三官等 |
| 淑吕村 | 225 户 1 306 人 | 1 680 | 5 所：真武、三义、关帝、文昌、广福寺 |
| 西安乐村 | 183 户 1 004 人 | 618 | 1 所：药王 |
| 西大洋村 | 563 户 1 779 人 | 1 450 | 无 |
| 西雹水村 | 301 户 1 434 人 | 3 145 | 3 所：甘霖寺、大力寺、灵济祠 |
| 罗庄 | 264 户 1 213 人 | 1 973 | 4 所：关帝、玉皇、龙王、望海寺 |
| 勺堤 | 228 户 1 052 人 | 418 | 2 所：玉皇、真武 |

| 村镇 | 户口数 | 土地（亩） | 寺庙数及庙名 |
|---|---|---|---|
| 上苇子村 | 320户1 997人 | 445 | 1所：关帝 |
| 拔茹村 | 250户1 000人 | 3 000 | 2所：三官、天宁寺 |

资料来源：光绪《唐县志》。

定州千人以上大村包括州城830户5 330人，又三关259户2 052人；寺庙共龙王庙、玉皇庙、三义庙等45所。据道光三十年《定州志》，州城各街关及千人以上村镇共37个，各村镇列有寺庙数，但无寺庙名。州志卷5"地理·城池"记有庙宇文庙、先师庙、关帝庙、药王庙、文昌宫、八蜡庙、龙王庙、财神庙、皮场庙等，"州城街市图"载有石佛寺、兴国寺、达旦寺、福祥寺、开元寺、毗芦寺等，寺庙合共45所。州本境西坂约之西坂村411户2 046人，有寺庙37所，为各村镇寺庙之最多。以下是定州本境大村寺庙数情况，州城寺庙并有名称。

表6 定州千人以上大村户口数与寺庙数

| 村镇 | 户口数 | 寺庙数 | 村镇 | 户口数 | 寺庙数 |
|---|---|---|---|---|---|
| 东市邑村 | 236户1 137人 | 3 | 东留春村 | 169户1 107人 | 3 |
| 东亭镇 | 218户1 052人 | 6 | 西城村东庄 | 185户1 066人 | 3 |
| 庞村 | 214户1 149人 | 19① | 娄底村 | 186户1 632人 | 14 |
| 翟城村 | 175户1 089人 | 6 | 西丁村 | 190户1 460人 | 11 |
| 东望村 | 124户1 481人 | 5 | 子位村 | 580户7 288人 | 4 |
| 全邱村 | 252户1 607人 | 10 | 北内堡村 | 200户1 353人 | 10 |
| 高就村 | 210户1 223人 | 12 | 西坂村 | 418户2 074人 | 37 |
| 柴篱村 | 179户1 140人 | 3 | 苏泉村 | 209户1 173人 | 18 |
| 东张谦村 | 182户1 051人 | 8 | 王村 | 215户1 280人 | 4 |
| 西张谦村 | 245户1 188人 | 14 | 潘村 | 297户1 570人 | 5 |
| 邵村 | 250户1 397人 | 4 | 砖路镇 | 354户1 842人 | 8 |
| 北高蓬镇 | 167户1 001人 | 9 | 大西涨村 | 274户1 236人 | 25 |
| 纽店村 | 213户1 047人 | 2 | 胡房村 | 202户1 118人 | 3 |

续表

| 村镇 | 户口数 | 寺庙数 | 村镇 | 户口数 | 寺庙数 |
|---|---|---|---|---|---|
| 邢邑镇 | 381户2 160人 | 5 | 留早村 | 220户1 120人 | 17 |
| 北举佑村 | 161户1 008人 | 7 | 唐城村 | 214户1 223人 | 5 |
| 李亲顾镇 | 223户1 630人 | 5 | 西市邑村 | 225户1 370人 | 3 |
| 油味村 | 150户1 050人 | 3 | 新庄 | 166户1 168人 | 4 |
| 大王耨村 | 232户1 469人 | 2 | 州城 | 830余户5 330人 | 45[②] |
| 小王耨村 | 136户1 235人 | 2 | | | |

资料来源：道光三十年《定州志》。

说明：①图示有一玉皇庙；②有文庙、社稷坛、奎星阁、城隍庙、关帝6、观音3、龙王2、皮场2、龙母、三义、三官、文昌、文殊、财神、瘟神、东岳庙、敬德庙、药王庙、苍岩庙、铁佛寺、五岳观、大道观、朝阳观、玉皇阁、海神庙、魁星阁、开元寺、阳公祠、永定寺、静志祠、韩苏祠、天宁寺等。

定州千人以上37大村镇，占全州423村镇的约9%；37村镇共有寺庙344所，村均约9所。全州寺庙1 882所，村均4.45所；37大村镇的寺庙数344所，占州本境寺庙全部寺庙之18.3%。

定州不及千人的村庄，亦有多寺庙者，如丁村，150户865人，而有寺庙20所；王村140户，而有寺庙19所；西建阳村132户791人，而有寺庙15所；城旺村65户366人，大女张村50户230人，均有寺庙9所，等等。

望都县在光绪末年有知县陆保善编《乡土图说》一册，所载大村寺庙概况如下：

表7 望都县千人以上大村户口数与寺庙数

| 村镇 | 户口数 | 寺庙数 | 村镇 | 户口数 | 寺庙数 |
|---|---|---|---|---|---|
| 梁家村 | 77户1 610人 | 4 | 西白城村 | 273户1 165人 | 11 |
| 樊家村 | 53户1 110人 | 2 | 阳丘村 | 210户1 100人 | 10 |
| 谷家村 | 81户1 620人 | 4 | 建安村 | 310户1 530人 | 8 |
| 南王瞳村 | 230户1 200人 | 9 | 韩庄村 | 200户1 210人 | 9 |
| 东西屯河 | 273户1 310人 | 2 | 阳丘村 | 210户1 100人 | 10 |
| 北柳絮村 | 263户1 510人 | 13 | 西白城村 | 273户1 165人 | 11 |

续表

| 村镇 | 户口数 | 寺庙数 | 村镇 | 户口数 | 寺庙数 |
|---|---|---|---|---|---|
| 三贾村 | 393户2 343人 | 16 | 黑堡村 | 263户1 100人 | 12 |
| 新村 | 310户1 910人 | 6 | 北合村 | 220户1 050人 | 11 |
| 建安村 | 310户1 530人 | 8 | 张庄村 | 310户1 322人 | 缺载 |
| 韩庄村 | 200户1 210人 | 9 | 县城及南、北、东关 | 467户2 522人 | 61 |

资料来源：《望都县乡土图说》。

望都千人以上实共20村镇，但张庄村无寺庙数，应不计，19村镇城寺庙共216所，村均达11.4所，在本文讨论的各州县中村均寺庙数最多。县城133户而《乡土图说》记有寺庙53所。

望都不及千人的村镇亦颇有多寺庙者，如白陀村，43户183人，有寺庙9所；许家庄，114户486人，寺庙11所；邱庄村，123户525人，寺庙亦11所；还有东关、小西堤村、张家村等多村，均有寺庙数所。

延庆州位处山区半山区，据光绪州志，共235村镇，寺庙489所，村均寺庙数2.08所。寺庙均各注名。州城三关及千人以上大村情况如下。

表8 延庆州三关及千人以上大村户口数与寺庙数

| 村镇 | 户口数 | 寺庙数 |
|---|---|---|
| 东关 | 66户367人 | 2所：关帝、天然寺 |
| 南关 | 27户144人 | 3所：关帝、真武、河神 |
| 北关 | 37户209人 | 1所：龙王 |
| 永宁城 | 570户2 692人 | 14所：文庙、文昌、关帝、城隍、火神、龙王、东岳、马神、吕祖、上帝、泰山、双钟寺，余未名 |
| 四海冶 | 230户1 279人 | 6所：关帝、真武、娘娘、城隍、佛爷、玉皇 |
| 团山屯 | 258户1 392人 | 2所：老龙、真武 |
| 南口城 | 399户1 123人 | 5所：关帝、观音、龙王、天仙、东大寺 |
| 小河屯 | 224户1 248人 | 5所：关帝、三官、佛爷、阎君、灵祝寺 |
| 州城 | 599户3 352人 | 不详 |

资料来源：光绪《延庆州志》。

延庆6大村镇寺庙，除州城寺庙数不详，其他5村寺庙为37所，占全部235村寺庙数489所之7.6%，该5村为全部235村的2.1%。

以上各州县的资料显示，千人以上大村的寺庙数是较多的，均大幅度超过平均数；大村以定、深二州为多，寺庙数亦相对较多，均大幅度超过平均数。但这并不意味着千人以下村的寺庙数就一定较少。一些不及千人的中等村甚或较小村，也有多寺庙者，已略见上述。以上7州县之大村寺庙比例，都不同程度地高于大村在村庄总数中的比例。

## ■ 三、小村落寺庙数

历来认为华北多大村，事实上小村数量亦不少。

在直隶武清县，据晚清《武清县城乡总册》，全县共486村镇，不及百人或不及20户之小村多达105村，占总村数的21.6%。其中54村无寺庙；105小村寺庙共67所，村均0.64所。在有寺庙的51小村中，小桃园村、黄花店刘庄、小曹地村三村均为十余户小村——分别为15户、14户、11户，而各有寺庙3所，可谓突出。此外的48小村中，有寺庙2所者10村；38村各有寺庙1所。

据《乡土图说》，望都115村镇，百人以下小村仅7村，共寺庙21所，村均达3所；其中1村无寺庙，21户89人之小苏家酮村有寺庙6所，21户90人的赤灰村有寺庙5所，均颇突出。

据光绪县志，唐县百人或20户及以下小村共19村，占全部村庄7.2%，共有寺庙11所，占全县寺庙389所之2.8%。其突出者如西冯村仅10户71人，而有药王庙、玉皇庙各1所。唐县多古寺，东关有寿圣寺，唐建，明重修；九峻观、普净院、天明禅院，俱宋、金建。

在青县，据《村图》，光绪年间人口百人以下小村共41村，占全县435村镇9.4%；其中23村无寺庙；仅18村各有寺庙1所，共18所，占全县567所寺庙之3.2%。18所寺庙中有土地庙10所，关帝庙2所，三官庙、三义庙、菩萨庙、天齐庙、娘娘庙、佛爷庙各1所。黄洼镇张官屯仅4户，亦有菩萨庙1所。

道光三十年州志载,定州百人以下小村共22村,占州本境423村镇之5.2%;有寺庙44所,村均2所,占州本境寺庙总数的2.3%。其中突出者是夏家庄,全村7户38人而有寺庙4所;又有18户84人的于沿市村,24户70人的黄家营,28户64人的武家庄,均各有寺庙4所。

深州百人或20户以下小村,在《深州村图》所列的414村镇中达30村,占总村数至7.2%。此30小村仅2村无寺庙,1村未填写,其他27村各有寺庙1—3所,情况列表如下:

表9 深州百人以下小村户口数与寺庙数

| 村名 | 户口数 | 寺庙数寺庙名 | 村名 | 户口数 | 寺庙数寺庙名 |
| --- | --- | --- | --- | --- | --- |
| 魏家庄村 | 10户70人 | 三皇、土地各1 | 郝家杨村 | 17户84人 | 1菩萨、1未名 |
| 阎家潜龙头 | 17户79人 | 土地1 | 刘家庄 | 15户94人 | 三官、龙母各1 |
| 陈家庄 | 8户39人 | 玉皇、三官各1 | 董家庄 | 13户83人 | 真武庙1 |
| 小徐家村 | 7户40人 | 龙王1 | 吕家台 | 29户91人 | 2所,未名 |
| 郭家庄 | 10户53人 | 关帝、土地各1 | 严家村 | 11户65人 | 无寺庙 |
| 北关 | 18户64人 | 真武、土地各1 | 西柳林 | 18户77人 | 无寺庙 |
| 店上村 | 33户80人 | 1所,未名 | 许家寺 | 9户56人 | 观音、土地各1 |
| 郝家庄 | 11户61人 | 土地、河神、药王各1 | 西桃园村 | 2户12人 | 关帝、土地各1 |
| 史家庄 | 18户92人 | 关帝、三官、土地各1 | 锤家堂 | 5户22人 | 土地1 |
| 前凤抬头 | 19户94人 | 关帝、土地各1,三官2 | 呼家村 | 12户47人 | 关帝、土地各1 |
| 王家城西 | 18户98人, | 菩萨庙1 | 又张家庄 | 24户95人 | 土地1 |
| 刘家马庄寺 | 20户63人 | 寺庙栏空 | 前张家村 | 15户64人 | 关帝、土地各1 |
| 勾家村 | 16户61人 | 关帝、土地各1 | 小王家庄 | 19户96人 | 1土地、1未名 |
| 王家大张 | 18户69人 | 三官、土地各1 | 师家王临 | 8户43人 | 关帝1 |
| 张家庄 | 18户76人 | 关帝、土地各1 | 田家王临 | 25户80人 | 观音、土地各1 |

资料来源:《深州村图》。

如上表所示，深州百人以下共30小村，有寺庙50所，村均达1.67所。

延庆州235村镇中，百人以下小村有西河沿等村，各村况如下表：

表10　延庆州百人以下小村户口数与寺庙数

| 村名 | 户口数 | 寺庙数 | 村名 | 户口数 | 寺庙数 |
| --- | --- | --- | --- | --- | --- |
| 马家庄 | 8户35人 | 龙王1 | 屈家堡 | 13户 | 龙王、三官、佛爷各1 |
| 王家场 | 8户41人 | 无 | 西桑园 | 14户73人 | 龙王1 |
| 西河沿 | 10户53人 | 龙王1 | 白草洼 | 15户76人 | 龙王1 |
| 旧簸箕营 | 12户 | 关帝1 | 董家庄 | 15户72人 | 龙王、山神各1 |
| 延庆堡 | 12户62人 | 龙王1 | 碓臼石 | 15户74人 | 龙王1 |
| 王家堡 | 21户53人 | 无 | 山峪洼 | 16户85人 | 菩萨、佛岩寺各1 |
| 炮儿上 | 13户69人 | 龙王、关帝各1 | 陈家堡 | 17户89人 | 龙王、山神各1 |
| 杨家庄 | 13户89人 | 龙王、山神各1 | 姬家庄 | 18户85人 | 无 |
| 王家庄 | 13户72人 | 关帝、土地各1 | 上水磨 | 19户85人 | 土地、五道各1 |

资料来源：光绪《延庆州志》。

延庆小村18，占全部235村镇之7.7%；而小村寺庙24所，村均1.33所，24所占全州487所寺庙之4.9%。

以上深、定、武、青、唐、望、延7州县小村的寺庙数，以青县最少，村均尚不足半所；望都最多，村均达3所；定、深次之。无论深、定、青、唐、武、望、延，大村的寺庙往往多于小村。但例外甚或相反的事例亦不少。如定州东建阳村，140户598口，寺庙仅1所，而西建阳村132户791口，寺庙多达15所；寨里村126户921口，寺庙1所；寺底村118户776口，寺庙14所。唐县中山阳村74户308人，寺庙12所；拔茄村250户1000人，寺庙仅2所。青县小村多，村均寺庙少，但亦有小村而多寺庙者。如北街镇大陈庄，仅19户而有地藏庙、真武庙、土地庙3所；新集镇大功村32户，有娘娘庙、土地庙、关帝庙、二郎庙等寺庙4所。又如，武清县小桃园村15户，有寺庙3所；而西安乐村183户，仅寺庙1所。唐县黄家庄72户寺庙1所，而中山阳村74户寺庙12所。定州小辛庄30户，寺庙7所；彭家庄113户而寺庙仅

1所。似此情况,各州县村镇在所多有,略见上述;但何以有小村多寺庙或有大村少寺庙,其具体原因,后来人甚难探知了。

## ■ 四、寺庙祀神

寺庙是一建筑物,但其中必祀奉某些神佛道。寺庙之受一般人尊崇,主要在于人们对寺庙中所祀神佛道的信仰,认为他们能为崇信者祛祸赐福。道教所祀有玉皇大帝、元始天尊、灵宝天尊、真武大帝等;佛教所祀,有阿弥陀佛、药师佛、观世音、文殊、普贤等。还有许多派生的及地方性的崇祀对象,难以明确是佛是道。在村乡城市的寺庙中,有的从其名称就可得知其主要崇祀对象,如关帝庙、观音阁,表明该庙主要崇祀关羽、观音;但有些寺庙,如天然寺、高山庙,只看寺庙名,就不能了解内中所祀是何神佛道。故仅从文字研究寺庙祀神,会有较大的局限性。

宗教崇祀对象虽或分为佛教神道教神,但在一般人看来,无论崇拜对象是真实的历史人物或虚构的佛教道教神,都具有超自然的能力。关帝即关羽是实有其人的,他在世时被敌俘捉,身首异处,但后来被崇拜为神,就法力无边了。光绪《乐亭县志》卷6"建置志"称,"关庙之建肇始于宋祥符间"。宋元时关羽被封武安王、英济王,明万历时进而封为帝,并封宋陆秀夫、张世杰为其左右丞相。在清世顺治朝,被封为"大帝",升为中祀,地位与文庙相等;在清代,尊崇关帝是一种国家立场与大众信仰的统一体。关帝庙几乎在所皆有。在蓟州,据民国志,最古的建筑推独乐寺,最多的庙宇是关帝庙,达19所。延庆州位于山区半山区,干旱少雨,故龙王庙162所,居首;关帝庙亦占优势,有75所,如莲花池村32户,有关帝、观音、龙王、土地4庙,南老君堂22户,有关帝、老君、菩萨3庙。

定州是北方大州,据道光三十年志,定州州城830户,5 330人。州城城关有文庙、城隍庙、东岳庙、龙王庙、玉皇庙等祠庙45所,其中关帝庙亦有6所。

唐县,据光绪志,全县以关帝庙数为首,达64所。其次为龙王庙22所,观音庙19所,龙母庙16所。如小村马庄,30户,庙宇3所,关帝庙即其一。有名为"中筒龙村后"的小村,19户,仅有1庙,即关帝庙。

天津，据同治续县志载，有关帝庙31所。此外天后宫16所，三官庙14所，观音阁12所，火神庙11所等。较少见者有通真道人祠（俗称三太爷庙）、鱼骨庙，以及黑寺、红寺，不知所祀为何神道。

三河县，据民国重印光绪志，关帝庙有39村所（即39村各有1所，下同），观音庵30村所，娘娘庙11村所，三官庙、药王庙各10村所，白衣庵、真武庙各9村所；三义庙4村所，七圣庙、天齐庙、二郎庙等各2所。

良乡县，有民国志系补辑光绪十五年旧志而成，记有关帝庙22所；又祀刘关张的三义庙12所；其他寺院百余处。

满城县，民国20年《满城县志略》记：乾隆志载全县寺观55处，当时皆有僧道住持，光绪三十三年废寺观为乡小学，仅存的寺庙仍有城隍庙、真武庙、关帝庙、龙泉寺等十余处。

深州为直隶名州，光绪《深州村图》因有缺，无州城完整资料；所载西街117户633人，有关帝庙、药王庙等8所，西关45户182人，有关帝、菩萨、土地庙共3所。在《村图》所列414村镇中，共记寺庙1 811所，其中土地庙251所，居首；关帝庙230所，居次；三官庙149所，菩萨庙132所，奶奶庙43所，药王庙31所，龙母庙36所。另有少见的九圣庙3所，七圣庙3所，六圣庙1所，五圣庙3所，三圣庙3所。

青县在清代是一中小县，435村镇而有99村无寺庙，但寺庙种类较多，如下表。

表11　晚清青县寺庙表

| | | |
|---|---|---|
| 文庙1所 | 火神庙6所 | 八蜡庙1所 |
| 文昌庙4所 | 玉皇庙5所 | 玄帝庙1所 |
| 土地庙170所 | 圣母庙4所 | 炎帝庙1所 |
| 关帝庙92所 | 清真寺4所 | 三皇庙1所 |
| 娘娘庙65所 | 白衣庙2所 | 二郎庙1所 |
| 菩萨庙58所 | 城隍庙2所 | 全神庙1所 |
| 三官庙28所 | 泰山庙2所 | 财神庙1所 |
| 九圣庙19所 | 山神庙2所 | 清真寺1所 |

续表

| 龙王庙 14 所 | 龙母庙 2 所 | 三义庙 1 所 |
| --- | --- | --- |
| 真武庙 12 所 | 刘猛将军庙 1 所 | 清林寺 1 所 |
| 观音阁 12 所 | 地藏庙 1 所 | 五道庙 1 所 |
| 佛爷庙 12 所 | 卧佛寺 1 所 | 王母庙 1 所 |
| 八郎庙 7 所 | 盘古庙 1 所 | |

资料来源:《青县村图》。

概览晚清北方州县乡村,土地庙最多,关帝、龙王、真武、三官等,亦较普遍,而各地又有一些较独特的寺庙。盘古庙甚少见;晚清《青县志》卷15 载,县南 15 里有盘古墓,袁枚有诗斥为荒唐。又直隶涞水县有将关帝和二郎神供在一起的"二神庙",这样的搭配可能绝无仅有。涞水县又有"严子陵祠",县志编者亦不解,称:严先生何因到此?此祠系何代建立,乡人不能道其事;盖严子陵,即严光,东汉高士,光武帝同学,会稽余姚人,帝往访而光高卧不起;后耕隐于富春山以终,他与直隶涞水从未有关。

青县、深州又有九圣庙、八郎庙;青县九圣庙且有 19 所之多,八郎庙亦有 7 所。九圣庙、八圣庙、七圣庙在深、青等州县以及北京等地都有存在。民国 4 年《交河县志》记县境有三圣庙、七圣庙、九圣堂;又有龙母庙。在北京,据民国《北京庙宇征存录》[①],北京大量存在以二圣祠、三圣祠、三圣庵、三圣庙、四圣庙、五圣祠、五圣庙、五圣庵、六圣祠、七圣庵、七圣庙等为名的庙宇。京郊房山有九圣庙,但亦被称为窑神庙,或山神庙。所谓九圣,即庙内供奉的龙王、山神、土地、雷公、马王、药王、虫王、风婆、闪光娘娘。所谓三圣,指药王、扁鹊、真君;又有称三圣庙中坐者为关羽,左右坐赵公明和杨戬者。五圣,指山神、土地、花神、药王、龙王;亦有称五圣庙所供奉者为关公、瘟祖、老君、火神、城隍者;或称供奉药王、杜康、鲁班、王爷、文昌。而八郎庙则不知所指。

---

① 张江载:《北京庙宇征存录》,白化文、张智主编:《中国佛寺志丛刊》第 2 册,广陵书社 2006 年影印本。

## ■ 五、寺庙与僧尼道

清代华北的部分乡村寺庙庵观,多有住持在寺庙的僧人或女尼或道人。这些僧、尼、道的禅修地,本是有区别的。《深州村图》各村镇多记有寺庙名称,但大部分不记是否有住持人,仅"深州东南路村图"之东阳台村,"庙宇"栏载:"(有)九座,白衣庵庙有男僧二人";又有东南路大魏村,130户,"庙宇"栏记:"十座。天仙庙男僧三人,三官庙女僧二人"。150户东景萌村,记村北天齐庙有男僧5名;又记61户邢家村之观音堂,有男僧2人。从这些少数记载来看,深州庙宇之住僧或尼,似无一定之规。

青县有较多寺庙住持僧尼或道,但或僧或道或尼,亦不拘该处是寺或庙或庵或观。如青县县城娘娘庙3间,住持僧;天齐庙15间,住持道;火神庙3间,住持尼。南街镇52户的双庙堤村有娘娘庙,住持2道人;62户木门店亦有娘娘庙,却住持1僧人。青县寺庙住持僧、尼、道的情况,简示如下:

住持道人者有:菩萨庙28所,关帝庙25所,娘娘庙15所,土地庙13所,三官庙11所,观音堂10所,天齐庙5所,药王庙、佛爷庙、真武庙各4所,龙王庙、九圣庙、八郎庙各3所,三皇庙、玉皇庙各2所,城隍土地庙、三义庙、清林寺、菩萨土地庙、玄帝庙、火神庙、财神庙、五龙圣母庙、立佛寺、城隍庙、文昌阁、龙母庙、清凉寺各1所。

住持僧人者有:关帝庙16所,娘娘庙12所,土地庙7所,八郎庙、大寺庙、九圣庙各3所,佛爷庙、观音庙、三官庙各2所,弥陀庵、火神庙、古盘古庙、王母阁、八郎庙、卧佛寺、玉皇庙、叭蜡庙、白衣庙、真武庙、佛爷庙、龙母庙、天齐庙各1所。

住持女尼者有:娘娘庙5所,白衣庙3所,火神庙、土地庙各2所,菩萨庙、药王庙、泰山庙各1所。

据以上所示,可确知晚清时期的青县,僧、尼、道住锡之所几乎无甚界限或规则。青县娘娘庙多所,有15所住道人,12所住僧人,5所住女尼。菩萨庙,既多有道人住,亦多有住僧人、住女尼者。八郎庙,既有住僧人,亦有住道人。佛爷庙,既有住道人者,亦有住僧人住女尼者。火神庙,既住道,亦有住僧者,并有住尼者。青县南街镇有娘娘庙11所,各分居僧、尼、道;有药王庙4所,1所居女尼,3所居道人。马厂镇有娘娘庙10所,居道人者4所,居僧人者3

所，居女尼者3所。兴济镇寺庙3所，1所居女尼3人，2所居男僧9人，等等。

不仅晚清的青县，民国时期的清河亦然。《清河县志》卷13"宗教志"记各寺庙的僧尼道情况：第一区玄帝庙，居僧1名，同区另一玄帝庙，居道士1名。纪家洼村真武庙，住道士1名；王二庄真武庙，住僧人1名。丘家村玄帝庙，僧1名；罗家屯玄帝庙，道士1名。油坊镇观音庙，道士1名；赵家店观音庙，僧1名。

## 六、寺庙之社会文化功能

寺庙首先是一处崇拜地，是乡民"免灾祈福"的场所，众多的寺庙适应了这种需要，同时这种需要也促进了寺庙的修建。华北地区人文历史悠久，故古寺庙亦甚众。直隶深州有石象寺村，寺有石象，唐景云年间造，村即以寺名。又有宝月寺、三教寺、石佛寺、开元寺、法宝寺、青云寺、弥陀寺，等等，均系北齐北周及唐宋年间修造。其宋代天禧年间的东岳庙题名碑，所述各乡各村及寺庙名称，迄至晚清，据吴汝纶所见，均相沿未改。一个村庄平均有一二所以至十几所寺庙，有的还供养有僧尼道，必须有一定的财力支持。这一方面需要有力者倡导，也需要一般人参与。有些儒家人物排斥佛道，如清前期陆陇其甚至在纂修直隶《灵寿县志》时对"佛老寺观概不载"，但佛老寺观的大量存在是不易的事实，"概不载"，则只是自欺欺人。乾隆山东《夏津县志》记载了一些大寺庙的修建过程：有一座古庙大云寺，元末圮，明朝几代僧人募缘修复；明末又毁，康熙初僧人"募十方善信又修复之"，"凡八进，四配殿，殿宇层接，规制壮丽"。由于寺庙有这样广泛的基础，《夏津县志》编者不取排斥佛道的态度，说："寺观者缁黄焚修之所。""神道设教，圣人不废，而愚夫愚妇日溺于声色货利之场不知返者，或触于象教，不觉憬其心而易其虑。呜呼！转移众生之机于是在焉。"光绪直隶《乐亭县志》有很多关于寺庙的资料，其中引用邑人的记叙称：自古寺宇之建以唐最盛，至明以姚氏之故，大兴土木，而吾北省香刹宝塔遂甲天下。这位邑人说，虽有儒者排斥而其教愈盛，原因在于佛教主因果，劝人为善戒人为恶，亦"圣帝明王神道设教之一助"。

乾隆朝曾有御史建议沙汰僧道，消除寺院，乾隆帝不同意，说：三教并行，相沿已久,唯在读书者维持而已。乾隆帝又有诗明意:"颓风日下岂能违,二氏于今亦可哀,何必闲邪犹泥古,留资画意与诗材。"乾隆帝并未正面称许僧道寺院,但邑人在乐亭县志中对之表述其领会说:大哉言乎!中人以下之资语以圣贤书,辄瞠目不识,触见神像,每生肃敬心,戢匪僻意,盖其观感有动于微者,此《易》所云神道设教也。

寺庙之所祀是当时人之崇拜和祈求的对象,可虚幻满足人们精神的物质的要求。这是它的基本功能。但不止于此,寺庙对当时人特别是对后来人的人文含义,还有"寄托"。光绪直隶《南乐县志》编者对"古迹"之按语略云:"县志之有古迹,固不忍忘前代之旧,亦天下郡国之疆域古今之变置所藉以取信也"。"陵墓亦古迹也","前哲已往,一抔犹存,过其域者,仰止之思凭吊之怀,恒交集焉"。实际上,对于以古圣先贤为崇拜对象的那些寺庙,也必会引起同样的心理。

当然,历史人物或古圣先贤在寺庙的崇祀对象中不占多数。如直隶青县,县城有寺庙22所,其中文庙1所48间;此外有:吕祖庙,文昌庙,关帝庙3所,菩萨庙2所,刘猛将军庙,娘娘庙,天齐庙,弥陀庵,火神庙,白衣庙,城隍土地庙,药王庙,清真寺,观音阁,龙王庙,科神庙,佛爷庙,马神庙。青县共435村镇,共有各寺庙数百所,这些寺庙神的原型虽然亦不乏历史人物,但对崇拜者而言,即使是关羽、岳飞这样的人物,在寺庙里见到的也已是一尊偶像了。

晚清时期一些村乡因拥有较古老的寺庙等建筑物而呈现了深厚的历史积淀。民国补辑光绪《良乡县志》卷6"丘垄"有记,称:"古贤豪往矣,一言行之美尚足以兴起百世,况过其墟墓耶!昌黎送董生序曰:试吊望诸君之墓。噫,其深情向往感慨系之。今君(乐毅)之墓在邑南三里许,自君以下又得古墓若干,皆不能没也。"从"记"可知,韩愈(昌黎)深情向往于战国时名将乐毅,要董生去看望乐毅即望诸君之墓,其思古之情深矣!如果乐毅之墓存在下来,那么"深情向往感慨系之"一定会更有人在。深州唐凤村有唐朝时期名为马君起者撰"造石浮图记",浮图旁有村,而此村的村名直至晚清时期犹称为"马官屯"。深州又有"宋天禧东岳庙碑并碑阴题名",各记当时乡社及所居村的村社官,有社官、社长、社政、社录、大伯、二伯等称谓。该地还有一座"深州安平县博陵乡漫真村宁国院寿公和尚碑"。晚清吴汝纶著《深州风土记》,卷

12"人谱"记:"深州(寿公和尚)碑今存,村及寺名今皆未改。"寥寥数字,千百年前的历史遗存,就与现在的闻见实况直接地联系起来;这种联系,对今人实是极为宝贵的精神资源!吴汝纶感慨:"古人往矣,不可复见矣,独遗迹存耳!生千载之后,并吾世无可与语,则往往之山林榛莽荒寂之滨,一陶其忧郁,思得远于世而近古者聊一憩息而卒不可得也。而幸有古人所尝托迹之区,或其冢墓所在,有不虚唏凭吊流连而不忍去者乎?"这与上述《良乡县志》之"记"何其相近!这些对古今沧桑的凭吊和流连,是对历史最深厚的情感;泯灭了历史,也就是泯灭了文化和人的心灵。新建的寺庙,金碧辉煌;千百年的古刹则阅尽了世事百态。有较广阔空间特别是有较悠远历史的大寺庙,或许会给信徒或非信徒一种敬畏感,这可能就是它的重要职能之一了!

同治《束鹿县志》卷3有语:"坛庙重祈报,祠庙崇褒嘉。"所谓坛庙,就是社稷坛,风云雷雨坛以及城隍庙等,建立它们,使人们得以祈求风调雨顺,国泰民安;而祠庙,则是追祀那些"生而正直殁而为神"者,崇拜和褒嘉那些功在社稷民生者。寺庙、遗迹,都可以是人们的寄托之所。直隶枣强县治"东大王常村"道旁井内,有平原君赵胜之墓碑墓洞①,它所引发的对历史的想象,会远超过书本的记录。明末殉节者申佳允之祠庙,使吴伟业(梅村)题写了以下语句:"懔图画兮想象,飒英爽之飓风,繄吾侪之惭恧,溯毅魄兮莫由。"看来申的祠庙深深触动了晚节有遗憾的吴,这就是它的巨大的精神力量!

人物的祠庙是寄托历史咏叹的场所。这样,寺庙就与现实的人生有了密切的联系。

寺庙庵观在乡村中不仅是灵魂和精神的中心,也是村落的重要景观,为村落的组成部分。试看北方的大州定州,从清道光末所撰州志之"地理·乡约"章可知,寺庙无不附于各村之内,可知寺庙与村一体,不可分离。深州西南路魏家庄才10户,于村东西两端各有三皇庙、土地庙1所。青县北街镇有一村名"王镇店",数十居户分布在一条道路的两边,土地庙在路东,佛爷庙、关帝庙和两所八郎庙在路西;93户的归家屯,村落分布在道路两侧,4所寺庙居两侧。以上各处都显得全村十分妥协。深州140户的唐凤村有土寨,有前后东西南寨门5;义学、乡塾基本上分布在前后东西街,村中有寺庙14所,构成

---

① 民国《枣强县志》卷8,"金石"。

了一幅各得其所的图画。

寺庙庵观而有僧尼道住持，从事宗教法事活动，自是正常的；而此外利用寺庙的空间举办学塾或其他事项，也十分常见。同治直隶《清苑县志》对本邑寺庙的记载云：吾邑寺观多创建于元明以前，国朝仅有重修而少兴造。省城内外寺院，每藉以栖客旅，寄灵柩，以补传舍之不足，不仅点缀林泉风景而已。借以栖客旅、寄灵柩，自非兴建寺庙之本意；但寺庙以其较宽广的空间而得作为兴办公共公益事业之场所，却是在所常有。州县官府为赈济老弱孤贫或行乞穷民，每每设立留养局、养济院这类机构以行救济。乾隆时期深州知州尹侃到任后，以境内有鳏寡孤独乞丐穷民600多户，乃设立留养局、养济院数处，以资栖止；城内一处，堪容百人，又于各村乡"择庙宇闲房"，增设养局5处。此后百年，《深州直隶州志》记当时设立的留养局15所，其利用各村寺庙房屋的情况如下表：

表12 深州留养局利用寺庙房屋情况

| 留养局名称 | 利用寺庙房屋情况 | 留养局名称 | 利用寺庙房屋情况 |
| --- | --- | --- | --- |
| 唐凤村 | 法保寺房2间 | 魏家桥 | 奶奶庙房2间 |
| 孙老人屯 | 三义庙房2间 | 陈二庄 | 奶奶庙房3间 |
| 北溪村 | 观音堂房2间 | 护驾池 | 旧义仓房3间 |
| 西景萌 | 关帝庙房2间 | 磨头村 | 十方院旧仓房3间 |
| 榆科村 | 旧义仓房3间 | 城东街 | 三义庙房3间 |
| 西蒲疃 | 关帝庙房3间 | 穆村 | 观音堂闲房3间 |
| 王家井 | 石佛寺旧仓房3间 | 大冯营 | 官棚房2间 |
| 辛村 | 玉皇庙旧仓房3间 | | |

资料来源：《深州直隶州志》。

不仅利用寺庙空间以栖止流浪穷民，即城乡举办义学、乡塾，也多利用寺庙。深州有"深州义学记"碑，系康熙五十七年所立，称州学生多人成立一社，名曰义学，以所积资金购田成学。由此看来，"义学"之称，那时是一种为了办学而成立的"团体"，同时有学校本身的意思。直隶定兴县有义学多所，如小西街义学1所，鲜鱼村义学1所等，都因有捐置之学田而得以成立，光绪《定兴县志》载有义学近20所。乾隆二年所立的深州"大魏村义学碑"记：

该村有古庙 1 所，知州俞士恒改庙为义学，其后全深州义学兴起，一时曾多至 245 所。晚清时，《深州村图》所载之 414 村镇，有多村利用寺庙空地举办义学或乡塾，颇为突出。414 村镇有"义学"共 136 所，"乡塾"422 所。略举如下：

表 13　深州村镇利用寺庙办学情况

| 村镇 | 户数 | 义学／乡塾 |
| --- | --- | --- |
| 州城西街 | 117 | 乡塾 2 所，1 在葛宅，1 在药王庙 |
| 西辛庄 | 160 | 义学 1 所，在奶奶庙 |
| 东阳台 | 167 | 义学 1 所，在村北白衣庵 |
| 西阳台 | 348 | 义学 2 所，1 在三官庙，1 在三义庙 |
| 东杏园 | 230 | 乡塾 2 所，1 在玉皇庙 |
| 趁村 | 54 | 义学 1 所，在大士庙内 |
| 潘家庄 | 163 | 义学、乡塾各 1 所，生徒共 31 名。学在三官庙，塾在观音堂 |
| 中魏家桥 | 100 | 义学 1 所，生徒 14 名，在龙母庙 |
| 尚家庄 | 98 | 义学 1 所，在村北庙内 |
| 窦王家庄 | 171 | 学、塾各 1 所；学在三义庙内，生徒 22 名 |
| 王章市 | 135 | 乡塾 1 处，在大寺 |
| 河辛庄 | 168 | 义学 2 所，1 在药王庙，1 在观音庙 |
| 徐家湾 | 80 | 乡塾 1 处，在三清殿 |
| 店子村 | 132 | 义学、乡塾各 1 所，学在东岳庙 |
| 旧州村 | 170 | 义学 1 所，乡塾 5 所；学在三官庙，塾在"文瑞书院" |
| 西午村 | 176 | 学、塾各 1 所，学在太平寺 |
| 潘家村 | 98 | 义学 1 所，在三官庙 |
| 李门寺村 | 168 | 义学 1 所，在真武庙 |
| 尚家庄 | 98 | 义学 1 所，在村北庙内 |
| 西阳台村 | 348 | 义学 2 所，1 在三官庙，1 在三义庙 |
| 潘家村 | 98 | 义学 1 所，在三官庙；塾 1 所，在观音堂 |

资料来源：《深州村图》。

此外又有旧州村、得胜营、西阳台村、大寺李家庄等等多村的义学，共 130 余所，它们也颇有设于寺庙内者，兹不一一列举。

清代寺庙多有庙产。据《望都县乡土图说》，清末望都县115村，颇有以寺庙庙产兴学之事。如县城北关，54户，五岳庙有田10亩，又钱350千，归于学堂。所驿村，54户，关帝庙有田10亩，归于学堂。东关村百户，帝尧庙香火地15亩，提10亩办学。三贾村390户，寺庙16处，兴福寺有地40亩，年租京钱60千，归学堂。唐会村，70余户，大兴寺有地48亩，岁租30千，向办差徭，后归学。彤霞村百余户，北龙潭庙庙产60亩作学堂经费，30亩养护僧人，等。

地方常利用寺庙的空间或庙产，举办义学或慈善救济。光绪《深州直隶州志》卷2"建置志"记有义学的田亩资料：西景萌村义学1所，计地10段，共50.7亩。西郎里村义学1所，地12段，40.1亩。大魏村义学，地7段，46.6亩。大堤上村，地12段，57.974亩。清辉头村义学，地7段，22.27亩。邵甫村，地8段，40.09亩，又地7段，40.3亩。同卷又记"养济院"：孤贫90名，月粮银324两，闰月粮银27两，又冬衣布花银25.5141两。光绪《元氏县志》有庙学、义学章节，称义学有利于造就贫寒子弟。元氏县有在城义学1处，南因村、宋曹村、南左村、小孔村等村各义学多处。《乐亭县志》卷5"建置·学校"篇记：城郭村庄各置义学，以养正士庶之子弟，这些义学多利用寺庙的空间而得以举办。

寺庙亦常为旧时代较清苦的学子读书自学的处所。早在唐朝，有士人王播，寓一寺庙读书并食饭，寺僧讨厌排斥他，故意在饭后击食饭钟。王播遭辱，题诗于壁："上堂已了各西东，惭愧堵黎饭后钟。"意为：去食堂，他们都已东西走散；可叹啊，和尚们在吃完饭以后才敲吃饭钟！后来王播做了大官，寺僧为了讨好补过，乃将墙上诗句以纱笼罩盖，王播得见后又加题两句："二十年来尘扑面，至今赢得碧纱笼。"此事虽不载于《新唐书》本传，而赵翼《陔余丛考》曾引述其事。寒苦士子读书于寺庙，似乎是中国的传统。《施愚山集》有"贫士或就食畿辅他县，或寄宿僧庐"[①]句。据光绪《定兴县志》卷14"寺观"：县的弥陀寺有"士人讲读于斯，成名者亦复不少"；兴隆寺"禅室皆寓生徒，僧侣亦尚儒行，书声达旦者几三十年"；永传寺"杨忠愍公少时常读书于此"。杨忠愍公即明代名臣杨继盛，冤死后赠谥忠愍。清嘉道年间，入《清

---

① 转见孟森：《明清史论著集刊》下册，中华书局1959年版，第512页。

史列传》"儒林传"的姚学㙍在京师40年,敝衣蔬食,僦居于僧寺,破屋风号而危坐不动,为龚自珍所折服。在历史上,寺庙不仅关乎人民的信仰,亦往往是寒士学人以至官员士大夫侨寓的处所。

寺庙还可为居民提供活动的空间。光绪《乐亭县志》卷6"宝塔寺"条引明邑人记称:邑东胡家坨堡有宝塔寺,为"居民祈会之所",又县东杜家口有隆兴宝峰寺,"其地为十数村期会所必须,凡春秋徭役及里中公务,咸于此集焉"。乡村寺庙是村民举办各种公共活动的自然场所。无独有偶,西方的教堂亦然。名著《法国农村史》称:教堂是乡村茅屋间唯一大而结实的建筑物,"难道它在用作上帝的房屋的同时,不应又是人民的房屋吗?在这里,人们举行集会,磋商共同事务"①。寺庙、教堂的这种功能,看来是中外共同的了。

(原文发表于《历史研究》2009年第2期。)

---

① 〔法〕马克·布洛赫著,余中先等译:《法国农村史》,商务印书馆1991年版,第193页。

# 索　　引 （词条后的页码系代表该词条在书中首次出现的页码）

## 一、人名索引

艾本华 / 318
艾博华 / 005
伯希和 / 312
布罗代尔 / 075
陈高华 / 010
陈　垣 / 312
陈寅恪 / 167
池田温 / 233
从翰香 / 629
杜希德 / 224
杜正胜 / 090
凡勃伦 / 240
费孝通 / 358
冯家升 / 319
福岛繁次郎 / 232
傅衣凌 / 003
甘利弘树 / 436
高　文 / 091
谷口规矩雄 / 436
顾炎武 / 086
郭沫若 / 002
何炳棣 / 348
何高济 / 312
洪金富 / 298
胡先缙 / 591

胡珠生 / 614
黄宗羲 / 407
加藤繁 / 479
姜士彬 / 005
今堀诚二 / 225
酒井忠夫 / 615
李景汉 / 634
砺波护 / 246
梁启超 / 001
刘翠溶 / 526
陆峻岭 / 312
马克思 / 013
蒙思明 / 170
苗春德 / 282
摩尔根（莫尔甘） / 050
牟复礼 / 462
那波利贞 / 259
宁　可 / 074
潘光旦 / 358
平山周 / 614
漆　侠 / 271
钱大昕 / 180
裘锡圭 / 028
仁井田陞（升） / 233
三木聪 / 008

商衍鎏 / 358
施舟人 / 465
守屋美都雄 / 074
司马光 / 204
唐立宗 / 434
陶宗仪 / 301
田汝康 / 490
田艺衡 / 405
王安石 / 269
王亚南 / 515
王毓铨 / 076
韦　伯 / 103
魏复光 / 319
卫聚贤 / 624
魏特夫 / 104
吴天墀 / 322
萧公权 / 005
萧启庆 / 007
谢桂华 / 089
谢肇淛 / 411
邢义田 / 007
许大龄 / 587
薛允升 / 509
严如煜 / 618
颜　元 / 399

杨联陞（升） / 314
杨庆堃 / 467
杨志玖 / 320
俞伟超 / 004
俞　樾 / 304
宇都宫清吉 / 245
羽田亨 / 319
增渊龙夫 / 095
张　岱 / 179
张江裁 / 650
张　力 / 624
章　群 / 246
张耀翔 / 356
章有义 / 505
张泽咸 / 005
张仲礼 / 005
赵　翼 / 180
朱金甫 / 615
朱君毅 / 356
竹田龙儿 / 225
筑山治三郎 / 246
庄吉发 / 386

## 二、著作索引

《北京庙宇征存录》/ 650
《春在堂随笔》/ 304
《辍耕录》/ 301
《存人编》/ 399
《定县社会概况调查》/ 634
《读例存疑》/ 509
《法国农村史》/ 658
《风俗通（义）》/ 083
《陔余丛考》/ 180
《古代社会》/ 050
《关于唐代士族的家法》/ 239
《啯噜试探》/ 624
《近代冀鲁豫乡村》/ 629
《开元礼》/ 203
《康雍乾时期城乡人民反抗斗争资料》/ 392
《科举与社会流动》/ 358
《礼记》/ 029
《两周金文辞大系考释》/ 041
《辽代社会史》/ 319
《留青日札》/ 405
《论语》/ 055
《马克思恩格斯全集》/ 016
《名公书判清明集》/ 271
《破邪详辩》/ 384
《清代科举考试述录》/ 358
《庆元条法事类》/ 267
《日知录》/ 086
《三省边防备览》/ 618

《诗经》/ 039
《十驾斋养新录》/ 309
《书仪》/ 198
《宋代经济史》/ 271
《唐代政治史述论稿》/ 239
《陶庵梦忆》/ 407
《五杂俎》/ 411
《野获编》/ 408
《有闲阶级论》/ 240
《元朝史新论》/ 311
《元代社会阶级制度》/ 316
《元西域人华化考》/ 312
《中国的帮会》/ 624
《中国地主经济封建制度论纲》/ 516
《中国古代社会研究》/ 002
《中国秘密社会史》/ 614
《周礼》/ 029
《资本论》/ 194
《资本主义生产以前各形态》/ 519
《左传》/ 046

## 三、学术名词索引

城市空间 / 459

城市生态 / 459

村落 / 007

地方豪强 / 020

地方精英 / 008

地域社会 / 005

地主所有制 / 017

封建社会 / 002

复合社会 / 318

公产 / 160

共同体 / 005

贵族 / 029

户等 / 262

皇权 / 075

会社 / 006

婚姻圈 / 233

继承权 / 105

阶级结构 / 262

礼法 / 204

门阀 / 168

秘密结社 / 087

男女平等 / 023

农村公社 / 004

奴隶 / 029

日常互助 / 553

日常生活 / 002

商品经济 / 013

商鞅变法 / 080

社会地位 / 018

社会风尚 / 413

社会功能 / 135

社会结构 / 262

社会流动 / 005

社会生活 / 005

社会网络 / 008

社会性质 / 002

社祭 / 075

身份集团 / 223

生活方式 / 028

士大夫 / 002

市政 / 459

士族 / 049

氏族社会 / 028

图腾 / 066

乡绅 / 008

乡族社会 / 018

消费方式 / 413

消费生活 / 413

孝道 / 219

刑科题本 / 525

亚细亚公社 / 018

原始社会 / 003

征服王朝 / 318

传记资料 / 279

资本主义 / 002

自治 / 015

宗法 / 062

宗教信仰 / 070

宗族 / 006

宗族认同 / 232

族徽 / 028

# 出 版 说 明

经典文本阅读是学术训练的基础。任何一门学科都有其必须研读的经典，作为该学科全部知识的精华，它凝聚着历代学人不间断的持续思考和深入的探索。我们组织编写的这套"现代学术经典精读"系列丛书，旨在方便和提升研究生教学水平，提高研究生的学术鉴别能力和学术素养，向需要开拓学术领域的年轻教师和研究人员提供研究读本，帮助学生和青年教师为将来的研究奠定基础。更为重要的是，通过阅读这些学术经典，读者非但可以摸清治学门径，领悟写作和研究范式，也能拓宽学术视野，见识学术研究的高下之分，在研究起始阶段即能站在学术的制高点上。

这套丛书内容涵盖文、史、哲、艺术等学科。丛书中每卷主编都是该学科领域有较大学术影响的专家。每卷的选文为该研究领域学生所应读、必读的经典论文（或经典著作的节选），时间跨越20世纪，并以读者较难获得的论著为优先；而且，这些所选论著大体上构成了该学科研究的学术史体系，展现了该学科研究的发展历程、主要代表人物以及标志性成果。在每卷前，该卷主编撰写前言，介绍该领域学术史概况及论著遴选标准等，以开放的视角和批判性的思维，对所选论著进行简要介绍和点评等，在如何阅读学术经典、如何培养问题意识等方面，也殊多新意和创见。每篇选文前的导读，使每一卷都成为一本该领域最新的核心论著，选文后列出的推荐阅读文献也是编者们精心遴选的，可作为扩展阅读和参考。

为保护知识产权，我们向尚在版权期内的选文权利人寄去了授权协议书，部分作者收到了协议书并签订了授权协议。可能由于种种原因（如联系方式变动），一些权利人没有收到协议书,希望看到本书后主动与我社取得联系。在此,先对给各位造成的不便表示道歉。

在编辑过程中,为保留选文的原貌,我们只对个别注解按编辑规范进行了改动。虽然这套丛书即将付梓,但一定还有不完善之处,希望读者们多提意见,以便重印和再版时更正。最后,向这套丛书的编者以及选文授权者表示谢意,也希望读者多提宝贵意见,以便我们今后把"现代学术经典精读"这套丛书做得更好。

高等教育出版社

2013 年 6 月

**郑重声明**

高等教育出版社依法对本书享有专有出版权。任何未经许可的复制、销售行为均违反《中华人民共和国著作权法》，其行为人将承担相应的民事责任和行政责任；构成犯罪的，将被依法追究刑事责任。为了维护市场秩序，保护读者的合法权益，避免读者误用盗版书造成不良后果，我社将配合行政执法部门和司法机关对违法犯罪的单位和个人进行严厉打击。社会各界人士如发现上述侵权行为，希望及时举报，本社将奖励举报有功人员。

反盗版举报电话　　（010）58581897　58582371　58581879
反盗版举报传真　　（010）82086060
反盗版举报邮箱　　dd@hep.com.cn
通信地址　北京市西城区德外大街4号　高等教育出版社法务部
邮政编码　100120